海船船员适任考试培训教材

船舶操纵与避碰

（二/三副用）

主编　赵月林　薛满福

大连海事大学出版社

图书在版编目(CIP)数据

船舶操纵与避碰:二/三副用/赵月林,薛满福主编.—大连:大连海事大学出版社,2016.7
海船船员适任考试培训教材
ISBN 978-7-5632-3358-8

Ⅰ.①船… Ⅱ.①赵…②薛… Ⅲ.①船舶避让操纵—资格考试—教材②船舶航行—避碰规则—资格考试—教材 Ⅳ.①U675.96②U692.1

中国版本图书馆 CIP 数据核字(2016)第 177987 号

大连海事大学出版社出版

地址:大连市凌海路1号　邮编:116026　电话:0411-84728394　传真:0411-84727996
http://www.dmupress.com　E-mail:cbs@dmupress.com

大连住友彩色印刷有限公司印装　　　　　　大连海事大学出版社发行

2016 年 7 月第 1 版　　　　　　　　　　2016 年 7 月第 1 次印刷
幅面尺寸:185 mm×260 mm
字数:797 千　　　　　　　　　　　　　　印张:33
　　　　　　　　　　　　　　　　　　　　印数:1~3000 册

出版人:徐华东
策划:李明阳　李继凯

责任编辑:李继凯　　　　　　　　　　　责任校对:杨玮璐　张　华
封面设计:王　艳　　　　　　　　　　　版式设计:解瑶瑶

ISBN 978-7-5632-3358-8　　定价:80.00 元

《海船船员适任考试培训教材》
编委会

内容提要

全书分十七章,第一章介绍了船舶操纵性能;第二章介绍了船舶的操纵设备及在操船中的运用;第三章介绍了包括风、流、受限水域等外界因素对船舶操纵的影响;第四章介绍了船舶港内操船的要领和锚泊操纵要领;第五章介绍了特殊水域的操船方法;第六章介绍了恶劣天气下的船舶操纵;第七章为应急操船;第八章为轮机概论,主要介绍船舶动力装置的基本操作原则;第九章概述《1972年国际海上避碰规则》的结构和主要内容,介绍了该规则的适用范围和一般定义;第十章介绍了船舶的号灯、号型以及声响和灯光信号;第十一章、第十二章、第十三章阐述了《1972年国际海上避碰规则》第二章的全部内容,分别介绍了船舶在任何能见度情况下的行动规则、船舶在互见中的行动规则以及船舶在能见度不良时的行动规则;第十四章阐述了疏忽条款和背离条款的含义,并介绍了特殊情况下的避碰;第十五章为船舶值班,分别介绍了《STCW公约》和我国海船船员值班规则的有关内容;第十六章介绍了驾驶台资源管理的有关内容;第十七章介绍了船舶视觉信号。

本书可以作为培训船舶驾驶和引航人员的教材,也可用作航海类院校师生的教学参考书,亦可作为船舶驾驶和引航人员以及其他相关人员的技术参考书。

编者的话

本书根据《STCW 公约马尼拉修正案》以及 2011 年 12 月中华人民共和国海事局制定的《中华人民共和国海船船员适任考试和发证规则》和《中华人民共和国海船船员适任考试大纲》(2012 年 7 月)编写,适用于无限航区和沿海航区各个等级的二/三副适任证书考试培训,也可作为航海院校师生的教学、学习参考书。

本书编写的指导思想是"内容覆盖《中华人民共和国海船船员适任考试大纲》对二/三副考试的全部要求,帮助学员顺利地通过适任证书的考试,并尽可能地考虑海上实际船舶操纵、避碰与值班过程中遇到的各种问题,以加强对船舶驾引人员海上实际操纵、避碰和值班能力的培养"。

本书由赵月林、薛满福主编。全书共分为十七章,其中第一、三、九、十、十一、十二、十三、十四章由赵月林编写,第二、四、五、七章由薛满福、房希旺、张文博、肖仲明编写,第六章由薛满福、赵月林、房希旺、张文博、肖仲明编写,第八章由张存有、魏海军编写,第十五章由谢洪彬编写,第十六章由王凤武、刘强编写,第十七章由魏云雨编写,全书最后由赵月林修改定稿。

为了便于读者的学习,本书的编写力求概念清楚、理论正确、重点突出、条理清晰、文字通顺、理论结合实际。为便于理解,书中使用了大量相关的操船实例和碰撞案例。由于编者水平有限,不足之处和差错在所难免,竭诚希望前辈、同行和读者批评指正。

在教材的编写过程中得到了吴兆麟教授、洪碧光教授的大力支持和热情指导,在此表示衷心感谢。

编　者
2016 年 3 月

目　录

船舶操纵性能

　　船舶对驾引人员实施操纵的响应能力,总称为该船的船舶操纵性能(maneuverability)。船舶是否具有良好的操纵性能,对于能否安全而高效率地操纵船舶具有重要的影响。一艘操纵性能良好的船舶,应兼具方便稳定地保持运动状态和迅速准确地改变运动状态两方面的性能。船舶的操纵性能主要包括船舶的变速运动性能、船舶的旋回性能以及船舶的航向稳定性和保向性等。

第一节　船舶变速运动性能

　　驱动静止中的船舶运动,或促使运动中的船舶停止下来,或改变船舶的运动速度,它们均有维持其原运动状态的趋势,经过一定时间的过渡,才能达到所要求的状态。这种趋势就是船舶惯性(inertia effect)。标志惯性过程长短的数据可有两种表示方式,一种是衡量完成变速运动所需路程的叫作冲程(惯性冲程);另一种是衡量完成变速运动所需时间的叫作冲时(惯性冲时)。

　　在实际操船中,变速和改向兼而有之,变速和改向运动中都存在惯性,只不过前者改变的是船舶运动的线速度,而后者改变的则是角速度而已。本节所讨论的船舶变速运动性能主要是指船舶的启动性能、停车性能和倒车停船性能。

一、船舶的启动性能

　　船舶在静止状态中开进车,使船舶达到与主机功率相应的稳定船速所需的时间和航进的距离,称为船舶的启动性能。

　　船舶从静止状态开进车,主机的转速需视船速的逐步提高而逐渐增加,因而存在一个逐步加速过程。一味求快,甚至立即把主机的转速增加很多,会使主机转矩突然增大,使主机超负荷工作,在实际操船中应避免。

　　根据理论推导,船速达到定常速度 v_0 时所需的时间 t 和航进的距离 s 的估算公式为:

$$t = 0.004 \times \frac{D \cdot v_0}{R_0} \tag{1-1-1}$$

$$s = 0.101 \times \frac{D \cdot v_0^2}{R_0} \tag{1-1-2}$$

式中,D——船舶排水量(t);

$\qquad R_0$——船速为 v_0 时的船舶阻力(t);

$\qquad v_0$——船舶的定常速度(kn);

$\qquad t$——时间(min);

$\qquad s$——启动惯性距离(m)。

根据经验,从静止状态逐级动车,直至达到定常速度,满载船舶需航经 20 倍船长左右的距离,轻载时为满载时的 1/2 ~ 2/3。

二、船舶停车性能

船舶在全速或半速前进中下令停止主机,至船对水停止移动时所需的时间和滑行的距离,称为停车冲时和停车冲程。

主机停车后,推力急剧下降到零;开始时船速很高,船舶阻力也大,船速下降迅速;但随着船速的下降,船舶阻力减小,船速下降逐渐缓慢;当船速很低时,阻力很小,船速的下降极为缓慢,船舶很难完全停止下来。所以,通常以船速降低至能维持船舶舵效的速度(万吨级船舶为 2 kn 左右)为界限来计算船舶的停车冲程和冲时。

经推导,主机停车后至船速降低到能维持舵效的速度时所需的时间 t 和滑行距离 s 的估算公式为:

$$t = 0.00105 \frac{D \cdot v_0^2}{R_0}\left(\frac{1}{v} - \frac{1}{v_0}\right) \qquad (1\text{-}1\text{-}3)$$

$$s = 0.075 \frac{D \cdot v_0^2}{R_0}\log\left(\frac{v_0}{v}\right) \qquad (1\text{-}1\text{-}4)$$

式中,D——船舶排水量(t);

$\qquad v_0$——船舶发令停车时的初速度(kn);

$\qquad v$——船舶停止时刻的速度,一般以能维持其舵效的速度计算(kn);

$\qquad R_0$——船速为 v_0 时的船舶阻力(t);

$\qquad t$——停车冲时(min);

$\qquad s$——停车惯性距离(m)。

高速前进中的船舶,突然下令停车,主机转速下降至完全停止要有一个过程,除特殊情况外,从有利保护主机的角度出发,一般应逐级降速至停车。

在主机逐级减速过程中,Topley 船长根据船速每下降一半的时间大致相等的规律,提出了船舶由速度 v_0 降到 v_1 时船舶所航进的距离的估算公式:

$$s = \frac{1}{60}\left[v_1 t + \frac{C(v_0 - v_1)}{0.693}\left(1 - 2^{-\frac{t}{C}}\right)\right] \qquad (1\text{-}1\text{-}5)$$

式中,v_0——船舶采取降低主机转速时的初速度(kn);

$\qquad v_1$——船舶某一时刻的新速度(kn);

$\qquad s$——从速度 v_0 降到 v_1 时航进的距离(n mile);

$\qquad C$——船速减半时间常数,其值随船舶排水量之不同而不同,单位为 min,可于表 1-1-1 中查取。

此外,根据 Topley 船长总结的船舶减速规律,若船舶的初速度为 v_0,在停车后历经 t

（min）时的船速为 v_t，则：

$$v_t = v_0 \cdot 2^{\frac{t}{c}} \tag{1-1-6}$$

因此，船舶由船速 v_0 降低到 v_t 的过程中，船舶的蹚航距离 s（n mile）为：

$$s = \int_0^t v_t \mathrm{d}t = 0.024C \cdot v_0 \left(1 - 2^{\frac{t}{c}}\right) \tag{1-1-7}$$

当时间 $t \to \infty$ 时，船舶惯性停车冲程可按下式进行估算：

$$s = 0.024C \cdot v_0$$

表 1-1-1　船速减半时间常数

排水量(t)	C(min)	排水量(t)	C(min)	排水量(t)	C(min)
1000	1	36000	8	120000	15
3000	3	45000	9	136000	16
6000	3	55000	10	152000	17
10000	4	66000	11	171000	18
15000	5	78000	12	190000	19
21000	6	91000	13	210000	20
28000	7	105000	14		

根据经验，船舶在常速航进中停车，降速到能维持其舵效的速度时，一般万吨级货船的停车冲程为船长的 8～20 倍，超大型船舶则超过 20 倍的船长。船舶排水量越大、初始速度越大，停车惯性越大。例如，某 8100 TEU 大型集装箱船舶（总长 334 m，船宽 42.8 m），压载状态下，初速度分别为海上全速（27.8 kn）、港内全速（18.9 kn）、港内半速（16.4 kn）和港内慢速（12.3 kn）时的停车冲程分别约为 16 倍、12 倍、10 倍和 8 倍船长；满载状态下，初速度分别为海上全速（26.0 kn）、港内全速（17.6 kn）、港内半速（15.2 kn）和港内慢速（11.4 kn）时的停车冲程分别约为 24 倍、16 倍、14 倍和 9 倍船长。又如，某 30 万吨超大型船舶（总长 333 m，船宽 60.0 m），压载状态下，初速度分别为海上全速（18.1 kn）、港内全速（12.8 kn）、港内半速（10.7 kn）和港内慢速（8.1 kn）时的停车冲程分别约为 17 倍、15 倍、14 倍和 12 倍船长；满载状态下，初速度分别为海上全速（16.8 kn）、港内全速（11.3 kn）、港内半速（9.3 kn）和港内慢速（6.7 kn）时的停车冲程分别约为 37 倍、32 倍、29 倍和 25 倍船长。

船舶驾引人员应在实践中掌握本船的停车及减速性能，以便在进港或接近锚地时正确地采取逐级减速的措施，保证船舶的安全。

三、倒车停船性能及影响紧急停船距离的因素

（一）倒车停船性能

船舶在前进三中开后退三，从发令开始到船对水停止移动所需的时间及航进的距离，称为倒车冲时和倒车冲程。其距离又称紧急停船距离（crash stopping distance）或最短停船距离（shortest stopping distance）。另外，在倒车停船过程中，对于右旋固定螺距螺旋桨单车船而言，由于螺旋桨沉深横向力和排出流横向力推尾向左的作用，船首右偏，使船舶向垂直于原航向的右侧偏移一定的距离，所偏移的横距（lateral deviation or side reach）以及船首右偏

的角度也是表征船舶倒车停船性能的重要因素。

前进中的船舶由进车改为倒车,通称主机换向。由低速进车变为低速倒车,虽然中间也经过停车,但一般说来还可以较快地完成。而在高速航进中,由前进三或前进二突然改为倒车,甚至高速倒车的话,尽管情况甚为紧急,但对于主机却是办不到的。为不致造成主机转动部分出现过大应力或损伤,在关闭油门后,通常要等到船速降至全速的60% ~70%、主机转速降至额定转速的25% ~35%时,将压缩空气通入汽缸,迫使主机停转后,再进行倒车启动。启动后,倒车转速的加快,也应逐步增大;突然增加到高速,对主机也有损害。驾驶人员应当了解所在船舶的主机换向性能,以便合理地使用主机。

从前进三到后退三所需时间的长短随主机种类不同而不同。一般情况下,内燃机船一般需90 ~120 s,汽轮机船一般需120 ~180 s,而蒸汽机船需60 ~90 s。

倒车冲时和倒车冲程可用下列公式估算

$$t = 0.00089 \frac{D \cdot v_0}{R_0} \tag{1-1-9}$$

$$s = 0.0121 \frac{D \cdot v_0^2}{R_0} \tag{1-1-10}$$

式中,D—— 船舶排水量(t);

R_0—— 船速为 v_0 时的船舶阻力(t);

v_0—— 船舶倒车前的速度(kn);

t—— 倒车冲时(min);

s—— 倒车冲程(m)。

根据统计,一般中型至万吨级货船的紧急停船距离可达6 ~8 倍船长;载重量5 万吨左右的船舶可达8 ~10 船长;载重量10 万吨的船舶可达10 ~13 倍船长;载重量15 ~20 万吨的船舶可达13 ~16 倍船长。船舶的排水量越大、初始船速越大,其停车的冲程和冲时也越大。

随着船舶的大型化,有必要掌握有关超大型船舶的倒车冲程和冲时的数据。例如,某8100 TEU大型集装箱船舶(总长334 m,船宽42.8 m),压载状态下,初速度分别为海上全速(27.8 kn)、港内全速(18.9 kn)、港内半速(16.4 kn)和港内慢速(12.3 kn)时的倒车冲程分别约为13 倍、8 倍、6 倍和4 倍船长;满载状态下,初速度分别为海上全速(26.0 kn)、港内全速(17.6 kn)、港内半速(15.2 kn)和港内慢速(11.4 kn)时的倒车冲程分别约为17 倍、11 倍、9 倍和5 倍船长。又如,某30 万吨超大型船舶(总长333 m,船宽60.0 m),压载状态下,初速度分别为海上全速(18.1 kn)、港内全速(12.8 kn)、港内半速(10.7 kn)和港内慢速(8.1 kn)时的倒车冲程分别约为8 倍、5 倍、4 倍和3 倍船长;满载状态下,初速度分别为海上全速(16.8 kn)、港内全速(11.3 kn)、港内半速(9.3 kn)和港内慢速(6.7 kn)时的倒车冲程分别约为15 倍、9 倍、7 倍和4 倍船长。

在倒车停船过程中,对于右旋固定螺距螺旋桨单车船而言,由于螺旋桨横向力的作用,船舶将出现边减速船首边向右偏转的现象。船舶在倒车停船过程中船舶重心在原航向上所移动的距离称为制动纵距(head reach);而在原航向垂直方向上所移动的距离称为制动横距(lateral deviation or side reach);前述的紧急停船距离实际上是船舶下令倒车后到船对水停止移动时船舶重心沿其轨迹所行进的距离。实船倒车停船试验的结果表明,如船舶在倒车停船过程中的船首向右偏转的角度较大,制动横距也较大,而制动纵距较短。压载时,倒车停船需时较短,船首向右偏转的角度相对较小。例如,某4万吨级的船舶满载时,倒车停船需时较长,船首向右偏转的角度可达100°~120°。排水量越大、初始船速越高,倒车所需的时间越长,船首右偏的角度越大。

(二)影响紧急停船距离的因素

影响紧急停船距离的因素主要有:

(1)船舶排水量。在其他条件相同的情况下,排水量越大,紧急停船距离越大。

(2)初始船速。若其他因素一定,船速越高,紧急停船距离越大。

(3)主机倒车功率、转速和换向时间。若其他条件相同,主机倒车转速越高、主机倒车功率越大,紧急停船距离越小;主机换向时间越短,紧急停船距离也越小。

(4)推进器种类。可变螺距螺旋桨(CPP)船与固定螺距螺旋桨(FPP)船相比较,由于CPP船的换向操作只需改变螺旋桨的螺距角,而无须停止主机,因此其换向时间短,其紧急停船距离也就较小。若其他条件相同,则CPP船的紧急停船距离一般为FPP船的60%~80%。

(5)船体的污底程度。船体污底越严重,船体阻力越大,紧急停船距离越小。

(6)外界条件。顺风、顺流时紧急停船距离增大;顶风、顶流时紧急停船距离减小;在浅水中由于船舶阻力增加,其紧急停船距离较深水中小。

四、船舶制动方法及其适用

(一)倒车制动法

采用紧急倒车制动的方法的优点是该方法不受水域、船速等条件的限制,即不论在港内或港外水域,也不论船速的高与低,该方法均可适用;同时在紧急避让中一旦发生碰撞,碰撞的损失也比较小。其缺点是历时较长,对于FPP船需要进行主机换向操作,同时单桨船在倒车过程中总伴有一定的偏航量和偏航角,且倒车时间越长,偏航量越大。大型船舶尤其是超大型船舶由于每载重吨所分摊到的主机功率较低,为了避免因倒车时产生的偏航量与偏航角而不利于船舶保持适当位置,因此在港内很少采用倒车制动方法,而更多地借助拖轮进行制动,以策安全。

(二)大舵角旋回制动法

采用大舵角进行急速旋回的方法进行制动的优点是操作方便,无须机舱操作,而且降速时间也相对较短,一般船舶进行大舵角旋回时可减速30%左右,而肥大型船舶可以降速达50%;其缺点是所需的水域比较宽,而且大舵角旋回后仍残留部分余速,最后要把船完全停住,仍需进行倒车制动。因而该方法多用于大型船进港需自力缩短减速所需时间的场合,以便及早进港。

因此,在紧急避让中,究竟是采取大舵角旋回避让有效还是采取全速倒车有效,必须根据各自船舶当时的速度及周围环境来判定。能使全速倒车的制动纵距恰好等于满舵旋回时的最大纵距时的船速,称为界限船速,船舶越大,界限船速越低。随着船速的增大,旋回纵距增加不大,而制动纵距则急剧增加。因此,若当时的船速低于界限船速,即船舶在低速航行中,用全速倒车能够在原航向上以最短的距离把船停住;若当时的船速高于界限船速,且有足够的水域宽度,也没有与其他船相碰撞的危险时,采用满舵旋回避让比较有利。

（三）蛇航制动法（zig zag stop manoeuvre）

蛇航制动法是直航中的船舶通过自身操舵、换车，利用强大的船舶斜航阻力和倒车拉力将船制动的方法。蛇航制动法最早由英国造船研究协会（BSRA）提出，尤其适用于 VLCC 和 ULCC 紧急停船的情况。根据实船试验和模拟研究的结论，蛇航制动法对于方形系数较大的超大型船舶在深水域中航行速度较高时最为有效，而对普通的万吨级船舶以及在低速状态下并不适用。以先向左操舵作蛇航制动为例，其操作要领为：

（1）左满舵，并下令备车；

（2）向左改向角达到 20°时，由海上速度改为港内操纵速度，即主机功率减到 3/4；

（3）向左改向角达到 40°时，操右满舵；

（4）向左改向角达最大值时，下令前进二，主机功率减到 1/2；

（5）航向复原时，再操左满舵；

（6）向右改向达最大值时，下令前进一，主机功率减到 1/4；

（7）航向再次恢复到原航向时，操右满舵并全速倒车。

该方法的优点是，开始蛇航制动时最初的操舵不但赋予了船舶明确的偏航方向（向右或向左），弥补了开出倒车时船舶偏转方向不定的不足，而且在倒车未开出之前的 2~3 min 的时间之内已充分地利用斜航阻力使船舶相应减速，这对缩短紧急停船距离和时间无疑是很有帮助的。另一个优点是，主机由进车换为倒车的过程可以分阶段、逐级平稳进行，避免了主机超负荷工作等情况的出现。

该方法的缺点是在较窄的水域或航道内不宜使用，操纵上略感复杂。

（四）拖锚制动法

通过拖锚利用拖锚阻力，即拖锚时锚的抓力来刹减船舶余速的方法称为拖锚制动法。就目前所知，该法仅用于万吨级及其以下的船舶，而且抛锚时船舶对地的速度也仅限于 2~3 kn 以下。

（五）拖轮制动法

通过拖轮协助或仅靠拖轮提供的推力使船制动的方法称为拖轮制动法。该法多用于大型船舶在港内低速状态时的制动。

（六）辅助装置制动法

利用设置在船舶上的一些如阻力鳍等辅助装置使船舶减速制动的方法称为辅助装置制动法。该方法仅在船舶航速较高时使用，才会有明显的效果。

上述各类制动方法的适用范围如表 1-1-2 所示。

表 1-1-2　各种制动方法的适用范围

船舶制动方法	有效速度域	可使用的操纵环境
倒车制动法	全速域	全部水域，但大型船舶在港内很少使用
拖轮制动法	低速域	港内水域，多用于大型船舶
大舵角旋回制动法	高速域	宽度较大的水域
拖锚制动法	低速域	港内操船，仅适用于万吨级及以下船舶
辅助装置制动法	高速域	紧急停船，较宽水域
蛇航制动法	高速域	紧急停船，水域较宽，且仅适用于人型船高速时

第二节　船舶旋回性能

定速直航的船舶操某一大舵角后进入定常旋回的运动性能称为船舶的旋回性能,它是船舶操纵性能中极为重要的一种性能。

一、旋回圈的大小及其要素

定速直航(一般为全速)的船舶操一定舵角(一般为满舵)后,其重心所描绘的轨迹叫作旋回圈(turning circle)。旋回圈的各种数据在操纵船舶时有重要参考价值。表征船舶旋回过程的要素可以分为表征船舶旋回圈大小的几何要素以及描述船舶旋回运动状态的运动要素。

(一)表征旋回圈大小的几何要素

表征旋回圈大小的几何要素主要有进距、横距、旋回初径、旋回直径、滞距和反移量等,如图 1-2-1 所示。

1. 进距(advance)

进距也称纵距,是指从操舵开始到船舶的航向转过任一角度时重心所移动的纵向距离。通常,旋回资料中所说的纵距,特指当航向转过 90° 时的进距,以 A_d 表示,一般为旋回初径的 0.6～1.2 倍。

2. 横距(transfer)

横距是指从操舵开始到船舶的航向转过任一角度时船舶重心所移动的横向距离。通常,旋回资料中所说的横距,特指当航向转过 90° 时的横距,以 T_r 表示,约为旋回初径的一半。

3. 旋回初径(tactical diameter)

旋回初径是指从操舵开始到船舶的航向

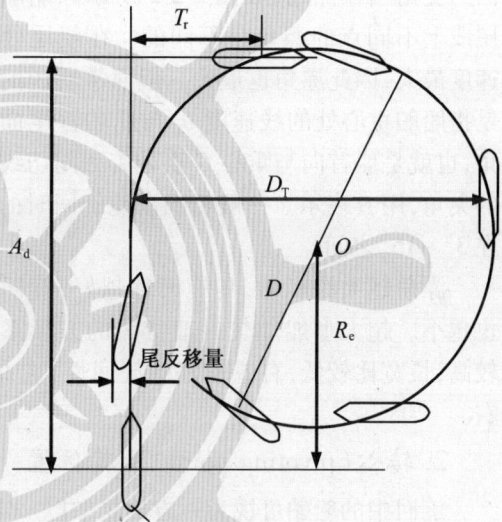

图 1-2-1　旋回圈的几何要素和名称

转过 180° 时重心所移动的横向距离,以 D_T 表示,一般为船长的 3～6 倍。

4. 旋回直径(final diameter)

旋回直径是指船舶作定常旋回时重心轨迹圆的直径,亦称旋回终径,以 D 表示,一般为旋回初径的 0.9～1.2 倍。

5. 滞距(reach)

滞距亦称心距。正常旋回时,船舶旋回直径的中心 O 总较操舵时船舶重心位置更偏于前方。滞距是该中心 O 的纵距,以 R_e 表示,一般为 1～2 倍船长,它表示操舵后到船舶进入旋回的"滞后距离",也是衡量船舶舵效的标准之一。

6.反移量(kick)

反移量亦称偏距,是指船舶重心在旋回初始阶段向操舵相反一舷横移的距离。通常,该值极小,其最大值在满载旋回时仅为船长的1%左右。但操船中应注意的是,船尾的反移量却不容忽视,其最大值为船长的1/10~1/5,约出现在操舵后船舶的转头角达一个罗经点左右的时刻。反移量的大小与船速、舵角、操舵速度、排水状态及船型等因素有关,船速、舵角越大,反移量越大。

上述六个尺度,各从不同的角度在实际上规定着旋回圈的形状及大小。在航海实践中,旋回圈的大小常常用其旋回初径 D_T 表示。有的也采用其旋回初径与其船长 L(一般为两柱间长)的比值 D_T/L 来表示,称为相对旋回初径。

(二)描述船舶旋回运动状态的运动要素

表征船舶旋回运动状态的运动要素主要有漂角、转心及其位置、旋回中的降速和旋回中的横倾等,它们与船舶的旋回性能有着密切的关系。

1.漂角(drift angle)

船舶首尾线上某一点的线速度与船舶首尾面的交角叫作漂角,如图1-2-2所示。船舶在首尾线上不同点的漂角是不同的。在船尾处横移速度最大,因此漂角也最大。但通常所说的漂角是指船舶重心处的线速度 v_t 与船舶首尾面的交角,也就是船首向与重心 G 点处旋回圈切线方向的夹角,用 β 表示。一般船舶满舵旋回时的漂角在3°~15°之间。

漂角越大的船舶,其旋回性越好,旋回直径也越小。超大型船舶较一般货船的方形系数值

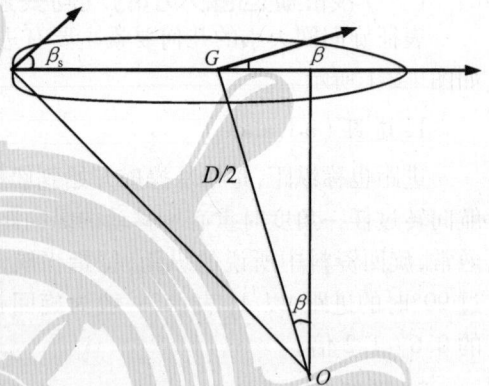

图 1-2-2　船舶首尾面上各点的漂角

较高,长宽比较低,有着较好的旋回性,它在定常旋回中的漂角也较大,最大可达到20°左右。

2.转心(pivoting point)及其位置

旋回中的船舶可视为一方面船舶以一定的速度前进,同时绕通过某一点的竖轴旋转的运动的叠加,这一点就是转心,通常以 P 表示。从几何学上讲,转心 P 的位置是旋回圈的曲率中心 O 作船舶首尾面的垂线的垂足。在转心处,横移速度及漂角均为零,因而该点处的线速度方向与首尾线方向一致。船舶首尾面上转心前后的横移速度方向相反。

船舶操舵旋回时,在旋回的初始阶段,转心约在重心稍前处,以后随船舶旋回不断加快,转心随着旋回中的漂角的增大而逐渐向船首方向移动;当船舶进入定常旋回阶段即船舶旋回中的漂角保持不变时,转心 P 逐渐稳定于某一点,该点的位置一般在船首柱后1/3~1/5船长处。

对于不同船舶而言,旋回性能越好、旋回中漂角 β 越大的船舶,其旋回时的转心越靠近船首。

3.旋回中的降速

船舶在旋回中,主要由于船体斜航(存在漂角)时阻力增加,以及舵阻力增加和推进效

率降低等原因,将会出现降速现象。一般从操舵开始到船首转过 90° 左右船舶进入定常旋回后,速度不再下降。减速的幅度与旋回初径 D_T 与船长 L 的比值有密切的关系,D_T/L 值越小,旋回性越好,减速越显著。一般船舶旋回中的降速幅度为旋回操舵前船舶速度的 25% ~ 50%,而旋回性能很好的超大型油船在旋回中的降速幅度最大可达到原航速的 65%。

4. 旋回中船舶出现的横倾(list)

船舶操舵不久,将因舵力横倾力矩而出现少量内倾;接着由于船舶旋回惯性离心力矩的作用,内倾将变为外倾,并且因横向摇摆惯性的存在将产生最大的外倾角 $\theta_{\max}$,最大外倾角一般为定常外倾角的 1.2 ~ 1.5 倍,$\theta_{\max}$ 的大小与操舵时间有关,操舵时间越短,$\theta_{\max}$ 越大。达到最大外倾角后,船舶经过 1 ~ 2 次摇摆,最后稳定于某一定常外倾角 θ 上。图 1-2-3 是旋回中船舶发生横倾的模式。从图中可以看出,船舶在旋回中的横倾模式是先内倾,后外倾,且外倾角大于内倾角。

船舶旋回中定常外倾角 θ 的大小与船速、所操的舵角、船舶的旋回性能和船舶的初稳性高度 GM 等有关,船速越高、船舶的旋回直径越小、船舶的初稳性高度越低,定常外倾角 θ 越大。一般货船满舵旋回时的外倾在静水中可达 3° ~ 5°。恢复力矩较小的船舶高速航进中操大舵角时,将会产生较大横倾,船速大于 30 kn 的高速船,定常外倾角可达 12° ~ 14°。

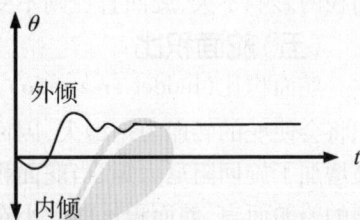

图 1-2-3　船舶旋回中的横倾模式

旋回中船舶出现的横倾是一个应予注意的不安全因素。船舶在大风浪中大角度转向或掉头时,如船舶在波浪中横摇的相位与旋回中外倾角的相位一致,则船舶将有倾覆的危险,这是操船中应予避免的一个重要问题。另外值得注意的是,由于舵力所产生的内倾力矩有利于抑制船舶的外倾角,当船舶在旋回中一旦产生较大的外倾角时,切忌急速回舵或操相反舷舵,否则会进一步增大外倾角,威胁船舶的安全,此时最好的措施是减速。

5. 旋回时间

旋回时间是指船舶旋回 360° 所需的时间。它与船舶的排水量有密切关系,排水量大,旋回时间增加。万吨级船舶快速满舵旋回一周约需 6 min,而超大型船舶的旋回时间则几乎要增加一倍。

二、影响旋回圈大小的因素

旋回圈的大小与船型、舵面积、所操舵角、操舵时间、载态、水深、船速、船舶的纵倾和横倾、螺旋桨转速等密切相关。受风、流的影响,旋回圈的大小也有很大变化。

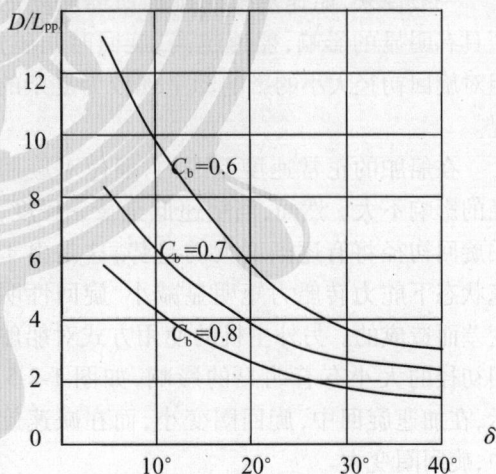

图 1-2-4　方形系数对旋回初径的影响

(一)方形系数 C_b (block coefficient)

如图 1-2-4 所示,方形系数较低的瘦形高速船($C_b \approx 0.6$)较方形系数较高的肥大型船($C_b \approx 0.8$)的旋回性能差得多,即船舶的方形系数越大,船舶的旋回性越好,相对旋回初径越小。

(二)船体水线下侧面积形状及分布

就整体而言,船首部分分布面积较大,如有球鼻首者或船尾比较瘦削的船舶,旋回中的阻尼力矩小,旋回性较好,旋回圈较小,但航向稳定性较差;而船尾部分分布面积较大者如船尾有钝材或船首比较削尖(cut up)的船舶,旋回中的阻尼力矩比较大,旋回性较差,旋回圈较大,但航向稳定性较好。

(三)舵角

在极限舵角的范围之内,操不同舵角时的旋回初径变化情况总的趋势是,随着舵角的减小,旋回初径将会急剧增加,旋回时间也将增加。

(四)操舵时间

操舵时间主要对船舶的进距影响较大,进距随操舵时间的增加而增加,而对横距和旋回初径的影响不大,旋回直径则不受其影响。

(五)舵面积比

舵面积比(rudder area ratio)是指舵面积与船体浸水侧面积($L_{pp} \times d$)的比值。增加舵面积将会使舵的转船力矩增大,因而提高船舶的旋回性,使旋回圈变小。但增加舵面积的同时又增加了旋回阻尼力矩,当舵面积超过一定值后,旋回性就不能提高。也就是说,就一定船型的船舶而言,舵面积比的大小在降低旋回初径方面存在一个最佳值。各类船舶因其实际使用目的不同,对船舶应具备的旋回性在要求上也各不相同,它们有各自最佳的舵面积比。

由于拖轮和渔船需要优良的操纵性,所以舵面积比较大,拖轮为 1/20 ~ 1/25,渔船为 1/30 ~ 1/40;高速货船旋回性较差,为弥补其不足,须有较大的舵面积比,为 1/35 ~ 1/40;大型油船由于具有易于旋回的肥大船型,用不着很大的舵面积比,一般仅为 1/65 ~ 1/75;一般货船为 1/45 ~ 1/60。

(六)船速

一般说来,船速对船舶旋回所需时间的长短具有明显的影响,船速越高,旋回时间越短;但对旋回初径大小的影响却呈现较为复杂的情况。

在船舶的正常速度范围内,船速对旋回初径的影响不大。然而,当船速低至某一程度,船舶旋回初径将有逐渐增大的趋势,这是由于低速状态下舵力转船力矩明显减小、旋回性明显变差而造成的。另外主机的使用方式对船舶旋回初径的大小有着明显的影响,如图 1-2-5 所示,在加速旋回中,旋回圈变小,而在减速旋回中,旋回圈变大。

(七)吃水

一般船舶均有舵面积比随吃水增加而降低的趋势,这将导致相应于舵力的旋回阻矩增大,

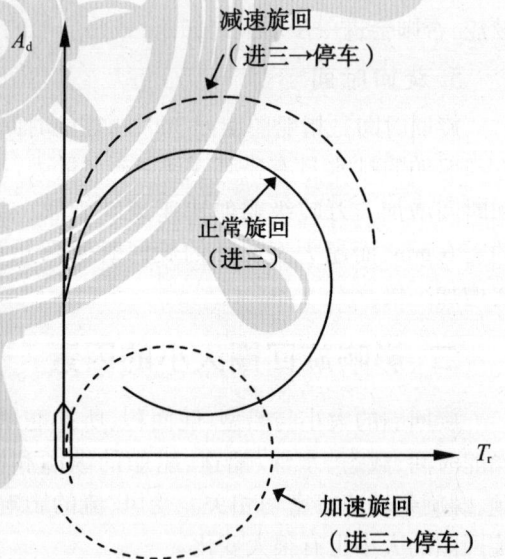

图 1-2-5 减速旋回与加速旋回

而舵力转船力矩减少。而且,随着吃水的增加,船舶通过重心 G 点竖轴的转动惯量增加,所以初始旋回大大减慢。因此,若纵倾状态相同,吃水增加时,旋回进距增大,横距和旋回初径也将有所增加。

(八)吃水差

有吃水差和平吃水相比较,相当于较大程度地改变了船舶水线下船体侧面积的分布状态,因而对船舶旋回性能造成明显的影响。尾倾增大,旋回圈也将增大;对于 $C_b = 0.8$ 的船舶,若尾倾增大量为船长的 1%,旋回初径将增加 10% 左右;对于 $C_b = 0.6$ 的船舶,若尾倾增大量为船长的 1%,旋回初径将增加 3% 左右。这也说明方形系数越大的船舶,当尾倾增加时,旋回初径增加得越多。

实际上,满载和轻载时的纵倾状态是很难相同的。通常在满载状态下尾纵倾比较小,而在轻载状态下则有相当大的尾倾。轻载时的吃水较浅,尽管此时的舵面积比有所增大,转动惯量较小,使船舶的旋回圈变小;但因为尾倾较大,所以旋回圈又有增大的趋势。总的看来,空载与满载时的旋回初径及横距相差无几,只是满载时旋回的进距较轻载时大一些。

(九)横倾

船体存在横倾时,左右浸水面积不同,两侧所受的水动压力也不相同,改变了左右舷各种作用力的对称性。由于横倾,水作用力中心向低舷侧横移一段距离,与螺旋桨推力作用线不在同一条线上,构成了阻力-推力转矩,使船首向低舷侧偏转。同时由于横倾,低舷侧的浸水面积较高舷侧丰满,因而低舷的船首兴波要比高舷侧的大,两舷的压力差产生向高舷侧的横向力转矩即首波峰压力转矩,使船首向高舷一侧偏转。

低速时,推力-阻力转矩起主要作用,推首向低舷侧偏转。此时,若操舵向低舷侧旋回则其旋回圈较小,反之如操舵向高舷侧旋回则其旋回圈较大。高速时,首波峰压力转矩起主要作用,推船首向高舷侧偏转。此时,如操舵向低舷侧旋回其旋回圈较大,反之如操舵向高舷侧旋回则其旋回圈较小。但总起来讲,横倾对旋回圈的影响并不大。

(十)螺旋桨的转动方向

由于受螺旋桨横向力的影响,船舶向左或向右旋回时的旋回圈的大小将有所不同。对于右旋固定螺距螺旋桨单车船而言,在其他条件相同的情况下,向左旋回时的旋回初径要比向右旋回时的旋回初径要小一些。但对于超大型船舶而言,这一差别很小。

(十一)浅水影响

由于浅水中横向阻力明显增大,漂角 β 明显下降,同时浅水中的舵力有所下降,舵力转船力矩下降,再加上浅水中的阻尼力矩明显增大,船舶的旋回性下降,因此,在浅水中的旋回圈明显增大。当水深吃水比小于 2 时,旋回圈有所增大(特别是对高速船而言);当水深吃水比小于 1.5 时,旋回圈明显增大;当水深吃水比小于 1.2 时,旋回圈急剧增大。

(十二)风、流、浪、污底的影响

风、流、浪、污底对旋回圈大小的影响表现得较为复杂。例如顶风、顶流、污底严重会使旋回圈进距减小,顺风、顺流会使旋回圈进距增大。当风、流、浪与船舶的初始航向有一定交角时,风、流、浪对旋回圈的影响取决于它们对船舶偏转的影响,如果外界风、流、浪的影响有利于船舶转向,则旋回圈变小,相反,旋回圈则变大。

三、旋回圈要素在实际操船中的应用

由旋回试验测定的旋回圈资料是船舶操纵性能的重要内容之一,它不仅用来评价船舶的旋回性能,同时还可以直接用于实际操船。

(一)旋回初径、进距、横距、滞距在实际操船中的应用

在水深足够的宽敞水域,旋回初径可以用来估算船舶用舵旋回掉头所需的水域。

旋回纵距可以用来决定在紧急避让的情况下究竟应当采用舵让还是用紧急倒车避让。若旋回纵距小于紧急倒车停船距离,则应当采用舵让;相反,若紧急倒车停船距离小于旋回纵距,则应当采用紧急倒车避让。

横距可以用来估算操舵转首后,船舶与岸或其他船舶是否有足够的间距。

滞距可以用来推算两船对遇时无法旋回避让的距离,即两船对遇时的距离小于两船的滞距之和,则用舵无法避让;而两船的进距之和则可以用来推算对遇时的最晚施舵点。

(二)反移量在实际操船中的应用

反移量在实际操船中的应用很多,现举数例说明其利用与防止的有关问题。

例如,本船航行中发现有人落水时,应立即向落水者一舷操舵,使船尾迅速摆离落水者,以免使之卷进船尾螺旋桨流之内。

又如,在船首较近的前方发现障碍物时,为紧急避开,应立即操满舵尽量使船首让开,当估计船首已可避开时,再操相反一舷满舵以便让开船尾。

再如,当船舶前部已离出码头,拟进车离泊时,如操大舵角急欲转出,则由于尾外摆而将触碰码头。为避免发生事故应适当减速,待驶出一段距离后再使用小舵角慢慢转出。

(三)旋回转头速率在实际操船中的应用

实际工作中,可以利用船速与船舶旋回转头速率和旋回半径的关系,估算船舶旋回过程中的旋回半径。

第三节　航向稳定性与保向性

正舵直航中的船舶,当受到风、浪或其他因素的瞬时性干扰后,船舶将不可避免地偏离原来的直航运动状态。但当干扰过去后,偏离原来直航运动的船舶能否自行恢复到原来航线上去(位置稳定),能否自行恢复到原来的航向上去(方向稳定),能否较快地稳定在新的航向上,做新的直线运动(直线稳定),这就是船舶运动稳定性所讨论的问题,它是船舶操纵性研究的一个重要方面,如图 1-3-1 所示。

在实际营运中,一切船舶在人 – 机系统控制下都具备位置稳定性,否则便难到达预定目的港。自动舵的使用,实现了船舶方向稳定的自动控制。本节标题中的航向稳定性却并非上述自动舵控制的、自行恢复原航向的方向稳定性,它指的是船舶运动的直线稳定性。

一、航向稳定性

(一)静航向稳定性和动航向稳定性

航向稳定性,指的是船舶在受外界干扰取得转头速度 r_0,当干扰结束之后在船舶保持正舵的条件下,船舶受到的转头阻矩对船体转头运动有何影响,船舶转头运动因而将如何变化的性质。一艘航向稳定性较好的船舶,直航中即使很少操舵也能较好地保向;而当操舵改向时,又能较快地应舵;转向中回正舵,又能较快地把航向稳定下来。其特点是对舵的响应运

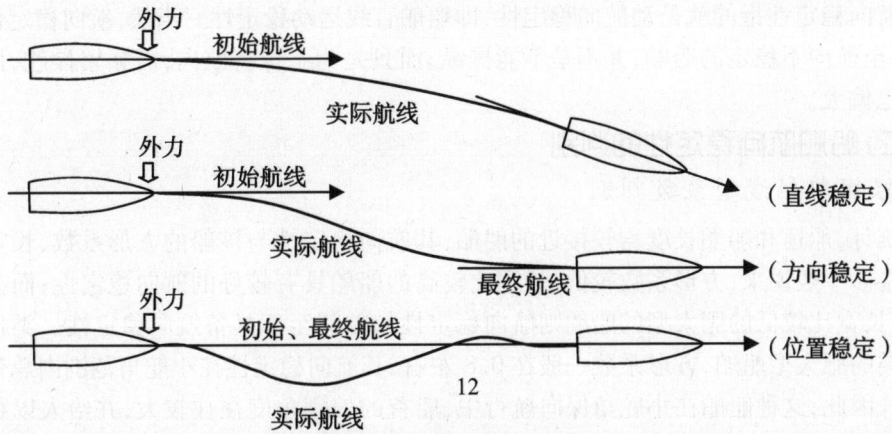

图 1-3-1　船舶的运动稳定性

动来得快,耗时短,因而舵效比较好。

1.静航向稳定性

静航向稳定性(statical course stability),指的是船舶受外力作用而稍微偏离原航向,但重心仍在原航向上斜航前进,有关该斜航漂角将如何变化的性能。

通常的船舶在斜航中,如图 1-3-2 所示,因为漂角的出现将产生使漂角继续增大的转头力矩,所以常常是静航向不稳定的。船舶越是首倾,船体侧面积在船首分布越多,其静航向稳定性就越差。

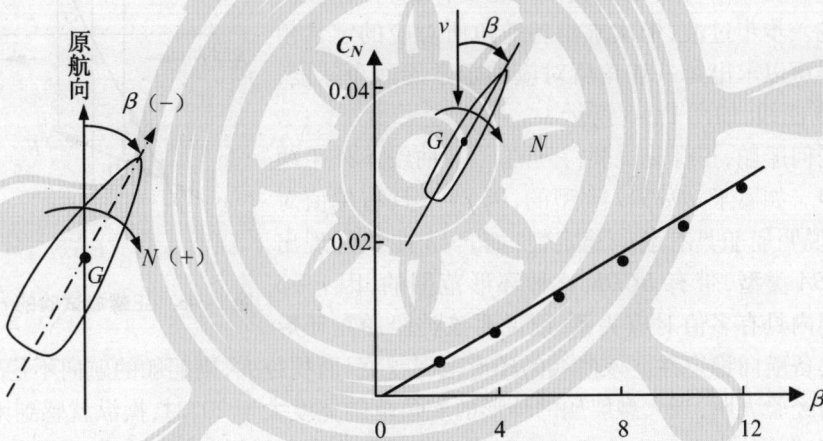

图 1-3-2　船舶斜航时转头力矩系数与漂角变化

2.动航向稳定性

动航向稳定性(dynamical course stability)是指正舵直航的船舶,在受外界干扰的影响偏离原航向后,当外界干扰过去之后,船舶的转头运动在不用舵纠正的情况下,能否尽快稳定于新的航向上做新的直线运动的性能。如船舶能够稳定在新的航向上做新的直线运动,则说明船舶具备动航向稳定性;稳定得较快、惯性转头角较小的船,其动航向稳定性较好;稳定得较慢、惯性转头角较大的船舶,其动航向稳定性较差。如船舶不能稳定在新的航向上做新的直线运动,即船舶一直转头不停而偏转下去,则该船舶不具备动航向稳定性。一般所说的船舶航向稳定性指的就是动航向稳定性，即船舶直线运动稳定性。当然，航向稳定性差的船舶，甚至航向不稳定的船舶，并不是不能操纵，而只是为了保持航向，需频繁操舵，而且所用舵角也偏大。

（二）船舶航向稳定性的判别

1.根据船舶线型系数判别

据统计，船速和船舶长度均较接近的船舶，其航向稳定性与该船的方形系数、长宽比有密切关系。一般说来，方形系数较低、长宽比较高的船舶具有较好的航向稳定性；而方形系数较高、长宽比较低的肥大型的船舶则航向稳定性较差甚至不具备航向稳定性。类似超级油船之类的肥大型船舶，方形系数一般在 0.8 左右，其航向稳定性在小舵角范围内总带有不稳定性。因此，这种船舶在小舵角保向航行中，船首的偏摆角度往往较大，并给人以稳不住的感觉。

2.根据船舶螺旋试验结果判别

船舶螺旋试验包括正螺旋试验(direct spiral test)和逆螺旋试验(reverse spiral test)两种，它们均是判定船舶航向稳定性好坏的实船试验方法。

正螺旋试验是指求取船舶操某一舵角时船舶所能够达到的定常旋回角速度的试验方法。其试验方法是，首先从右满舵开始求取其对应的定常旋回角速度 r，而后少量减小其右舵角再求取其定常旋回角速度；然后顺次求出正舵、左舵直至左满舵旋回时的定常旋回角速度；最后再从左满舵向右满舵一步步过渡，依次求出各舵角所对应的定常角速度。这样可以求出每一舵角所对应的定常旋回角速度，并绘出 $r-\delta$ 曲线，如图 1-3-3 所示。

不论任何船舶，正螺旋试验得到的 $r-\delta$ 曲线不外乎两种基本类型。如属于 $aOa'Oa$ 类型的，因 $r-\delta$ 具有单值对应关系，则说明船舶具有航向稳定性；如 $r-\delta$ 曲线呈现出 $ABCDA'DEBA$ 类型，带有 $BCDE$ 这种环形范围的，因 $r-\delta$ 在环形范围内具有多值对应关系，则说明该类船舶在环形

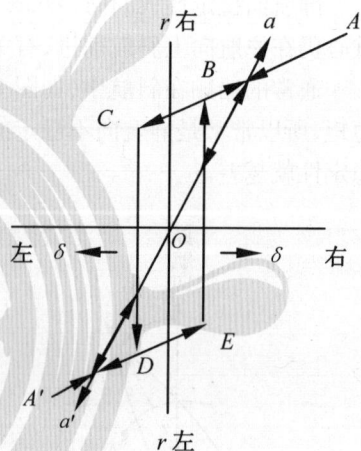

图 1-3-3　正螺旋试验的 $r-\delta$ 曲线

范围内不具备航向稳定性。该曲线的环形范围越宽、面积越大，则船舶的航向不稳定程度越高。有关的经验表明，当大型船舶的环形的舵角范围宽度大于 20° 时，操纵就感到困难。

逆螺旋试验是指求取为使船舶达到某一旋回角速度而需操的平均舵角的试验方法。其试验方法与正螺旋试验正好相反。该试验方法比较省时、省力，但必须有测定船舶转头角速度的角速度仪(gyro rate)。试验得到的 $r-\delta$ 曲线如果成单值对应，曲线近似于一条直线，线上各点的斜率均为正，说明船舶具有良好的航向稳定性；相反如果 $r-\delta$ 曲线呈 S 形，在临界舵角范围内 $r-\delta$ 曲线成多值对应关系，则说明船舶不具备航向稳定性，且多值对应的宽度越宽，船舶的航向不稳定性越强，这与螺旋试验所求出的不稳定环的宽度所表示的含义是完全一致的。如图 1-3-4 所示。

3.根据船舶操纵性指数 T 判别

船舶航向稳定性是零舵角下的船舶追随性，船舶追随性好的船舶可以同时判断为航向

稳定性好的船舶。因此,如果船舶通过 Z 形试验求取了船舶的操纵性指数,则可以利用船舶操纵性指数 T 来进行判别。若操纵性指数 $T>0$,说明船舶具有航向稳定性,且 T 值为越小的正数,船舶的航向稳定性越好。若操纵性指数 $T<0$,则说明船舶不具有航向稳定性。

(三)影响船舶航向稳定性的因素

1. 船舶的长宽比和船体方形系数

据统计,船舶的长宽比越大、船体方形系数越小,即船舶越瘦长,该船的航向稳定性越好。

2. 船体水下侧面积分布

据统计,船体水下侧面积在船尾分布得越多、船首分布得越少,则船舶的航向稳定性越好。与此相关联,适当的尾倾,有助于提高船舶的航向稳定性。

图 1-3-4 逆螺旋试验的 $r-\delta$ 曲线

3. 船速

对于同一艘船而言,随着船速的提高船舶航向稳定性将变好。

二、船舶保向性

(一)船舶保向性(course keeping ability)的概念

顾名思义,船舶保向性是船舶保持原航向的性能,即船舶在外力作用下(如风、流、浪等)偏离了原航向,由舵工(或自动舵)通过罗经识别船舶首摇情况,通过操舵抑制或纠正首摇并使船舶驶于预定航向上的能力。通过较少的操舵使得船舶能在较短的时间内恢复到预定的航向上做直线运动,则该轮的保向性较好,反之,则保向性较差。

(二)船舶保向性与航向稳定性的关系

船舶保向性与航向稳定性既有区别,又有联系。

船舶航向稳定性是船舶固有的运动性能,即船舶不通过操舵,在外界干扰消失后,其能否稳定在新的航向上作新的直线运动的性能;而船舶保向性是船舶在受控状态下的性能,即当船舶偏离原航向后,通过操舵使得船舶恢复到预定航向上做直线运动的性能。船舶的航向稳定性主要与船舶水线以下的几何尺度和形状、船的运动状态等因素有关,而与操船者、舵机的性能等因素无关;而船舶保向性的好坏不但与船舶航向稳定性的好坏有关,同时还与操舵人员的技能及熟练程度,自动舵、舵机的性能等有关。

一般而言,航向稳定性好的船舶,通过较少的操舵就能稳定在预定的航向上,即该轮的保向性也好,反之,保向性也较差。但不具备航向稳定性的船舶,仍然具备保向性,只不过需要通过频繁的操舵或者使用较大的舵角才能保持其直线运动。

(三)影响船舶保向性的因素

1. 船型

水下船型是决定船舶转头阻矩和惯性的重要因素,水上船型是决定船舶所受风力及风力转船力矩大小的重要因素。它们对保向性均有很大影响。表现在:

(1)方形系数较低、长宽比较高的瘦削型船舶,其保向性较好;浅吃水的宽体船保向性

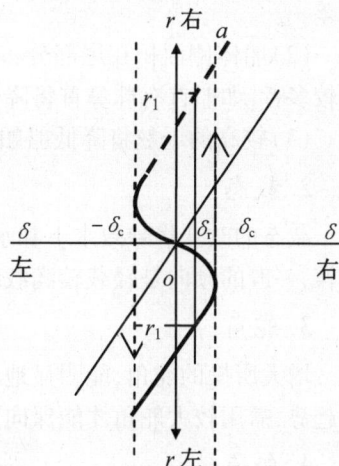

较差。

(2)船体侧面积在尾部分布较多者,如船尾有钝材,其保向性较好;船首水下侧面积分布较多者,如船首有球鼻首将降低保向性。

(3)较高的干舷将降低船舶在风中航行时的保向性。

2.载态

载态的改变将导致水下和水上船型的改变,因而也影响到船舶保向性。对于同一艘船而言,一般的倾向是轻载较满载时保向性好(受风时另当别论);尾倾较首倾时的保向性好。

3.舵角

增大所操的舵角,能明显地改善船舶的保向性。超大型油船小舵角状态下有航向不稳定趋势,需用较大舵角才能保向。

4.船速

对于同一艘船而言,随着船速的提高船舶保向性将变好。

5.其他因素

保向性将因水深变浅而提高,船舶顺风浪或顺流航行中保向性反而降低。

第一章思考题

1. 影响紧急停船距离的主要因素有哪些?
2. 试述船舶制动方法的种类及各自的优缺点。
3. 影响旋回圈大小的因素有哪些?
4. 试述旋回初径、进距、横距、滞距在实际操船中的应用。
5. 何谓船舶的动航向稳定性?如何判别?
6. 影响船舶保向性的因素有哪些?
7. 航进中船舶受到扰动后,船舶运动的稳定性有哪几种?船舶的航向稳定性指的是什么?

船舶操纵设备及其运用

船舶操纵设备也称为船舶运动控制设备,是指船舶本身所装备的推进器、舵、锚及系泊设备和装置。船舶在不同运动状态下,所运用的操纵设备不尽相同,航行状态下最常用的操纵设备是推进器和舵。船舶在进出港和靠离泊操纵时,推进器、舵、锚和系泊设备将综合应用。为了提高船舶在受限水域的操纵性能,有些船舶还配备了侧推器以及特种推进装置等。在船舶本身的操纵设备不能有效控制船舶运动状态的情况下,还需要港作拖轮的协助。

第一节 螺旋桨的作用

将主机发出的功率转换成推动船舶前进功率的装置或机构,统称为推进器。目前船舶最常使用的是螺旋桨(螺旋推进器)。螺旋桨转动时,除产生前后方向的推力或拉力以控制船舶的前后运动外,还会产生左右不对称的横向力使船舶产生偏转。

一、船舶的阻力

船舶在水面上以一定的航速航行,必须依靠主机发出的功率,驱动推进器产生推力,从而克服船舶本身所受的各种阻力。

船舶在水面上航行时,水和空气对船体有相对运动,会产生水动力和风动力。船体在前后方向所受的水动力和风动力也被合称为船舶阻力,它是影响船舶运输效率和运动性能的主要因素之一。

(一)船舶阻力的构成

营运中的船舶所受的阻力总量 R_T 由基本阻力 R_0 和附加阻力 ΔR 两部分构成。

船舶阻力可表示为:

$$R_T = R_0 + \Delta R \tag{2-1-1}$$

(二)基本阻力

基本阻力是指新出坞的裸船体(不包括附属体)在平静水面行驶时所受到的阻力。由摩擦阻力、兴波阻力、涡流阻力三部分组成,即

$$R_0 = R_F + R_W + R_E \tag{2-1-2}$$

1. 摩擦阻力 R_F(frictional resistance)

摩擦阻力的大小与船舶吃水、船体水下部分的湿水面积、船体表面的粗糙度和船速等因

素有关。船舶推进器推动船舶运动时,随着船速的提高,摩擦阻力以船速的平方的速率迅速增大。摩擦阻力在总阻力中所占比例主要取决于船速的大小。一般商船速度范围内,摩擦阻力为总阻力的70%~80%。

2. 剩余阻力 R_R(residual resistance)

剩余阻力 R_R 包括兴波阻力 R_W 和涡流阻力 R_E。兴波阻力指船舶对水运动过程中船体周围产生的兴波造成的能量损失;而涡流阻力指流体与船体分离产生的涡流造成的能量损失。

剩余阻力的大小取决于船体的形状和船速。其中兴波阻力占有比例较大。在低速时,兴波阻力与船速的平方成正比,但在高速时,兴波阻力急剧增大。因此,在高速情况下,船舶的推进功率并非全部用于提高船速,很大一部分转换为兴波能量。在低速时,剩余阻力通常占总阻力的8%~25%,而高速时,甚至达到45%~60%。

浅水对剩余阻力的影响较大,这是由于浅水造成船底的流体向后流动较为困难,进而产生比深水更大的兴波从而造成的阻力增量。

基本阻力的大小主要与船速和吃水有关。吃水越大,阻力越大;船速较低时,基本阻力近似于线性变化;当船速较高时,基本阻力变化明显加快,几乎与船速的平方成正比。

(三)附加阻力

附加阻力指船舶营运过程中由于船舶附体的增加、船体表面粗糙度、海况、风以及海流等引起的船舶阻力增量。附加阻力包括:

1. 附体阻力(appendage resistence)

附体阻力指由于舵、舭龙骨及轴包架等附体对水运动而增加的部分阻力。

2. 污底阻力(fouling resistence)

船舶营运过程中,船壳板上漆层的脱落、海生物的生长都会使船体表面变为粗糙,意味着船舶摩擦阻力的增加。这种船体表面粗糙度的增大,在整个船舶使用寿命期间可能使总阻力增加25%~50%。有关数据显示,每米长度的粗糙度厚度为25 μm 时,船速降低1%。

3. 汹涛阻力(rough water resistence)

船舶阻力也会由于风、浪和船身的剧烈摇摆运动的影响而增加。顶浪航行时,一般船舶总阻力比静水状态增加50%~100%。

4. 空气阻力(air resistence)

空气阻力指在静水状态下(3级风以下),船舶水上部分对空气的相对运动产生的阻力。一般来说,空气阻力与船速的平方以及船体水线以上部分正投影面积成正比。一般情况下,空气阻力通常占总阻力的2%~4%,但集装箱船由于其船体水线以上部分正投影面积较大,且船速较高,其空气阻力占总阻力的比例可达10%。

附加阻力的大小与风浪大小、船体污底轻重及航道浅窄有关。

二、螺旋桨的推力与转矩

(一)推力与转矩

螺旋桨在主机的驱动下旋转推水向后运动,而水对螺旋桨的反作用力称为推力(thrust)。主机提供的使螺旋桨旋转的力矩称为转矩(torque)。

流向螺旋桨盘面的水流称为吸入流(suction current),其特点是作用范围较广,流线几乎平行,流速较低;推离螺旋桨盘面的水流称为排出流(discharge current),其特点是作用范围较窄,流线旋转,流速较快。如图2-1-1所示。

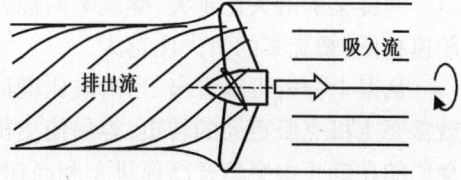

图2-1-1 吸入流和排出流

主机提供的使螺旋桨旋转的力矩称为转矩(torque)。螺旋桨的推力与转矩用下式计算:

$$T = \rho \cdot D^4 \cdot n^2 \cdot K_T \tag{2-1-3}$$

$$Q = \rho \cdot D^5 \cdot n^2 \cdot K_Q \tag{2-1-4}$$

式中,ρ—— 水密度;

D—— 螺旋桨直径;

n—— 螺旋桨转速;

K_T—— 螺旋桨的推力系数;

K_Q—— 螺旋桨的转矩系数。

一般而言,推力与主机的转速、船速、螺旋桨的沉深、滑失以及伴流等因素有关。具体而言:

(1)当船速一定时,转速越高,推力就越大,推力的大小与转速的平方成正比。

(2)当转速一定时,船速越高,推力越小。船速为零时推力最大,该推力被称之为系柱推力。

(3)沉深越小,相同条件下的推力越小。

(4)滑失越大,相同条件下的推力越大。

(5)伴流越大,相同条件下的推力越大。

螺旋桨沉浸水中的深度对螺旋桨的推力与转矩影响较大,当螺旋桨浸在水中的深度不足时,螺旋桨转动造成空气吸入现象或部分桨叶露出水面,螺旋桨的推进效率将大大降低,螺旋桨的推力与转矩也将随之降低。

当主机倒车时,主机的拉力和转矩具有与正车时相同的特性,由于螺旋桨及主机结构方面的原因,一般船舶倒车拉力只有进车推力的60%~70%,大型船舶只有30%~40%。

(二)滑失(slip)

滑失(slip)是指螺旋桨对水纵向运动的理论速度与实际速度之差,如图2-1-2所示,即

$$s = np - v_P = np - v_S(1 - w_P) \tag{2-1-5}$$

式中,s—— 滑失;

n—— 螺旋桨的转速;

p—— 螺旋桨的螺距;

v_P—— 螺旋桨对水的实际速度;

v_S—— 船舶航速;

w_P—— 螺旋桨处的伴流系数或伴流分数。

滑失与螺旋桨对水运动的理论速度的比值称之为滑失比 s_R(slip ratio),即

$$s_R = s/np = (np - v_P)/np = 1 - v_P/np \tag{2-1-6}$$

若以航速 v_S 代替 v_P,则分别称为虚滑失和虚滑失比,即不考虑螺旋桨处伴流的影响。

螺旋桨的滑失比越大,螺旋桨的推力系数与转矩系数也越大。当螺旋桨的转速一定时,船速越低,螺旋桨的滑失比越大。

从以上分析可以看出,当滑失比增加时,在增加推力的同时也增加了螺旋桨的转矩,这就需要主机克服更大的转矩,容易使主机超负荷工作而损坏主机。因此在实际工作中应避免船舶在静止中突然开高速进车和高速倒车而损坏主机。另外,船舶在大风浪中或浅窄水域航行时,因船速下降而导致螺旋桨的滑失增加,亦容易造成船舶主机超负荷工作,应引起足够的重视。

尽管滑失比的增大会降低螺旋桨的推进效率并增加螺旋桨负荷,但从船舶操纵角度来看,滑失比的增大有利于提高船舶的转向效率。在实际操船中,船舶操纵人员常常通过降低船速、增加螺旋桨转速来增大螺旋桨的滑失比,进而提高舵效。

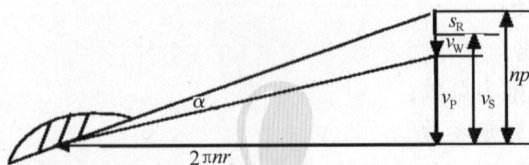

图 2-1-2 滑失的影响

(三)伴流

船舶以某一速度向前航行时,附近的水受到船体的影响而产生运动,其表现为船体周围将存在一股水流以某一速度随船前进,这股水流称为伴流或迹流。通常所说的伴流速度是指相应位置处伴流沿首尾方向的分量。和船体运动方向运动一致的伴流称为正伴流,反之为负伴流。

伴流主要由摩擦伴流、势伴流和兴波伴流组成。摩擦伴流是船体运动时由于水与船体之间的摩擦而引起的一种水流,其方向与船体的运动方向一致,故为正伴流,摩擦伴流是伴流的主要成分。如船体前进一段距离,首部将水向两舷挤开,船体两侧外围水自首向尾流动,而尾部水流自两舷挤入,这种随船体运动自首经两舷再流向船尾的水流称为势伴流,显然首尾附近的伴流为正伴流,而船中附近的伴流为负伴流。因势伴流稍离船体迅速分散,所以其作用不甚明显。兴波伴流是船行波形成的伴流,其影响较前两者小。

伴流分布的特点为:船舶在前进时,伴流大小与厚度自船首至船尾逐渐扩大,船首最小,船尾最大,离船体越远,伴流越小。因此,一般船舶其正伴流的最大位置在螺旋桨的桨盘处。船舶后退时,则船尾的伴流最小。船尾处伴流沿螺旋桨的径向,上大下小,左右对称。如图2-1-3所示。

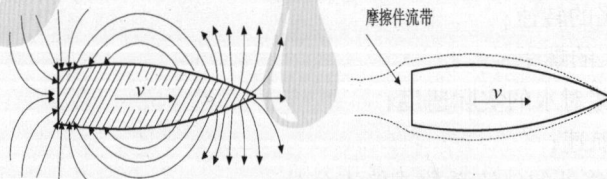

图 2-1-3 伴流的分布

由于伴流的存在,使得船后螺旋桨进速比船速低,船后螺旋桨的推力将比单独螺旋桨的推力大,但会使舵效变差。伴流对提高螺旋桨推力是个有利因素。

三、主机功率和船速

对于给定的船舶主机,可提供的功率是有限的,船舶的航速也相应受到限制。此外,由于功率以及转矩的限制,主机或螺旋桨的转速也受到船速以及外界环境条件的制约,在特定的船速和环境条件下,主机不能随时提供任意的转速。

(一)主机功率

从功率的传递情况来看,主机发出的功率,除了驱动螺旋桨转动产生推力为船舶做前进运动提供有效功率外,还必须提供驱动螺旋桨产生相应转矩以及克服主机和传动轴系摩擦所需要的功率。

主机功率主要有以下几种:

1. 机器功率 MHP(machinery horse power)

机器功率是指主机发出的功率。根据主机种类的不同,测定机器功率的部位不同,机器功率在不同类型主机中就有不同的表示方式。蒸汽机主机常用指示功率 IHP(indicated horse power)来表示主机的机器功率,IHP 指主机在汽缸内产生的功率。内燃机主机常用制动功率 BHP(brake horse power)来表示主机的机器功率,BHP 指输出于主机之外可实际加以利用的功率。汽轮机主机常用轴功率 SHP(shaft horse power)来表示主机的机器功率,SHP 指传递到与螺旋桨尾轴相连接的中间轴上的功率。

2. (螺旋桨)收到功率 DHP(delivered horse power)

收到功率是指机器功率经过传动装置和其他机件的摩擦损失,传至主轴尾端与螺旋桨连接处的功率。

3. 推力功率 THP(thrust horse power)

推力功率是指螺旋桨获得收到功率后,螺旋桨发出的推进功率,它等于螺旋桨发出的推力与螺旋桨进速(对水)的乘积。

4. 有效功率 EHP(effective horse power)

有效功率是指克服船舶阻力而保持一定船速所需的功率,它等于船舶阻力与船速的积。

(二)各功率之间的关系

螺旋桨收到功率 DHP 与机器功率 MHP 的比值称为传递效率,其值通常为 0.95~0.98。

有效功率 EHP 与收到功率 DHP 之比称为推进器效率,该值一般为 0.60~0.75。

有效功率 EHP 与主机机器功率 MHP 之比称为推进系数,该值一般为 0.5~0.7。这就是说,主机发出功率变为船舶推进有效功率后已损失了将近一半。

(三)船速分类

船速(对水)按照航行环境以及主机工况的不同可以分为:

1. 额定船速

额定船速也称为最大船速,是指船舶主机按额定输出功率航行时所能达到的最高船速。对应的主机转速称为额定转速。额定船速通常为设计船速,在新船试航时也可通过实船试验测得。投入营运后由于主机的磨损和船体的陈旧,额定船速将会降低。

2. 海上船速

船舶在海上实际航行时,通常保留一定的功率储备,采用低于额定功率的常用功率称为海上功率,通常为额定功率的90%,相应的海上常用主机转速则为额定转速的96%~97%。

主机按海上常用输出功率、常用转速运转时,在平静深水域中取得的船速即为海上船速。船舶以海速行驶时,只是意味着主机按海上常用输出功率、常用转速运转,由于海上气候多变,船舶装载状态不同,船速并不是固定不变的。

3. 港内船速

船舶在进出港航行时,因船舶密集,水深较浅,弯道较多,需要频繁用车(变速操纵)、用舵。为便于操纵和不使主机超负荷,港内航行时主机最高转速应较海速为低,一般港内的最高主机转速为海上常用转速的70%~80%。该转速通常由船长和轮机长商定并共同遵守执行。因为螺旋桨设计的原因,倒车时转矩往往比正车时大,通常港内"后退三"时的主机转速为海上常用转速的60%~70%。

此外,主机正车转速常划分为"前进三(full ahead)""前进二(half ahead)""前进一(slow ahead)"以及"微速前进(dead slow ahead)"四挡,微进时的主机输出功率和转速,是主机可以持续输出的最低功率和最低转速。倒车挡也分为"后退三(full astern)""后退二(half astern)""后退一(slow astern)"以及"微速后退(dead slow astern)"四挡。

与海上船速类似,港内船速指主机按港内各级转速运转时,在平静深水域中取得的船速。港内船速也称为备车(主机做好随时操纵的准备)速度或操纵速度,船舶以港速行驶时,往往意味着备车航行,由于船舶装载状态以及水深等外界条件不同,船速并不是固定不变的。

4. 经济航速

所谓的经济航速是指能使船舶费用和燃料费用之和即运输成本达到最低的航速。营运中的船舶为了最大限度地节约成本,常常采用经济航速航行,尤其是大洋航行时,航程和航时均较长,掌握船速和主机燃油消耗的关系,运用最佳船速,可以大大提高船舶运输的经济效益。

如果要综合考虑船舶折旧费、保险费、船员费用、修理费、港口使费、润滑油费用等,则经济航速较难确定。

5. 测速

船舶操纵性能受水深、水域宽度、气象条件、水文条件等诸多因素的影响,所以为了使实船试验结果具有普遍意义,需要对试验条件做出规定。IMO安全委员会在MSC/Circ.644中做出了详细规定。

(1)水深、水域宽度

应在深水、宽度不受限制、遮蔽条件较好的水域进行标准操纵性试验,其水深应大于4倍的船舶平均吃水。

(2)船舶载况和吃水差

船舶应在满载(达到夏季吃水)、平吃水的条件下进行试验,即确保螺旋桨有足够的沉深。

(3)气象与海况

应尽可能在比较平静的水域进行试验,具体规定如下:

风力不超过5级,即风速不超过19 kn;

海浪不超过 4 级,即有义波高不超过 1.9 m,最大波浪周期不超过 8.8 s;

流场比较均匀,即在试验时间和水域范围内,流速、流向相对是稳定的。

船舶测速要求在专用测速水域进行,应沿与测速标方位垂直的航向行驶。通常需测定满载、合理压载等常用吃水条件状态的前进一、前进二、前进三时的船速。无风、浪、流的影响时,船舶测速(对一种装载状态和一种主机转速,下同)通常需要进行一个往返:

$$v = \frac{v_1 + v_2}{2}$$

船舶测速时如果有风流影响,为减小误差,应往返多次测速并求平均速度。

仅有均匀流影响时,通常需要进行 3 次:

$$v = \frac{v_1 + 2v_2 + v_3}{4}$$

有不均匀流影响时,通常需要进行 4 次:

$$v = \frac{v_1 + 3v_2 + 3v_3 + v_4}{8}$$

船舶测速操纵如图 2-1-4 所示,在进行测速操纵时,除满足以上所需条件外,还应注意:

①保持稳定的主机转速和航向,航向偏差不得超过 ±2°;

②把定航向所操舵角应不大于 5°,旋回掉头时所用舵角不应大于 10°。

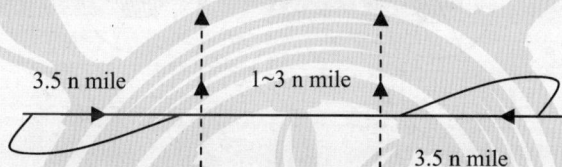

图 2-1-4 测速操纵示意图

四、螺旋桨的致偏效应及其运用

螺旋桨转动时,除了产生前后方向的推力或拉力,还会产生左右不对称的横向力使船舶产生偏转。船舶驾引人员必须注意这些横向力对船舶操纵的影响,了解和掌握这些横向力的特性、大小、方向等,在实际操船中趋利避害地加以运用。根据产生机理的不同,螺旋桨横向力可以分为沉深横向力、伴流横向力、排出流横向力以及推力中心偏位,这几种作用力在不同的条件下作用大小和方向各异。下面以右旋固定螺距螺旋桨(FPP)单桨船为例讨论螺旋桨横向力产生的机理及作用规律。

(一)螺旋桨横向力

1．沉深横向力

螺旋桨盘面中心距水面的垂直距离称为螺旋桨的沉深 h,沉深与螺旋桨直径 D_P 之比 h/D_P 称为沉深比,见图 2-1-5。

沉深横向力的产生机理是流体静压力随深度的增加而增大,当螺旋桨转动时,上下叶所处的深度不同,在周向(即切线方向)的横向力方向相反,但大小不同,因此产生横向力。此外,当沉深比较小($h/D_P < 0.65 \sim 0.75$)上方有空气吸入时,或桨叶暴露于空气中($h/D_P \leqslant 0.5$)时,其上方桨叶所受的偏转力小,因而产生较大的横向力。

随沉深的增大,螺旋桨桨叶距水面较深,空气就不易吸入,沉深横向力逐渐减小。但如果水深较浅,螺旋桨桨叶距离海底较近,由于水流受阻或搅入泥沙使流体密度增大,下部桨叶受到的水动力会大于上部桨叶,同样产生较大的横向力。

由沉深横向力产生的机理可以看出,作用在桨上的横向力方向(由船尾向前看)总是与螺旋桨的旋转方向相同。对于右旋固定螺距螺旋桨而言,进车时,沉深横向力推尾向右,船首左偏;倒车时相反,推尾向左,船首右偏,见图2-1-6。

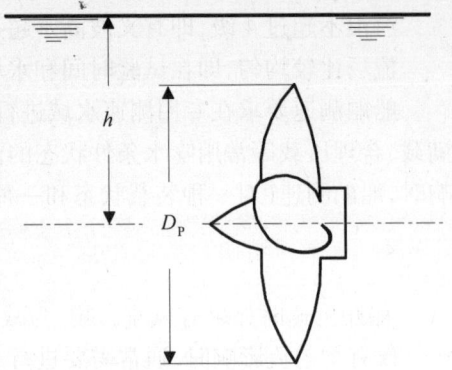

图 2-1-5　螺旋桨沉深

沉深横向力的大小除了与沉深及螺旋桨转速有关外,受船速的影响较大,在转速不变的情况下,随船速的提高,沉深横向力逐渐减小。

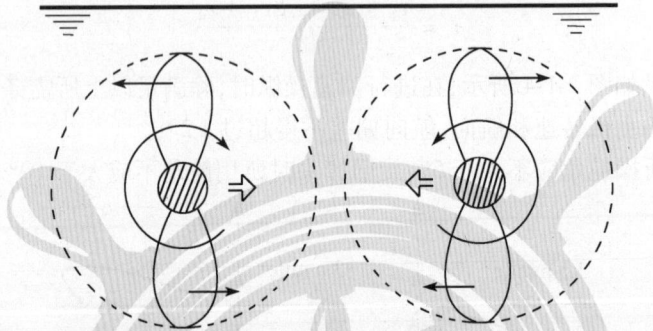

图 2-1-6　螺旋桨沉深横向力

2.伴流横向力

船舶在前进中,当螺旋桨转动时,由于受纵向伴流影响,螺旋桨上部桨叶相对于水的进速比下半部桨叶要低,因此水流的冲角相对较大,所受到的升力也相对较大,偏转力也要比下部桨叶的转力大,该偏转力之差即为伴流横向力,见图2-1-7。

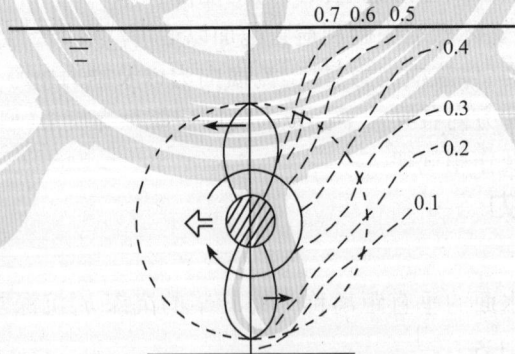

图 2-1-7　螺旋桨伴流横向力

由伴流横向力产生的机理可以看出,作用在桨上的横向力方向(由船尾向前看)总是与螺旋桨的旋转方向相反。对于右旋单桨船而言,前进中进车时,推尾向左,船首右偏;船舶在前进中倒车时相反,伴流横向力推尾向右,船首左偏。上述的船首偏转方向正好与螺旋桨的沉深横向力相反。

伴流横向力还随转速的提高而增大,由于船速较低时伴流相应减弱,伴流横向力随船速的降低而减小。在船舶静止或后退中,船尾伴流可以忽略,伴流横向力也可以忽略。但总体而言,不论是进车还是倒车,伴流横向力均是一个较小的量。

3. 排出流横向力

离开螺旋桨的流称为排出流,其特点是流速较快,作用范围较小,水流旋转激烈,如图 2-1-1 所示。

船舶前进中进车,排出流作用在舵上。正舵时,由于旋转作用,螺旋桨上半部排出流作用在舵叶右下部,下半部排出流作用在舵叶左上部。受伴流影响,上半部排出流轴向速度较小,因此作用在舵上的冲角较大,使舵叶右侧的水动力大于左侧,造成推尾向左的横向力,见图 2-1-8。

船舶进速较低或船舶后退中倒车时,螺旋桨的排出流打在船体的尾部,由于船体尾部型线的上肥下瘦,相比较而言,在船尾右舷尾外板上不仅排出流冲角较大,而且冲击的外板面积较为宽广,所以形成较强的冲击力,使船尾向左偏转,船首向右偏转,见图 2-1-9。

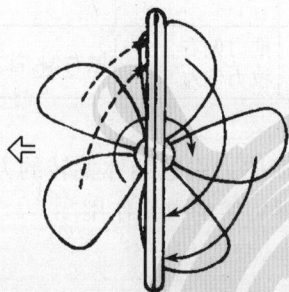

图 2-1-8　螺旋桨正车排出流横向力　　　　图 2-1-9　螺旋桨倒车排出流横向力

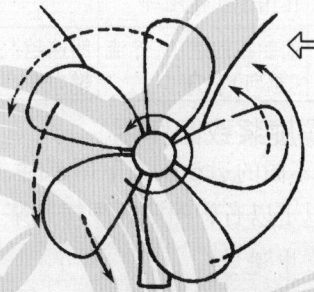

综上所述,无论处于何种状态,右旋固定螺距螺旋桨单桨船的排出流横向力方向均向左,使船首向右偏转。

4. 推力中心偏位

推力中心偏位是由吸入流和伴流引起的。由于吸入流和伴流在船尾的分布是三维的,垂向的分布是沿水下船尾型线由船底向上呈斜上方向汇集于螺旋桨的盘面内。螺旋桨右旋时右半圆的桨叶呈顶流、左半圆的桨叶呈顺流状态,使右侧桨叶的推力大于左侧桨叶的推力,整个螺旋桨的推力中心偏向于螺旋桨中心的右侧,使船首左偏,同时,由于左右桨叶垂直力右大左小,船尾受到一定程度的抬升,如图 2-1-10 所示。船舶前进时倒车时,左侧的桨叶呈顶流、右侧的桨叶呈顺流状态,使左侧桨叶的拉力大于右侧桨叶的拉力,整个螺旋桨的拉力中心偏向于螺旋桨中心的左侧,使船首左偏。

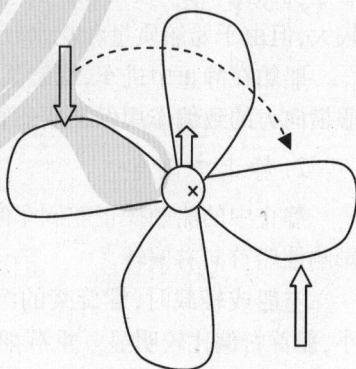

图 2-1-10　推力偏心力

总而言之,螺旋桨推(拉)力中心偏位的方向与螺旋桨旋转的方向一致,引起的横向力使船尾向右,船首向左偏转。船速越高、螺旋桨转速越高,则推力中心偏位越明显。但总体而言,不论是进车还是倒车,螺旋桨推力中心引起的横向力均是一个较小的量。船舶在后退中,因为舵吸入流和伴流均微弱,推力中心偏位的效果可以忽略。

右旋固定螺距螺旋桨(FPP)单桨船各种螺旋桨横向力产生的条件及作用规律如表2-1-1所示。

表 2-1-1　螺旋桨横向力

横向力种类	产生条件	影响因素	方向	致偏作用
沉深横向力	$h/D_P < 0.65 \sim 0.75$ 或水深较小	h/D_P 越小、水深越浅、船速越低、转速越高,横向力越大;空载时作用明显	推尾与螺旋桨旋转方向相同	进车,尾右偏,首左偏 倒车,尾左偏,首右偏
伴流横向力	船有进速,伴流存在	船速越高、转速越高,该力越大	推尾与螺旋桨旋转方向相反	进车,尾左偏,首右偏 倒车,尾右偏,首左偏
排出流横向力	进车时伴流存在;倒车时排出流能够作用于船体尾部	排出流速度越大、船尾吃水越浅,该力越大	向左	尾左偏,首右偏
推力中心偏位	船舶在前进中,伴流(垂向)存在	船速越高、螺旋桨转速越高,推力中心偏位越明显	推力偏右,拉力偏左	尾右偏,首左偏

(二)螺旋桨致偏作用

船舶在不同的运动状态下用车时,螺旋桨旋转产生横向力引起船体偏转的方向和大小各不相同,以下以右旋固定螺距螺旋桨单桨船为例讨论螺旋桨的致偏作用。

1. 静止中进车

开始动车时,因为不存在伴流(吸入流引起的伴流可以忽略),伴流横向力、进车排出流横向力以及推力中心偏位的影响均较小,船舶在沉深横向力的作用下使船首左偏。

空船或轻载时,螺旋桨的沉深比 h/D_P 较小,沉深横向力较大,船首左偏比较明显。重载船沉深比 h/D_P 较大,沉深横向力较小,但在水深吃水比 H/d 较小时,沉深横向力仍可能较大,但由于船舶质量和吃水较大,沉深横向力致偏作用不明显。

船舶在静止中进车,螺旋桨排出流的作用能够产生足够的舵效,用 2°~3°舵角即可克服横向力的致偏作用保证船舶直航。

2. 静止中倒车

静止中的船舶操正舵倒车时,由于不存在伴流,只有倒车排出流横向力及沉深横向力的影响使船首向右偏转。

空船或轻载时,螺旋桨的沉深比 h/D_P 较小,沉深横向力较大,而且船舶质量及吃水较小,船首右偏比较明显。重载船沉深比 h/D_P 较大,沉深横向力较小,但在水深吃水比 H/d 较小时,沉深横向力仍可能较大,同时倒车排出流横向力总是较大的量,因此仍有明显的船首右偏。

船在静止中由于吸入流产生的舵力极低,即便使用右满舵也不能控制这种船首右转的现象。

3. 前进中进车

船舶在正车前航时,沉深横向力、伴流横向力、进车排出流横向力以及推力中心偏位均存在,其作用方向相反,致偏作用取决于各种横向力的合力大小,总体偏转不明显。

低速时,伴流横向力、进车排出流横向力以及推力中心偏位的影响均较小,船舶在沉深横向力的作用下使船首左偏。随着船速的提高,沉深横向力减小,伴流横向力、排出流横向力推尾向左的影响增强,将逐渐削弱甚至克服沉深横向力的作用。

船舶在正车前航时,螺旋桨横向力致偏作用极小,且可用舵角保证船舶直航。

4. 前进中倒车

开始倒车时,船速仍较高,伴流仍很强,伴流横向力的影响使船首左偏,推力中心偏位的影响也使船首左偏。而因船前进的速度较高,沉深横向力较小,倒车排出流难以作用到船尾,使船首右偏的影响较弱。因此总体而言船舶的偏转方向不定,此时由于有一定舵效,用舵就能克服偏转。

随着船速降低,沉深横向力与倒车排出流横向力的影响逐渐增强,而伴流横向力与推力中心偏位逐渐减弱,船首将出现明显的向右偏转。此时,船虽仍在前进中,但倒车排出流却大大降低了舵处的来流速度,舵效极差,因此即使操舵也无效果。一般船舶为控制船首右转,只有在倒车开出之前先操左舵,使船先具备左转趋势,上述右偏现象才有所缓解。

5. 后退中倒车

船舶在后退中倒车,与静止中的船舶操倒车时相同,由于不存在伴流,只有倒车排出流横向力及沉深横向力的影响使船首向右偏转。只有具有相当的后退速度,舵与水的相对速度较大,才能产生足够的舵力转船力矩以削弱船首向右偏转的趋势。实船经验表明,后退中的舵力,一般不能制止船首向右偏转。

6. 后退中进车

船舶在后退中进车,与静止中的船舶进车时相同,因为不存在伴流,伴流横向力、进车排出流横向力以及推力中心偏位的影响均较小,船舶在沉深横向力的作用下使船首左偏。

螺旋桨排出流的作用能够产生一定的舵效,可以用舵克服横向力的致偏作用。

(三)螺旋桨致偏作用的运用

如前所述,就右旋固定螺距螺旋桨单桨船而言,螺旋桨横向力最明显的致偏作用是在低速前进中、静止中或后退中倒车时出现的船首右偏。这一现象在实际操船中可以趋利避害地加以运用。

1. 向右就地掉头

为了在狭小的水域完成掉头 180° 的操纵,右旋固定螺距单桨船多采取向右掉转的方法。操纵得当应能在两倍船长左右或更小的水域内实现掉转。

如图 2-1-11 所示,船舶停车淌航至位置①时,操右满舵全速进车。此时螺旋桨的滑失很大,船首迅速向右偏转,但由于船速不大,故而前冲的距离不大。在未到位置②之前即用后退三,此时舵力、螺旋桨沉深横向力、倒车排出流横向力均推尾向左,进一步使船首继续右转。当船舶到达位置②时,即船舶前进运动停止后操正舵,待船舶开始后退时即操左满舵,船首继续右转。当至位置③时,若确信位置已够,可操右满舵并全速进车,待船首掉转到接近180°时适当减速。

2.系靠单浮或单点系泊中的应用

如图 2-1-12 所示,在系靠单浮筒或单点系泊时的自力操船中,通常以右舷浮筒横距$(1\sim1.5)B$入泊。在接近浮筒前倒车,这样既可以刹减船速,又可以使船首向右偏转,从而使船首缓慢接近浮筒。

3.自力靠泊操纵中的应用

左舷靠码头时,一般应调整本船对码头线的靠拢角为(越是倒车偏转特性强的小型船该角度也较高)10°~20°,以备在适当时机倒车时既可将船拉停在码头边,又能使船外转该靠拢角度,正好平行地或近乎平行地停于码头泊位处。如图 2-1-13(a)所示。

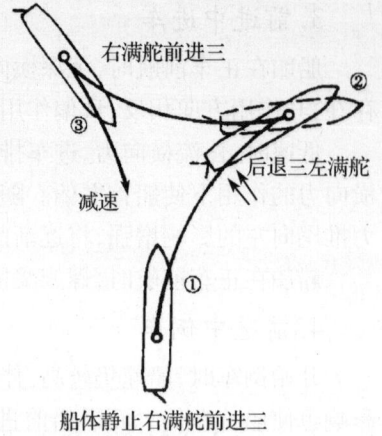

图 2-1-11　向右就地掉头

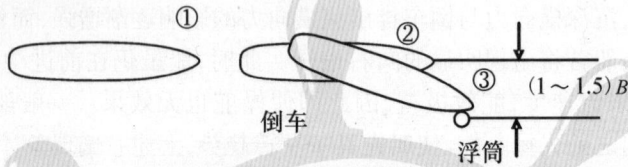

图 2-1-12　系靠单浮筒

右舷靠泊如图 2-1-13(b)所示。考虑到为了停船必须使用的倒车会使船舶右转,因此应尽量减小靠拢角,而略加大船与码头线的横距,以便倒车时,使船首平安地接近码头线并不至导致过大靠拢角度,然后再采取适当措施解决船尾入泊的问题。

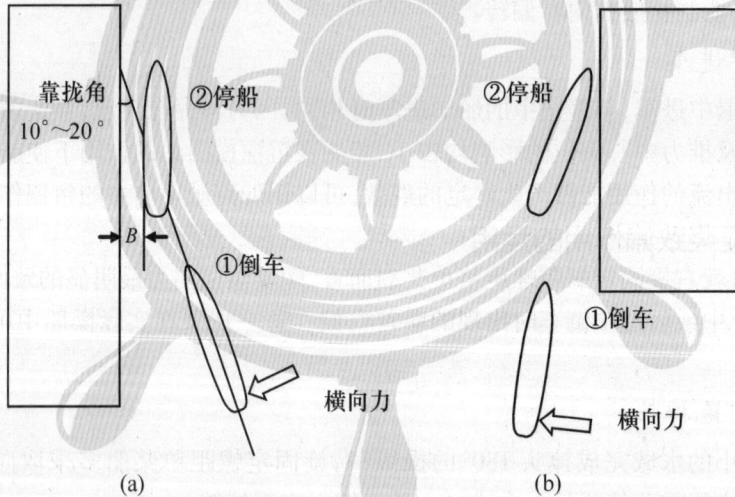

图 2-1-13　自力靠泊操纵

(四)CPP 与双桨船

除了右旋固定螺距桨 FPP 外,实际中有的商船装备可变螺距桨即 CPP(controlable pitch propeller),另外也有的船舶装备双车(可能是 FPP 也可能是 CPP)。为了趋利避害地利用螺旋桨横向力的致偏作用,可变螺距桨及双桨的旋转方向并不总是右旋的。

1. 可变螺距桨

如前所述,可变螺距螺旋桨的特点在于其在停车、正倒车操纵中不需要改变旋转方向和转速,而右旋固定螺距桨横向力最明显的致偏作用是在低速前进中、静止中或后退中倒车时出现的船首右偏。因此对于可变螺距螺旋桨(CPP)单桨船而言,为了使其在操纵中与右旋固定螺距单桨船的致偏作用一致,常常采用左旋式。

2. 双桨船

双螺旋桨船的两个推进器推力的大小可分别进行控制。对于双桨船而言,为了抵消正车前航时的螺旋桨致偏作用,不论是 FPP 或 CPP,两个桨的旋转方向总是相反的。固定螺距螺旋桨双车船多采用外旋式,这样设置是为了充分发挥港内操纵时的螺旋桨致偏作用,利用一进一倒进行转船时,两个螺旋桨的横向力都有助于船舶的转动。同理,对于可变螺距螺旋桨,一般采用内旋推进方式。如图 2-1-14 所示。

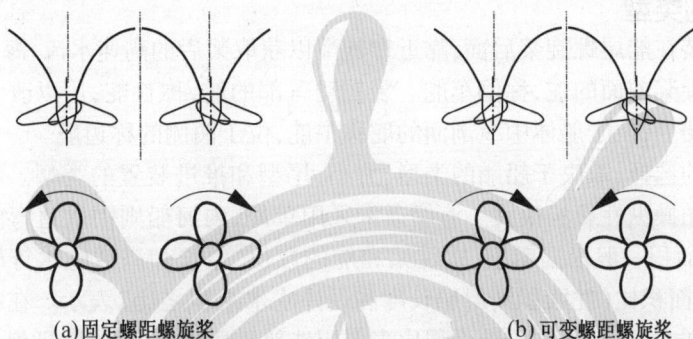

(a)固定螺距螺旋桨　　　　　　　　(b)可变螺距螺旋桨

图 2-1-14　双螺旋桨

第二节　舵设备及其应用

为了操纵的需要,船舶必须具备变向性能和保向性能,即控制航向性能。舵就是这种控制航向的重要操纵设备,是船舶自航时控制方向的设备。船舶操纵过程中,舵的作用主要包括用小舵角保持航向、中舵角改变航向和大舵角的紧急避让与旋回。为此,对于船舶驾引人员,有必要了解舵设备的性能及其控制方法。

一、舵设备的作用及组成

舵一般位于螺旋桨的后方,舵的功能是利用流经舵面水流的作用力,在船尾产生一个横向的舵力,从而使船转动。舵设备是船舶在航行中保持和改变航向及旋回运动的主要工具。它由舵装置(rudder)、舵机与转舵装置(steering gear)、操舵装置的控制装置(steering gear controller)及其他附属装置(auxiliary equipment)组成,如图 2-2-1 所示。

操舵人员转动舵轮或扳动操舵手柄(或应急装置),启动机械、液压或电力操舵装置即可控制舵机正转、反转及停止。转舵装置又称传动装置,其作用是把舵机的动力传到舵轴,驱动舵叶转动。舵机和转舵装置又统称为操舵装置,均装于船尾舵机舱内。目前,绝大多数

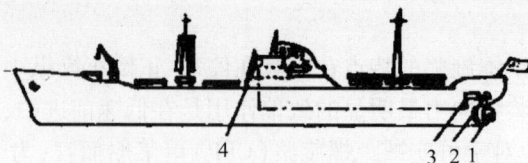

1—舵装置;2,3—转舵装置;4—操舵装置的控制装置

图 2-2-1　舵设备主要组成部分

船舶装有自动操舵仪(简称自动舵),使船舶在开敞、安全的水域中航行时取代了人工操舵。另外,目前较先进的自动航迹舵操舵仪,不但具备一般自动舵的航向保持功能,还有使船舶位置自动保持在预定航迹内的功能。

二、舵的类型和结构

(一)舵的类型

舵通常安装在船尾螺旋桨后面,靠近螺旋桨以获取桨后的高速水流,海船一般采用该种形式。装在螺旋桨前面的舵,称倒车舵。装在船首部的舵,称首舵,用以改善船舶倒航时的操纵性。多舵船上,位于船体中纵剖面的舵称中舵,位于两侧的称边舵。

舵的类型的选择,取决于船舶的类型、大小、尾型和推进装置的类型。舵的数量和舵面积的大小对船舶操纵性影响很大。海船通常采用单舵,内河船则因航道弯曲而复杂常设有2~3个舵。舵面积一般根据船型、螺旋桨和舵的数目、船长和满载吃水等确定。舵面积的大小,一般用舵面积比(舵面积同船舶长度和设计吃水乘积之比)表示。在我国有关的船舶设计手册及书刊中,海洋船舶的舵面积比多引用造船手册推荐的数值,即海船单螺旋桨单舵的舵面积比为 1.6% ~ 1.9%,双螺旋桨单舵的为 1.5% ~ 2.1%;油船的为 1.3% ~ 1.9%;沿海船的为 2.3% ~ 3.3%,内河一般的双桨客船的为 2.1% ~ 5.0%。

舵的类型较多。常见商船上使用的舵一般按下述几种方法来分类:

1. 按舵杆的轴线位置分类

(1)不平衡舵(unbalanced rudder):又称普通舵。舵叶面积全部在舵杆轴线的后方,如图 2-2-2(a)所示。这种舵有许多舵钮,即有许多支点,舵杆的强度易于保证。不平衡舵的舵杆轴线在舵叶导边处,舵压力中心至舵杆轴线的距离较大,有利于保持航向的稳定性,但所需转舵力矩也大,现在海船上这种舵已经很少见,一般只限于沿岸航行的一些小的驳船。

(2)平衡舵(balanced rudder):舵叶部分面积在舵杆轴线的前方,用舵时起到平衡作用,这部分面积与舵叶全部面积之比称为平衡系数,一般为 0.20 ~ 0.30,如图 2-2-2(b)所示。这种舵的特点是舵叶的压力中心靠近舵轴,舵绕舵轴的回转力矩小,易于操舵,减少了舵机所需的功率,可选择小型舵机,因此,在海船和拥有双螺旋桨的船上得到广泛应用。它的缺点是舵在工作时容易摆动,对航向稳定性不利。

(3)半平衡舵(semi-balanced rudder):把舵轴前面的舵叶面积做得小些,或把舵叶的上半部分做成不平衡舵,下半部分做成平衡舵,减少其平衡量,使平衡系数介于平衡舵和不平衡舵之间,即 0.2 以下。半平衡舵与船舶的尾柱连接在一起,使舵比较坚固可靠,有利于保持航向的稳定性,比较适合于大型船舶,例如大型的集装箱船、散装船、油船和一些远洋客船。当前比较流行的航海舵就属于半平衡舵,如图 2-2-2(c)和图 2-2-3 所示。

(a) 不平衡舵　　(b) 平衡舵　　(c) 半平衡舵

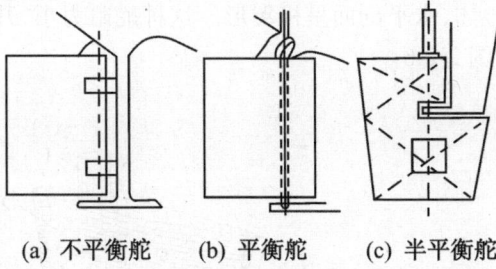

图 2-2-2　舵的类型(按舵杆的轴线位置分)　　　图 2-2-3　半平衡舵

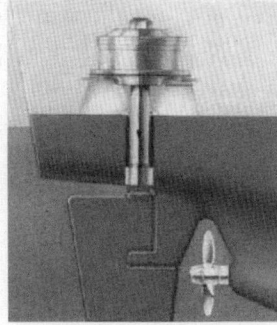

2. 按舵叶的支承情况分类

(1)双支承舵(double bearing rudder):有两个支承点的舵。上支承点一般是在船体上,下支承点,对于双支承的平衡舵,是在舵叶下端的舵托处,见图 2-2-4(e);对于双支承的半悬挂舵,是在舵叶的半高处,见图 2-2-4(a)。

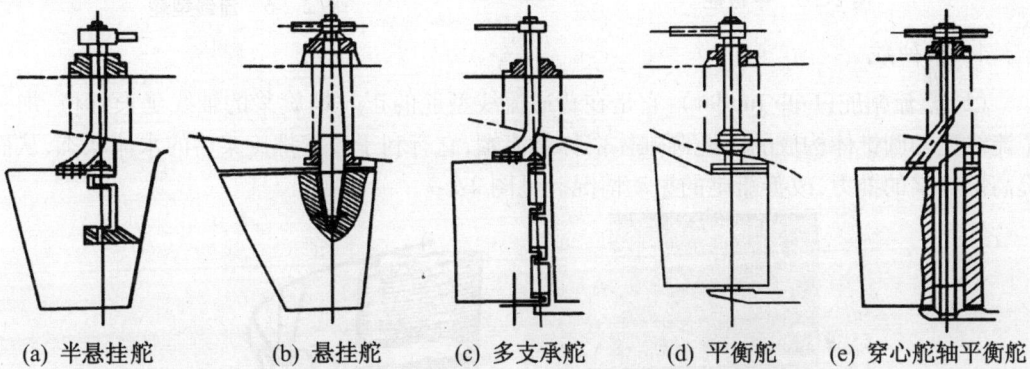

(a) 半悬挂舵　　(b) 悬挂舵　　(c) 多支承舵　　(d) 平衡舵　　(e) 穿心舵轴平衡舵

图 2-2-4　舵的主要类型

(2)多支承舵(multipintle rudder):多于两个支承点的舵。支承点可为舵承、舵钮和舵托等。它有三个以上的舵钮用舵销与尾柱连接,一般为不平衡舵,见图 2-2-4(c)。除船体内的支承外,舵的重量主要由舵托支承。

(3)悬挂舵(hanging rudder):仅在船舶内部设有支承点,悬挂舵的舵叶悬挂于船体下面,无下支承,舵杆受弯矩大,常用作多舵船的边舵,见图 2-2-4(b)。平衡悬挂舵(balanced spade type rudder)。这种类型的舵从上往下逐渐变窄,以减少对舵轴的弯矩。建造和安装比较简单,其缺点是整个舵的重量只能由船内的舵承来承受,这种类型的舵被广泛地使用在沿岸航行的短途运输船舶中,例如渡轮、滚装船及冷藏船。

(4)半悬挂舵(partially underhung rudder):半悬挂舵的舵叶上半部连接在舵柱上,下半部呈悬挂状,见图 2-2-4(a)。

3. 按舵叶的剖面形状分

(1)平板舵(flat-plate rudder):又称单板舵。舵叶是一块钢板或在钢板上两面交替安装的横向加强筋(舵臂)等构成,见图 2-2-5。这种舵,随着舵角的增大舵效变差。失速现象发生得早,而且阻力也大。

（2）流线型舵（streamlined rudder）：又称复合舵。流线型舵的舵叶以水平隔板和垂直隔板作为骨架，外覆钢板制成水密的空心体，水平剖面呈机翼形。这种舵阻力小，升力大，舵效好，虽构造比较复杂，但应用广泛。见图2-2-6。

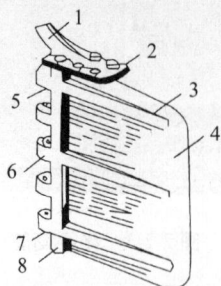

1—上舵杆；2—连接法兰；3—舵臂；4—舵板；5—上舵销；6—中间舵销；7—下舵销；8—下舵杆

图 2-2-5　平板舵

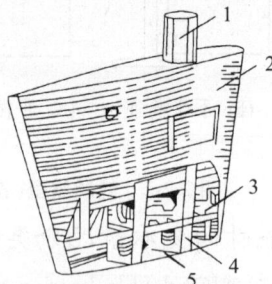

1—舵杆；2—舵板；3—水平加强筋；4—焊接衬板；5—垂直加强筋

图 2-2-6　流线型舵

4. 特种舵

（1）整流帽舵（bulb rudder）：它是在普通流线型舵的正对螺旋桨的轴线延长部位，加一个流线型的圆锥体构成的。此圆锥体俗称整流帽，它有利于改善螺旋桨后的水流状态，从而提高螺旋桨的推力，改善船尾的振动情况。见图2-2-7。

图 2-2-7　整流帽舵

（2）主动舵（active rudder）：在舵叶后端装有小螺旋桨或导管推进器，转舵时可发出推力，增加船舶的转向能力；另外，即使是在低速甚至停车时，操作小螺旋桨仍可得到转头力，推船缓行，大大提高了船舶的操纵性，见图2-2-8。这种舵适用于对操纵能力要求高、靠离码头比较频繁的船舶，例如引航船、渡轮、科学考察船等。

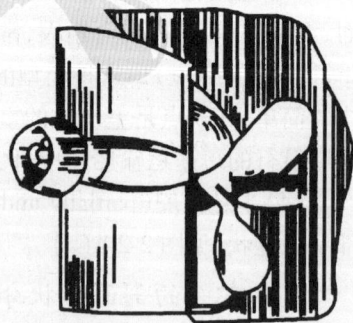

（3）襟翼舵（flap-type rudder）：又称可变翼形舵。它是仿效飞机的襟翼，在普通主舵叶后缘装一个称为襟翼的副叶组成的。当主舵叶转动一个角度时，副舵叶绕主舵叶的后缘转出一个更大的角（称襟角），产生更大的流体动力。

图 2-2-8　主动舵

因此，襟翼舵有助于船舶获得较大的转船力矩，从而提高舵效或减小舵杆扭矩，舵机功率也较小;另外,如果使用襟翼舵,航向改变可以用较小的舵角,使船舶改向时失速较小,从而减少了油耗。襟翼舵的广泛使用说明了它深受船东与船员的欢迎,但其价格偏高,维护保养要求也比较高。见图2-2-9。

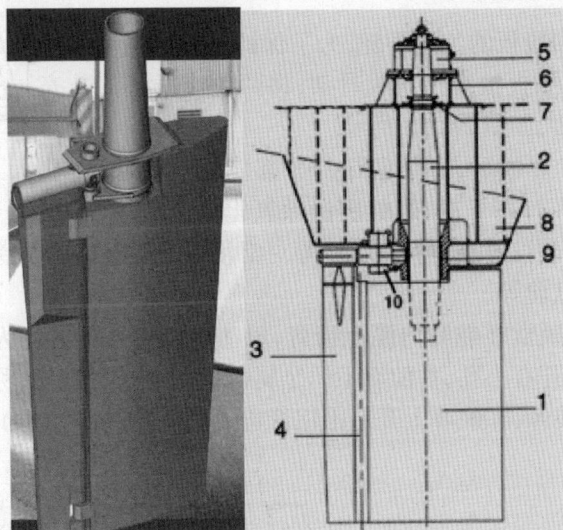

1—舵叶;2—位于舵杆筒内的舵杆;3—襟翼;4—绞轴;5—舵机;6—舵机座;
7—密封套与轴承;8—舵顶;9—舵承;10—转动襟翼的传动装置

图2-2-9 襟翼舵

(4)反应舵(reaction rudder):又称迎流舵,它以螺旋桨的轴线为界,舵叶的上下线型分别向左右扭曲一些,使由螺旋桨射出的水流对舵没有冲击作用,而离开舵时呈直线向后流去。舵居中时舵的上下两部分具有舵压力,且具有向前的分力,助船推进,即能从尾流中收回一部分旋转的动能增加推力,见图2-2-10。

(5)鱼尾舵(fishtail rudder):鱼尾舵主要用在船速较低的船舶上,水流流过舵叶的尾部时摩擦力增加,使舵像一个尾部的侧推器,为围绕舵的水体提供了额外的拉力,有助于提高船舶的操纵性能。见图2-2-11。船舶常在舵叶的上下两端各安装一块制流板,即成为组合舵。

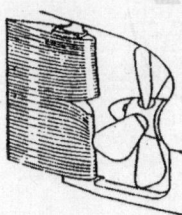

图2-2-10 反应舵

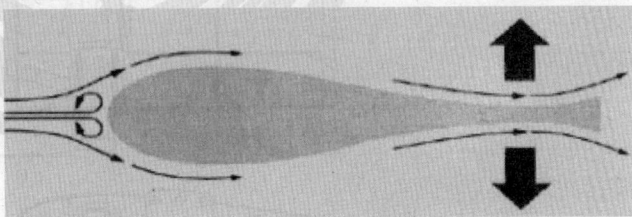

图2-2-11 鱼尾舵的俯视图

(6)组合舵(unit rudder):也称希林舵(Schilling rudder)或工字型舵。在流线型舵叶的上下两端各安装一块制流板,舵叶剖面像鱼状,从导边到随边由宽再变窄。可减少舵叶两端的绕流损失,而进一步改善舵的流体动力性能,特别适用于内河、运河和限制航道水域船舶的小展舵比(舵高 h 与舵宽 b 的比值称为展舵比)的舵型。其舵角可以在 ±75° 范围内使用。见图2-2-12。

（二）舵的结构

一般流线型平衡舵的结构主要由舵叶、舵杆、舵承三部分组成。

1.舵叶（rudder blade）

现代的船舵多采用腹板的流线型舵，为了保证舵叶的强度和线型，用水平隔板和垂直隔板按线型组成骨架，将两块流线型的外壳板直接焊接在骨架外面，如图 2-2-13 所示。

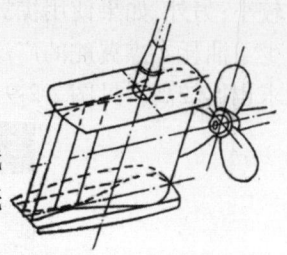

图 2-2-12　希林舵

按规范要求，舵叶焊成后，每个密封部分都应进行密性试验。密性试验前应将舵表面打扫干净，焊缝应清除氧化皮及焊渣，不得对水密焊缝涂刷油漆、敷设隔热材料及水泥等。常用的密性试验方式为在一定的水柱高度条件下的灌水和充气试验等。

密性试验合格后，通常在舵叶内灌上沥青，以防舵叶内部锈蚀。为了灌放水和防腐沥青，在舵叶上部和下部开有小孔，并配有不锈金属（黄铜）制成的栓塞，称为舵底塞。

为了便于舵叶的装卸，在舵叶上开有由钢管构成的绳孔（tube hole），或在尾端上开有凹槽。

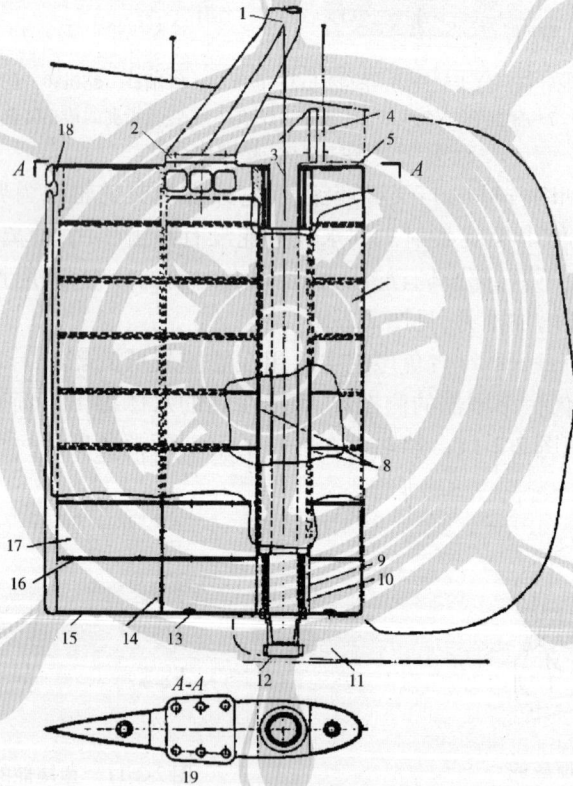

1—舵杆；2—水平法兰接头；3—舵轴；4—垂直法兰接头；5—舵顶板；6—上轴承；7—舵板；8—舵轴衬套；9—下轴承；10—下轴套；11—舵轴承座；12—圆螺母；13—舵底塞；14—竖向肋板；15—舵底板；16—横向肋板；17—舵板；18—吊环板；19—复板舵

图 2-2-13　流线型舵叶结构图

2. 舵杆(rudder stock)

舵杆是舵叶转动的轴,并用以承受和传递作用在舵叶上的力及舵给予转舵装置的力。其下部与舵叶连接,上部与转舵装置相连,如图 2-2-13 所示。为了使舵在受损时不必拆开船体内的部分就能修理,把舵杆分作上舵杆和下舵杆两段制造,然后用法兰接头连接。

上舵杆的顶端称舵头。通过舵杆套筒伸至舵机室与转舵装置相连接。上舵杆下端是法兰接头,与舵叶连接。其连接形式有水平法兰、垂直法兰和垂直嵌接三种,如图 2-2-14 所示。目前都采用水平法兰接头。当舵杆和舵叶各转到相反舷的最大舵角时,上下法兰边缘之间有 30 mm 的间隙。这样,可以将舵拔出。连接法兰时,至少用 6 只螺栓。为了在法兰螺母脱落时螺栓不至滑落,安装时,螺母应朝下,并用水泥包搪。作为一种备用手段,在法兰间尚需装设前后方向的键块。舵杆摩擦处应装上衬套(青铜或铜质),以防磨损。

3. 舵承(rudder carrier)

舵承是用来支持舵杆、支承舵的重量及保证船体水密的设备。按其位置可分为上舵承和下舵承两种,如图 2-2-15 中的 3、6 所示。

上舵承装在舵机甲板上,其结构如图 2-2-16 所示,它由侧推滚珠轴承和垂直滑动轴承组成,滚珠轴承承受舵的重量,垂直轴承则承受侧向力。下舵承装在舵杆筒口或舵杆筒内,其结构如图 2-2-17 所示,它是一个垂直的滑动轴承,用其承受侧向力,并设有填料函以保证水密。悬挂舵都采用上、下两个舵承。目前大型船普遍采用的是不设下舵承而只设上舵承,全部重量和力都由其承担,其结构如图 2-2-18 所示。

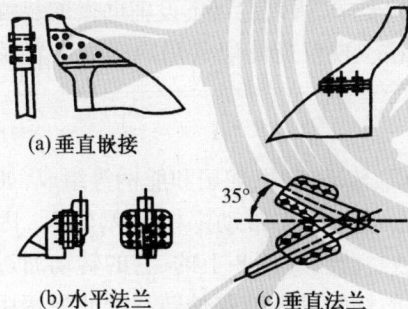

(a)垂直嵌接

(b)水平法兰　　(c)垂直法兰

图 2-2-14　舵杆接头

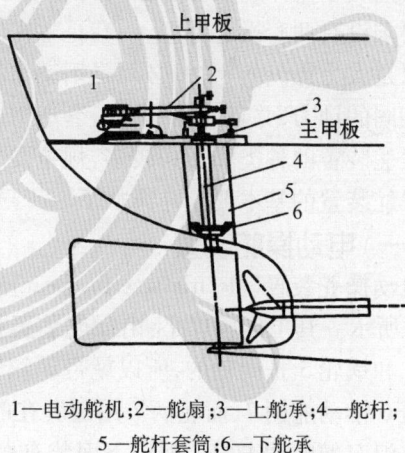

1—电动舵机;2—舵扇;3—上舵承;4—舵杆;
5—舵杆套筒;6—下舵承

图 2-2-15　舵装置布置图

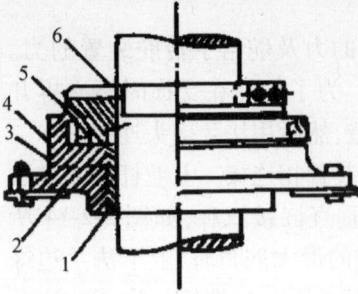

1—衬套;2—止推滚珠轴承;3—舵承体;
4—螺栓;5—填料;6—舵承盖

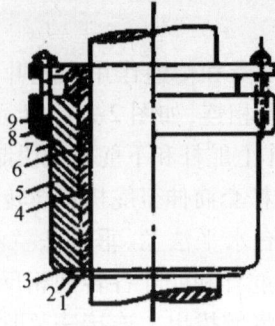

1—挡板;2—水密填料;3—螺
钉;4—舵杆衬套;5—衬套;
6—填料;7—本体;8—压盖;
9—螺栓承

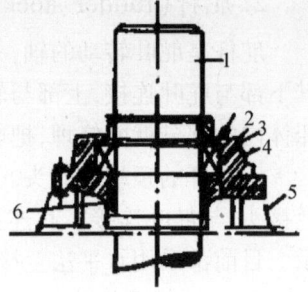

1—舵杆;2—滚珠轴承;3—水密
填料;4—底座;5—甲板;6—衬
套

图 2-2-16　上舵承　　　　　图 2-2-17　下舵承　　　　　图 2-2-18　只设上舵承

三、操舵装置(舵机和转舵装置)

操舵装置(steering gear)是将舵转至所需角度的装置。可分为人力操舵装置和动力操舵装置两类。操舵装置一般多设于尾尖舱平台甲板上,按规范规定,又分为主操舵装置和辅助操舵装置。所谓主操舵装置是指在正常航行情况下为驾驶船舶而使舵产生动作所必需的机械、转舵机构、舵机装置动力设备(如设有)及其附属设备和向舵杆施加转矩的部件(如舵柄及舵扇)。所谓辅助操舵装置是指在主操舵装置失效时,为驾驶船舶所必需的设备(这些设备不应属于主操舵装置的任何部分,但可共用其中的舵柄、舵扇或作同样用途的部件)。船舶要求设有两套操舵装置,一套是主操舵装置,一套是辅助操舵装置。小船的辅助操舵装置可以是人力操纵的,大船必须是用动力操纵的。现在较大船舶上的主操舵装置,一般都有两套相同的动力,并且使用其中一套动力就能满足操舵要求,所以它可不设辅助操舵装置。

操舵装置的种类和形式较多,规范要求又比较严格。现仅就海船常用的操舵装置及规模对操舵装置的基本要求介绍如下。

(一)电动操舵装置

电动操舵装置(electric steering gear)主要由电动机、传动齿轮、舵扇和舵柄等组成,如图2-2-19 所示。其工作原理是:由操舵装置控制系统控制电动机 1 带动蜗杆 2、蜗轮 3。因为齿轮 4 和蜗轮 3 是同轴的,所以就带动舵扇 5。舵扇是松套在舵杆 8 上的,它的转动通过缓冲弹簧 6 推动舵柄 7,而舵柄 7 用键套在舵杆上,所以舵柄转动就使舵偏转。缓冲弹簧用以吸收波浪对舵的冲击力。舵扇下面装有楔形块,停泊时打上楔形块可刹住舵扇,防止舵受浪冲击而损坏舵机。电动操舵装置结构简单,操作简便,工作可靠,适用于中小型船舶。

(二)液压操舵装置

液压操舵装置(hydraulic steering gear)主要由电动机、油泵、管路、转舵机械等组成。这种操舵装置是现代海船广泛采用的一种操舵装置。它的特点是具有传动平稳、无噪音、操作方便、易于遥控、能实现无级调速,在操舵频集的情况下,比电动操舵装置具有较高的可靠性。特别是对大型、高速和转舵力矩大的船舶,如果采用较高的工作油压,可获得尺寸较小、重量较轻、布置紧凑的转舵装置。

液压操舵装置的种类很多。根据液压舵机推舵时油缸运动形式的不同,有往复式和转叶式两大类。

1.往复式液压舵机

由操舵装置控制系统启动电机带动变量泵,变量泵从一对油缸中抽油,同时向另一对油缸输油,使活塞在油压作用下移动,带动舵柄,从而转动舵叶。如果油泵改变输油方向,舵就反向转动。

往复式液压舵机(reciprocating hydraulic steering engine)的油缸数还可以为1个或者1对。根据SOLAS公约的规定要求,如果其中一个油缸出现故障,另一个油缸仍能正常工作。目前,这两种类型的液压舵机在海船上较为常见。

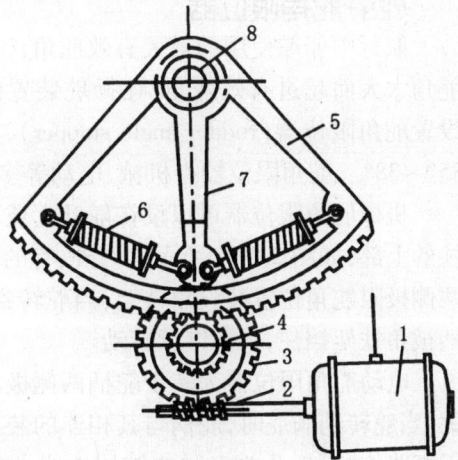

2.转叶式液压舵机

图2-2-20为转叶式液压舵机(vane type hydraulic steering gear)示意图。油缸体之内有三个定叶和三个转叶,将油缸体分成六个工作腔,工作腔内充满油液,定叶与缸体固接,转叶用键固连在舵杆上。启动电机使变量油泵工作,遥控油泵的控制杆控制油液流向和流量,通过管路向三个对应的工作腔送油,从另外三个工作腔排油,则转叶按照顺时针或逆时针方向转动,带动舵杆使舵叶转出相应的角度。

1—电动机;2—蜗杆;3—蜗轮;4—齿轮;5—舵扇;
6—缓冲弹簧;7—舵柄;8—舵杆

图2-2-19　电动操舵装置

1—舵杆;2—转叶;3—带有油管的固定分隔腔;4—油缸体

图2-2-20　转叶式液压舵机示意图

(三)辅助操舵装置

辅助操舵装置(supplement steering gear)是在主操舵装置失效时,为应急操舵而补设的一种操舵装置,也称应急操舵装置。在舵机室里的这些装置不应属于主操舵装置的任何部分,但可共用其中的舵柄、舵扇或其他等效用途的部件。小船的辅助操舵装置是以人力去操纵轴传动、链索传动和液压传动等形式去驱动舵柄或舵扇,而大船的辅助操舵装置必须是以独立的动力操纵去驱动舵柄或舵扇。较大船舶可不设辅助操舵装置,一般至少设两套相同的动力供主操舵装置使用,其中一台作为备用。

(四)舵角限位器

航行中船舶使用的最大有效舵角,一般流线型舵为 32°~35°。为了防止在操舵时实际舵角太大而超过有效舵角,在操舵装置的有关部位设置舵角限位器(rudder angle stopper),其极限值为 35°~38°。舵角限位器有机械、电动等多种类型。

机械舵角限位器可以设在舵叶上或下舵杆与舵柱的上部,如图 2-2-21 所示。另外,有的船舶在舵柄两侧极限舵角位置装设角铁架,当舵转到满舵时,舵柄被角铁架挡住,不能继续转动。

电动舵角限位器为装于舵柄两侧极限位置的开关,当舵转到满舵时,舵柄与其相连的装置使开关处于断路位置,与开关串联的舵用电机即停止向某一舷继续转动;当舵机电机反转时,舵柄或与其相连的装置和开关脱离接触,开关即在弹簧的作用下回到通路位置。

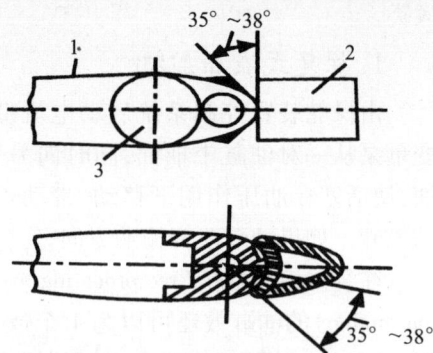

图 2-2-21　舵角限位器

(五)操舵装置的基本要求

1. 对一艘船舶应满足

如果设置一个主操舵装置和一个辅助操舵装置,对主操舵装置和辅助操舵装置的布置,应满足当它们中的一个失灵时不致使另一个失灵。

2. 主操舵装置和舵杆应能满足

(1)具有足够的强度并能在最大航海吃水和最大营运前进航速时进行操舵,使舵自任一舷的 35°转至另一舷的 35°,并且于相同条件下自一舷的 35°转至另一舷的 30°所需时间不超过 28 s。

(2)为了满足上款的要求,当舵柄处的舵杆直径(不包括航行冰区的加强)大于 120 mm 时,该操舵装置应为动力操作。

(3)设计成船舶最大后退速度(指船舶在最大航海吃水情况下用设计的最大后退功率估计能达到的速度)时不致损坏。但这一设计要求不需要在试航中的最大后退速度和最大舵角进行验证。

3. 辅助操舵装置应能满足

(1)具有足够的强度和足以在可驾驶的航速下操纵船舶,并能在紧急时迅速投入工作。

(2)能在最大营运前进航速的一半但不小于 7 kn 时进行操舵,使舵自一舷的 15°转至另一舷的 15°,且所需时间不超过 60 s。

(3)为了满足上款的要求,在任何情况下,当舵柄处的舵杆直径(不包括航行冰区的加强)大于 230 mm 时,该操舵装置应为动力操作。

(4)人力操舵装置只有当其操作力在正常情况下不超过 160 N,且确保其结构不致对操舵手轮产生破坏性的反冲作用时,方允许装船使用。

4. 主、辅操舵装置动力设备的布置应能满足

(1)当动力源发生故障失效后又恢复输送时,能自动再启动。

(2)能从驾驶室使其投入工作。

(3)任一台操舵装置动力设备的动力源发生故障时,应在驾驶室发出声、光警报。

(4)如主操舵装置具有 2 台或 2 台以上相同的动力设备,则在下列条件下可不设置辅助操舵装置:

①对于客船,当任一台动力设备不工作时,主操舵装置仍能按上 2.(1)的规定进行操舵。

②对于货船,当所有动力设备都工作时,主操舵装置能按上 2.(1)的规定进行操舵。

③主操舵装置应布置成当其管系或一台动力设备发生单项故障时,此缺陷能被隔离,使操舵能力能够保持或迅速恢复。

5. 附加要求

(1)1 万总吨及以上的每艘油船和 7 万总吨及以上的每艘其他船舶,其主操舵装置应设 2 台或几台相同的动力设备,并符合上 4.(4)中的各条规定。

(2)1 万总吨及以上的每艘油船,其操舵装置应符合以下规定:

①由于主操舵装置的一个动力转舵系统的任何部分(但除舵柄、舵扇或为同样目的服务的部件或因转舵机构卡住以外)发生单项故障而丧失操舵能力时,主操舵装置应能够在 45 s 内重新获得操舵能力。

②主操舵装置应包括

a. 两个动力分开的动力转舵系统,每个系统均能满足上 2.(1)的要求。

b. 或至少有两个相同的动力转舵系统在正常运行中同时工作能满足上 2.(1)的要求。当需要符合此要求时,各个液压动力转舵系统应设有交叉联结。任一系统中液压流体丧失时应能发现及有缺陷的系统应能自动隔离,使另一个或几个动力转舵系统保持完全运行。

c. 非液压形式的操舵装置应能达到同等的标准。

(3)对 1 万总吨及以上但小于 10 万载重吨的油船的操舵装置,若能达到同等的安全衡准和符合下述规定时,可允许采用不同于本节(2)中的所述办法,即对一个或几个动力转舵系统不必应用单项故障标准:

①由于管路或一台动力设备的任何部分发生单项故障而丧失操舵能力时,应能在 45 s 内恢复操舵能力。

②若操舵装置只具有单一的动力转舵系统,则需对设计时的应力进行分析,包括疲劳分析、断裂力学分析(如适合时)和对所用的材料、密封装置的安装、试验、检查及有效的维护规定等予以特别考虑。

(4)对 1 万总吨及以上但小于 10 万载重吨的油船的非双套动力转舵系统,其验收要求应经船检部门特别同意,并应符合国际海事组织 A.467(Ⅻ)决议的规定。

四、操舵装置的控制系统

操舵装置控制系统是使舵机能按照驾驶者意图及时、准确地将舵转到所需舵角上的装置,有电力式、液压式、电动液压式和机械式等多种。它由发送器、接收器、液压控制泵及电动机、电动机控制器、管路和电缆组成。现代船舶操舵装置的控制系统主要有液压控制和电力控制两种。

(一)液压控制系统

液压控制系统(hydraulic telemotor)实质上是通过一充满液体的连通器将驾驶台的操舵动作传达到舵机上。连通器的一端放置在驾驶台称为发送器;而另一端设在舵机间,它接受发送器传来的操舵信息，称为受动器，当操舵时，发送器动作，使一根管中液体压力比另一根大，推动了受动器相应动作以达到遥控操舵的目的。图 2-2-22 是液压控制系统示意图。转动舵轮 1，通过传动齿轮 2、轴 5、小齿轮 6 和齿条 7，使发送器液缸 3 里的活塞 4 向上移动，把液缸内的油通过管路 A，压入受动器液缸，把受动器的活塞推向右边。受动器液缸右边的油液通过管路 B，压至发送器液缸。由于受动器活塞带动活塞杆向右移动，把曲拐杠杆 10 拉向下方，从而控制液压舵机的变量泵工作，使舵偏转。如果舵轮向相反方向转动，使曲拐杠杆 10 被向上推，舵就向相反方向转动。

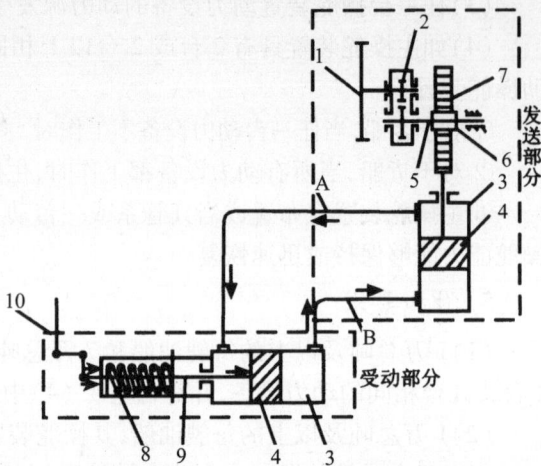

图 2-2-22　液压控制系统示意图

舵轮停止转动时，在舵机随动装置反馈作用下，舵机油泵停止抽油，使舵能停留在所操的舵角上。

（二）电力控制系统

目前海船普遍采用电力控制装置（electric steering control system），因它轻便灵敏，线路易于布置，对船体变形和温度变化可不受影响，工作可靠，维修方便，并有利于操舵自动化。采用电力控制装置的船舶都可实现自动操舵、随动操舵和应急操舵的功能，其中有两套独立操舵系统的线路布置，当一套操舵系统发生故障后，立即可以转换另一套操舵系统。这两套系统分别称为随动操舵系统和手柄操舵系统。

1. 随动操舵系统

随动操舵系统是装有舵角反馈发送器，能进行追随控制的操舵系统，如图 2-2-23 所示。随动控制系统由电阻 R_1 和 R_2 组成电桥，而船电供给交流电。由舵轮控制的电阻滑动触臂 L_1 可在电阻电桥 R_1 上移动，而舵角反馈发送器控制的电阻滑动触臂 L_2 可在电桥电阻 R_2 上移动。当驾驶台的舵轮位于正舵（零度）和船尾的舵也位于正舵（在首尾线上），即电阻滑动

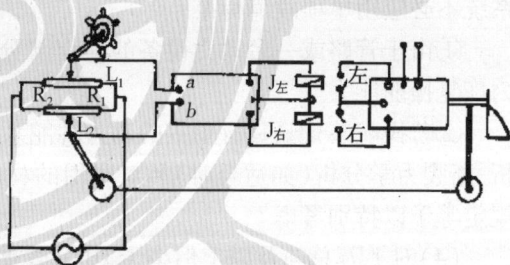

图 2-2-23　随动操舵系统示意图

触臂 L_1 和 L_2 分别处于各自电阻的中点时，因位于相等的电位点，电桥的电位平衡，L_1 和 L_2 引入放大器接线端 a 与 b 两点的电压为零，这时舵机不工作。如果转动舵轮，滑动触臂 L_1 在电阻 R_1 上移动后使电桥失去平衡，L_1 和 L_2 的电位点不一样而出现电位差，放大器 a, b 两点便输入操舵信号电压，经放大整流后输出直流控制电压至继电器 J。操左舵时，继电器 $J_左$（触点闭合）接通，舵机直流电源经 $J_左$ 启动舵机工作，带动舵叶转出左舵角。同时，通过机械连接使舵角反馈发送器转动，并通过电路使舵角反馈接收器也同步转动，带动电阻滑动触臂 L_2 在 R_2 上移动，直至 L_2 和 L_1 同位，电桥恢复平衡状态，输入放大器信号电压为零，舵机停止工作。这时舵叶便处在舵轮所给出的指令舵角上。回舵时，反向将舵轮转回零位，舵

机也反向转动,使舵回到正中位置。由此可见,改变操舵手轮的转动方向,便可改变舵叶的偏转方向。这种操舵方式的舵轮转动角和舵叶的偏转角度是相当的,操舵时比较直观。

2.手柄控制系统

手柄控制系统也称直接控制系统,它是直接控制继电器使舵机转动的系统。它没有舵角反馈装置,手柄或揿钮相当于继电器的开关。操舵时,当舵角指示器上到达所需的舵角时,要立即将手柄回复到中间位置或松开揿钮。该线路布置简单,一般作为随动控制系统失灵时的备用控制系统,如图2-2-24所示。

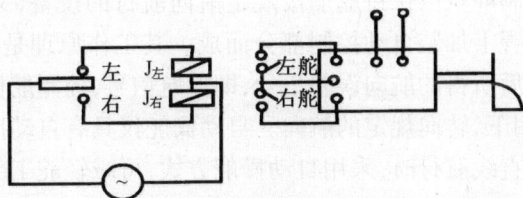

图2-2-24　手柄控制系统示意图

该系统由直流船电供电。操纵手柄位于中间断电位置时,舵机不工作。手柄向左,继电器$J_左$接通,左舵触点闭合,舵机电源经左舵触点启动舵机转出左舵角。当左舵角将转至所需角度时,就先将手柄放回中间断电位置。这样舵机停止工作,舵叶保持在已转出的舵角上。如果需加大舵角,可将手柄再向左偏转。回舵时,应将手柄向右偏转,使继电器$J_右$接通,右舵触点闭合,舵机电源经右舵触点启动舵机,使舵向右回转,当舵角指示器的指针接近零度时,应将手柄提前放在中间位置。

使用直接控制系统操舵时,应注意掌握船的回转惯性的作用,要及时断电,才能使舵叶准确到达所需的舵角。

(三)应急操舵

当操舵装置控制系统或主操舵装置发生故障而又不能在驾驶室进行辅助操舵装置的控制时,则应脱开驾驶室的控制系统,改由在舵机室控制操舵。这时应利用驾驶室与舵机室的通信设施来进行应急操舵。

按规定至少每三个月应进行一次应急操舵演习,以练习应急操舵程序,操演应包括在操舵装置室内的直接控制,与驾驶室的通信程序及交替动力供应的操作。应急操舵装置演习的日期和详细内容应记入主管机关规定的航海日志内。

(四)操舵控制系统的要求

操舵装置控制系统的布置应符合下列要求:

(1)对主操舵装置,应在驾驶室和舵机室两处都设有控制器。

(2)当主操舵装置是由2台或2台以上相同的动力设备组成不设辅助操舵装置时,应设置两个独立的控制系统,且每个系统均应能在驾驶室控制。

(3)对于辅助操舵装置应在舵机室进行控制。若辅助操舵装置是用动力操纵的,则也应能在驾驶室进行控制,并应独立于主操舵装置的控制系统。

(4)能从驾驶室操作的主、辅操舵装置的控制系统应符合下列要求:

①在舵机室应设有能将驾驶室操作的控制系统与其所服务的操舵装置脱开的设施。

②此控制系统应能在驾驶室某一位置被投入操作。

（5）当控制系统的电源供应发生故障后，应在驾驶室发出能视听的警报。

（6）驾驶室与舵机室之间应备有通信设施。

（7）舵角位置应在驾驶室及舵机室显示。舵角指示应与操舵装置控制系统独立。

（8）驾驶室和舵机室应固定展示带有原理框图的适当操作说明。此说明表明操舵装置控制系统和动力转舵系统的转换程序。

五、自动舵

自动舵是能自动控制舵机以保持船舶按规定航向航行的设备，又称自动操舵装置。它是在通常的随动操舵装置上加装自动控制部分而成。其工作原理是：根据罗经显示的船舶航向和规定的航向比较后所得的航向误差信号，即偏航信号，控制舵机转动舵并产生合适的偏舵角，使船在舵的作用下，转向规定的航向。自动操舵仪具有自动操舵和手动操舵两种工作方式。船舶在大海中直线航行时，采用自动操舵方式，可减轻舵工劳动强度和提高航向保持的精度，从而相应缩短航行时间和节省能源；船舶在能见度不良或进出港时，采用手动操舵方式，具有灵活、机动的特点。

自动舵（autopilot）是在随动舵基础上发展起来的一种自动操舵装置控制系统。与人工操舵比较，其优点是：自动纠正偏航角，减轻人员的劳动强度，航向精度高，提高航速，减少燃料消耗，缩短航程。

（一）自动舵的基本工作原理

如图 2-2-25 所示，自动操舵中船与舵的关系如下：

（1）船在给定航向上，偏航角 $\varphi = 0$，偏舵角 $\alpha = 0$。

（2）船向右偏航，接着向左偏舵。这时 φ 信号电压大于 α 信号电压，继续偏航。

（3）φ、α 都达到最大值，偏航、偏舵停止。

（4）船向原航向回转，回舵。这时 φ 信号电压小于 α 信号电压。

（5）船接近回到给定航向时，舵已向右偏一舵角 Δd（稳舵角），以克服向左回转惯性。

（6）船回转到给定航向（$\varphi = 0$），舵也回到零位（$\alpha = 0$）。

由此可见，自动舵实际上是一个航向、舵角的自动调节系统。它除了和随动操舵同样有一个内部的舵角闭环调节系统外，还增加了一个外部的航向闭环调节系统。

（二）自动舵的种类

船上实际使用自动舵的种类较多，但按其调节规律来分，基本上有三种：

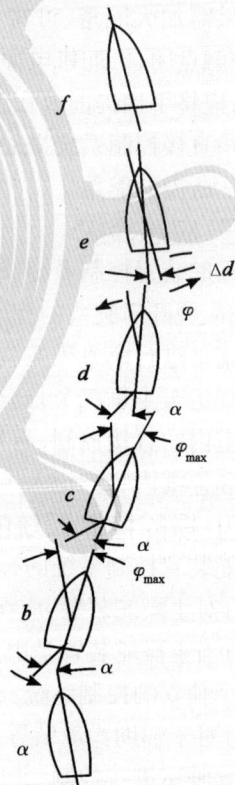

图 2-2-25　自动操舵中船与舵之间关系

— 42 —

1. 按船舶偏航角 φ 操舵的自动舵

这种自动舵采用比例控制系统,偏舵角 α 和偏航角 φ 成正比关系,即

$$\alpha = -k_1\varphi \tag{2-2-1}$$

式中,k_1 —— 比例系数;

　　 $-$ —— 偏舵的方向与偏航方向相反。

比例系数 k_1 可以根据船舶类型、海况、装载情况加以选择和调整。

这种类型的自动舵舵一般出现在机械式自动操舵仪上,结构简单,它通过机械系统对偏航信号进行处理,然后实现操舵,比较直观。但不能克服偏航角速度的影响,航向稳定的过程较慢,航迹易成"S"形曲线,它的灵敏度低,质量差,仅在为数不多的大型客船上使用过,现已被淘汰。

2. 按船舶偏航角 φ 和偏航角速度 $\dfrac{\mathrm{d}\varphi}{\mathrm{d}t}$ 来操舵的自动舵

这种自动舵采用比例-微分控制系统。其偏舵角 α 和偏航角 φ 之间的关系为

$$\alpha = -\left(k_1\varphi + k_2\dfrac{\mathrm{d}\varphi}{\mathrm{d}t}\right) \tag{2-2-2}$$

式中,k_1 —— 比例系数;

　　 k_2 —— 微分系数。

比例系数 k_1 和微分系数 k_2 可根据船舶种类、装载和偏航惯性等加以选择和调整。

这种自动舵除了有与偏航角成比例的舵角成分外,还有与偏航速度成比例的舵角成分。偏航速度越快,舵角给出越大,因此可以及早克服船舶惯性。相对比例舵,它减少了偏摆、稳定航向的过程比较快,提高了灵敏度和精度,也减轻舵机频繁工作的负担。但未考虑到对单侧偏航的自动调节。

3. 按偏航角 φ 偏航角速度 $\dfrac{\mathrm{d}\varphi}{\mathrm{d}t}$ 及偏航角积分 $\int\varphi\mathrm{d}t$ 来操舵的自动舵

将比例-微分-积分控制器(简称 PID 控制器)应用在自动操舵仪上,由电子线路对偏航信号进行处理,从而实现操舵。舵机的控制信号有三种:

①与偏航角成比例的偏舵角信号,用以使船首返回原航向,对重载船取比例小些的。

②与偏航角对时间的微分(导数)成比例的信号,用以克服由惯性引起的偏航,又称反舵角,对重载船取微分作用强、给舵快些的。

③与偏航角对时间的积分成比例的信号,用以抵消不对称偏航,又称压舵,按风浪实际情况调整。

它的偏舵角和偏航角的关系为

$$\alpha = -\left(k_1\varphi + k_2\dfrac{\mathrm{d}\varphi}{\mathrm{d}t} + k_3\int\varphi\mathrm{d}t\right) \tag{2-2-3}$$

式中,k_1 —— 比例系数;

　　 k_2 —— 微分系数;

　　 k_3 —— 积分系数。

PID 控制器使操舵性能有很大提高,满足了船舶大型化、快速化对自动操舵仪提出的要求。比例-微分-积分自动操舵仪目前被广泛使用于各种类型船舶上,但它有两个缺点:

①当船舶装载、航速等状态或风、浪、流等航行环境发生变化,船舶的操纵性能随之发生变化时,自动操舵仪的控制特性不能随之自动作相应变化。要保持自动操舵仪的良好性能,在很大程度上取决于驾驶员对船舶本身及外界干扰的正确判断,用人工对自动操舵仪的控制参数如灵敏度、比例系数或微分系数等进行调节。这样既不方便,又很难调节到最佳状态。

②为了提高船的航向保持的精度,自动操舵仪对偏航信号极为敏感,因而操舵频繁且舵的摆动幅度较大。这样,不仅增加操舵的能源消耗和舵机磨损,还将引起水阻力的增加,导致船速降低,影响经济效益。

(三)自动舵的调节

为完善自动舵的工作性能,在使用中还要通过自动操舵仪面板上的调节旋钮对自动操舵系统进行调节,以得到最佳使用效果。各旋钮的使用调节及特点如下:

1. 灵敏度调节(sensitivity control)

灵敏度调节又称天气调节,也叫航摆角(yawing)调节。它是调节自动舵系统开始投入工作的最小偏航角,也就是调节系统死区的大小,死区调得很小,即偏航角很小(一般为0.2°~0.5°),舵机就开始工作,这样灵敏度就高。在良好海况下,灵敏度可以调高些,这样偏舵角可用得小,船舶的偏航也能及时克服,航迹可走得直;反之,在恶劣海况下,航向偏摆厉害,灵敏度太高,势必使舵机频繁启动,不断工作而容易损坏。

2. 舵角调节(rudder angle control)

舵角调节又称比例调节。调节的是自动舵的偏舵角和偏航角的比例。比例系数一般为0.5~4。万吨船在实际使用中比例系数以2~3为宜。挡越高,比例系数越大,偏舵角越大。调节时应根据海况、船舶装载情况和舵叶浸水面积等不同情况而定。海况恶劣、空载、舵叶浸水面积小,应选用高挡;风平浪静、船舶操纵性能好时用低挡。

3. 反舵角调节(counter rudder control)

在船舶偏航用舵克服使它向原航向回转时,还必须再操一个反舵角来克服船舶回转时的惯性。因此,使用反舵角调节可给出反舵角的大小,以阻止船舶向另一侧的偏摆。

有微分环节的自动舵则设微分调节,即通过调节偏舵角中与偏舵角速度成比例的舵角部分。在0.1°/s的偏航角速度下,这个舵角为1°~3°。刻度的"0"挡,表示没有微分作用,挡越高,微分作用越强。大船、重载,旋回惯性大时微分要调大;反之,要调小。海况恶劣,微分作用要调小或调至0。

4. 压舵调节(checking control)

压舵调节是用一固定信号使舵叶偏转一个固定的角度,以抵消单侧偏航的作用。在不对称偏航情况下,设有积分环节自动压舵的自动舵,使用压舵调节向左或向右进行压舵。压舵的大小根据实际需要,所压的舵角可以从舵角指示器上读出。

5. 航向改变调节(course control)

航向改变调节在使用自动舵时用来改变航向。若要向右改变航向5°,按下旋钮,向右转到5°处,待船舶转到给定航向时,指针能自动回零,不需人工复位。航向改变调节只供小角度的改向,因此比例舵应放在最小一挡。如需改变较大角度,应分次进行,一般每次只改变10°。

6.零位修正调节(zero set control)

零位修正调节用来修正自动舵中航向指示刻度盘与陀螺罗经的同步误差。自动舵的指令来自航向信号。船舶航向以陀螺罗经(主罗经)为准。自动舵上的航向指示器(分罗经)若与主罗经不同步,将产生误差。调节时,应先取下螺帽,用专门钥匙插入,旋转刻度盘,使它的读数与陀螺罗经一致,然后将调节旋钮的指针拨回零位。

(四)自动舵的使用操作程序

各种类型的自动舵都和罗经、舵机组合起来,并且都具有自动、随动和手柄(应急)三种操舵方式。

自动舵只是在船舶驶出港口,不必经常转向的情况下才使用。使用自动操舵前,都是用手轮(随动)进行操舵的。应急操舵一般是在随动操舵失灵时才使用的。

1.随动操舵

(1)通知机舱接通驾驶室自动舵电源,然后把驾驶室上的双电源开关(即机组转换开关)放在"1"或"2"的位置上。一般较大型船舶操舵装置都有两套相同动力的机组,航行时只使用一套,另一套备用。

(2)将操舵仪的电源开关放在自(随)动位置。

(3)将操舵仪上的操舵方式选择开关放在"随动"位置。

(4)转动手轮即可操舵。

2.自动操舵

当从随动操舵转换为自动操舵时:

(1)注意压舵及航向改变旋钮均应放在"0"位上。分罗经刻度应与主罗经刻度一致。夜间用灯光调节旋钮将面板的照明亮度调至恰当程度。

(2)先将灵敏度调高一些。

(3)操手轮使船首正好在要求的航向上,驾驶台上及操舵仪上的舵角指示器均正好在"0"上时,将选择开关从"随动"转至"自动"。

(4)根据具体海况及船舶装载情况,转动"天气调节""比例调节"及"微分调节"等旋钮使之配合得当,以最小的偏舵角和最小的偏航次数,得到最好的航向稳定性。必要时再使用"压舵"。对于采用机械断续接触进行调节的自动舵,调节时应将旋钮对准刻度,不能放在两个刻度之间。

3.应急操舵

当自动操舵及随动操舵失灵时,应立即使用手柄(应急)操舵。

(1)将操舵仪的电源开关放在"手柄"位置。

(2)扳动手柄进行操舵。

4.用毕关机

(1)各种调节旋钮处于零位或最小位置。

(2)选择开关及舵轮处于随动位置。

(3)将电源开关放在断开位置。

（五）自适应自动舵

如前节所述，由于外力干扰和船舶运动的特性，在航行中常使船舶发生偏航，此时，使用自动舵，则可自动予以纠正，使船舶恢复到原航向上。然而，自动操舵仪上的各调节旋钮是根据船舶载重量、吃水及当时风浪等海况凭船员的经验而用手动方式进行修正的。显而易见，从节能的角度来看，在自动舵的操纵中尚存有不足之处。例如由于操舵次数较多，增加了阻力；其次，转舵后船舶阻力增大，因而加大了主机负荷，导致主机转速下降。为防止转速下降，调速器将开始工作，即增加了燃油消耗量。

随着自适应控制理论的发展和微处理机在船舶上的应用，出现了自适应自动操舵仪。它是把具有自适应操舵程序的模块并入机电式自动操舵仪而成的。自适应自动操舵仪在船舶的载货和航速等状态或风、浪、流等航行环境发生变化而引起船舶操纵性能变化时，能感测这些变化并按事先设定的性能指标自动调整控制参数，使自动操舵仪保持在最佳状态。因此，自适应自动操舵仪不但能减少人工操作，提高航行安全性，而且还有明显的经济效益，一般它比机电式自动操舵仪节省燃料约1%。自适应自动舵主要由以下部分组成：

1. 一般自动舵

自适应舵包含了自动控制器、舵机和反馈装置等一般自动舵的部件和功能。

2. 数学模型

自适应舵实际上是在一般自动舵加上微分控制。微机内储存供计算、比较、鉴别之用的船舶运动特性的模型。

3. 辨识装置

船舶运动特性的模型随着载重量、吃水差、航速和海况等的变化而变化，当上述因素发生变化时必须建立新的数学模型。检测出模型的变化并形成新模型的过程称为"辨识"。

4. 卡尔曼滤波器

其功能是有效地滤除罗经输出信号中所包含的不规则噪声成分，估算出船舶转舵时船舶的偏航角并在某一舵角下何时转向。

5. 最佳控制器

将卡尔曼滤波器检出的偏航角加到最佳控制器，经处理后，产生使船舶回到原航向的舵角指令。

6. 增益调节器

当海况恶劣、波浪等噪声增大时，噪声对船舶转向的影响也随之增大，从而导致卡尔曼滤波检测的精度的下降。为了减少这种影响并改善操纵性能，需增益调节器来调整增益参数。

（六）航迹舵

航迹舵（navpilot）是发展趋于完善的一种全自动驾驶仪。国内外有不少船舶在使用。它的发展基础是在原自动舵的控制系统上配置一套航迹舵组件（装置）。此组件以微机为核心，通过初始人工输入航路数据、位置偏移量及硬件部分连接计程仪、陀螺罗经、定位仪，由上述输入的信号及数据通过微机软件进行计算、分析与处理，然后给出一个指标航向到自动舵组件中去执行，使船能够沿着计划航线航行，并能在预定的转向点上转向，从而达到无人驾驶。

使用航迹舵应注意的事项：

（1）航迹舵是自动舵中的一种，因此，在规定不能使用自动舵的场合，同样不要使用航迹舵。

（2）在进行避让操船时，应中止使用航迹舵。待驶过让清以后，需重新启动航迹舵时，必须提醒驾驶员确认下一个转向点的正确性。同时，还应指示下一个计划航向的数值，要求驾驶员调整船舶的航向使其基本对准下一个转向点。当驾驶员对这两点都认可后，方可重新启动航迹舵。

（3）当定位传感器长期无船位时，航迹舵应提醒并指示驾驶员转到其他的操舵方式。对作为定位仪所给出的船位，要与其他定位方式予以比较，确认其可靠性。如发现船位不可靠时，应立即转到其他的操舵方式。

（4）在利用航迹舵自动转向时，驾驶员必须对周围的海域、船位与所采用的航迹带宽度、对转向前后的海面状况均了解清楚（包括对转向后的转向点的确认）。只有在确认安全的情况下，才指令航迹舵自动转向。若在转向点附近有岛屿或浅滩时，一定要借助于雷达、陆标定位来确认，保持安全的正横距离，才可自动转向，否则不要用自动转向。

（5）航迹带宽度应根据航行区域与海况确定。

（6）在自动校正风流压差及航向修正量过大（如大于 10°）时，应同时发出报警指示。

六、操舵要领及注意事项

（一）操舵工作要领

船舶在航行中，驾引人员应根据航行的需要对舵工下达舵令，由舵工根据舵令进行操舵，控制船舶的航向。值班驾驶员下达舵令时，应考虑到船舶在各种不同情况下的应舵性能和舵工的操舵水平，所下达的舵令应确切、明了和清楚并监舵以保证这些舵令被正确、准确地立即执行，如遇舵工复诵舵令错误或操作不当，值班驾驶员应立即加以纠正。舵工在操舵时应有高度的责任感，思想集中、动作准确。当听到值班驾驶员下达舵令后，应立即复诵（以防听错）并执行，舵工在未听清舵令或不理解值班驾驶员下达的舵令时，可要求重复一遍或提示。所有舵令应一直保持到被撤销。如果舵不灵，舵工应立即报告。

船舶在航行中，操舵的三种常用基本方法如下：

1. 按舵角操舵

舵工在听到值班驾驶员下达舵角舵令后，应立即复诵并迅速、准确地把舵轮转到所命令的舵角上，注意查看舵角指示器所指示的舵叶实际偏转情况和角度，当舵叶到达所要求的角度时，及时报告。在值班驾驶员下达新的舵令前，舵工不得任意变动舵的位置。船舶在进出港、靠离泊及海上采取避让措施时通常采用按舵角操舵的方法。

2. 按罗经（航向）操舵

船舶在海上及大多数狭水道航行时，大都按罗经操舵的方法使其保持在所需的航向上。

当船舶需要改变航向时，值班驾驶员可直接下达新航向的舵令，舵工复诵并将新航向与原航向作比较，从而决定操左舵或右舵。舵工应根据转向角的大小、本船的旋回性能和海况等情况决定所需舵角，并根据船舶惯性和回转角速度，凭经验提前回舵并可向反方向压一舵角,以使船舶能较快地稳定在所需的新航向上。

在船舶按预定航向航行时,由于受到各种因素的影响,经常会发生偏离预定航向的现象。为此,舵工应注视罗经刻度盘的动向,发现偏离或有偏离的倾向时,应及时采用小舵角(一般为3°~5°)进行纠偏,以保持航向。例如,当罗经基线偏在原定航向刻度的左边时,这表示船首已偏到原航向的左边,应操相反方向的小舵角(右舵,3°~5°即可),使船首(罗经基线)返回原航向。纠偏时要求反应快、用舵快和回舵快。

当发现船首总是固定向一侧偏转时(通常是船舶受单侧风浪、潮流影响,或由于积载不当,或由于船型、推进器不对称等恒值干扰力矩的影响),应采用一适当的反向舵角,来消除这种偏转,习惯称为"压舵"。所用舵角大小,可通过实践的方法来确定,通常先操正舵,查看船首向哪一边偏转,然后操一反向舵角,如所用舵角太小,船首仍将偏回原来的一侧;舵角太大,则反之。反复调试所采取的舵角,直至能将船首较稳定地保持在预定航向上。

3. 按导标(参照物)操舵

近岸尤其是在狭水道或进出港航行时,特别明显的固定物体较多,此时可利用这些物体作为参照物进行操舵,即按导标(参照物)操舵。方法是操舵使船首对准某个导标(参照物)航行。舵工操舵使船首对准驾驶员所指定的导标后,记下航向,报告给值班驾驶员。如发现偏离,应立即进行纠正,并注意检查航向的变化情况,如有变化,舵工应及时提醒值班驾驶员,以便判断风流的影响。

(二)操舵注意事项

(1)舵工在接到舵令后应立即复诵并立即执行舵令操舵。当到达所要求的舵角(指舵角指示器所指示的船尾舵叶所到达的实际舵角)/航向(罗经指示)/对准参照物时,应立即报告。

(2)舵工在操舵时应有高度的责任感,做到思想集中、动作准确。复诵和报告时应做到吐字清楚、声音洪亮。

(3)值班驾驶员下达的舵令应确切、明了和清楚。在舵令发出后,如遇舵工复诵舵令错误或操作不当,应立即予以纠正。对舵工的报告亦应予以确认。

(4)按舵角操舵下达舵令时,舵令的先后顺序一般应为"左/右舵××→回舵或回到左/右舵××→正舵→把定",然后再按实际需要下达新的舵令组。除特殊情况外,不应下达"左/右舵××"直接到"右/左舵××"的舵令。

(5)舵工要严格遵照舵令操舵,未得到舵令不能任意改变航向。还必须及时复述和报告执行情况。如有疑问要互相及时提醒,以防发错或听错舵令乃至操错舵角。值班驾驶员与舵工要密切配合。

七、舵力转船力矩

(一)舵力及转船力矩

舵是舵设备中承受水动力以产生转船力矩的构件,现在大部分海船舵面为流线型。如果不考虑外界的干扰和自身偏转的效应,船在正舵航行情况下,应该做直进运动。即船相对水运动时,水流对称地流过舵叶两侧,两侧面所受的水动力相等,不产生舵力,也就没有转船力矩,船也不会产生偏转。当舵向任一侧转出一舵角 δ 时,水流的对称性被破坏,舵叶两侧的流场随之发生改变,相对水流速度产生差异。迎水流一面的流速比背水流一面的流速慢,因而,迎水流一面的压力增加而舵背面的压力降低。参见图 2-2-26 流线型舵的受力分析。

当舵置于流速为 v 的均匀流场的水中,且与流向保持某一角度时,根据机翼理论,舵将受到水流合力 F 的作用,此合力即为舵力。舵力 F 在垂直于水流方向的分量称为升力 L、平行于水流方向的分量称为阻力 D;舵力 F 也可以分解为垂直于舵平面的分量 F_N 和平行于平面的 F_T,F_N 称为舵的法向力,F_T 称为舵的切向力。F_N 也称为舵的垂直压力或舵的正压力,舵力及舵力转船力矩是指舵的正压力及其产生的转船力矩。

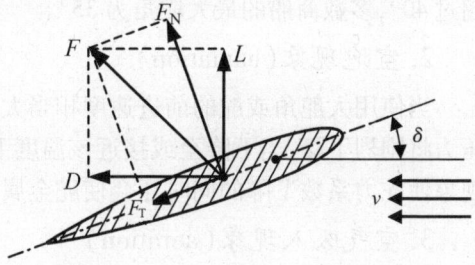

图 2-2-26　舵力产生的机理

使船产生转头的力就是舵压力 F_N。舵压力 F_N 的近似计算式:

$$F_N = k\rho S_R v_R^2 \sin\delta \qquad (2-2-4)$$

式中,F_N——舵压力(N);

　　k——舵力系数;

　　S_R——舵面积 (m²);

　　v_R——舵速(m/s);

　　δ——舵角(°);

　　ρ——水的密度(kg/m³)。

在计算转船力矩时,可以近似地认为舵力作用中心位于尾垂线处,则力臂为力对重心的转船力矩为

$$M_\delta = F_N \times \frac{L}{2}\cos\delta = k\rho S_R v_R^2 \sin\delta \times \frac{L}{2}\cos\delta = \frac{1}{4}k\rho S_R v_R^2 \sin2\delta \qquad (2-2-5)$$

式中,L——船长(m);

　　S_R——舵叶面积(m²);

　　v_R——舵速(m/s);

　　δ——舵角(°);

　　ρ——水的密度(kg/m³)。

(二)影响舵力的因素

从式(2-2-4)可知,舵力除与舵的浸水面积、舵角和舵速等有关外,还与下列因素有关:

1. 失速现象(stall)

一般说来,随着舵角的增大,舵力增加,在理想的状态,当 $\delta = 45°$ 时,舵力转船力矩为最大值。但当达到某一舵角时,由于舵周围的流线从舵的边缘分离,在舵叶的上下两缘和后边处将产生涡流(如图 2-2-27 所示,该涡流具有降低舵力、提高舵的阻力的作用,舵力系数将骤然下降),这种现象叫作失速现象。出现升力系数骤然下降的舵角称之为临界舵角,因此,最大舵角一般不

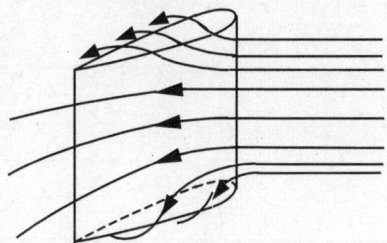

图 2-2-27　舵的涡流

超过40°，多数商船的最大舵角为35°。

2. 空泡现象(caviation)

当使用大舵角或舵的前进速度相当大时，特别舵叶的前缘横截面曲率较大时，舵的背面压力将剧烈下降，当下降至或接近该温度下的汽化压力时，在舵的背面将出现空泡现象。该现象使舵力系数下降的同时还会使舵金属表面产生剥蚀。

3. 空气吸入现象(aeration)

舵叶背面吸入空气，从而产生涡流，使舵力下降。此现象多出现于舵叶的浸水高度较小的情况下。

4. 舵与船体之间相互影响

船舶操纵过程中，当操舵后，舵叶两边的压力差会波及船体两侧，即形成船体两侧的压力差，从而增加了船尾舵的舵力。舵与船体之间的相互影响使船尾舵的舵力比单独舵的舵力增加20%~30%，且船尾钝材越大，舵与船体的间隙越小，其作用越明显。

5. 舵速

舵速(单独考察船尾舵的相对水流速度)由船速、船体伴流和螺旋桨排出流组成。船舶前进时船尾处的伴流方向与船舶前进的方向相同，因此伴流的存在降低了舵速，从而使舵的正压力减少60%左右；对于双螺旋桨船，舵的正压力亦减少50%左右；船尾舵位于螺旋桨的后部，进车时必然受到螺旋桨排出流的影响，它增大流向舵的流速。但双车单舵几乎不受排出流的影响。船体伴流和螺旋桨排出流对舵力的影响相反。伴流的作用是减小舵力，而螺旋桨排出流的作用是增加舵力。

6. 船舶旋回中舵力下降

船舶旋回中的船速下降，导致舵力下降。另一方面，由于船舶在横移(向操舵相反一舷)或回转(向操舵一舷)过程中，舵的有效攻角因为船尾的横向运动而减小(一般情况下，所操舵角为35°时，有效舵角会减小10°~13°)，导致舵力下降。如图2-2-28所示。

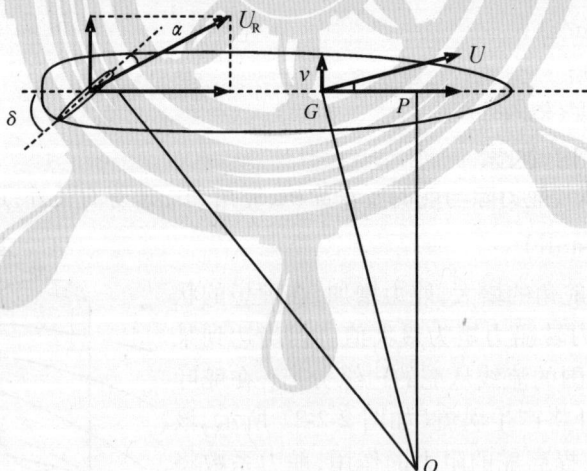

图2-2-28　有效舵角减小

八、舵效及其影响因素

(一)舵效的概念

舵效(steerage)是舵力的转船效果的简称,指航向角对操舵的反应能力,即舵效是保持航向和改变航向的效率。操船运动中的舵效是指船舶操一定的舵角,船舶在一定的时间、一定的水域转头角的大小。船舶在某一舵角时,在较短的时间内所需水域越小、转头角越大,其舵效就越好。反之舵效差。

(二)影响舵效的因素

(1)舵角。舵角越大,舵力矩越大,舵效越好。

(2)舵速。舵速的增加会增加舵力,相对来讲也增加了舵效。有关资料表明,在不用车的情况下,手操舵所能保持舵效的最低航速约为3 kn,30万吨级船舶由于伴流的影响,其能够有效保向的最低航速为4~5 kn,而自动舵能够有效保向的最低航速为8 kn。

(3)船舶的排水量。船舶的排水量越大,其转动惯量也越大,舵效变差。因此对于大型船舶一般宜用大舵角、早用舵、早抑制船舶的旋转角速度。

(4)船舶倾斜。船舶纵倾时,首倾舵效差,适当尾倾舵效好。船舶横倾时,低速时,低舷侧阻力较大,水流动压力小,船首易向低舷侧偏转,即舵效好;高速时,水流动压力作用大于水阻力时,则可能相反。

(5)舵机性能。操舵所需时间越短,舵效越好。电动舵机来舵快,回舵慢,不易把定。电动液压舵机来舵快,回舵也快,易把定。

(6)风流及浅水。空载慢速,顺风转向较迎风转向舵效好;船舶顶流较顺流舵效好;浅水中船舶的旋回阻力较深水中大,舵效也较深水中差。

(7)舵的安装位置。单车船、双车双舵船,排出流打在舵叶上,舵效好。双车单舵船,舵在两车之间,舵效差。

(三)提高舵效的措施

在实际船舶操纵中,船舶通过狭水道或航道的转角较大的弯曲地段时,大多采用降低船速、增加螺旋桨转速的方法来提高舵效。船舶在港内宽度和深度受限的直航道中航行时,既要保持一定的船速以克服横风、横流的影响,即要增加螺旋桨转速,又要考虑船舶下沉量的影响,即船速不宜过高,这时,可以在船尾系带一拖轮协助减速,同时增加螺旋桨转速,以提高舵效。

第三节　锚设备及其应用

锚设备是甲板设备之一。船舶在装卸货物、避风、等泊位、检疫及候潮等情况下都需要在锚地抛锚停泊,锚设备的配置就是为了使船舶锚泊时产生足够的锚泊力。除了保证船舶抛锚停泊之外,锚设备还可以在某些特定情况下协助操纵船舶。

一、锚设备的组成

锚设备由锚、锚链、锚链筒、制链器、锚机、锚链舱、锚链管和弃链器等几部分组成。其布置如图 2-3-1 所示。图 2-3-2 为大连海事大学实习船"育鲲"轮锚设备布置情况。

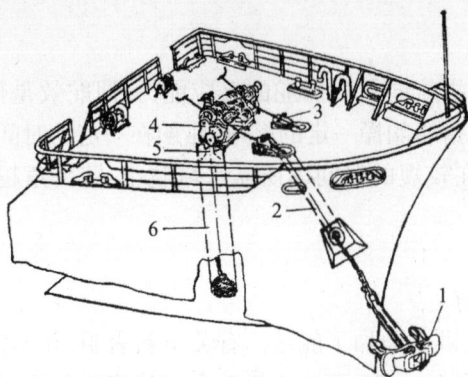

1—锚;2—锚链筒;3—制链器;4—锚机;5—锚链管;6—锚链舱

图 2-3-1　锚设备布置图　　　　　　　图 2-3-2　"育鲲"轮锚设备布置情况

(一)锚(anchor)

锚是能够抓入海底底土的钢铁结构物。锚泊时,锚地抓力与卧底锚链的抓力构成锚泊力,以抵御风、流等对船的作用力。按锚的结构分为有杆锚、无杆锚两种,按其用途可分为普通船用锚、大抓力锚、特种锚等。

(二)锚链(chain cable)

锚链主要用来连接锚和船体,传递锚产生的抓驻力。锚泊时,在出链长度适当时,卧底链长与接触底质的摩擦而产生抓驻力。

(三)锚链筒(hawse pipe)

锚链筒为锚链进出和收藏锚干的孔道,也是锚的收藏处所。它由甲板链孔、舷侧链孔和筒体三部分组成,如图 2-3-3(a)所示。筒内设有喷水装置,起锚时用于冲洗锚链和锚。为了防止海水从锚链筒涌上甲板,保证工作人员安全,在甲板链孔处设有防浪盖(buckler)。有的船在锚链筒上口设有导链滚轮,如图 2-3-3(b)所示,以减轻锚链与甲板链孔的摩擦。

锚链筒的直径为链径的 10 倍左右。其位置和尺寸应能满足:收锚时使锚爪紧贴船壳,锚干连同转环一起留在锚链筒内;抛锚时使锚干易于脱出锚链筒。此外,锚链筒的下口应离满载水线有一定距离,以减少航行时首波冲击锚体;锚链筒的位置距船舶中线有适当距离,以免起锚时锚爪卡在首柱上。

一些低干舷船或快速船,为了减少因锚引起的水和空气阻力及锚爪击水引起的水花飞溅,在舷侧板上做成能包藏锚头的锚穴(anchor recess),如图 2-3-3(c)所示,其形状有方形、圆形和伞形等。有些船舶为了避免锚爪对舷边的损害,而采用突出式舷边链孔的形式,其主要形式有伞形和圆柱形。

(四)制链器(chain stopper)

制链器设置在锚机和锚链筒之间,用于固定锚链,防止锚链滑出。在锚泊时,制链器将锚和锚链产生的拉力传递至船体,以减轻锚机的负荷,保护锚机;在航行时,制链器承受锚的重力和惯性力。常用的有以下几种:

1.螺旋制链器(screw compressor)

螺旋制链器如图 2-3-4(a)所示,由两块夹板和一个带摇柄的有正倒螺纹的螺杆组成。

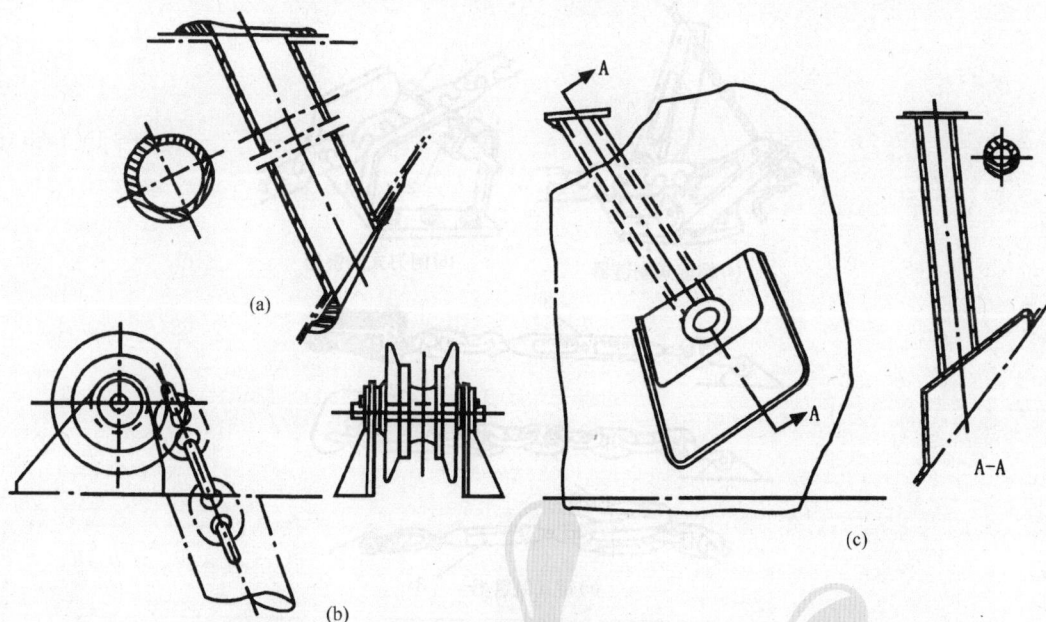

图 2-3-3　锚链筒和导链滚轮

当转动摇柄使两夹板夹紧时,即夹住锚链;反之松开夹板,锚链即可自由进出。虽然其松紧动作较慢,但操作方便,工作可靠,广泛用于中、小型船舶。

2. 闸刀式制链器(lever chain stopper)

闸刀式制链器如 2-3-4(b)所示,主要由基座、闸刀和保险销组成,其结构简单,操作迅速,但当其尺寸大时显得笨重,一般大、中型船舶上普遍使用。

3. 链式制链器(devil's claw)

链式制链器如图 2-3-4(c)所示由一个链钩、一个伸缩螺丝和一段短链所组成。它用卸扣固定在甲板上,使用时将链钩钩在一水平的锚链链环上,然后收紧伸缩螺丝,即可拉紧锚链。它常与螺旋制链器、闸刀式制链器配套使用。

(五)锚机(windlass)

锚机作为抛锚、起锚的机械,也可兼作绞缆之用。详细内容参见本节第五部分。

(六)锚链管(chain pipe)

锚链管是锚链进出锚链舱的孔道。位于锚机链轮下方,正对锚链舱的中央,其直径为锚链直径的 7~8 倍。它的上口设有防水盖,该防水盖开航后应关闭,以防海水由此进入锚链舱。

(七)锚链舱(chain locker)

锚链舱是存放锚链的处所。一般设在防撞舱壁之前,锚机下面,首尖舱的上面或后面。其形状为圆形或方形。圆形锚链舱直径约取链径 30 倍时,可自动盘放而不必人工排链。另外,在锚链舱外一般设有手摇泵,用以排出锚链舱内的积水。

(八)弃链器(releasing gear)

弃链器是在紧急情况下使锚链末端迅速与船体脱开的装置。弃链器一般设在人员易于

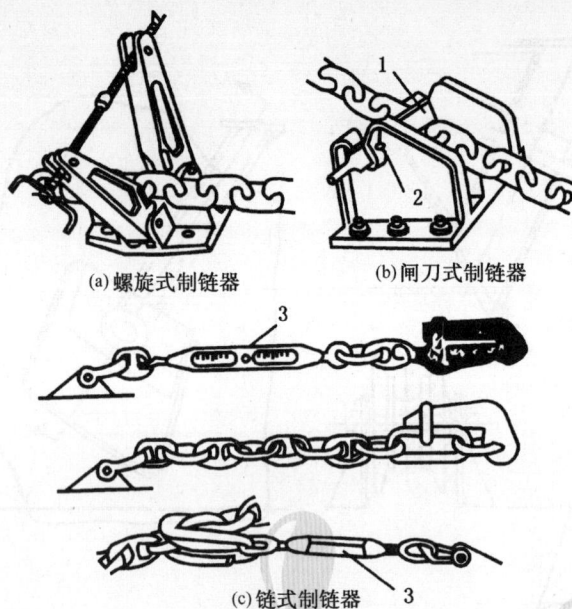

(a) 螺旋式制链器　　　　　(b) 闸刀式制链器

(c) 链式制链器

1—闸刀;2—制动销;3—松紧螺丝扣

图 2-3-4　制链器

到达的地方。常见的有横闩式弃链器和螺旋式弃链器等。

1. 横闩式弃链器(dog type cable releaser)

横闩式弃链器结构简单,使用方便,紧急情况下,只要敲出横闩,即能松脱末端链环。它有装在甲板上和装在锚链舱壁上两种。装在甲板上的弃链器通常外罩一个水密盖,既可达到水密,又能防止不慎触碰而松脱。图 2-3-5(a)为装在甲板上的横闩式弃链器。

2. 螺旋式弃链器(screw type cable releaser)

螺旋式弃链器利用螺杆的伸缩使脱钩松开或夹住。其结构较复杂,但使用安全可靠,即使锚链紧绷时也容易松脱,缺点是开启动作较缓慢。螺旋式弃链器一般安装在锚链舱舱壁上,即弃链器的主体部分位于锚链舱内,操作手轮位于锚链舱外侧的舱壁上。图 2-3-5(b)为装在锚链舱舱壁上的弃链器。

二、锚设备的作用

船舶抛锚后,船在外力作用下,拖着锚链向后使锚爪逐渐抓底,最后当锚牢固抓住海底时,作用在锚上的力达到平衡状态。锚泊时,锚的抓力与卧底锚链的抓力构成锚泊力,以抵御风、流等对船的作用力,最终使船舶被系留在指定水域。锚的系留作用如图 2-3-6 所示。

船舶用锚通常可以分为系泊用锚、辅助操纵用锚和应急用锚三种方式。

(一)系泊用锚

船舶在装卸货物、避风、等泊位、检疫及候潮等情况下都需要在锚地抛锚停泊。根据锚地的自然条件和停泊时间,可以分为单锚泊和双锚泊两种锚泊形式。

(1)单锚泊:当锚地水域开阔,船舶有足够的旋回区域,风流不大时可以抛单锚停泊。松链的长度依水深、底质、风流大小及停泊时间长短而定。通常情况下松链长度在 3～4 倍

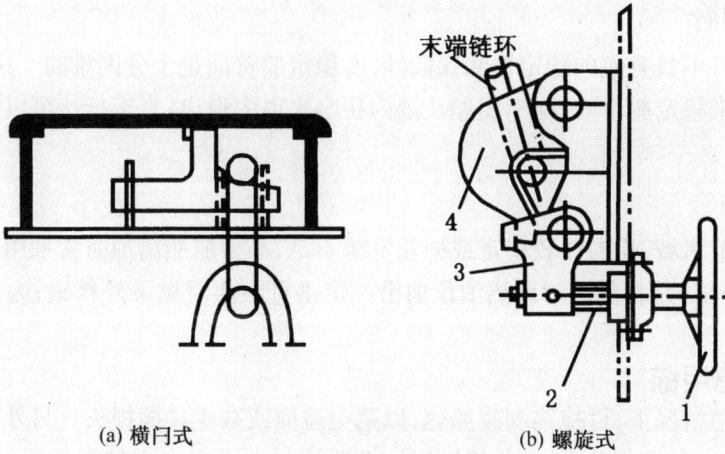

末端链环

1—操纵手轮;2—螺杆;3—制动器;4—脱钩

图 2-3-5 弃链器

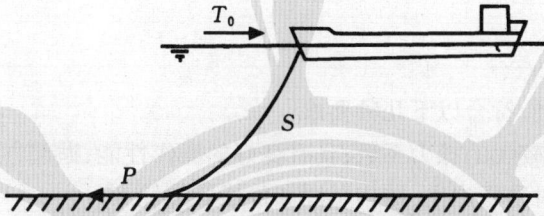

图 2-3-6 锚的系留作用示意图

水深以上。

(2)双锚泊:常见的有八字锚、一字锚和平行锚等形式。

(二)船舶操纵用锚

港内操纵用锚主要有拖锚制动、拖锚靠泊、拖锚掉头、拖锚倒行等。正确使用将有利于港内操纵安全,反之,如使用不当,不但不利于安全,还可能发生断链或丢锚等事故。这里值得注意的是,锚作为船舶操纵的辅助手段仅适用于小型船舶,中、大型船舶由于其惯性较大,不宜用锚协助船舶操纵。

1. 拖锚制动

港内低速航行过程中,为了降低船速,除使用主机倒车外,还可以抛下短链单锚,必要时抛下双锚,利用锚与海底的摩擦力来控制船速,减小冲程。使用倒车容易造成船首偏转,及时抛锚进行配合操纵,可收到良好的控制效果。特别在靠泊操纵中,为减小横风、横流的影响,往往不得不采用较大余速抵达泊位前沿,及时抛锚,并配合倒车进行制动,是一种常用而有效的措施。拖锚靠泊中,锚既有减小冲程的作用,还起到控制船舶偏转的作用。例如,空船靠泊,若吹拢风较大,船舶轧拢码头的速度很快,可及时抛外舷锚予以抑制。

2. 拖锚掉头

船舶靠泊时多采用顶流靠泊方式,船舶如顺流进港,要采取掉头操纵,然后顶流靠泊,如泊位前沿有足够的水域,则可在泊位前沿进行掉头。在专用掉头水域可借助流的作用进行顺流掉头。其具体的操纵方法参见港内操船的有关内容。

3. 拖锚倒行

船舶倒航时不具有航向稳定性和保向性，要稳定船首向是十分困难的。这时，可将首锚抛下利用拖锚来稳定船首向，拖引船舶从港内狭窄水道中退出，直至抵达可以掉头的水域进行掉头操纵。

4. 抛开锚

在有些停泊水域，流向比较稳定或拖轮资源不足，小型船舶离泊时常采用绞开锚离泊的方法。所谓"开锚"是指靠泊时距离泊位前沿一定垂直距离时抛下外档锚，为离泊创造方便条件。

（三）应急用锚

有时在紧急情况下，可拖锚刹减船速，以避免碰撞或减少碰撞损失。另外当船舶意外搁浅时，可延脱浅方向运锚抛下，绞收锚链以协助脱浅。在大风浪中航行的船舶，如果采取顶浪滞航的航法时，可以抛锚并出链适当长度来增加船舶漂移阻力、控制船首向，辅助船舶抵抗大风浪。

三、锚的种类

一只性能优良的锚应符合以下几种要求：

在一定锚重下具有较大的抓力系数；具有良好的操作性能，抛起方便，收藏方便；抛锚时能迅速啮入土中，起锚时易于出土；结构坚固和价格低等优点。

锚的种类很多，性能各异。一般可按有无横杆、锚爪可否转动、抓重比（锚的抓力与锚重之比，又称抓力系数）大小和锚的用途进行分类。

（一）有杆锚（stocked anchor）及其抓底过程

1. 有杆锚的结构

有杆锚也叫普通锚、海军锚。其结构如图2-3-7（a）所示。在结构上其锚干和锚爪为一浇铸整体，锚爪固定不会转动，在锚干上有一固定或可折的横杆。

该类锚的特点是结构简单，抓重比大，一般为4~8，抓底稳定性较好。但它操作不便，上翘的锚爪在船舶旋回时容易缠住锚链，在浅水锚地该爪易刮坏过往船只的船底；抛起锚作业和收藏不太方便。故这种锚不宜用作商船首锚，仅可作尾锚或备锚。有杆锚一般多用于小船。

2. 有杆锚的抓底过程

抛锚时一爪入土，另一爪向上翘出，横杆促使锚爪顺利入土，锚爪入土后横杆起稳定锚的姿态的作用。抛锚时，锚杆与锚干处于垂直状态；收藏时，锚杆与锚干贴靠在一起。影响有杆锚抓力的因素有锚袭角 α 和锚的折角 β。有杆锚的 α 角在60°~80°之间，β 角在35°~45°之间。如图2-3-7（b）所示。

（二）无杆锚（stockless anchor）

1. 无杆锚的种类和结构

无杆锚又称山字锚、转爪锚，常见的有霍尔锚、斯贝克锚等。

（1）霍尔锚（Hall's anchor）：锚杆和锚臂是分开铸造的。锚爪、锚冠与锚臂铸成一体。

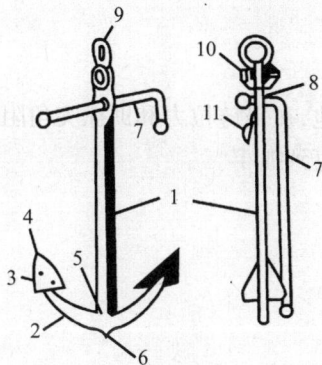

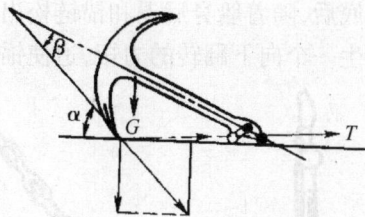

(a)有杆锚结构　　　　　　　　(b)有杆锚的入土过程

1—锚干;2—锚爪臂;3—锚掌；4—锚爪尖;5—锚冠;6—锚冠尖;7—锚杆;8—锚杆孔;9—锚卸扣;10—螺栓;11—锚干销

图2-3-7　有杆锚结构和入土过程

锚干插入锚冠的长方形孔中,用销轴和横销定位于锚冠下部的两个半圆形凹槽内,以锚干为中心线,锚爪可以向左右各转约45°,锚冠两侧设有助抓突角。抛锚时,它能促使锚爪啮土。其结构如图2-3-8所示。

（2）斯贝克锚（Speke anchor）：是霍尔锚的改良型。其锚头的重心位于销轴中心线之下方。收锚时,锚爪自然朝上,并且一接触船壳板即翻转,不会损伤船壳板。其结构如图2-3-9所示。

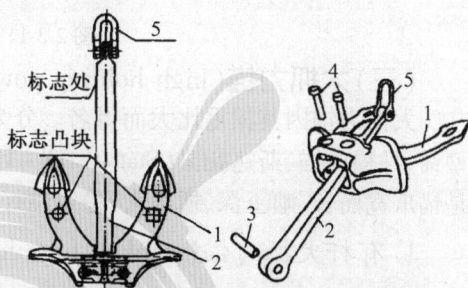

1—锚臂;2—锚干;3—销轴;4—横销;5—锚卸扣

图2-3-8　霍尔锚结构

（3）尾翼式锚（tail-stabilizer anchor）：是我国研制出的一种新锚型。其助抓突角宽厚,锚头重心低;操作特点是入土阻力小,入土性能和稳定性好,抗浪击,自洁性能好。各方面性能优于霍尔锚和斯贝克锚,已在船上广泛使用。其结构如图2-3-10所示。

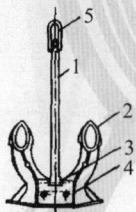

1—锚干;2—锚爪;3—销轴;

4—横销;5—锚卸扣

图2-3-9　斯贝克锚

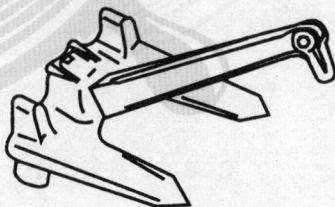

图2-3-10　尾翼式锚结构

无杆锚的特点是使用方便,很容易将锚从锚链筒中抛出或收进。抓土时没有锚爪露出海底。但其抓重比相对较小,一般为2~4倍。当船舶偏荡时,锚爪易将泥土耙松而使锚的抓力下降。这类锚由于使用方便而广泛用作船首锚,其缺陷则通过增加锚重来弥补。

2.无杆锚的抓底过程

无杆锚的抓底过程如图2-3-11所示。

当锚着底后,随着船身后退和锚链松出,锚干倒地,在锚链拉力和助抓突角阻力作用下,在锚爪上产生一个向下翻转的力矩,迫使锚爪啮土,直到抓牢。

图2-3-11 无杆锚的抓底过程

(三)大抓力锚(high holding power anchor)

大抓力锚因其抓重比大而得名。分为有杆大抓力锚和无杆大抓力锚,常见的有 AC–14 型锚、丹福氏锚、斯达托锚(Stato)、DA–1 型锚(stokes)、波尔锚和史蒂文锚等。它们的特点是锚爪宽而长、啮土深、抓力大、稳定性好。

1.有杆大抓力锚(stocked high holding power anchor)

丹福氏锚(Danforth anchor)和史蒂文锚(Steven anchor)属有杆大抓力锚,即在锚头处设有横杆的锚。丹福氏锚(也称燕尾锚,见图2-3-12)的锚爪可前后转动各约30°,其抓重比一般不小于10,多用于工程船舶。史蒂文锚(图2-3-13)由荷兰研制,其锚爪短而面积大,锚干上装有可移动的楔块,可用来改变锚爪的最大转角,以适应多种底质。它的抓重比可达17~34。目前大量用作石油平台的定位锚。

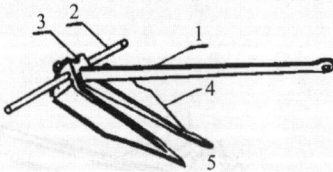

图2-3-12 丹福氏锚

图2-3-13 史蒂文锚

2.无杆大抓力锚(stockless high holding power anchor)

AC–14 型锚和波尔锚属无杆大抓力锚。

AC–14 型锚是 50 年代英国海军部研制的一种大抓力锚。其明显的特征是设有极其肥大的稳定鳍,如图2-3-14(a)所示,因此具有很好的稳定性。它能迅速啮土,对底质的适应性较强,抓重比最高可达12~14,是目前公认的性能较好的一种锚型,常在超大型船或水线以上面积较大的滚装船上被用作首锚。

波尔锚是由荷兰研制的一种大抓力锚,如图2-3-14(b)所示。它的锚爪平滑而锋利,适应各种底质。其稳定性好,抛收方便,抓重比为 6 左右。波尔锚可作为大型船舶的首锚和工程船的定位锚,特别是在挖泥船上被广泛采用。

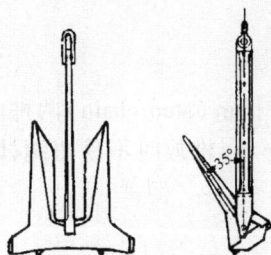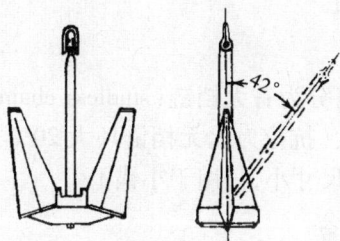

(a) AC -14 型锚　　　　(b) 波尔锚

图 2-3-14　大抓力锚　　　　　　　　　　　图 2-3-15　DA -1 型锚

DA -1 型锚被称作第三代无杆锚,是目前世界上最稳定、结构最先进的锚。锚冠较宽且端部为三棱形,爪很长是用两个斜面构成的倒 V 形,两爪之间的距离很小,这种锚有最合适的啮土角度,啮土面积大、抓力大、抓住性好、稳定性强、收藏方便,由于 DA -1 型锚几乎全部由直斜面组成,起锚时附着泥沙少、冲洗方便,日本造船界认为此种锚是最理想、最有发展前途的锚,如图 2-3-15 所示。

(四)特种锚(special anchor)

特种锚的形状比较特殊,以适应特种用途。通常所指的是浮筒、灯船、航标船和浮标等永久性系泊用的锚,有伞形锚、螺旋锚、单爪锚等,如图 2-3-16 所示。

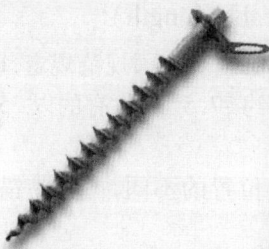

(a)伞形锚　　　　　　　(b)螺旋锚　　　　　　　(c)单爪锚

图 2-3-16　特种锚

四、锚链

锚链(anchor cable)是连接于锚和船体之间的链条,用来传递和缓冲船舶所受的外力,卧底锚链与海底产生摩擦力,从而增加锚泊力。

(一)锚链的分类

1.按制造方法分

按照制造方法分,锚链可分为铸钢锚链、焊接锚链两种。

(1)铸钢锚链:它的链环由钢水浇铸而成。其优点是强度较高,刚性好,撑挡不会松动,因而使用年限长。其缺点是制造工艺较复杂,成本较高,耐冲击负荷差。

(2)焊接锚链:它的链环由圆钢弯制焊接而成。其工艺简单、成本低、质量超过其他种类锚链,现已得到广泛应用。

2.按链环结构分

按链环结构分,锚链可分为有无档链(studless chain)和有档链(stud chain)两种。在相同尺寸下,有档链的强度大(抗拉力比无档链环大20%),变形小,堆放时不易扭缠,因此在海船上广泛采用。无档链尺寸小,只用于小锚上。

3.按公称抗拉强度分

按公称抗拉强度分,锚链可分为 AM1、AM2、AM3 三级。AM1 级强度最小,AM3 级强度最大。对同一船舶,若选用强度大的,链环尺寸就可以适当减小。

4.按作用分

按作用分,锚链可分为普通链环、加大链环、末端链环、转环、连接链环或连接卸扣及末端卸扣。

(二)锚链的组成

一根完整的锚链由若干节连接而成,而每节锚链又由许多链环组成。

1.链环(chain link)

链环包括普通链环(common link)、加大链环(enlarged link)、末端链环(end open link)、转环(swivel link)、连接链环(joint link)或连接卸扣(joint shackle)及末端卸扣(end shackle)等。链环的大小是以普通链环的直径 d 为基准的。各种链环的形式和尺寸见图 2-3-17。

2.链节(shackle length;cable length)

链节是表示锚链长度的基本单位。我国规范规定,1 节标准锚链的长度是 27.5 m,英美国家常以 15 拓为 1 节,折合米制约 27.5 m,也有的以 25 m、20 m 为 1 节。链节与链节之间多以连接链环连接。

按照链节在整根锚链中所处位置的不同,可分为锚端链节、中间链节和末端链节三部分,如图 2-3-18 所示。

锚端链节是锚链的第一链节,与锚相连。从锚卸扣开始,依次为链端卸扣、末端链环、加大链环、转环、加大链环和若干普通链环。该链节中的末端卸扣和锚卸扣的横销均应朝向锚,圆弧部分朝向中间链节,转环的环栓应朝向中间链节。以减少起锚时的磨损或卡在锚链筒的唇缘处。设置转环的目的是为了防止锚链过分扭绞。

末端链节是锚链的最后一节,与弃链器相连。由末端链环、加大链环、转环和普通链环等组成。转环的环栓也应朝向中间链节。

中间链节是锚端链节与末端链节之间的所有链节,一般由普通链环和连接链环组成。如果用连接卸扣代替连接链环,则在连接卸扣前后依次增设无档链环和加大链环,再与普通铸环相接。因为连接卸扣的尺寸比普通链环大许多,所以增设无档链环和加大链环后,锚链在该处的尺寸可以平顺过渡、避免起锚时连接卸扣通过持链轮时产生跳动、冲击或卡住。连接卸扣的圆弧部分亦应全部朝向锚。

(三)锚链的标记

在抛起锚时,为了能迅速识别锚链在水中的节数,在连接链环及其附近的有档链环上做

零部件名称	简图和近似尺寸比例	零部件名称	简图和近似尺寸比例
普通链条	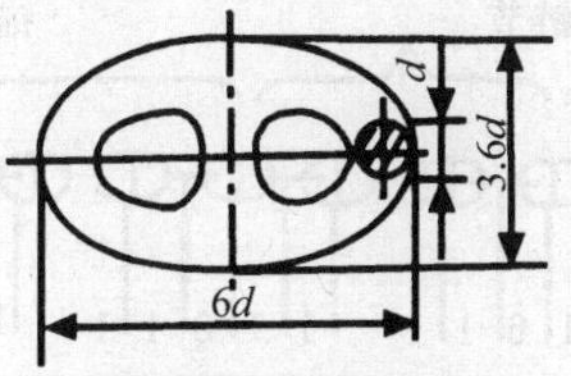	连接卸扣	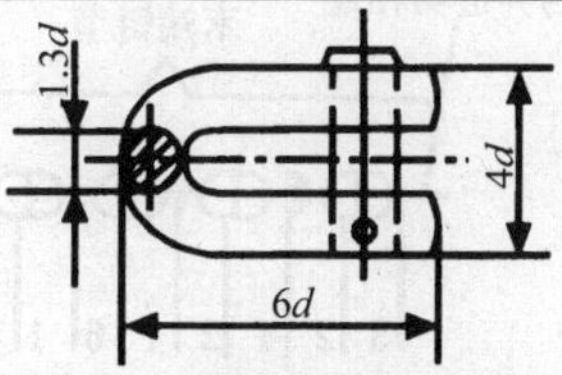
加大链环	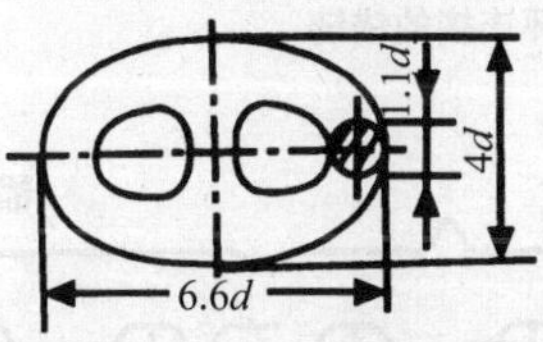	散合式连接链环	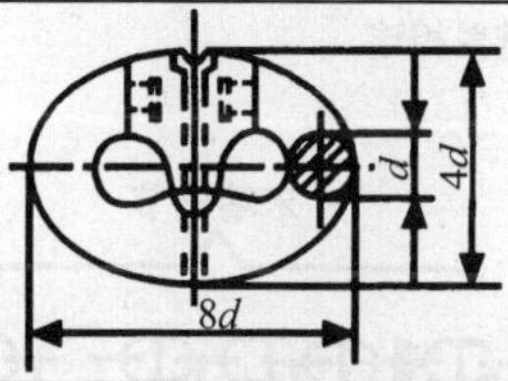
末端链环	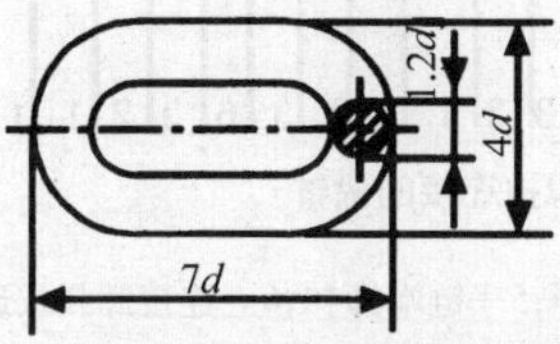	双半式连接链环	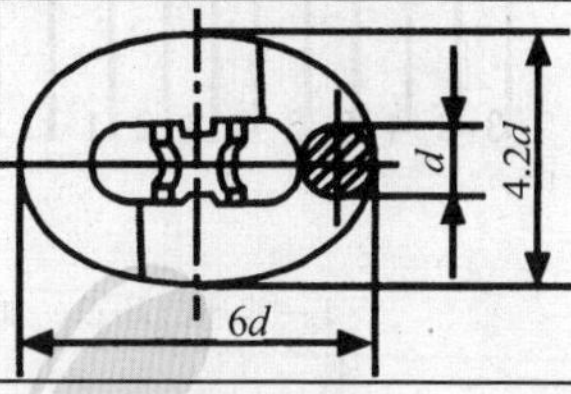
转环	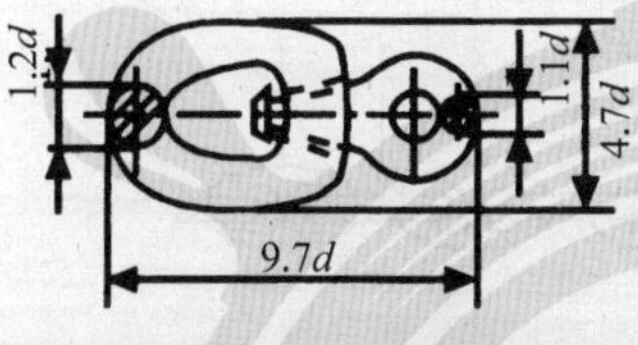	脱钩	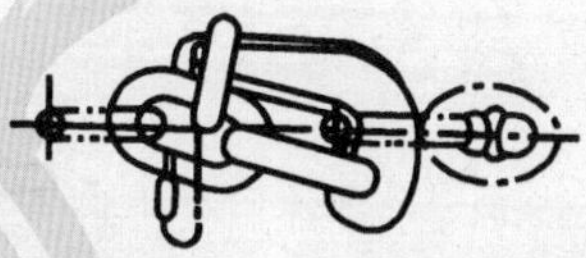
末端卸扣	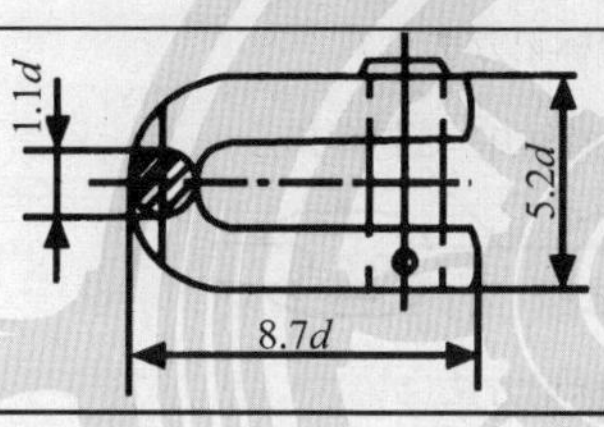		

图 2-3-17　锚链链环的种类

出标记。锚链的标记方法是：

（1）在第一节与第二节之间的连接链环（或卸扣）前后第一个有档链环的撑档上绕金属丝（或白钢环），并在两链环之间的所有有档链环上涂白漆，连接链环涂红漆，以此表示第一节。

（2）在第二节与第三节之间的连接链环前后第二个有档链环撑档上绕金属丝（或白钢环），并在两链环之间的所有有档链环上涂白漆，连接链环涂红漆，以此表示第二节。其余各节以此类推。

（3）从第六节开始，重复第一节的做法进行标记。最后一至两节可涂醒目标记以作为危险警告，以提醒，避免丢锚。图 2-3-19 为锚链标记示意图。

（四）锚链的拆装

船舶在厂修时，常将第一节锚链与最后一节或最后第二节锚链进行对掉。在需要用锚链系浮筒时，需对锚链的连接卸扣或连接链环进行拆装。用于连接链节的连接卸扣、双半式连接链环和散合式连接链环的结构分别如图 2-3-20 中的(a)、(b)和(c)所示。

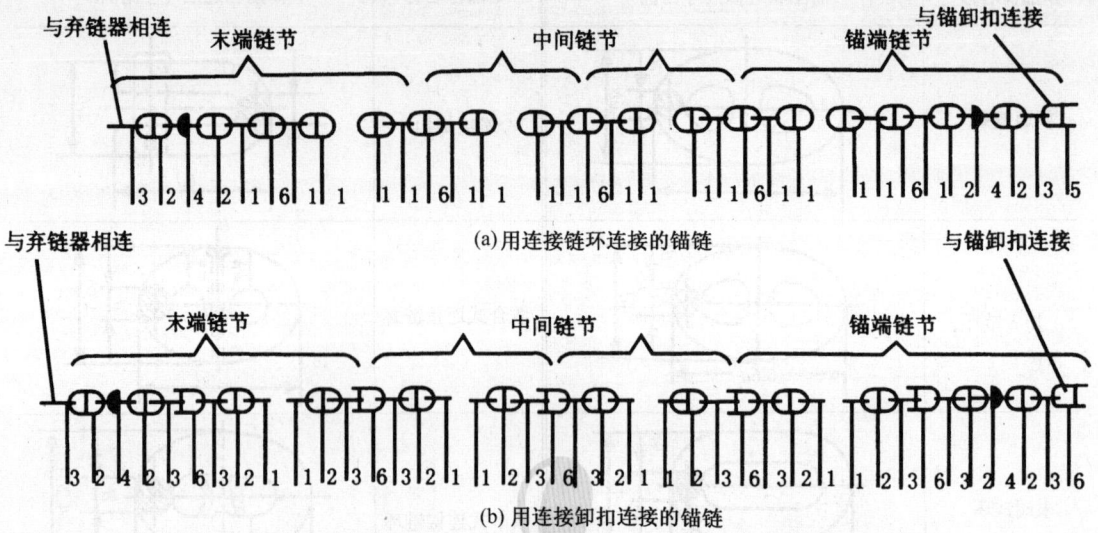

(a) 用连接链环连接的锚链

(b) 用连接卸扣连接的锚链

1—普通链环;2—加大链环;3—末端链环;4—转环;5—链端卸扣;6—连接卸扣或连接链环

图 2-3-18　锚链的组成

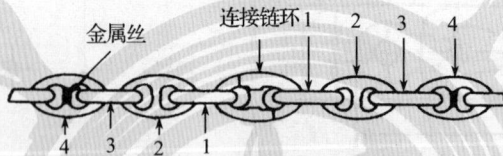

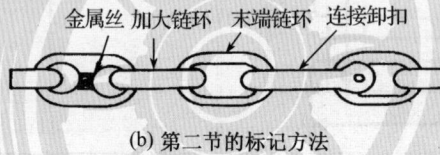

(a) 第四节的标记方法

(b) 第二节的标记方法

图 2-3-19　锚链标记示意图

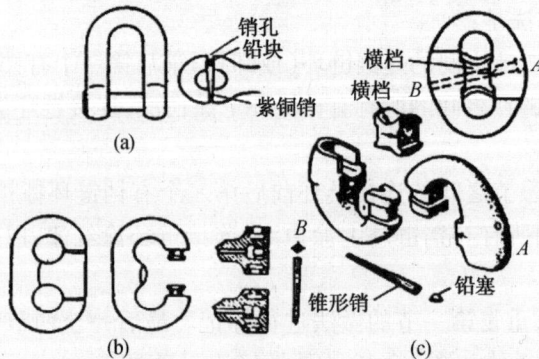

图 2-3-20　各种连接链环的结构

1.连接卸扣的拆装

连接卸扣拆卸时,先挖掉紫铜锥销端部的封铅,用小锤敲击小冲子,将锥销冲出,再用锚链冲对准横销用锤子敲击,将横销冲出。装复时步骤相反。

2.散合式连接链环的拆装

锚链连接时,将两半 T 形档板夹住 C 形开口处的圆榫并互相啮合后,将锥形销插入 T 形夹档板槽中的服环中敲紧,封上铅,便可使其紧固地联成一体。拆卸时先挖掉封铅,冲去锥形销,再用扁凿顺拼缝将两半 T 形夹板分开即可。

3.双半式连接链环的拆装

锚链连接时,先将两个钩形半环啮合,再在中间按斜锥孔的方向嵌入活动横档,最后斜向插入锥形销,使三者紧固地联成一体,钢销两端用铅封妥。拆卸时程序相反。为了便于拆卸,装复时销子与销孔要擦拭干净,并涂以牛油,以防锈死。

(五)锚链的强度与重量估算

1.锚链的强度估算

$$T = 548.8d \tag{2-3-1}$$

式中,T——有档锚链的破断强度(N);

    d——链环直径(mm)。

2.单位长度重量估算

$$W_C = 0.0219d \tag{2-3-2}$$

式中,W_C——有档锚链单位长度重量(kg/m);

    d——链环直径(mm)。

3.锚重与链重的关系

$$W_A \approx 60W_C \tag{2-3-3}$$

式中,W_A——每只锚的重量(kg);

    W_C——单位长度锚链重量(kg/m)。

上式表明,每只锚的重量约等于 60 倍锚链的重量。

(六)锚与锚链的配备

海船的锚与锚链应根据船舶的类型、航行的水域并根据船舶舾装数的大小按规范中所列数据配备。对工作特殊,船东要求加大锚重,且借助于其他设施进行锚泊作业的非自航船舶,其锚链可仅按规范要求的锚重配备。

舾装数 N(equipment number)或称船具数,是反映船体所能受到的风、流作用力大小的一个参数,可由下式计算:

$$N = \frac{2}{3}\Delta + 2B \cdot h + \frac{1}{10}A \tag{2-3-4}$$

式中,Δ——夏季载重线下的型排水量(t);

    B——船宽(m);

    A——船长范围内夏季载重线以上的船体部分和上层建筑及各层宽度大于 $B/4$ 的甲板室的侧投影面积的总和(m^2);

h—— 从夏季载重线到最上层舱室顶部的有效高度(m)。

对最下层的层高 h_i 从上甲板中心线量起,或具有不连续上甲板时,从上甲板最低线及其平行于升高部分甲板的延伸线量起,即

$$h = a + \sum h_i \qquad (2\text{-}3\text{-}5)$$

式中,a—— 从船中夏季载重水线至上甲板的距离(m);

h_i—— 各层宽度大于 $B/4$ 的舱室,在其中心线处量计的高度(m)。

根据舾装数,可以查出锚的数量及每只锚的重量,锚链直径和总长等,如表 2-3-1 所示。

表 2-3-1　锚泊和系泊设备配备表

序号	舾装数 N		首锚		有档首锚链				拖索		系船索		
	超过	不超过	数量	每只质量(kg)	总长度(m)	直径			长度(m)	破断负荷(kN)	数量	每根长度(m)	破断负荷(kN)
						CCS AM1	CCS AM2	CCS AM3					
1	50	70	2	180	220	14	12.5		180	98.1	3	80	34
2	70	90	2	240	220	16	14		180	98.1	3	100	37
3	90	110	2	300	247.5	17.5	16		180	98.1	3	110	39
4	110	130	2	360	247.5	19	17.5		180	98.1	3	110	44
5	130	150	2	420	275	20.5	17.5		180	98.1	3	120	49
6	150	175	2	480	275	22	19		180	98.1	3	120	54
7	175	205	2	570	302.5	24	20.5		180	111.8	3	120	59
8	205	240	3	660	302.5	26	22	20.5	180	129.4	4	120	64
9	240	280	3	780	330	28	24	22	180	150	4	120	69
10	280	320	3	900	357.5	30	26	24	180	173.6	4	140	74
11	320	360	3	1020	357.5	32	28	24	180	206.9	4	140	78
12	360	400	3	1140	385	34	30	26	180	223.6	4	140	88
13	400	450	3	1290	385	36	32	28	180	250.1	4	140	98
14	450	500	3	1440	412.5	38	34	30	180	276.5	4	140	108
15	500	550	3	1590	412.5	40	34	30	190	306.0	4	160	123
16	550	600	3	1740	440	42	36	32	190	338.3	4	160	132
17	600	660	3	1920	440	44	38	34	190	370.7	4	160	147
18	660	720	3	2100	440	46	40	36	190	406.0	4	160	157
19	720	780	3	2280	467.5	48	42	36	190	441.3	4	170	172
20	780	840	3	2460	467.5	50	44	38	190	480.0	4	170	186
21	840	910	3	2640	467.5	52	46	40	190	517.8	4	170	202
22	910	980	3	2850	495	54	48	42	190	559.0	4	170	216
23	980	1060	3	3060	495	56	50	44	200	603.1	4	180	230
24	1060	1140	3	3300	495	58	50	46	200	647.2	4	180	250
25	1140	1220	3	3540	522.5	60	52	46	200	691.4	4	180	270
26	1220	1300	3	3780	522.5	62	54	48	200	738.4	4	180	284
27	1300	1390	3	4050	522.5	64	56	50	200	785.5	4	180	284
28	1390	1480	3	4320	550	66	58	50	200	835.5	4	180	324
29	1480	1570	3	4590	550	68	60	52	220	888.5	5	190	324
30	1570	1670	3	4890	550	70	62	54	220	941.4	5	190	333
31	1670	1790	3	5250	577.5	73	64	56	220	1002	5	190	353
32	1790	1930	3	5610	577.5	76	66	58	220	1109	5	190	378
33	1930	2080	3	6000	577.5	78	68	60	220	1168	5	190	402
34	2080	2230	3	6450	605	81	70	62	240	1259	5	200	422
35	2230	2380	3	6900	605	84	73	64	240	1356	5	200	451
36	2380	2530	3	7350	605	87	76	66	240	1453	5	200	480
37	2530	2700	3	7800	632.5	90	78	68	260	1471	6	200	480

通常千吨级以上海船均配有 3 只主锚,其中 2 只是首锚(bow anchor), 1 只是备用锚(spare anchor)。

经常航行在狭窄、弯曲及水势复杂航道的船舶,还配有尾锚(stern anchor),必要时用以控制船尾的摆荡。

如果船舶应配备的锚链总节数为单数,则右锚多配一节。万吨级货船一般每只主锚至少配有 10 节锚链。

此外,船上至少还应储备 1 只锚卸扣和 4 只连接卸扣或连接链环,另备 1 个锚链系浮筒用的大卸扣。

五、锚机

(一)锚机(windlass)的种类与结构

锚机是抛锚、起锚的机械装置,设在船首部。其链轮两侧的滚筒可做收放缆绳之用。

1. 按锚机动力分

按锚机动力分,有电动锚机和电动液压锚机两类。

电动锚机(electric windlass)的动力源是电动机,经过减速后驱动锚机链轮和卷筒转动,如图 2-3-21(a)所示。离合器用于控制链轮与驱动主轴的离合。锚系泊作业中,当离合器脱开时,主轴和卷筒转动而链轮不转,可作为抛锚或绞缆之用。当离合器合上时,卷筒与链轮同时转动,可作为起锚或深水抛锚时送锚之用。带式制动器用来刹住链轮,控制松链速度。

电动液压锚机(hydraulic windlass)由电动机带动液压泵,驱动油马达,然后经过减速器(或不需减速)使锚机运转。如图 2-3-21(b)所示。它具有结构紧凑、体积较小、操作平稳和变速性能好(可进行无级变速)的特点,但制造技术和维护保养要求均较高。

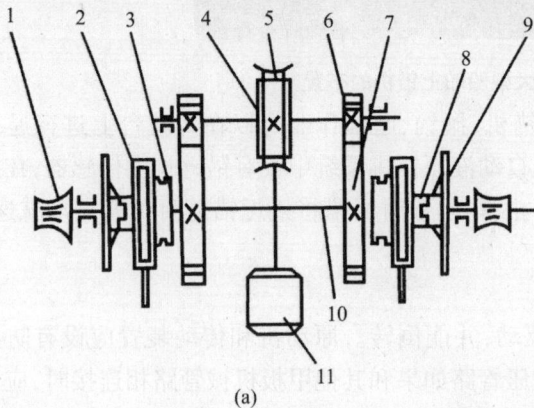

1—卷筒;2—制动器;3—链轮;4—蜗杆;5—蜗轮; 6—小齿轮;7—大齿轮;8—牙嵌离合器;9—手轮;10—链轮轴;11—电动机

图 2-3-21　电动锚机和电动液压锚机

2. 按锚机布置情况分

按锚机布置情况分有卧式和立式两种。卧式锚机是指链轮轴为水平布置的锚机,参见图 2-3-21(b)。一般船上多采用卧式锚机。立式锚机是指链轮轴垂直布置的锚机,如图 2-3-22 所示。该布置方式可减小锚机所占甲板面积,多用于军舰。

甲板宽度很大的大型油船及具有大型球鼻首的船舶,因为左、右锚链筒有较大距离,所

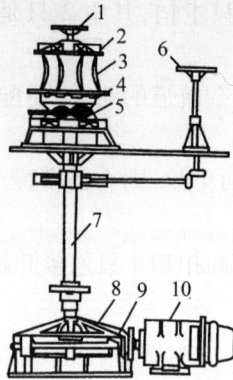

1—离合器手轮;2—手推棍插孔;3—系缆滚筒;4—离合器;5—链轮;
6—刹车手轮;7—传动轴;8—蜗轮;9—蜗杆;10—电动机

图2-3-22　电动立式起锚机

以每舷各设1台锚机,如图2-3-23所示。

图2-3-23　大型船舶上锚机的布置

一些现代船舶常采用遥控装置控制锚机,抛锚、起锚作业可以在驾驶台上进行遥控操作。另外,有些船舶装备了自动锚机。在自动液压锚机系统中设有锚链长度传感器,在抛锚时当所需锚链全部抛出后,锚机会自动停止;在起锚时当锚将接近锚链筒时能自动减速,当锚干进入锚链筒收妥后会自动停车。

(二)锚机的主要技术要求

(1)必须由独立的原动机或电动机驱动,并能倒转。原动机和传动装置应设有防止超力矩和冲击的保护。对于液压锚机,其液压管路如果和其他甲板机械管路相连接时,应保证锚机的正常工作不受影响。锚重量不超过250 kg的船舶,如手动起锚机能适合其使用时,可以配置手动起锚机,手动锚机应有防止手柄打伤人的措施。

(2)应有能力以平均速度不小于9 m/min,将1只锚从水下82.5 m深处拉起至深度27.5 m处;

(3)在工作负载下以满足规定的平均起锚速度,应有连续工作30 min的能力。

(4)应能在过载拉力作用下(不要求速度)连续工作2 min。过载拉力应不小于工作负荷的1.5倍。

(5)链轮与驱动轴之间应装有离合器,且离合器应有可靠的锁紧装置。

（6）链轮应装有可靠的制动器。制动器刹紧后,应能承受锚链断裂负荷45%的静拉力,或承受锚链上的最大静负荷。

（7）锚机的安装一般应保证锚链引出的三点(锚链筒、制链器和链轮)成一线。

（8）每台遥控操纵的锚机必须设一个快速动作的应急停止机构,用来切断锚机动力并使制动装置起作用。该机构必须设置明显标志,并位于靠近锚机便于操作的地方。

六、锚抓力及其影响因素

不论是停泊还是操纵中,要想安全用锚,首先要了解锚的抓力性能。锚的抓力性能与锚型、底质、用锚形式以及水深等诸多因素有关。

(一)锚的抓力

从物理意义来讲,锚的抓力(holding power)是由锚与海底的摩擦力和锚的黏性阻力组成。一般用下式来表示:

$$P_A = \lambda_A \cdot W_A \tag{2-3-6}$$

式中,P_A—— 锚的抓力;

λ_A—— 锚的抓力系数;

W_A—— 空气中锚的重量。

可见,锚的抓力与锚的抓力系数有关,而抓力系数与锚型、海底底质有关。抓力系数值可通过对各种不同底质所做的锚模型或实锚试验来确定。一般来说,抓力系数值的大小与锚的大小无关。

(二)锚的运动及抓力

锚在海底被拖动的过程也就是锚的抓底过程,如图 2-3-24 所示。在外力和抓力的作用下,其在海底的运动可用下列运动方程描述:

$$(m_A + m_S) \frac{dU_A}{dt} = T_H - P_A \tag{2-3-7}$$

式中,m_A—— 锚的质量;

m_S—— 被锚拖动的泥沙质量;

U_A—— 锚的拖动速度;

T_H—— 作用于锚上的水平拖力;

P_A—— 锚的抓力,也称为锚阻力。

T_H 和 P_A 都与拖动速度 U_A 有关。由于方程中有些参数很难做出精确的估计,因此,大多用实验方法进行研究。

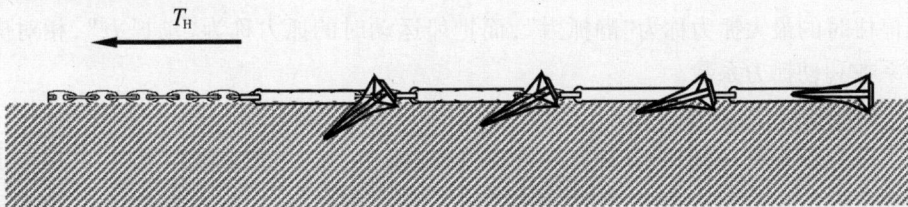

图 2-3-24　锚的抓底过程示意图

通过拖锚试验,可以详细了解从锚抛下至锚抓力达到最大值过程中抓力的变化情况,进而可通过实验结果获得锚的抓力特性曲线,如图 2-3-25 所示。特性曲线给出了各种锚型在沙底拖锚抓力与拖锚距离之间的关系的试验结果。从抓力特性曲线可见:

(1)在锚爪插入海底之前,锚的抓力是有限的;

(2)随着拖动距离的增加,锚爪一旦插入海底,抓力将急剧增大,至 2 倍锚长距离时,抓力将达到最大值,而后保持该值;若拖力继续增大,锚在海底进一步被拖动,无杆锚就开始以锚干为轴偏转,当锚被拖动 5~6 倍锚长时,转角将达到 45°,锚抓力急剧下降;当锚被拖动 9~10 倍锚长时,转角将达到 180°,锚爪上翻出土,仅剩下锚与海底的摩擦力;如果锚爪能二次抓底,则又重复拖锚开始过程。有杆锚在抓力达到最大值后,由于不发生偏转现象,而一直保持该最大值。

由此可见,无杆锚的优点是其最大抓力较有杆锚为大。无杆锚的缺点是当拖力超过最大抓力时,将急速失去其抓力,而有杆锚因其横杆能确保锚抓底姿势的稳定,故能保持锚爪的抓底状态。

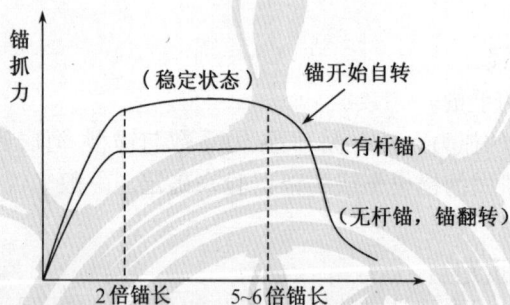

图 2-3-25　锚的抓力特性曲线

另外,当拖力 T_H 增大到等于最大抓力 P_A 时,如果出链长度较短,可能出现卧底链长为零的现象,有时甚至锚链将锚干向上提起,使锚不能发挥最大抓力。由实验可知,锚的抓力系数与锚的转环处锚链于水平面的垂直角有关。垂直角越大,抓力系数越小,这种情况相当于拖锚制动。垂直角为零时,锚的抓力系数最大。实验表明,当锚干仰角为 5°时,抓力系数约减少 1/4;当锚干仰角为 15°时,抓力系数约减少 1/2。出链长度不足时,将大大降低锚的抓力。因此,船舶锚泊时,为了保证锚发挥最大抓力,出链长度应足够。通常情况下,应不少于 5~6 倍水深。相反,在拖锚制动时,出链长度又不宜过长,否则,可能会断链或丢锚。

上述的拖锚抓力与抛锚时船的运动情况有关。实验中,都是指将锚以某一速度拖动时的阻力。而实际上最需要的是将锚链刹住后锚爪插入海底使船停住时的抓力。因此,把抛锚后船停住时的最大抓力称为"静抓力",而把船运动时的抓力称为"动抓力",相对应的有静抓力系数和动抓力系数。

(三)锚的抓力系数

从上述分析可见,锚的抓力系数与船舶的运动状态、锚型、海底底质有关,其值可通过对各种底质所做的锚模型或实锚试验来确定。

1. 锚的静抓力系数

锚的静抓力指船舶在锚泊状态时的最大抓力。表 2-3-2 给出了运输船舶常用的几种锚型的静抓力系数。

表 2-3-2　锚的静抓力系数数值范围

锚　型	霍尔锚	斯贝克锚	波尔锚	ZY - 5 型	AC - 14 型;DA - 1 型
抓力系数	4	4 ~ 6	7 ~ 11	8	7 ~ 11

2. 锚的动抓力系数

操纵用锚一般出链长度比较短,没有锚链平卧在海底,因此操纵用锚的抓力仅为锚本身的抓力。操纵用锚,例如拖锚掉头、拖锚制动等操作时,在船停止之前,锚在水底是处于拖动状态的。因此,锚的动抓力与走锚时的抓力基本相同。根据试验可知,当底质为一般泥沙时,锚的动抓力系数与出链长度/水深的关系如表 2-3-3 所示。

表 2-3-3　锚的动抓力系数

出链长度/水深	1.5	2.0	2.5	3.0	3.5
抓力/水中锚重	0.76	1.16	1.60	2.00	2.40

注:水中锚重 = 锚重 × 0.87。

(四)锚链的抓力

当出链长度足够时,将有部分链长平卧海底,这部分链长与海底的摩擦力称为锚链的抓力。其大小用下式表示:

$$P_C = \lambda_C \cdot W_C \cdot l \tag{2-3-8}$$

式中,P_C—— 锚链的抓力;

　　λ_C—— 锚链的抓力系数;

　　W_C—— 单位链长在空气中的重量;

　　l—— 平卧于海底的链长,简称卧底链长。

由上式可见,锚链的抓力与锚链的抓力系数、单位链长的重量和卧底链长有关。试验表明,从安全锚泊的目的出发,锚链的抓力系数,沙底取 0.75,泥底取 0.6。

七、锚泊时的出链长度

无论采用哪种锚泊方式,都必须保证一定的出链长度,以使锚泊船具有足够的系留力。出链过长或过短都不利于安全锚泊,以下以单锚泊方式为例,说明安全出链长度。

(一)锚的系留力

锚的系留力是指船舶处在锚泊状态时所受到的约束力,也称为锚泊力。受重力的作用,锚泊船的出链长度分为两个部分,悬垂在水中的部分称为悬链长度,平卧在海底的部分称为卧底链长,如图 2-3-26 所示。

卧底链长与海底的摩擦力称为锚链的抓力,它增加了锚泊力,故锚泊力由锚的抓力和锚链的抓力两部分组成,即

$$P = P_A + P_C = \lambda_A \cdot W_A + \lambda_C \cdot W_C \cdot l \tag{2-3-9}$$

式中,P—— 锚泊力;

　　P_A—— 锚的抓力;

　　P_C—— 锚链的抓力;

λ_A—— 锚的抓力系数;

W_A—— 空气中锚的重量;

λ_C—— 锚链的抓力系数;

W_C—— 单位链长在空气中的重量;

l—— 卧底链长。

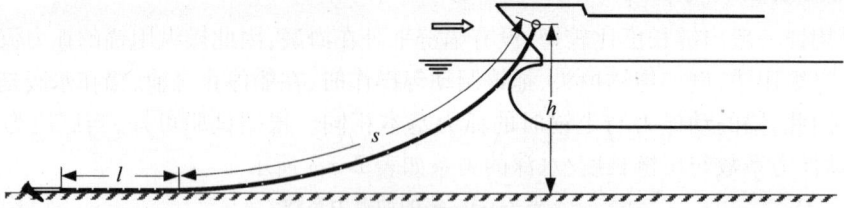

图 2-3-26　锚泊船的出链长度

（二）悬链长度

悬链长度是指悬垂在水中的锚链长度,它等于出链长度减去卧底链长。由线积分计算可得悬链长度的表达式

$$s = \sqrt{h_0 \cdot (h_0 + \frac{2 \cdot T_0}{w_C})} \tag{2-3-10}$$

式中, s—— 悬链长度;

T_0—— 船舶所受的水平外力;

h_0—— 锚链孔至海底的垂直距离;

w_C—— 单位链长在水中的重量(约为 0.87 倍空气中的重量)。

由式(2-3-14) 可见,悬链长度与水平外力 T_0 的大小有关。T_0 越大,悬链长度越长,反之,悬链长度越短。当 $T_0 = 0$ 时,悬链长度 $s = h_0$,可见,悬链长度是动态变化的。悬链长度尽管不直接产生抓力,但锚链的重量可使锚干处的拉力保持水平方向,从而保证发挥锚的最大抓力;此外,悬链长度还可吸收一部分作用于船舶的外力能量,起到缓冲的作用。

（三）安全出链长度

安全锚泊的前提条件是确保足够的锚泊力。该锚泊力应能够抵御作用于锚泊船的合外力,则安全锚泊的必要条件为

$$P = P_A + P_C = \lambda_A W_A + \lambda_C W_C l \geqslant T_0 \tag{2-3-11}$$

通过该式可解得卧底链长应满足

$$l \geqslant \frac{T_0 - \lambda_A W_A}{\lambda_C W_C} \tag{2-3-12}$$

则保证单锚泊安全所需总的出链长度为

$$S = s + l = \sqrt{h_0 \cdot (h_0 + \frac{2 \cdot T_0}{w_C})} + \frac{T_0 - \lambda_A W_A}{\lambda_C W_C} \tag{2-3-13}$$

式(2-3-13) 中的水平外力在理论上可分为两部分,其一是静力,即锚泊船静止中风和流的作用力;其二是动力,即锚泊船运动中的动力。两种力的计算相当复杂,因此,实践中单锚泊出链长度常常采用下列经验公式计算:

$$S = 3 \times h + 90 \quad 风速 \approx 20 \ m/s(8 级) 时 \tag{2-3-14}$$

$$S = 4 \times h + 145 \qquad \text{风速} \approx 30 \text{ m/s}(11 \text{ 级}) \text{ 时} \qquad (2\text{-}3\text{-}15)$$

式中,S——出链长度(m);

     h——水深(m)。

    船舶配备的单舷锚链长度一般为 300 ~ 385 m(11 ~ 14 节),锚泊时需要保留一定长度的安全余量,可抛出的最多链长是有限的。在水深超过一定限度的深水区锚泊时,即使最多出链长度也可能达不到上述经验公式的要求,这时,为了增加锚泊力,可考虑双锚泊方法。据统计,船舶在水深小于 30 m 的锚地水域锚泊时,在风力小于 7 级的情况下单锚泊,出链长度一般为 5~6 节;风力大于 8 级的大风浪中单锚泊时,小型船舶的出链长度一般为 7~9 节,中、大型船舶一般为 9~11 节。实际上,出链过长将会增大偏荡幅度,也不利于锚泊安全。

第四节　系泊设备

    船舶停靠码头、系留浮筒、傍靠他船或顶推作业时,用于绞缆的设备统称为系泊设备。系泊设备由系船缆、导缆装置、挽缆装置、绞缆机械、卷缆车及属具组成。

一、系船缆的种类及特点

    按缆绳的制作材料不同,可分为植物纤维绳、化学纤维绳和钢丝绳三大类。

(一)植物纤维绳(natural fiber rope; vegetable fiber cordage)

    植物纤维绳是用剑麻、野芭蕉和棉花等植物纤维编制成的。常采用三股拧绞搓制而成。特点是柔软、质轻、强度小,易腐烂,但手感较好。常用的有白棕绳、油麻绳、棉麻绳等。

    (1)白棕绳(manila rope):亦称马尼拉绳。是用剑麻、龙舌兰或野芭蕉等纤维制成的。特点是柔软、质轻,但强度较小,多用在引航扶梯上。

    (2)油麻绳(tarred rope):是用浸过焦油的大麻纤维制成的。特点是弹性不大,冷天易变硬,使用不便,仅作包缠用。

    (3)棉麻绳(cotton-hemp rope):是用经过防腐处理的棉、麻纤维混合制成的。特点是质轻,不易扭结,强度较小,多做撇缆绳、旗绳和测深绳。

(二)化学纤维绳(synthetic fiber rope)

    化学纤维绳是用化学纤维制成的,简称化纤绳。它比同直径的白棕绳轻,但抗拉力却大 3 倍以上。目前多用其代替植物纤维绳,在船上广泛使用,常见的有以下几种:

    (1)尼龙绳(nylon rope):是化纤绳中强度最大的一种。特点是耐酸碱、耐油,弹性大,不易疲劳,吸湿性仅次于维尼纶绳。但怕火,不耐磨,受力会伸长。曝晒过久将使强度下降。尼龙绳表面受摩擦后易起毛,但起毛的粗糙层对其内部起保护作用,可延长其使用寿命。

    (2)涤纶绳(polyester rope):强度仅次于尼龙绳。特点是耐高温、耐酸碱、耐腐蚀,适于高负荷连续摩擦。吸水率低,价格高。多用作拖缆绳。

    (3)乙纶绳(polyethylene rope):其特点是耐低温、耐化学腐蚀最强,吸水性差,浮于水面,适于水上应用。不耐高温,其触感和白棕绳相似。

    (4)丙纶绳(polypropylene rope):是目前最轻的缆绳。特点是柔软,吸水性小,耐油及化学腐蚀,最耐脏、耐磨,不易滑动,但不耐热,其破断力为尼龙缆破断力的51%～66%。通过对丙纶绳的制造工艺和材料的选择,其破断力提高至尼龙缆破断力的90%,丙纶绳是目前船舶使用较多的一种缆绳。

(5)维尼纶绳(vinylon rope):是化纤绳中强度最小的一种。特点是耐盐和油、耐磨、耐低温、耐日晒,但弹性差。吸湿性最强,价格便宜。

作为缆绳的化纤缆直径一般在20～65 mm,直径大于65 mm的作为保险缆,直径小于20 mm的化纤缆不允许作系船缆。

(三)钢丝绳(steel wire rope)

钢丝绳强度大,使用寿命长。按照钢丝的粗细和油麻芯的多少不同,分为硬钢丝绳、半硬钢丝绳和软钢丝绳。船上一般采用6×24+7的软钢丝作为缆绳,直径大于56 mm时应采用6×37+1的钢丝绳,作为带缆用的钢丝绳一般直径在20～36 mm,直径在36 mm以上的钢丝绳用作拖缆与保险缆。

(1)硬钢丝绳(stiff wire rope):是由6股钢丝绳搓成的,中间夹一股钢丝股芯。如7×7的钢丝绳,表示有7股钢丝绳搓成,每股内有7根钢丝;又如6×31+(7×7)的钢丝绳表示股数为6,每股有31根钢丝,股芯为7×7的钢丝。这种钢丝绳内无油麻芯,因而是最硬的钢丝绳,虽不便于操作,但这种钢丝绳强度最大。在船上除了用于大桅和烟囱等支索外,还用于与绞车配合的拖索和系船索。

(2)半硬钢丝绳(semi-flexible wire rope):是由6股钢丝中间夹1股油麻芯制成。特点是丝数多而细,较柔软,便于使用。船上常用作吊货索、吊艇索、保险缆、拖缆或系船缆。常用的类型有6×19+1、6×37+1等。

(3)软钢丝绳(flexible wire rope):是由6股钢丝中间夹1股油麻芯制成,且各股钢丝中间也都夹有细油麻芯。特点是最柔软,重量轻,使用方便,在钢丝绳中强度最小。船上常用做牵引索、带缆、吊货索、吊艇索。常见种类有6×24+7、6×30+7等。

钢丝绳中间的油麻芯的作用是减少钢丝绳内摩擦,受力时起缓冲作用,增加钢丝绳柔软度,便于使用保养,油麻芯可注油防锈并起润滑作用,可根据钢丝绳内的纤维绳芯数量判断钢丝绳的种类。

钢丝绳的结构标记用数字表示。

例如:"6×19+7",表示钢丝绳有6股,每股19丝,外加7个油麻芯;

"股(1+6+12)",表示每股结构是中心1丝,第二层为6丝,为外层为12丝。

表2-4-1是常用钢丝绳的结构型式。

(四)复合缆

除钢丝缆和化纤缆绳以外目前又出现了一种用金属与纤维复合而成的缆绳,简称复合缆。这种缆绳每股均有金属丝核心,外覆纤维保护套,有3、4或6股,可用于系船缆或拖缆。这种缆绳强度较大,一根复合缆相当于同样粗细的2.5根丙纶缆的强度。

表 2-4-1　钢丝绳的结构型式

用途	钢丝绳规格			钢丝绳结构				
	股数	钢丝数	股芯	股芯	内芯丝	内层	中层	外层
尾锚索、拖索、系船索	6	24	纤维	纤维	0	—	9	15
	6	37	纤维	钢丝	1	6	12	18
	6	26	纤维	钢丝	1	5	(5+5)	10
	6	31	纤维	钢丝	1	6	(6+6)	12
	6	36	纤维	钢丝	1	7	(7+7)	14
	6	41	纤维	钢丝	1	8	(8+8)	16
	6	30	纤维	纤维	0	—	12	18
与绞车配合的拖索和系船索	6	31	7×7钢丝	钢丝	—	6	(6+6)	12
	6	36	7×7钢丝	钢丝	1	7	(7+7)	14
	6	41	7×7钢丝	钢丝	1	8	(8+8)	16

二、缆绳的强度及规格与重量估算

(一)缆绳强度

1. 破断强度(breaking strength)

破断强度是指缆绳在拉力试验机上逐渐增大受力,直到断裂时所承受的最大拉力。应注意的是在钢丝绳的质量证书或国家标准中所查得的破断负荷是单根钢丝破断负荷的总和,搓成绳索后,它的破断强度只有上述强度的87%。缆绳的破断强度是厂家通过对产品所做的拉力试验测得的。如果没有资料可查,可用公式计算。

(1)钢丝缆的破断强度计算公式:

$$T = 420D \tag{2-4-1}$$

式中,T——钢丝缆的破断强度(N);

D——钢丝缆直径(mm)。

(2)化纤缆的破断强度计算公式:

$$T = 98KD \tag{2-4-2}$$

式中,T——化纤缆的破断强度(N);

D——化纤缆直径(mm);

K——系数,丙纶绳0.74~0.85,尼龙绳1.19~1.33,改良的丙纶绳1.10~1.21,复合缆2.0。

2. 安全强度(safe working load)

安全强度是指缆绳所允许的最大安全负荷。安全强度计算公式如下:

安全强度 = 破断强度/安全系数

一般情况下,安全系数取6。实际使用中还必须根据不同工作需要确定不同的安全系数。一般系船缆(带缆)的安全系数取6~8,拖缆的安全系数取8~10。

(二)缆绳的粗细和长度

缆绳的粗细一般以截面外切圆直径 D(公制 mm)和周长 C(英制 inch)来衡量,其换算关系近似为:

$$C/D \approx 1/8 \tag{2-4-3}$$

缆绳每捆的长度一般为 220 m,也有每捆 500 m 的。

(三)钢丝缆的重量估算

钢丝缆估算公式为:

$$W \approx KD \tag{2-4-4}$$

式中,W—— 每米钢丝缆的重量(kg);

D—— 钢丝缆直径(cm);

K—— 系数,硬钢丝绳、半硬钢丝绳取 0.35,软钢丝绳取 0.30。

三、系缆的名称、作用与配备

(一)靠泊码头时的系缆名称及作用

系缆的主要作用是在靠泊、系浮筒时绑牢船舶,拖带中传递拖力,靠离码头时协助操纵及船舶在码头前后移泊时使用。根据各缆绳的位置、出缆方向和作用不同,有如下几种,如图 2-4-1 所示。

1. 头缆(head line)

头缆又称首缆,其中从外舷出缆者也可称为外档头缆。如果它绕过船头而与码头岸线交角很大,则俗称包头缆。从里舷出缆者也可称为里档头缆,俗称拎水缆。头缆主要承受船首方向风流的外力作用,防止船身后退和船首外移。

2. 尾缆(stern line)

尾缆也有里档尾缆和外档尾缆之分,主要承受船尾方向风流的外力作用,防止船身前冲和船尾外移。

3. 前倒缆(fore spring line)

前倒缆主要承受来自船尾方向的作用力,防止船位前移。

4. 后倒缆(after spring line)

后倒缆主要作用是防止船身后退。

5. 前(后)横缆(fore/after breast line)

前(后)横缆主要承受吹开风的作用力,防止船头(尾)外张。

系泊时,缆绳的具体使用要根据码头的情况、船舶长度、缆绳强度、停泊时间长短及天气、潮汐情况来决定。通常万吨级船舶靠码头时带头缆、尾缆各 3 根,前后倒缆各 1 根。5 万吨以上船舶因船长较大,除首、尾缆及前后倒缆有所增加外,往往在船中附近还要增带几根缆,可以根据本船情况给予命名。抗台时或在涌浪大的港口,还应使用保险缆,以保证系泊安全。

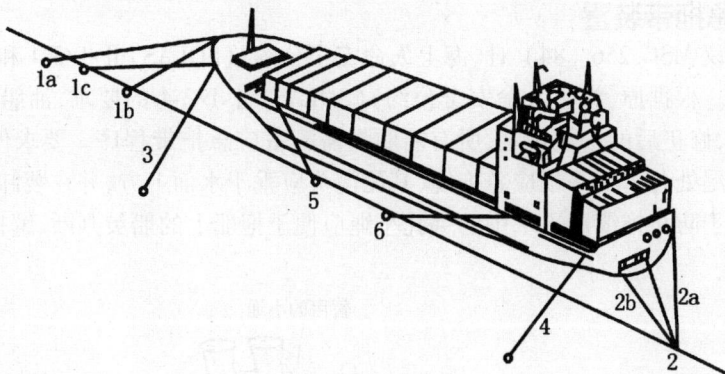

1a—外档头缆;1b—包头缆;1c—里档头缆;2a,2b—尾缆;3,4—前、后横缆;5—前倒缆;6—后倒缆

图 2-4-1　系缆名称

（二）浮筒系缆名称及作用

船舶在某些港口停泊时,需要带浮筒。带浮筒的方式主要有两种:一种是只在船首带单个浮筒;另一种是首尾均带浮筒。若按所带缆绳的形式分为单头缆和回头缆两种,见图 2-4-2。

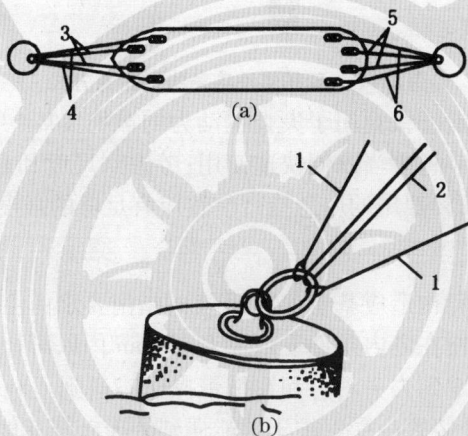

1—单头缆;2—回头缆;3,5—前、后单头缆;4,6—前、后回头缆

图 2-4-2　浮筒系缆名称

1. 单头缆(buoy line)

从船头或船尾送出,其前端琵琶头(eye splice)与浮筒环(buoy ring)连接的系缆称为单头缆,俗称单头。单头缆首尾至少各 2 根,用以承受系泊力。强风强流时,还应增加其数量。

2. 回头缆(slip line)

在船头或船尾,由一舷送出,穿过浮筒环后再从另一舷拉回船上系牢。这种缆称为回头缆。回头缆首尾各 1 根,平时不承受系泊力(处于松弛状态),只在离浮筒时使用,作为最后解出的系缆,由船员自行解脱。

(三)应急拖带装置

IMO 的决议 MSC.256（84）对《海上人命安全公约》（SOLAS）Ⅱ-1/3-4 和应急拖带的要求进行了修正。根据原《海上人命安全公约》（SOLAS）Ⅱ-1/3-4 的要求,油船的应急拖带装置需经过审批,修正后的法规规定,所有船舶都需配备应急拖带程序。要求停泊中的船舶,在其外舷的首尾处各垂下一根应急拖缆,其琵琶头应垂于水面上方,并在装卸与压载过程中保持此状。用于防止拖缆落入水中的绑扎小绳应便于拖船上的船员判断、解掉或拉断,如图2-4-3 所示。

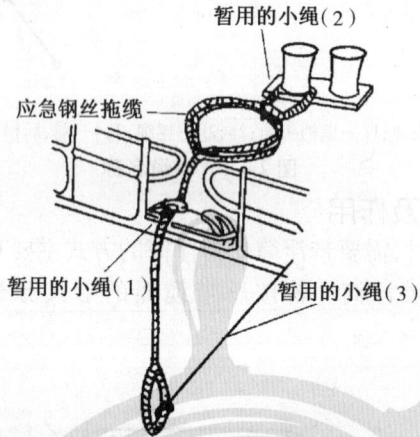

图 2-4-3　船舶停泊应急拖缆布置方式

该装置在任何时候应能够快速用于失去主动力的被拖曳船,并且易于与拖船连接。至少一个应急拖带装置预先装备妥当以便快速使用;考虑到尺度和载重量以及预计到的恶劣天气条件下的受力,在船头和船尾的应急拖带装置应有足够的强度。

1. 一般要求

应急拖带装置的设计和构造应基于 IMO 开发的指南要求由主管机关认可;船尾应急拖带装置应预先装备妥当以便在港内条件下由一人 15 min 内以可控的方式使用;后部拖缆端短索的提升装置应设计考虑到失去动力和在拖带操作时遇到不利环境状况的可能,至少可以由一个人手动操作,提升装置应受保护于可能遇到的天气及其他不利条件;前部应急拖带装置应可以在港内条件下不超过 1 h 内完成部署;符合后部应急拖带装置要求的前部应急拖带装置可以接受;所有应急拖带装置应清晰地标示使之即使在黑暗和能见度不良时也可以安全和有效地使用;所有应急拖带的构件应由船员定期检查和维护使之处于可用状态。

2. 布置

应急拖带装置的典型布置见图 2-4-4 所示。

其中,首部和尾部的拖力点及导缆装置的位置应能确保从首部或尾部任一侧均易于拖带,并最大限度减小拖带装置的应力。安放应急拖缆有不同的方法并且布置可因港口不同而不同。首选的方式是将船上的一端系固在双缆桩上,至少盘 5 花,然后通过导缆孔导向舷外,在船边悬挂成弓形并在甲板上无松弛部分。应急拖缆的舷外端部有琵琶头并与引缆连接带回甲板。在装卸货期间,定期调整引缆以保持应急拖缆的琵琶头在水线上 1～2 m。

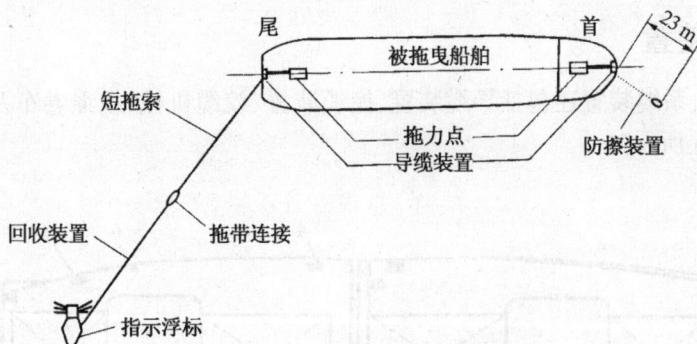

图 2-4-4　应急拖带装置的典型布置

3.装置与部件的要求

短拖索应具有一个硬质末端眼环,以便与标准的共性卸扣连接。短拖索的长度不小于 $2H+50$ m,其中 H 为尾部导缆装置处的海上最轻压载时的干舷高度(m);导缆装置可为导缆孔或带滚柱的导缆器;拖力点是拖带装置在船上的紧固端,应为制链器或拖力眼板或其他等效强度的装置。

4.附加标志

装有符合此规定的应急拖带装置的船,可授予附加标志——"Emergency Towing Arrangements"。

5.图纸资料

下列图纸资料应提交我国船级社批准:

(1)应急拖带装置的布置图。

(2)应急拖带装置的拖力点、导缆装置结构图及相应的计算书。

(3)支撑拖力点和导缆装置的局部结构图。

(4)应急拖带装置的操作手册。

四、系缆的配备

系船缆一般根据舾装数的大小,在《钢质海船入级规范》的列表中查得应配置的系缆的数量、长度、规格和破断负荷。

如果船舶的 A/N 大于 0.9,则规范建议系缆数量按表 2-4-2 增加。

表 2-4-2　A/N 大于 0.9 时增加缆绳的数量

A/N	0.9~1.1	1.1~1.2	大于1.2
系缆增加根数	1	2	3

缆绳的直径可按规范表中给定的破断负荷和本节中破断负荷估算公式来计算。

系缆的长度应考虑在任何可能情况下所需要的最大长度,还应考虑到琵琶头处最容易磨损的实际情况,每隔一段时间可能需要截去重插,一般多采用整捆缆绳。

万吨级船舶一般备有首、尾缆各 3~4 根,前、后倒缆左、右舷各 1 根,备用缆前后各1~2根,保险缆(兼作拖缆)前后各 1 根。

— 77 —

五、系缆装置

除系船缆外,系缆装置还包括导缆装置、挽缆装置、绞缆机械、缆绳卷车及附属用具等。其布置如图2-4-5所示。

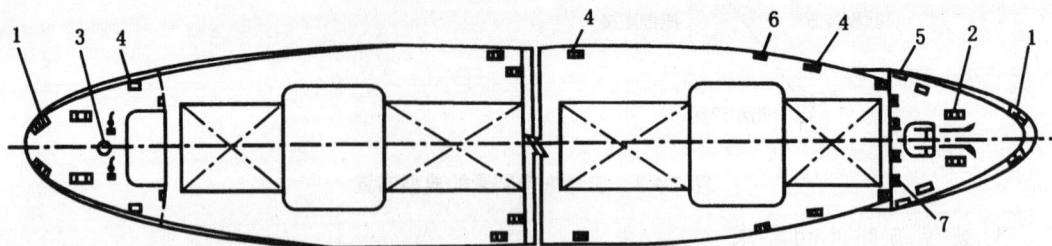

1—滚轮导缆钳;2,4—系缆桩;3—系缆绞盘;5—导缆钳;6—导缆孔;7—卷车

图2-4-5　系缆装置的布置

(一)导缆装置

导缆装置是为了使缆绳从舷内通向舷外引至码头或其他系缆地点,改变缆绳的方向、限制其导出位置及减少缆绳磨损的装置。常见的有:

1. 导缆孔

导缆孔又称巴拿马孔(Panama lead;Panama towingpipe),为圆形或椭圆形的铸钢件,大型船舶一般标注其安全工作负荷,如图2-4-6所示。导缆孔一般嵌在舷墙上(多见于船中),系缆经过导缆孔时,接触面呈圆弧形,以避免舷墙对系缆的切割作用,也便于系缆琵琶头顺利通过。导缆孔对系缆的磨损比较严重。

图2-4-6　导缆孔

2. 导缆钳

导缆钳的形式比较多,有闭式和开式、无滚轮和带滚轮等种类,主要以有无滚轮进行分类。导缆钳一般采用铸造,有整体式和组合式两种。通常装在舷边,如图2-4-7所示。多见于船首、尾部。为了减轻对系缆的磨损船舶多采用滚轮式导缆钳。

3. 滚轮导缆器

滚轮导缆器(roller fairlead)一般设于船舷,由数个滚轮并立组成,如图2-4-8所示。

4. 滚柱导缆器(multi-angle fairlead)

滚柱导缆器一般设在甲板端部,也称万向导缆器,如图2-4-9所示。这种导缆器在孔的左右及上下均设滚轮或滚柱,大大减少了缆绳通过时的摩擦力。

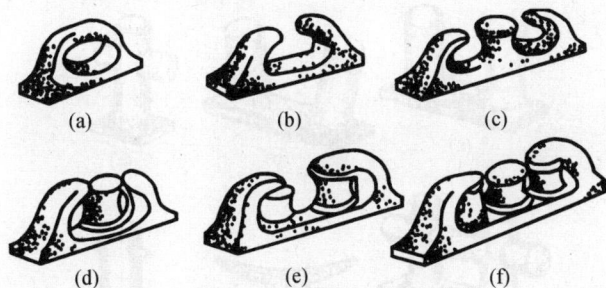

(a)闭式;(b)开式;(c)单柱式;(d)单滚轮;(e)双滚轮;(f)三滚轮

图 2-4-7　导缆钳

图 2-4-8　滚轮导缆器

5.导向滚轮(pedestal fairlead；old man)

如图 2-4-10 所示,导向滚轮装在甲板上的圆台形基座上,位于舷边导缆器与绞缆机之间,用来改变缆绳方向,以便引至卷筒。滚轮旁的羊角可以防止系缆松弛时滚落到甲板上。导向滚轮通常作为配合锚机绞缆的导缆装置。

图 2-4-9　滚柱导缆器

图 2-4-10　导向滚轮

(二)挽缆装置

为在靠泊和拖带作业时固定缆绳的一端,在首尾楼甲板和船中部甲板等部位设有挽缆用的缆桩。缆桩有铸造的,也有用钢板围焊而成的。因为其受力很大,所以要求基座十分牢固。大中型船多采用双柱缆桩(bitts；bollard)如图 2-4-11 所示。

(三)绞缆机

绞缆机又称系缆绞车(mooring winch),用于绞收缆绳。船首的绞缆机由锚机兼作,船尾部的单独设置,其他部位的由就近的起货机代替,有些大型船舶的中部也专设系缆绞车。绞缆机的绞缆速度应能 15 m/min,绞缆拉力应能达到所配置系船缆破断力的 75% 左右。

绞缆机按其动力分电动绞缆机(electric-powered winch)和电动液压绞缆机(hydraulic winch)。按卷筒轴线位置分,有卧式绞缆机和立式绞缆机两种。

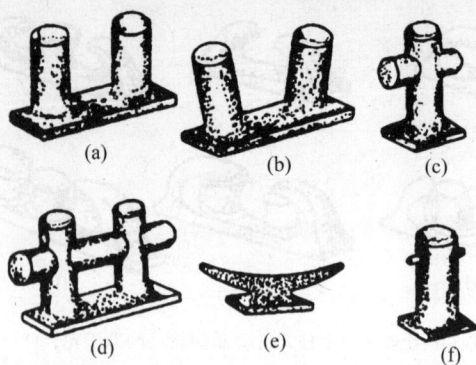

(a)双柱系缆桩;(b)斜式双柱系缆桩;(c)单十字缆桩;(d)双十字缆桩;(e)羊角桩;(f)单柱系缆桩

图 2-4-11　缆桩

1. 卧式绞缆机

图 2-4-12 所示的为普通卧式绞缆机,卷筒由电机经过减速后驱动运转,占用甲板面积较大。

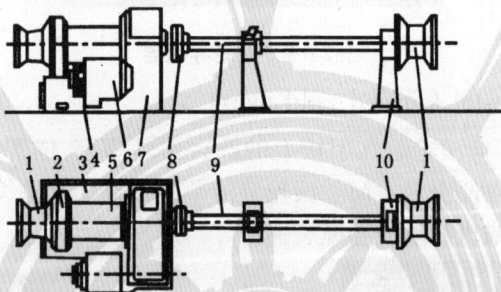

1—滚筒;2—墙架;3—底座;4—圆盘刹车;5—主滚筒;6—电动机;7—减速箱;8—联轴节;9—主轴;10—轴承座

图 2-4-12　卧式绞缆机

2. 立式绞缆机

立式绞缆机又称系缆绞盘(capstan),如图 2-4-13 所示。因其动力装置一般设在甲板下面,所以占用甲板面积小。另外,还有一种叫无轴式系缆绞盘,其电动机装在卷筒里面。

近年来,随着船舶的大型化和自动化,不少新造的船在船首、船尾配备了自动系缆绞车(auto-tensioning winch)。每一自动系缆绞车的卷筒上卷缠固定的一根系缆,自动系缆绞车还装有自动排缆装置,使卷入的缆绳能自动在卷筒上排列整齐。自动系缆绞车的动力源有电动的,也有液压的。它能根据系缆的受力情况自动调整系缆的长度,减轻了船员的劳动强度。但它在使用时因频繁收放容易磨损系缆。

由于自动系缆绞车的缆绳必须卷在绞缆卷筒上,绞收缆绳数量有限。一般万吨级货船只有头缆和尾缆 2~3 根可以自动收放,只能满足一般情况。而当船舶吃水变化很大或因潮汐、风力使缆绳张力变化很大时,仍需人工及时调整所有的缆绳。根据 IMO 的要求,停泊中的油船,其自动系缆绞车应置于"不自动"的工作状态。

(四)系缆卷车

系缆卷车(reel)是存放缆绳的装置,简称缆车,如图2-4-14所示。凡是用钢丝绳作系缆的船舶都配有专用的缆车,用来卷存钢丝绳。摇动手柄或转动扶手即可将缆绳松出或卷上,

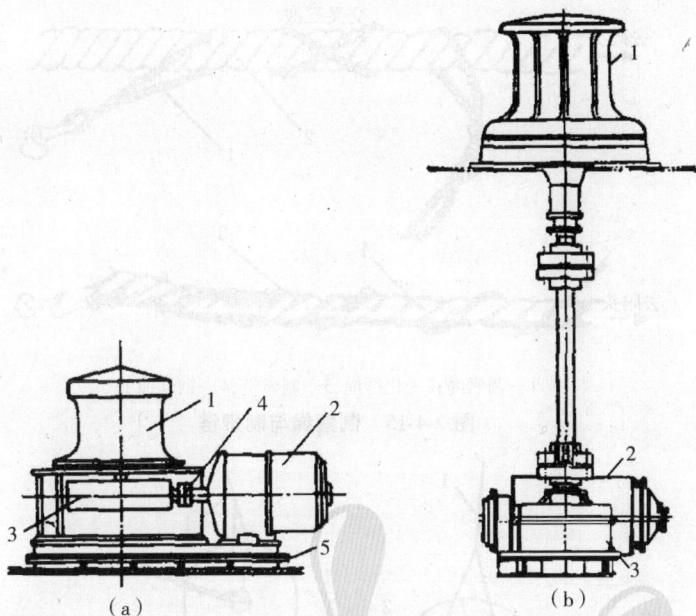

1—滚筒;2—电动机;3—减速箱;4—联轴器;5—底座

图 2-4-13 立式绞缆机

脚踏刹车则用于控制卷缆车的转速。

(五)系泊属具

1. 撇缆绳(heaving line)

撇缆绳为一根长约 40 m、直径约 6 mm 的细绳,绳的前端是有一定重量的撇缆头。船靠码头时,从船上抛给码头带缆人员,作为往码头送缆的牵引绳。船舶在遇紧急情况下,靠人力无法抛出很远距离时会采用撇缆器(throwing line apparatus)进行撇缆作业。撇缆器是利用火药或高压气体等作为推力,将撇缆抛出有效距离 230 m 以上的装置。

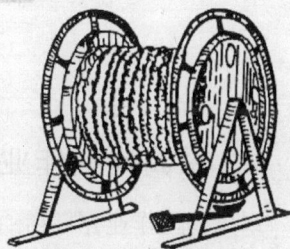

图 2-4-14 系缆卷车

2. 碰垫(fender)

碰垫俗称靠把,其外部是用绳编织的,其内填有软木或棕丝等软性物质的球形物。船舶靠离码头时,用于缓冲船体与码头的撞击和摩擦,以保护船舷。

3. 制索绳(rope stopper)和制索链(chain stopper)

制索绳和制索链是船舶系泊时,用于临时在系缆上打结,以承受缆绳拉力的专用索具。制索绳用于纤维缆,制索链则用于钢丝缆。其一端连在缆桩基座靠近出缆方向一侧,或为一琵琶头,使用时,套在缆桩上。另一端用于在系缆上打制索结,以便将系缆在卷筒上取下挽在缆桩上,或将系缆从缆桩上取下,挽在卷筒上继续绞收,见图 2-4-15。

4. 挡鼠板(rat guard)

挡鼠板一般由薄钢板或塑料板制成。根据绝大多数港口的有关规定,船舶系靠码头时,为了防止鼠类动物沿着缆绳来往,系缆带好后要挂上挡鼠板,如图 2-4-16 所示。

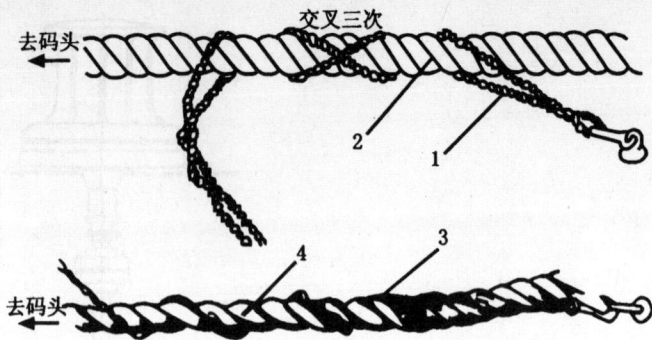

1—制索绳;2—化纤绳;3—制索链;4—钢丝缆

图 2-4-15　制索绳与制索链

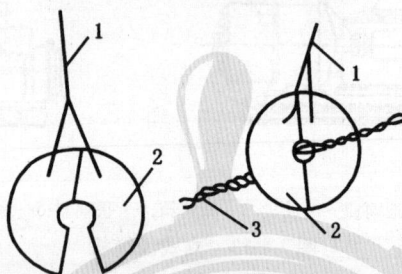

1—细绳;2—挡鼠板;3—缆绳

图 2-4-16　挡鼠板

六、系离码头作业

系离码头作业在靠离泊操纵及其他船舶间拖带等操纵过程中是船员必须进行的基本作业之一。其作用包括:船舶前后运动及控制;靠拢泊位的控制;使船首或船尾贴靠或离开码头等。在大多情况下,是车、舵兼用,而以缆绳相配合,有些情况下,是以缆的运用为主,而以车舵相辅。

(一)人员分工

驾驶台:船长、三副和操舵水手。

船首部:大副、木匠和水手。

船尾部:二副、水手长和水手。

船长是全船的指挥者。大副和二副分别是船首、船尾现场负责人。木匠与水手长分别在船首、船尾操作锚机和绞缆机。

(二)系缆作业

1. 准备工作

(1)提前 5 min 通知船员上岗做准备工作。

(2)绞缆机加油并试车。

(3)清理工作场所,移走妨碍带缆作业的杂物。

(4)为了保证带缆作业中能够迅速地将缆绳送出,事先需要将要用的缆绳倒出一部分排在甲板上,并把琵琶头移到各自的导缆孔前。如果系缆不太笨重,则可将系缆的琵琶头穿过导缆孔送至舷外,再回搭在舷墙或栏杆上,见图2-4-17。

1—缆绳;2—琵琶头;3—导缆钳;4—甲板

图2-4-17 带缆前缆绳的准备

(5)备妥通信设备、撇缆绳(首尾各两副)、碰垫和挡鼠板等。夜间作业还应备妥照明灯。准备工作完毕,应向驾驶台报告。

2.投掷撇缆

通常船舶距码头还有某一距离时,便抛下外档锚以控制船头向码头贴靠的速度。当船舶接近码头时,应及时、准确地将撇缆投到码头上。若第一次抛投不成功,第二根撇缆应立即投出。撇缆成功后,应报告驾驶台。如果使用带缆艇或撇缆枪,则上述做法不必采用。

3.出缆

撇缆抛出后,迅速将撇缆绳的手持端在系缆的琵琶头上打一个撇缆活结(或其他有效系结),然后将缆绳送出舷外。

4.松缆

码头水手收拉撇缆绳的同时,船上往舷外松缆。松缆时要注意速度。如果是钢丝缆,松缆速度要适中,太快了缆绳沉入水底,容易被水底障碍物钩住;太慢了缆绳张紧,码头工人拉不动。如果是丙纶缆,缆绳浮于水面,松缆速度可快一些。

5.绞缆

系缆送到码头,将琵琶头套上码头缆桩后,需根据指令或需要绞收缆绳使船渐渐靠拢码头。如果系缆在船舷外无阻碍,应立即上卷筒绞进。钢丝缆应在卷筒中绕5圈以上,化纤缆通常绕4圈。绞缆时,手持缆绳活端的水手应站在卷筒后方1 m以上距离,用力拉紧缆绳以增加它与卷筒的摩擦力。另一水手则将绞进的缆绳的扭结及时解开,盘好。

绞缆过程中,应及时松外档锚链。如果绞缆机受力很大绞不动时,不能硬绞或突然增大功率,而应稍停片刻,待船身向码头移动、缆绳有所松缓时再绞,以免断缆。

6.挽缆

当船舶靠拢码头后,应根据需要与指令将系缆从卷筒上取下,在缆桩上挽牢。

（1）打制索结：在缆绳从卷筒取下之前，要用制索绳（链）于出缆方向在缆绳上打制索结，承受缆绳在从卷筒取下至挽牢期间的拉力。

（2）挽桩操作：制索结打好后，持缆绳活端的水手只要将缆绳往前一送，卷筒上的系缆就会因摩擦力骤减而滑动，使制索绳（链）受力。如果缆绳受力特别大，则应用极慢倒车松出一小段缆绳，让制索缆（链）渐渐受力，然后将缆绳从卷筒取下在缆桩上挽牢。整个操作要求迅速、准确，以防船位移动或崩断制索绳（链）。

（3）挽桩方法：挽双柱缆桩时，缆绳应先绕过前面一根缆桩，然后再"8"字形挽牢（也称之为大挽），如图2-4-18所示，使两根桩均衡受力。纤维绳因其柔软，有时只在一根桩上挽牢（也称之为小挽）。

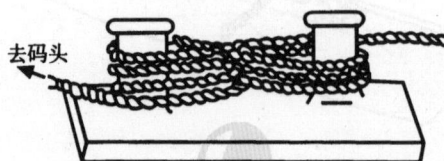

图 2-4-18　双柱缆桩的挽法

（4）挽桩道数：钢丝缆至少挽5道"8"字形，化纤缆至少挽4道，天然纤维缆至少挽3道，小挽时一般要挽6~7道。

（5）打系缆活结：钢丝缆弹力大，挽牢后应在"8"字当腰处的最上面3道用小绳系好，以防其弹出松脱。

（6）在卷筒上挽缆：如果因某些因素需增加系缆数目而缆桩不够用时，可将系缆在卷筒上挽牢。

（7）琵琶头在桩上的套法：从他船引到本船的缆绳，在缆桩上的套法如图2-4-19所示，使两根桩均衡受力。当一根缆桩上要套两根系缆的琵琶头时，应按图2-4-20所示的套法，这样不论哪根缆先解均互不影响。

（8）结束工作：当船已靠妥，所有系缆均带好后，应挂上挡鼠板。将多余的缆绳盘好，收妥各种属具，盖上有关设备的防护罩，并清扫现场。

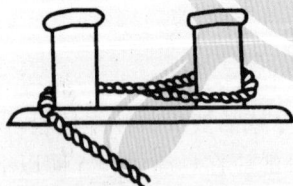

图 2-4-19　琵琶头在双柱缆桩上的套法

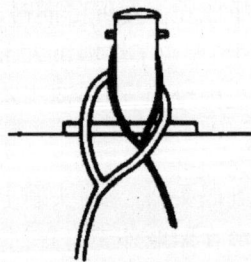

图 2-4-20　两根系缆带在一根缆桩的套法

（三）解缆作业

1. 准备工作

基本上与系缆时的相同，还应先收进舷外物品和挡鼠板，并检查缆绳上有无异常情况，以免妨碍解缆。准备工作完毕，向驾驶台报告。

2. 解缆

得到单绑命令后,将操纵中不用的缆绳解掉收回,而将操纵需要和易于解脱的缆绳留下。一般首、尾各留2根系缆。当单绑完毕并且船员各就各位后,向驾驶台报告"单绑完毕"。

解缆时,先用制索绳(链)在系缆上打一个半结,以控制系缆解开时的下滑速度。当系缆完全松弛时,码头水手将系缆琵琶头从码头缆桩上取下。

3. 收缆

系缆从码头解下后,应迅速上卷筒绞收,尤其是尾部缆绳或拖缆,以免妨碍动车。最后一根系缆出水后,应向驾驶台报告。

4. 结束工作

将缆绳整理盘好,盖上帆布罩,收好各种用具,清扫首尾甲板。

七、靠离泊中系缆的运用

(一)靠泊用缆

靠泊带缆时机和顺序取决于船舶排水量、载重状态、风流的影响以及靠泊操纵中系缆的作用等因素。

对于小型船舶,船舶靠岸之前,在撇缆能及的距离上即可进行带缆,以便借助系缆的作用力来控制船舶的靠岸过程;中、大型船舶一般在船舶靠岸之后进行带缆。

一般采用先带首部缆绳后带尾部缆绳的靠泊带缆顺序,而首部带缆顺序取决于风、流的影响。

1. 顶流靠泊带缆顺序

在有流港口,船舶多采用顶流靠泊方式。为了防止船舶靠岸过程中流的影响而后退,因而一般先带头缆,并迅速收紧挽牢。待船体靠岸并就位之后,再带前倒缆、前横缆。尾部先带尾倒缆,然后带尾缆和横缆。

2. 横风较强带缆顺序

有较强吹开风或吹拢风影响时,一般先带首横缆,无横缆缆桩时可将头缆和前倒缆同时带上,并迅速收紧。这样即可防止吹开风造成船首被吹开而陷入困境,又可防止吹拢风造成船尾轧拢过快而触碰码头。尾部先带尾横缆,并尽快绞拢。

(二)离泊用缆

1. 单绑

单绑是指船舶离泊前解除操纵中不起作用的缆绳。小型船舶自力离泊单绑时,保留缆绳数量取决于流向,一般船首保留一根头缆和一根前倒缆,顺流时保留一根尾缆,顶流时保留一根尾倒缆。中、大型船舶一般在拖轮就位并发挥作用后再进行单绑。

2. 离泊倒缆的运用

小型船舶自力离泊时,一般采用尾离法,即借助前倒缆的约束力,短时微速进车,操内舷满舵,使船尾慢慢离开码头。这时,前倒缆可能受力过大而断缆,进而使船舶失去控制而酿成事故。因此,应选择强度大,质量好的缆绳作为尾离前倒缆,尽可能地将其贴靠码头边,而又接近船中部的缆桩上,并将其挽牢,以使其有足够的长度,减少其所受的应力,并严格控制进车时间。

3. 溜缆

离泊时,首或尾部的最后一根缆,有时用来阻滞首、尾的偏转,或控制船身的前冲后缩,需将其作一时溜出、一时刹住的操作,这根缆绳俗称溜缆。

溜缆一般只用钢丝缆,一般只在小型船舶离泊时使用。

4. 绞缆移泊

船舶停靠中,常由于某种原因需要向前或向后平移若干距离。如此时非风大、流急情况,一般只要首尾配合绞缆即可移泊。

向前移动时,解掉里档首缆、尾缆,移向前方远处带上缆桩,前倒缆也适当前移,外档首缆上绞缆机,始终保持船首有一根首缆和一根前倒缆随时受力,使船首不致偏出码头过远而危及船尾的车舵;船尾也可同时绞收尾倒缆,松出尾缆,并适时将其带到较前的缆桩上,使船尾也保持较宽裕的受控状态。一次移泊距离不足,可反复进行。移泊完成后,带好并调整各缆绳使其受力均匀。

向后移泊时,可绞收尾缆及前倒缆,但同样要有一根首缆随时受力,以保持船身的平行移动。

绞缆时要前后配合,相互呼应,并在驾驶台统一指挥下进行。绞缆速度不宜太快,也不要硬绞,以防断缆。

如果风大流急,应用车舵配合或借助拖轮进行移泊,以策安全。

八、系泊设备的维护保养与安全使用

(一)系泊设备的维护保养

系泊设备的检查保养可分为航次、季度和半年检查保养。系泊设备的检查与养护要点如表2-4-3。

表2-4-3　系泊设备的维护保养周期和养护要点

序号	名称	养护周期	检查要点	养护要点
1	钢丝缆	3个月	锈蚀和断丝情况,绳内油麻芯含油量	除锈上油,发现钢丝缆的10倍直径内断丝超过5%时换新或插接
2	植物纤维缆	3个月	外表磨损情况	洗净晾干后收藏,股内发黑者不能用
3	合成纤维缆	3个月	外表磨损情况(测量粗细)	洗净晾干后收藏
4	绞缆机械	3个月	刹车是否可靠,离合器是否灵活,自动带缆绞车是否有效,卷筒损坏、磨损、腐蚀情况,操纵器的水密情况	失灵的换新或修理,活络处加油,自动装置失效的应及时修复
5	缆索卷车	6个月	外壳、底脚螺栓锈蚀情况,卷筒轴是否活络	除锈、油漆,加油润滑

序号	名称	养护周期	检查要点	养护要点
6	导缆钳 导向滚轮	6个月	本体锈蚀、磨损情况,卷筒轴是否活络	除锈、油漆,做好磨损记录,加油润滑,销轴弯曲应修理
7	系缆桩 导向滚轮	6个月	锈蚀、磨损	除锈、油漆,做好磨损记录
8	制缆装置	每航次	甲板眼环是否锈蚀、磨损,链(索)是否变形、腐蚀和磨损	除锈、油漆,磨损变形严重的换新
9	撇缆、碰垫、防鼠板	每航次	是否齐全和损坏	丢失补充,损坏换新

(二)带缆作业的安全注意事项

(1)工作人员应戴安全帽,皮手套,穿工作服、工作鞋,衣服的袖口应扣紧。

(2)检查缆绳和制索绳(链),如果有过度磨损则不能使用。

(3)绞缆时,应服从指挥,不能硬绞或突然加大功率。

(4)如果导向滚轮上的缆绳受力很大,必须防它弹出伤人。

(5)挽缆时,紧握缆绳的双手应始终处于缆桩的外侧,以防夹手,挽桩的道数要够,以防缆绳受力而跳出。

(6)化纤缆和钢丝缆不能挽在同一双柱缆桩上,亦不能同时使用一个导缆孔。

(7)钢丝绳不应有扭结、急折现象;系缆时弯曲处应至少有6倍钢丝绳直径以上的弯曲半径;如已锈蚀,其使用强度应降低30%;如过度拉伤,其使用强度应降低50%,插接、扭结消除后,其使用强度应降低10%以上。

(8)整个操作过程中,人员站立位置要适当,以防系缆滑出、弹出或断裂而造成伤害,包括严禁站在绳圈中或跨住缆绳;不要靠近受力很大的缆绳;绞缆时持缆水手不要太靠近卷筒,应站卷筒后方面向卷筒,并兼顾身后缆绳是否顺;打制索结者应面对缆桩和缆绳,并站在缆桩的异侧;溜缆时与缆桩的距离应在1 m以上等。

(9)出缆角度应适当并尽量减少缆绳磨损。各条缆绳一般只有水平分力为有效拉力,所以各系缆俯角应选至最低处,如有可能,应尽量使各缆系桩远些,以降低俯角;倒缆应尽可能与码头线平行以发挥有效拉力;凡与缆绳有摩擦的部位应及时衬垫,减少缆绳的磨损。

(10)停泊中各系缆受力应均匀,以防只有个别缆受力而出现断缆情况。

(11)本船傍靠他船时,必须防止被两船挤伤。

第二章思考题

1. 何谓滑失?对螺旋桨推力、排出流、舵效有何影响?

2. 简述推力与主机的转速、船速、螺旋桨的沉深、滑失和伴流的关系。

3. 试述排出流横向力产生的原因、条件及作用规律。

4. 试述沉深横向力产生的原因、条件及其致偏作用。

5. 试述伴流横向力产生的原因、条件及作用规律。

6. 绘草图说明右旋FPP单桨船利用车、舵减小掉头区的方法。

7. 简述舵设备的作用及组成。

8. 简述自动舵操舵仪面板上各按钮的作用。

9. 简述影响舵效的因素。

10. 简述影响舵力的因素。

11. 简述锚链的标记方法。

12. 简述锚机的主要技术要求。

13. 带缆作业的安全注意事项有哪些?

外界因素对操船的影响

第一节 风对操船的影响

风对船舶操纵的影响可以简单地概括为顺风快、顶风慢,漂移之外还偏转。要分析船舶在风中的漂移和偏转规律,首先必须掌握船舶在风中所受的风力、风力转船力矩、水动力和水动力转船力矩。

一、风力和风力转船力矩

操船中所指的风力与气象学上所指的风力不同。操船中的风力是指处于一定运动状态的船舶,其船体水上部分所受的空气动力。

(一)风力

风力的大小与风速、风舷角、船体水线以上的受风面积及形状等有关。设船舶的受风情况如图 3-1-1 所示,则船舶所受的风力可用 Hughes 公式估算:

$$F_a = \frac{9.81}{2}\rho_a \cdot C_a \cdot (A_a\cos^2\theta + B_a\sin^2\theta) \cdot v_a^2 \tag{3-1-1}$$

式中,ρ_a—— 空气密度,1. 226 kg/m^3;

θ—— 相对风舷角;

C_a—— 风力系数,其值随风舷角以及船体水线以上受风面积的形状的变化而变化;

v_a—— 相对风速(m/s);

A_a—— 水线以上船体正投影面积(m^2);

B_a—— 水线以上船体侧投影面积(m^2);

F_a—— 水线以上船体所受的风力(N)。

在决定风力 F_a 大小的各因素中,风速 v_a 和风舷角 θ 均可用船上的风速仪和风向仪测得,船体水线以上的正、侧面受风面积 A_a、B_a 可以从船舶相应资料中根据船舶实际吃水查取。

船舶所受风力 F_a 的风力系数 C_a、风力角 α(指风力和船尾向之间的夹角)和风力中心至船首的距离 a 这三个值,对同一船舶而言都是相对风舷角 θ 的函数。

1. 风力系数

风力系数 C_a 随相对风舷角 θ 的变化曲线为一马鞍形曲线,如图 3-1-2 所示。当风舷角

θ 等于 0° 或 180° 时,风力系数 C_a 值为最小;
当风舷角 θ 为 30° ~ 40° 或 140° ~ 160° 时,
风力系数 C_a 值为最大;当风舷角 θ 为 90° 左
右时,风力系数 C_a 值较小,但船舶所受的风
力值 F_a 达到最大。另外,从船舶水线以上船
体形状来看,外形流线型较好的客船、船体
结构较为简单的油船,它们的风力系数较
小;而受风面积较大的滚装船、集装箱船等
的风力系数较高;同一船舶随吃水增大其风
力系数的值略有减小。

2. 风力作用中心位置

风力作用中心至船首的距离 a 与两柱
间船长 L_{pp} 的比值随风舷角 θ 的增大近似呈
线性增加,其值在 0.3 ~ 0.8 之间。当风舷角
θ 为 90° 左右即船舶正横受风时,风力作用
中心在船舶重心附近;当风舷角 θ 大于 90°
即风从正横后吹来时,风力作用中心在船舶

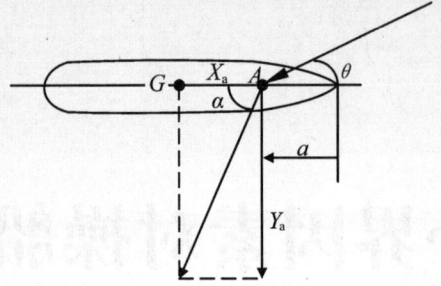

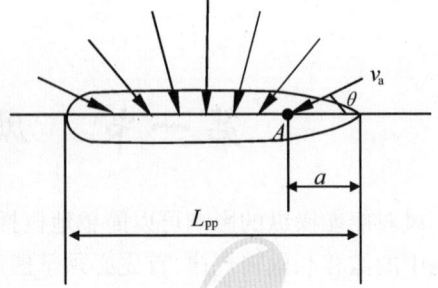

图 3-1-1　船舶所受的风力和风力作用中心示意图

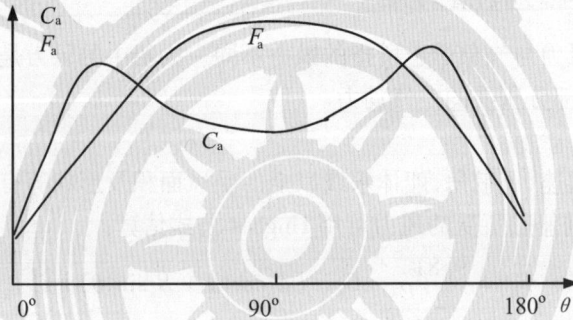

图 3-1-2　船舶风力系数、风力随风舷角变化情况

重心之后;当风舷角 θ 小于 90° 即风从正横前吹来时,风力作用中心在船舶重心之前。另外,
当风舷角 θ 一定时,水线上面积集中于船中后部的油船和客船,其风力作用中心比三岛型货
船要靠后;而同一船舶,空载或压载时多尾倾,首部水线以上侧面积增大,其风力作用中心要
比满载时靠前得多。

3. 风力角

风力角 α 是指风力与船尾向的夹角。由图 3-1-1 可知,风力角 α 取决于横向风力 Y_a 与纵
向风力 X_a 的比值,即

$$\tan\alpha = \frac{Y_a}{X_a} = \frac{\frac{1}{2}\rho_a C_{ay} B_a \sin\theta v_a^2}{\frac{1}{2}\rho_a C_{ax} \varLambda_a \cos\theta v_a^2} = \frac{C_{ay}}{C_{ax}} \cdot \frac{B_a}{A_a} \cdot \tan\theta \tag{3-1-2}$$

式中,C_{ay}——横向风力系数;

C_{ax}——纵向风力系数。

由该式可知,风力角 α 与风舷角 θ,船舶侧、正面受风面积之比 B_a/A_a 以及吃水变化等有关。总的看来,风力角 α 将随风舷角的增大而增大,当风舷角 θ 处于 $40° \sim 140°$ 之间时,风力角 α 大体处于 $80° \sim 100°$ 范围之内,其变化并不明显。

通常船舶的侧面受风面积 B_a 总是大于正面受风面积 A_a,所以风力的方向总是较风的相对来向更偏向于船舶的正横方向。

对于船体水线以上的正、侧面受风面积 A_a、B_a 无资料可查的船舶,可以利用如图 3-1-3 所示中与本船种类相同或相似的对应曲线,根据本船实际吃水与满载吃水的百分比分别查取正、侧面受风面积系数 C_1、C_2 后按下式求取船体水线以上的正、侧面受风面积 A_a、B_a 的概略值。

$$\left. \begin{array}{l} A_a = C_1 \cdot B^2 \\ B_a = C_2 \cdot L^2 \end{array} \right\} \tag{3-1-3}$$

式中,C_1——正面受风面积系数;

C_2——侧面受风面积系数;

B——船宽;

L——船长。

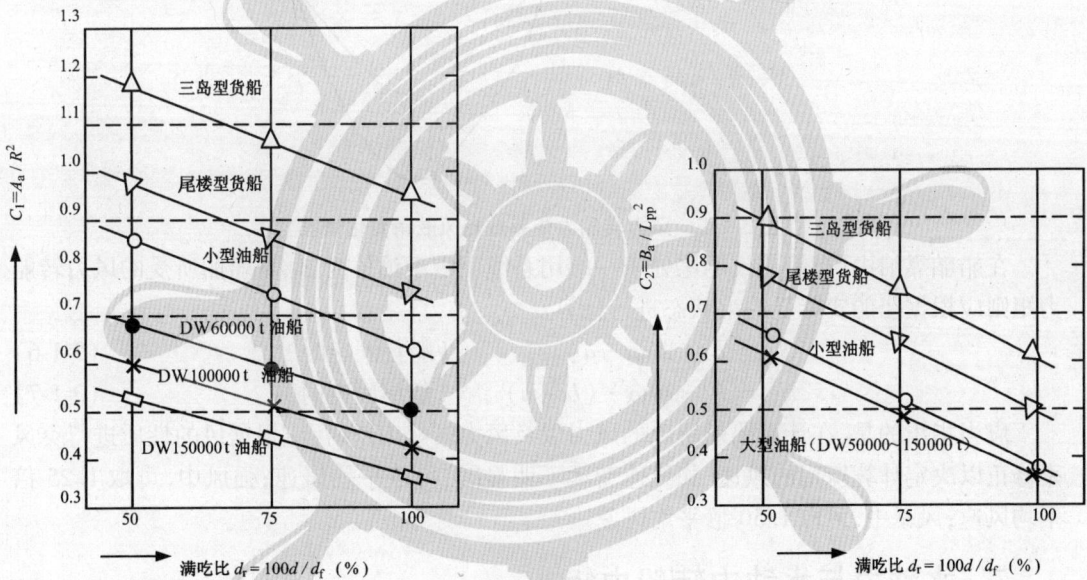

图 3-1-3　船舶正、侧面受风面积系数

(二) 风力转船力矩

风力转船力矩与风力有相类似的表达形式,即

$$N_a = \frac{9.81}{2}\rho_a \cdot C_{N_a} \cdot (A_a\cos^2\theta + B_a\sin^2\theta) \cdot v_a^2 \cdot L \tag{3-1-4}$$

式中,N_a——风力转船力矩($N \cdot m$);

C_{N_a}——风力转船力矩系数;

L—— 船长。

其他符号与式（3-1-1）的意义相同。

风力转船力矩系数 C_{N_a} 也随船舶种类、载况以及船舶受风面积的大小与分布之不同而不同。图 3-1-4 为船舶风力转船力矩系数随风舷角变化情况的示意图。由图可知，该两类船舶，正横前来风时的风力转船力矩系数最大值较正横后来风时的风力转船力矩系数的最大值为小。

当已经求得船舶所受的风力、风力作用中心以及风力角时，风力转船力矩也可按下式计算。

$$N_a = F_a \cdot \sin\alpha \cdot (l_G - a) = F_a \cdot \sin\alpha \cdot (L/2 - a) \tag{3-1-5}$$

式中，l_G—— 船舶重心至船首的距离。

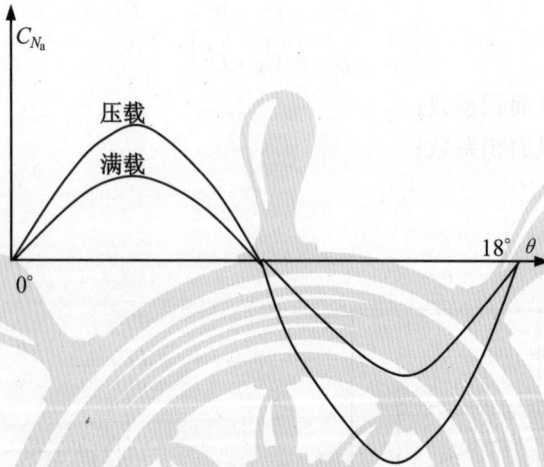

图 3-1-4　风力转船力矩系数随风舷角变化情况

在船舶靠泊中，当船首或船尾处于一端用系缆固定于泊位时，估算船舶所受的风力转船力矩则应根据船舶实际受约束状态进行计算。

$$N_a = F_a \cdot \sin\alpha \cdot a \qquad （船首固定时） \tag{3-1-6}$$

$$N_a = F_a \cdot \sin\alpha \cdot (L - a) \qquad （船尾固定时） \tag{3-1-7}$$

应当指出的是，在计算船舶所受的风力以及风力转船力矩时，应根据风的性质进行突风率修正以决定计算所用的风速。如风速变动不明显时，可取平均风速；强风中，可取 1.25 倍平均风速；风暴中，可取 1.50 倍平均风速。

二、水动力与水动力转船力矩

船舶自身在车、舵、锚、缆或拖轮的作用下与周围的水产生相对运动或静止中的船舶受到风、流的作用与周围的水产生相对运动时，船体所受到的水的作用力称为水动力。操纵船舶时需要掌握这种水动力及水动力转船力矩的作用规律。

（一）水动力

1. 水动力的大小

当船舶与周围的水存在相对运动时，船舶所受的水动力 F_w 可用下式估算：

$$F_w = \frac{9.81}{2} \rho_w \cdot C_w \cdot L \cdot d \cdot v_w^2 \tag{3-1-8}$$

式中，F_w—— 水动力(N)；

ρ_w—— 水密度，淡水取 1000 kg/m³，海水取 1025 kg/m³；

C_w—— 水动力系数，其值随漂角 β 以及船体水下形状等因素的变化而变化；

β—— 漂角，即相对水流与船舶首尾面的夹角；

v_w—— 船舶与水的相对速度(m/s)；

L—— 船舶水线长度(m)；

d—— 船舶吃水(m)。

在实用中，船舶所受的水动力可以分解为首尾方向的水动力 X_w 和正横方向的水动力 Y_w，即

$$X_w = \frac{9.81}{2} \rho_w \cdot C_{X_w} \cdot L \cdot d \cdot v_w^2 \tag{3-1-9}$$

$$Y_w = \frac{9.81}{2} \rho_w \cdot C_{Y_w} \cdot L \cdot d \cdot v_w^2 \tag{3-1-10}$$

式中，C_{X_w}、C_{Y_w}—— 首尾方向、正横方向的水动力系数。

根据 C_{X_w} 求得的首尾方向的水动力在操纵中可通过用车加以克服，故对一般商船而言也可不予考虑。

横向的水动力系数 C_{Y_w} 可经模型试验获得。不同船舶可参考较为类似的船模试验数据做出估计。图 3-1-5 所示为某一 DW15 万吨油船的船模试验结果。

从图中可以看出，开始时横向水动力系数 C_{Y_w} 随漂角的增大而增大，当漂角 β 为 90° 时，横向水动力系数达到最大值，而后随着漂角的进一步增加，横向水动力系数将逐渐减小为 0。在浅水中，水深吃水比越小，横向水动力系数越大，尤其是当水深吃水比小于 1.5 时，横向水动力系数随水深吃水比的变化更为显著。

2. 水动力角 γ

水动力角 γ 是指水动力 F_w 与船舶首尾面的夹角。与风力角 α 相类似，水动力角 γ 取决于横向水动力和纵向水动力的比值，即

$$\tan\gamma = \frac{Y_w}{X_w} \tag{3-1-11}$$

由于船体水下正投影面积较小，纵向水动力较小，$\tan\gamma$ 趋向于无穷大，所以，水动力角 γ 除相对水流来自于船舶首尾附件外，均在 90° 左右。

3. 水动力作用中心

水动力作用中心距离船首的距离与船长之比 a_w/L，随漂角 β 的增大而增大，即随着漂角 β 的增大，水动力作用中心自距离船首 $0.25L$ 渐次移至 $0.75L$ 处。当漂角 β 为 90° 左右即船舶对水横向移动时，水动力作用中心在船舶重心附近；当漂角 β 大于 90° 即船对水斜向后移动时，水动力作用中心在船舶重心之后；当漂角 β 小于 90° 即船对水斜向前移动时，水动力作用中心在船舶重心之前。

空载或压载时往往尾倾较大，尾部水下侧面积较首部大得多，水动力作用中心要比满载

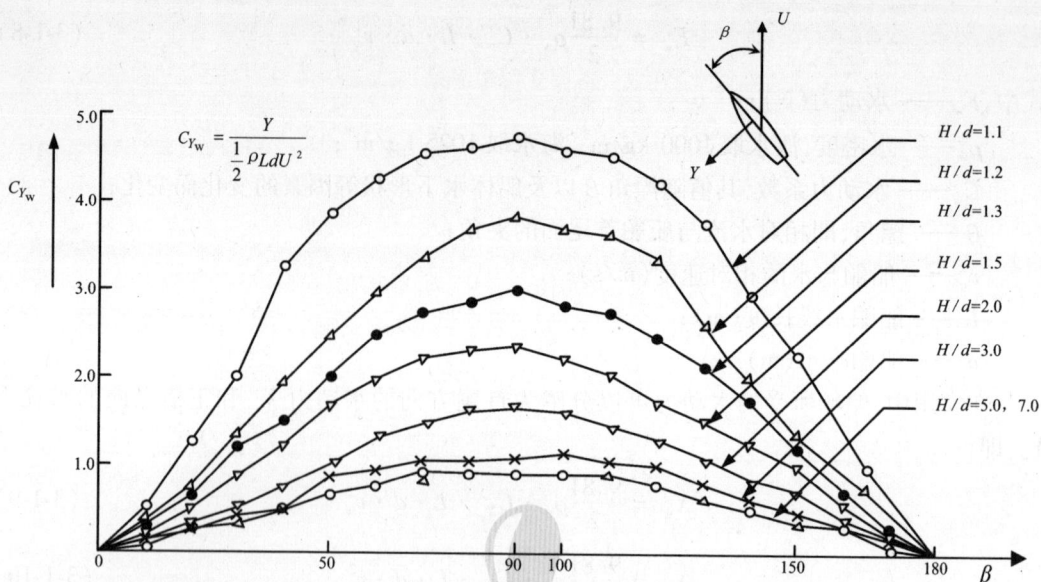

图 3-1-5 　DW15 万吨油船的横向水动力系数 C_{Y_w} 随漂角 β 变化的曲线

平吃水时明显后移。

（二）水动力转船力矩

水动力转船力矩可以表达成与水动力相类似的形式，即

$$N_w = \frac{9.81}{2}\rho_w \cdot C_{N_w} \cdot L^2 \cdot d \cdot v_w^2 \tag{3-1-12}$$

式中, C_{N_w} —— 水动力转船力矩系数，随漂角、水深吃水比、船体水线以下形状等的变化而变化。图 3-1-6 为某 DW15 万吨油船的水动力转船力矩系数的船模试验结果。

当已经求得船舶所受的水动力、水动力作用中心以及水动力角时，水动力转船力矩也可按下式计算。

$$N_w = F_w \cdot \sin\gamma \cdot (l_G - a_w) \tag{3-1-13}$$

式中, l_G —— 船舶重心至船首的距离，可近似地取为 $L/2$。

在船舶靠泊中，当船首或船尾处于一端用系缆固定于泊位时，估算船舶所受的水动力转船力矩则可按下述公式进行计算。

$$N_w = F_w \cdot \sin\gamma \cdot a_w \qquad （船首固定时） \tag{3-1-14}$$

$$N_w = F_w \cdot \sin\gamma \cdot (L - a_w) \qquad （船尾固定时） \tag{3-1-15}$$

三、风致偏转

船舶在风中的偏转是船舶所受的风力转船力矩和水动力转船力矩共同作用的结果。船舶的偏转情况可以分为两种，即迎风偏转和背风偏转。

所谓迎风偏转是指运动中的船舶，不论是前进还是后退，其运动的前端（前进中指船首，后退中指船尾）在风的影响下转向上风方向的偏转，也称之为逆风偏转。

背风偏转是指在风的影响下，船舶的迎风端转向下风的偏转，也称之为顺风偏转。

在定性分析船舶在风中的偏转规律时，风力作用中心 A、船舶重心 G、水动力作用中心 W

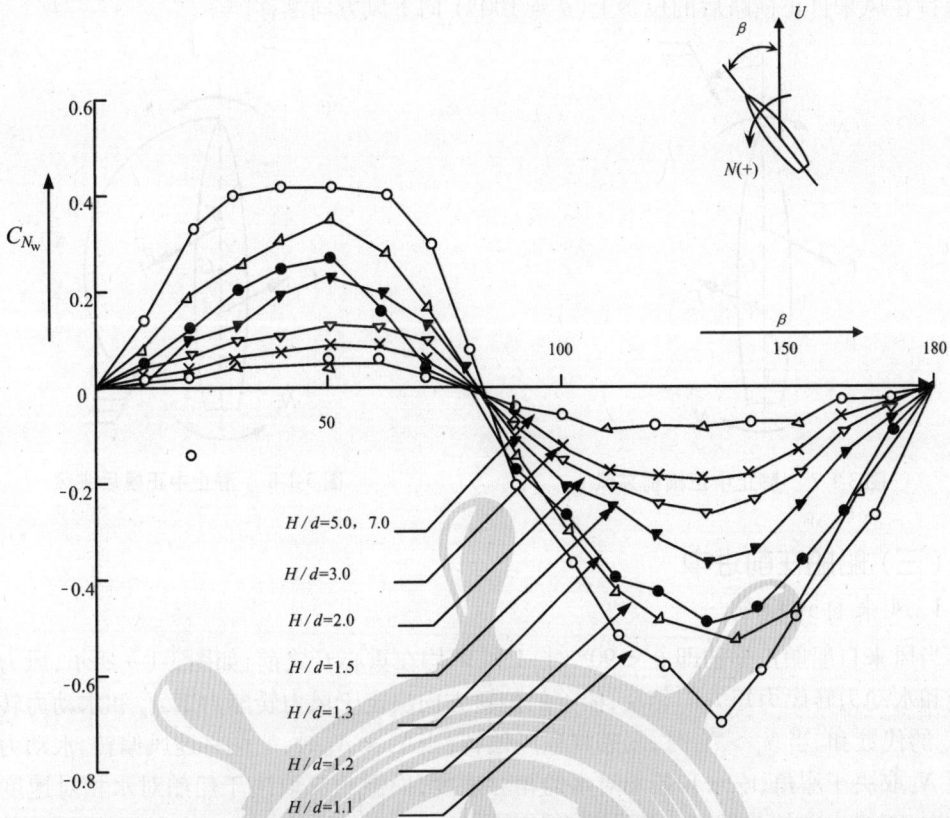

图 3-1-6　某 DW15 万吨油船的水动力转船力矩系数 C_{N_w}

三者的位置关系具有重要意义。船舶重心一般情况下在船中稍后。风力作用中心 A 如前所述,当风自正横前吹来时,A 在船舶重心以前;横风时一般在重心附近;正横后来风则一般在船舶重心之后。水动力作用中心 W 决定于船舶与周围水之间的相对速度,船舶前进中,W 一般在重心之前;船舶横移时,W 一般在重心附近;船舶后退中,W 一般在重心之后。下面按船舶各种运动状态来定性分析风致偏转规律。

（一）船舶静止中

1. 风来自正横前

当风自正横前吹来,船舶将向下风漂移,风力作用中心 A 在重心 G 之前,而水动力作用中心 W 在重心 G 之后。风力转船力矩和水动力转船力矩均使船首转向下风、船尾转向上风,直至转到风从正横附近来风时,使 A、W 均和重心 G 接近,船舶的偏转力矩之和趋于零,如图 3-1-7 所示。

2. 风来自正横后

当风自正横后吹来,即风舷角 $\theta > 90°$ 时,A 在 G 之后,W 在 G 之前,风力转船力矩和水动力转船力矩均使船尾转向下风、船首转向上风,直至转到风从正横附近来风时,使 A、W 均和重心 G 接近,船舶的偏转力矩之和趋于零,如图 3-1-8 所示。

因此,静止中的船舶,不论是正横前来风,还是正横后来风,船舶迎风端均将顺风偏转至接近正横受风状态,同时向下风方向漂移。一般货船往往尾吃水较深,船首受风面积较大,故多保持在风来自正横略后的位置上（$\theta \approx 100°$）向下风方向漂移。

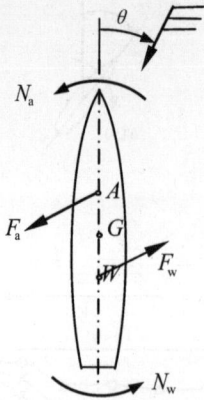

图 3-1-7　静止中正横前来风

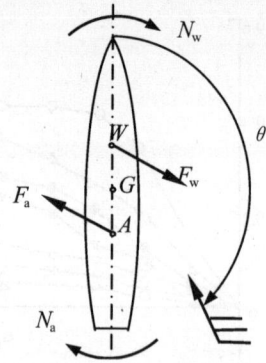

图 3-1-8　静止中正横后来风

（三）船舶在前进中

1. 风来自正横前

当风来自船舶正横前即 $\theta < 90°$ 时，A 和 W 均在重心 G 之前，如图 3-1-9 所示，风力转船力矩和水动力转船力矩方向相反，船首的偏转方向决定于风力转船力矩 N_a 和水动力转船力矩 N_w 的代数和。当 $N_a > N_w$ 时，船舶将顺风偏转；当 $N_a < N_w$ 时，船舶将迎风偏转。水动力转船力矩 N_w 取决于漂角、吃水和船舶对水的相对速度，而漂角又取决于船舶对水相对速度在首尾方向、正横方向的分量 μ、v；其中横移速度 v 又与风力的大小及方向密切相关。因此前进中船舶受正横前来风时，船舶是迎风偏转还是顺风偏转，是由风速、风向、船速、载况共同决定的。

当慢速、空船、尾倾、首受风面积大时，多为 $N_a > N_w$，出现船首顺风偏转；反之，当快速、满载（或半载）、尾受风面积较大时，多为 $N_a < N_w$，出现迎风偏转。风速越高、船速越高、风向越接近正横，迎风偏转的倾向就越大。对于超大型船舶满载时，由于其船尾受风面积较大及船体较肥大等原因，只要有前进速度，船首均将出现迎风偏转。因此，船舶的速度是决定船舶是迎风偏转还是顺风偏转的最主要因素。

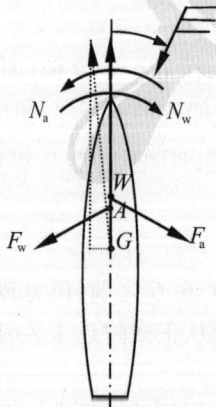

图 3-1-9　前进中正横前来风

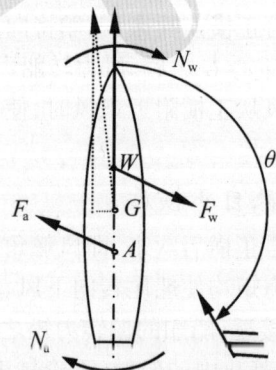

图 3-1-10　前进中正横后来风

2. 风来自正横后

当风来自船舶正横后即 $\theta > 90°$ 时，A 在 G 的后方，W 在 G 之前，如图 3-1-10 所示，风力转船力矩和水动力转船力矩方向相同，均使船首迎风偏转，因此呈现出极强的迎风偏转性。这也就是船舶斜顺风航行时较斜顶风航行时不易保向的原因。

（三）船舶在后退中

1. 风来自正横前

当风来自船舶正横前即 $\theta < 90°$ 时，A 在 G 的前方，W 在 G 的后方，如图 3-1-11 所示，风力转船力矩和水动力转船力矩方向相同，均使船尾迎风偏转，呈现极强的迎风偏转性。

2. 风来自正横后

当风来自船舶正横后即 $\theta > 90°$ 时，A 和 W 均在重心 G 之后，如图 3-1-12 所示，风力转船力矩和水动力转船力矩方向相反，船首的偏转方向决定于风力转船力矩 N_a 和水动力转船力矩 N_w 的代数和。

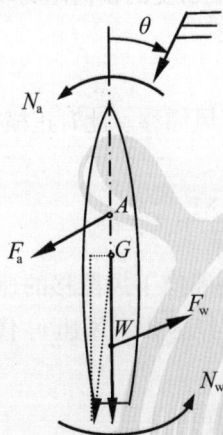

图 3-1-11 后退中正横前来风   图 3-1-12 后退中正横后来风

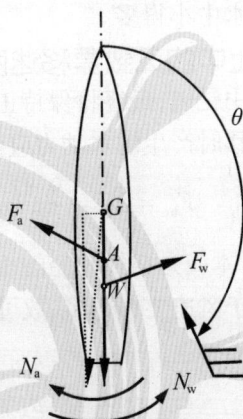

退速较低时，水动力转船力矩较小，受风力转船力矩的作用，船尾偏向下风，其偏转规律基本上与静止中相同。

当船有一定退速时，一般船舶尾部线型比较肥大，特别是由于舵和螺旋桨的存在，船舶在向下风漂移中，水动力将随退速的增加而很快增加，N_w 往往大于 N_a 而使船尾迎风。对于右旋 FPP 单车船，如遇来自左舷正横后的风，由于倒车时螺旋桨排出流和沉深横向力的作用，尾迎风将来的更早、更急，即使退速不大，风力不太强时，也会出现尾迎风现象；如遇右来风，尾迎风则必须以一定的退速和一定的风级为条件，不具备这种条件时船尾便会向下风偏转。

根据操纵性理论：后退中的船舶，即使不考虑螺旋桨的影响，一直用正舵，也不具备航向稳定性。加之舵效又极差，除非风速极低，退速极慢，否则这种尾迎风趋势是很难抵御的；而尾迎风之后，也很难使之稳定下来，还会不断出现船尾的左右摆动。

（四）风中偏转规律小结

综上所述，船舶在风中的偏转规律，可以归纳为：

（1）船舶在静止中或船速接近于零时，船舶将顺风偏转至接近风舷角 100° 左右向下风漂移。

（2）船舶在前进中，正横前来风、慢速、空船、尾倾、船首受风面积较大的船舶，船首顺风偏转；前进速度较大的船舶或满载或半载、首倾、船尾受风面积较大的船舶，船首将迎风偏转；正横后来风，船舶将呈现极强的迎风偏转性。

（3）船舶在后退中，在一定风速下并有一定的退速时，船舶迎风偏转，这就是我们通常所说的尾找风现象（stern to wind），正横前来风比正横后来风显著，右旋 FPP 单车船左舷来风比右舷来风显著；退速极低时，船舶的偏转与静止时的情况相同，并受倒车横向力的影响，船尾不一定迎风。

四、风致漂移

船舶因风的直接作用和水动力的间接作用而产生的横向运动称为风致漂移。船舶试验表明，受风时的漂移速度除与船舶受风特点有关外，还与船速密切相关。停船时的漂移速度最高，随船速的增加，漂移速度反而降低。在浅水中，由于船舶所受的横向阻力增大，风致漂移速度要较深水中小得多。

（一）静止中的风致漂移速度

船舶静止中受风，最终将保持正横附近受风，并匀速向下风漂移。此时正横受风时的风力和向下风漂移时产生的水动力应保持平衡，即

$$F_a = Y_a = \frac{9.81}{2}\rho_a C_a B_a v_a^2 = F_w = Y_w = \frac{9.81}{2}\rho_w C_w L d v_y^2 \qquad (3\text{-}1\text{-}16)$$

式中的 v_a 本应是空气和船的相对速度，即真风速减去船舶向下风漂移的速度，但因为漂移速度相对于风速要小得多，故可忽略不计，将真风速直接作为相对风速 v_a 代入即可，由此得到：

$$v_y = \sqrt{(\rho_a/\rho_w) \cdot (C_a/C_w) \cdot [B_a/(Ld)]} \cdot v_a \qquad (3\text{-}1\text{-}17)$$

式中，v_y——深水中的船舶横向漂移速度（m/s）；

ρ_a——空气密度，为 1.226 kg/m³；

ρ_w——水密度，淡水取 1000 kg/m³，海水取 1025 kg/m³；

C_a——正横风 $\theta = 90°$ 时的风力系数，可取 1.20；

C_w——横流 $\beta = 90°$ 时的水动力系数，可取 0.95；

v_a——风速（m/s）；

L——船舶水线面长度（m）；

d——船舶实际平均吃水（m）；

B_a——船体水线以上侧面积（m²）。

所以有：

$$v_y = 0.041\sqrt{B_a/(Ld)} \cdot v_a \qquad (3\text{-}1\text{-}18)$$

在实际工作中，船舶的驾驶人员可以根据本船在不同载态下的 $\sqrt{B_a/(Ld)}$ 值估算船舶的风致漂移速度。例如超大型油船在宽敞的深水域中的风致漂移速度有：

$$空载时 \quad B_a/(Ld) \approx 1.8 \qquad v_y = \frac{1}{20}v_a \qquad (3\text{-}1\text{-}19)$$

$$满载时 \quad B_a/(Ld) \approx 0.8 \qquad v_y = \frac{1}{30}v_a \tag{3-1-20}$$

在浅水中由于水动力系数增加,风致漂移的速度将减小,水深吃水比越小,风致漂移速度越小。

（二）航行中的风致漂移速度

前进中的船舶受风影响,除了向下风漂移之外,在风力转船力矩和水动力转船力矩的作用下还将发生偏转,为了保持船舶沿预定的航向航行,必须操舵,用舵力及舵力转船力矩来克服风致偏转,使诸横向力和力矩保持平衡,即

$$\left.\begin{array}{l} Y = Y_a(v_a) + Y_w(\beta) + Y(\delta) = 0 \\ N = N_a(v_a) + N_w(\beta) + N(\delta) = 0 \end{array}\right\} \tag{3-1-21}$$

式中,$Y_a(v_a)$、$N_a(v_a)$—— 风力的横向力和转船力矩;

$\quad\quad Y_w(\beta)$、$N_w(\beta)$—— 水动力的横向力和转船力矩;

$\quad\quad Y(\delta)$、$N(\delta)$—— 舵力的横向力和转船力矩。

解上述方程,可以求出漂角 β,即船舶实际运动方向与船舶首尾面的夹角,也就是风压差角。在航行中是利用在预定的航向上加、减风压差角来克服风致漂移保证船舶行驶在预定的航线上的。图 3-1-13 是某 DW15 万吨油船的求解结果。从图中可知,当风速一定时,船速越高,风压差角越小;当船速一定时,风速越高,风压差角越大。通常风压差角只有几度,风压差角超过 $10°$ 时,则船舶将处于近乎不可保向的范围。

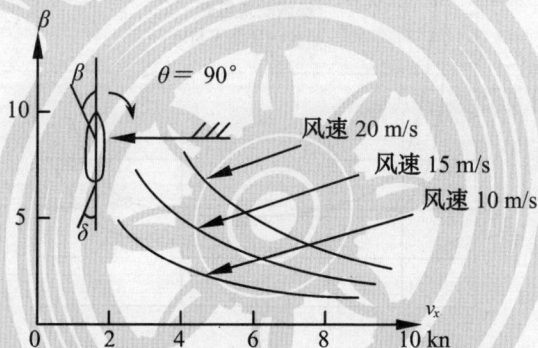

图 3-1-13　某 DW15 万吨油船的风压差曲线

根据实船试验,船舶航行中受正横风影响的漂移速度与停船时的漂移速度有如下关系:

$$v'_y = v_y \cdot \exp(-0.14 v_x) \tag{3-1-22}$$

式中,v'_y——船舶航行中的漂移速度(m/s);

$\quad\quad v_y$——停船时的漂移速度(m/s);

$\quad\quad v_x$——船舶航行速度(kn)。

五、强风中操船的可保向界限

前进中的船舶,在强风中将出现迎风性偏转,为保向航行需向下风舷压某一舵角,以抵消迎风偏转合力矩的作用。压舵后有时可以有效地保向,有时却不能,这种差异不仅仅取决于相对风速,而且与相对风向(风舷角 θ)及船速有密切的关系。

图 3-1-14 是某 DW15 万吨油船在强风中分别用 $15°$、$35°$ 舵角压舵时的可保向界限曲

线。曲线以下的区域为可保向范围,曲线位置越低,越不容易保向;曲线上方的区域为不可保向范围,在舵角为35°的可保向曲线的上方区域内,即为不能凭操舵保向的范围。由图可知:

(1)风舷角 θ 为 60°～120°时,曲线位置较低,可保向范围小。这说明当风来自船舶正横附近时,风速只要达到船速的数倍,就将出现即使操满舵也难以保向的情况。

(2)当相对风向逐渐向首、尾靠拢时,曲线位置升高,可保向范围扩大。这说明随着风向向首、尾靠拢,满舵也无法保向的情况,仅出现于更高的风速船速比情况下。

(3)船首附近来风时的可保向曲线要比船尾附近来风时的曲线要高得多。这说明船首斜迎风或迎风时的保向性要比船尾斜迎风或迎风时的保向性好得多。其原因是当船舶斜顶风航行时,风力转船力矩和水动力转船力矩的方向相反,风致偏转的趋势相对要弱一些;而当船舶斜顺风航行时,风力转船力矩和水动力转船力矩方向相同,均使船舶产生迎风偏转,风致偏转的趋势相对要更强一些。故斜顶风时要较斜顺风时容易保向。

(4)强风中船舶保向性总的说来随风速的降低而提高,随船速的降低而降低,增大舵角可提高保向性。

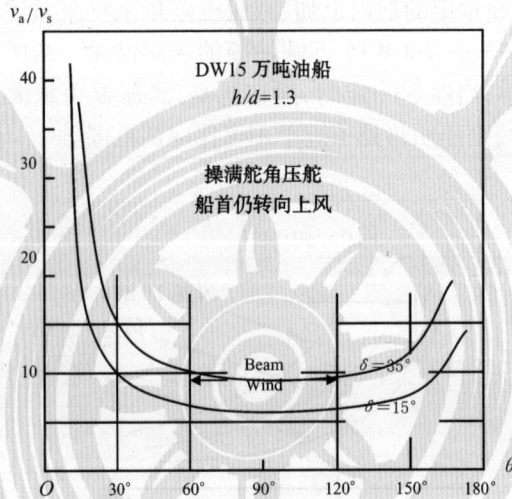

图 3-1-14　强风中操船的可保向界限曲线

另外,对于不同类型的船舶而言,水线上下侧面积之比 $B_a/(Ld)$ 较大的船舶其保向性较差;浅水对强风中船舶的可保向界限的影响甚微。

在近岸水域船舶往往低速航行,尤其是在较窄的进港航道上,强风中低速航行出现不能保向问题将会导致灾难性后果。操船者应掌握不同船速、不同风舷角情况下的船舶可保向的极限风速。

第二节　流对操船的影响

由于船舶与周围水直接存在相对运动而作用于船体的水动力及其力矩在上节已经讨论,本节将主要讨论均匀水流对船舶操纵的影响。至于弯曲水道中的水流对操纵的影响将在狭水道操船中介绍。

一、流对航速、冲程的影响

船舶在均匀流中航行,船舶对地、对码头的速度为船对水的速度与流速的合速度。船舶顺流航行时,实际航速等于静水船速加流速;顶流航行,则实际航速等于静水船速减流速。因此,在静水船速和流速不变的条件下,顺流航行时的对地航速比顶流航行时的实际对地航速大两倍流速。当流向与船舶的首尾向有一定的交角时,流速和静水船速的合速度将使船向来流的相反一舷运动,船员通常称之为流压。流速越大,交角越大,船速越慢,流压角就越大。如图 3-2-1 所示,在顶流靠泊时,根据流速的大小,摆好水流与船舶首尾线的交角,并控制好船速,可以使船舶慢慢地向泊位靠拢。如船速和交角控制不当,尤其是急流时,交角摆得太大,流压将造成船舶压碰码头的事故。要调整流压,只需运用车、舵、锚、缆的作用调整船舶首尾线与流向得到夹角即漂角,即能达到预期的目的。

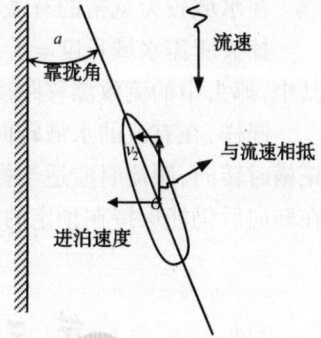

图 3-2-1　斜顶流靠泊速度合成

顶流中,冲程较小,流速越大冲程越小;顺流中则冲程增大,因此在顺流进港时,针对停车后降速过程非常缓慢的特点,一方面应及早停车淌航,另一方面应及时地运用倒车、抛锚或拖轮进行减速制动。

二、流对舵效和旋回的影响

(一)流对舵力、舵效的影响

舵力以及舵力转船力矩是与舵叶对水速度的平方成正比的,而舵叶对水速度又与船舶对水的速度成正比。因此船舶在均匀流中航行,当保持转速不变,并使船对水的相对速度不变时,不论顶流或顺流,舵叶对水的相对速度是保持不变的,所以在舵角等条件相同时,顶流或顺流时的舵力将保持不变,其舵力转船力矩也是一样的。

但舵效却是个对地的概念,顶流时对地的速度较顺流时小两倍的流速,故使用相同的舵角顶流时能在较短的距离上使船首转过较大的角度,需要时也比较容易把定。因此,顶流时的舵效要比顺流时的舵效为好。

(二)流对旋回的影响

均匀流中行驶的船舶,其旋回圈将在流的方向上因漂移而对地发生变形。在受限水域中旋回掉头或改向的船舶对此应有足够的估计。流越急,这种变形就越大。

根据经验,船舶在有流的水域中旋回掉头的漂移距离,可用下式估算:

$$D_{\mathrm{d}} \approx v_{\mathrm{c}} \times \Delta t \times 80\% \tag{3-2-1}$$

式中,D_{d}——旋回中的流致漂移距离(m);

v_{c}——流速(m/s);

Δt——掉头所用的时间(s)。

掉头所用的时间 Δt 因船而异,主要取决于船舶的排水量。船舶满载时的掉头时间可估算为:

吨位	旋回180°约需时间
0.5 万吨	3.0 min
1.0 万吨	3.5 min
5.0 万吨	4.5 min
10.0 万吨	5.5 min
20.0 万吨	6.5 min

在水域较为宽裕的有流港内采用旋回掉头时,掉头所需水域的长度可按下式确定:

掉头所需水域长度 = 旋回最大纵距 ± 旋回掉头中的流致漂移距离 + 安全余量

其中,掉头中的流致漂移距离顺流时取 + ,顶流时取 − 。

同样,在有流的水域转向,转向的时机也应掌握好。静水中,可在转向依据的物标接近正横时转向,顺流时应适当提前转向,顶流时应适当延迟转向。这样在流压的作用下,船位在转向后仍能保持在预定的航线上。

第三节　受限水域的影响

一、受限水域影响的概述

(一)出现受限水域影响的水深及航道宽度

有关浅水域的浅度和窄水域的狭窄程度,虽然至今仍无国际上的统一标准,但是就对船舶运动的影响而言,则可以认为,取下列数据作为一般标准是可行的。

1.水深

相对而言,船有大小之分,故是否属于浅水域应依水深与船舶吃水之比 h/d 而定。h/d 值,也称为相对水深,在船舶操纵中是一个很重要的概念。根据霍夫特(Hooft)的研究可做如下界定。

(1)从对船体前进时阻力的影响来区分,低速船以 $h/d \leqslant 4$,高速船以 $h/d \leqslant 10$,即可作浅水域对待。

(2)从出现对船体横向运动的影响来区分,以 $h/d \leqslant 2.5$ 为界作浅水域对待;同时,该数值也可作为对船舶前进中的操纵性有影响的水深界限。

(3)对操纵性有较明显影响,并达到易发现程度的水深则应以 $h/d \leqslant 1.5$ 来界定。

2.航道宽度

从操船角度分析,通常认为应以航道有效宽度 W 与船长 L 之比而定。

(1)考虑到出现岸壁效应时,应以 $W/L \leqslant 2$ 来界定,作为窄水域对待。

(2)对操纵性有明显影响,并达到易发现程度的航道宽度则应以 $W/L \leqslant 1$ 来界定。

应注意的是,上述航道宽度 W 是指航道的底部宽度,而非平均宽度和水面宽度。

(二)浅水影响概要

驶于浅水中的船舶,其周围的水与船体的相对运动,和深水域有很大的不同。深水中航行时,不论其船首或船尾部分水的流动具有三维空间内流动的特点。船首处斜向(既向两侧,又向下方)向后运动,并具有向下的明显特点;船尾处斜向(既由两侧向纵中剖面,又向上方)向后运动,并具有明显向上的特点。但在浅水中航行时,船首或船尾部分水的流动因空间受限,原三维空间内的流动不得不变为向两侧或由两侧向内的二维平面式的流动,同时船体周围水压力的分布也将发生变化。

从船舶运动来看,由深水域驶入浅水域将出现以下现象。

(1)船舶阻力增大,船速降低;同转速下船速较深水域为低。

(2)船体中部低压区向船尾扩展,船体下沉,并伴生纵倾变化。

(3)船尾伴流增强,螺旋桨上下桨叶推力之差较深水明显,因此将出现较深水更为明显的船体振动。

(4)船舶在浅水域内旋回时,因旋回阻矩增加,旋回性将变差,而航向稳定性反而变好。

(三)窄水影响概要

船舶驶于窄航道时,如驶在航道中央则船舶左右两舷水流(即相对于船体而运动的水流)对称,因而船舶运动并不出现异常现象。但当船舶偏离航道中央而接近航道一侧岸壁时,将出现偏航和偏转效应,即岸壁效应。此效应主要表现是:船舶整体将被吸(压)向岸壁,而船首将转向航道中央。

二、移动阻力的增加及航行于浅水时的降速

(一)附加质量和横向阻力的增加

1. 船舶的虚质量及虚惯矩

船舶在水上运动,必将同时带动其周围部分的水一同运动,不论是前后向、左右向运动,还是绕Z轴的转动均是如此。如果从船舶受力、力矩作用而运动的角度,或者从能量转换角度来看,就好像是船舶质量和惯矩增加了似的,这种相当于增加了的质量部分和惯矩部分,称为附加质量和附加惯矩,它们与船舶质量、惯矩之和称为船舶的虚质量和虚惯矩。

船舶的附加质量及附加惯矩的大小均以船舶质量及船体惯矩的倍数来表示,并与船舶的运动方向相关。在深水中,船舶沿其前后方向的附加质量仅为船舶质量的 $0.07 \sim 0.10$ 倍;横向附加质量为船舶质量的 $0.75 \sim 1.00$ 倍;绕Z轴的附加惯矩则为船体惯矩的 1.00 倍左右。

浅水域或航道较窄时,上述附加质量和附加惯矩,较深水中又有明显的增加,而且 h/d 越小,则增加倍数越高。当 $h/d < 2$ 时这种增加即不容忽视,当 $h/d < 1.5$ 时,这种增加倍数将急剧增大。并且随着相对水深变浅,船体越肥大,则附加质量及附加惯矩比深水中增加的倍数越显著。

浅水域中的上述现象表明,对于同一艘船舶而言,在船型、吃水相同的情况下,若给船舶以相同的力或力矩的作用,则船舶在浅水域中所得到的加速度或角加速度要比深水中为低。这就是说,对于同样大小的动力或外力(矩),浅水域中的船舶动起来要比深水中运动速度低。

2. 横向阻力的增加

浅水域中横向阻力的增加、转头阻矩的增大均对操船有重大影响。靠泊操纵中,船舶斜航时(斜航漂流角为 β)的横向水动力系数、水动力矩系数随相对水深的变化如前述图3-1-

5、图 3-1-6 所示。该二图表明，随着水深变浅，横向水动力系数和水动力矩系数会有成倍的增长，其增加的倍数与附加质量及附加惯矩增加的程度相同。尤其是在 $h/d < 2$ 之后，随相对水深变浅，上述系数增大得更多；若存在岸壁效应时，上述横向水动力系数就会增加更多，如图 3-3-1 所示。试验表明，当距岸壁接近至 1.7 倍船宽时，就会在横向阻力系数上明显地表现出岸壁的影响，靠泊时横向入泊中应对此有足够的估计。

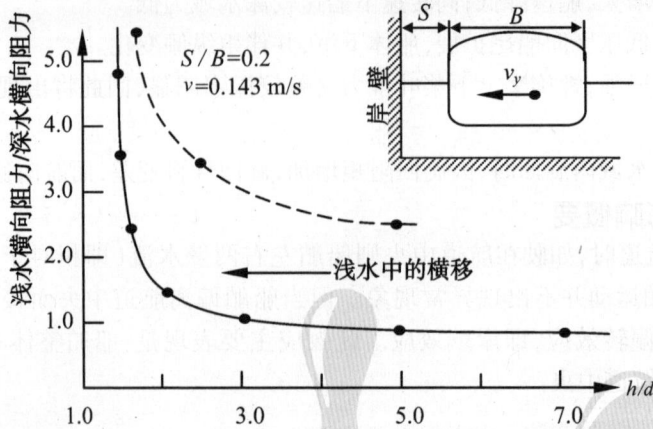

图 3-3-1　浅水域有岸壁影响时的横向阻力系数

（二）纵向阻力的增加和降速

驶于浅水域的船舶，与驶于深水中相比，船中周围的水流成为二维平面流，船底的水流被加速因而加大了摩擦阻力；船体周围压力剧烈变化，船中低压区向船尾扩展，引发船体下沉，纵倾加大；浅水域中出现了浅水兴波，因而较深水域加大了兴波阻力；再加上浅水域中船舶推进器盘面附近涡流的增强使推进器效率下降，因此将出现船舶降速现象。

三、航行中船体下沉与纵倾变化

船舶前进中，既将水流向左右方向排开，也向船底方向排开，船首、船尾及船中附近的流态分布发生变化，使水压力分布也发生变化，在船首、船尾附近产生高压区（且船首压力分布高于船尾），在船中附近产生一个低压区，如图 3-3-2 所示。随着船速的增加，船体周围的水流速度相对来说比船速快，这就使船体附近水面的水位下降，从而使船体下沉。船首、船尾的下沉变化和程度因船型、船速等因素之不同而有差异，因此在船体平均下沉的同时，纵倾状态也将发生变化。

在浅水域，由于船体周围的流动由三维流动变化为二维流动，流速增加，使船体周围水压力的变化加剧，船中低压区扩展至船尾，船体下沉和纵倾变化均较深水中更为显著。在浅窄航道中，因船侧间隙减小，船体周围流速变快，使船体下沉量较在无限宽的浅水中时更大。

（一）航行于深水域中的船体下沉与纵倾

深水域中船体下沉与纵倾的变化，主要决定于船型和船速，如图 3-3-3 所示。该图是 D. W. Taylor 模型试验结果的一部分。该图中，上、中、下三图各为首下沉（bow sinkage）、尾下沉（stern sinkage）和纵倾变化图，纵坐标值均为上述三个变化量与船长的百分比。

1. 与船型的关系

图中给出的是棱形系数 C_P 为 $0.55 \sim 0.65$，表示船舶肥瘦程度的参量 $\Delta/(0.1L)^3$ 分别

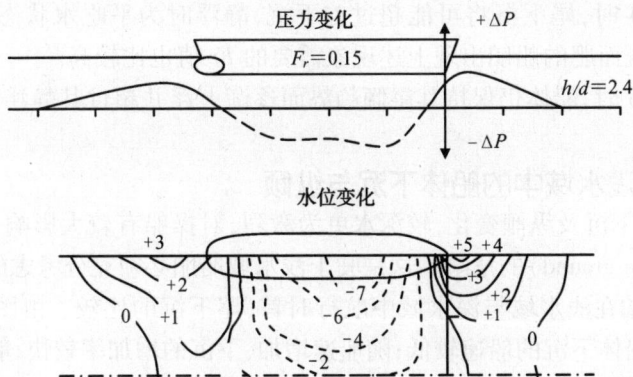

图 3-3-2 船舶前进中船体周围水压力的分布

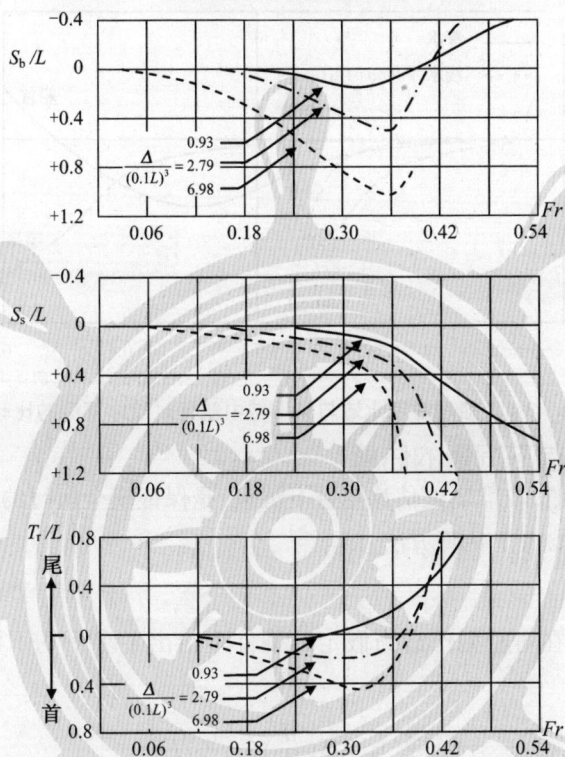

图 3-3-3 深水域航进中船体下沉与纵倾变化

为 0.93、2.79、6.98 的船模试验结果。该试验结果表明,船舶越肥大,船体下沉和纵倾的变化越激烈。

2. 与船速的关系

图中各横坐标均以傅汝德数 Fr 给出。从中可知:

(1)当 $Fr \approx 0.06$ 时开始产生船体下沉现象;

(2)当 $Fr < 0.3$ 时,船首、尾均下沉,并出现首沉大于尾沉的倾向,由于该速度域为一般商船的速度域,故多数商船在深水域航行时均表现为首倾的倾向(设静浮时为平吃水状态)。

（3）当 $Fr>0.3$ 时,尾下沉将可能超过首下沉,静浮时为平吃水状态的船舶将变为尾倾。方形系数高、短而肥的船舶出现上述现象需要的 Fr 值也比较高。

（4）当 $Fr>0.6$ 时,船体仍保持其尾倾趋势而逐渐上浮并超过其静浮位置,呈滑行于水面的状态。

（二）航行于浅水域中的船体下沉与纵倾

浅水域的船体下沉及纵倾变化,较深水更为激烈,对操船有较大影响,甚至还有船底擦碰海底(touching the ground)的危险。这是驶于浅水域船舶必须充分考虑的问题。

图3-3-4为船舶在浅水域与深水域中航行时首、尾下沉的比较。由图可知浅水中的特点是:浅水域出现船体下沉的船速较低;随船速增加,下沉的增加率较快;船首上浮所需船速较低;水越浅,达到最大首纵倾和开始变为尾倾所需船速越低。

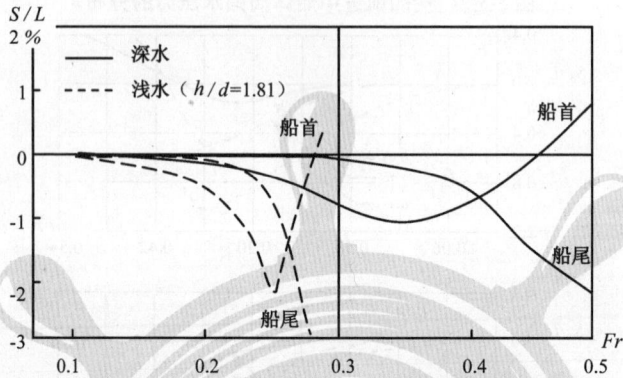

图3-3-4 船舶在浅水域与深水域中航行时船体下沉的比较

（三）浅水域船首下沉量的估算

驶于浅水域的船舶,较准确地估算船首下沉量,是保证安全航行的重要技术问题。目前已提出了一系列可供参考的估算方法。

1. 塔克公式

塔克(Tuck)等人在对船型作适当假定的条件下给出了求平均下沉量 S 和纵倾变化 τ 的公式:

$$\frac{S}{L} = 1.5 \left(\frac{d}{L} \right) \left(\frac{C_b}{L/B} \right) Fr_h^2 \tag{3-3-1}$$

$$\frac{\tau}{L} = 30 \left(\frac{d}{L} \right) \left(\frac{C_b}{L/B} \right)^3 Fr_h^2 \tag{3-3-2}$$

式中, C_B —— 方形系数;

L、B、d —— 船长、船宽和船舶吃水(m);

L/B —— 船舶长宽比;

Fr_h —— 水深的傅汝德数, $Fr_h = v_s / \sqrt{gh}$;

h —— 水深(m)。

2. 霍夫特公式

霍夫特(Hooft)结合试验结果给出了估算相对纵倾变化的公式:

$$\frac{S}{L}(\%) = 0.146 \frac{Fr_h^2}{\sqrt{1 - Fr_h^2}} \cdot \frac{\Delta}{(0.1L_{pp})^3} \tag{3-3-3}$$

$$\frac{\tau}{L}(\%) = 0.100 \frac{Fr_h^2}{\sqrt{1 - Fr_h^2}} \cdot \frac{\Delta}{(0.1L_{pp})^3} \tag{3-3-4}$$

式中，Δ——船舶排水量(m^3)。

3. 查曲线求取首、尾下沉量法

英国 Teddington 试验室根据船模试验结果制成了查取首、尾下沉量曲线组，如图 3-3-5 所示。由该图可直接求出初始首倾为 $L/500$、平吃水至初始尾倾 $L/100$ 范围内，各种船速、水深、船长时船舶的首、尾下沉量。

四、浅水对操纵性的影响

驶于浅水域的船舶，较之深水域其操纵性总的变化趋势是：旋回性变差，航向稳定性变好。

(一)浅水对舵力的影响

在浅水中航行，由于涡流和伴流的增强导致了舵力的降低，且水深吃水比越小，舵力下降得越多；然而，当螺旋桨转速仍保持定值，考虑到浅水域中因船速减低导致螺旋桨滑失比得以提高，提高了螺旋桨的排出流的速度，以及浅水域中舵的下缘距海底较近导致舵的整流作用得以加强等因素的影响，又使前述舵力降低得到了补偿。总的来看，舵力有所下降但下降不大。

(二)浅水对旋回性、追随性的影响

浅水域，船舶虚惯矩、旋回阻矩均有较大增加，且旋回阻矩的增加较虚惯矩增加得更快。因此，船舶在浅水中的追随性、航向稳定性变好，而船舶旋回性则变差。

(1)追随性、航向稳定性变好可从两方面得到证明：一方面，船舶 Z 形试验中，超越角即转头惯性角将因浅水而变小；另一方面，螺旋试验中，航向不稳定区将明显缩小。

(2)旋回性变差可从同航速等舵角条件下浅水域与深水域旋回初径的比值，因相对水深变小而增大得到证明。模型试验和实船试验结果均表明，船舶在浅水中的相对旋回直接随着水深的变浅而增加，且水深越浅，增加的幅度越大。有关的试验结果表明，当水深吃水比 $h/d < 2$ 时这种增加即不容忽视；当 $h/d < 1.5$ 时，这种增加将急剧增大。

(三)浅水对停船性能的影响

船舶驶于浅水域时，因船体下沉、首倾、兴波增强、二维流增速等原因，船体阻力将有所增加。另外，也由于螺旋桨推进效率的某些降低，故总的看来冲程会有一定程度的减小。特别表现在刚停车后余速较高的一段时间内，浅水阻力较大的特点将有利于较快降速减小冲程，当降速至较低船速时，因为上述作用因素的减弱，减速情况趋缓，所以对减小冲程的作用也将减弱。

五、岸壁效应与狭水道保向

(一)岸壁效应

水道宽度受限时，当船舶偏航接近水道岸壁，因船体两舷所受水动力不同，而出现的船

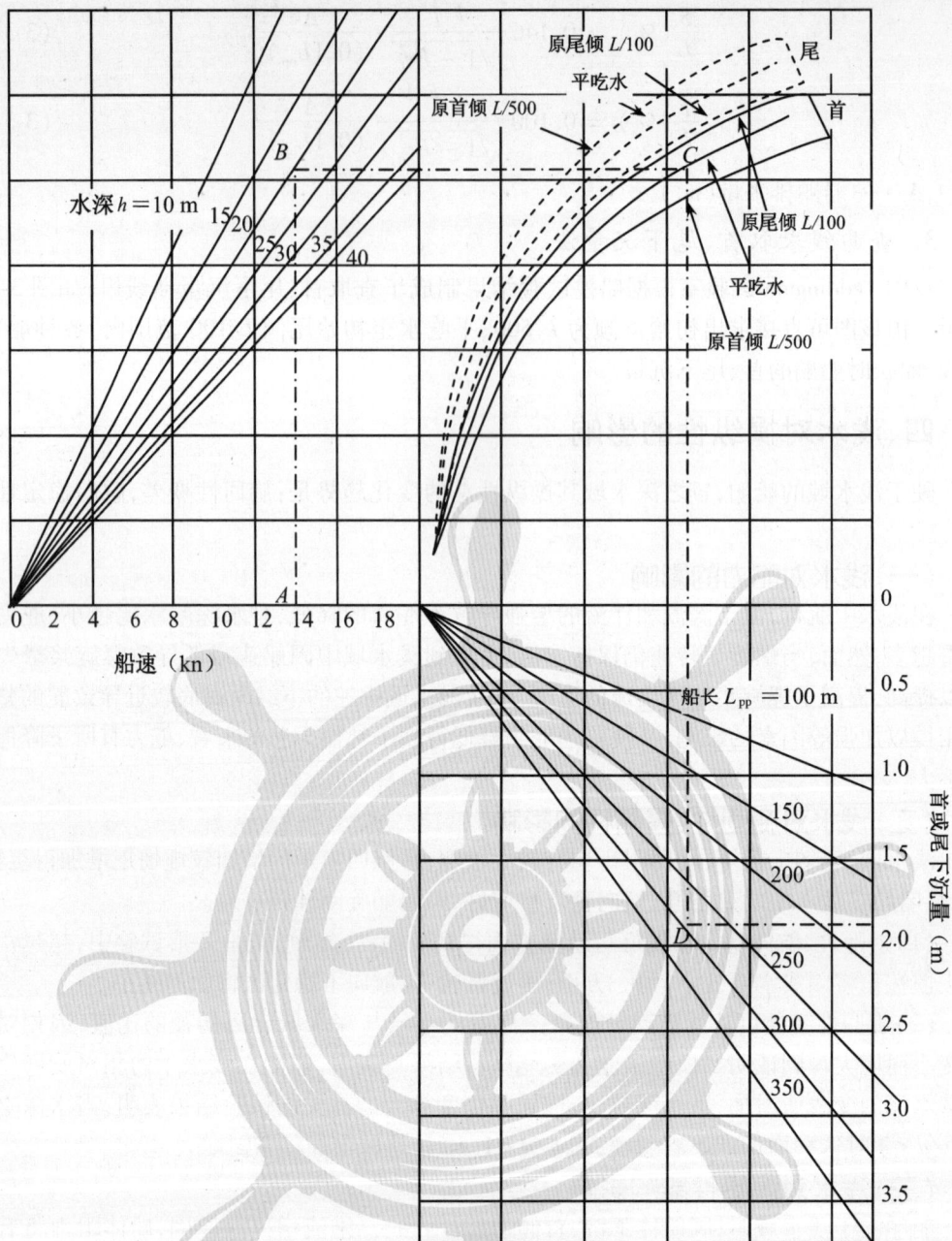

图 3-3-5　求取首、尾下沉曲线

船整体吸向岸壁、船首转向中央航道的现象称为岸壁效应（bank effect）。如图 3-3-6 所示。

实船操纵和模型试验均表明，岸壁效应与下列因素有关：

（1）距岸越近、偏离中心航道越远岸壁效应越明显。

（2）水道宽度越窄，岸壁效应越激烈。

（3）水深越浅、岸壁效应越明显。

（4）船速越高，岸壁效应越激烈。

(5)船型越肥大,岸壁效应越明显。

因此,近岸壁航行时,操船者应密切注意尽量控制本船不可明显偏离航道,也不要距岸过近,尤应注意随时适当控制本船船速,以策安全。

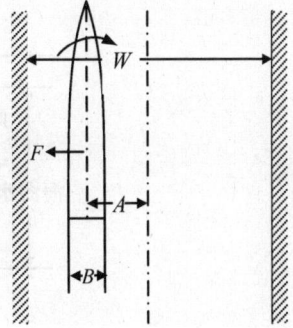

图 3-3-6　岸壁效应

(二)狭水道保向

狭水道往往兼有水域浅窄的特点,常出现的转头力矩作用会造成保向困难,尤其是较窄水域更是如此。

1.接近岸壁航行时的保向

接近岸壁航行时,为了抵消岸吸力的作用,抑制激烈的岸壁效应,正确的操船措施是向岸壁方向压某一舵角。通过连续调整压舵角可使船舶航迹平均地保持一定近岸距离航行。运河航行中,如上述平均压舵角高达5°以上仍不足以保向,应引起操船者重视,需尽可能使船舶的近岸距离增大;或降低船速,以保持船舶直航。

2.驶于中心航道时的保向

船舶驶于类似苏伊士运河的狭窄水道时,即使行驶于水道中央,也需不断操舵保持航向,且船速越高,所需操舵的平均舵角也越大。根据模型试验结果并结合实际引航经验,在水道宽度接近船长的浅窄水道内,行驶于航道中央的船舶应将其船速降至 10 kn 以下,以便于保向。

3.驶于海底倾斜的浅水域时的保向

船舶驶于海底沿船宽方向有明显倾斜的浅水域时,将因海底倾斜效应出现与岸壁效应相类似的运动,即整体向水浅的方向横移,船首则向水深的一侧转头。1934 年英国军舰纳尔逊号出朴次茅斯港时因此而触礁。海底倾斜效应本质上是一种岸壁不垂直水面时的岸壁效应,为保持航向,也需不断地朝浅水一舷操舵。

六、浅水域航行时的富余水深

浅水域操船,有时会出现舵效极度降低甚至无舵效,即不能自力操纵的局面;横移阻力因水浅而过分增大,不得不依赖拖轮支援;船体进一步下沉会危及船体、舵和推进器的安全,甚至危及主机。因此,在浅水域中为保证船舶航行安全,应使水深超过实际吃水,并保有一定安全余量,这余量通常称之为富余水深(under keel clearance,UKC)。富余水深如图 3-3-7 所示。

富余水深可由下式求出:

$$富余水深 = 海图水深 + 当时当地潮高 - 船舶静止时的吃水$$

(一)确定富余水深应考虑的主要因素

1.航行中的船体下沉和纵倾变化

船舶在航行中会产生船体下沉和纵倾变化,在浅水域航行尤应注意首沉量。

2.船舶摇荡造成的吃水增加

船体在波浪中的摇荡,包括横摇、纵摇及垂荡造成的实际吃水的可能变化。其下沉量可

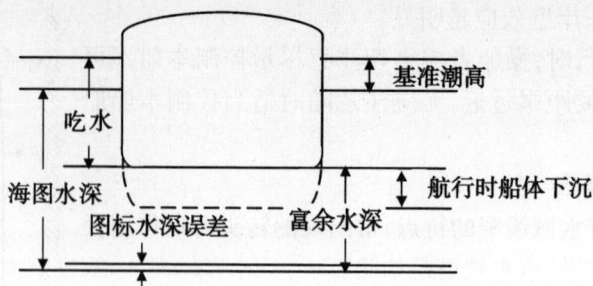

图 3-3-7　浅水域中船舶的富余水深

分别近似求得如下：

（1）横摇时的吃水增量 $= \dfrac{1}{2}B \cdot \sin\theta$　　　　　　　　　　　　　　　（3-3-5）

（2）纵摇时的吃水增量 $= \dfrac{1}{2}L \cdot \sin\varphi$　　　　　　　　　　　　　　　（3-3-6）

（3）垂荡时的吃水增量 = 垂荡的位移量

3. 图标水深精度

按照国际测深标准，海图的图标水深可能有如下等级的误差：水深范围：20 m 以下，允许误差 0.3 m；水深范围：20～100 m，允许误差 1.0 m。与此同时尚需考虑碍航物、海底地形及其变化。

4. 其他方面

（1）气压。气压每升高 1 hPa，水面下降 1 cm。

（2）潮高。潮高变化时，应按实际潮位计算。

（3）海水密度的变化。设船舶由海水（ρ_1）进入淡水（ρ_2），则吃水增加：

$$\Delta d = d \times \frac{C_b}{C_w}\left(\frac{\rho_1}{\rho_2} - 1\right)$$　　　　　　　　（3-3-7）

其中，d——船舶原平均吃水；

C_b、C_w——船舶的方形系数和水线面系数。

5. 主机冷却水进口直径

如使用船底的海水进口时，至少需有冷却水进口直径 1.5～2 倍的船底富余水深。

6. 为安全操船而确保必要的操纵性所需的富余水深

富余水深应能保证船舶能够安全而且有效地进行保向、改向或移动。

（二）富余水深的确定

在确定富余水深时，一方面必须保证船体底部不会触及海底，另一方面又必须保证船舶具备一定的操纵性能，以确保安全操船。因此富余水深应根据当时的船舶状态（如航速、吃水、纵倾等）和环境条件（如海况、气象、水道形状及宽度、通航密度等）加以确定。

例如欧洲引航协会（EMPA），对进出鹿特丹、安特卫普港的船舶建议采用如下的富余水深：外海水道，船舶吃水的 20%；港外水道，船舶吃水的 15%；港内，船舶吃水的 10%。对进出荷兰 Europoort 港的船舶，对于 VLCC 采用较上述值低 5% 的富余水深标准。

马六甲海峡、新加坡海峡对 VLCC(DW > 15 万吨) 及深吃水($d > 15$ m) 船舶过境,规定了至少应确保 3.5 m 富余水深的义务。

日本濑户内海主要港口的富余水深标准为:吃水在 9 m 以内的船舶,取吃水的 5%;吃水在 9 ~ 12 m 的船舶,取吃水的 8%;吃水在 12 m 以上的船舶,取吃水的 10%。

第四节 船间效应

一、船间效应的现象及产生原因

船舶在近距离对驶会船、追越、驶过系泊船时,在两船之间产生的流体作用,将使船舶出现互相吸引、排斥、转头、波荡等现象,称之为船间效应(interaction)。

(一)吸引与排斥

航进中的船舶,首、尾处水位升高,压力增高从而给靠近航行的他船以排斥作用,而船中部附近的水位下降,压力降低,则给靠近航行的他船以吸引作用。

(二)波荡

当两船平行接近处于追越关系时,就要受到追越船或被追越船所造成的发散波(首尾兴波)的作用。与其他波浪一样,船舶航行所产生的兴波之水质点本身并不随波形移动,在深水中,波浪的水质点以一定的速度作轨圆运动,当水质点处于波峰时,其运动方向与波的传播方向相同(向前运动)、处于波谷时则与波浪的传播方向现反。因此,如图 3-4-1 所示,当追越船处于被追越船的发散波之波峰之前时,由于水质点的运动方向与波的传播方向即船舶前进方向一致,使船被加速;当处于波谷时,由于水质点运动方向与波的传播方向相反而被减速。

这种处于他船发散波中的船舶,由于相对于波的位置不同而受到加速或减速的现象,称之为波荡或无索牵引。显然,兴波越激烈、追越船的吃水越小,波荡现象越明显。

(三)转头

处于他船发散波中的船舶,当其船首向与他船发散波方向存在夹角时,即船舶斜向与发散波遭遇时,由于波中水质点作轨圆运动,导致波峰处的船体部分受波的前进方向的力,而波谷处的船体部分则受相反方向的力,其结果构成了力矩使船首转头。例如兴波自左前方来时,当船首处于波峰、船尾处于波谷时,船首将向右偏转。这种现象称之为转头。显然,他船的船速越高、兴波越激烈时,这种转头作用越大;越接近他船时,这种作用也越明显;越是较小的船舶所受的影响也就越突出。

上述吸引与排斥、波荡、转头等现象有时是同时出现的。

图 3-4-1 波荡现象

二、影响船间效应的因素

(1)两船间的横距离。两船间距越小,相互作用越大。船间作用力的大小约与两船间横距的四次方成反比;船间作用力矩约与两船间横距的立方成反比。一般当两船间的横距

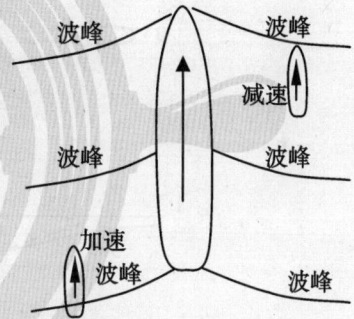

— 111 —

小于两船船长之和时,就会直接产生这种作用;两船间横距小于两船船长之和的一半时,相互作用明显增加。两船过度接近则有碰撞的危险。

（2）船速。船速越大,则兴波越激烈,相互作用也越大。船间作用力和力矩约与船速的平方成正比。

（3）双方航向相同比航向相反作用时间长,相互作用也更大。

（4）大小不同的两船互相接近时,小船受到的影响大。

（5）在浅窄的受限水域航行时,由于船体周围的水压力的变化及兴波均较深敞水域中更为激烈,因此船间效应也就比深水中更为激烈。

三、追越中两船间的船间效应及其预防

(一)试验结果

关于追越中两船的吸引与排斥、内侧转头与外侧转头的力矩变化情况,1960 年 R. E. Newton 进行了深水中的船模试验,1977 年 I. W. Dand 进行了浅水中的船模试验。两个试验结果比较接近,双方的回转力矩倾向几乎是相同的。图 3-4-2 是 Dand 在 1977 年在 $h/d = 1.3$ 的浅水中,当船速为 9.1 kn 时所做的模型试验结果。

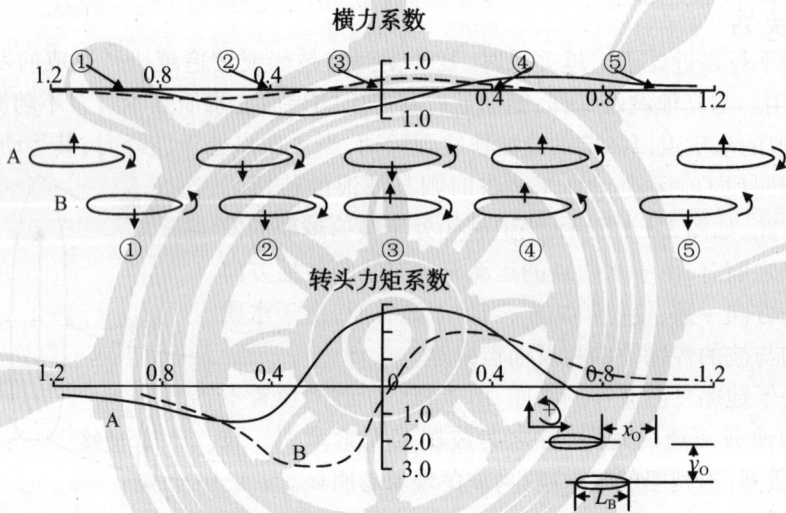

图 3-4-2　追越中两船间的作用力

(二)对试验结果的定性分析

如图所示,A 船为追越船,而 B 船为被追越船。

位置 1:B 船尾部受到 A 首部高压排斥使船首内转,可能挡住 A 船进路,而与 A 船之首部发生碰撞。A 首部受 B 尾部高压排斥,同时 A 首部处于 B 船发散波之波谷,而尾部处于波峰致使 A 船首内转。

位置 2:B 船整体受 A 首部高压排斥而外移。与此同时,B 船尾受 A 中部低压吸引以及 A 船发散波的转头作用而使 B 船首外转。A 船整体受 B 船中部低压吸引而内移,同时由于 A 船首受 B 船中部低压吸引以及 B 船发散波的转头作用而导致 A 船首内转。

此位置两船转船力矩最大,极易发生大幅度回转而使 A 船首与 B 船中、尾部发生碰撞。追越中碰撞事故的统计分析充分说明了这一点。

位置3：两船并驶，其间流速加快，压力下降，产生最大的吸引力，导致两船互相接近，因此该位置也是容易发生碰撞的位置之一。与此同时，两船首部高压互相排斥而导致外转。

位置4：B船整体受A船中低压吸引而内移；与此同时，B船首处于A船发散之波谷且受A船中低压吸引，船尾处于A船尾部发散波之波峰而使船首内转。A船整体受本船首高压排斥而外移；与此同时，A船尾处于B船发散波之波谷且受B船中部低压吸引而使船首外转。

此时，回转力矩也较大，容易使B船首与A船中、尾部发生碰撞。

位置5：A船尾受B船首高压排斥而外移并船首内转，B船首受A船尾高压排斥而外移。与此同时，B船首处于A船发散波之波谷，B船尾处于A船发散波之波峰而使船首内转。但因B船首受排斥产生的外转对发散波引起的内转有所抵消，故整体偏转不大。

（三）追越中为避免激烈的船间效应而发生碰撞的预防措施

（1）尽量避免在狭窄弯段或浅滩处追越，应选择平直、通航密度小的允许追越的航段进行追越。

（2）必须用VHF或声号征得被追越船的同意后方可追越。

（3）被追越船如同意追越，应尽量让出航道，减速至能维持舵效的速度行驶；追越船应适当加车，尽可能加大两船的间距，以便增大两船间的速度差，减小两船平行的时间。

（4）深水中快速追越时，两船间应至少保持大船的一倍船长，最好能大于两船船长之和。在港内低速追越时，两船间的横距可以减少到最少保持一倍船宽。但若考虑到操船上的安全，最好能大于大船的一倍船长。

（5）一旦出现明显的相互作用而有碰撞的危险时，则追越船应减速、停车或倒车，并用相应的舵角制止偏转；而被追越船则应适当地加车以增加舵效，抵制偏转。

四、两船对驶时的船间效应及其预防措施

两船对驶会船时的相互作用情况，有人曾结合巴拿马运河扩建工程做过船模试验，其结果可用图3-4-3简要表示。

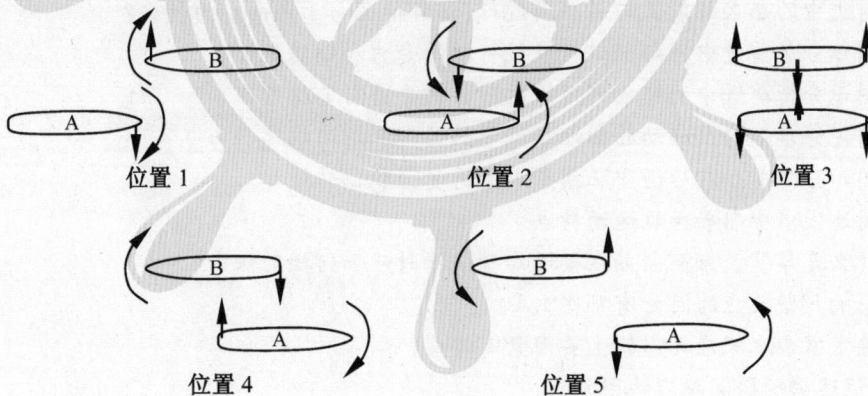

图3-4-3　两船对驶时的船间效应

位置1：两船船首内侧高压互相排斥，船首各自外转。

位置2：两船首部各被对方中部的低压所吸引，船首各自内转。

位置3：两船内侧各为低压，互相吸引。

位置4：两船尾部各被对方中部的低压所吸引，船首外转。

位置5：两船的尾部内侧高压相互排斥，船首各自内转。

两船间的这种相互作用力和力矩非常大。所幸的是，在对驶会遇的情况下，这种非常大的力和力矩的出现是短暂的。在其所产生的运动发展之前，两船已经相互驶过了，使这种力和力矩的作用效果大大减轻。

对驶会船时，为避免激烈的船间效应而发生碰撞的预防措施是：

（1）应避免在复杂的航段会船。

（2）对驶前应减速缓慢行驶，尽量保持两船间的横距大于大船的船长。

（3）待两船船首相平时，切忌用大舵角抑制船首外转，否则将导致船首进入对方船中部低压区时加速内转而引起碰撞。正确的措施是适当加车以增加舵效，稳定船首向，减少通过的时间，使相互作用迅速消失而安全通过。

五、驶过系泊船时的相互作用及其预防

当船舶近距离驶过系泊船时，除船间作用力和力矩的影响之外，系泊船也会受到驶过船的船行波及其岸壁反射波的影响。这种影响常表现为船舶的首摇、横摇、纵摇，以及横荡、纵荡、垂荡等运动。对船舶影响最大、幅度最大的则是纵荡。其结果可能造成系泊船靠岸舷侧的擦损、挣断系缆等事故。根据经验，若水深越浅，越接近系泊船，通过的船速越高，这种影响也就越大。风强流急又将助长这种影响。为此船舶近距离驶经系泊船时，宜减速行驶，同时尽可能加大与系泊船的横距以减弱这种影响；而系泊船则应加强值班，必要时对系缆和碰垫作必要的调整，以增加船舶系泊稳定度。

第三章思考题

1. 前进中的船舶斜顶风与斜顺风航行，哪种情况易于保向？为什么？

2. 图示分析前进中的船舶斜顺风航行时的受力和偏转规律。

3. 图示分析前进中的船舶斜顶风航行时的受力与偏转规律。

4. 简述停车不对水移动的船舶在风中的偏转和运动规律。

5. 图示分析船舶在后退中正横前来风时受力和偏转规律。

6. 简述浅水中船舶操纵运动特点。

7. 什么是岸壁效应？船舶在接近岸壁航行时应如何操舵保向？

8. 影响岸壁效应的因素有哪些？

9. 确定富余水深应考虑的主要因素有哪些？

10. 试述影响船间效应的因素。

11. 图示说明两船对驶时的船间效应及其预防措施。

港内操船

港内操船指对船舶进行靠泊、离泊和锚泊等的操纵。港内操船时需要合理运用船舶操纵性能和船舶操纵设备及港作拖轮,准确把握外界环境对船舶操纵的影响,以便对船舶的航向、航速和船位三要素进行实时的控制,保证船舶操纵的安全。

第一节 进港操船

一、船舶进港减速运动控制过程

船舶进港过程一般采用主机转速逐级递减方式进行减速操纵,船舵控制航向的能力随着船速的降低而减弱。为了保证船舶操纵的安全,在仅靠船舵控制航向的情况下,船舶抵达停泊位置时应具有一定的舵效。

根据操舵对航向的控制能力,将船速递减过程分为四个阶段,即高速阶段、中速阶段、低速阶段和制动阶段。

1. 备车与减速

船舶由沿海水域驶入港口水域并向停泊位置接近过程中,由于港内航行需要频繁改变船速,因此,首先要进行备车。处于备车航行状态时,船舶是否降速取决于船舶距停泊位置的距离、船舶吨位、操纵性、通航环境以及船型种类等因素。对于中、小型船舶,通常距离停泊位置 10~15 n mile 时或提前 1 h 进行备车;如操船环境较好时进港备车时机应至少在至锚地前剩余航程 5 n mile 以上时,并采用"港内全速"航行;大型船舶,特别是 VLCC,备车距离还要增大,一般在 15 n mile 以上。大型集装箱船,由于其操纵性能较好,一般在至锚地剩余航程 5 n mile 左右时或提前 0.5 h 进行备车;若交通条件复杂,通常在至锚地剩余航程 10 n mile 或提前 1 h 备车,并采用"港内半速"航行。

2. 高速阶段

距离停泊位置为 10~15 n mile(狭水道或航道航行可能更远)时,船舶一般位于外港航道或港口界限之外,船速为 10 kn 以上(港内全速)。对于一般运输船舶,这一船速范围在港内航行属于"高速",故称为"高速阶段"。在高速阶段,由于船速相对较高,受风、流的影响较小,船舶对操舵的反应较为灵敏,故其航向可由操舵进行有效控制,不需要拖轮协助,则船舶操纵风险较小。

3. 中速阶段

距离停泊位置为 3 ~ 10 n mile 时，船舶一般位于港口航道之内，船速为 6 ~ 10 kn（半速或慢速），对于一般运输船舶，这一船速范围在港内航行属于"中速"，故称为"中速阶段"。在中速阶段，尽管舵效有所下降，风、流造成的影响比"高速"时有所增大，但船舶航向基本还可由操舵进行控制，基本不需要拖轮协助。在受限水域，可能需要拖轮系在大船的舷侧或船尾，以协助船舶保向。这时船舶操纵风险较"高速"时有所增大。

4. 低速阶段

距离停泊位置为 1 ~ 3 n mile 时，船舶位于内港或航道内，船速一般为 4 ~ 6 kn（微速或停车），对于一般运输船舶，这一船速范围在港内航行属于"低速"，故称为"低速阶段"。在低速阶段，风、流造成的影响比"中速"时进一步增强，舵效下降非常明显，特别是船速降至失去舵效的临界点时，停车之后，船舶很快失去舵效，操舵不足以控制船舶航向，船舶操纵风险也相应增大，则需要用侧推器（如果有）或用拖轮协助船舶保持正确的位置和航向。一般以低速阶段作为使用侧推器的最早时机。

5. 制动阶段

距离停泊位置(3 ~ 5)L 时，船舶位于进港航道端部和泊位前沿之间的过渡水域，船速一般为 3 ~ 4 kn。因为在这一位置范围需要进行制动操纵，故称为"制动阶段"。在制动阶段，由于需要进行倒车制动，舵完全失去对航向的控制能力，故需要使用侧推器（如果有）或拖轮全面控制船舶的运动，船舶吨位越大制动所需的距离也随之增大。

6. 减速过程中的航向控制

进港操船中，随着船速逐步降低，舵的控向能力将会变得越来越差，此时需要侧推器或拖轮协助控制。根据实践经验，需要注意的是不同的控向手段，需要有相应的船舶速度域，以达到有效地控制船舶航向的目的。

一般说来，操船者应当知道下列数据：

(1) 自动舵可有效控制航向的速度域为 8 kn 以上；

(2) 万吨级船舶手操舵有舵效的最低速度约为 2 kn，而超大型船舶约为 3 kn；

(3) 侧推器发挥作用的速度域范围为 4 kn 以下；

(4) 港作拖轮发挥作用的速度域范围为 4 ~ 6 kn 以下。

船舶在减速过程中的航向控制问题，在实际操船中并不完全像上述四条那样单一。各种控向手段可实施控制的有效速度域经常随船舶种类、船型、载态、外界环境条件的不同而不同。因此，需依据具体船舶及其所处的具体环境对船速加以订正。

二、接送引航员时的操船方法

为维护港口秩序和保障船舶安全，一般港口都对进出港船舶实行强制引航制度。如此，船舶进出港过程中，安全接送引航员成为船长的主要责任之一。目前，因港口环境和情况不同，接送引航员的交通工具有两种：一种是引航船或拖轮；另一种是直升机。

（一）引航员登离船装置的要求

引航员登离船装置是影响引航员登船安全的因素之一。根据 SOLAS 公约第 V 章（航行

安全)第 17 条"引航员登离船装置"规定,要点如下:

(1)引航员登离船装置的安装应由负责驾驶员进行监督,并对安装和操作设备的人员就安全操作程序进行指导;

(2)负责驾驶员应携带与驾驶台进行通信的装置,并护送引航员经由安全通道前往和离开驾驶台;

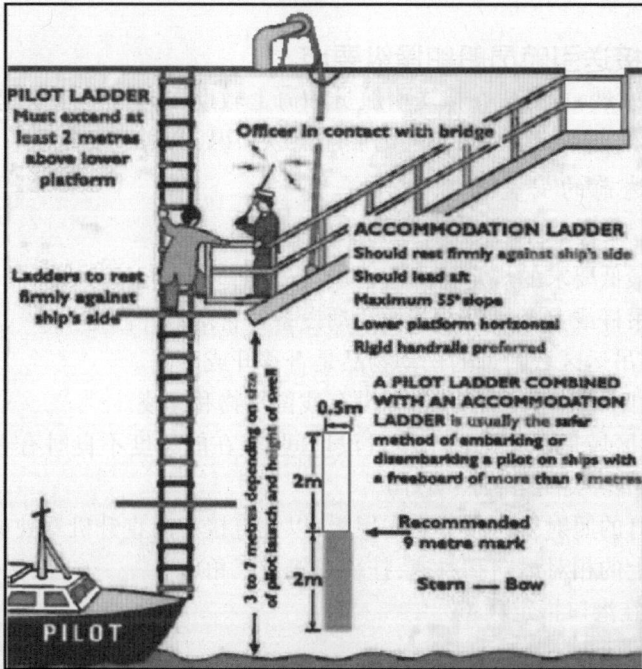

图 4-1-1　引航员梯及舷梯

(3)从海平面至船舶入口位置的垂直距离超过 9 m 的船舶,应将舷梯或机械式引航员升降机与引航员梯组成组合梯供引航员登船或离船;

(4)舷梯的低位平台应保持水平,其上架设的引航员梯最少应保持 2 m 的垂直长度;舷梯的倾斜角度向后最大不超过 55°;

(5)在转送人员时,应备有立即可供使用的两根扶手绳,直径不应小于 28 mm,带有自亮灯的救生圈,撇缆;

(6)应配备适当照明,照亮舷外的登离船装置、甲板上人员登船和离船的位置。

(二)引航员登离船时船舶操纵要点

引航员登离船时船舶的运动状态也是影响引航员安全的因素之一。船舶在锚地接送引航员无须讨论船舶动态问题,比较而言,航行中接送引航员的风险较大,而且由于引航员登离船水域往往通航密度较大,更要引起足够重视。引航员登船前,除了要做好以上装置的安放和检查外,还要较精确控制船舶,其操纵要点如下:

(1)调整进港船速,准确预报和控制抵达引航员登船点的时间。过早或过晚都不利于船舶安全,尤其是过早抵达引航地点而引航员还未抵达,因水域狭窄,往往会造成被动局面。

(2)根据引航员的要求,调整航向,通常将引航员软梯或舷梯放在下风舷侧,以利用船体的遮蔽作用减小下风舷侧的风浪。在引航员上下船时,应保持航向和航速。

（3）降低船速，以适应引航船或拖轮的并靠，但有强横流影响时，船速不宜过低，以免漂移过大而造成搁浅，一般以保持舵效的船速为准。

（4）能见度不良时，本船位置不易被引航船识别，必要时开启雷达为引航船导航并鸣放合适的声号供引航船识别。

（5）引航船附近往来船舶交通密集，应加强瞭望，注意及时用 VHF 与 VTS 和他船取得联系并及时避让。

（三）直升机接送引航员船舶操纵要点

随着航运业的发展，直升机在接送引航员和海上救助方面应用越来越多。船舶操纵人员有必要掌握直升机海上转运人员期间的船舶操纵知识，以利于安全。

1. 直升机抵达前的安全检查

对于所有船舶：

（1）根据有关最低要求的规定将降落区域报告交管中心（VTS）。

（2）所有甲板吊杆或克令吊以及其他活动设备是否落下并固定。

（3）所有降落/吊运区域附近的松动物品是否移开或系固。

（4）降落/吊运区域附近是否清洁，并没有残留货物和冰凌。

（5）降落/吊运区域是否处在日出至日没期间，或在能见度不良时有否足够的照明（直升机飞离船舶之前不可关闭甲板照明灯）。

（6）甲板照明灯的照射方向向下指向甲板，以免直接指向直升机驾驶员。

（7）注意甲板上的相对风向和风速，挂妥船旗或三角旗。

（8）VHF 设定在港口指定频道。

对于油船还要做到：

（9）不早于直升机降落前 30 分钟释放货舱压力（若没有配备惰性气体系统）。

（10）降低货舱压力使其为正值（若配备惰性气体系统）。

（11）通风后关闭所有货舱开口。

对于液化气船还要做到：

（12）采取所有防范水蒸气泄漏到甲板的措施。

对于散货/液货混装船还要做到：

（13）停止所有舱面通风，并落下舱口压条（干散货）。

消防措施：

（14）根据有关要求，在降落/吊运区域预先设置消防设备。

船员注意事项：

（15）指定协助直升机降落/吊运的船员，并在操作前在下列方面给予指令：

· 降落/吊运区域的位置（如果船上没有固定的场所）；

· 在直升机降落之前和降落期间尽可能处于离开降落/吊运区域的安全位置；

· 任何时候都应远离降落/吊运区域；

· 在吊运期间，不要接触吊索。

（16）指定协助直升机接送引航员的船员需携带手提 VHF 对讲机。

（17）指令所有不参与操作的船员远离露天甲板。

（18）指令所有船员不得使用闪光灯照相机，以免影响直升机驾驶员的视线。

如果在驾驶台两翼吊运：

(19)去除驾驶台两翼的遮阳罩。

(20)所有雷达天线停止运转。

上述所有项目检查完之后，船长应确认：

(21)甲板消防组到位并做好操作准备

(22)船长上驾驶台，并确认安全检查的所有项目是否做到。

(23)船长通知有关方面船舶准备就绪，必要时通知 VTS。

2.船舶横摇和纵摇角

船舶的过度运动可能造成直升机滑出甲板上的降落区域。因此，在直升机降落甲板期间，一般要求船舶的运动状态最低达到下列要求：

横摇角左、右各不超过 $2.5°$，即横摇幅度不超过 $5°$；

纵摇角前、后各不超过 $2°$，即纵摇幅度不超过 $4°$。

为了减轻船舶的摇摆幅度，往往直升机驾驶员会要求船长调整航向和船速。

3.船舶航向和船速

直升机降落甲板期间，一般要求船舶保持航向和船速。有时直升机驾驶员和引航员之间进行协商确定具体的航向和船速。一般情况下，要求船舶风舷角不大于 $30°$，并避免航向的突然变化。

第二节 靠离泊操纵

船舶靠离泊操纵时，由于低速行驶，船舶受风流影响较大，且泊位附近可供操纵水域十分有限，给船舶的安全操纵带来挑战，对操船者在技术知识和实践经验上有更高的要求。因此，操船者应结合当事船舶的操纵性能，正确运用车、舵、锚、缆、侧推器和拖轮，克服风、流、浅水和受限水域的影响，以便安全、顺畅地完成靠离泊操纵。

一、靠离泊方式的选择

按照是否需要外力协助来区分，靠离泊方式分为自力靠离泊和拖轮协助靠离泊两种方式。靠离泊方式不同，操纵方法也不相同，故在靠离泊之前应根据船舶排水量、当时的操船环境以及操船者本身的具体情况来选择靠离泊方式。

(一)自力靠离泊方式

自力靠离泊指凭借船舶自身的控制设备进行靠离泊的操纵方式。船舶自身的控制设备主要包括推进器和舵，最常见的是单车、单舵船。而舵控制船舶的能力受多种因素的影响，特别是在靠离泊过程中的低速情况下，舵几乎完全失去作用。因此，传统意义上的自力靠离泊方式一般仅适用于小型船舶(万吨级以下船舶)，且仅限于在气象条件不太恶劣、水文条件不太复杂的情况下进行操作。

随着船舶控制技术的发展，船舶自身的控制设备也在不断完善，船舶自力靠离泊能力逐渐增强。例如，现代化集装箱船的侧推器大大减小了对拖轮的依赖程度。双车船自身的控制能力要高于单车船。因此,在气象条件不是很恶劣的情况下,有些装有侧推器的大中型船舶也采用自力靠离泊方式。

(二)拖轮协助靠离泊方式

由于船舶行进速度越低,船舶失控的概率越大,且船舶吨位越大,操纵风险也就越大。因此,一般情况下,中、大型船舶均采用拖轮协助靠离泊方式。实际上,为了降低靠离泊操纵风险,万吨级船舶有时也采用拖轮协助靠离泊方式。

拖轮协助靠离泊时,所用拖轮总功率及数量根据船舶排水量、环境条件以及船舶的操纵性能等因素确定,并留有一定的富余量。

二、靠泊操纵的准备工作

船舶进港靠泊之前,应做好充分的准备工作,包括了解港口水域环境、水文气象条件以及本船的操纵性能等方面的信息;制订周密的靠泊操纵计划等。

(一)了解有关信息

掌握相关信息是制订靠离泊计划的前提条件。进港靠泊有关信息包括港口水域信息(航道、泊位、掉头水域等)、水文气象信息(风、浪、流、潮汐等)以及船舶信息(操纵性、载重状态、排水量)等。主要了解下列信息。

1. 港口水域

进出港航道信息包括三方面内容。一是航道平面布置,如有效宽度、航道长度、实际水深、航道方向、航道弯势等;二是通航管理规定,诸如分道通航制、港内限速、VHF 的使用等。三是导航设施,诸如航标、导标的配布等。

码头泊位信息包括两方面的内容。第一是泊位附近可航水域,诸如航道与码头附近的连接水域有无转角、掉头水域范围及位置、码头前沿停泊水域宽度等;第二是泊位平面布置方面的信息,诸如码头方向、泊位长度、泊位水深、泊位前后他船停泊情况、实际泊位空当大小(一般为船长的 120%)等。

掉头水域信息主要包括掉头水域直径、水深及其位置等。

2. 水文气象

水文气象信息包括靠泊过程中遭遇的风、流、浪、潮汐等信息。对于风或流的影响,应掌握风向或流向与航道方向及码头方向的交角,确定是吹拢风还是吹开风,顶流还是顺流或开流还是拢流,并掌握风力或流速的大小及变化趋势。对于浪的影响,应掌握浪向与航道方向及码头方向的交角,并注意浪高对船舶吃水及拖轮作用效果的影响。对于乘潮进出港的船舶还应掌握当地潮汐的变化情况。

(二)制订靠泊操纵计划

在了解和掌握上述信息基础上,结合本船的载重状态和操纵性能,需在靠泊前预先制订一个完整的靠泊操纵计划。靠泊操纵计划一般由船长或港口引航员制订。该计划中应对靠泊中的关键操作的时间、地点及操纵要点做出概要说明,以便有关人员做好充分准备。靠泊操纵计划一般应包括但不限于下列内容:

(1)预计靠泊操纵过程中及抵泊时的流向、流速、风向、风力、波向及波高;

(2)确认靠泊舷侧,准备相关舷侧的系缆、锚及设备;

（3）拖轮协助靠泊时，确定拖缆在船上的系带位置及带缆时船舶抵达的地点；

（4）确定从锚地起锚的时机，如果从港外直接进港，确定抵达某一地点的时间；

（5）估计通过航道的时间，如果需乘潮通过航道，确定满足乘潮水位的时间段；

（6）如果需要掉头操纵，确定掉头操纵的地点及掉头方向；

（7）确定船舶抵达泊位的时机及时间。

（8）靠泊中可能遇到的险情及其预防和应急措施等等。

三、靠泊操纵过程

从船舶操纵特点来看，靠泊过程可分为两个阶段，第一阶段是指船舶从制动开始至抵达泊位前沿水域的运动过程，该阶段是船舶抵达泊位的过程，故简称为"抵泊过程"。抵泊过程中的船舶运动参数有抵泊速度、抵泊横距和抵泊角度等。第二阶段是指船舶从泊位前沿水域向码头靠拢的运动过程，该阶段是船舶靠岸的过程，故简称为"靠岸过程"。靠岸过程中的船舶运动参数有靠岸角度和靠岸速度等。相应的泊位前沿水域也可分为"抵泊区"和"靠岸区"。如图 4-2-1（a）所示。抵泊区是一个范围较广的扇形区域，也就是说，船舶可能从抵泊区的任意方向接近泊位前沿水域。靠岸区是一个长度约为船长、宽度为"横距"的矩形区域，即船舶靠岸运动过程应局限在该区域内。在进入靠岸区之前需对船舶姿态进行调整，以便适合于靠岸。在靠岸区内，在外力作用下船舶将以一定速度靠拢泊位。

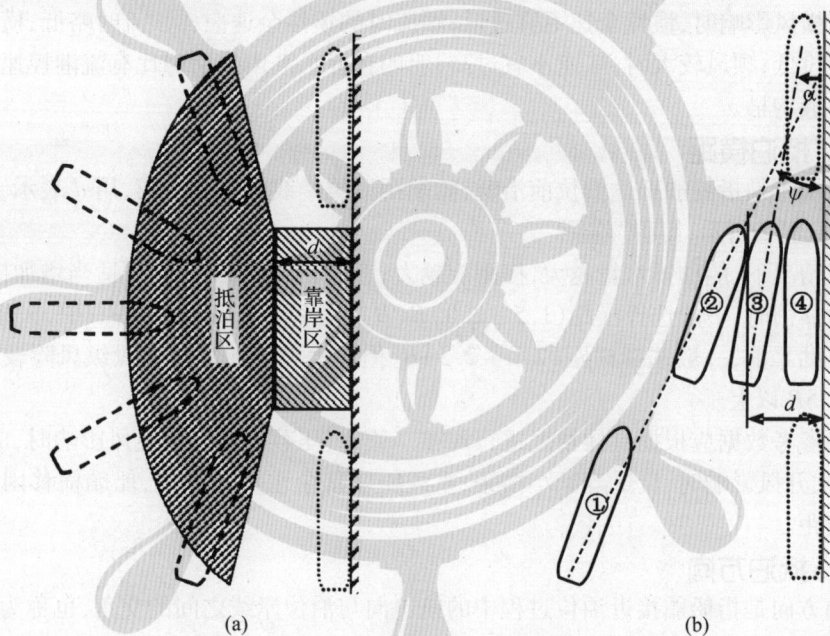

图 4-2-1　靠泊操纵过程示意图

四、靠泊操纵要点

靠泊操纵过程实质上就是利用有效操纵手段对船舶靠泊过程中运动状态进行控制的过程。这里的运动状态是指船速、航向和距离等运动和几何参数。合理选择这些参数有利于靠泊操纵的安全。这些参数的选择一般与船舶排水量、载重状态、停船性能、靠泊操纵方式以及水域环境、水文气象条件等因素有关。下面以船舶靠泊开敞式码头为例简要说明操纵要领,如图4-2-1(b)所示。

(一)惯性余速

靠泊过程中,船舶抵达制动水域〔距泊位前沿(3~5)L〕时,推进器一般处于停车状态,这时的船速称为"惯性余速"。此后,船舶将以惯性余速滑行至泊位前沿,并要求抵达泊位前沿"靠岸区"(位置②)时基本为静止状态,因此,抵泊过程也是惯性余速递减过程。惯性余速过高,可能不易停船;惯性余速过低,又可能由于横风、横流的影响而造成船舶向下风、下游的漂移过大。

在能保持舵效的前提下,船舶抵泊位前沿的船速越低越好;实践表明船首抵达泊位后端是船舶控制余速的最佳时机;一般小型船船首抵泊位中间位置时余速最好控制在2 kn以下,而大型船应控制在0.5 kn以下或停住。故严格控制惯性余速是安全靠泊的条件之一。

在风、流影响较小的情况下,通常,船舶排水量越大、停船性能越差,则惯性余速应越低。船舶距泊位前沿(3~5)L时,小型船舶余速一般不宜超过5 kn,在该船速下,可利用主机倒车制动和(或)拖锚制动等措施使船舶抵达泊位时停下来;中型船舶不宜采用拖锚制动方法,可用主机倒车制动,故惯性余速一般不宜超过4 kn。大型船舶,特别是超大型船舶,倒车功率严重不足,需要拖轮协助制动,此时的余速一般不宜超过3 kn。

上述参考数据应根据具体情况进行调整。重载船舶的惯性余速应比压载船舶略低;压载船舶有横风影响时,惯性余速不宜过低;顺流时的惯性余速应比顶流时略低;横风较大时,船速不宜过低;顺风较大时,船速不宜过高;船舶在静水港内靠泊时比有流港控速、倒车及拖锚时机一般均早。

(二)抵泊横距

抵泊横距是指船舶抵达泊位前沿时,船舶距泊位岸线的垂直距离,用d表示,如图4-2-1(b)中的位置②所示,简称"横距"。

一般情况下,船舶排水量越大,横距应越大;有拖轮协助靠泊时,可适当增加横距。小型船舶自力靠泊时,一般选择横距(1.5~2.0)B(B为船宽)或20 m左右。中、大型船舶由于有拖轮协助靠泊,一般选择横距(2.0~2.5)B,但超大型船舶由于其操纵风险较大,一般选择横距2.5B以上。

上述参考数据应根据具体情况进行调整。通常,压载船舶有吹拢风影响时,应适当增加横距,有吹开风影响时,应适当减小横距;重载船舶富余水深较小时,船舶横移困难,则应适当减小横距。

(三)抵泊方向

抵泊方向是指船舶接近泊位过程中的航迹向与泊位岸线之间的交角,也称为抵泊角度,用ψ表示,如图4-2-1(b)中①、②位连线与岸线的交角。按照抵泊角度进行分类,可分为大角度抵泊和小角度抵泊两种方式。

小角度抵泊时,进港航道方向与泊位方向平行,这时,可对抵泊角度进行选择。在这种情况下,如果船舶顺风流抵达泊位,为了保证船舶具有较好的操纵性能,船舶应顶风流靠泊,则船舶不得不在抵泊过程中完成掉头操作。

大角度抵泊时,进港航道方向与泊位方向有较大交角,有的甚至接近90°,这时,抵泊过程可能是一个连续转向过程,其轨迹是一弧线,则无法选择抵泊角度,只能根据具体情况进行适当调整。

在可选择抵泊角度的情况下,一般排水量大的船舶宜采用小角度抵泊方式,且排水量越大,抵泊角度应越小;有较大吹拢风或吹开风影响时,为了减小船舶下风漂移,宜采用大角度抵泊方式;泊位后方有他船停泊比无他船停泊时的抵泊角度要大;顺岸流流速较高时,宜采用小角度抵泊方式。

(四)靠拢角度

靠拢角度是指位于靠岸区船舶向泊位靠拢过程中船首向与泊位方向之间的交角,用 α 表示。如图 4-2-1(b)中的位置③所示。靠拢角度也称为"入泊角度"。靠拢角度一般不等于抵泊角度。在进行靠拢操作之前,需将抵泊角度调整至适宜的靠拢角度。当进港航道方向与泊位方向有较大交角时,靠拢角度的调整过程相当于大角度的转向过程。按照靠拢角度进行分类,可分为平行靠拢和小角度靠拢两种方式。

靠拢角度决定了船舶靠拢时的接触面积,$\alpha \neq 0°$ 时,接触面积小,船体可能仅与一个护舷接触,如果靠岸速度较大,则可能造成码头或船体损坏。因此,无论采用何种靠拢方式,船舶接触码头的瞬间都应采用平行靠拢方式($\alpha = 0°$)。

一般来说,船舶排水量越大,靠拢角度应越小;重载船顶流较强时,靠拢角度宜小;轻载船吹开风较大时,靠拢角度宜大。

通常,小型船舶可采用小角度靠拢方式;中、大型船舶由于其惯性巨大而难以控制,则必须采用平行靠拢方式。

(五)靠拢速度

船舶向泊位靠拢的速度简称为靠拢速度或入泊速度。采用平行靠拢方式时,靠拢速度等于船舶横移速度。船舶接触码头瞬间垂直于泊位的速度称为法向靠岸速度,简称靠岸速度。控制靠拢速度就是控制法向靠岸速度。靠拢过程实质上就是靠拢速度的递减过程。

开始时,可以靠拢快一些,之后逐渐降低靠拢速度,直至在快要接近码头时达到所要求的法向靠岸速度。

由于码头设计标准和船体强度的限制,一般对靠岸速度都有严格要求,操纵中应根据船舶排水量大小严格掌握。我国有关设计标准对海港船舶靠岸速度做出了明确规定,见表 4-2-1。表中较大的值适用于靠泊条件较为恶劣或流速较大的河港情况。

表 4-2-1　船舶靠泊时的法向靠岸速度

船舶排水量 $\Delta(t)$	法向靠岸速度 v(m/s)	
	有掩护码头	开敞式码头
$\Delta \leqslant 1000$	0.20 ~ 0.25	0.25 ~ 0.45
$1000 < \Delta \leqslant 5000$	0.15 ~ 0.20	0.20 ~ 0.40
$5000 < \Delta \leqslant 10000$	0.12 ~ 0.17	0.17 ~ 0.35
$10000 < \Delta \leqslant 30000$	0.10 ~ 0.15	0.15 ~ 0.30
$30000 < \Delta \leqslant 50000$	0.10 ~ 0.12	0.12 ~ 0.25
$50000 < \Delta \leqslant 100000$	0.08 ~ 0.10	0.10 ~ 0.20
$\Delta > 100000$	0.06 ~ 0.08	0.08 ~ 0.15

由表中数据可知,船舶排水量越大,法向靠岸速度应越小。一般万吨级船法向靠岸速度应低于 15 cm/s;中型船舶应低于 10 cm/s;大型船舶应低于 8 cm/s。对于超大型船舶,应控制在 5 cm/s 以下。

五、靠泊操纵实例

(一)自力靠泊

船舶载态:1 万吨级船舶压载。

环境条件:吹开风5级以下,码头位于有掩护的港池内,流和浪的影响忽略不计。可航水域宽度约2L。

泊位情况:码头岸线与船舶进港方向平行,泊位后方有他船停泊。

操纵方式:自力靠泊,控制手段包括推进器、舵、单锚、系缆。

操纵要点(如图4-2-2所示):

(1)船舶进入港池时,如图位置①所示,船速控制在3.5 kn左右,船位应位于港池中线稍偏上风一侧,抵泊角度约20°。此时,操正舵,慢速倒车。

(2)船舶抵达泊位后方时,如图位置②所示,船速将降为2.5 kn左右,受倒车横向力影响船首将右偏。此时,仍操正舵,并停车。

(3)船首抵达泊位中点时,如图位置③所示,船速将降为2 kn左右,受倒车横向力影响船首继续右偏,受吹开风的影响船位向下风漂移,此时,抛下左锚1节落水,并操右满舵。

(4)船舶抵达泊位前沿时,如图位置④所示,船速将降为0,受锚链力的作用船首发生左偏,使靠岸角度为10°~15°。此时,船首距离泊位$(1~1.5)B$,即可进行带前倒缆和首缆,并微速进车、操右舵,使船首渐渐接近码头岸线,船舶在锚链产生的转船力矩的作用下,将使靠岸角度逐渐减小。靠岸过程中如船首左转过快,可适当松出锚链;右偏过快,可适时停车。

图 4-2-2　自力靠泊实例

(5)随着靠岸角度的逐渐减小,船舶靠岸时基本平行于码头岸线,如图位置⑤所示。这时,首部缆绳收紧后,即可系带尾缆和后倒缆。全部缆绳带妥后,松出锚链使其处于垂直状态,以免妨碍他船航行。

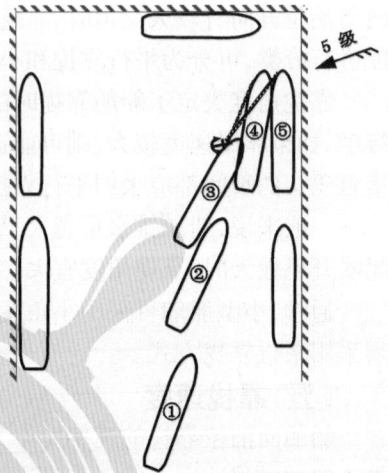

(二)拖轮协助靠泊模拟器操纵实例

1. 10 万吨级船舶靠泊

船舶载态:10 万吨级船舶满载。

环境条件:吹拢风,风向 NNW,风力3级;顶流,流向150°,流速0.5 kn,浪的影响忽略不计。

泊位情况:泊位方向330°-150°,泊位岸线与船舶进港方向接近90°,泊位后方无他船停泊。

拖轮配置:左舷首尾各配置3000马力拖轮一艘,船尾配置3000马力制动拖轮一艘;船舶到位靠入时,船尾制动拖轮移至船中协助靠入操纵。

操纵方式:拖轮协助靠泊,控制手段包括推进器、舵、拖轮、系缆。

操纵要点(如图4-2-3所示):

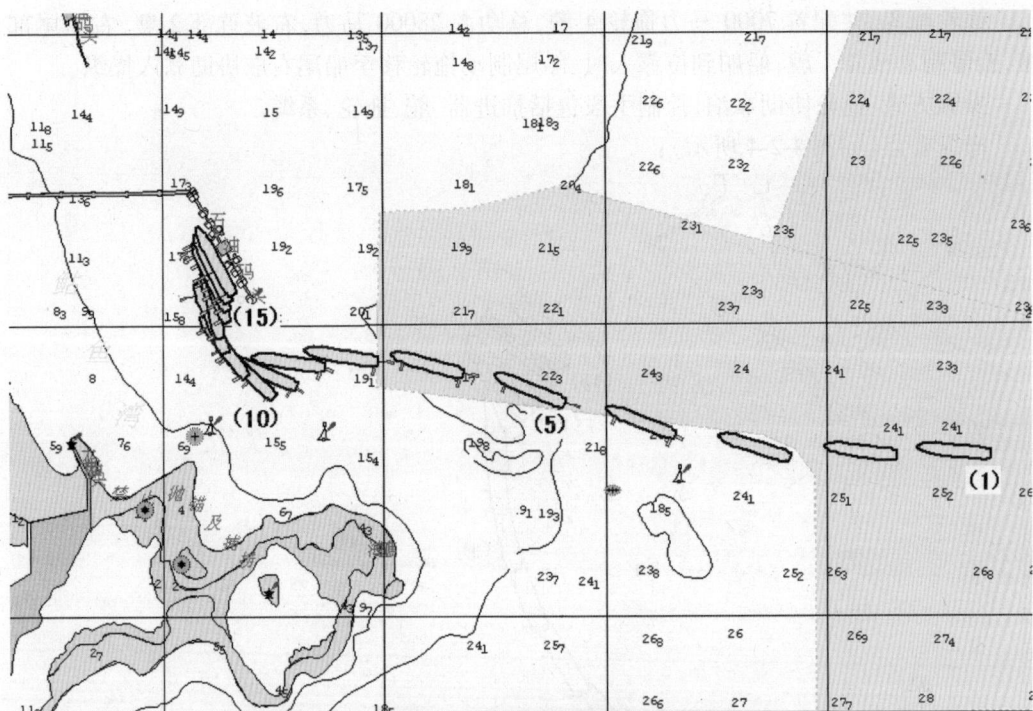

图 4-2-3　10 万吨级船舶靠泊

（1）船舶距泊位前转向点 1 n mile 时，见图中位置（1），船速控制在 5 kn，停车淌航，由于受右舷接近横风流的作用，船舶向左漂移明显，注意向右舷选取风流压差以便保持船舶的航迹向。

（2）船舶距泊位前转向点（3～5）L 时，见图中位置（4），左舷首尾及船尾带拖轮，随船速的下降风流压差增大，舵效变差，此时应用拖轮调整船舶航向保持航迹向，同时运用船尾制动拖轮控制船舶运动速度，船舶抵转向点前控制船速在 2 kn 左右。

（3）船舶抵泊位前转向点时，见图中位置（9），首拖轮顶推，尾拖轮拖曳，使船舶向右转向，转向过程中应注意船舶受风流影响的漂移情况，为了减小掉头过程中拖轮所致的向下游的漂移，视船舶转头速率的大小，以首部拖轮顶推为主，尾部拖轮拖曳为辅。

（4）船舶抵泊位下端前，见图中位置（12），余速控制在 1 kn 左右，是控制船舶抵泊余速和靠拢角度的最佳时机，此时应利用首尾拖轮调整船舶的抵泊角度，运用船尾制动拖轮或辅以倒车控制抵泊余速。

（5）船舶抵泊位外档时，见图中位置（15），控制船舶首尾线与泊位平行，船舶与泊位的间距（1.5～2）B，船舶纵向运动速度为 0 kn 左右。随后，运用拖轮进行靠入的操作，保证船舶贴靠泊位的法线速度小于 10 cm/s，并进行系缆操纵，见图中位置（17）。

2.30 万吨级船舶靠泊

船舶载态：30 万吨级船舶满载。

环境条件：吹开风，风向 NNE，风力 5 级；顶流，流向 230°流速 0.5 kn，浪的影响忽略不计。

泊位情况：泊位方向 053°－233°，泊位岸线与船舶进港方向夹角 15°，泊位为开敞式。

拖轮配置:共配置 7000 马力拖轮 4 艘,总功率 28000 马力,右舷首部 2 艘,右舷尾部 1 艘,船尾制动拖轮 1 艘;船舶到位靠入时,船尾制动拖轮移至船尾右舷协助靠入操纵。

操纵方式:拖轮协助靠泊,控制手段包括推进器、舵、拖轮、系缆。

操纵要点(如图 4-2-4 所示):

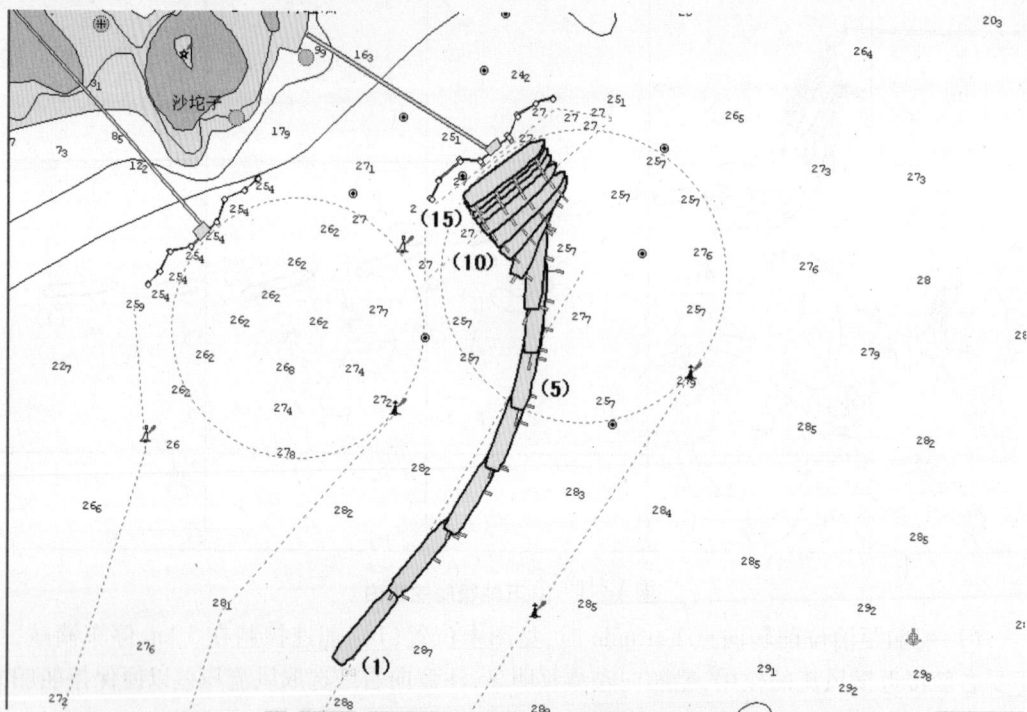

图 4-2-4　三十万吨级船舶靠泊

(1)船舶距掉头区(3~5)L 时,见图中位置(1),船速控制在 4 kn,停车淌航。

(2)船舶抵掉头区前,见图中位置(2),右舷首尾及船尾拖轮带好,随船速的下降风流压差增大、舵效变差,此时应用拖轮调整船舶航向保持航迹向,同时运用船尾制动拖轮控制船舶余速,当船舶抵掉头区时控制船速在 2 kn 左右。

(3)船舶抵掉头区时,见图中位置(5),首拖轮顶推,使船舶向左转向,保证船首对准泊位上端,随后应注意流压的影响,必要时首尾拖轮拖曳,并使船首向右偏转,以便减弱流的影响,同时应根据船舶速度减小的情况,适当使用尾拖轮制动并辅以倒车,保证船首距泊位 $1L$ 时船速控制在 0.5 kn 左右。

(4)船首距泊位 $1L$ 时,见图中位置(7),余速控制在 0.5 kn 左右,是控制船舶抵泊余速和靠拢角度的最佳时机,此时应利用首拖轮拖曳、尾拖轮顶推的方式使船右转调整靠拢角度,运用船尾制动拖轮或辅以倒车控制抵泊余速。

(5)船舶抵泊位外档时,见图中位置(10),控制船舶首尾线与泊位平行,船舶与泊位的间距(2~2.5)B,船舶纵向运动速度为 0 kn 左右。随后,运用拖轮进行靠入的操作,保证船舶贴靠泊位的法线速度小于 5 cm/s,并进行系缆操纵,见图中位置(15)。

六、离泊操纵的准备工作

(1)离泊前,应实地观察风、流及泊位前后情况,前后有无动车余量、锚链方向及长度,系缆的角度及受力状态,以及水域内来往船舶的动态。凡不适宜部分应做必要的调整。

（2）制订离泊方案。应根据气象、潮汐、泊位特点、船舶动态、装载情况,按照本船实际操纵性能,正确决定离泊时机、离泊方案,并于出航前的会议上向有关人员进行布置。

（3）如有拖轮协助,应交待协助操纵方案,以便使其主动配合。

（4）机舱试车前,驾驶员应到船尾察看系缆及推进器附近是否清爽,舷梯、吊杆及岸上装卸设备是否有碍,在确认无碍后方可试车。另外试舵、试声光信号,并按规定悬挂信号。

（5）备车和拖轮就位后再作单绑。使用倒缆摆首或甩尾时必须确保其强度,里档锚不应与码头护舷齐平,突出部位或触岸部位应垫好碰垫,等水面清爽时即可实施离泊操纵。

七、离泊操纵

船舶单绑后,运用车、舵、锚、缆和侧推器,有时在拖轮的协助下,克服风、流等外界因素的影响,使船舶离开泊位,此后的出港过程是"加速"运动过程,随着船速的增加,舵控制航向的能力逐渐增强,风、流造成的漂移逐渐减小,操纵相对较容易。因此,离泊操纵较靠泊操纵容易进行。

通常船舶离泊操纵要领包括确定离泊方式、掌握首尾摆出角度和控制船舶的前后运动。离泊操纵方法一般取决于船舶排水量、载重状态以及水域环境、水文气象等因素。

（一）离泊方式

按照离泊操纵时船首向与码头岸线之间的交角进行分类,离泊方式可分为首离、尾离和平行离三种方式。

1.首离方式

首离方式是指使船首先离开码头,再进行船尾离开的离泊方式,如图 4-2-5(a)所示。小型船自力离泊时,在顶流或吹开风、泊位前方清爽,且船首摆开 15°时车舵不会触碰码头的情况下,可采用首离方式。

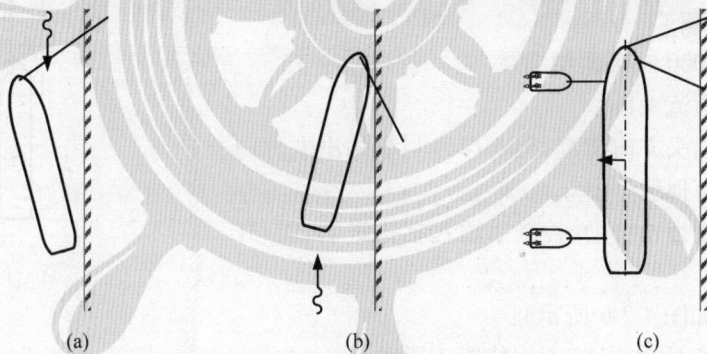

(a)　　　　　　　　　(b)　　　　　　　　　(c)

图 4-2-5　离泊方式示意图

2.尾离方式

尾离方式是指使船尾先离开码头,而后再使船首离开的离泊方式,如图 4-2-5(b)所示。小型船舶自力离泊时,一般采用尾离方式,特别在静水港或顺流情况下。尾离时,一般借助首倒缆,采用内舷舵、进车将船尾摆开。

3. 平行离方式

平行离方式是指使船舶首尾平行离开码头的离泊方式,如图4-2-5(c)所示。由于采用首离和尾离方式,操纵风险都比平行离方式要大。因此,在有拖轮协助离泊的情况下,普遍采用平行离泊方式。中、大型船舶需拖轮协助离泊,均采用平行离泊方式。

(一)掌握摆出角度

离泊中的摆出角度,指船首(首离时)或船尾(尾离时)摆出多大角度时,才进行后续船舶操纵。首离或尾离时,其摆出角度的大小决定于当时外界环境影响程度和摆出后的操船需要。

当风流影响有利摆出时,摆出角度应适当减小;如顶流吹开风采用首离方式,或顺流吹开风尾离方式时。相反,当外力不利摆出时,摆出角度应适当增大;如顶流吹拢风采用尾离方式时就是如此。

(二)安全操纵横距

船舶离开泊位后,可能进行掉头、移泊或出港等后续操纵。这些后续操纵都需要有足够的安全操纵范围,具体讲就是指船舶离开泊位的安全横距。该安全横距取决于风、流的影响、泊位前后的活动空间、后续操纵的需要等因素。直接出港时,泊位前后无他船停泊,安全横距一般至少保证2B,泊位前后有他船停泊,一般至少保证3B。离泊后需在泊位前沿掉头操纵时,安全横距一般至少保证1倍船长。

(三)控制前冲后缩

船舶刚离开泊位时,因受到风流的影响会产生前后运动或首尾偏转的现象。此时,操船者应密切注意船舶周围的操纵余地,并利用附近的参照物灵敏地判断船舶的运动状况,有效地通过用车、舵、溜缆、侧推器或拖轮予以控制。

八、离泊操纵实例

(一)自力离泊

船舶载态:8000吨级船舶满载。

环境条件:顶流1 kn。

泊位情况:船头方向清爽,码头岸线与船舶出港方向一致,泊位后方有他船停泊。

操纵方式:无拖轮协助,控制手段包括推进器、舵、开锚、系缆。

操纵要点(如图4-2-6所示):

(1)船舶备车后单绑,如图中位置①所示。

(2)开始离泊时,使尾倒缆受力,解首倒缆;边松首缆,边绞锚链,待船首摆出10°~15°时,解尾倒缆,内舷舵;随后,船舶受流的冲压船尾外摆,船体向后漂移,如船舶漂移明显时应适当辅以微进车,如图中位置②所示。

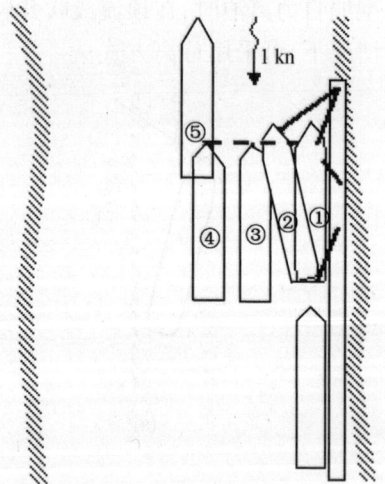

图 4-2-6 自力离泊

(3)如图中位置③所示,待船尾在横向与后方停泊船舶清爽时,解首缆;此时船舶受流压作用会明显向后漂移,应快进车予以抑制。

（4）船舶抵图中位置④时锚绞起，即可开航如图中位置⑤所示。

（二）拖轮协助离泊模拟器操纵实例

1.10 万吨级船舶离泊

船舶载态：10 万吨级船舶满载。

环境条件：吹开风，风向 E，风力 4 级；顺流，流向 010°，流速 0.4 kn。

泊位情况：泊位朝向 012°－192°，船首方向与出港方向夹角 180°；泊位前后清爽。

拖轮配置：共配置 4800 马力拖轮两艘，总功率 9600 马力，左舷首部、尾部各一艘。

操纵方式：拖轮协助离泊，控制手段包括推进器、舵、拖轮、系缆。

操纵要点（如图 4-2-7 所示）：

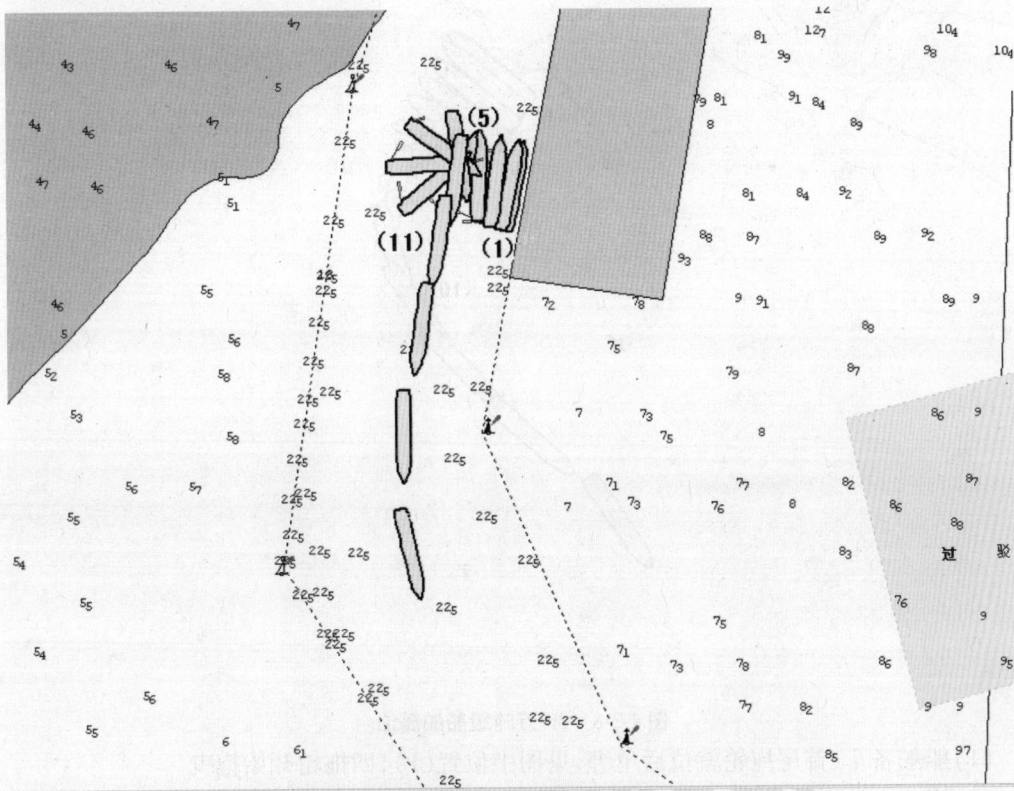

图 4-2-7　10 万吨级船舶离泊

（1）船舶备车，首尾拖轮就位后单绑，见图中位置（1），两拖轮开始拖曳。

（2）当船舶被拖离泊位（2～3）B 后，首拖慢速拖曳，以便船舶右转，同时为克服流的影响和使船离开泊位辅以微倒车，见图中位置（5）。

（3）待船舶离开泊位 0.5L 以上，见图中位置（6），船首拖轮由拖曳改为顶推，同时根据船舶的运动趋势适当运用倒车，以便拉大船舶与泊位的距离。

（4）待船舶转向 90°左右时，见图中位置（7），可以根据船舶后退的运动趋势，适当微进车并辅以右满舵。

（5）船舶转过 150°左右时，见图中位置（9），拖轮停止操作，依靠船舶惯性进行掉转，并进车，用舵控制船舶的转头趋势。当船舶掉头 180°后，见图中位置（10），即可解掉拖轮，船舶开航。

2.30 万吨级船舶离泊

船舶载态:30 万吨级船舶满载。

环境条件:吹开风,风向 NNE,风力 5 级;顶流,流向 230°,流速 0.5 kn。

泊位情况:泊位方向 053°−233°,船首方向与出港方向夹角 165°。泊位为开敞式。

拖轮配置:共配置 7000 马力拖轮 4 艘,总功率 28000 马力,左舷首部、尾部各两艘。

操纵方式:拖轮协助离泊,控制手段包括推进器、舵、拖轮、系缆。

操纵要点(如图 4-2-8 所示):

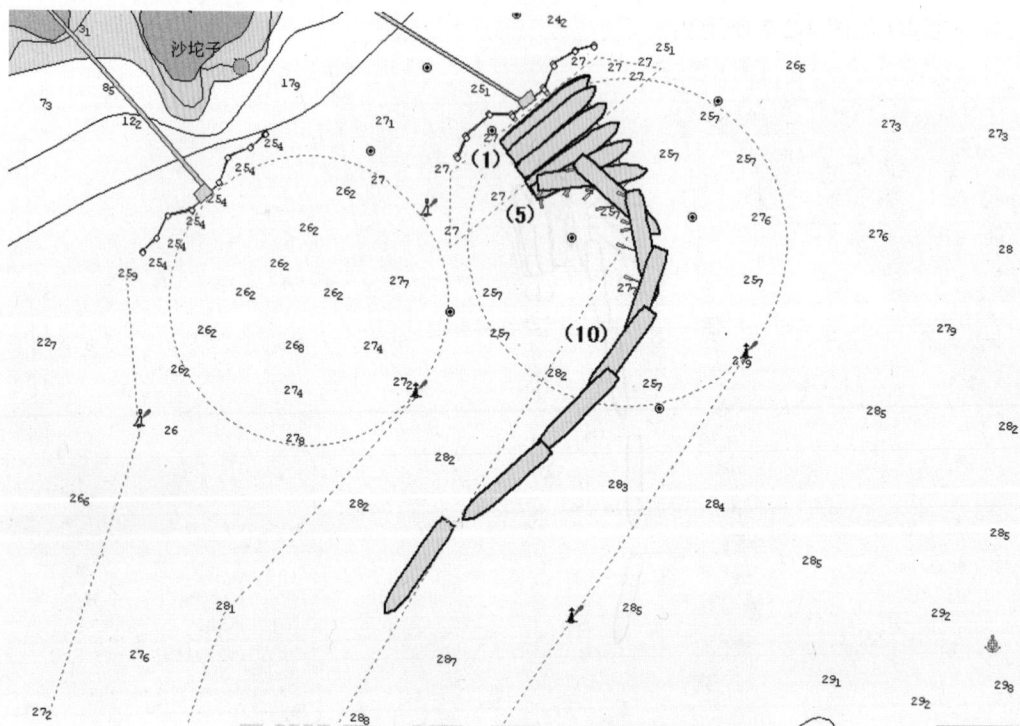

图 4-2-8　30 万吨级船舶离泊

(1)船舶备车、首尾拖轮就位后单绑,见图中位置(1),四拖轮开始拖曳。

(2)当船舶被拖离泊位 3B 以上时,尾拖慢速拖曳,以便船舶右转,同时为克服流的影响和使船离开泊位辅以微进车,见图中位置(5)。

(3)待船舶离开泊位 1L 左右时,见图中位置(6),船尾拖轮由拖曳改为顶推,同时根据船舶的运动趋势适当运用进车,以便拉大船舶与泊位的距离。

(4)待船舶转向 90°左右时,见图中位置(7),为减小船舶向下游方向的漂移,首部拖轮慢速拖曳,可以根据船舶前进的运动趋势,适当微倒车。

(5)船舶转过 150°左右时,见图中位置(8),拖轮停止操作,依靠船舶惯性进行掉转,并进车,用舵控制船舶的转头趋势。当船舶掉头朝向出港航道后,见图中位置(9),即可解掉拖轮,船舶开航。

第三节 锚泊操纵

锚泊是船舶最常用的停泊方式之一。锚泊操纵涉及锚地的选择、锚泊方式的选择、安全出链长度以及锚泊过程中减缓偏荡和预防走锚措施等。

一、锚地的选择

一般港口都有指定的通用或专用锚地,但具体的锚泊位置可以由操船者在有限范围内自由选择。锚地水深、船舶密度、避风条件等差别较大,须根据船舶本身的特点选择合适的锚泊位置。在选择锚地时,一般须考虑锚地水深、底质和地形、回旋余地、避风条件等因素。

(一)锚地水深

选择锚地最小水深时,应考虑船舶吃水、海图水深、当地潮差、波浪高度及船舶的摇摆程度等因素。同时锚地水深的选择既要保证船舶有较好的操纵性能,又要保证锚泊过程中的停泊安全。锚泊时,最低潮时所需锚地最小水深可按下式进行估算:

$$h = dk + 2/3h_w \tag{4-3-1}$$

其中,h—— 最低潮时的锚地最小水深,即海图水深;

d—— 锚泊时船舶最大吃水;

k—— 系数,无浪涌或遮蔽良好时取 1.2;有浪涌或遮蔽不良时取 1.5;

h_w—— 最大波高,无浪涌或遮蔽良好时取 0。

例如,一艘最大吃水为 12.5 m 的船舶,在遮蔽体条件较差的锚地锚泊,所需最小水深约为 19 m;而在遮蔽体条件较好的条件下,仅需约 15 m。具此推算,万吨级船舶选择锚地时水深应为 15~20 m。

大型船舶可能需要在深水域锚泊,在深水域抛锚确定锚地最大水深时,应考虑锚机的额定起锚能力和锚的有效抓力等因素。考虑到锚的有效抓力,锚地最大水深一般不宜超过一舷锚链总长的四分之一。考虑到锚机的起锚能力,深水抛锚的水深极限一般可取 85 m。

(二)底质和地形

锚抓底之后能否发挥出较大的抓力与底质的关系极为密切。软硬适度的沙底和黏土海底抓力均好,泥沙混合底次之,硬泥、软泥底质较差,石底、珊瑚礁底不宜抛锚。锚地的海底地形以平坦为好,若坡度较陡(等深线较密)则将影响锚及锚链的抓力,容易走锚。另外,在底质不明的水域不宜锚泊。

(三)回旋余地

除了要满足水深和底质条件外,锚泊时还要有足够的回旋水域。所需回旋水域直径取决于水文气象条件、出链长度、船舶长度、水深等因素。

单锚泊占用水域范围为圆形,如图 4-3-1 所示。

港外锚地或开阔水域锚泊时,所需锚泊水域半径为:

(1)与固定物标

$$R = L + l_c + 2r \tag{4-3-2}$$

(2)与活动物标

$$R = L + 2l_c + 4r \qquad (4\text{-}3\text{-}2)$$

式中，R——锚泊所需水域半径；

L——船长；

l_c——出链长度；

r——测量误差，在雷达定位时约为测定船位至物标距离的2%。

在港口水域或遮蔽良好水域锚泊时，所需锚泊水域半径为：

(1)单锚泊时

$$R = L + (60 \sim 90) \, \text{m} \qquad (4\text{-}3\text{-}4)$$

(2)双锚泊时

$$R = L + 45 \, \text{m} \qquad (4\text{-}3\text{-}5)$$

式中，R——锚泊所需水域半径；

L——船长。

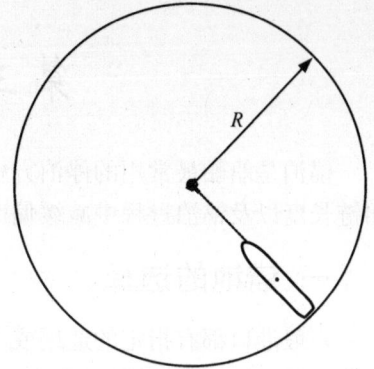

图 4-3-1　单锚泊船回旋水域

大型船舶在大风浪中锚泊时，为保证锚泊安全，应保证锚位距下风侧 10 m 等深线 3 ~ 5 n mile 的距离，当条件受限时与 10 m 等深线的距离不应小于 2 n mile。

(四)避风条件

水域周围的地形应能成为船舶躲避风浪的屏障，以保证锚泊水域海面的平静。尤以可防涌浪袭扰的水域为最好。

当根据当地气象预报、海浪预报和所处海区盛行的季风选择锚地时，应以免受强风袭扰、靠上风水域一侧为原则(避风水域内)。

(五)其他方面

所选锚地附近应远离航道或水道等船舶交通较密集地区，还应是无海底电缆、输油管路等水中障碍物的水域，水流宜缓且方向稳定。狭窄有流水域应选择宽而直的区域。

二、进入锚地操船法

(1)驶向锚地过程中，应根据水文气象、碍航物、通航密度及本船惯性适时停车，抵锚位前船舶应保持一定的舵效。

(2)按照"宁尾勿首"的原则通过其他锚泊船。由于驶向锚位的船舶航速低，受风流影响较大，为防止船舶被风流压向其他锚泊船，应从锚泊船船尾通过，尽可能避免从锚泊船船首通过。

(3)加强瞭望，应特别注意正在起锚准备开航的船舶，也应注意与锚地中在航船舶的避碰。

三、锚泊方式

按照使用锚的数量进行分类，锚泊方式可分为单锚泊和双锚泊两种方式。按照双锚泊两锚链方向的交角进行分类，双锚泊又分为八字锚、一字锚和平行锚三种方式。锚泊方式的选择取决于锚地条件、底质、风、浪、流等情况。

（一）单锚泊

单锚泊是指船舶在锚地采用单锚进行锚泊的停泊方式,如图4-3-2(a)所示。一般情况下,船舶多采用单锚泊方式进行停泊。

与双锚泊方式比较,单锚泊方式具有操作简单,抛、起锚方便,适用范围较为广泛等优点,中、大型船舶多采用单锚泊方式;其不足之处是大风、急流情况下锚泊力略显不足,且偏荡严重,容易导致走锚。

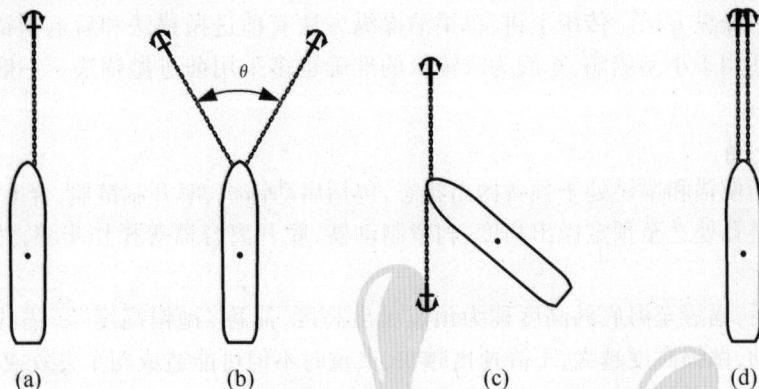

图4-3-2　锚泊方式示意图

（二）八字锚泊

"八字锚泊"是双锚泊方式之一。船舶先后抛出左右两个锚,使两锚链保持一定水平张角的锚泊方式称为八字锚泊。如图4-3-2(b)所示。

与单锚泊比较,八字锚泊方式具有锚泊力较大,回旋水域较小,大风、急流情况下对偏荡有一定的抑制作用等优点,适于底质差、风大流急、单锚泊抓力不足或为有效防止风流所致偏荡的情况;其缺点是操作较为复杂,当风、流方经常改变后两锚链容易绞缠,故使其应用范围受到一定的限制。目前,即使是小型船舶,也很少采用这种方式进行锚泊。但有些组合系泊方式中常采用八字锚。

八字锚泊时,通常两链的夹角为30°～60°;为防止偏荡,两链夹角为50°～60°;为防止超大型船的偏荡,两链夹角取60°～90°。八字锚泊的锚泊力一般为单锚泊的1.7～1.8倍。

（三）一字锚泊

在狭窄水域内,船舶沿流向先后抛出左右两个锚,使两锚链水平张角保持在180°左右的锚泊方式称为一字锚泊,如图4-3-2(c)所示。

在流的作用下,产生锚泊力的锚称为力锚;另一锚则称为惰锚,相应的锚链分别称为力链和惰链。通常力链长度为3～4节,惰链长度为3节左右。

一字锚泊方式具有最大限度地限制锚泊船运动范围的优点,故多用于往复流的狭水道或河道内临时锚泊;其缺点是作业较为复杂,风、流方向经常变化后两锚链容易绞缠,且大风、急流情况下锚泊力不足,一般仅适用于小型船舶。

（四）平行锚泊

船舶同时抛下左右两锚,使双链长度相等并保持平行,即两锚链水平张角保持在0°左右的锚泊方式称为平行锚泊,也称为"一点锚",如图4-3-2(d)所示。

平行锚泊方式具有锚泊力较大(约为2倍单锚泊的锚泊力)的优点。我国南海海域常受台风袭扰,有些船长采用平行锚泊方式来抵御台风的影响,取得了良好的效果。风、流方向经常变化后两锚链容易绞缠,平行锚泊方式也不能有效抑止偏荡的产生。

四、单锚泊操纵方法

对于运输船舶来说,无论是小型船舶,还是大型船舶,最常用的锚泊方式是单锚泊,故首先介绍单锚泊操纵方法。传统上讲,单锚泊操纵方法有前进抛锚法和后退抛锚法两种。前进抛锚法仅适用于小型船舶,军舰为求锚位的准确也多采用前进抛锚法。一般商船多采用后退抛锚法。

(一)备锚

备锚是指使锚和锚链处于预备抛出状态,包括启动锚机、解开制链器、合上离合器、用锚机将锚从锚链孔处送至预定抛出高度、刹紧制动器、脱开离合器等操作步骤,然后等待抛锚指令。

锚备妥后,锚冠至海底的高度称为预定抛出高度,简称"抛锚高度"。锚的下降相当于自由落体运动,抛锚高度越大,下降速度越快,严重时不但可能造成刹车失效或锚机损坏,还可能引起锚与海底撞击而变形或损伤。因此,抛锚高度不宜太高。

按照抛锚高度进行分类,抛锚方法可分为浅水抛锚和深水抛锚两种方法。从锚链孔处直接抛锚或在水面以上 1~2 m 处进行抛锚的方法称为"浅水抛锚法"。这种方法适用于中、小型船舶在水深吃水比(h/d)为 1.5 以下的水深抛锚,如图 4-3-3(a)所示。现代中、小型船舶的吃水一般不超过 13 m,故浅水抛锚法一般适用于小于 25 m 的水深。

备锚时将锚送入水中距海底一定高度的预备抛出状态,从这一高度抛锚的方法称为"深水抛锚法",如图 4-3-3(b)所示。这种方法适用于小型船舶在水深吃水比 3.0 以上、中型船舶在水深吃水比 2.5 以上的水深抛锚。大型船舶,特别是超大型船舶,其吃水可达25 m以上,则要求采用"深水抛锚法"。

据有关调查资料统计,在水深为 40~80 m 范围内,平均抛锚高度约为 12 m。实际上,为保险起见,水深为 25~50 m 时,即应采用这一抛锚高度,水越深抛锚高度应越小。水深为 50~80 m 时,可利用锚机先将锚送达海底的预备抛出状态,即抛锚高度为 0。在水深超过 80 m 时,可利用锚机将预定需抛出的锚链全部送出,并使锚链横卧海底。

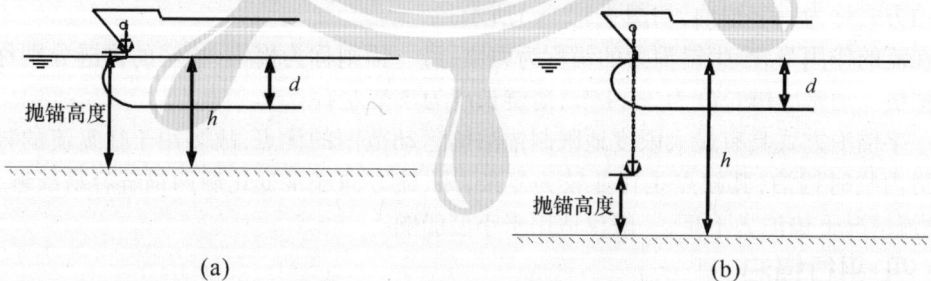

(a)   (b)

图 4-3-3　不同水深的抛锚高度

（二）抛锚时的船首向

根据船舶进港船速和停车冲程确定停车位置,用余速接近锚泊位置。接近过程中注意风、流等外界的影响,适时进车操舵控制航向,减小横向漂移。船舶抵达抛锚位置之前时的船速不宜过快,否则,为了减速不得不使用长时间的倒车,将对抛锚时的姿态产生影响。

船舶进入锚地的船首向最好指向风、流作用的合力方向。锚地有他船锚泊时,可根据其他锚泊船的船首向和锚链的松紧程度大致判断当时的风、流作用力的方向和大小。通常,压载船舶遭遇大风且流速较小时,宜采用船首顶风抛锚方式;重载船舶遭遇急流且风力较小时,宜采用船首顶流抛锚方式。风舷角或流舷角越小越安全,一般不宜大于15°,切忌在横风、横流时抛锚。

（三）抛锚时的船速

运输船舶一般采用后退抛锚法。抛锚时的退速不宜过高,否则,容易出现出链过快而刹不住的现象,造成断链、丢锚或锚机损坏等事故。一般认为,停船后船舶对地略有退速时为抛锚的最佳时机。退速的大小主要取决于船舶排水量,小型船舶一般控制在2.0 kn以下;中型船舶控制在1.0 kn以下;大型船舶控制在0.5 kn以下。超大型船舶抛锚时的退速甚至要更小。

正确判断船速是选择落锚时机的关键。传统上可用正横附近灵敏度较高的串视物标之间的相对运动来判定。还可充分用精度较高的DGPS的船速进行判断。此外,长期的海上实践经验表明,当倒车排出流水花抵达船中部时,一般船舶已对水停止运动,即船对地略有退势。但值得注意的是,在有流影响时,船舶对地的速度约等于流速。

（四）调整姿态及松链

将锚抛入水中,一般先出短链,视锚链滑出的长度适时将锚机刹车刹紧。这样即可防止锚链堆积过多,又可缩短拖锚距离,迫使锚很快抓底。可根据水深情况确定短链长度,一般抛出2~2.5倍水深的短链长度时,将锚链刹住,利用船后退的拉力使锚爪啮入土中。

抛出短链后,抛锚操作人员应随时将水面以上锚链部分的松紧程度和方向情况向驾驶台报告。锚链方向通常用整点时钟表示,例如,"12 clock"表示锚链指向正前方;"3 clock"表示指向右正横;"6 clock"表示指向正后方,"9 clock"表示指向左正横,以此类推。

船长或引航员根据报告的具体情况采用进车、操舵或倒车措施调整船舶运动状态,使之便于松链。在锚链指向正横之后时,即使锚链受力较大,也不可进行松链。这时,应适当倒车使锚链指向正横之前,再进行松链。

一般根据锚链的松紧程度进行松链,锚链受力时送出锚链,锚链松弛时刹住锚链,这样反复几次,直至松至所需链长。

（五）锚抓底情况的判断

锚链松到所需链长后,应将刹车刹牢、合上制链器。此后抛锚操纵人员切不可立即离开船首,应对锚链受力状态进行仔细观察,判断锚是否有效抓底。如图4-3-4所示。

停止松链几分钟后,船舶在风、流的作用下将以微小速度后退,锚链随着船舶的后退逐渐绷紧,这时,锚链受力最大,露出水面的锚链长度也最长,如图4-3-4中的位置①。如果锚链绷紧之后短时间内变得松弛,即露出水面的锚链长度缓慢缩短,锚链成自然悬垂状态,则说明锚已经稳定抓底,如图中的位置②,反之,如果锚链长时间处于绷紧状态或锚链绷紧时抖动,则说明锚没有稳定抓底,而处于走锚状态,如图中的位置③。如果船舶处于走锚状态,

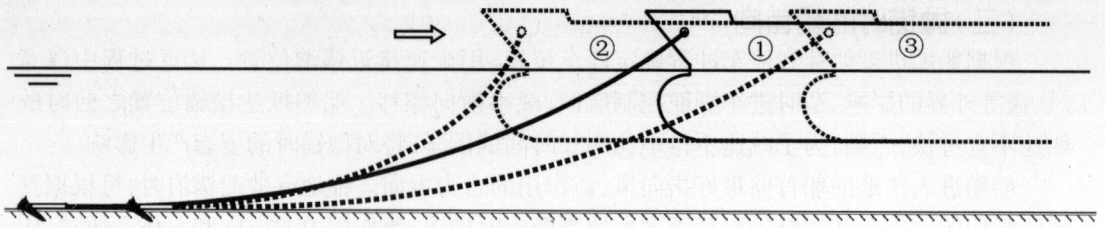

图 4-3-4　锚的抓底情况判断方法

应进行起锚,并重新抛锚。

五、双锚泊操纵方法

双锚泊分为八字锚泊、一字锚泊和平行锚泊三种方式。各种锚泊方式的操纵要领如下:

(一)八字锚锚泊操纵方法

根据抛锚时风的来向不同八字锚的操作方法分为顶风后退抛锚法和横风抛锚法两种,而横风抛锚法又分为前进中抛锚和后退中抛锚。下面分别对各方法的操纵要点加以叙述。

1.顶风后退抛八字锚

如图 4-3-5 所示,使船迎风、迎流或迎风流之合力方向缓速航进到位置①,在略有退势时,抛下任一舷锚(风流不一致时,应先抛上风锚)。

倒车后退松链 2 节左右,船退到位置②。进车,向未抛锚舷施舵,控制已抛锚的链长(此时等于两锚间距)达预定长度的 0.5~1 倍,即能保证夹角 θ 为 30°~60°(位置③时),用舵调整船身,并抛下另一锚。然后,随着风流作用船体后退,继续松链至预定长度,使两链均衡受力,并保持有一舷的连接卸扣留在甲板上,船在位置④停泊稳妥。

2.横风、流抛八字锚

横风、流条件下抛八字锚,分为前进抛锚法和后退抛锚法两种。图 4-3-6 是采用横风、流前进抛锚法。

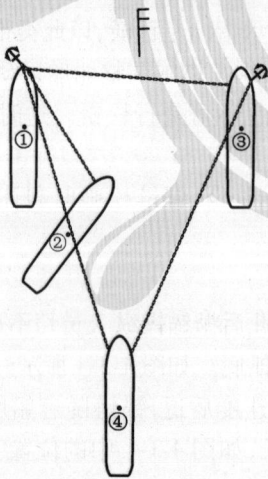

图 4-3-5　顶风、流八字锚操纵示意图　　　　图 4-3-6　横风、流抛八字锚操纵示意图

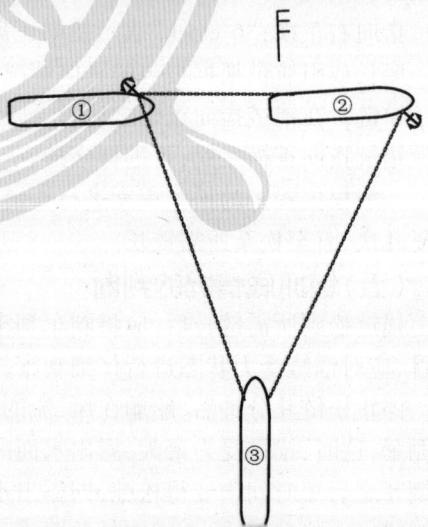

船横风、流缓速航进至位置①时,抛上风(流)锚,进车松链,达位置②时抛下风(流)锚,微倒车,让风、流将船压向下风、下游方向,同时相应松出两链至预定长度并调整使其受力均匀,在位置③稳定锚泊。

若采用后退抛锚法,则应先抛下风、流锚,后抛上风、流锚。

(二)一字锚锚泊操纵方法

一字锚泊一般采取顶流操纵方式,可分为前进抛锚和后退抛锚两种操纵方法。先抛惰锚后抛力锚的方法称为顶流前进抛锚法,如图4-3-7(a)所示;先抛力锚后抛惰锚的方法称为顶流后退抛锚法,如图4-3-7(b)所示。

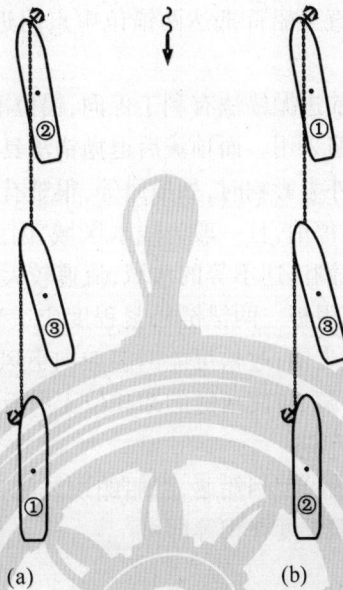

图4-3-7 抛一字锚操纵示意图

1.顶流前进抛锚法

(1)适时抛出惰锚

船舶及早停车溜航使之顶流前进,保持对地余速为1.0 kn左右抵达惰锚位置(位置①)时,抛出惰锚(有侧向风影响时,为防止两锚链绞缠,惰锚应为上风舷锚)。抛出短链后即刹住,使之受力。

(2)前进中松出惰链

根据需要,进车、操舵保持航向,使船首顶流前进,并慢速松出惰链。当船首抵达力锚位置附近(位置②)时,松出的惰链长度约为预定两舷出链长度之和,然后刹住惰链。在使船舶对地略有退速时,抛出力锚(有侧向风影响时为下风舷锚),出短链即刹住,使之受力。

(3)绞进惰链、松出力链

随着船舶的缓慢后退,慢速松出力链,同时绞进惰链,直至船首抵达两锚位中点附近(位置③)时,调整两锚链长度至预定的出链长度。

2.顶流后退抛锚法

(1)适时抛出力锚

抛力锚的方法与单锚泊抛锚方法相似。船舶及早停车溜航使之顶流前进,船舶抵达力锚位置,并稍有退速(位置①)时,抛出力锚(有侧向风影响时为下风舷锚),抛出短链后即刹住,使之吃力。

（2）后退中松出力链

随着船舶的缓慢后退,慢速松出力链。当船首抵达惰锚位置附近(位置②)时,松出的力链长度约为预定两舷出链长度之和。然后进车,在使船舶对地略有进速时,抛出惰锚(有侧向风影响时为上风舷锚)。

（3）绞进力链、松出惰链

进车、操舵调整船速及保持航向,使船顶流缓慢前进。惰链受力后,随着船舶的缓慢前进松出惰链,同时绞进力链。直至船首抵达两锚位中点附近(位置③)时,调整两链至预定出链长度。

两种抛锚方法比较,顶流前进抛锚法有利于保向,锚位准确,风、流作用下两锚均保持良好抓底状态等优点,因而被普遍采用。而顶流后退抛锚法具有防止惰链受力过大的优点,但不利于保向,特别是受到较大外力影响时,如横风等,很难有准确锚位和良好的锚泊状态。

一字锚泊不适用于长时间停泊,且一般为浅水区域,因此,力链和惰链出链长度一般相同,约为3节甲板。但在涨、落潮流速不等的水域,流速较大方向的锚链可出链4节甲板,流速较小方向的锚链可出至3节甲板。两锚链松紧程度应适当。遭遇横风影响时,两锚链过紧可能因锚链受力过大而造成走锚;过松可能因船舶向下风漂移距离较远而失去一字锚的作用。为便于锚链绞缠后的清解,应使两链的卸扣位于甲板。

（三）平行锚锚泊操纵方法

平行锚的操作相对简单,适时控制船速,当船舶顶风流抵达锚位且略有退势时,将两锚同时抛出,然后两锚松链至所需长度并相等即可。

六、锚泊船的偏荡

锚泊船在风、流、浪等外力、水动力和锚链力的作用下,将产生围绕锚泊点的周期性左右摆动,这种现象称为"偏荡"运动。偏荡运动使锚链水平方向增加了额外动力,这种额外的动力是船舶走锚的主要原因之一,严重的偏荡会导致断链。除一字锚外,单锚泊、平行锚、八字锚以及单点系泊等停泊方式都存在偏荡现象,其中单锚泊、平行锚及单点系泊的偏荡运动幅度较大。在此,以单锚泊船在大风中的偏荡运动进行概述。

（一）偏荡运动轨迹

锚泊船偏荡运动过程中,船首、重心和船尾的运动轨迹呈横"8"字形,并与风向垂直。如图4-3-8所示。

（二）偏荡运动特征参数

偏荡运动的特征参数有偏荡幅度、周期、角速度、锚链张力、锚链方位等等。实船试验结果表明,偏荡运动过程中,各参数随时间呈周期性变化,如图4-3-9所示。

1. 偏荡幅度

偏荡过程中,船首在 y_0 方向所能达到的最大值称为"极限位置",坐标 $y=0$ 时,称为"平衡位置"。一般将沿轴方向左右两个极限位置之间的水平距离称为偏荡幅度。偏荡幅度越大,锚链冲击力也相应增大。偏荡幅度主要取决于出链长度、风力的大小、船舶载况以及纵

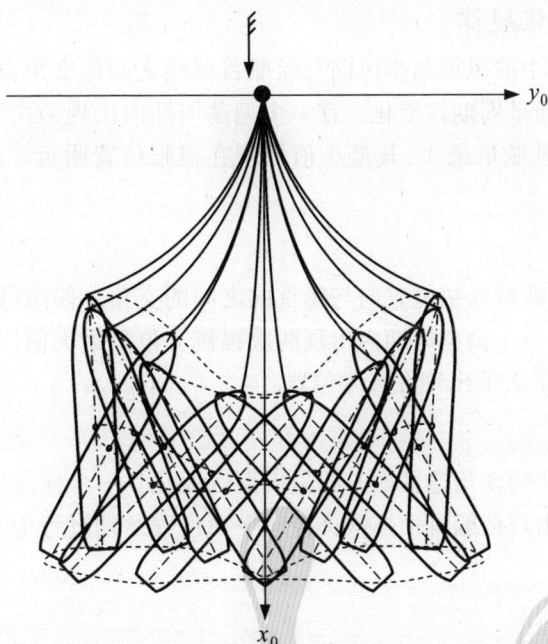

图 4-3-8　单锚泊船的偏荡运动轨迹

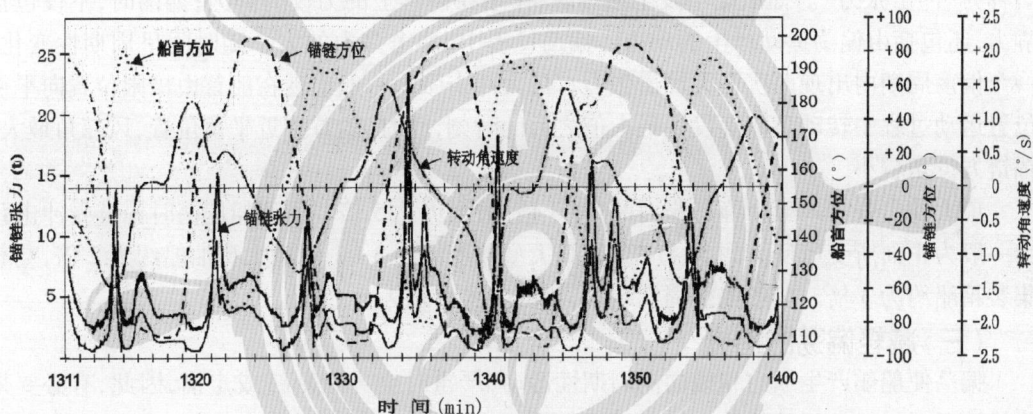

图 4-3-9　偏荡运动参数随时间的变化

倾姿态等因素。一般来说,出链长度越长、风力越大、船舶吃水越小,偏荡振幅越大;轻载比重载偏荡幅度大;尾倾比首倾偏荡幅度大。偏荡振幅最大可达 2.5 倍船长。因此,为了使偏荡幅度不至于过大,大风浪中锚泊船的出链长度不宜过长。

2. 偏荡周期

偏荡周期是指锚泊船两次抵达同一极限位置所用的时间。偏荡周期越小,偏荡运动越剧烈,锚链受到冲击力的频率越高。偏荡周期同样取决于出链长度、风力的大小以及船舶载况等因素。一般来说,出链长度越短、风力越大、水面以上受风面积越大、风压力中心位置前移,偏荡周期越短;轻载比重载偏荡周期短。因此,为了使偏荡周期不至于过短,大风浪中锚泊船的出链长度不宜过短。一般单锚泊船的偏荡周期为 10～15 min。

3. 风舷角的变化规律

锚泊船偏荡过程中的风舷角指风向与船舶首尾线之间的交角,也称为船首方位。偏荡过程中,风舷角随时间呈周期性变化。在一个偏荡周期内出现两次风舷角最大值。一般船首接近平衡位置时,风舷角最大,其最小值出现在极限位置附近。最大风舷角可达50°以上。

4. 锚链方位角

锚链方位角是指船首处锚链方向与船首向之间的交角。偏荡过程中,锚链方位角随时间呈周期性变化。在一个偏荡周期内出现两次锚链方位角最大值。船首位于平衡位置时,锚链方位角为0°,其最大值出现在极限位置。

5. 转动角速度

偏荡过程中,船舶转动角速度随时间呈周期性变化。一个偏荡周期内出现两次转向角速度最大值,其一般出现在船首由极限位置向平衡位置运动过程中,此时,船首接近平衡位置附近。

6. 锚链张力

船舶锚泊时,作用在锚链上的张力分为静力和动力两种类型,前者称为"静态张力",后者称为"冲击张力"。锚泊船不发生偏荡时,作用在锚链上的力仅为静力;偏荡时,不仅包括静力,还包括由偏荡运动产生的动力。偏荡过程中,冲击张力的大小随时间呈周期性变化。一个偏荡周期内出现两次最大冲击张力。最大冲击张力一般出现在船首由极限位置向平衡位置运动过程中转动角速度发生最大值之后的时刻,此时,船首接近平衡位置,风舷角最大,锚链方位角较小。

最大冲击张力一般为静态张力的 2 ~ 3 倍,最大可达 5 倍。小型船偏荡时锚链受冲击张力一般为正面所受风压力的 3 ~ 5 倍,压载大型油船约为 3 倍,满载大型油船约为 2 倍,空载集装箱船约为 3 倍。船舶偏荡周期越短,锚链的张力越大。

(三)减轻偏荡的措施

偏荡使船舶产生纵向和横向的周期性运动,严重时会导致断链或走锚,因此,有必要采取措施以减轻锚泊船的偏荡。这些措施包括:

1. 增加船舶吃水和调整纵倾状态

轻载或尾倾的锚泊船偏荡剧烈,可通过增加船舶吃水(如使船舶吃水达到满载吃水的75%)、调整为平吃水或首倾的方法来减小偏荡幅度、增大偏荡周期。

2. 加抛止荡锚

如果偏荡幅度较大,并有走锚的危险,可将另一舷首锚在船首刚从极限位置向平衡位置过渡时抛出,出链长度为 1.5 ~ 2.5 倍水深并刹牢,使之处于拖锚状态,该短链锚称为"止荡锚"。利用止荡锚与海底的动摩擦力来抑制偏荡幅度,可以大大减轻偏荡幅度和减缓偏荡周期,其应用最为普遍。

3. 改变锚泊方式

由单锚泊改为八字锚泊方式可有效防止偏荡的产生。

4. 采用车、舵等手段抑制偏荡

大风来临之前,锚泊船应将主机备妥,并启动舵机。在锚泊船偏荡过程中适时使用车、舵配合,不但可以用进车缓解锚链张力,还可利用微进车减小偏荡幅度。但当船舶偏荡到左右极限位置时,若动车过多,反而会加大锚链的负荷,增加走锚或断链的危险。如船舶装有侧推器,也可在偏荡时灵巧运用侧推器抑制偏荡。

七、船舶走锚

走锚是指锚在外力作用下离开锚泊位置而持续拖动的现象。锚泊船走锚可能造成搁浅、碰撞等事故,因此,须采取措施防止走锚。

(一)走锚的原因及姿态

锚泊船走锚的根本原因是外力大于锚泊力。具体讲,走锚是由多种原因造成的,这些原因包括锚地底质不佳、出链长度不足、外力增大(大风、急流、浮冰等)以及偏荡运动等等。其中主要原因是剧烈的偏荡。

走锚时,锚泊船的船首一般位于偏荡运动轨迹的平衡位置附近,处于风舷角最大,且基本固定不变的姿态。

(二)走锚的判断

预防走锚是安全锚泊的必要条件,但预防措施并不一定能完全防止意外走锚。锚泊船走锚之后,防止船舶搁浅、碰撞等事故的关键是发现走锚,并采取适当的应急措施。下面介绍一些行之有效的走锚判断方法。

(1)锚泊时,根据锚地锚泊船的密度和气象水文情况设置雷达和 GPS 等定位系统的"警戒圈"范围,使之能在锚泊船走锚时发出报警。也可根据与锚地的其他锚泊船,特别是下风、下游的船舶的相对位置变化来判断是否走锚。

(2)仔细观察锚泊船的偏荡运动,如果周期性偏荡运动突然停止,船舶变为一舷受风,锚链处于上风舷侧,且风舷角基本保持不变,则可断定发生了走锚。

(3)条件允许时,派人到船头观察锚链的受力情况。偏荡运动中,锚链应周期性地张弛。如发现锚链始终处于绷紧状态或发生间歇性的剧烈抖动,即可判断有走锚可能。

(三)走锚的应急措施

(1)单锚泊船一旦发现走锚,切不可松长锚链,因为松长锚链不利于锚的二次抓底,并会增大偏荡。应立即抛出另一舷首锚并使之受力,防止船舶由于走锚距离过大而发生搁浅、碰撞等事故。

(2)通知机舱备车、报告船长、悬挂及鸣放"Y"信号,并用 VHF 等通信手段及时报告有关当局和发出航海警告。

(3)主机备妥后进行起锚,择地重新抛锚。

八、绞缠锚链的清解

船舶抛双锚时,由于风向、流向的变化,使船舶围绕锚泊点回旋,导致左、右两根锚链相互绞缠(绞花)。绕一道称为"单花",绕两道称为"双花"。一旦锚链绞缠,必须及时清解才能开航。如果当地有拖轮则可请拖轮向绞花的相反方向顶推回旋,逐个解开绞花。如果无拖轮协助则必须依靠船员自行清解,清解时必须一花一花地分别清解。清解锚链宜在平流

或缓流时进行,以便于操作。具体的清解步骤如下:

(1)备妥挂缆、保险缆、引缆、送出缆各一根和若干卸扣,备好升降坐板。如果有可能放下一艘救生艇协助。

(2)绞紧"力链"使绞花露出水面。必要时用白棕绳在纹花下面系结,以防绞花下滑,如图4-3-10所示。

(3)从"惰链"一侧船舷送出挂缆和保险缆,用卸扣与惰链相连。挂缆和保险缆的另一端收紧挽在船首部的缆桩上,如图4-3-11所示。

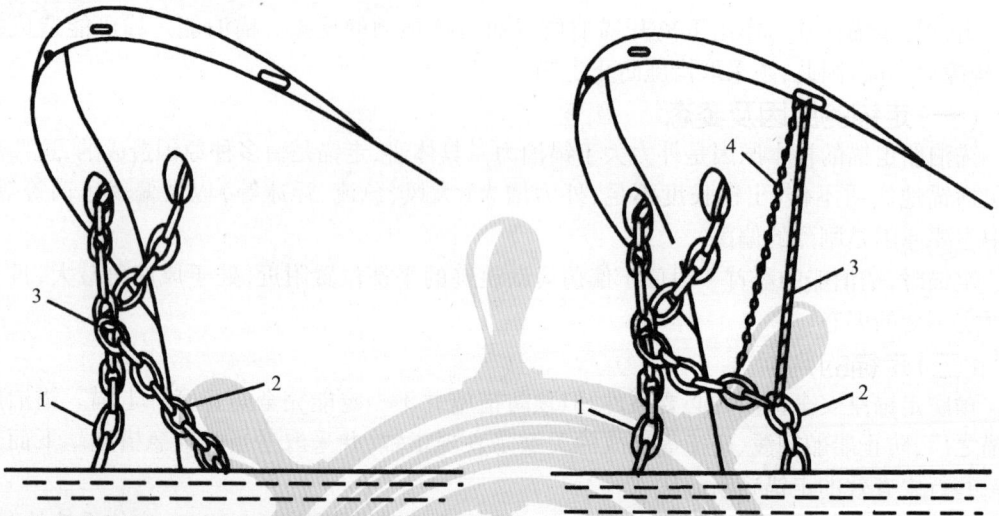

1—力链;2—惰链;3—系绳结位置

图 4-3-10　锚链绞缠图

1—力链;2—惰链;3—保险缆;4—挂缆

图 4-3-11　挂缆和保险缆

(4)用制链器夹住惰链,再用锚机将惰链倒出排列在甲板上,直到下一个连接链环松到甲板上。

(5)解开连接链环,在其末端链环上系妥送出缆,送出缆的另一端挽牢在缆桩上。

(6)将引缆的一端接在卸下的惰链末端链环上,另一端从惰链筒送出,在力链上按惰链缠绕的反方向绕一道,再从惰链筒收回,绕在卷筒上,如图4-3-12所示。

(7)打开制链器,绞引缆,同时松送出缆。惰链绕过力链解一花后,仍经惰链筒由引缆绞回到甲板上。

(8)如果为单花,则可装上连接链环,解掉引缆和送出缆,纹紧锚链后解掉挂缆和保险缆。如果为双花,可将送出缆两端交换一下位置而改作引缆,原引缆改为送出缆,重新操作一次即可。

九、起锚作业

(一)准备工作

(1)通知机舱送电,供锚链水。

(2)锚机加油润滑,空车试验(正反转),确认一切正常后再合上离合器,打开制链器和刹车带,让锚机受力。

(3)准备工作完毕,立即向驾驶台报告。

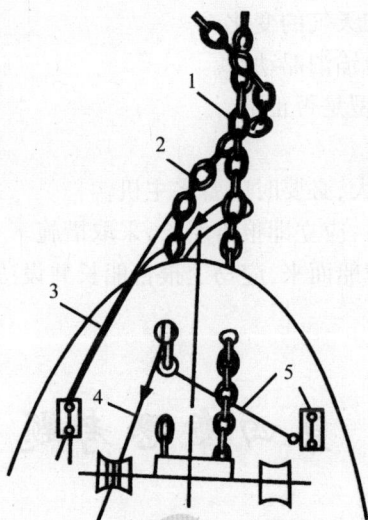

1—力链;2—惰链;3—挂缆与保险缆;
4—引缆;5—送出缆

图 4-3-12　引缆与送出缆的使用方法

(二)绞锚操作

(1)接到驾驶台起锚口令后,大副根据锚链受力情况指示木匠以适当速度绞锚。

(2)开启锚链水冲洗锚链上的污泥。

(3)绞锚过程中,大副应随时将锚链的方向报告给船长,以便驾驶台进行车、舵配合绞锚。绞锚操作人员应报告锚链在甲板以下的节数。

(4)绞锚时若风大流急,锚链绷得很紧,此时不能硬绞,而要报告驾驶台,进车配合,等船身向前移动锚链松弛后再绞,以防损伤锚链和锚机。若锚链横越船首,应利用车、舵将船逐渐领直后再绞进。

(三)锚离底的判断

首先,锚爪出土的瞬间锚机负荷最大,锚离底后锚机负荷突然下降,此时锚机转速由慢变快。声音由"吭吭"的闷声变为"哗哗"的轻快声。其次,利用海图水深(考虑潮高变化)和出链长度相比较,当出链长度小于水深时,即可判断锚离底。

(四)锚离底

锚离底时应报告,同时降下锚球或关闭锚灯。锚出水后,要观察锚爪上是否挂有杂物,若有应及时清理,然后根据需要将锚悬于舷外待用或收妥。

(五)结束工作

(1)若锚不再使用需收进锚链筒时,应慢慢绞进直到锚爪与船舷紧贴为止。

(2)合上制链器,用锚机倒出一点锚链,使制链器受力,然后上紧刹车,脱开离合器。

(3)关闭锚链水,盖上锚链筒防浪盖,罩好锚机,用链式制链器加固锚链,封好锚链管口,通知机舱关闭锚机电源。

十、值锚更

船舶在锚地抛锚,驾驶员要值锚更班。值班人员应坚守岗位并做到:

（1）密切注意周围环境和天气的变化。

（2）注意过往船只和其他锚泊船动态。

（3）注意本船的号灯、号型是否正常。

（4）勤测锚位，勤查锚链。

（5）若天气恶劣，风力增大，必要时应备妥主机。

（6）若偏荡剧烈或走锚时，应立即报告船长，采取措施。

（7）如发现他船走锚向我船而来，应马上报告船长并设法与走锚船取得联系，并采取行动，避免碰撞。

第四章思考题

1. 简述船舶靠泊的操纵要点。

2. 简述选择船舶离泊方式的原则。

3. 简述船舶在选择锚地时应主要考虑的因素。

4. 简述常用锚泊方式及各自的优缺点。

5. 简述抛单锚的操纵要点。

6. 简述减轻单锚泊偏荡的措施。

7. 简述判断走锚的方法。

8. 简述走锚后应采取的措施。

第五章

特殊水域的船舶操纵

特殊水域的船舶操纵主要包括狭水道、岛礁区、运河和冰区中的船舶操纵。狭水道、岛礁区、运河和冰区中航行时,船舶回旋余地受限、船舶密集、航行环境复杂、水文条件多变,给船舶的操纵带来许多不便和困难。本章针对这些特定水域的特点,就船舶操纵方法和船舶操纵的注意事项予以介绍。

第一节　狭水道中的船舶操纵

一、狭水道中操船要点及其注意事项

狭水道是指自然环境导致水道相对水深或相对宽度较小,因而给通过该水域的船舶航行带来各种影响的水域。如港区、江河、运河、锚地、岛礁区、雷区及狭窄海峡等。我国的长江口航道、珠江口航道及闽江口航道属于狭水道。

狭水道内,航道狭窄弯曲,海底地形复杂多变,水浅滩多甚而还有暗礁、沉船或渔栅等障碍物,受海底地形和岛礁影响水文情况多变,船舶交通密集且小型船舶多不按章行驶。为确保狭水道内航行安全,必须经常研究和掌握该水道的地理特点、交通流特点及水文气象条件,加强瞭望并谨慎驾驶,避免发生碰撞和触礁搁浅等事故。

(一)狭水道中操船要点

1. 狭水道的全面调查

全面的水道调查应从最新大比例尺海图、航路指南、港口指南出发,结合潮汐潮流表、气象资料、交通流实况通报以及引航员实际操纵经验进行。一般应在通过水道之前予以完成全面调查工作。其要求是:

(1)掌握狭水道水域附近的地形地貌。其中包括水道两侧山形、岛屿岬角、岸滩、弯头地段、居间障碍以及航行障碍物等。

(2)掌握狭水道内可航水域的水文情况。其中包括水流流速、流向、水深、可航水道宽度、最大可偏航距离,以及潮汐、潮流转流情况甚至洪峰等,并适当预配流压差角。同时应注意,由于岸型、岛屿和河汊作用,接近或驶离岛屿和河汊时流向或流速可能会突然发生变化。

(3)掌握狭水道助航标志系统。不但应准确识别并判明其意义,而且应熟记其编号和

设置情况,包括航标间的距离、计划航向和驶至各航标的大致时间等;不仅要掌握航标系统,而且对必记的岸形也应予以熟悉。

(4)掌握狭水道附近的风浪等自然情况,并配以适当风压差。同时应注意由于岛屿和岸上建筑物的导向作用,接近或驶离较大岛屿和岸上建筑物时风向或风力可能会突然发生变化。

(5)掌握狭水道内的船舶交通状况。其中包括狭水道内航行船舶和锚地船舶的动态等,做到与他船安全会船。必须牢记海上交通安全法、分道通航制的适用水域及有关航道、航速等方面的特殊规定,并能正确解释和运用。

2.行驶在计划航线上

实现这一点需要采用正确的避险方法和导航方法。

(1)为了随时查验本船是否行驶在计划航线上,可采用的导航方法有浮标导航、岛礁的开视和闭视导航(见图5-1-1)、岸标导航(如人工叠标、自然叠标等)以及单标方位导航(见图5-1-2)等。

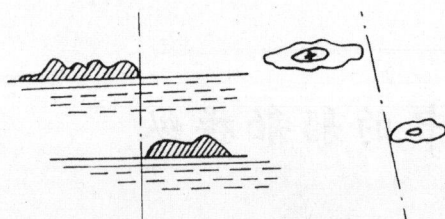

图 5-1-1　开视与闭视导航　　　　　　　　图 5-1-2　方位导航

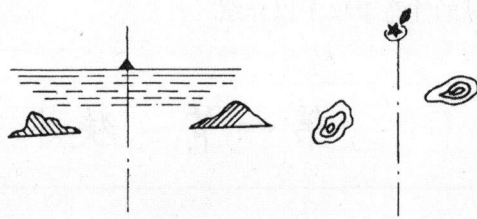

(2)为防止船舶相对于计划航线偏离过远而发生危险,避险法可选用物标方位线避险法和距离圈避险法(见图5-1-3)等。

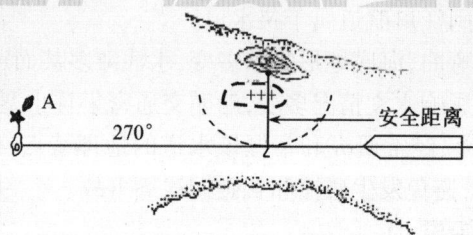

图 5-1-3　距离圈避险

3.准确掌握转向点

准确地转上新航向需要根据船舶的速度、转向角、转舵时间、舵角及船舶转向惯性情况来确定新航向距离,按提前施舵点进行转向。

实践中,应根据船舶所受风、流情况,正确选择转向依据和转向时的船位,按所处的地理环境和弯势等适当用车用舵,顶流时晚转向,顺流时早转向,保证船舶安全行驶于新的航线上。

(二)狭水道中操船时的注意事项

(1)随时确认船位,注意是否偏离航线。大风浪、急流中航道浮标有移位的可能,用来导航时应多方参照而不可盲目相信。

（2）根据情况需要适时备车、备锚，狭水道中操船一般先用舵，再用车，必要时用锚。

（3）浅水域航行时估计船舶富余水深不足时，最好应选高潮时通过，必要时应降速航行以减少船体下沉。应尽量避免在该类水域追越他船，以免因海底不平或倾斜产生较大偏航，操舵时应尽量做到有预在先、充分预防。

（4）通过潮流比较强的水道时，应选视界良好、交通量较少的平流时进行，以免陷入被动局面。

（5）距岸较近高速行驶，船行波将引发沿岸系泊船的激烈摇摆运动，有时导致系泊船船体受损或缆绳绷断。因此，在有此类担心的狭水道中必须减速通过。

（6）近岸壁行驶时，为防止岸壁效应，应根据当时情况适当向岸壁侧压舵，如压舵角超过5°仍不能保持航向时，应考虑降速或加大与岸壁间距。

（7）夜间或雾中行驶于狭水道时，因视线较差，往往兼用雷达进行瞭望。狭水道内用ARPA协助瞭望尽管可给出有关碰撞危险的信息并将其显示出来，但仍应在确认附近实际情况之后才可进行避让操纵，特别是大角度转向操纵更应引起足够重视。

二、弯曲水道中的船舶操纵

弯曲水道中的水流无论涨潮还是落潮均向凹岸一侧冲压，近凹岸侧水深流急，凸岸侧水浅流缓，加上岸壁效应，使操纵变得很是困难。有时因靠岸壁较近，可能在过弯时，需时常压转弯方向的反方向舵，以便抑制岸壁效应的影响。

因弯曲水道中横向断面的水流速度，自凸岸至凹岸依次增加，故船舶顶流过弯时受水流作用船首可能向凹岸方向偏转，而顺流过弯时船首可能向凸岸方向偏转。

（一）顶流过弯

使船保持在航道中央略偏凹岸一侧，把首对着流的来向，用慢速顺着凹岸的弯势连续地内转，即随时要与岸线保持平行，尽量使船首尾线保持与流线平行，防止因船舶首尾所受流压不一致导致的偏转，如图5-1-4所示。

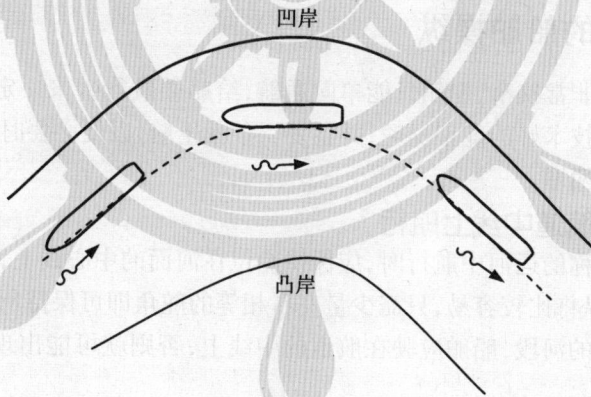

图5-1-4 顶流过弯

一旦用舵太迟、舵角过小或过早回舵，就会使船首内侧受流而外偏，此时，应迅速加车用舵纠正之。当措施无效时，应果断抛双锚，快倒车，以防发生事故。

顶流过弯时，早些做舵、使用较大舵角或晚些回舵，虽船舶转过角度比流线大，但船尾外侧受流而使船首外偏，对过多转向有一定的纠正作用。故船首适当多转些角度比少转些角度有利,但最好保证船舶首尾线与流线平行。

(二)顺流过弯

过于靠近凹岸航行时,因岸壁效应,船首将被排开,船尾被吸拢,使船产生转头而横越水道。反之,过于靠近凸岸,船首会受到弯嘴回流的作用而偏转,同时船尾也受到流压,使船冲向凸岸,如图5-1-5所示。

凹岸

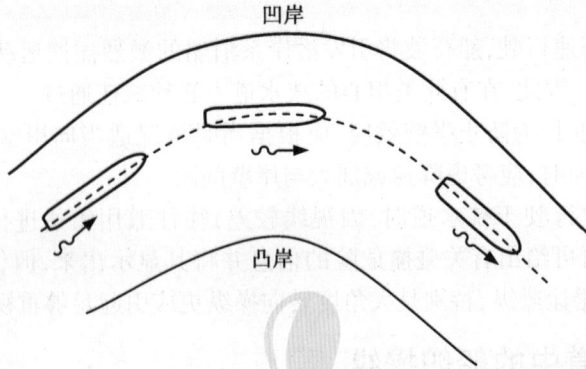

凸岸

图 5-1-5　顺流过弯

因此,在顺流中过弯,应保持在航道的中央,使船尾坐着流,沿着弯势依次操舵转过。顺流中速度不易控制,舵效比较迟钝,为保证顺利过弯,可以在抵弯曲水道以前提前停车减速,在到达弯段时采用突然加车的操作,以提高舵效。

一旦用舵太早、舵角过大或过晚回舵,就会使船尾内侧受流压而内偏,此时,也应迅速加车用舵纠正。当措施无效时,应果断抛双锚,快倒车,以防发生事故。

顺流过弯时,晚些做舵、使用较小舵角或早些回舵,虽船舶转过角度比流线小,但船首外侧受流而使船首内偏,对过小转向有一定的纠正作用。故船首适当少转些角度比多转些角度有利,但最好保证船舶首尾线与流线平行。

三、运河中的船舶操纵

有些运河航道非常狭窄,船舶只能单向通航,给船舶航行带来一定的困难。所以,应备车、备锚,挑选操舵技术好的舵工操舵,并备妥一条救生艇,以便必要时放艇系缆。夜间可用探照灯照亮航道和两岸。

(一)保持在航道中线上航行

在河床基本对称的运河中航行时,应保持船位在河面的中心线上,则两侧岸壁对船的作用力趋于平衡,操纵将比较容易,只需少量左右相等的舵角即可保持所需航向。

在河床不对称的河段,船舶应驶在航道的中线上,否则就可能出现由于岸推、岸吸而产生船首的偏转。

当有风影响时,应稍偏向上风一边。如用小舵角或左右相等的舵角即能稳定航向,说明船舶正好在航线上。

过弯道时,应适当靠近弯道凹岸的一边行驶。如航线掌握得当,借助岸壁效应,可以较少用舵,船沿弯道自然转过;如过近靠凹岸行驶,可能需要时常压转弯方向的相反方向舵。船舶如沿航道中线过弯,要用舵转过。如靠近凸岸一边过弯,则往往出现船首冲向凹岸一边的危险现象。

船在运河中航行,受浅水和水域宽度的影响,又加上航速限制,舵效比海上差得多,操舵时必须思想集中,用舵要及时、准确,必要时用较大舵角。

(二)选定航速

运河航行中如速度太快,船岸间的流体动力作用增强,会导致浪损和波荡影响周围他船或系岸船舶,有时情况严重时也会导致本船搁浅或触碰岸壁的危险。速度过小,则舵效、保向性和旋回性下降,在有流的水域操纵时,更易陷入困境。

各运河都有航速限制。船舶的实际航速应根据船舶的载况、风流影响等在限制航速范围内适当调整,以确保航行安全。但须注意,用主机转速来推算航速时,同样的转速在浅水中要比在深水中的船速慢。

如果发现船速太快需减速时,应逐渐地减下来,否则突然停车或大幅度减速,舵速急剧下降,舵效会受到较大影响,船舶可能发生偏转。减速如需采用倒车,应先驶到中线上或中线略偏左侧,即使出现偏转尚有纠正的余地。

(三)偏转的产生与克服

在受限水域中航行,往往由于操舵不稳、速度突变、岸壁效应、海底不平、水深变浅或偏离航道中线等原因,使船突然偏转。这种现象在运河中更易发生。克服偏转的措施必须十分迅速和果断,否则会酿成事故。

1. 单推进器船克服偏转的措施

一般偏转时可用满舵纠正。根据需要可瞬时地加车以助舵效,待船摆正后立即减速。偏转迅速时可用倒车,但应选择恰当的时机。

例如,大角度向左偏转,用右满舵不能克服,则船首冲向左岸,船首受左岸影响,又被推向右,而尾被吸向左岸,其结果使船向右岸冲去。此时,应全速进车、左满舵,当首停止或即将停止右偏时,全速倒车,继续左满舵,而推进器倒车横向力可防止船尾甩向右岸;此后再开进车将船驶到航线上。

假如开始时是向右偏转,则倒车横向力将增加尾甩向左岸的力量。因此,先用左满舵,当首停止或即将停止右偏时,全速倒车。这时,倒车的横向力可防止尾被吸向右岸,并减弱首向左偏的力量。

另一种克服严重偏转的有效方法是在减速的同时抛下偏转相反一舷的锚,利用短链拖锚,可防止冲向对岸。

2. 双推进器船克服偏转的措施

一般的偏转可将偏转相反一舷的车停住,并向偏转相反一舷做舵,当首停止偏转并开始向相反一舷转动时,再将停止的车开进车,用舵驶入中线。如果在克服最初的偏转后,首向另一舷偏转很快,此时可将偏转相反一舷的车倒转。

低速时发生偏转,可将偏转一舷的车加速,另一车减速或停车,并用满舵配合。

高速时发生偏转,应将偏转相反一舷的车全速倒车,另一车减速或停车,同时用满舵配合。这种方法可以减少冲力,改善操纵条件。

第二节 桥区操纵

桥区,桥梁距水面的高度限制了船舶的通航高度,而竖立在航道中的桥墩既改变了航道水流的表面流态和流速,又使航道通航水域进一步变窄。特别当桥梁设在滩多流急、狭窄急弯水域,桥梁轴线的法线与水流方向呈较大角度时,主流斜冲桥墩和桥区航道,增加了船舶操纵难度,直接影响船舶桥区航行安全。

一、通过桥区前的准备

(1)查阅资料,掌握桥区的水文、气象、航道和标志设施的布局情况,以及交通管制的各项程序和规章制度。

(2)提前备车、备锚,必要时需派人瞭头。

(3)熟悉牢记桥孔编号及顶、顺流机动船和非机动船通航桥孔,夜间应熟记灯标标志。

(4)根据当时的水位、本船吃水和桥梁高度,计算本船过桥时的安全高度,不符合安全标准时不能过桥。

(5)重视桥区水流流速测算,如无法测算,应力求准确地估计,没有把握不能盲目通过桥孔。

(6)过桥孔前应主动向 VTS 报告过桥孔时间;并同时向周围船舶通报本船动态,遵照VTS 同意过桥孔的指令或过桥孔信号进行行动。

二、桥区水域操纵注意事项

(1)桥区水域航行应谨慎驾驶,按章实用安全航速。

(2)按规定鸣放声号和悬挂信号,到达规定地点应及时通报本船动态。

(3)桥区水域内严禁追越或与他船并行。

(4)能见度不良,或天气条件恶劣时,应按桥区规定操纵,确保航行安全。

(5)发现桥区航道或航标异常或有疑问时,应立即停航,并与有关部门联系和通报。不得随意抢过桥孔。

(6)一切船舶通过桥孔航道时,应依次序行驶,船舶间应保持足够的安全距离。

三、桥区水域操纵方法

(1)当桥梁轴线的法线与水流方向夹角较小(一般5°以内)时,应注意保持船位,减少与水流的夹角,沿主流方向进入桥区航道。

(2)当桥梁轴线的法线与水流方向夹角较大时,船舶应保持在航道中心线的上游一侧,注意选取适当的流压差角。

(3)接近桥孔时,应调整船舶航向与桥梁轴线垂直,加速过桥,减少在桥下的停留时间,减少流压引起的船舶横移。

(4)横风时过桥,应朝风的来向选取适当风压差角,以便克服风的影响。

第三节 岛礁水域的操纵

岛礁区航行中,在操纵方面有区别于一般水域航行时的特点。类似于南太平洋各岛和澳大利亚东北海岸附近水域的珊瑚礁(石花礁),在我国南方诸群岛也很常见。

珊瑚礁多见于平均水温为 25 ~ 35 ℃、海流相对较强的热带水域,并易于在阳光可射入的较浅水域内发展起来。绝大部分珊瑚礁均以火山岛为基础发育而成,并有裙状、环状等多种形式。一般岸线向海的深度变化较为剧烈,因而可以接近航行;但因岸形、浅滩位置和水深等会时有变化,故常与海图和航路指南有所差异,因此多礁水域中有许多值得重视的特点。

一、岛礁水域航行注意事项

(一)航路图志的精度不可盲目信赖

岛礁水域,特别是珊瑚礁水域,由于通航船舶较少,故测量较少和未测部分多有存在,在海图上漏测的浅礁仍然不只一处,有些测点即使标有水深,其精度也难以令人置信,而且与现状肯定有很大的不同。

(二)航标系统极不完备

概而言之,在珊瑚礁附近尚缺少明显而突出的操舵导标和定位的物标,航路标志则更少。在岛屿附近如有急风暴雨天气即为风浪所遮蔽,雷达图像也有时难以识别。因此,航线设计时距礁盘的距离一般不小于 6 n mile。

(三)测深与确认船位

岛礁海域中视野变窄,视程变差,一般情况下利用连续测深进行航迹推算较为困难。如果测深记录中有海底深浅变化较大的记载,则必须注意该处附近必有礁脉在迫近。夜航于无航标的多礁海面更需高度警惕。

(四)多礁海域的海流和潮流

海流潮流资料严重缺乏是岛礁海域难航行的重要原因;而恰在该水域的水流却强而复杂。由外洋驶入珊瑚礁潟湖之内时,在进口附近潮流对船舶运动影响较大,而且由于浪涌从外向内扑来,给船舶保向带来很大困难。可是一进入潟湖之内水面变得平静,而且潮流也小了很多。

(五)实行严密的瞭望

为及时发现礁石,严密的瞭望应按下述要求进行:

(1)应在高处进行瞭望;

(2)应保持连续测深以便及时发现浅礁所在;

(3)应根据海水颜色判断附近的水深(见后面内容);

(4)应派懂得珊瑚礁知识的人员去完成瞭望工作。

（六）岛礁水域瞭望须知

1. 利用海水颜色判断水深

珊瑚礁常出现于阳光可以透射到的浅海区，故从高处望去可由水色的变化识别浅礁和判断水深，但是，因为底质对透过光线的反射情况并不相同，尤其是当云映照于海面的时候或海面有微波的时候更是如此，所以单靠海水颜色来识别海水的深度仍有困难。

前进中的船舶在其前方有低高度的太阳存在时，要想在前方发现珊瑚礁是很困难的；然而背着太阳从高处观察海水颜色时，较深水域呈现紫蓝色，次深水域为蓝绿色，随着水深变浅将为淡黄褐色。

用水色判断水深大体上可循下述标准进行（h 为水深）

(1)深紫蓝色…………$h>70$ m

(2)紫蓝色…………40 m$<h<70$ m

(3)带紫的蓝色…………$h\approx30$ m

(4)蓝色…………$h\approx20$ m

(5)带白的蓝色…………$h\approx15$ m

(6)蓝绿色…………$h\approx10$ m

(7)黄绿色…………2 m$<h<5$ m

(8)略带褐色…………$h\approx2$ m

2. 识别浅礁和判断水深时阳光的影响

(1)当太阳高度较低斜向受光时，水深超过 20 m 者呈现带黑的蓝色，广阔的水域为带白的蓝色，狭小的水域内可看到蓝色。

(2)当太阳高度较高且为晴空时，如背向太阳可用望远镜识别左右各约 $120°$ 视野内水色的变化，最好的条件是左右各约 $60°$，并随太阳高度的降低而减少。

(3)当船首前方的上空为晴空而本船为云影覆盖时最易识别。但薄云天或太阳相反的方向上有乱云、太阳光线被水面反射时，识别将很困难。

(4)云的移动较慢时，易将前方的云影误认为浅礁；若使用带色眼镜，从易于发现浅礁来看似乎以浅褐色镜片为好。

二、岛礁水域的操纵要点

（一）确保船位

在岛礁水域中，由于缺乏显著物标或航标，无论是航迹推算还是定位等工作以往均存在很大困难。然而，可利用 GPS 接收机很容易地定出准确船位，在此基础上还可将多次核定的测深数据标注在相应位置处，以便再次驶经该海域时用作参考。

船位定出后，再根据实际观察和测定，运用已有的航路图志，对照陆岸的形状，使船不断驶进岛礁水域。

（二）操船方法

(1)为了能避离浅礁位置，应保持在礁区航行时连续做好雷达观测和测深，以便及早发现后采取措施。雷达观测可以发现水平线上浅礁处出现的位置；但适淹的浅礁只能通过视觉(破碎的大浪浪花)、听觉(破碎的浪花声)去发现。

（2）尽可能在保向前提下减速航行。还应注意不致造成因流致漂移而触浅。

（3）为了保证能够准确判断岛礁，通过岛礁区域的时间最好为白天低潮时。

（4）做好应急准备，正确抛锚。首先使船舶顶风慢进，边测深边通过礁区；然后将链松至锚泊所需水深的长度，使船舶后退；待锚抓住礁（珊瑚）面再慢慢松出锚链，并在越过礁面的较深水域处锚泊。

在珊瑚礁水域采用一般抛锚法抛锚时，锚可能由于和珊瑚底的撞击而受损，另外也有锚抓住珊瑚较深而难于起锚的情况。若在锚能滑落的斜面上抛锚，也可能根本得不到应有的抓力。对于上述问题，在选择抛锚位置时均应给予足够的关注。

第四节　冰区操纵

一、冰情探测

（一）冰山

冰山与海水冻结而成的海冰不同，它是南北两极周围山麓的冰河和冰棚崩塌滑落，而漂浮于海洋的巨大冰块，多为淡水冰。沿阿拉斯加湾冰河的小冰山，南界的平均位置在58°N，个别的南下可达40°N。临近北大西洋航线的冰山多为格陵兰及其周围岛屿冰河流出的冰山，沿拉布拉多尔寒流南下，然后进入暖流，漂流到6月末。南极的冰山有时也进入太平洋、印度洋航线，威胁船舶安全。

冰山浮于海面以上的部分只不过是其整体的 $1/8 \sim 1/7$，因此，船舶在其附近航行万不可认为是很小的冰山，应对其整体有充分的估计和戒备，尽量远离。

冰山按其大小可分为：

（1）冰山（berg）——直径超过30 m；

（2）小冰山（berg bit）——直径处于6~30 m；

（3）冰岩（growler）——直径处于2~6 m。

（二）海冰

海冰为海水冻结（低于 $-1.9\ ℃$）的生成物，系海水冰。

1. 海冰的名称

从其生成过程看有如下名称：

（1）冰晶（ice crystal）——薄片状的结晶；

（2）冰泥（ice slush）——浮于海面的初期极薄冰层；

（3）软冰（sludge ice）——由冰泥固结的软冰层，直径3~30 m，圆盘状，对低速航行船舶无碍；

（4）荷叶冰（pancake ice）——较软冰略大，结冰气温下2~3日可达30 cm左右厚度，直径一般1.8 m以下，因其相互接缘，故船舶以常速航行将损伤外板或推进器。

在风浪和潮流的影响下，海岸或冰原破碎而成为冰块者称为冰群（pack ice），有的冰群较为平坦，但与冰相互挤压重叠冻结为冰丘（ice ridge）。因此，冰群又是浮冰（float ice）聚集、具有各种形式海冰的水域的总称。

冰群按其大小(直径 D)可分为:

(1)碎冰(brush)——$D < 2$ m;

(2)块冰(block)——2 m $< D < 10$ m;

(3)小型浮冰(small floe)——10 m $< D < 200$ m;

(4)中型浮冰(medium floe)——200 m $< D < 1000$ m;

(5)大型浮冰(giant floe)——1000 m $< D < 9620$ m(5 n mile);

(6)冰原(ice field)——$D > 5$ n mile。

2. 冰量

冰量指的是冰群在海面上的覆盖量。通常采用十分法度量出视界范围内海上浮冰覆盖的比例数,冰量占十分之几的即称为几度冰量。从船舶在冰区中航行的困难程度看冰量有以下名称:

(1)无屏蔽水域(open water)——冰群覆盖面积为 $1/10$ 以下,船舶可自由航行;

(2)稀疏冰(scattered ice)——冰量 $1 \sim 5$ 度($1/10 \sim 5/10$),船舶不能按预定航向航行;

(3)疏散冰(broken ice)——冰量 $5 \sim 8$ 度($5/10 \sim 8/10$),船舶航行有障碍;

(4)密集冰(close ice, close pack 或 packed ice)——冰量 8 度($8/10$)以上,无破冰船(ice breaker)支援难以单独航行;

(5)固结冰(consolidated ice)——冰量 10 度,冰布满视界并形成冰原。

3. 冰的色调与硬度

生存期较长的冰比初生冰硬度大,淡水冰比海水冰硬,冰的硬度可通过冰的色调来识别。

(1)灰色或铅灰色调(多为冰泥)——软;

(2)纯白色调(多为荷叶冰)——稍硬;

(3)白色带青色调——硬;

(4)铁青色、灰色或灰绿色——最硬。

(三)冰山与海冰的探测

1. 冰山的探测

(1)使用雷达能否发现冰山决定于回波的强度,这与冰山的大小和反射面的角度有关。露出水面 3 m 以上的冰山,可探知距离往往只有 2 n mile 左右;水面上高度不足 0.3 m 者,难于观察到;高大的冰山,可在 10 n mile 以外观测到。

(2)在晴朗的白天,大冰山的视距可达 10 n mile 以上。夜间,如月亮与冰山都位于船舶前方,难于发现;如月亮处于和冰山相反方位上,则冰山视距几乎与白天相同。也可凭借其上空呈黄白色的冰光来做出判断。

(3)驶入风力急剧减缓,浪涌也突然减低(波高 2 ~ 3 m 的波浪也将在接近冰原 1 km 以内安静下来)的水域,驶入海水温度急剧下降(例如,由 15 ~ 20 ℃ 急降至 0 ~ 2 ℃)的水域,则说明在 2 n mile 左右有冰山并已相当逼近。

(4)发现本船发出的汽笛声有回声,或大浪击壁发出的声响,则说明可能有大冰山。

冰山对船舶航行威胁极大,必须引起操船者的高度警觉。

2. 海冰的探测

冬季在高纬度水域(北半球 10 月 ~ 次年 3 月,40°N 以北;南半球 4 月 ~ 9 月,50°S 以南)应按时收看冰情传真图和收听冰情预报。此外,还应加强瞭望,谨慎驾驶,并根据下列信息判断是否已驶近冰区。

(1)冰光(ice blink)是被雪和冰覆盖的表面所反射的太阳光线在其上空云底空间所看到的现象。雪的反射光白而明亮,冰的反射光则为黄白色,下部明亮而上部暗淡,其高度因冰的远近而异。白天当天空有云时云底部呈白色,无冰水域或陆地上空则呈灰色。

(2)冰区边缘往往出现浓雾,并有少量冰块漂流。

(3)风浪突然减弱或浪涌突然减弱而风力无减,如上风方向无陆地则表明可能有冰区。

(4)水温降低预示可能正在接近冰区。处于非寒流中的船舶如发现水温为 1.1 ℃左右,则距冰区在 100 ~ 150 n mile 之内;水温若为 0.5 ℃,则距冰区已不足 50 n mile。

(5)虽远离陆地却发现海豹、海狮或海鸟等,则预示附近有冰区存在。

(6)听到冰的撞击或挤压声,说明冰区已经临近。

二、冰区航行准备工作

(1)参阅航路指南、冰情报告及其他资料,摸清冰区的规律及其特性。

(2)船上应有足够的备用燃料、淡水和食物。

(3)检查船体结构,特别是船首部分,必要时在首尖舱内加撑纵向和横向的冰梁,以增大强度。

(4)检查排水设备及救生设备,使其处于良好技术状态,并检查、充实堵漏器材以应急用。

(5)卸除船旁水线附近的突出物,如铁环、舷外排水孔罩盖、水压式计程仪皮托管等。

(6)空载或载货不多时,应调节货物、压载水、燃油、淡水,使螺旋桨全部没入水中且尾倾 1 ~ 1.5 m 最为适宜,若为 B 级冰区加强船舶,宜保持船首吃水在轻载水线以上大于 1 m、重载水线以下大于 0.5 m。其目的包括:使船舶具有良好破冰能力和操纵性能;保护船体、桨、舵;提高稳性;避免船底海水阀门被碎冰堵塞等。

(7)配载方面:应把不怕潮湿或不贵重的货物尽量装载在第一舱和其他舱内底层,并使货物与外板保持一定的间隙以便于外板的堵漏和修理,装载甲板货时,预先考虑甲板结冰而使重心升高、稳性下降,并应保证甲板排水畅通。

(8)防冻工作:保持航行中的航行灯、室外磁罗经以及罗经复示器照明灯光昼夜常开;救生艇淡水桶只能装置其容量的 3/4,并用帆布包妥或暂移室内;包裹住集装箱底脚,放出法兰螺丝之螺杆套筒中残水;关闭货舱通风筒,防止冷气入内存水结冰;放尽消防水管残水后再关闭;冲锚链水的出口阀应常开;放尽室外淡水管、冲洗管残水或保温包扎;上层边水舱、边水舱与前后尖舱水量不超过满舱的 85%;双层底水舱内的存水量至多为其容量的 95%,其空气管和测量管在双层底舱顶以上部分绝不允许有存水。

(9)桅顶加设瞭望台,并与驾驶台建立通信联系。

(10)配备专用物资:保暖衣被、护目色镜、破冰斧等。

(11)使主机冷却器中输出的热水可在进水阀处循环,以免进水阀被冰阻塞时导致主机停转。

三、冰区的船舶操纵

(一)迂回航线的选择

在航线上有冰山、冰群时，只要情况许可，最好采取迂回航线，以免遇到障碍和困难。

即使有冰的水域很广，迂回航线在航行时间和燃料消耗上还是比穿过冰区要少得多，当然也更加安全。

根据冰情预报，通过本船的瞭望，尽早探清冰区的范围及可航的水域；如能看到冰区的边缘时，可沿其上风侧的边界航行。

(二)进入冰区

冰量在5/10或6/10时，在冰块之间常可找到通航水道，只要冰厚不超过30 cm，就可以通航。冰量在6/10以上时，船舶行动比较困难，应争取破冰船引航。船舶驶进冰区时，要通过仔细瞭望，选择适当的地点、时机和方法：

(1)从冰区的下风侧进入比上风侧安全。上风边缘冰块密集，在有涌浪时碎冰骚动，容易损坏船体。

(2)涨潮冰易结聚，退潮时碎裂。当厚冰随流快速漂移时，应等待缓流或无流时进入。

(3)当海面涌浪较大或有5级以上横风时，不宜进入。

(4)冰区的边缘是不规则的，应选择有舌状突出之间较平坦处进入，这里受浪的影响也较小。

(5)进入冰区时应保持船首与冰缘垂直，并将冲力降到最小。当船首顶住冰块时，再逐渐增加车速，推开冰块，驶向冰块松散的方向。

(三)通过冰区

进入冰区后，在冰中航行时，应注意下列各点：

(1)根据冰量正确选择航速：

冰量4/10~5/10　　　　　可常速航行

冰量6/10~7/10　　　　　应慢速航行

冰区夜航　　　　　　　应较白天为低

能见度不良　　　　　　应降速航行(至可保持舵效为止)

(2)有离岸风时，近岸边常有可航水道；有向岸风时，不能从冰的靠岸一边通过。

(3)通过冰区时最好少改变航向。如被大冰块挡住去路，而用船首冲击未能使冰破碎时，应立即退出。倒车前，正舵，先用短暂的进车，将尾部的碎冰排开，再开倒车后退。待船后退接近碎冰时停车，让惯性把船带进碎冰。然后再进车，利用冲势在冰中撞出一条通路，一次不行，可反复几次。冲撞时，要严格掌握冲势，及时停车，并保持船首与冰块正面相撞。与雪混合的软而厚的冰，不易撞碎，要避免被冰困住。

(4)冰区航行，要增加首尖舱及污水沟的测量次数，并注意海底阀可能被冰堵塞。

(5)冰中转向，切不可一次用30°舵角，要用小舵角慢慢转过，每次改向5°~10°以防舵及螺旋桨损坏。在冰中无法前进而需脱离时，从原路驶出较为便利。

(四)冰困后的措施

破冰前进中，若船的前部被冰夹住而不能进退时，应立即按下列方法使船脱出。否则船将随冰漂流。

（1）全速前进，左右满舵，以使船首有所松动，然后再用快倒车正舵退出。

（2）交互排灌各压载水舱的水，使船身左右或前后倾斜，以松动船身。

（3）用铁橇将压在船首下边的冰块敲碎，再用竹篙把船旁的冰块推向后方。

（4）在船尾抛下冰锚（冰锚抛法见后），带缆绞船，并配合倒车。

（5）上述方法均失败后，可试用炸药爆炸使首起浮。

冰困中，不论是在采取脱险措施还是在等待破冰船或天气转好，都应保持螺旋桨和舵的转动，以免尾后的水道被冰封住。

（五）破冰船护航

一般非冰区航行专用船舶，在冰量超过 6/10 时，最好使用破冰船导航。编队时把船壳较弱、功率较小的船放在船队的中部。船间的距离一般保持 2～3 倍船长。后船要密切注视前船的信号，调整两船的间距，当前船减速，而后船来不及停住惯性冲力时，可转离前船的航迹来避免碰撞。

护航中的航速，当冰量小于 4/10 时，可维持 8 kn 速度，冰量每增加 1/10 就减速 1 kn。

发生困难时，可以由破冰船拖航，拖带中，一般用 10～15 m 长龙须缆。拖缆最好从锚链孔中穿进；再用木棒穿过拖缆的琵琶头，卡在锚链筒的口子上。

在坚冰中拖航时，压力很大，当破冰船航过后，水道立即封闭，所以要使被拖轮的首与破冰船的尾紧接在一起，二者形成一体。此时破冰船的操纵较为困难。

四、冰区靠泊及锚泊操纵注意事项

（一）冰中靠泊

船舶冰中靠泊的主要困难是，船舶受冰的阻隔无法或难于接近泊位，或因船体与码头间大量碎冰堆积而无法靠拢。鉴于此，在实施靠泊前，应由破冰船或拖轮对泊位附近水域进行破冰和驱冰，以便使泊位附近的坚冰松动和破碎。

1. 泊位后端有余地

可使船首对准泊位后端，向码头靠拢，带头缆至泊位前端较远的桩上，绞头缆，进车，外舷舵；也可船首用拖轮斜前方拖曳，船尾拖轮顶推，使船首紧贴码头扫过，将碎冰排挤出去。当船首到达前端位置时，如里档尚有少量浮冰，则可带上前倒缆及尾缆，开进车，利用排出流将碎冰排出，再逐步靠上船尾。如图 5-4-1 所示。

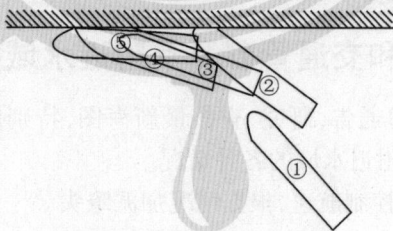

图 5-4-1　泊位后端有余地

2. 泊位后端无余地

应将船首先对准泊位前端驶向泊位，带好头缆、倒缆及尾缆，用进车外舷舵，并在拖轮顶推协助下，挤压里舷的积冰。然后再用排出流将碎冰排出，按上述方法反复进行多次，可逐渐将冰挤碎排出,使船尾靠拢。如图5-4-2所示。

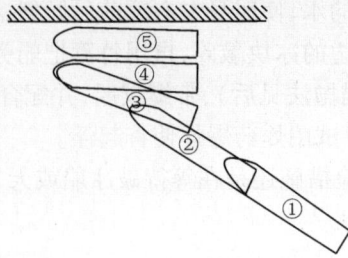

图 5-4-2　泊位后端无余地

(二)冰中锚泊

冰中下锚应选择薄冰或碎冰的浅水区,锚链长度不超过2倍水深,否则将会发生被冰困住或断链等事故。锚泊中,锚机和主机应随时处于准备状态,必要时可起锚驶离。

抛冰锚是冰区使用的特殊系缆方式。其做法是先在冰的牢固位置处挖一浅槽,然后将一长形硬木料（0.07 m × 0.25 m × 2 m）置于其中,套上缆绳后注水,使之与冰冻结在一起。这种系缆方式一般只系一根缆绳即可,与抛锚停船在形式上有某些相似之处,故称之为抛冰锚。如图5-4-3所示。

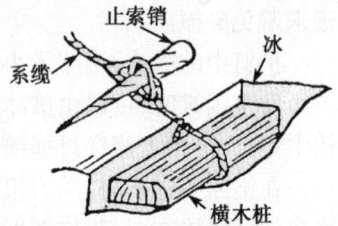

图 5-4-3　抛冰锚

第五节　分道通航制及其附近水域的船舶操纵

分道通航制是指用分隔线、分隔带等方法,把相反或接近相反方向行驶的船舶分隔开的一种制度。分道通航制的实施,对改善水上交通秩序,避免碰撞事故的发生起到了显著的效果。分道通航制尤其运用于狭水道、沿岸海域、江河、港口附近等通航密度较大的海区,世界上许多通航稠密的海区都建立分道通航制区域,部分已被IMO采纳。

在被IMO采纳的分道通航制区域内航行,必须遵守《1972年国际海上避碰规则》第十条和有关的地方规则;在尚未被IMO采纳的分道通航制区域内,也应遵守其主管机关对分道通航制区域所做的具体规定。

一、在分道通航制和交通管制及其附近水域操纵船舶的注意事项

（1）及时收听和改正航海通告,研究、查核最新海图,特别注意水深、浮标的变动情况,熟悉分道通航制和交管及其附近水域的各种情况。

（2）备车航行,以便随时控制航速,根据情况加派瞭头。

（3）检查船舶操舵系统、声光信号设备、助航仪器是否正常,以确保安全。

（4）严格遵守分道通航制和交通管制等各种航行规定。

（5）近岸航行应减速,防止浪损。

（6）确认船位,行驶在规定的通航分道内。尤其在横流地段,更应经常观察前后方物标,及早发觉偏航并纠正。

（7）大风浪常造成浮标移位，漂失或灯光失常、熄灭。故航行中对浮标不应盲目信赖。可利用前后浮标之间的方位及本船的航向或其他浮标、陆标进行定位核对。

（8）通过每一浮标时均要进行核对、记下其名称与正横时刻，以防错认或遗漏，根据前一浮标距和航速推算到达下一个浮标所需的航行时间。同时根据船与浮标之间的横距，来确定下一个航向，或者依据风流情况采用推迟或提早转向的办法，使船舶行驶在预定航线上。转向后还必须核对下一个浮标的相对方位或舷角以防认错。

（9）应选视线良好、平流、交通较疏时刻通过涨落流较强的区域，航行中应掌握流向、流速及其变化，正确配以流压差。

（10）夜航或能见度不良时应加强瞭望并开启雷达/ARPA，避让时仍需再次确认水面环境和情况。

（11）驶于浅水区域应连续测深，保证足够富余水深并选高潮通过，应减速航行，向浅水侧施舵，制止首向深水侧偏转。

（12）航行中转向或变速后应核对舵角指示器、车钟、转速表，防止船的动态与发令效果不符。

二、在分道通航制和交通管制及其附近水域中的操纵要点

（一）航线标绘要顺着船舶的总流向，并取分道的中线为宜

通航分道往往比较狭窄，加之船多拥挤，受风浪影响和避让他船等原因，不能使船舶始终行驶在预定的计划航线上，故需要经常地定位和修正偏差。因而航线标绘宜取通航分道中线为宜，切忌为图省事和方便，在分道内有几个航向变动的情况下，以任一直线代之。在分道内确定转向点、端部区域或分道一侧驶进和驶出时，应保证与交通总流向成尽可能小的角度。

（二）认真瞭望，注意连续定位

分道通航区内船多拥挤，船速快慢不一，受风流影响明显，这就需要值班驾驶员做到认真瞭望和观测，连续定位，随时掌握船舶的准确位置和他船动态，熟悉和了解分道区域内明显的、重要的定位航标，正确处理好避让和定位的关系，切忌偏重定位而疏忽避让。在夜间，由于在灯光的反向散射和岸边背景亮光的影响，以及能见度较差的情况下视力对船舶动态的判定和距离的估计都可能有误差，故更需要保持正规的瞭望和观测，以便及早采取对策，避免险情出现。

（三）在转向、交叉警戒区内要小心谨慎，并采用安全航速

分道通航区内根据需要还设立有交叉警戒区，当接近到转向点和航经这些区域时，应特别谨慎和小心，除应弄清他船的动态和意图外，并采用安全航速行驶，尤其当本船处于追越他船状态时更要注意。切不可自以为船速快，就盲目穿越两船中间，要充分考虑到可能出现的意外情况，视需要和实际可能采用灵活操纵措施，如提前和推迟转向时间等，以不使本船和他船构成紧迫局面。切忌机械地按海图标示点转向，或在刚追越过他船船头后即改向，应按避碰规则的要求做到驶过、让清，并考虑他船在航行操作上的困难。

（四）及时用 VHF 沟通联系、协同避让

在分道通航区内航行，常因船多密集和可航水域的限制，往往会形成你追我赶、各不相让的局面，尤其在转向点附近、狭窄地段和分道交叉区域，有时会出现几艘船齐头并进的情

况,由于相互间距离太近、相对位置变化和操舵不稳等原因,极易形成紧张和危险的局面。及时运用标准航海用语,及时和他船沟通联系,做到互相配合,协同避让,就显得相当重要。

第五章思考题

1. 叙述船舶顶流过弯的操纵要点。
2. 叙述船舶顺流过弯的操纵要点。
3. 叙述双推进器船如何克服运河中的船舶偏转。
4. 叙述桥区航行操纵方法。
5. 叙述冰区泊位后端有余地时的靠泊操纵要点。

第六章

大风浪中的船舶操纵

恶劣天气下的船舶操纵主要指大风浪中的船舶操纵。船舶在海上航行,不但受到风、流的影响,还受到波浪的影响。大的波浪不但影响船舶的运行效率,而且还危及人命和船舶的安全。为避免船舶在大风浪中的危险情况,需要了解风浪的特性、风浪对船舶的影响以及风浪中的操船。

第一节　波浪概述

波浪是指水质点在重力以及表面张力作用下以其原有平衡位置为中心,在垂直方向上作周期性轨圆运动的现象,即波浪传送能量不传送质量。

波形是指位移对于质点坐标的曲线形状。它是在波的传播过程中,由波线上一系列质点在某一时刻位移的点所连接而成的曲线图形。

图 6-1-1(a)给出了表示波形的空间坐标系,其坐标原点 O 位于静水时的水平面上,z 为指向上方垂直于该水平面的坐标轴,x 为指向波浪传播方向的坐标轴。图 6-1-1(b)给出了表示波形的时间历程的坐标系。

用于描述海浪的特征的物理量称为波浪要素,主要包括波高、波周期、波长和波速等等。

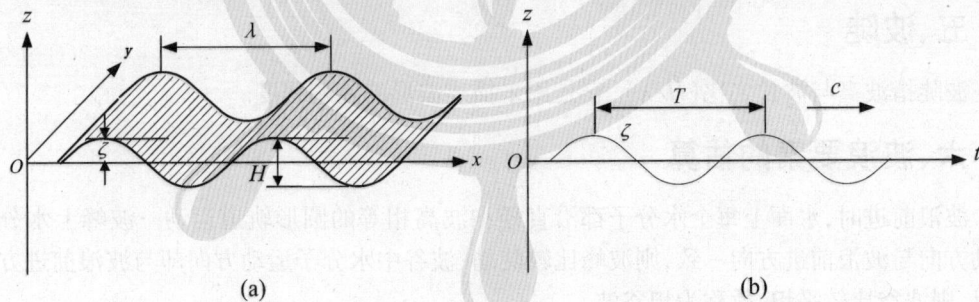

图 6-1-1　波形在空间的坐标

一、波峰、波谷、振幅与波高

波形最突起的地方或波面的最高处称为"波峰",波峰处的纵向位移为正向最大值。同理,波形最凹下的地方或波面的最低处称为"波谷",波谷处的纵向位移为反向最大值。振幅是用来表示波浪强弱的物理量,它是指从静止水平面至波峰或波谷的距离,一般用符号 ζ 表示。

波高指相邻波峰和波谷间的垂直距离,一般用符号 H 表示,显然,波高等于 2 倍的振幅,即 $H = 2\zeta$。

二、波浪周期

波浪完成一次波动所需要的时间或两个波峰(或波谷)相继通过一固定点所经历的时间,称为"波浪周期",简称"波周期",一般用符号 T 表示。波浪的显著特点是周期性,即位移、速度、加速度,经过一定时间之后又重复地回到原来的数值。根据简谐振动原理,$T = 2\pi/\omega$,其中 ω 为"角频率",也称波浪频率。

三、波速

波速指波传播的速度,一般用符号 c 表示。波速取决于水的惯性和弹性,而与波的频率无关。波速有两种含义,在物理意义上有明显的区别。

(1)相速度:等相位面或波峰(或波谷)在单位时间内的水平位移。平时所说的"波速"指的就是"相速度"。

(2)群速度:即群波传播能量的速度。群波是由一系列波长和频率不同的波叠加而成的合成波,则群波的波形将随时间变化。若各个分波在水中传播的相速度各不相同,其振幅最大部分的运动速度称为群波的群速度,其值约为相速度(波速)的一半。

四、波长

沿着波的传播方向,两相邻的同相位水质点或两相邻的波峰(或波谷)间的水平距离叫作"波长"。一般用符号 λ 表示。波长是指任意两个相位差为 2π 的水质点之间的距离。由波速、波长的定义可知:在水质点振动的一个周期内,振动状态传播的距离恰是一个波长,所以 $\lambda = c/\omega$ 或 $\lambda = cT$。式中 ω 表示波频率。波长、波速和频率,称为波浪的三要素。

五、波陡

波陡指波高与波长之比(H/λ),它是用来描述波形的陡峭程度。

六、波浪要素的估算

波浪前进时,水面上每个水分子都沿直径和波高相等的圆形轨道运动。波峰上水分子运动方向与波浪前进方向一致,则波峰比较陡峭;波谷中水分子运动方向却与波浪前进方向相反,则波谷比较平坦,故称为坦谷波。

(一)规则波

海浪可以被认为由很多简单、规则的谐波所组成,每个谐波有其自身的振幅、波长(或周期或频率)以及传播方向,这种简单、规则的谐波称为规则波。规则波实际上是 种假定的波浪,尽管其与实际波浪有一定的差异,但它使复杂的船舶在波浪中的运动问题大为简化,故在许多研究领域具有广泛的应用价值。

根据波浪余摆线理论,波浪可用正弦或余弦波表示,则波浪要素之间有如下关系:

$$k = \frac{2\pi}{\lambda}; \omega = \frac{2\pi}{T} \tag{6-1-1}$$

其中,k—— 波数(rad/m);

ω—— 波的频率(rad/s)。

根据势流理论,对于深水中的波浪,有

$$\omega^2 = k \cdot g$$

$$c = \frac{\omega}{k} = \frac{\lambda}{T} = \frac{gT}{2\pi} \tag{6-1-2}$$

$$\lambda = \frac{2g}{2\pi}T^2 \approx 1.56T^2$$

由上述公式,得到坦谷波的波速和波浪周期与波长间的如下关系:

$$T = 0.8\sqrt{\lambda}$$

$$c = 1.25\sqrt{\lambda} \tag{6-1-3}$$

$$\omega = \frac{7.85}{\sqrt{\lambda}}$$

值得注意的是,式(6-1-3)仅适用于深水中的规则波。

(二)不规则波

实际上,海浪是极其不规则的。对于不规则波的描述采用实际观测统计结果来表示。经过一定时间观测,将观测到的波高按从大到小依序排列起来,形成一个波列,则该波列中最大的波高称为最大波,记为 H_{max},对应的周期为 T_{max}。

取该波列中最高的一部分波的波高的算术平均值,称为"部分大波的平均波高"。如取波列中波高较大的 1/10 个波高算术平均值,称为"1/10 最大波高",记为 $H_{1/10}$,所对应之周期之平均值称为"1/10 最大周期",记为 $T_{1/10}$。据对海上不规则波进行的统计,1/10 最大波高是平均波高的 2.0 倍。如取波列中波高较大的 1/3 个波高算术平均值,称为"1/3 最大波高",也称为"有义波高",有时也称作"有效波高",记为 $H_{1/3}$,它是波浪预报的一个重要指标。人们在海上目测的波高非常接近有义波高。有义波高所对应周期的平均值称为"1/3 最大周期",记为 $T_{1/3}$,也称为"有义波周期"。

若把有义波高 $H_{1/3}$ 设为1,则用统计法可求得平均波高 H_m 为 0.63,$H_{1/10}$ 为 1.27,$H_{1/100}$ 为 1.61。

有义波高可用来确定最大有义波长和最大能量波长,即

$$\lambda_{最大有义} = 60H_{1/3}$$

$$\lambda_{最大能量} = 40H_{1/3} \tag{6-1-4}$$

根据这两个波长可以估计出某船在该不规则波中航行时的摇摆情况。

第二节　船舶在波浪中的运动

船舶在波浪作用下,沿着和围绕着通过船舶重心的 x、y、z 轴作线性运动和回转运动。各

摇荡运动的名称为：

  x 轴 —— 纵荡和横摇；

  y 轴 —— 横荡和纵摇；

  z 轴 —— 垂荡和首摇。

  其中对船舶安全有威胁的摇摆是横摇、纵摇和垂荡。改变航向和（或）船速,可以改变船舶的摇荡程度。船舶在波浪中的摇荡程度取决于作用于船舶的外力和外力矩以及船舶本身的运动性能。

一、波浪遭遇周期

  设船舶以与波浪方向成一定的交角 μ 和船速 v 在波浪中运动,如图6-2-1所示,则波浪相对于船舶的传播速度为

$$v_E = c + v\cos\mu \tag{6-2-1}$$

式中, v_E —— 相对波速(m/s);

  c —— 波速(m/s);

  μ —— 船首向与波向的交角,简称波向角。

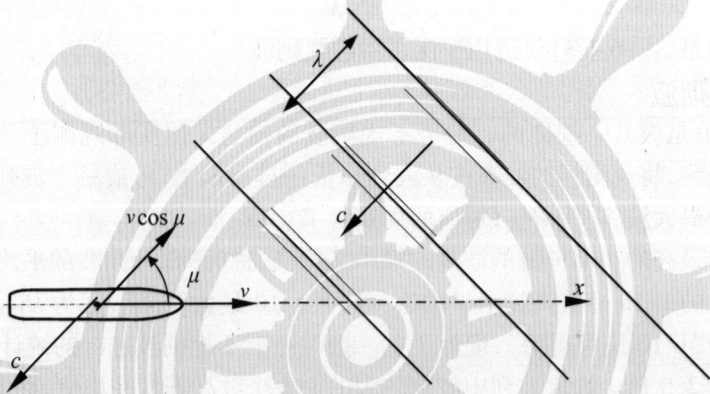

图 6-2-1 波浪遭遇频率

  波浪相对于运动中船舶的周期称为波浪遭遇周期,它就是船上人员所看到的波浪周期,故也称为波浪视周期,简称为"遭遇周期"。

  由图6-2-1可知,遭遇周期可用下式表示。

$$T_E = \frac{\lambda}{v_E} = \frac{\lambda}{c + v\cos\mu} \tag{6-2-2}$$

式中, T_E —— 遭遇周期(s);

  λ —— 波长(m)。

二、波向角及船舶摇摆程度

  当船速 $v > 0$ 时,遭遇频率取决于波向角。在海上,船舶遭遇不同的波向角分别称为顶浪、偏顶浪、横浪、偏顺浪和顺浪,如图6-2-2所示。以右舷受浪说明如下。

  当 $0° \leqslant \mu < 30°$ 时,称为顶浪,也称为"迎浪",其遭遇频率比波浪频率要高,纵摇摆幅较大,横摇摆幅较小。在 $\mu = 0°$ 时遭遇频率最高,相应的纵摇摆幅最大。

当$30° \leqslant \mu < 60°$时,称为偏顶浪,其遭遇频率比顶浪时要低,纵摇摆幅比顶浪时要小,但横摇摆幅比顶浪时有所增大。

当$60° \leqslant \mu < 120°$时,称为横浪,其遭遇频率比偏顶浪时要低,纵摇摆幅较小,横摇摆幅较大。在μ为$90°$或$270°$时遭遇频率等于波浪频率,相应的横摇摆幅最大,纵摇摆幅最小。

当$120° \leqslant \mu < 150°$时,称为偏顺浪,其遭遇频率比横浪时要低,纵摇摆幅比横浪时要大,横摇摆幅比横浪时要小。

当$150° \leqslant \mu < 180°$时,称为顺浪,其遭遇频率比偏顺浪时要低,纵摇摆幅比偏顺浪时要大,横摇摆幅比偏顺浪时要小。

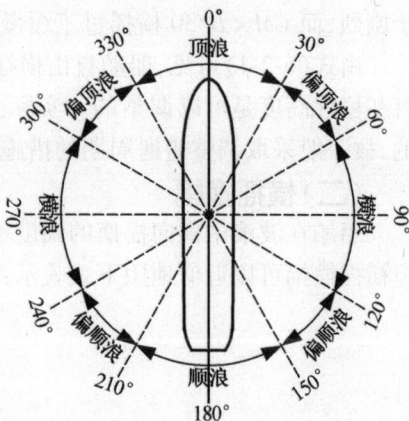

图 6-2-2　波向角及其名称

在$\mu = 180°$时遭遇频率最低,相应的纵摇摆幅较大,横摇摆幅较小。

三、横摇运动

(一)自由横摇周期

船舶在规则波中小角度(小于$15°$)无阻尼横摇周期(船舶自由横摇周期)可用下式近似求得:

$$T_R = \frac{CB}{\sqrt{GM}} \qquad (6-2-3)$$

式中,B——船宽(m);

　　GM——初稳性高度(m);

　　C——横摇周期系数,客船为$0.75 \sim 0.85$,货船为$0.7 \sim 0.8$,油船重载时为$0.7 \sim 0.75$,油船压载时为$0.74 \sim 0.94$,渔船为$0.76 \sim 0.88$。

横摇周期系数也可按下式计算:

$$C = 0.746 + 0.046(B/d) - 0.086(L/100) \qquad (6-2-4)$$

各类船舶的横摇周期如表 6-2-1 所示。

超大型油船的横摇周期,空载时都在 6 s 以下,满载时在 14 s 以上。

表 6-2-1　船舶横摇周期范围

船舶种类	横摇周期 T_R(s)
客船 500 ~ 1000 吨	6 ~ 9
客船 1000 ~ 5000 吨	9 ~ 13
客船 5000 ~ 10000 吨	13 ~ 15
客船 10000 ~ 30000 吨	16 ~ 20
客船 30000 ~ 50000 吨	20 ~ 28
货船(满载)	9 ~ 14
货船(压载)	7 ~ 10
拖轮	6 ~ 8

从船舶设备承受情况及船员的舒适程度和船舶安全考虑,一般来说,$GM > B/10$ 横摇过

于剧烈,而 $GM < B/30$ 横摇过于缓慢,当 $B/30 < GM < B/10$ 时比较适中。

由式(6-2-4)可见,船舶自由横摇周期与船宽、船型以及横稳性高度等因素有关,其中只有初稳性高度是可以调整的。实际上,对于航行中的船舶,调整初稳性高度几乎是不可能的,故一般采取调整遭遇周期的措施。

(二)横摇摆幅

船舶在波浪中横向摇摆的幅度称为横摇摆幅,一般用横摇角来表示。在规则波中的强迫横摇摆幅可以近似地用下式表示:

$$\theta = \frac{\alpha_0}{1 - \left(\dfrac{T_R}{T_E}\right)^2} \tag{6-2-5}$$

式中,α_0——最大波面角(°),$\alpha_0 = 180 \times H/\lambda$;

T_R——船舶自由横摇周期(s)。

当船舶横摇周期小于遭遇周期,即 $T_R/T_E < 1$ 时,船舶横摇频率大于遭遇频率,船舶横摇较快,甲板平面与波面经常保持平行,很少上浪,但船舶所受惯性力较大。

当船舶横摇周期大于遭遇周期,即 $T_R/T_E > 1$ 时,船舶横摇频率小于遭遇频率,船舶横摇较慢,甲板平面与波面经常不平行,上浪较多,且船舶经常受到波浪的冲击。

当船舶横摇周期近似等于遭遇周期,即 $T_R/T_E \approx 1$ 时,船舶横摇频率近似等于遭遇频率,船舶横摇剧烈,横摇角越来越大,严重时将导致船舶倾覆,这种现象称为谐摇或谐振。

谐摇时的横倾角可用下式估算:

$$\theta_s = 7.92\sqrt{\alpha_0} \tag{6-2-6}$$

其中,α_0——最大波面角。

实际上,一般在 $T_R/T_E = (0.7 \sim 1.3)$ 时就会发生谐摇,该区间称为"谐摇区间"或"谐振区间"。因此,船舶在海上航行时,应尽可能避免船舶横摇频率与遭遇频率相近的情况。

(三)避免横向谐摇的措施

船舶在波浪中横摇剧烈时,不仅会危及人员、设备、货物和船舶的安全,严重时还会发生谐摇而使船舶倾覆,所以需要采取减摇措施,避免谐摇的产生。从船舶操纵角度出发,减摇措施包括调整船舶自由横摇周期和遭遇周期。

1.调整船舶自由横摇周期

由式(6-2-3)可知,船舶航次计划确定之后,可根据本航次各海区、各季节可能的波浪遭遇周期,在装载时适当调整 $\overline{GM}$ 值,即选择船舶自由横摇周期,使船舶的横摇避开谐振区间。

2.调整波浪遭遇周期

由式(6-2-2)可见,波浪遭遇周期与船速、波向角、波速和波长等因素有关,其中只有船速和波向角是可以调整的。实际上,对于航行中的船舶,调整船速和(或)航向对于减轻横摇是行之有效的措施。

但是,当波向角 $\mu = 90°$ 或 $270°$,即正横受浪时,遭遇周期等于波浪周期,这时改变船速对调整波浪遭遇周期不起作用。

四、纵摇运动

（一）纵摇周期

船舶的纵摇周期可用下列近似公式估算。

$$T_P = C_P \sqrt{L} \tag{6-2-7}$$

式中，T_P——船舶纵摇周期(s)；

L——船长(m)；

C_P——纵摇周期系数，客船为 0.45 ~ 0.55，客货船为 0.54 ~ 0.64，货船为 0.54 ~ 0.72，油船(尾机)为 0.80 ~ 0.91。

（二）纵摇摆幅

船舶在波浪中的纵向摇摆幅度称为纵摇摆幅，一般用纵摇角来表示。

一般风浪中航行的船舶，在纵摇周期和遭遇周期不变的情况下，当 $L > 1.5\lambda$ 时纵摇摆幅最小，而当 L 远小于 λ 时纵摇摆幅最大。

船长与波长的关系对船舶相对纵摇振幅有决定性影响。$L > 1.3\lambda$ 时，相对纵摇振幅小于 0.6；$L > 1.5\lambda$ 时，相对纵摇振幅小于 0.4，纵摇角较小；船长越大，越趋平稳。$L \leqslant \lambda$，相对纵摇振幅急剧增大，正如小船遇长波，船舶纵摇很大，不论船速如何，无法避免。

（三）减轻纵摇的措施

在船舶纵摇周期与遭遇周期相等，即 $T_P/T_E \approx 1$ 时，船舶将发生纵向谐摇。由于船舶纵摇惯性矩、阻尼力矩和稳性高度都比较大，故船舶在波浪的作用下产生的纵摇摆幅比横摇摆幅要小，纵倾角一般不超过最大波面角。纵向谐摇的摆幅取决于波长与船长之比、波向角和船型等因素。

由式(6-2-7)可见，船舶自由纵摇周期与船长有关。实际上，调整自由纵摇周期是不可能的，故一般采取调整遭遇周期，即调整船速和(或)航向的措施来减小纵摇摆幅。

五、垂荡运动

（一）垂荡周期

船舶垂荡周期可用下列近似公式估算：

$$T_H = 2.4\sqrt{d} \tag{6-2-8}$$

式中，T_H——船舶垂荡周期(s)；

d——船舶平均吃水(m)。

船舶垂荡周期和纵摇周期很接近，后者稍大于前者。一般有 $T_R > T_P \approx T_H$ 的关系。且 $2T_P \approx T_R$。

（二）减轻垂荡的措施

在船舶纵摇周期与遭遇周期相等，即 $T_H/T_E \approx 1$ 时，船舶将发生垂荡谐振。由于垂荡运动时对水运动的阻尼很大，则重力垂荡使运动衰减很快。

由式(6-2-8)可知，船舶自由垂荡周期与吃水有关。实际上，调整船舶自由垂荡周期是不可能的，故一般采取调整遭遇周期，即调整船速和(或)航向的措施来减小垂荡振幅。

综上所述，船舶在波浪中的摇荡取决于船舶自由摇摆周期与波浪遭遇周期的相互关系，一般情况下船舶的横摇周期大于纵摇周期,纵摇周期略大于垂荡周期,横摇周期的大小约为纵摇周期或垂荡的两倍。航行中减轻船舶横摇、纵摇和垂荡幅度的有效操纵措施是改变船速和(或)改变航向。比较来看,横摇的危害最大,且当船舶横向受浪时,这种危害将进一步增大,特别是发生横摇谐振或大幅度横摇时,将危及船舶的安全,严重时可能导致船舶倾覆。因此,当船舶遭遇巨浪时,应尽可能避免横向受浪。

第三节　大风浪中纵浪航行时所遭受的危害

一、顶浪或偏顶浪的危害

船舶在顶浪或偏顶浪航行时,遭遇周期要比顺浪或偏顺浪时短,遭遇频率也比较高,其产生的危害主要表现在拍底、螺旋桨空转、甲板上浪等。

(一)拍底

在激烈的纵摇和垂荡中,船首升起后在下落过程中与向上运动的波浪表面相撞击的现象,称为拍底。它使船首底部,甚至在整个首垂线后 1/4 船长区域和波浪表面发生冲击,进而产生巨大的应力,严重时将导致船首部位结构受损。拍底时船体发生剧烈的振动。船舶是否发生拍底及其严重程度取决于波长与船长之比、船舶载重状态、船速以及船型等因素。

(1)波长:当 $\lambda/L \approx 1$,即波长与船长接近时容易产生剧烈的拍底。海上的波长一般在 80~140 m 之间,因此,如果船长在这个范围内,则易发生拍底;反之,大型船舶船长较大,不易发生拍底。

(2)吃水:当 $d/L < 5\%$,即吃水与船长之比值小时易产生拍底。一般空船时拍底严重,吃水为 2/3 以上满载吃水时不易发生拍底。

(3)船速:当博汝德数 $Fr(Fr = v/\sqrt{gL})$ 在 0.14~0.21 范围内时,容易产生拍底。

(4)船型:方形系数及棱形系数大的船,拍底冲击力也大。"U"形船首比"V"形船首遭受拍击的次数多,强度也大。

产生拍底的条件是上述几个因素的综合影响结果,单独一个或两个因素不一定能引起船舶产生拍底。

综上所述,为了减少拍底,一般采取如下措施:保持船首吃水大于 1/2 满载吃水;避免纵摇和垂荡的谐振;减速,保持在 $Fr = v/\sqrt{gL} = 0.1$ 左右时的船速。

(二)甲板上浪

打在甲板上的海水可看作是自由液面对稳性的影响,严寒时还有结冰的危险。同时浪的作用还会使甲板设备、上层建筑直接遭受破坏。特别是装有甲板货时,易造成货物移动,危及船舶的安全。

甲板上浪的程度与干舷高度、船速及相对波高($H_{1/3}/L$)等因素有关。船舶干舷越低,船速越高,波高越大,甲板上浪也越严重。

为了减少甲板上浪,一般首先采取降低船速的措施,其次是适当调整船舶航向。

(三)螺旋桨空转

剧烈的纵摇和垂荡会使螺旋桨的一部分或全部周期性地露出水面,发生螺旋桨空转现象,俗称打空车。空转时,螺旋桨效率显著下降,船速下降,螺旋桨、轴系和船体产生很大的振动,同时使它们受到很大的冲击应力,随时有可能受损。空船状态更容易产生螺旋桨空转现象。

为了减轻螺旋桨空转现象和防止桨叶等受损,应保持桨叶没入水中20%～30%螺旋桨直径,压载船舶的吃水差以1.5～2.0 m为宜。当出现螺旋桨空转时,可及时调整航向和船速以减轻船舶摇荡。

二、顺浪或偏顺浪的危害

船舶在顺浪或偏顺浪的海况下航行其主要危险有冲浪和打横、稳性降低、谐摇等等,简要介绍如下。

(一)冲浪和打横

船舶位于波峰的前部时,可能被波浪加速而骑在波峰上,这种现象类似于冲浪运动员位于波峰之前的情况,故称为"冲浪"现象。当船舶发生冲浪时,波浪力的作用可能使船舶发生航向突变,即发生所谓"打横"现象,使船舶遭受横浪的作用而产生突发性横倾,严重时有船舶倾覆的危险。

当船速在波浪传播方向上的分量约等于波浪"相速度"时,这时的船速较高,船舶将被波浪加速而发生冲浪和打横现象。一般认为这时的船速 $v \approx 1.8\sqrt{L}$,故称其为发生冲浪或打横现象的临界速度。在临界速度以下有一个区域,其船速范围为 $1.4\sqrt{L} < v < 1.8\sqrt{L}$,在该速度范围内尽管不大可能发生冲浪或打横,但可能发生较大的纵荡运动,其危险程度与冲浪或打横几乎相同,故称这个区域为"临界区域"。在临界区域内,船舶稳性明显降低,且这种稳性降低的持续时间较长。

(二)横稳性降低

当船舶位于波峰时,由于排水体积的减小,将使横稳性降低。其降低程度与船型有关。稳性的降低量基本上与有义波高成正比。当 $\lambda/L = 1 \sim 2$ 时,且波高很大时,船舶可能完全丧失横稳性。这种情况下,顺浪和偏顺浪时尤其危险,这是因为遭遇周期较长,即船舶在波峰处的时间较长,也就是说,稳性降低的时间变长了。

(三)谐摇运动

当船舶自由横摇周期与波浪遭遇周期一致 $(T_E \approx T_R)$ 时,将加大横摇摆幅。顺浪和偏顺浪航行时,横稳性处于临界状态,故横摇周期变长,可能发生这种横摇谐摇运动。

(四)大幅度横摇

当遭遇周期约等于船舶自由横摇周期的一半,即 $T_R \approx 2T_E$ 时,将可能发生不稳定的大幅度的横摇运动。这种横摇可能发生在遭遇周期较短的顶浪航行中。在顺浪和偏顺浪的情况下,特别是在船舶初稳性高度较小,即自由横摇周期较长时,也可能会发生这种现象。

(五)组合危险

船舶在顺浪和偏顺浪中的运动十分复杂,其运动是三维六自由度的,上述各种因素或危险现象都可能同时或先后发生,如甲板浸水、甲板上浪并滞留在甲板上或由于货物移动而增大横倾力矩等,都可能使船舶处于危险之中,严重时造成倾覆。

当船速在波浪传播方向上的分量接近波浪群速度时(一般群速度为群波主波相速度的

1/2),这时的船速较低,船舶将受到巨浪的连续冲击,遭遇这种连续的巨浪冲击的最大波高可达有义波高的 2 倍。这时,稳性降低、谐摇运动、不稳定横摇或综合危险现象都可能发生,进而可能产生导致船舶倾覆的危险。

第四节　大风浪及避台操船方法

一、大风浪航行的准备工作

航行中的船舶应保证处于适航状态。当预测到将有大风浪来临时,必须采取相应措施。检查并保证做好下列工作:

(一)保证水密
(1)检查甲板开口封闭的水密性,必要时进行加固。
(2)检查各水密门是否良好,不需用的一律关闭闩紧。
(3)将通风口关闭,并加盖防水布。
(4)天窗和舷窗都要盖好,并旋紧铁盖。
(5)锚链管盖好,防止海水灌进链舱。

(二)排水畅通
(1)检查排水管系、抽水机、分路阀等,保证处于良好工作状态。
(2)清洁污水沟(井),保证黄蜂巢畅通。
(3)甲板上的排水孔应保持畅通;

(三)绑牢活动物
(1)吊货设备、主锚、备锚、舷梯、救生艇筏以及一切未固定的甲板物件都要绑牢。
(2)散装货要平舱。
(3)各水舱及燃油舱应尽可能注满或抽空,以减少自由液面。
(4)舱内或甲板装有重件货物时,应仔细检查加固,必要时加固绑扎。

(四)做好应急准备
(1)保证驾驶台和机舱、船首、舵机室在紧急情况下通信联系畅通。
(2)检查应急电机、天线、舵设备等处于良好状态。
(3)保证消防和堵漏设备随时可用。
(4)保证人身安全,如拉扶手绳、甲板铺沙等。
(5)加强全船巡视检查,勤测各液体舱及污水沟等。

(五)空船压载
空船在大风浪中有很多不利之处,例如:风压增大了倾侧力矩,保向性下降,拍底增大,空转加剧,失速严重,易发生横摇谐振等等。为确保航行安全,应进行适当的压载,以提高船舶抗风浪的能力和改善船舶的性能。

空船压载量可参考下列数字:
夏季:为夏季满载排水量的 50%;
冬季:为夏季满载排水量的 53%;

在吃水差方面,既要防止空转,又要减轻拍底,一般以尾倾吃水差 1.5 ~ 2.0 m 较为理想。

货船上压载,除利用压载舱和深水舱之外,还可以选择首尾宽度较窄的舱,如有轴遂的尾舱就更好。压载时,要注意减小自由液面的影响,还要保证排灌畅通。

二、大风浪中航行操船方法

如前所述,船舶在大风浪中航行,不论与风浪处于何种相对位置,都会给船舶操纵带来困难。例如,横浪中,由于船舶的横摇周期和波浪的周期很接近,容易丧失横稳性,此时,改变速度也无济于事,不得不采取顶浪航行。顶浪时,巨浪的冲击将会造成拍底、甲板上浪和打空转而损坏船体、设备、舵和螺旋桨。如果为缓和浪的冲击而改作顺浪航行时,又将出现大浪淹尾,舵效极度下降而被打横,仍然十分危险。

因此,必须采取措施,减轻船舶的摇摆,缓和波浪的冲击,以等待海面恢复平静,或采取积极手段,尽早驶离大风浪海区。

广大海员从大风浪操船的实践中总结出以下几种方法可供参考。船舶可以根据本船的船型、稳性、吃水、货载和海域等条件,择一而用。

(一)"Z"形航法

如果在航线上遭遇顶浪或偏顶浪(波向角为 30° ~ 60°),可采用"Z"形航法。顶浪或偏顶浪航行时,波浪与船的相对速度较大,波浪对船体造成较大的冲击,严重时,造成大幅度横摇、甲板大量上浪以及拍底、螺旋桨空转等。顶浪航行一般要降低船速和调整航向,以减轻摇摆幅度。广大海员总结的"Z"形航法在实践中证明是行之有效的,即适当调整船速,以船首一舷 10° ~ 30°的受浪角航行一段距离后再改为船首另一舷 10° ~ 30°的受浪角的航行方法,如图 6-4-1 所示。其中航向和船速的调整以减小船舶摇摆幅度为准。"Z"形航法既可以保证一定的航速,又可以减轻船舶的摇摆幅度。它适用于耐波性较好的中、大型船舶,特别是大型集装箱船舶。对于小型船舶或经不起波浪冲击的船舶,宜改用漂滞法。

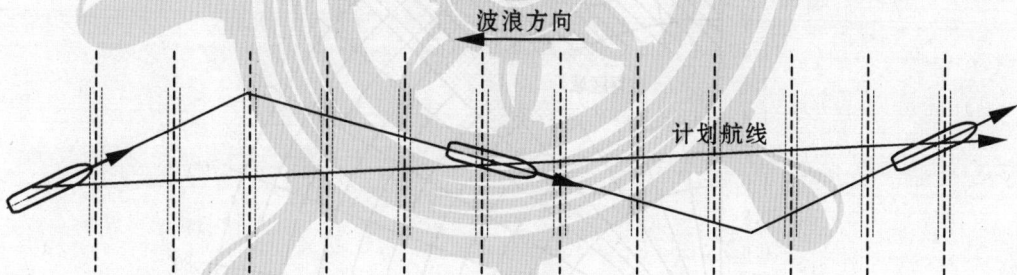

图 6-4-1 "Z"形航法

(二)滞航(heave to)

以能保持舵效的最小速度将风浪放在船首 2 ~ 3 罗经点的方位上迎浪前进的方法,称为滞航。这时的船舶实际上是处于缓进或不进,甚至是微退的状态。而航向将随着风向的改变需不断地调整。

这种方法可以减轻波浪对船首的冲击和甲板上浪,使船滞留在原地附近,以等待海况的好转。对于下风侧海域不大充裕、船长较长、船首干舷较高的船采用此法最为有利。滞航中要根据风浪的情况选择最佳的风浪舷角,以减轻船舶的摇摆,并根据风浪的变化及时调整航速,保证有足够的舵效,以免被打成横浪。

(三)顺浪(scudding)

顺浪航行时,波浪与船的相对速度较小,可以大大减弱波浪对船体的冲击。滞航中经不起波浪袭击的船舶,宜改用顺航。顺航的船舶由于纵荡的原因可以保持相当的速度,有利于摆脱大风浪海域或台风中心。

要注意,船长与波长相近,船速又与波速接近时,极易发生尾淹及打横等非常危险的现象,波长大大超过船长或小于船长时,船舶都能平稳地航行。因此,当遇到不利情况时,应果断地改变船速,使两者的速度产生差异,并选择1~2罗经点的受浪角,以减轻尾淹和打横的现象。尾突出、舵面积较小的船,在顺浪中不易保持航向,可采用在船尾曳其他物件(如大缆等)来提高保向性。

针对船舶顺浪或斜顺浪航行的安全问题,IMO海上安全委员会在1995年10月19日以707号通函(MSC/Circ. 707)的形式对船舶在顺浪和斜顺浪航行中避免危险情况的操纵方法提出了一些建议。该指南认为,在船舶顺浪或斜顺浪航行时,存在两种遭遇危险现象的条件:

(1)当船速较高且其在波浪传播方向的分量接近波速时,船舶将被加速,进而产生冲浪和打横(surf-riding and broaching-to)。发生冲浪和打横的临界速度是$1.8\sqrt{L}$。在临界速度以下还有一个临界区域($1.4\sqrt{L} \sim 1.8\sqrt{L}$)(见图6-4-2),在该区域内可能会发生大幅度的纵荡运动,其危险程度几乎与冲浪相同。在上述情况下,稳性在较长的时间内可能大大降低从而引发船舶倾覆的危险。

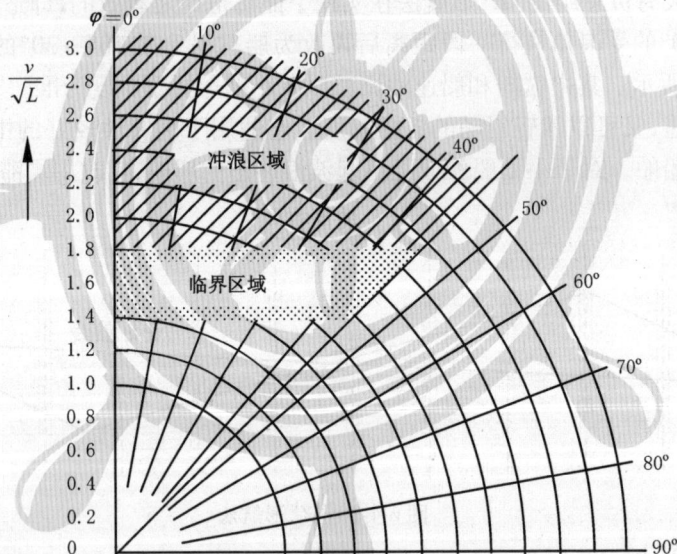

图6-4-2　冲浪引起的危险区域

(2)当船速沿着波浪方向上的分量与波群速度大约相等,也即约等于主波速度的一半时,船舶将会受到连续的巨浪冲击,连续冲击的预计最大波高可达到相应海区观测波高的大约两倍。在这种情况下,稳性降低、横谐摇运动、不定横摇运动(parametric rolling motion)或综合危险现象都可能发生,从而引发船舶倾覆的危险。

针对上述危险向船长提出了如下操纵指南：

（1）避免冲浪和打横

为避免冲浪和打横，应将船速降至 $1.8\sqrt{L}$（kn）以下。这时，应注意，即使在船速低于 $1.8\sqrt{L}$ 的情况下，还可发生危险的大幅度纵荡运动。较长时间的明显纵荡加速是危险的大幅度纵荡运动的标志，在这种情况下，应进一步减速，避开该临界区域（$1.4\sqrt{L} \sim 1.8\sqrt{L}$）。

（2）避免连续的巨浪冲击

当平均波长大于 $0.8L$、有义波高大于 $0.04L$、船舶的某些危险运动指标较为显著时，船舶应注意不要进入图6-4-3中所示的"危险区域"。如船舶位于这一危险区域，应降低船速以避免巨浪的连续冲击。图中，v——船舶的实际速度（kn）；T——平均波浪周期（s），即使用秒表测海平面上浪花的起伏运动周期后计算获得；T_E——遭遇波周期（s），使用秒表测船舶的纵摇周期后计算获得。为脱离危险区域也可以改变航向。然而，航向不应改变太大，因为它可能对稳性产生不良影响。适当降低船速与较小的航向变化相结合，是船舶操纵的另一种选择。当遭遇周期约等于观测周期的2倍时，船舶被认为位于危险区内。

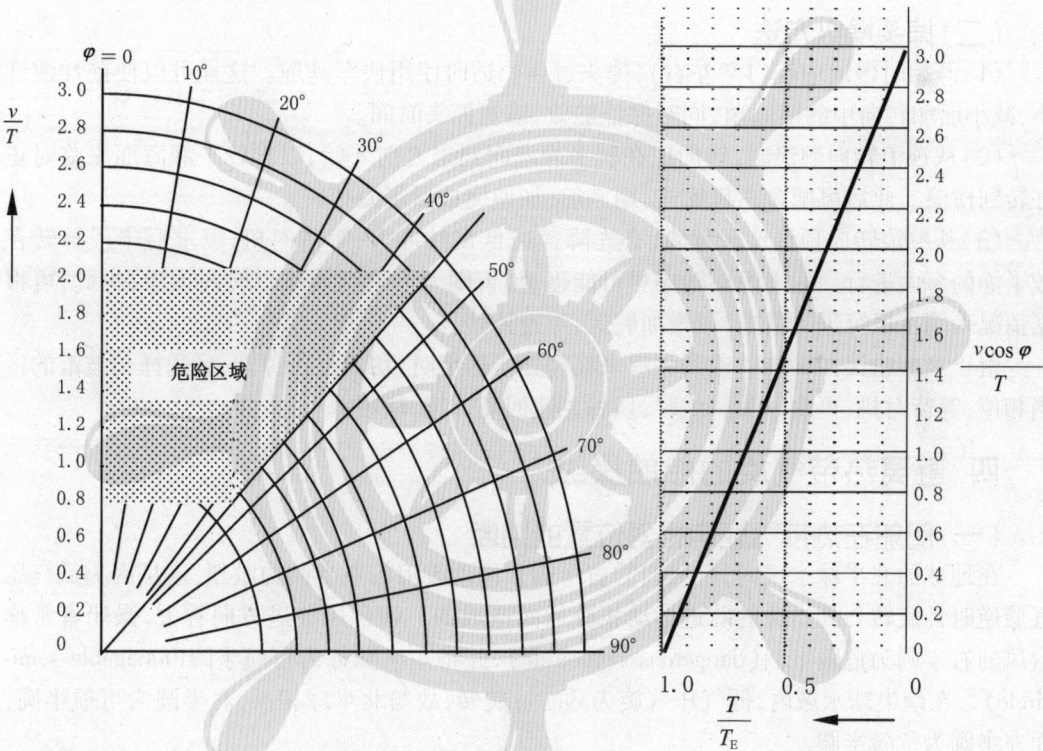

图6-4-3　遭遇巨浪的危险区域

（3）避免横摇运动、不定横摇运动

当波浪遭遇周期 T_E 与船舶的固有横摇周期 T_R 大约相等时，船舶将发生横谐摇；当 $T_E = T_R/2$ 时，将发生较大的横摇运动，即不定横摇运动。因此，船舶不但要避免发生谐摇，还要避免大幅度横摇。

当为避免以上临界条件而进行减速时，应考虑到在大风浪中保持航向的最小船速。

（四）漂滞（lie to）

船舶停止主机随风浪漂流，称为漂滞。主机或舵损坏将被迫漂滞，滞航中不能顶浪或顺航中保向性差或船体衰老的船，可以主动采用漂滞的方法。

漂滞中，波浪对船体的冲击力大为减小，甲板上浪不多。只要船舶保持水密，有足够的稳性，就可以渡过大风浪。

三、大风浪中掉头

大风浪中掉头，当船身转至横浪时，若回转引起的横倾角与波浪的横倾角相位一致，则过大的横倾将危及船舶的安全。并且横向受浪时，容易出现横摇谐振，就越加危险。因此必须谨慎操纵。

（一）掉头时机

掉头应当等待海面较平静时进行。海浪大小的变化是有规律的，一般情况下，连着三四个大浪之后，必接七八个小浪，俗称三大八小。要利用这个规律，使船舶在海面较平静时掉头。

（二）掉头操纵方法

（1）开始时慢速中舵（15°左右），掉头过程中适时使用快车满舵。这样可以使前冲惯性小，减小船舶转向中的横倾角，同时保证舵效，缩短掉头时间。

（2）从顶浪转向顺浪时，转向应在较平静海面到来之前开始，以求较平静海面来临时正好转到横浪。此后可配合主机突进，用满舵，加速完成后半圈掉转。

（3）从顺浪转向顶浪比较危险，必先降速减低惯性冲力，等待时机，以求后半段掉转在较平静的海面进行。后半段旋转应尽可能迅速，否则大浪来到便难以转向顶浪，为此，可根据情况采用主机突进的措施，以增加舵效，加速掉转。

由于判断错误在旋转中遇到大浪来临而处于困境时，切勿强行掉转，可选择与波浪的适当相位，等待时机，再次掉头。此时，切忌急速回舵，以防倾覆。

四、避离热带气旋的船舶操纵

（一）船舶在热带气旋中相对位置的判断

在地球的北半球水域内，台风圈的右半圆其风雨波浪较左半圆为激烈，这是因为低气压气旋逆时针旋转与其本身的前进运动相叠加而造成的。朝台风前进方向看去，操船者常称台风的右半圆为危险半圆（dangerous semicircle），并将左半圆称为可航半圆（navigable semicircle）。在南半球水域内，低气压气旋为顺时针旋转，故与北半球相反，右半圆为可航半圆，而左半圆为危险半圆。

航行在台风区的船舶，只有在确实掌握台风的动态和本船所处台风的部位之后，才能据以采取有效措施避开台风中心。从气象变化来看，在北半球操船者应该明确的是，风向右转变化时本船处于右半圆，风向左转变化时本船处于左半圆，风向无明显变化时本船则处于台风进路附近；气压降低时本船处于台风的前面，而气压升高时本船则处于台风的后面；无风而气压显示最低值，甚至可见晴天而海面为相当高的三角浪的情况，则说明本船已处于台风眼内。

(二)船舶在热带气旋不同相对位置中的避离操纵

1. 避台注意事项

航行中收到有关台风的预报时,是按原航向继续航行还是迂回避台,或者是应驶向附近港口避台,应考虑以下各点并做出判断。

(1)台风的规模和进路,估计风浪发展的状况。

(2)台风中心与本船之间的距离,台风进路与本船航线是否交叉,距台风中心最近会遇距离如何,本船将处于其危险半圆还是可航半圆。根据航行经验,由于低气压的接近,当气压下降每小时超过 1 hPa 时,即应引起高度重视;气压下降量每小时超过 2 hPa 时,即应根据情况改向避开,改向方向应与台风所在一侧反向。

(3)附近有无避风港口,本船与该港间的距离。

(4)有关船舶耐航性的考虑。这里所说的耐航性(sea keeping quality)是指在某种海况下使预定船速的降低达到最小,船体和船货不受任何损伤,能够安全而且相对舒适地进行航海的性能。

在避台问题上,还应注意:

(5)在战略上藐视它,在战术上重视它。台风是一种灾害性的自然现象,只要我们做好充分准备,大家齐心协力,采取正确措施,就能战胜它。反之,思想上不重视,不收听气象预报,不仔细观测风向、风力和气压等的变化,又不做好准备,必然造成临时惊慌失措,陷入危险境地。

(6)下决心,定措施,必须留有余地,不要满打满算。例如,台风预报本身存在误差,中纬度地区的台风转向后其移动速度会急剧增加,有时往往超出预料等等。因此,在估计台风的动态和本船在台风中的部位时,应把自己放在不利的地位;在避台时间上宁早勿迟,才能有备无患。

(7)注意台风运动规律的一般性和特殊性。台风的运动规律随着季节而变化,它的移动速度由慢到快,转向后进入中纬度地区再次加快,这是台风的共性。但台风的运动是受台风本身环流的大小和活动地区高低压的分布情况所支配的。北半球个别台风的移动路线可能窜向低纬,弯几弯,不先向西北偏西方向行进;有的一直向偏东方向移动;按月份在什么纬度转向呈抛物线也有很大出入。所以我们在掌握它们的共性的基础上,仍需注意当地台风预报,并利用船上仪器亲自观测,做出判断。

2. 避台操纵

航行在台风区的船舶,只有确知台风的动态和本船在台风中的部位后,才能根据情况,采取有效措施避开台风中心,否则盲目行动必将陷入被动局面,造成更大困难。

避台的核心问题是尽可能远离台风中心,一般应保持距离 300 n mile 以上,风力在 6~7 级,气压不低于 1000 hPa;迫不得已时,至少要保持 100 n mile 以外,风力不超过 8 级。

沿海航行船舶遇到台风袭来应及早驶入避风锚地。航行在大洋上的船舶必须改变航向和航速,避开台风中心。现将船舶在台风区的不同部位应如何驶离台风中心的操纵方法介绍如下:

(1)危险半圆内避台操纵法

在北半球,台风路径的右半圆,风速比左半圆大,风向逐渐向右转变(顺时针方向),船舶在右半圆有被卷入台风中心的危险,所以右半圆叫作危险半圆。船处于危险半圆时,应采取与台风路径垂直的方向全速驶离,即以右首舷15°~20°顶风全速避离。其相对航迹如图6-4-4中A船的虚线所示。

如果风浪已十分猛烈或者由于前方有陆地等的阻碍,不能全速驶离时,可以采取右首顶风滞航使船处于几乎不进不退的状态。它的相对航迹如图6-4-4中的B_1—B_2—B_3的虚线所示,随着台风中心的前移而避离台风区。

综上所述,在北半球危险半圆的避航法,可概括为"三右",即右半圆,风向右转,右首受风驶离。

(2)可航半圆内避台操纵法

北半球的左半圆,风向与台风移动路径相反,风向逐渐左转(逆时针方向),风力比右半圆小,船舶被压入台风中心的危险少。此时,应使船尾受风驶离台风中心。其相对航迹如图6-4-4中C船的虚线所示。直到风力由大变小,气压由低变高,则台风中心已过。

如前方没有充分的避离余地,则可改使右首受风,顶风滞航,其航迹如图中D_1—D_2—D_3的虚线所示。

综上所述,在北半球可航半圆的避航法,可概括为"左左右",即左半圆,风向左转,右尾受风驶离。

(3)在台风进路上的操纵方法

船在台风进路上时,风向不变,气压下降,台风中心即将来临。此时在北半球应使船尾右舷受风顺航,迅速驶进左半圆。直至气压回升,风力变小,离开险区。

为便于记忆,可将避台操纵方法总结成如下口诀:"风向左转,船在左半圆,风向右转,船在右半圆;船在北半球右首(尾)迎风,船在南半球左首(尾)迎风。"

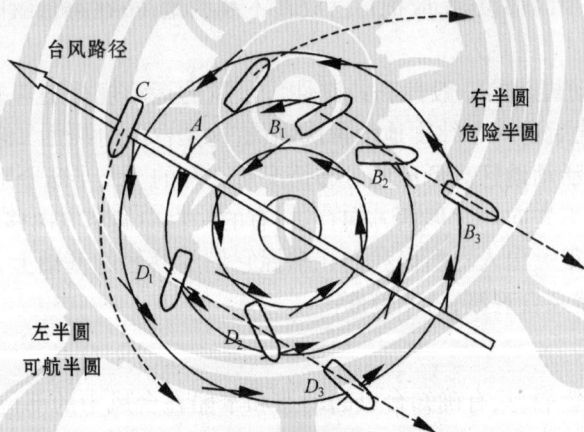

图6-4-4 避离台风的操纵方法

3. 系泊防台注意事项

(1)靠在码头上遇台风来临,要对自己的处境进行分析。如港内防风浪条件良好,涌浪不会太大,台风引起的水位上涨不致使船发生危险,本船的受风性能也较好,则可以留在泊位上抗台。反之,应离泊出港抗台。在决定留或离的问题上,应当听取港口当局的意见。

(2)在码头上抗台时:

①增加带缆,特别是强风向方面更应加强;各缆应受力均匀,带缆点尽量分散,缆系长一

点可以增加位能,缆绳的摩擦部位要妥善包扎、涂油以防磨损。

②码头与船体之间增设碰垫。

③空船必须增加压载,减少受风面积,增加船体运动的水阻力。

④如果强风向是来自外舷,则可在船首、尾外侧抛锚以缓和风浪的作用。

⑤将船首系靠在出港的方向,并做好必要时能离开码头的准备。例如,抛外舷锚或向外侧浮筒系缆等。

(3)系浮避台时,系单浮筒比较有利,它能随时保持船首迎风;可以用锚链系浮,加长锚链,或增加系缆,只要浮筒锚不移位,是可以系浮抗台的。必要时还可抛另一锚来制止偏荡。

系双浮筒时,除非浮筒方向与最大风力的方向基本一致外,最好改为系单浮筒。不可能时,应驶离泊位,去锚地或港外抗台。

第六章思考题

1. 叙述船舶固有周期和遭遇周期之间的关系及如何影响船舶在风浪中的摇摆。
2. 简述船舶在波浪中产生横摇的谐摇条件及避免谐摇的措施。
3. 简述船舶纵向受浪时的危害和预防措施。
4. 简述大风浪中航行时滞航与漂滞的区别及优缺点。
5. 简述航行在北半球的船舶在台风不同位置的避台操纵方法。
6. 简述航行在南半球的船舶在台风不同位置的避台操纵方法。

第七章

应急船舶操纵

　　船舶所处的环境和情况复杂多变,总会出现一些非正常的紧急情况。这些紧急情况将可能危及人员、船舶和环境的安全。紧急情况的出现往往具有很大的偶然性,而且只要有可能出现,就会在不恰当的时候发生。尽管我们强调对事故的预防措施,但在操作过程中总是存在预料不到的环境和情况的变化,以及人在操作过程中的疏忽等潜在危险。在紧急出现后如何采取应急措施以避免或减小损失,是船舶操纵的研究内容之一。

第一节　船舶搁浅

　　船舶搁浅或触礁是最常见的航行事故之一。船舶搁浅或触礁一般发生在沿海或港口附近,其危险性尽管不如碰撞、触损等航行事故大,但其始终处于危险状态,不但可能造成船体损坏,还可能阻塞航道而影响通航安全。及早使船舶脱离危险水域,进而减小船体应力和造成污染的危险是船舶搁浅后的紧迫任务。本节从操船者的角度出发,简要介绍船舶搁浅或触礁后的应急措施。

一、搁浅前的紧急措施

　　航行中,发现搁浅不可避免时,应根据船舶所处的情况和环境采取如下行动:

　　(1)如不明搁浅水域的地形和地貌,应立即停车,可行时立即抛双锚;

　　(2)如明了搁浅水域情况,船尾方向水域开阔水深充裕,且船舶航向与浅滩垂直,应立即停车、倒车,可行时抛双锚;

　　(3)如明了搁浅处仅为航道中新生的小沙滩,应全速前进并左右交替满舵。

二、搁浅后的紧急措施

　　船舶搁浅后,船舶驾驶人员应立即按照下列步骤采取行动,以便达到控制局面和减少损害的目的。

(一)立即行动

　　(1)搁浅情况未判明前不应盲目动车脱浅;

　　(2)运用一切可能的手段保证船舶整体水密性;

　　(3)显示适当的船舶搁浅信号;

(4)通知有关主管机关和其他有关机构。

(二)搁浅船舶的态势评估

当紧急危险过后,船长或驾驶员应对搁浅船的态势进行初步评估,包括但不限于下列各项:

(1)船上人员的安全状况;

(2)天气和海况,包括预报情况;

(3)潮流和潮汐情况;

(4)船舶周围水域的海底底质、海岸线和水深情况;

(5)船舶损坏情况,以及已发生的污染和潜在污染的危险性;

(6)进一步损失的危险性;

(7)保持通信畅通的情况;

(8)船体与海底之间的作用力;

(9)脱浅后船舶的吃水和纵倾情况。

一旦决定通过外援浮起船舶时,应立即发出救助请求,且不可延误。救助程序的及早启动和救助人员的及早到达是救助成功的关键。

(三)固定搁浅船舶

通过初步评估表明船舶不存在偏转、沉没和倾覆的可能,可在另下一个高潮时运用全速倒车尝试进行脱浅。如果船舶不能在短的时间内脱浅,在船舶搁浅期间应使主机处于随时可用的备车状态并保证船舶的安全。这时,如果船舶在涌浪的作用下有上下起伏运动,表明搁浅船是活动的。活动的搁浅船存在偏转、向岸推移、蹾底和加重搁浅的危险之中。应采取下列固定措施。

(1)船首向的变化表明船舶发生偏转且船尾清爽可以操作,则可果断地运用主机和舵,以防船舶搁浅加重。

(2)可能的话,用缆绳或锚链使搁浅船固定在礁石、珊瑚礁或其他固定点以避免船舶偏转和向岸漂移。

(3)有拖轮协助时,可以通过拖轮将搁浅船向宽阔水域一侧顶推以防偏转。

(4)向舱内注水使船下沉以防搁浅船向岸漂移和蹾底。可向漂浮一侧的压载舱注入压载水,以增加船底与海底的接触面积,进而分散海底的作用力,还会减小船体扭矩和弯矩。

(四)测量船舶吃水和检查搁浅部位

要想对船舶态势做出准确的评估,必须尽可能收集相关信息。特别注意检查搁浅部位舱室的损坏情况。当货舱有货无法进行检查时,在打开测深管、天窗、舱口和其他连接通道时应特别小心,以防使进水扩大。应注意船体列板变形、扭曲和其他船体损坏的表征。

频繁测量各压载舱、燃油舱等水线以下各舱室的液位深度,并将所测值与搁浅前的测值进行比较,以发现船体破损情况。

对搁浅船船体周围进行测深,以便确定搁浅程度。若海面涌浪较大而无法准确测量时,可用铅锤测量主甲板至海底的距离间接获得水深。所测得的水深资料应在大比例尺海图或草图上的船体周围进行标注,以表明船舶搁浅程度。测量舷边水深可自船首向两舷每隔10 m测一个点,如图 7-1-1 所示,测量船体周围的水深应从船边开始以辐射方向进行。在测深的同时,还应采样海底底质,底质不仅影响摩擦力,而且底质及海底坡度还影响锚的抓力。

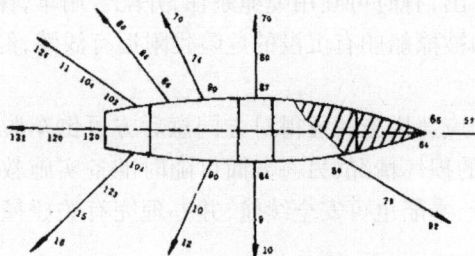

图 7-1-1　舷边水深测量方法

测量船舶吃水数据时,应记录当时的时间、潮高以及海况等情况,并将吃水修正到潮高基准面。通常,潮高基准面与当地的海图基准面相同。

船体部分搁浅时如发现某部位搁浅后的吃水大于搁浅前的吃水又小于舷边水深,则表明该部位未搁浅。如搁浅后的吃水小于搁浅前的吃水,则表明该部位已搁浅,且搁浅后的吃水与搁浅前的吃水差异越大,表明搁浅越严重。如搁浅部位的吃水小于舷边水深,表明此处船体搁在海底突出物上;如搁浅部位的吃水大于舷边水深,说明此处船体陷入海底。

搁浅船的吃水既是计算损失浮力的基础,又是计算脱浅拉力的依据。船舶能否顺利脱浅,与搁浅船的吃水勘测是否精确关系密切,因此,用一定的时间努力获得准确的搁浅船吃水是非常重要的。

第二节　船舶碰撞

由于通航密度的增大、人的失误以及环境因素的影响等,船舶航行的碰撞事故时有发生。发生碰撞紧急情况时,船舶驾驶人员应采取适当操纵措施,以使损失降低到最低程度。

一、碰撞前的应急操船

由于船舶的大型化和航速的提高,如在航行中两船发生碰撞,其后果都是灾难性的。由于船舶碰撞后的损害程度取决于两船相对运动速度和碰撞角度、碰撞位置和破损的大小以及碰撞船舶的吨位大小。因此,无论在何种原因导致碰撞不可避免时,船舶驾引人员都应运用良好船艺,采取减少碰撞损失的应急措施。这些措施包括:

(1)如可行,应采取紧急措施避免碰撞部位发生在船中或机舱附近,最好使两船平行擦碰,如不能则应尽量使船首部位碰撞。

(2)如可行,采取大角度紧急转向措施减小碰撞角度,避免"T"形碰撞。

(3)全速后退,可行时抛双锚并借助拖轮,降低船速,以减小撞击能量。

二、碰撞后的应急操船

碰撞发生后,为了减小碰撞的损失,应根据两船大小、干舷高度的差异等具体情况采取如下的应急操船措施。

(一)当我船船首撞入他船船体时

当我船船首撞入他船船体后,应首先开微速进车顶住对方。为使本船能与对方船体靠

— 181 —

紧以减少进水量和防止滑出,有时可互用缆绳系住,并配合用车,保持顶住对方破洞的姿态,以减少他船的进水量。如被撞船舶有沉没的危险且附近有浅滩,经对方同意后,可将他船顶向浅处搁浅。

待被撞船舶采取防水应急措施并征得对方同意后方可倒车脱出。倒车退出后,应滞留在附近,一方面检查本船的损坏情况,另一方面可随时准备实施救援和协助,当确信对方已经脱离危险可以继续航行,本船也可安全续航,并办理完有关碰撞事实确认手续之后,方可离去。

(二)本船船体被他船撞入时

当本船船体被他船撞入后,应尽可能减小或消除船舶纵向惯性速度,使本船停住(消除对水速度),以减少进水量,并迅速关闭破损舱室前后的水密装置,进行排水及堵漏工作。当确认船舶没有沉没的危险,且船舶本身的排水、堵漏器材能控制进水量后,方可同意对方倒车脱出。如果是一舷船体受损且破损部位位于水线附近时,应尽可能操纵船舶使破损部位处于下风侧。

三、碰撞后的应变部署

船舶发生碰撞后,应立即发出堵漏警报信号,实施堵漏应变部署。除了上述应急操纵措施外,船长还应就下列事项进行部署。

(一)查明碰撞损失

查明船体进水情况要进行现场检查,大副和水手长检查全船,要求木匠测量各货舱污水井(沟)、压载水舱和淡水舱的水位,通知机舱测量各油舱的油位,并将测量结果与碰撞前的记录进行比较,迅速确定船体破损的位置、大小及进水量等情况,并检查其他有关人员的应变部署情况,并将测量、检查结果迅速报告船长。判明损坏情况时应考虑下列因素:

(1)碰撞的船舶大小;

(2)碰撞前的相对速度;

(3)碰撞角度的大小;

(4)碰撞的部位。

(二)保证船舶水密和排水

保证水密和排水。当破损部位确定后,应立即关闭破损部位附近舱、室的水密门、窗,必要情况下予以加固。通知机舱启动相关泵系全力排水,并随时测量各舱室的水位,以计算泵系的排水量。

(三)堵漏措施

根据船体破损部位、大小和进水量,船长组织研究堵漏措施。碰撞引起的船体破损部位多位于舷侧水线附近。破洞较大时,需用堵漏毯紧贴洞口以限制其进水。挂上堵漏毯后再根据破洞的大小,采用堵漏板或制作水泥箱,灌注水泥堵住漏洞,然后排除舱内积水。破洞舱室进水量较大时,必须对进水口邻近的舱壁进行加强,防止因水压过大引起舱壁破损而波及相邻舱室。

选用堵漏器材时应考虑:破损部位、漏洞大小、漏洞形状和航行区域。

(四)调整纵横倾

船体进水后一般会引起纵倾和横倾的变化。应详细测量各油舱、水舱的液位变化情况,利用排出、注入(对称灌注)、移载和转驳等方法保持船舶的浮态。值得注意的是,使用注入法调整船舶浮态应特别谨慎,因为这种方法可能降低储备浮力和稳性。

(五)抛弃货物

在下列情况下应采取抛弃货物的措施:

(1)因进水可能引起货物着火;

(2)因进水可能引起货物急剧膨胀;

(3)为保持稳性;

(4)为保留储备浮力或减少进水量。

四、抢滩时的注意事项

如果碰撞后水线附近或以下破损范围较大,无法进行堵漏,大量进水,排水的速度跟不上进水的速度,估计船舶有沉没的危险,附近有浅滩时,可考虑采取抢滩措施,并申请救助,以保存船舶及货物,减少损失。

(一)抢滩前的准备工作:

(1)选择适宜的抢滩地点;

(2)适当调整吃水差;

(3)备双锚;

(4)报告有关当局。

(二)选择抢滩地点时应考虑的因素

(1)底质:泥、沙或沙砾底质均适于船舶抢滩,但软泥地质易导致船体下沉而难以脱浅,活沙底质则不易固定船体。此外附近应无礁石。

(2)风和流:尽可能选择潮流较小的场所进行抢滩,并应在高潮后落潮期间进行抢滩。尽可能选择港湾内遮蔽良好或当地盛行风的下风场所。

(3)水深:水深(含潮位)应大于轻载吃水,小于型深,保证船舶主甲板始终露出水面。

(4)坡度:为了避免船体受损或堵住机舱海水阀,坡度应适当。较适宜的坡度大小可参照造船的下水滑道的比例,即小型船1:15,中型船1:17,大型船1:19~1:24。可利用抢滩位置处相邻两个等深线的数值之差与其间距之比判断坡度。

(5)四周环境:四周环境应便于固定船舶,应让出航道以利于出滩作业和施救工作进行。

(三)抢滩和出滩操作

选定抢滩地点后,可按下列步骤进行抢滩和出滩操作:

(1)抢滩前应向压载水舱注入压载水,将船舶吃水差调整到与抢滩坡度相适应。

(2)船首抢滩时,尽可能保持船舶首尾线与岸线垂直,慢速接近,适时停车,使船舶缓慢地接触滩涂。速度过大,不但易损坏船体,而且不利于出滩。

(3)船首上滩时,可抛下双锚,以便稳定船体和利于出滩。若抛锚将影响抢滩效果,也可在抢滩后,用专业救助拖轮或重吊将锚向后抛出。

(4)抢滩后,应尽可能在下一个高潮位来临之前将破洞堵好,然后进行出滩操作。

(5)出滩时,应选择在高潮前的涨潮期间进行操作。排除压载水,高潮位到来时收绞双锚,配合主机倒车,将船舶慢慢脱出滩涂。

五、碰撞后续航的注意事项

船舶发生碰撞经全面检查后，如主机、辅机情况良好，船体破损部位经过堵漏，加强后进水得以控制。因破损进水经过纵横倾的调整后具有正稳性及一定的保留浮力，救生设备完整无损，可继续航行至附近港口作进一步修复。

船舶碰撞受损后，如继续航行操纵应谨慎，并做到：

（1）减速航行，密切注意进水的变化并应详细记录；

（2）航线设计应选取近岸航线并勤测船位；

（3）密切注意气象变化，查明临近海域可供避风的锚地，风力增大应立即择地避风，切勿心存侥幸；

（4）与附近海事主管部门及公司保持密切联系，使公司及时掌握船位及航行情况；

（5）保护好损伤部位，尽量使之处于下风舷，经常根据实际情况调整航向和航速；

（6）风浪大时尽量减少船舶的摇摆，无法继续航行时可考虑利用海锚在海上滞航。

第三节　船舶火灾

一、发生火灾或爆炸后的应急措施

船舶发生火灾或爆炸后，应立即采取下列措施：

（1）立即发出消防警报，通报全船并立即进入应急消防部署。

（2）迅速了解火源的地点、火势及其来源。

（3）根据火源地点，按风的相对方向适当地操纵船舶，使火源处于下风。即火在船尾，迎风行驶；火在船首，顺风行驶；火在船中附近，旁风行驶。如有可能，则应尽量降低船速和减小船舶的摇摆，避免急剧转向，以免加剧火势。

（4）针对不同的火情采取相应的灭火措施。

二、具体措施

（1）立即切断通往火灾现场的油路、电源等；

（2）关闭通风，避免火势扩大；

（3）使用适当的灭火器材和设备；

（4）利用注水或灌水灭火时，应注意船舶的浮力、稳性和横倾情况，及时排水；

（5）防止灾情的扩大；

（6）灭火后不要急于开舱，防止复燃；

（7）确认必要时，可以弃船或抢滩；

（8）及时通报船东和有关方面，必要时请求救助。

第四节　搜寻和救助

一、商船搜寻与救助的计划和执行

(一)搜救行动的协调与实施

在国际海事组织海上安全委员会(MSC)的全球搜救计划中,将全球海区划分为13个海上搜救责任区(search and rescue region, SRR),每个搜救责任区指定一个沿海国政府为救助协调中心(rescue co-ordination center, RCC)。该救助协调中心负责搜集海上紧急信息,建立通信联络,提供搜救服务,并协调同一海区内各国政府之间和相邻海区之间的搜救服务。搜救责任区内的各沿海国应设立自己的救助协调中心,并在本国沿海各分管水域设立救助分中心(rescue sub-center, RSC)。

1.海上搜救中现场指挥的协调

救助协调中心、救助分中心收到遇险信号后,应立即派出专业搜救船舶或飞机,或应招事发现场附近的船舶参与搜救行动。当两个或多个搜救设施共同参与一个搜救任务时,由指定的现场协调人(on-scene commander, OSC)来协调搜救行动,其他参与搜救的设施则按现场协调人的指示参加搜救活动。现场协调人是参加搜救的一个救助单位、船舶或航空器的负责人或第一艘抵达现场的设施负责人。

海面搜寻协调船的识别信号是:白天悬挂国际信号旗"FR";夜间则定常显示预定的识别标志。

2.船舶实施救助应考虑的一般事项

对水里的幸存人员,救助船可能有必要:

(1)系好攀网、撇缆、绳梯等便于落水人员攀爬的设施。

(2)指定若干船员使用适当装备下水中救援幸存人员。

(3)释放救生艇和(或)救生筏。

(4)在船舷系靠一救生筏或救生艇,作为登船站。

(5)恶劣天气时,应考虑使用镇浪油来减小海浪的影响。经验表明,植物油和动物油包括鱼油,最适合于镇浪;除非无其他方法,否则不得使用燃油,这是因为燃油对水中人员有害;可以使用滑油,滑油危害性较小,试验表明,船舶慢速前进中用橡胶皮龙慢慢向海面施放200 L滑油,可以在5000 m^2 左右海面镇浪。

(6)做好准备,提供初步的医疗处置。

(二)搜寻计划

为了使船舶和航空器进行有效的搜寻,需事先计划好搜寻模式和程序,以使船舶和航空器最大限度地减小风险和延误。

1.搜寻基点

"搜寻基点"是指进行搜寻活动的地理参考点。在不能从岸上机关得知遇险搜寻基点时,海面搜寻协调船应通过推算遇险者的漂流值,确定搜寻目标存在概率最高的位置,并将该位置定为搜索基点,向参加救助的船舶和海岸电台进行通报。以该点为中心对所在区域开始进行搜索。

确定搜寻基点时应考虑的因素:

(1)通报遇险的时间和船位。

(2)各救助船到达遇险船船位的时间。

(3)救助船到达之前的时间内,遇险船、其艇筏的漂移量。

(4)救助船驶抵现场前,已飞达现场的搜救飞机所做的情况估计。

(5)遇难船舶的漂移速度可由风压漂移和流压漂移的合速度进行估算,漂移方向为漂移速度的矢量方向。漂移距离等于漂移速度与漂移时间的乘积(事故发生时或上一次计算基准时间与搜寻开始时的时间间隔)。

2. 搜寻区域

搜寻目标有一定存在概率的区域,是一个考虑到所通报遇险位置的不准确性、计算漂移距离有误差,以所求得的搜寻基点为中心的区域。

初始搜寻阶段,遇险最可能存在的区域,是以搜寻基点为中心,以 10 n mile 为半径画圆后,沿漂移距离方向所做该圆的外切正方形区域,如图 7-4-1 所示。

该区域当有多艘搜救船舶驶达的时候可能会有所扩大。然而,从搜救实际结果来看,与其在宽广的搜索区域内粗略地进行搜寻,倒不如在狭窄区域内彻底地进行搜寻。

3. 海面搜寻协调船的规定

海面搜寻协调船根据任务、海区和船舶的具体情况,对搜索的具体要求做出规定。

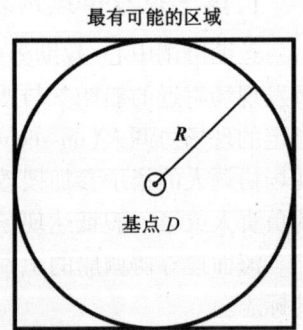

图 7-4-1 搜寻区域

(1)雷达搜寻的模式虽没有特殊规定,但海面搜寻协调船可按维持 1.5 倍雷达观测距离的船间间隔要求各船成一列横队进行搜寻(平行搜寻)。

(2)平行搜寻时,各船最初的航向通常应与遇险船的漂移方向一致。

(3)为实施平行搜寻,搜寻速度通常应取最慢船舶能开出的最高船速。以便让所有的船舶都能参加平行搜寻。

(4)目视搜寻时应按适合于救助船艘数的搜寻模式实施,平行搜寻模式的船间间隔可按搜救手册确定。当搜寻目标为小型艇、筏、运动艇、落水人等较小目标时,该间隔将适当减小。

(5)能见度不良时,应减速、缩小间隔进行搜寻。无雷达或雷达有缺陷的船舶应配置在其他船舶的后面进行搜寻。

4. 搜寻线间距

各搜寻模式中,除了扇形搜寻模式以外,都需要规定一个搜寻线间距,用 s 表示,搜寻线间距可用下式计算:

$$s = s_U \times f_W \tag{7-4-1}$$

式中,s——搜寻线间距(n mile);

s_U——未经修正的搜寻线间距(n mile);

f_{w}—— 天气修正系数。

表 7-4-1 给出了未经修正的搜寻线间距的数值。可见,它的大小取决于能见度情况和搜寻目标的具体情况。

表 7-4-1　未经修正的搜寻线间距

搜寻目标	能见距离(n mile)				
	3	5	10	15	20
落水人员	0.4	0.5	0.6	0.7	0.7
4 人救生筏	2.3	3.2	4.2	4.9	5.5
6 人救生筏	2.5	3.6	5.0	6.2	6.9
15 人救生筏	2.6	4.0	5.1	6.4	7.3
25 人救生筏	2.7	4.2	5.2	6.5	7.5
长度 <5 m 的船舶	1.1	1.4	1.9	2.1	2.3
长度 7 m 的船舶	2.0	2.9	4.3	5.2	5.8
长度 12 m 的船舶	2.8	4.5	7.6	9.4	11.6
长度 24 m 的船舶	3.2	5.6	10.7	14.7	18.1

表 7-4-2　落水人员或救生筏的能见距离

天气	能见距离(n mile)	
	落水人员	救生筏
无风	1.0	1.0
风速 >28 km/h(15 kn)或浪高 >1.0 m	0.5	0.9
风速 >46 km/h(25 kn)或浪高 >1.5 m	0.25	0.6

(三)搜寻模式

可供使用的搜寻模式有:

1. 扩展方形搜寻

如图 7-4-2 所示。这是用于单船搜寻的一种方式。从基点开始,逐步扩展正方形边长进行搜寻。如果有可能,最好在基点处投下一艘救生筏或其他漂浮标志以观测漂移速度。此后,它可用作整个搜寻过程中的基点标志。

2. 扇形搜寻

如图 7-4-3 所示。这也是用于单船/单飞机搜寻的一种方式。当搜寻目标的可能存在区域较小时,如有人落水或曾看到过搜寻目标但随后不久却又丢失等情况,就是宜于实施扇形搜寻的情况,

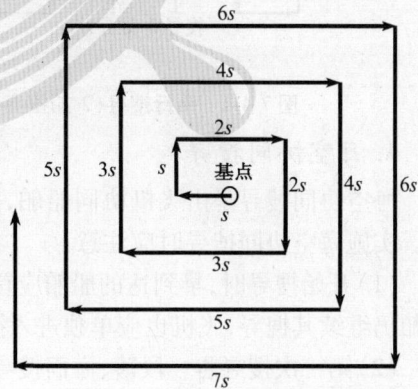

图 7-4-2　扩展方形搜寻模式

而且发现目标的可能性也比较大。

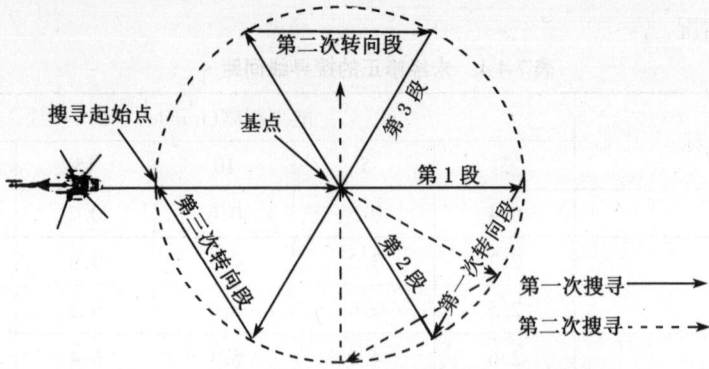

图 7-4-3 扇形搜寻模式

该搜寻模式的半径通常在 2～5 n mile。搜寻中船舶改向角均为右转 120°，分两段进行。前一段搜寻结束时（图中实线航迹），如未发现搜寻目标。应马上右转 30°，进入后一段搜寻（图中虚线航迹）。

3. 平行搜寻

有两艘或多艘船舶参与救助时，可采用平行搜寻模式。平行搜寻搜寻方向为遇难船的漂移方向，船舶之间的间隔为搜寻线间距 s。2 船、3 船、4 船和 5 船以上的平行搜寻模式分别如图 7-4-4、图 7-4-5、图 7-4-6 和图 7-4-7 所示。开展平行搜寻的速度以参加搜寻的最慢船的最高速度或救助协调中心的指示为准。

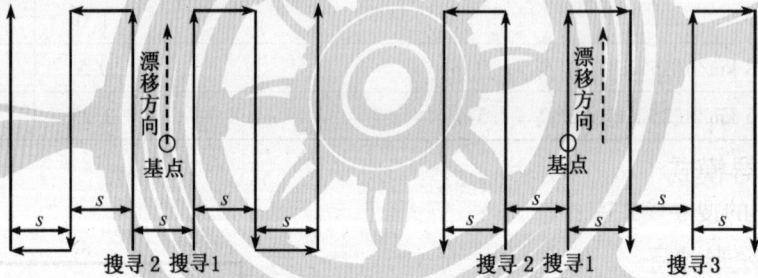

图 7-4-4 平行搜寻（2 船搜寻）   图 7-4-5 平行搜寻（3 船搜寻）

4. 海空协同搜寻

海空协同搜寻是由飞机协同船舶，共同搜寻的模式。海空协同搜寻模式如图 7-4-8 所示。实施海空协同搜寻时应注意：

（1）开始搜寻时，早到达的船舶应首先开始扩展正方形搜寻。实施中如飞机赶到时，则船舶仍继续其搜寻，飞机也应单独进入搜寻。

（2）第一次搜寻告一段落，海面搜寻协调船或现场指挥应根据船舶到达的艘数，确定可有效发挥船舶和飞机搜寻作用的方法，实施第二段搜寻。

（3）海面搜寻协调船有关操船的指令，应使用搜救手册的标准信文，或国际信号规则，或标准航海用语。

（4）在实施搜寻的过程中,仍应全面遵守《1972 年国际海上避碰规则》。

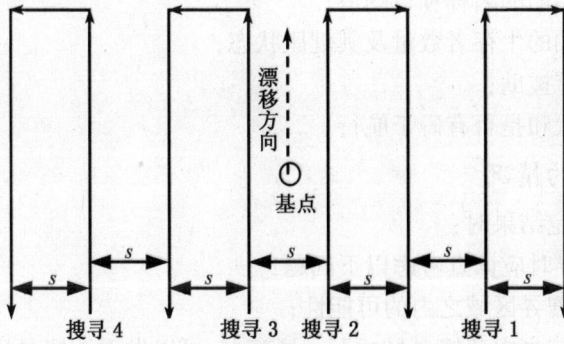

图 7-4-6　平行搜寻(4 船搜寻)

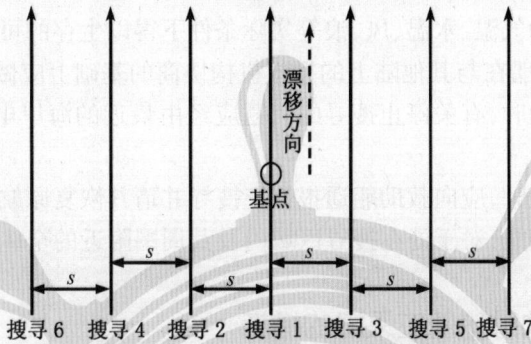

图 7-4-7　平行搜寻(5 船以上搜寻)

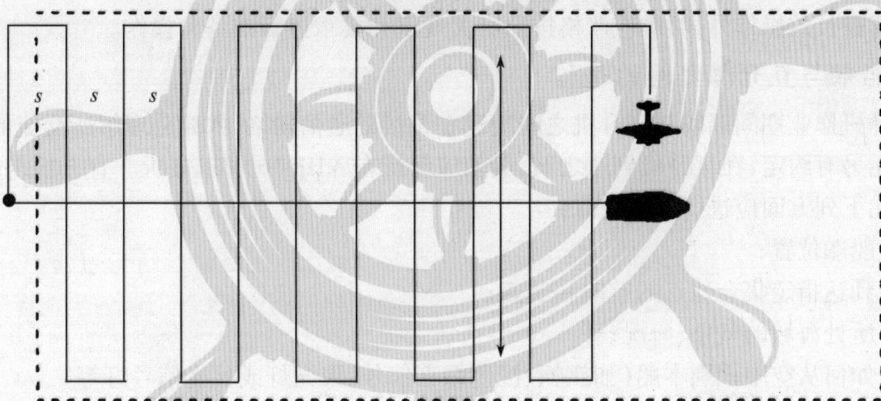

图 7-4-8　海空联合搜寻

(四)搜寻终止时的措施

1. 生存者得救的情况

有负伤者需医生处置,应将其转移至有船医的船舶上。为此,海面搜寻协调船可向附近航行的船舶发出邀请医生的紧急通报,或与海岸电台联系,了解附近有船医船舶的存在情况和从陆地派遣医生的可能。

救助活动已全部完成时,海面搜寻协调船在向全部船舶通报搜寻终止的同时,应向海岸电台报告搜寻终止及如下事项：

(1)收容生存者船舶的名称和目的港；

(2)收容于各船舶的生存者数量及其健康状态；

(3)是否需要医疗援助；

(4)遇险船的现状和是否有碍于航行。

2.搜寻不成功的情况

当搜寻未取得预定结果时：

(1)决定停止搜寻时应认真考虑以下问题：

①生存者存在于搜寻区域之内的可能性；

②在已搜寻的区域之内若搜寻目标万一还存在,可以发现该搜寻目标的可能性；

③搜寻船和搜寻飞机能在现场滞留的时间；

④生存者在当时的气温、水温、风、浪等实际条件下得以生存的可能性。

(2)海面搜寻协调船在与其他陆上的搜救机构协商的基础上应做如下处理：

①在沿岸水域遇险时,有关停止搜寻的问题应经由最近的海岸电台与陆上的搜救机构协商。

②在海洋水域遇险时,应向救助船通报停止搜寻并请其恢复原航向,同时将通报要点通报陆上的搜救机构。但是,对于处在搜寻区域内及其周围附近的全体船舶,则仍要求其继续保持瞭望。

(五)直升机救助时船舶应采取的措施

直升机在海上搜寻中发挥着重要作用,在救助落水人员、医疗转移等方面应用更为普遍,是常用的方法之一。但直升机作业存在较大的风险,为了确保直升机作业的安全,除了直升机驾驶员的操作外,船舶应严格按照有关规定和要求进行准备和操作。

1.船舶与直升机之间的通信

直升机作业期间船舶与直升机之间应建立直接的通信联络,并充分理解所交流的信息。除非预先另有约定,在直升机到达之前,船舶应保持在 VHF 16 频道守听。直升机与船舶之间至少在下列方面应进行信息交流：

(1)船舶位置；

(2)到达指定集合地点的航向和航速；

(3)所处海域的气象、海况；

(4)如何从空中识别本船(如旗帜、橙色烟雾信号、聚光灯或日光信号灯等)。

2.直升机降落或吊运区的位置

直升机降落或吊运区是指船上操作区。船上操作区应安排在主甲板上,如可行,两舷都要安排。船上操作区由"外部操纵区"和"内部清爽区"两部分组成。内部清爽区应尽量靠近船舷。外部操纵区可能延伸至舷外,但所有内部清爽区都不能延伸至舷外。

(1)外部操纵区和内部清爽区由两个同心圆划定的范围构成。外部操纵区直径至少为 30 m,该区域内的障碍物高度不得超过 3.0 m。内部清爽区直径至少为 5.0 m。

(2)留出从舷边顺利进出作业区的通道。

(3)在作业区内确定最佳清爽区位置,如没有障碍物的连续甲板。大型船舶可以在甲板上标出一个区域,漆写一个"H"表示用于直升机降落,或涂成黄色以表示仅用于吊运。

(4)为了减小船舶航行中所产生的扰动气流的影响,建议不要在靠近船首的位置设置上述区域。

(5)夜间吊运区内应提供足够照明,照明灯应妥善安置以免影响航行中飞行员或该区域内的工作人员的视线。照明灯的分布应保证能正确识别表面和障碍物标志。对于吊运区灯光照不到的位置,船舶应与飞行员协商,尽可能将船舶照亮,尤其是作业区的障碍物,诸如桅杆、烟囱、甲板装置等。

(6)由于飞机会引起强烈气流,现场附近的衣物或其他散放物品应移开或系牢。

3.船上安全准备

直升机降落或吊运前,船舶应做好相应准备工作。在作业开始前,应召开会议与所有相关人员讨论关于直升机与船舶间作业的安全须知和操作要领。

(1)在直升机作业期间,应准备好下列消防设备或等效设备:
- 至少两个干粉灭火器,总容量不少于45 kg;
- 一个合适的泡沫施放系统(固定式或便携式),具备每平方米清爽区每分钟不少于6 L的泡沫量,并且能维持该流量至少5 min;
- 二氧化碳灭火器,总容量不少于18 kg;
- 甲板水系统,并且能保证至少有两股水柱可以喷射至直升机作业区的任何部分;
- 至少两个具有双重功能的消防水龙带喷嘴;
- 防火毯或手套和足够的防火服;
- 在离船点附近放置足够的用于扑灭油火的便携式灭火器;
- 如有可能,应启动消防水泵,接好水龙带备用。

(2)为使直升机飞行员从空中更好地识别船舶和指明风向,船舶应悬挂好三角旗或其他旗帜。

(3)所有相关的船员或需转运的人员都应穿好救生衣。当穿救生衣可能使伤病人员的状况恶化时,可以不穿救生衣。伤病人员不应穿戴松散的衣服或帽子。

(4)绞缆端部的起吊装置不得与船舶的任何部位固定,并不得与固定设备的索具绞缠。

(5)除非直升机机组人员要求,否则船上人员不要试图去接触起吊装置。起吊装置的金属部分应与甲板接触以防静电。

(6)在装载易燃或爆炸货物船舶上的可燃混合气体泄漏附近进行直升机绞盘作业时,为避免因静电导致火灾或爆炸事故,绞盘作业接触船体的地方应远离气体泄漏或油舱通风孔。

(7)直升机飞行员一般希望以顶风(相对风向)从飞行员一侧盘旋接近船舶。作业区上方应尽可能避免干扰、不受烟雾和其他障碍物的影响。

(8)从事直升机作业的船舶应悬挂的号型为"球菱球"。

二、人员落水救助操船

船舶航行中落水的船员或旅客,其体力消耗很快,将危及落水人员生命,尤其是在低温水域更是如此。因此,需在最短时间内将落水者救起。

(一)人员刚落水时的紧急处置

航行中的船舶值班驾驶员一旦发现人员落水,应立即采取下列紧急措施:

(1)发现者应投下就近的救生圈、自发烟雾信号;夜间应抛下自亮灯浮救生圈。

(2)向落水者一舷操满舵,摆开船尾,以免船尾和螺旋桨打到落水者。

(3)发出人员落水警报,启动人员落水应急预案,按照应急部署采取行动。

(4)派专人携带望远镜登高瞭望,不断报告落水者的方位和大概距离。

(5)报告船长,同时通知机舱备车,运用适合当时情况的操纵方法操纵船舶驶近落水者,并准备放艇救助。

(6)风浪中救助落水人员时,救助船应先驶向落水者的上风舷,在下风舷放下救生艇,救生艇于下风舷将落水者救起。

(二)驶近落水者的船舶操纵方法

人员落水后,应根据当时的具体情况操纵船舶驶近落水者,以便释放救生艇实施救助。IMO A. 601 决议要求船舶进行人员落水的操纵试验,并将试验结果列入"操纵性手册"中,以便使用。人员落水后的船舶操纵行动分三种情况,即立即行动、延迟行动和人员失踪(搜寻失踪人员)。

立即行动:操船者发现人员落水后立即采取操船行动,并使船舶在最短的时间内返回落水者的位置。

延迟行动:操船者接到人员落水目击者报告后采取操船行动,并使船舶较精确地返回落水者的位置。

人员失踪:操船者接到人员失踪报告后采取操船行动,并使船舶返回原航迹向上的搜寻行动。

常用的驶近落水者的操船方法及其适用范围概要如下。

1. 单旋回

单旋回法驶近落水者的时间最短,它适用于上述的"立即行动",但不适用于"延迟行动"和"人员失踪"。其操纵方法如图 7-4-9 所示,操纵要点如下。

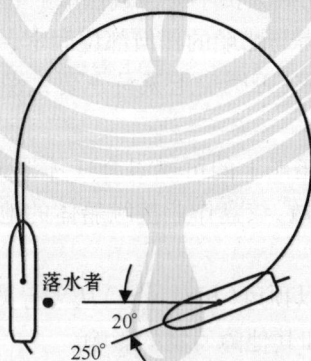

图 7-4-9　单旋回操纵示意图

(1)向落水者一舷操满舵;

(2)距落水者方位剩余 20°舵角时正舵停车;

(3)如落水者难以视认,则应航向改变 250°时操正舵,一边停船,一边努力搜寻落水者。

2. Williamson 旋回

Williamson 旋回法是最常用的方法。Williamson 旋回法能保证船舶驶近落水者的位置较为精确,在夜间或能见度不良时是有效的接近落水者的操船方法,多数船舶的人员落水操纵试验均采用这种方法。它最适用于上述的"延迟行动",对于"立即行动"和"人员失踪"也适用,但该操船法所需时间较长,其操纵方法如图 7-4-10 所示,操纵要点如下。

(1)向落水者一舷操满舵;

(2)当转向角达到 60°时操相反一舷满舵;

(3)船首向距原初始航向的相反方向相差 20°时回正舵;

(4)待船舶航向变为初始航向的相反方向时把定,发现落水者适时停船并操船接近落水者。

3. Scharnow 旋回

Scharnow 旋回法的特点是耗时比 Williamson 旋回法要少,并可节省 1 ~ 2 n mile 的航程。但该法返回原航向不够准确。它适用于上述的"人员失踪"的搜寻,而不适用于"立即行动"和"延迟行动"。其操纵方法如图 7-4-11 所示,操纵要点如下。

(1)向任一舷操满舵;

(2)当船舶改向达 240°时操另一舷满舵;

(3)船首向距原初始航向的相反方向差 20°时回舵;

(4)待船舶航向变为初始航向的相反方向时把定,发现落水者适时停车并操船接近落水者。

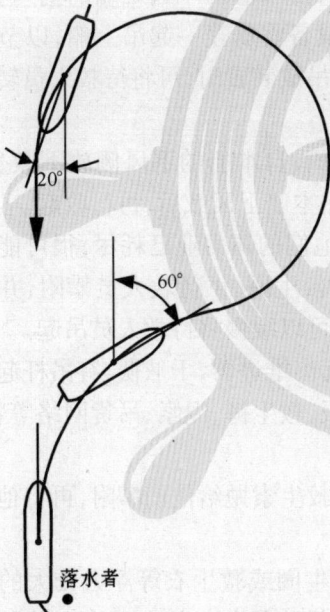

图 7-4-10　Williamson 旋回操纵示意图　　　图 7-4-11　Scharnow 旋回操纵示意图

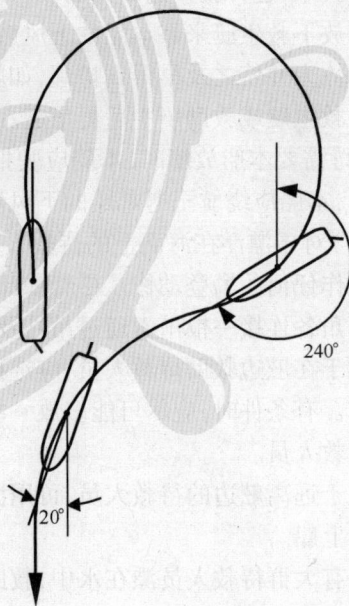

三、在恶劣天气下释放救助艇或救生艇筏的操船注意事项

航行中释放救生艇或救助艇是救助落水人员的常用方法之一,但应按照有关规定和要

求释放,以确保艇上救助人员的安全。可按下列要求释放救生艇。

(1)如海面较为平静,应尽早放下救生艇,以免延误时机。

(2)释放救生艇时船舶纵倾应低于10°,横倾应低于20°,船速不应高于5 kn。恶劣天气情况下,船舶可采用滞航操船法释放救生艇。为减少和避免大风浪中救生艇的摇摆及与大船碰撞,可用止荡索、碰垫和艇篙。

(3)救生艇落至水面时船舶最好为对水静止状态。在脱钩之前应将系船索系妥,前后应同时脱钩。如不能同时脱钩,应先脱后吊钩,后脱前吊钩。

(4)如海面有风浪,应将船舶驶至落水者的上风侧,释放下风舷救生艇。

(5)救生艇接近落水者的方向取决于相对漂移速度、风况以及事故等情况。一般情况下,最好从下风靠近落水人员;如果遇难船舶发生火灾,可能需要从上风接近。

(6)抛绳枪和必要的系艇索应预先备好,以便和遇险船、艇筏之间系缆时使用。

(7)对在舷边的遇难人员应选择在船中部位进行救助。

(8)大风浪中收艇时,应前后同时挂钩,如不能同时挂钩时,应先挂前钩,后挂后钩。船舶横摇中挂钩应在大船由一舷横摇至中间位置时进行。

四、从遇难船上救人的操船方法

船舶在救助遇难船舶上的人员或救生艇、救助艇上的人员时,应考虑本船以及被救船或艇的漂移速度,然后根据不同的情况进行救助。

(1)如遇难船可放出救生艇或救生筏时,本船应驶往遇难船的下风侧停留,并等待对方救生艇驶来;也可驶往遇难船的船首或船尾的近距离处,使本船位于遇难船的上风,更便于遇难船放下救生艇来靠本船的下风舷。然后利用起重设备将艇筏一起吊上船,以节约待救人员的体力并使之及早得到护理,如艇太重或救生艇无吊放装置时,可将待救人员转移到救助船的救生艇或救助艇中后再吊起。

(2)需要本船放艇时,本船应驶抵遇难船的上风一侧,自本船的下风侧放下救生艇;在收艇时,本船应绕航至遇难船的下风侧,等待救生艇驶靠本船下风舷后,再行收起。

(3)对于漂浮在海面上的待救人员,一定要意识到他们的体力业已耗尽,很可能已经没有力气作任何的攀登动作。尽管如此,仍应在舷边张挂救生网,供待救人员攀附,并在网的两个下角各连接一根吊索通过吊柱及滑车引向起货机,可以缓慢将待救人员吊起。

对于在舷边救助待救人员,应选择在船舶的中部,远离推进器,干舷低,有吊杆起重设备的地方。有条件时,应尽可能多放一些救生索、单人坐板、救生裤、绳索、吊货网络等物,以便吊起待救人员。

对于远离舷边的待救人员,可用抛绳枪把带浮体的救生索抛给他们攀附,再将他们拉到舷边吊上船。

如有大群待救人员漂在水中,救助船可拖曳带有救生圈或救生衣等浮力较大的缆绳在漂浮者上风处低速围绕其回转,让待救人员攀附其上再设法吊起。如有可能由救助船放下救生艇将漂浮在水上的遇难人员逐个救助上艇,再吊上大船。

(4)如风浪大或其他原因,使待救人员无法离开遇难船时,可以用抛绳枪或其他方法在两船间带好缆绳,使用救生裤将待救人员转移到救助船上。救生裤用滑车挂在两船间的大缆上,拉动另一条系在滑车上的回收索,就能往返渡送待救人员离船。如因风浪大在两船间绷紧大缆有困难时,可直接在水面上用救生裤渡送。

第七章思考题

1. 简述发现人员落水时的紧急措施。
2. 简述驶近落水者的单旋回的操纵方法及适用情况。
3. 简述驶近落水者的 Williamson 旋回的操纵方法及适用情况。
4. 简述驶近落水者的 Scharnow 旋回的操纵方法及适用情况。

轮机概论

驾驶人员在进行船舶操纵的过程中,为了保证船舶的操纵与机器设备的安全,必须了解相关的轮机知识。

船舶动力装置主要由推进装置、辅助装置、船舶系统、甲板机械、防污染设备和自动化设备、特种系统等六部分组成。本章仅就船舶动力装置基本操作原则的基本内容进行介绍。

一、备车

备车是为使停泊或定速航行状态的主推进装置进入机动操纵状态而进行的准备工作。

(一)备车类型

备车分为开航前备车和由定速航行转为备车航行两种情形。开航前备车的目的,是为了使处于停止状态船舶动力装置进入随时能启动和运行的状态。一般情况下,因船舶动力装置类型、功率的不同,备车所需的时间长短不一,范围在 0.5 ~ 6 h 之间。对于普通船舶柴油机动力装置,应提前 1 ~ 2 h 备车;当船舶在特殊水域、气象条件下以及过运河和关键航行设备发生故障时,或正常情况下船舶到达港口和锚地前,根据船长或轮机长指令也需要备车。对于定速航行的船舶进入备车航行因动力装置已经处于运行状态,备车会相对简单些。

(二)备车的内容

由于机型、辅助设备和动力装置布置的不同,备车的程序有所区别,但备车的内容大致相同。主要包括值班驾驶员和轮机员会签确认开航时间;在规定的开航时间 1 ~ 2 h 前核对时钟、车钟和对舵;暖机、各动力系统准备;转车、冲车、试车等;待备车工作结束并经机驾双方确认后,轮机员操纵车钟手柄将车钟指针摇至"STOP"位置,驾驶台车钟指针跟至并对正"STOP"位置,则表示轮机备车完毕,随时可以按车钟指令的要求操纵主机。

1. 暖机

暖机是指船舶在停泊后开航前预先加热柴油机冷却系统和滑油系统中的循环液,并开动冷却水循环泵、滑油循环泵,以提高机体温度和向各运动摩擦表面供应润滑油的过程。船舶主机的暖机方法有三种:一是将运转中的发电柴油机循环冷却水通入主机冷却水中;二是利用蒸汽加热主机冷却水和润滑油;三是利用电加热器对主机冷却水加温。

暖机时间随机器类型、尺寸、环境温度、加温方式的不同而不同,应保证机器启动前冷却水温度达到 50 ~ 60 ℃。机体温度达到相应的稳定状态,一般需几个小时。缸套冷却水温度低于 20 ℃ 时不可启动柴油机。如果主机停车期间始终用发电柴油机冷却水保持暖机,那么开航前就不需再提前暖机。对于采用蒸汽或电加热暖机的系统要根据平时保温温度决定提前加热时间。对于滑油系统,除用蒸汽盘管直接加温主机循环油柜外,亦可用滑油分油机运转分油的加温方法。暖机的目的是为了使柴油机机体温度提高,使之容易启动发火。柴油机发火后尽量降低机件温度变化速度,同时减少燃油中的硫分燃烧后生成的酸性物质对汽缸壁、活塞顶的低温腐蚀,还可以减少组成燃烧室的部件在动车后产生的热应力。对有些机型在紧急情况下允许柴油机在冷却水温度高于 20 ℃时启动,启动后对于定距螺旋桨主机应在最低稳定转速下运行,而对于调距桨主机应在螺旋桨零螺距下运行直到高温冷却水温度达到 60 ℃以上才允许逐渐增加主机负荷。

2. 滑油系统的准备

在开航前备车之前,应提早启动滑油分油机,对曲轴箱滑油进行加热和分离,以分出滑油中的杂质和水分,并将滑油温度加热至 38 ℃左右。在开航前备车时,必须检查滑油循环柜、增压器油液观察镜(或油柜)、调速器油位、尾轴润滑重力油柜、尾轴尾部密封装置润滑油柜、尾轴首部密封装置循环器和各中间轴承座等处的滑油油位。启动主滑油循环泵并将油压调至规定值,以便将滑油送至各润滑表面,使滑油中的固体微粒和杂质在主机开车之前汇集到滤器中,减少运转后的磨损。

若采用油冷活塞,当循环泵开动后,活塞温度会逐渐升高,也起到暖机作用。此时,应注意观察各缸活塞的回油流量和温度,各缸活塞回油流量和温度相差不能过大。

废气涡轮增压器若属于独立式润滑系统,应开动透平油泵使滑油循环,通过观察镜检查油的流量情况。

检查汽缸油柜油位,检查汽缸注油器是否充满油,手动检查汽缸注油器工作情况。在柴油机转车过程中,应操纵(或手动)汽缸注油器,将滑油预先送到汽缸壁周围,减少启动时汽缸壁的磨损。

检查并注满各活动部件和启动空气系统主要阀件的润滑油杯,检查各注油点并注入滑油和油脂。

3. 冷却系统的准备

首先检查主机膨胀水柜的水位和冷却水系统中各阀门是否处于正常状态,然后开动主机淡水泵使淡水在系统中循环并排出气体。

主机启动运转之后,当主淡水冷却系统、主滑油冷却系统、活塞冷却系统和喷油器冷却系统中冷却液温度开始升高时,应及时调整各冷却器工作负荷,以保持各冷却介质温度合适。

4. 燃油系统的准备

检查燃油沉淀柜,轻、重油日用柜油位,并放出油柜残水,油位较低时应及时驳油,加热燃油日用柜、燃油沉淀柜和使用中的燃油舱中的燃油,并注意调节上述舱柜的油温至规定温度。开动燃油输油泵、燃油循环泵(如果是重油停车,此泵已在运转),使燃油循环流动并驱气,检查燃油压力。如果是在重油停车状态,应加热燃油,使其进机温度上升到使用温度。主管轮机员在机舱记事板上注明各油舱的存油量及使用分配情况,开航前轮机长应将本船现存轻、重油总量以书面形式向船长报告,以备开航前报告海关。

5. 压缩空气系统的准备

当值轮机员应将主、辅空气瓶充气至规定压力,放掉气瓶及压缩空气系统中的水和残油;开启空气瓶出口阀、主停气阀,将主启动阀置于"自动"位置。打开通至汽笛的空气出口阀,以备驾驶台随时使用。对气控关闭的排气阀,其压力空气应在滑油泵启动前供应。

(三)转车

转车就是用转车机或特殊的慢转装置转动主机,以检查机器各运动部件和轴系的回转情况以及各汽缸内有无大量积水。转车前应开启示功阀,然后合上转车机,小型主机正倒车各转车 1~2 转,大型主机一般可连续转车 10~15 min。确认机器正常后停止转车机,并使转车机与主机脱开;确认连锁装置释放,并将转车机锁在"脱开"位置。转车应在柴油机启动前尽可能晚地进行,提前时间不应超过 30 min。现代主机遥控系统可实现如启动前主机停车时间超过 30 min,启动初期只有少量压缩空气进入汽缸,主机完整转一周后正常启动空气阀打开启动主机,这一功能称为慢转启动。

(四)冲车

冲车是利用启动装置供给压缩空气(不供燃油)使主机转动的操作过程。利用冲车可将汽缸中的杂质、残水或积油等从开启的示功阀冲出。在冲车过程中可以判断启动装置和主机工作是否正常,若有故障应排除后方可进行试车。如果主机冲车情况正常,则关闭示功阀。

(五)试车

试车的目的是为了检查启动系统、换向装置、燃油喷射系统、油量调节机构、调速器、主机及其系统、轴系和螺旋桨等是否工作正常。试车的操作,是由当值轮机员先将车钟推至正车(或倒车)微速运转位置,待驾驶台回车令后,当值轮机员进行柴油机启动操作,供油在正车微速下运转数转后停车;换向,再进行倒车(或正车)启动,供油微速运转数转后停车。在换向和启动过程中,应注意观察换向装置、启动装置、调速器及油量调节机构等动作是否灵活正常,同时注意各缸发火是否正常和主机运转是否有不正常声响。试车结果若发现不正常情况,应及时查明原因予以消除。对于直流扫气的二冲程柴油机,还应检查气阀机构等运动部件的工作状态是否正常。

试车完毕后,车钟回令手柄停在"停车"位置,此时船舶可随时起航,机电设备应始终处在当值轮机员的监管之下,轮机员不应远离操纵台,并与驾驶台保持联系。

应强调的是,机舱转车、冲车、试车必须有当班驾驶员同意。驾驶员应根据螺旋桨附近有无其他作业、船舶装卸货物工作、缆绳松紧受力和舷梯安全情况等做出是否可进行如上操作的判断。在允许的情况下,每次由机舱人员扳动车钟,当班驾驶员回车钟。如果主机采用驾控方式,在得到驾驶员许可后,轮机人员可自行进行转车、冲车、试车等操作,待一切正常后将遥控旋钮转至驾控位置。无论哪种情况驾驶台均应有人值守,试车时运转时间切不可过长。

二、机动操纵时的管理

船舶在进出港、靠离码头时运动状态变化比较频繁,必须保证船舶运动状态变化时,船舶动力装置有效并安全运行。当值轮机员应严格准确地执行车令,正确操纵和管理主机。如果是采用驾驶台遥控的操纵方式,驾驶员应科学、合理操纵主机及其他航行设备,以确保船舶安全和设备始终保持最佳状态。

（一）机动操纵时的操作

当机舱接到驾驶台机动操纵的指令时，轮机部立即备车：

（1）主机只能采用轻油进行机动操纵的，主机按规定的换油程序换用轻质燃油，应避免油温突变损坏供油设备。

（2）机动操纵时应保证供电，必要时增开发电机，满足高负荷和冲击负荷的需求。

（3）空气瓶应随时补足，并保证汽笛用气。

（4）当值轮机员必须集中精力，使各运转设备的主要参数在规定的范围内，必要时进行适当调整。

（二）机动操纵时的安全事项

（1）主机启动操作时，应尽量做到一次启动成功，油门不能给得过大，防止柴油机发生冷爆、损伤机件和增加不必要的磨损。

（2）在船舶起航和加速过程中，不应加速太快，以防柴油机热负荷、机械负荷过大。

（3）机动操纵时应快速越过转速禁区，绝对禁止柴油机长时间在转速禁区内运转，防止机器发生剧烈振动和损伤轴系。

（4）在进行倒车操纵时，应控制油门，避免主机超负荷。

目前较先进的主机遥控系统均能够实现启动，加速，迅速越过临界转速的程序化操作，驾驶员只要将车钟手柄放到需要位置，系统就可按合理程序进行操作。但驾驶员仍然应在满足安全的前提下，以缓慢加速，减少换向为原则。当运行参数异常，会影响到主机安全时，主机遥控和安全保护系统会发出主机降速（降负荷）、停车预报警，数秒后实施降速或停车保护。如果船舶在紧急情况下不允许降速或停车，操作人员可按一个"越控"按钮，则自动取消除主机"超速"以外的保护并强制运行，这种操作方式是出于舍机保船的需要，很可能对船舶动力装置造成严重损害。因此操作人员不到万不得已不可使用此功能。

（三）机动操纵管理

（1）机动操纵所设定的车速应当是机动操纵转速或港速。

（2）当值轮机员除处理紧急故障外，不得远离操纵台和离开集控室。

（3）轮机长应监督轮机员进行各种操作，监控各设备运行状态，及时与驾驶台取得联系，及时处理各种突发事件。

（4）机动操纵期间，船舶航行状态多变，要随时注意配电板各仪表的工作情况，注意观察和调节冷却水、滑油的温度和压力，保持空气瓶压力在允许范围，保持正常的扫气温度和压力，注意各缸排气温度值的变化，注意各主要设备的工作状态。

（四）各种航行条件下主机的工况及操作要点

1. 船、机、桨的配合

船舶航行时受到各种阻力的作用。在螺旋桨推进的船舶上，这些阻力即成为螺旋桨的负荷。螺旋桨必须产生与之相应的推力，才能使船舶保持希望的航行状态。而螺旋桨产生一定推力所需的扭矩和功率由主机提供，它们之间保持着力、扭矩和功率的平衡。

（1）船舶阻力

见第二章第一节的相关内容。

（2）与螺旋桨配合工作时的主机工作点。

忽略传动损失，主机发出的功率与螺旋桨吸收的功率相等。柴油机速度特性是指将喷油泵油量调节机构固定在某一位置，然后改变柴油机负荷使柴油机转速变化，在这种工作条件下测出柴油机主要性能指标和工作参数随转速变化的规律。根据油量调节机构固定位置不同速度特性分为全负荷速度特性、超负荷速度特性和部分负荷速度特性。典型的油量调节机构固定位置与主机功率之间关系曲线如图 8-1-1 所示。其中斜线 1、2 为部分负荷速度特性，3 为超负荷速度特性。如果将柴油机速度特性曲线和它所带动的螺旋桨的特性曲线画在一个坐标图上，柴油机速度特性曲线与螺旋桨特性曲线上的交点，即它们配合工作的工作点。对于一定功率的主机，必须选配合适的螺旋桨。如果直径 D 和螺距比 H/D 过大，螺旋桨会过重，主机带不动，高速运转时，就会造成主机超负荷。如果 D 或 H/D 选得过小，螺旋桨会过轻，主机就不能充分发挥它的做功能力。通常，按照"在柴油机额定转速下使螺旋桨吸收的功率等于柴油机的额定功率"这一标准选配螺旋桨，柴油机按额定负荷速度特性曲线 1 工作，其工作点为与螺旋桨特性曲线的交点 a。当柴油机以部分负荷速度特性曲线 2 或超负荷速度特性曲线 3 工作时，工作点分别为它们与螺旋桨特性曲线的交点 b 或 c，如图 8-1-1(a)所示。如图 8-1-1(b)所示，当因船舶阻力改变或调距桨螺距角改变等原因使螺旋桨特性曲线变化时，柴油机与螺旋桨的工作点也将相应改变。

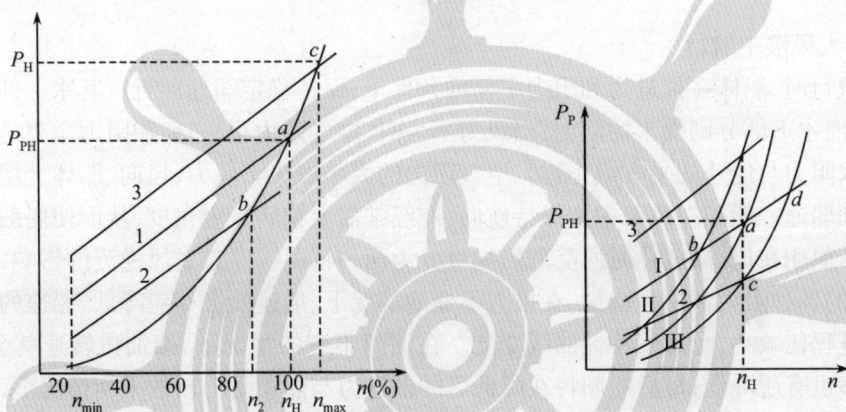

(a)柴油机速度特性变化时与螺旋桨特性的配合　　(b)螺旋桨特性变化时与柴油机的配合

图 8-1-1　柴油机与螺旋桨的配合工况点

2.航行条件变化时主机的工况

(1)航行阻力变化时主机的工况

船舶航行阻力的变化，会引起螺旋桨进程比 J 的改变，从而导致螺旋桨特性曲线的变化，使主机工作点发生变化。

如图 8-1-2 所示，如柴油机以额定负荷速度特性与具有特性曲线 I 的螺旋桨配合工作，工作点为 a，此时柴油机发出额定功率 P_a，带动螺旋桨以额定转速 n_a 转动。如果因装载量、风力、航道变化、船底污底、起航加速等原因使船舶阻力增加，螺旋桨特性曲线将会变陡，例如变为特性曲线 II。这样工作点将会从 a 点变到 b 点。此时，尽管柴油机功率和转速均低于额定值，但已在超扭矩范围内（a 点到坐标原点连线——额定扭矩线以上区域）工作。这对柴油机的工作是十分不利的。这时应减小柴油机油门，以较低负荷速度特性（如特性曲线 2）工作，使工作点回到额定扭矩线以下区域。切不可为了增加柴油机转速和船速而盲目

加大油门,使柴油机严重超负荷而造成损坏。反之,当船舶阻力减小时,螺旋桨特性曲线会

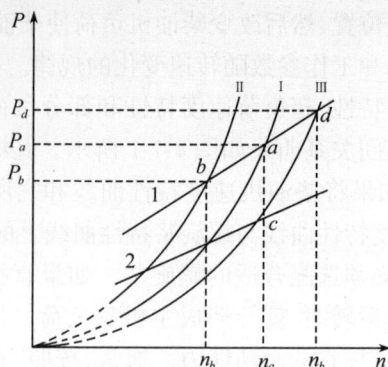

图 8-1-2　主机工作点在各种航行条件下的变化

变得较为平坦,如特性曲线Ⅲ。工作点将会由 a 点变至 d 点。这时,尽管柴油机未超扭矩工作,但柴油机的转速和功率均超过额定值 n_a 和 P_a,柴油机也处于超负荷状态。此时也应减小油门,以部分负荷特性曲线(如特性曲线2)工作,使柴油机的功率和转速均不超过额定值。

（2）在大风浪中航行

船舶航行时,船体在推进力和阻力平衡的条件下,保持稳定船速前行。其水上部分受空气的阻力,而水下部分则受水的阻力;当风力不大时,空气阻力很小,船舶阻力主要是水的阻力。一般水阻力与船速的平方成正比。空气阻力的大小取决于风力、风向、船体上层建筑的受风面积和船速。船舶在风浪中为保持航向,舵经常需要偏转一定角度,从而使船舶阻力进一步增加。船舶在风、流变化时所受的影响可分为两种情况。一是逆风逆流的影响,风浪增大后,船舶的各种阻力都明显增加,在推力不变的情况下,船速就会相应降低,船速的降低使螺旋桨的进程比减小,螺旋桨特性曲线变陡。在油门不变的情况下,柴油机转速就会下降,发出的功率也有所降低;最后船舶将在降低后的推进力与船舶阻力新的平衡情况下,以较低的航速前进。此时,不能因为主机转速降低,用增加油门来恢复原转速,那会使柴油机循环供油量增加而最高爆发压力增高,导致机械负荷增加;相反还应该减小油门。原因是柴油机在低速运转下,如果仍保持油门不变,一方面由于废气涡轮的总能量减少,使增压器转速下降而增压压力降低,汽缸内供气不足,导致燃烧恶化和废气温度升高致使汽缸过热;另一方面汽缸最高爆发压力不变而运动部件的惯性力减小,导致轴承负荷增加和轴系扭矩增加,可能引发轴系和轴承故障,所以在逆风、逆流中航行应适当降低柴油机的转速。另一种情况是主机以额定工况正常航行而进入顺风顺流海况,此时船舶阻力减小,螺旋桨特性曲线变平坦,在主机油门不变的情况下主机转速会超过额定值。此时,应适当降低油门,使主机不超过额定转速即可。

（3）在浅水、窄航道和污底条件下航行

船舶在水中的阻力可分为摩擦阻力、形状阻力和兴波阻力。船舶在浅水中航行时,船体下面的水流受到海底的限制,被迫流过船体两侧而使两侧水流速度增大,从而引起摩擦阻力和形状阻力增加。此外,船舶下沉的增加,使船舶阻力进一步增加。因此,在船舶由深水进入浅水时,主机转速和船速都会自动下降。如要保持原定船速而增加油门,主机就会超负

荷。窄航道中航行和在浅水航行相同,船舶周围的水流受到的限制阻力增大。如果浅水和窄航道同时出现,船舶阻力增加的程度会更大,更要注意不能随意加车。

船舶污底是由于船体水下部分附着的海生物增多而造成的。污底会使船舶阻力增加,船速和主机转速因而下降,如此时要保持主机原来设定的转速而加大油门,就必然会使主机超负荷。根据实际情形应适当减小油门。

(4)起航和加速

从开始起航到船舶定速,该时间不可过短,决不允许柴油机刚刚运行几分钟,就将操车手柄转至全速,这样会引起柴油机超热负荷,缸套产生裂纹。对于不同的机型,该时间的长短不一。影响该时间长短的因素有两个:一是发动机运动部件的质量惯性,二是受热部件的热惯性。一般来说,质量惯性和热惯性都小,有利于加速,而后者更为重要,在这方面中速机优于低速机。对于现代的大型低速机而言,从启动至全功率的时间至少需要 30 min。船舶从港内起航,经一定时间的机动航行再转为定速航行问题不是很大。但是,船舶在较开阔锚地起锚后外面海况即具备定速条件时,应逐渐将主机负荷加至额定负荷。具体加速程序随机型而异,最好同轮机长商定。至少应保证主机在微速、低速、半速每个速度运行至少 10 min后,再逐渐加至全速。

(5)转弯

船舶在转弯时,船体在斜水流中航行,船舶阻力增加,同样也不能用增大油门去保持主机原来转速。在操纵船舶时也应尽可能避免突然的大舵角转弯,尤其对于设有轴带发电机的船舶更应注意。曾有船因为突然使用大舵角转向造成发电机跳电的事故。另外在船舶定速航行后由于船速较大,在大舵角转舵时会使船舶产生较大的横倾。不同类型船舶,不同装载航行条件下,有时这种横倾可能是危险的,至少对机舱设备稳定运行不利。定速航行时对相会船舶应提早小舵角避让。

(6)主机换向和船舶倒航时主机的工况

船舶在港内航行、靠离码头或者遇到避碰等紧急情况时,常需改变主机回转方向,使前进的船舶迅速停止下来,或改为倒航。图 8-1-3 所示为主机换向及倒航过程中螺旋桨的特性曲线。图中横坐标为螺旋桨转速的百分比,纵坐标为螺旋桨转矩的百分比。曲线 A、B 和 C 分别为船在全速、半速和系泊情况下根据船模试验画出的螺旋桨换向及倒转特性曲线。

假定船舶正在全速前进,现将主机从正车改为倒车运转(图中曲线 A)。原先,主机和螺旋桨的配合工作点为 a 点。接到倒车命令后,首先停止主机供油,主机转速会迅速下降,螺旋桨进程比 J 将迅速增加,因此扭矩、推力亦迅速下降。在下降到 b 点之前的某一转速时,将出现零推情况。当转速下降到 b 点时,螺旋桨扭矩亦为零。此时推力为负,螺旋桨开始阻止船舶前进。a—b 为螺旋桨换向的第一阶段。

在 b 点以后,由于船舶因惯性仍在前进,螺旋桨被水冲击转动,产生负扭矩,像水涡轮一样带动主机仍按正车方向回转。此负扭矩为主机运动部件和轴系摩擦损失所消耗,所以转速迅速下降。在转速下降到 c 点时,负扭矩达最大值,此后负扭矩逐渐减小。达到 d 点时,负扭矩已不足以克服主机运动部件和轴系的摩擦阻力,螺旋桨即停止转动。b—c—d 为螺旋桨换向的第二阶段,即水涡轮工作阶段。在 d 点之后,倒车启动主机,使主机带动螺旋桨倒车转动,产生负推力,对船舶起制动作用。但是此时船舶仍在前进,所以当倒车转速达额定转速的 40% ~60% 时,扭矩已达额定值。船舶半速前进时,螺旋桨换向的转矩与转速关

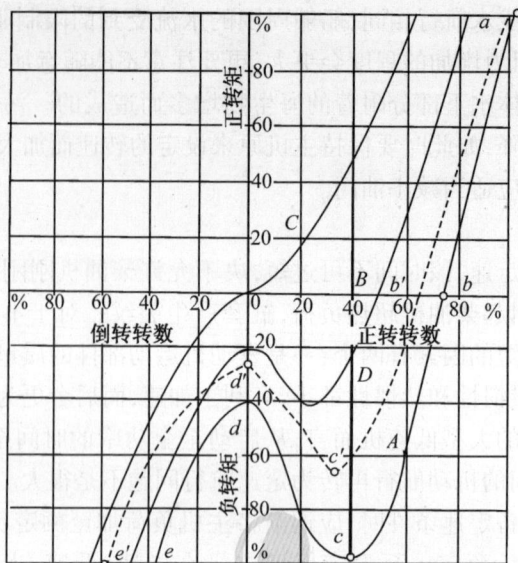

图 8-1-3　螺旋桨换向及倒航工况

系(曲线 B)与全速时相似,只是负转矩数值较小。系泊工况时(曲线 C)没有水涡轮工况,不出现负转矩。

以上讨论未考虑换向过程中船速的变化。如考虑到实际在航行条件下主机换向过程中船速有所降低,则螺旋桨的换向倒转特性可如曲线 D 所示。

利用上述螺旋桨的水涡轮原理,可以消耗船舶的惯性能,对船舶起一定制动作用。但是由于主机运动部件和轴系的摩擦力较小,螺旋桨降至零速所需时间较长。这一过程中船舶的惯性滑行距离可能为船长的 5 ~ 6 倍。这么大的滑行距离,对于避碰的紧急情况是危险的。在紧急情况下,可在主机转速降至额定转速的 30% ~ 40% 时,按倒车启动方式向主机供入启动压缩空气,对主机运动部件、轴系和螺旋桨进行强行制动,使他们较快停止转动,然后倒车启动主机,使螺旋桨倒转,尽快停止船舶的滑行。这一过程称为紧急制动。

必须指出,在进行紧急制动时,船舶仍在前进。主机开出倒车后,当转速为额定转速的 40% ~ 60% 时,扭矩已达额定值。若转速过高,主机和轴系可能发生严重超负荷。

船舶倒航时,船舶阻力较正航时为大,而且螺旋桨效率也较低,所以螺旋桨特性曲线较陡。为了保证倒航时主机不至超负荷,必须使倒车的最大转速不超过额定转速的 70% ~ 80%,具体转速应根据排烟温度确定。

倒航时船舶阻力比正航时大,而且螺旋桨的效率也比较低,所以主机倒航时的转速要比正航时的转速低,一般倒航转速不超过额定转速的 70% ~ 80% 。

如果船舶是从正航转为倒航,其船舶阻力更大。特别是在紧急制动的情况下,船舶仍在前进,主机倒车运转后,当达到额定转速的 40% 以上时,转矩就可能会达到额定值。若转速过高,主机和轴系就会超负荷。此时操纵应根据紧急情况,控制主机转速,除非不得以,在保船不保机的情况下才能强制主机超负荷运转。

由以上分析可知,船舶由正车运行马上要实现倒车运行必然要经过停车和反向启动,只要船舶滑行方向和要启动运行方向相反,都将使轴系扭矩加大。一方面启动阻力矩加大非常容易产生启动失败;另一方面,即使启动成功,运转初期船舶仍按原方向滑行,导致轴系扭矩加大,容易超机械负荷。因此在可能情况下,均应避免不经停车指令而直接发出反向启动运行车令。

(五)紧急刹车

船舶航行遇到避碰等紧急情况,为使船舶尽快停止前进或变为倒航而对主机进行制动并迅速倒车的操作过程称为紧急刹车。

1. 紧急刹车操作

具有直接传动推进装置的船舶,倒航时必须改变主机的转向。尽管各机型的操纵系统的设备区别较大,但紧急刹车的操作程序是相同的。紧急刹车操作正确,柴油机能尽快停车并迅速开出倒车,符合船舶紧急避碰的需要,船舶可安全避让,主机不受损伤。如果紧急刹车时机不到或错过,则主机不能实现紧急刹车,甚至造成机损,更谈不上船舶避碰。紧急刹车的操作步骤如下:

(1)接到驾驶台由前进三至后退三车钟指令,即紧急刹车指令时,当值轮机员应立即回车钟应答,同时将紧急刹车指令及时间记入车钟记录簿,作为海事处理的依据,此后每个车钟指令及时间必须准确无误地记入车钟记录簿。

(2)当接到紧急刹车指令时,应答并记录的同时,以最快的速度拉动操纵手柄(轮)至停油位置,及时切断主机燃油使主机降速。

(3)切断燃油供应的主机转速逐渐下降但仍然正转,根据主机型式的不同应在换向转速或应急换向转速下及时换向,使燃油凸轮、进排气凸轮及空气分配器凸轮按倒车正时控制相对应的设备。

(4)倒车启动,利用压缩空气进行刹车的时机要准确。主机换向完成却仍按正转方向逐渐降速回转,当螺旋桨处于水涡轮阶段,即水流使螺旋桨处在负转扭阶段,此时正车转速依机型不同一般为额定转速的60%～70%至零。推动操纵手柄至"启动"位置不供燃油,按倒车正时供主机启动空气,利用压缩空气对主机进行制动,即"能耗制动""强制制动"两个阶段的制动。刹车时机不能过早,因为主机转速较高,活塞往复运动的惯性力较大,非但刹不住车,反而损失了大量压缩空气,虽然空压机不断向空气瓶充气,但空气压力不能在瞬间达到规定的压力。当再次刹车时空气压力较低、刹车也不起作用,导致船停不下来,也不能倒航的严重后果;制动刹车时机不能过晚,即主机正向转速很低时向主机汽缸充入压缩空气,刹车会立即成功,却错过避碰的有利时机。最有利的时机是螺旋桨水涡轮阶段的最大负转矩点或最大负转矩点前的主机转速,一次刹车成功。最有利的时机也可以在螺旋桨水涡轮阶段开始后,进行分段刹车,即将操纵手柄拉至倒车启动位置刹车一次,立即拉回操纵手柄至停车位置,再作第二次倒车启动刹车,成功后将手柄拉回停车位置。

(5)倒车启动并供油主机制动时倒车转速的限制。主机刹车成功后其转速降至零,但船因质量很大仍按前进方向滑行,此时主机必须立即倒车制止船舶的滑行并尽快具有倒航船速。当主机经刹车成功后转速降至零时,再次推动操纵手柄至倒车启动位置,供油后主机倒车回转,在过程开始后转速不能过高,一般限在额定转速的20%～25%,因为在这种转速下负转矩已达到1.1倍的额定转矩,若超过该转速,轴系会遭到损伤。当船舶倒航速度逐渐升高时,主机转速会自动跟着上升,然后可逐渐增加主机供油量。主机倒车转速升高,船舶倒航速度亦提高,实现紧急刹车避碰的操作。

2. 紧急刹车时操作注意事项

（1）必须保证空气瓶压缩空气压力达到 3.0 MPa，压力过低不能有效地进行刹车。两台空气压缩机必须同时启动运转，向空气瓶充气。注意空压机工作状态。

（2）当船速、主机转速较高时，一次刹车无法使主机停止运转，既消耗大量压缩空气又使轴系超扭矩。所以操纵手柄不能始终在启动刹车位置，期望刹车成功反而使刹车失败。正确的操作是采取分段刹车措施，即在启动刹车位置停一下拉回操纵手柄，再将操纵手柄推至启动刹车的位置，刹车基本会成功，不行的话再进行一次刹车。

（3）当主机刹车成功时，立即将操纵手柄拉至零位，待主机转速降至零后，迅速倒车启动并供油，以最短的时间使主机倒车转动。

（4）主机倒车转动后，应避免一下子将油门加得过大，防止主机超热负荷、机械负荷，随着倒航船速的增高，可逐渐提高油门刻度增加供油量。

（5）必须掌握所在船舶紧急刹车的有利时机，即船全速前进至倒车的过程，在哪一个准确的转速下，能一次或两次刹车成功并能迅速开出倒车。

（6）采用遥控系统的主机，均按程序自动完成，不必担心操纵手柄供油位置。平时应对集控室操作、机旁操作、遥控操作的转换要加强管理并经常使用，防止遥控系统出现故障而其他两处也不能进行紧急刹车的局面出现。目前船上轮机部普遍采用的管理方法是：主机冲车时采用机旁操纵，主机试车时转为集控室操纵，驾驶台试车时转为驾驶台遥控操纵。

（六）主机排烟

柴油机燃烧不正常的工作状态主要有三种表现：冒黑烟、冒蓝烟和冒白烟。

1. 主机冒黑烟

冒黑烟其生成的过程目前尚不完全清楚，一般认为主要是由于燃烧不良所致，而燃烧不良的主要原因有：

（1）喷油器的启阀压力太低、漏油、喷孔磨损大及油头结碳等原因造成雾化不良。

（2）喷油太迟发生后燃。

（3）汽缸或气阀漏气使得汽缸中的热状态不佳。

（4）由于进气管路污染堵塞使进气量不足。

（5）进、排气口严重结焦。

（6）柴油机在超负荷下运转等。

2. 主机冒蓝烟

排气冒蓝烟主要是燃烧室中窜入滑油，有时在低温启动时着火不良，直径为 $0.4~\mu m$ 以下和剩余油粒随废气排出时也呈带微臭的蓝烟。

滑油进入燃烧室的主要原因有：

（1）大型柴油机可能是汽缸壁注油量过多或注油规律不正确。

（2）中小型柴油机则可能是活塞环装配不正确造成的，增压柴油机增压器密封损坏，滑油随进气进入燃烧室也会造成排气冒蓝烟。

3. 主机冒白烟

柴油机冒白烟可以分为以下几种情况：

（1）柴油机雾滴在燃烧室中未能完全燃烧，特别是在冷机或天气温度较低时，由于着火不良,油粒直径为 1 μm 时,液滴随废气排出时排烟呈白色。

(2)当燃烧室中有水存在或燃油中水分过多时,水在汽缸里会增大主机的压缩功耗,影响机械的安全;同时由于水分过多,燃烧室恶化,柴油机功率不能正常发挥。排烟系统发生故障,如高压油泵出油阀损坏、喷油器损坏造成雾化不良而不能着火燃烧。

(3)汽缸的热状态不佳;汽缸严重泄漏,使之不能达到自然温度不能发火。这种情况单缸机不能发火,喷入的燃油白白地排入大气中,显然是很不经济的,应尽量避免。

三、船舶在正常航行中驾驶台与机舱的联系与配合

船舶正常航行中,驾驶台与机舱应注意联系。每班下班前,值班轮机员应向值班驾驶员告知主机平均转速、海水温度,值班驾驶员应向值班轮机员告知平均航速、风向和风力。每日正午交换正午报告。轮机人员在值班当中发现有不正常状态时,应及时处理;欲减速和停车时,应先通知驾驶台,许可后方可减速和停车;若情况紧急,可先降速后通知。驾驶台需要改变主机的转速、停车或使用大舵角时,应提前通知机舱,以便机舱进行必要的准备。

四、到港前的操作与完车

(一)到港前的准备工作

(1)到港前应确定主机是否需要换轻油。

(2)到港前应进行主机换向操作试验,以确定启动系统和换向机构工作正常。

(3)在机动操作前放掉启动空气和控制空气系统凝水。

(4)主机带有轴带发电机时,到港前应从电网解除轴带发电机,并与主机脱开。

(5)控制好换油时间。

(二)到港前需要换油的情况

现代船舶主机燃油系统及燃油喷射系统的设计一般允许主机在使用重油状态停车。船舶到港时一般在下列情况下需要换轻油:

(1)停机后需要进行燃油系统设备检修。

(2)船舶需进坞修理。

(3)停车时间 5 天以上。

(4)当地环保法规要求使用低硫燃油。

(三)换油时间的控制

换油操作分下列几种情况:

(1)主机只能采用轻油进行机动操纵的。此类情况必须在第一次停车前将系统中重油换成轻油。因此驾驶员应提前适当时间和距离通知机舱换油备车。

(2)主机能够使用重油机动操纵的。此类情况只要在最后停车点将系统重油换成轻油即可。

(3)因港口法规要求必须使用低硫燃油的。此类情况必须在进入硫排放控制区之前,将燃油系统中的燃油彻底换成低硫燃油(一般为轻油)。

不论以上哪种情况,提前通知机舱至关重要。换油时间由两部分构成,其一是将燃油系统所用重油温度适当降低,以免通入轻油后进机油温变化过快。此过程为重油降温过程,就是首先关闭燃油系统加热蒸汽。其二为将燃油系统中重油置换成轻油所需时间,这与系统

类型和主机单位时间内油耗有关。一般来说换油操作应在机动操作用车前 1 h 进行。具体通知和操作时间应经反复计算和验证,例如通知过晚,船舶在非常低的航速下航行,可能时间到了燃油还没有更换彻底,造成主机无法正常停车;另一种情况是换油过早,换油后船舶又航行很大距离,造成轻油消耗过多。

(四)完车后的操作

当船舶靠好码头,确认不需要操纵主机后应尽快通知机舱完车,尤其是采用调距桨推进的主机,在没有接到完车指令前,主机一直处于空转状态,长期空转或低负荷运行对主机不利。

第八章思考题

1. 船舶在逆风逆流条件下航行,如主机油门与正常航行相同,则主机转速和功率有何变化? 应如何正确操作主机?

2. 船舶由定速航行到机动航行,重油换成轻油的时间由什么因素决定? 换油过早或过晚有何危害?

3. 简述主机机动操纵时的安全事项。

国际海上避碰规则概述

第一节　国际海上避碰规则简介

一、国际海上避碰规则的制定和实施

1972年10月联合国"政府间海事协商组织"（简称"海协"，1982年5月更名为"国际海事组织"）在伦敦主持召开专门大会，修订《1960年国际海上避碰规则》，签署了《1972年国际海上避碰规则公约》，并将新修订的《1972年国际海上避碰规则》（以下简称《规则》）作为该公约的附件，强化了国际避碰规则在保证海上安全和保护海洋环境方面的重要作用和重要地位。《1972年国际海上避碰规则》在1977年7月15日生效，我国于1980年1月7日正式加入和接受，并于同年4月1日零点起正式实施。

1957年我国宣布接受《1948年国际海上避碰规则》时，对有关非机动船舶的规定做了保留，并于1958年8月16日颁布了《中华人民共和国非机动船海上安全航行暂行规则》，规范我国非机动船舶的海上避碰事宜。随后在实施《1960年国际海上避碰规则》和《1972年国际海上避碰规则》时仍对非机动船舶的海上避碰规定做了保留。

为适应海上避碰实际需要，海协及更名后的国际海事组织（IMO）于1981、1987、1989、1993、2001和2007年通过6个修正案，对《1972年国际海上避碰规则》进行了修正，使其内容不断丰富和完善。这些修正案分别在1983年6月1日、1989年11月19日、1991年4月19日、1995年11月4日、2003年11月29日和2009年12月1日生效。我国同步实施这些修正案。

二、《规则》的内容与结构

《规则》分为5章38条和4个附录。其主要内容结构如下：

第一章　总　则

　　第一条　适用范围

　　第二条　责任

　　第三条　一般定义

第二章　驾驶和航行规则

第二节　适用范围

一、适用的水域和船舶

(一)适用的水域

《规则》第一条(适用范围)第1款规定:"**本规则条款适用于公海和连接公海可供海船航行的一切水域中的一切船舶。**"由此可知,《规则》适用的水域包括"公海"以及"连接公海可供海船航行的一切水域"两部分。

根据《1982年联合国海洋法公约》第八十六条的规定,"公海"是指不包括在国家的专属经济区、领海或内水或群岛国的群岛水域内的全部海域。

"连接公海可供海船航行的水域",通常是指专属经济区、领海、内水以及与海相连并可供海船航行的港口、江河、湖泊或内陆水道等一切水域。《规则》适用于"连接公海而可供海船航行的水域"须具备两个条件。一是该水域必须与公海相"连接"。与公海的"连接(connected)"是指实质性的连接,即连接的程度能使海船进出公海,简言之,对海船的航行而言,该一切水域和公海是一体的。但是,不论是间接连接还是直接连接,抑或自然连接还是人工连接都属于《规则》所指的"连接"于公海的情况。二是该水域必须"可供海船航行"。通常认为,"可航(navigable)"一词仅是指在地理上,《规则》所适用的船舶可以安全地航行,即有足够的水深和宽度,能使海船安全行驶。而"海船"是指设计为从事海上运输或作业的一切船舶。简言之,可供海船航行的一切水域,是指海船能够到达的一切水域。

(二)适用的船舶

《规则》适用于上述水域内的一切船舶,而不论这些船舶的大小、种类、用途和从事作业的性质。在理解《规则》所适用的船舶时,应特别注意如下几点:

(1)只要是在适用《规则》的水域,《规则》所适用的船舶不限于海船,而是上述水域的所有船舶均应当适用《规则》。

(2)适用《规则》的船舶在上述水域的状态为"在水上(upon water)",包括接触水面和不接触水面(非排水状态)两种状态,但不包括潜水状态。潜水艇在水面航行(包括接近水面的上浮和下沉过程)时适用《规则》,在水下潜航时则不适用《规则》。

(3)军舰无论在战时还是在平时,政府公务船无论是否在执行公务,从安全避碰的角度,均应适用《规则》。

(4)在水面上的水上飞机(包括起飞、降落、滑行、漂航或停泊)、地效船均适用本《规则》。

(5)船舶在《规则》所适用的水域航行、锚泊、搁浅均适用《规则》,系岸或在船坞修理通常不适用《规则》关于避碰行动的规定。

此外,我国在接受《1972年国际海上避碰规则公约》时,对我国的非机动船做了保留。因此,我国的非机动船不适用《规则》,而应当适用《中华人民共和国非机动船舶海上安全航行暂行规则》。

二、特殊规定

《规则》第一条第2款规定:"本规则条款不妨碍有关主管机关为连接公海而可供海船航行的任何港外锚地、港口、江河、湖泊或内陆水道所制定的特殊规定的实施。这种特殊规定,应尽可能符合本规则条款。"

(一)特殊规定的含义

特殊规定是指沿海国主管机关在其管辖的水域中制定的各种有关船舶避碰的"地方规则(local rules)",如我国的《内河避碰规则》、各港港章等。

(二)制定特殊规定的机构或组织

被授权制定和实施特殊规定的主体是《1972年国际海上避碰规则公约》各缔约国或参加国的"有关主管机关(appropriate authority)"。"有关主管机关"由各缔约国立法确定,通常指各缔约国政府和主管国家水上交通安全的机关以及经授权的地方当局。例如,中华人民共和国海事局及经授权的各级海事局属于这类主管机关。

(三)可以制定特殊规定的水域

根据《规则》的规定,可以制定特殊规定的"特殊水域"包括港外锚地、港口、江河、湖泊或内陆水道。港外锚地(roadstead),按《联合国海洋法公约》第十二条给出的定义,是指全部或部分位于领海外界限之内,或全部位于领海外界限之外的通常用于船舶装卸和锚泊的水域,属于领海范围。内陆水道(inland waterways),通常是指领海基线以内水域中的水道。

(四)制定特殊规定应当遵循的原则

根据本条第2款的规定,特殊规定应尽可能符合《规则》各条。因此,主管机关在制定特殊规定时,应当在考虑当地水域环境、交通条件和习惯做法的基础上,使得所制定的特殊规定尽可能与《规则》的规定相一致。

(五)特殊规定与《规则》的关系

《规则》明确规定,《规则》条款不妨碍特殊规定的实施。因此,特殊规定和《规则》同时适用时,特殊规定应当优先适用;当特殊规定的规定与《规则》的规定不一致时,应执行特殊规定的规定;特殊规定没有规定的事项仍然应当执行《规则》的规定。

(六)我国几个典型避碰规章的适用

1. 中华人民共和国内河避碰规则

我国《内河避碰规则》第二条(适用范围)规定:"在中华人民共和国境内江河、湖泊、水库、运河等通航水域及其港口航行、停泊和作业的一切船舶、排筏均应当遵守本规则。船舶、排筏在国境河流、湖泊航行、停泊和作业,按照中国政府同相邻国家政府签订的协议或者协定执行。船舶、排筏在与中俄国境河流相通的水域航行、停泊和作业不适用本规则。"

从上述规定中可以看出,《内河避碰规则》的适用范围是以水域范围来限定的,而不论船舶的国籍、吨位以及是否为海船等。

2.中华人民共和国非机动船舶海上安全航行暂行规则

《中华人民共和国非机动船舶海上安全航行暂行规则》第一条规定："凡使用人力、风力、拖力的非机动船，在海上从事运输、捕鱼或者其他工作，都应当遵守本规则。"

该暂行规则是针对我国在接受《1972年国际海上避碰规则》时所做的保留而制定的，因此，该暂行规则仅适用于我国的非机动船舶，而不适用于外国籍的非机动船舶。

3.中华人民共和国渔船作业避让暂行条例

《中华人民共和国渔船作业避让暂行条例》第一条规定："本条例适用于我国正在从事海上捕捞的船舶。"显然，该规定适用于所有从事海上捕捞的我国船舶，不论其位于哪一海域，除非受到其他规定的限制。

三、额外的队形灯、信号灯、号型或笛号

《规则》第一条第3款规定："本规则不妨碍各国政府为军舰及护航下的船舶所制定的关于额外的队形灯、信号灯、号型或笛号，或者为结队从事捕鱼的渔船所制定的关于额外的队形灯、信号灯或号型的任何特殊规定的实施。这些额外的队形灯、信号灯、号型或笛号，应尽可能不致被误认为本规则其他条文所规定的任何信号灯、号型或信号。"

（一）制定额外的队形灯、信号灯、号型或笛号的特殊规定的机构

制定额外的队形灯、信号灯、号型或笛号的机构为各国政府，而不是有关主管机关。

（二）额外的队形灯、信号灯、号型或笛号适用的船舶

额外的队形灯、信号灯、号型或笛号适用于"军舰及护航下的船舶"；而对于"结队从事捕鱼的渔船"仅限于额外的队形灯、信号灯、号型，没有额外的笛号的规定。需要注意的是，上述信号是额外的，即在船舶原有信号的基础上额外添加的信号，而不是用于替代《规则》所规定的号灯、号型或笛号；"军舰及护航下的船舶"以及"结队从事捕鱼的渔船"仍然应当显示或鸣放《规则》规定的号灯、号型或笛号。

（三）制定额外的队形灯、信号灯、号型或笛号的特殊规定的原则

为避免造成识别上的误解，对这些额外的队形灯、信号灯、号型或笛号的特殊规定的制定，《规则》要求其应尽可能不致被误认为《规则》其他条文所规定的任何号灯、号型或信号，即要求这些额外的队形灯、信号灯、号型或笛号尽可能与《规则》规定的号灯、号型和信号显著区别开来。

四、分道通航制规定的适用

《规则》第一条第4款规定："为实施本规则，本组织可以采纳分道通航制。"本款是针对《规则》第十条"分道通航制"而言的，在解释该条款时，需联系《规则》第十条第1款的规定。在理解和执行本条款时应注意：

（1）《规则》第十条仅适用于被IMO采纳的分道通航制；

（2）无论IMO是否业已采纳某一分道通航制，除《规则》第十条外，《规则》其他条款仍然适用该分道通航制水域；

（3）无论IMO是否业已采纳某一分道通航制，船舶都应遵守有关主管机关为该分道通航制水域制定的特殊规定。

五、特殊构造或用途船舶的特殊规定

《规则》第一条第 5 款规定:"凡经有关政府确定,某种特殊构造或用途的船舶,如不能完全遵守本规则任何一条关于号灯或号型的数量、位置、能见距离或弧度以及声号设备的配置和特性的规定时,则应遵守其政府在号灯或号型的数量、位置、能见距离或弧度以及声号设备的配置和特性方面为之另行确定的、尽可能符合本规则所要求的规定。"

(一)适用范围

首先,《规则》第一条第 5 款所指的特殊规定仅适用于特殊构造或用途的船舶,而不适用于常规船舶。特殊构造或特殊用途的船舶主要是指军舰、专用作业船舶和某些新型船舶等。它们往往由于其特殊构造或用途而不能完全遵守《规则》有关号灯、号型与声号设备的有关规定。例如,航空母舰的桅灯由于其驾驶台偏于一舷侧而不能在舰首尾中心线上设置;许多长度超过 50 m 的军舰为避免妨碍武器装备的设置和战斗使用而不设置两盏桅灯;一些滚装船因其驾驶台位于船首而致使舷灯超前于前桅灯。

其次,本款仅允许有关政府为这些特殊构造或特殊用途的船舶在号灯或号型数量、位置、能见距离或弧度以及声号设备的配置和特性方面制定特殊的规定。例如,军舰可以仅显示一盏桅灯(号灯数量上的变化),航空母舰可以将其桅灯偏离首尾中心线显示(号灯位置上的变化)。除上述几个方面外,不得另行制定特殊规定。

(二)制定特殊规定的主体

为特殊构造或用途的船舶制定特殊规定的主体为船旗国政府,而不是有关的主管机关。

(三)制定特殊规定的原则

为避免造成识别上的困难,对这些特殊构造或用途的船舶制定的号灯、号型与声号设备,在技术细节方面应尽可能符合《规则》的规定,即不仅不能冲突,而且应当在可行的范围内尽可能与《规则》的规定保持一致。

第三节　一般定义

一、"除条文另有解释外"的含义

《规则》第三条在"**除条文另有解释外**"的前提下,对《规则》中所有的 13 个名词术语下了定义。

《规则》第三条给出的定义为"一般定义",适用于整个《规则》。"除条文另有解释外"是指在《规则》其他条文中引用相关的术语(term)时,不能仅仅根据第三条的定义确定其具体含义,而必须考虑《规则》上下文(the context)是否另有规定。"上下文另有规定"可能存在于某一具体条款本身;也可能存在于规则条文之间,即在其他条文另有做出规定的情况。例如,同一艘用机器推进的操纵能力受到限制的船舶,在航互见时应作为一艘机动船来鸣放第三十四条第 1 款规定的操纵声号,但在能见度不良时不能作为一艘机动船鸣放第三十五条第 1 款为机动船规定的雾号,该船舶也不是对遇局面和交叉相遇局面中所指的机动船。因此,在理解《规则》条款相关术语时,不仅要考虑本条的一般定义,还应当结合条款的上下

文的规定和含义,全面、正确地理解其含义。

二、有关一般定义的解释

(一)船舶(vessel)

"'船舶'一词,指用作或者能够用作水上运输工具的各类水上船筏,包括非排水船筏、地效船和水上飞机。"从该定义可以看出,"船舶"的定义强调的是"用作或者能够用作水上运输工具"的各类水上船筏,包括非排水船舶、地效船和水上飞机。

"用作"是指这些船筏实际用作水上运输工具的情况。而"能够用作"是指这些船筏虽不为作为水上运输工具的目的而设计、建造,但这些船筏可以用来作为水上运输工具使用。例如,各种作战舰艇、挖泥船或打捞船等工程船舶、航行中的钻井平台、在水面上的潜水艇等;而专用作助航标志的灯船或作为浮码头的趸船因不能作为水上运输工具而不属于规则所指的"船舶"的范畴。

"各类水上船筏"是指不论种类、大小、形状、推进方式和用途的各种水上船筏。

"水上(on water)"一词是指这些船筏必须是作为水面上的运输工具,即在水面操作的各类船筏。但《规则》明确规定,"船舶"一词包括非排水船筏、地效船和水上飞机。非排水船舶指航行时基本上或完全不靠浮力支撑船体重量而脱离水面的船舶,如水翼船、气垫船及滑翔艇等。这些非排水船舶虽然脱离了水面,其仍然属于《规则》所适用的"船舶"的范畴。有关地效船和水上飞机将在后述定义中进一步阐述。

(二)机动船(power-driven vessel)

"'机动船'一词,指用机器推进的任何船舶。"通常认为,"用机器推进"是指船舶通常的推进动力方式,并不是指装有机器或可以用机器推进,因为装有机器而未使用的驶帆的船舶仍然被视为帆船(见帆船定义);也并不仅仅指正在使用机器推进的船舶,因为停止主机而处于漂航状态的机动船仍然被视为机动船。

"机动船"一词在《规则》不同条文中的外延并不完全相同。在具体判断"机动船"的外延时,首先将其假定为具有本款定义中的完整外延,之后再看其是否存在限制其外延的特殊条款;若存在限制其外延的特殊条款,则其外延会受到该特殊条款的限制而缩小;若不存在限制其外延的特殊条款,则其外延是完整的,即指所有用机器推进的船舶。而限制其外延的特殊条款,有的是包含在《规则》各条的上下文之中。例如,在"船舶在互见中的行动规则"条款中,因《规则》第十八条对各种船舶之间的避让关系做出了规定,因此,在"对遇局面"条款、"交叉相遇局面"条款中所指的机动船,仅仅是指除失去控制的船舶、操纵能力受到限制的船舶和从事捕鱼的船舶外的用机器推进的船舶;而在"船舶在能见度不良时的行动规则"中,因没有对机动船的种类做出限制,因此"机动船应将机器做好随时操纵的准备"的规定适用于任何用机器推进的船舶,包括处于从事捕鱼、失去控制和操纵能力受到限制等状态的全部用机器推进的船舶。又如,第三十五条第1和第2款规定,在航机动船的雾号应是一长声或二长声。该条第3款规定,失去控制的船舶、操纵能力受到限制的船舶、限于吃水的船舶、从事捕鱼的船舶以及从事拖带或顶推他船的船舶等五类用机器推进的船舶应鸣放一长声继以二短声。因此,第三十五条第1和第2款中的机动船是指排除该第3款中提及的上述五类用机器推进的船舶之外的其他用机器推进的船舶。第三十四条第1款(操纵声号)中提及的机动船,由于没有其他进一步的特殊条款限制其外延,因此该款中的机动船是指所有用机器推进的船舶,包括处于从事捕鱼、失去控制和操纵能力受到限制等状态的全部用机器推进的船舶。

总之,解释和理解《规则》条款中"机动船"一词时,不仅应当考虑本条有关"机动船"的一般定义,还应当根据《规则》条款本身以及《规则》条款之间的关系,准确理解"机动船"一词的外延和具体含义。

(三)帆船(sailing vessel)

"'帆船'一词,指任何驶帆的船舶,如果装有推进器但不在使用。"根据该定义,帆船通常指仅仅用风帆获得动力的船舶,但在帆船未装备推进器(机器)的情况下,无论其是否正在驶帆(在航状态),均属于《规则》定义的帆船。

对于装有推进器的帆船,即所谓的机帆船,根据《规则》定义:

(1)驶帆而不使用推进器者为帆船,应遵守有关帆船的规定,如第二十五条、第十二条的规定;

(2)使用推进器者,无论是否驶帆均应视为机动船,应遵守《规则》有关机动船的规定。

(3)机帆船在既不驶帆也不使用机器推进的状态下,从安全角度考虑,机帆船应当将其自己作为机动船来执行《规则》;而他船如不能通过机帆船的号灯或号型判断其是为机动船还是帆船,应当假定该船为帆船,以策安全。

(四)从事捕鱼的船舶(vessel engaged in fishing)

"'从事捕鱼的船舶'一词,指使用网具、绳钓、拖网或其他使其操纵性能受到限制的渔具捕鱼的任何船舶,但不包括使用曳绳钓或其他并不使其操纵性能受到限制的渔具捕鱼的船舶。"判断船舶是否是构成"从事捕鱼的船舶"应当考虑如下两个条件:

(1)其正在从事捕鱼作业

从事捕鱼的船舶是指该船舶正在从事捕鱼作业,包括放网、拖网、收网等作业。不应当根据该船舶的用途或种类来判断其是否为一艘从事捕鱼的船舶。一艘正在航行途中(如驶往渔场、返回渔港或搜索鱼群)而不在捕鱼的船舶,不属于《规则》所定义的从事捕鱼的船舶。

(2)所使用的渔具使其操纵性能受到限制

所谓"所使用的渔具使其操纵性能受到限制"是指其所使用的渔具使其转向和变速性能受到限制,但并未严重到不能给他船让路的程度。一船所使用的渔具若不使其操纵性能受到限制,则不属于《规则》定义的从事捕鱼的船舶。渔船可能使用的渔具一般有流网、围网、拖网、绳钓、捕鲸枪(鲸枪命中之后)及曳绳钓、手钓等,其中使用曳绳钓、手钓捕鱼时,这些渔具并不妨碍其操纵性能,因而不构成从事捕鱼的船舶。

满足前述两个条件的船舶均可以构成从事捕鱼的船舶。从事捕鱼的船舶既可以是用机器推进的船舶,也可以是驶帆的船舶;既可能处于在航中,也可能处于锚泊中。

(五)水上飞机(seaplane)

"'水上飞机'一词,包括为能在水面操纵而设计的任何航空器。"根据该定义,水上飞机是经过专门设计可以在水面上漂浮并进行起飞和降落的航空器,但不包括在水面上迫降的遇险飞机、非排水状态的气垫船、非排水状态的地效船。

当水上飞机离开水面后,无论是超低空飞行还是在空中正常飞行,均不再属于本《规则》意义上的船舶。

(六)失去控制的船舶(vessel not under command)

"'失去控制的船舶'一词,指由于某种异常的情况,不能按本规则条款的要求进行操纵,因而不能给他船让路的船舶。"所谓的"异常情况",是指船舶本身或航行环境发生的一切非正常情况或意料之外的突发变故,这些情况包括:

(1)主机或舵机发生故障;

(2)车叶损坏或舵叶丢失;

(3)船舶发生火灾,正在按照灭火要求进行操纵;

(4)锚泊船在大风急流中走锚;

(5)处于无风中的帆船;

(6)大风浪中航行致使船舶不能变向和变速;

(7)船体破损进水,等等。

在航中的船舶出现上述异常情况时,即构成"失去控制的船舶",应当立即显示相应的失控信号。

决定一船属于"失去控制的船舶"的必要条件是"不能按本规则条款的要求进行操纵,因而不能给他船让路"。"不能给他船让路"指一船无法履行《规则》要求给他船让路的责任和义务,如果船舶虽然处于上述某种情况下,但仍然可以根据《规则》采取避碰行动时,就不属于《规则》定义的失去控制的船舶,这种情况下,其显示失去控制船舶的号灯或号型也是不适当的。例如,1969年多佛海峡中"奇梅"轮与"地捷瑞达"轮在恶劣天气条件下发生碰撞,后者航速6.5 kn,显示了失控灯,法官认为其完全有能力给他船让路而无权显示失控灯。

"不能按本规则条款的要求进行操纵"包括下列情况:

(1)丧失按本规则各条要求进行操纵的能力;

(2)只能根据安全的需要进行操纵,而不能按《规则》的要求进行操纵,否则会引起危险。

失去控制的船舶只能存在于"在航"状态,发生事故或处于异常情况的船舶在锚泊、搁浅后,不能构成《规则》所指的失去控制的船舶。

(七)操纵能力受到限制的船舶(vessel restricted in her ability to manoeuvre)

"'操纵能力受到限制的船舶'一词,指由于工作性质,使其按本规则条款的要求进行操纵的能力受到限制,因而不能给他船让路的船舶。'操纵能力受到限制的船舶'一词应包括,但不限于下列船舶:

(1)从事敷设、维修或起捞助航标志、海底电缆或管道的船舶;

(2)从事疏浚、测量或水下作业的船舶;

(3)在航中从事补给或转运人员、食品或货物的船舶;

(4)从事发放或回收航空器的船舶;

(5)从事清除水雷作业的船舶;

(6)从事拖带作业的船舶,而该项拖带作业使该拖船及其拖带物驶离其航向的能力严重受到限制者。"

"操纵能力受到限制"的原因是指船舶所正在从事作业的工作性质,而不是指船舶的用途或船舶种类。《规则》条文列出了6种操纵能力受到限制的船舶,但并不仅仅局限于这6种。在理解"操纵能力受到限制的船舶"一词时,应当注意:

（1）船舶正在从事使其操纵能力受到限制的作业。

（2）船舶的操纵能力受到限制是由其所从事的该项作业的工作性质决定的。就其工作性质而言，不包括船舶进行测速、测定船舶操纵性能、校正罗经差等常规航海操作，也不包括从事捕鱼作业。

（3）构成"操纵能力受到限制的船舶"的必要条件是"按本规则条款的要求进行操纵的能力受到限制，因而不能给他船让路"。"按本规则条款的要求进行操纵的能力受到限制"是指该船所进行的作业使其按《规则》各条要求进行转向或变速的能力受到限制，或者如按《规则》要求进行操纵，则使其无法正常作业或存在危险。

（4）操纵能力受到限制的船舶可能是在航行中作业，也可能是在锚泊中作业。其中，从事补给或转运人员、食品或货物的船舶及从事拖带作业的船舶必须是处于"在航"中，才可能成为操纵能力受到限制的船舶；而从事其他作业的操纵能力受到限制的船舶则可能存在于锚泊中。

（5）从事拖带作业的船舶，只有当该项拖带作业使该拖船及其拖带物驶离其航向的能力严重受到限制时，才能构成操纵能力受到限制的船舶。从事普通拖带的船舶不能构成操纵能力受到限制的船舶。

（八）限于吃水的船舶（vessel constrained by her draught）

"'限于吃水的船舶'一词，指由于吃水与可航水域的可用水深和宽度的关系，致使其驶离航向的能力严重地受到限制的机动船。"根据该定义，要构成"限于吃水的船舶"必须满足两个条件，即"由于吃水与可航行水域的可用水深和宽度的关系，致使其驶离航向的能力严重地受到限制"和"机动船"这两个条件。

限于吃水的原因是"由于吃水与可航水域的可用水深及宽度的关系"。因此，在判断时应当同时考虑可航水域的水深和宽度这两个因素，且更重要的是可航水域的宽度，而不是水深。在具体判断一艘船舶是否构成限于吃水的船舶时，主要依据应当是其"驶离航向的能力"是否严重地受到限制。如果某船吃水太大，而航道附近的水域的水深太浅，导致可供该船安全航行的水域宽度变窄，则该船属于《规则》定义的"限于吃水的船舶"。如果某船虽然吃水相对于水深较大，但可航水域的宽度不受限制，则不属于《规则》定义的"限于吃水的船舶"。此外，应注意的是，限于吃水的船舶只能存在于在航状态，锚泊时不存在驶离航向的能力严重地受到限制的问题，因此也不存在"限于吃水的船舶"。

限于吃水的船舶必须是一艘"机动船"。也就是说，如果是一艘帆船，即使其处于同样的条件下，也不能构成限于吃水的船舶。虽然限于吃水的船舶应当是一艘机动船，但在遵守《规则》时，应当注意，如果某一条文对其做出了特殊要求或规定，则应当遵守其特殊规定，例如在能见度不良的水域或附近航行时应鸣放一长二短的声号；如果没有特殊规定，则应当遵守《规则》对机动船的规定。

（九）在航（underway）

"'在航'一词，指船舶不在锚泊、系岸或搁浅。"

从上述定义可以看出，《规则》把船舶的运动状态分为在航、锚泊、系岸和搁浅四种状态。

锚泊指船舶抛锚时锚牢固地抓住海底的状态。通常认为，船舶从抛下锚后锚稳定抓底开始至起锚时锚离底之间这段时间为锚泊状态。

系岸指船舶依靠缆绳系牢于泊位的状态,通常认为,靠泊时船舶第一根缆上缆桩开始至离泊时最后一根缆解清为止的状态均为系岸。另外,系浮筒的船舶通常按照系泊论。

搁浅指船舶全部或部分搁置在浅滩上,丧失或部分丧失浮力而无法漂浮或航行,搁浅船即使在主机驱动下可以局部的移动或转动也应认为是处于搁浅状态。

"在航"一词指船舶不在锚泊、系岸或搁浅。在航分为对水移动和不对水移动两种状态。在航对水移动指船舶在推进器(或其他动力装置)的作用下在水面的移动状态和船舶停车(或其他动力装置)后靠惯性的作用在水面的移动状态。在航不对水移动指船舶不使用推进器(或其他动力装置)而漂浮在水面,包括该船在风的作用下向下风漂移的状态(驶帆除外)。

在理解在航一词的含义时,应注意:

(1)系靠于另一锚泊船视为锚泊;

(2)系靠于另一系岸船视为系岸;

(3)走锚的船舶属于在航;

(4)在航时操纵用锚(如拖锚航行或拖锚掉头)应视为在航而不是锚泊。

(十)船舶的长度和宽度(length and bread)

"船舶的'长度'和'宽度'是指其总长度和最大宽度"。船舶的长度(Length overall, LOA)是指船舶最前端与最后端之间(包括外板和两端永久性固定突出物在内)的水平距离。船舶的最大宽度(greatest breadth)包括船舶外板和永久性固定突出物在内的垂直于纵中线面的最大水平距离。即《规则》中的船舶尺度应是船舶的实际最大尺度。

(十一)互见(in sight of one another)

"只有当两船中的一船自他船能以视觉看到时,才应认为两船是在互见中。"

按照《规则》的定义,一船能自他船以视觉看到时则应认为两船已处于"互见"中,因此,"互见"含义并不是互相看见(in sight of each other)。虽然《规则》强调的是"能"看见,但"能看见"通常必须以"看见"的事实来确定(除非能够确定当事船舶疏忽瞭望),而"不能看见"却不能以"未看见"的事实来认定。从实际情况来看,两船相互用视觉看见一定构成"互见",但处于互见的两船并不一定已经相互看见。

在理解"互见"一词的含义时,应注意:

(1)在大多数情况下,一船看到他船时,他船也能够看到本船。因此,实践中一船看到另一船时,通常可以认为两船已处于互见中。但这并不意味着一船看到他船时两船一定会互见,也不意味着对互见的判断仅以"一船看到另一船"为条件。这是因为,互见的定义强调的是"一船能被他船看到",而不是"一船看到他船"。

(2)互见的判断过程是以当时情况下"能够"以视觉看到为标准,不以实际看到为条件。实践中,一船因疏忽瞭望而未能及时发现来船并判断互见或者他船能够以视觉看到本船但因他船疏忽瞭望而没有实际看到本船等,都不影响互见条款的适用,也不免除疏忽瞭望的责任和因互见而承担的避碰义务。

(3)"互见"的标准是能用视觉看清他船的号灯、号型或能确定他船的状态及两船的会遇势态。因两船互见后应遵守互见中的行动规则,要遵守互见中的行动规则就要明确对方的船舶种类,因为船舶互见后通常要按照船舶的种类来判断会遇局面。而确定对方船舶种类的依据就是对方船舶所可能显示的号灯、号型。因此,从《规则》对互见后船舶行动的要求上看,两船对对方来船的识别需达到能够看清对方号灯、号型(若显示)的程度才能称为"互见"。只能见到他船影子而看不清轮廓或夜间看不清他船号灯时不应认为是互见。

(4)互见的"见(in sight)"是指"以视觉看到"。通常认为,用"视觉看到"不仅包括用肉眼看到,还包括使用望远镜看到。

(5)互见存在于任何能见度情况,不管当时能见度如何,只要一船能用视觉看到他船时,即可认为两船已处于互见之中。即使在能见度不良的水域中,两船也可能接近到互见,但应注意能见度不良时的行动规则在此之前可能已经适用。

(十二)能见度不良(restricted visibility)

"'能见度不良'一词,指任何由于雾、霾、下雪、暴风雨、沙暴或任何其他类似原因而使能见度受到限制的情况。"因此,能见度不良是指当空气中混入雾、霾、雪、雨、沙暴等某些介质后,空气的透光度减小,从而使能见距离受到限制的情况。显然,在狭水道的弯头或岛礁区两船被居间障碍物遮蔽而相互看不见的情况不属于能见度不良。

对于能见距离受限到何种程度时构成能见度不良,《规则》未做定量的规定。在船舶避碰上,一般认为,能见距离小于 5 n mile 属能见度不良。由于雾号的可听距离约为 2 n mile,船舶通常在能见度下降到 2~3 n mile 以下时才鸣放雾号。

应当注意的是,"能见度不良"并不与"互见"相对应。在能见度良好时,两船可以在较远的距离上互见,在能见度不良时,两船只能在接近到较近的距离上才能互见。

(十三)地效船(WIG craft)

"'地效船'一词,系指多式船艇,其主要操作方式是利用表面效应贴近水面飞行。"

根据该定义,地效船有多种操作方式,其既可以在水面上操纵,也可以贴近水面利用表面效应飞行,部分地效船还可以在空中飞行。但利用表面效应(机翼在贴近地面或水面飞行时升力增大的现象)贴近水面飞行是其主要的操作方式。此外,地效船在起飞、降落的操作过程中,有部分时间仍然是在水面上航行的。无论地效船处于何种状态,均属于《规则》定义的地效船。但在不同状态下,其责任和义务并不完全相同,详见《规则》第十八条。

第九章思考题

1. 如何理解《规则》所适用的水域和适用的船舶?

2. 特殊规定由谁制定? 如何看待《规则》与特殊规定(地方规则)之间的关系?

3. 我国主要有哪些典型的避碰规章? 如何适用?

4. 被 IMO 采纳的分道通航制与未被 IMO 采纳的分道通航制,在《规则》条款适用上有何区别?

5. 如何理解《规则》对额外的队形灯、信号灯、号型和笛号的配备要求?

6. 《规则》对特殊构造或特殊用途船舶的号灯或号型有何特殊规定?

7. 如何理解《规则》第三条中"除条文另有解释外"?

8. 在理解"船舶"这一定义时应注意哪些问题?

9. 如何理解"机动船"?

10. 如何理解"帆船"?

11. 构成"从事捕鱼的船舶"应当具备哪些条件？

12. 构成"操纵能力受到限制的船舶"应当具备哪些条件？

13. 构成"失去控制的船舶"应当具备哪些条件？

14. 构成"限于吃水的船舶"应具备哪些条件？

15. 如何理解"在航"？

16. 如何理解"能见度不良"？

17. 如何理解"互见"？

第十章

号灯、号型、声响和灯光信号

第一节 号灯和号型概述

一、号灯与号型的作用

号灯与号型是用来表示船舶种类、尺度(大小)、动态和工作性质等的灯光与型体。《规则》第三章规定了各类不同尺度船舶在不同状态时所应显示的号灯和号型。船舶驾驶人员在实际工作中不但应当正确显示本船的号灯和号型,而且还应当及时识别他船的号灯和号型,并迅速、准确地判明他船的种类、尺度、动态或作业方式以及两船所构成的会遇态势等。

二、号灯与号型的适用范围

(一)在各种天气中都应遵守

《规则》第二十条(适用范围)第1款规定:"本章条款在各种天气中都应遵守。"这就要求任何船舶在各种天气中都应遵守《规则》第三章各条款的规定,即无论天气、能见度情况以及海况如何,任何船舶均应当显示相应的号灯和号型。根据这一要求,负责航行值班的船员应当经常检查号灯或号型是否正常显示,当号灯或号型发生损坏时,应立即予以修复,以恢复显示。

(二)号灯的显示时间

根据《规则》第二十条第2款、第3款的规定,显示号灯的时间包括:(1)从日没到日出;(2)能见度不良时,从日出到日没也应显示;(3)其他一切认为必要的情况下。所谓"必要的情况"通常是指晨昏蒙影期间、能见度良好但由于各种原因天色较暗时的白天以及或能见度不良水域附近等情况。

(三)不应显示的灯光

根据《规则》第二十条第2款的规定,在显示号灯期间,下述三种灯光不得显示:

(1)会被误认为《规则》订明的号灯的灯光,如驾驶台下方窗口朝前的室内灯光等;

(2)会削弱号灯能见距离或显著特性的灯光,如甲板照明灯及舷灯附近的室内灯光;

(3)会妨碍正规瞭望的灯光,如驾驶台内及海图室内的灯光和甲板照明灯等。

(四)号型的显示时间

《规则》第二十条第 4 款规定:"有关号型的各条规定,在白天都应遵守。"这里的"白天"包括从日出到日没和日出前及日没后的晨昏蒙影期间。

(五)同时显示号灯和号型的时间

根据规则的规定,应同时显示号灯和号型的时间为:

(1)在能见度不良或天色受影响的白天;

(2)晨昏蒙影时间。

(六)显示号灯、号型的注意事项

每一船舶应当根据《规则》的规定,正确显示号灯和号型。在显示号灯和号型时,应当注意如下各点:

(1)严格按照《规则》的规定显示号灯或号型,在开航前应当试验和检查各号灯是否能正常显示,并备妥号型和应急号灯;

(2)在航行值班过程中,应经常检查本船的号灯是否正常显示,特别是在航行中发现他船时,一旦发现号灯损坏或熄灭,应当及时更换或修复;

(3)注意检查本船有无其他会被误认为或干扰号灯特性的灯光,如有的话,则应及时处理;

(4)不得显示不符合本船情况的号灯或号型。

三、号灯的定义与能见距离

(一)号灯的定义

《规则》第二十一条(定义)中规定了号灯的基本位置、灯色和发光光弧。

(1)"桅灯"是指安置在船的首尾中心线上方的白灯,在 225° 的水平弧内显示不间断的灯光,其安装要使灯光从船的正前方到每一舷正横后 22.5° 内显示。

(2)"舷灯"是指右舷的绿灯和左舷的红灯,各在 112.5° 的水平弧内显示不间断的灯光,其装置要使灯光从船的正前方到各自一舷的正横后 22.5° 内分别显示。长度小于 20 m 的船舶。其舷灯可以合并成一盏,装设于船的首尾中心线上。

(3)"尾灯"指安置在尽可能接近船尾的白灯,在 135° 的水平弧内显示不间断的灯光,其装置要使灯光从船的正后方到每一舷 67.5° 内显示。

(4)"拖带灯"是指具有与本条 3 款所述"尾灯"相同特性的黄灯。

(5)"环照灯"是指在 360° 的水平弧内显示不间断灯光的号灯。

(6)"闪光灯"是指每隔一定时间以频率为每分钟闪 120 次或 120 次以上的号灯。

根据第二十一条号灯的定义,以长度大于等于 50 m 的机动船为例,其桅灯、舷灯和尾灯的水平照射弧度如图 10-1-1 所示。

(二)号灯的能见距离

《规则》第二十二条规定了各种号灯的能见距离。综合《规则》第二十一、二十二条的规定,号灯的类别、灯色、水平光弧和能见距离可归纳为表 10-1-1 所示。

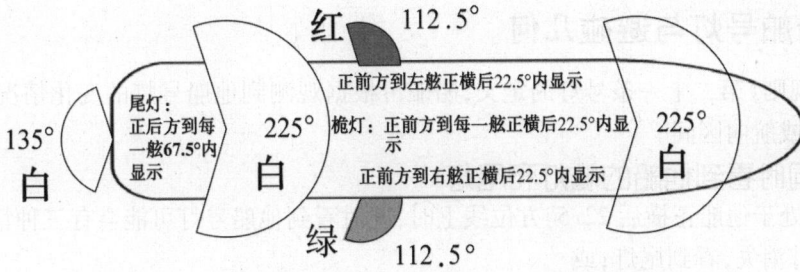

图 10-1-1　桅灯、舷灯和尾灯的水平照射弧度示意图

表 10-1-1　各种号灯的灯色、水平光弧和最小能见距离

号灯类别	灯色	水平光弧	最小能见距离（n mile）			
			$L \geqslant 50$ m	$20 \leqslant L < 50$ m	$12 \leqslant L < 20$ m	$L < 12$ m
桅灯	白	225° 正前方至左右舷各 112.5°	6	5	3	2
舷灯	左红右绿	112.5° 正前方至该舷正横后 22.5°	3	2	2	1
尾灯	白	135° 正后方至左右舷各 67.5°	3	2	2	2
拖带灯	黄	135° 正后方至左右舷各 67.5°	3	2	2	2
环照灯	红绿白黄	水平范围 360°	3	2	2	2
操纵号灯	白	水平范围 360°	5			
闪光灯	红黄	水平范围 360°	闪频≥120 次/分,对能见距离未做规定			

注:(1)表中 L 为船长;

(2)附录二中为在相互邻近处捕鱼的渔船规定的额外号灯应能在水平四周至少 1 n mile 的距离上被看到,但应小于《规则》为渔船规定的号灯的能见距离;

(3)一艘不易觉察的、部分淹没的被拖船或物体应显示的白色环照灯,其最小能见距离为 3 n mile。

四、号型的基本种类

船舶的号型主要有黑色的球体、圆锥体、菱形体和两个圆锥体尖端对接的鼓型体。如表 10-1-2 所示。

表 10-1-2　号型表($a > 0.6$ m)

五、船舶号灯与避碰几何

根据《规则》第二十一条号灯的定义,船舶可根据观测到他船号灯的变化情况大致估算他船的航向或航向区间。

(一)同时看到他船的舷灯和尾灯

当本船处于他船正横后22.5°方位线上时,此时看到他船号灯可能会有三种情况:

(1)舷灯消失,看到尾灯;或

(2)尾灯消失,看到舷灯;或

(3)同时看到舷灯和尾灯。

在这几种情况下,他船的航向可用式(10-1-1)计算:

$$C_t = TB \pm 67.5° (看到绿灯取"+",红灯取"-") \tag{10-1-1}$$

式中,C_t—— 他船航向;

TB—— 他船真方位,其值为本船航向 $C_0 \pm$ 舷角(右舷取"+",左舷取"-")。

例1: 本船朝东航行,在左前方40°同时看到他船红灯和尾灯,求他船的航向。

解: 此题中本船航向 $C_0 = 90°$;

在左前方40°看到他船,则 $TB = C_0 - 舷角 = 90° - 40° = 50°$;

因此,他船航向 $C_t = TB - 67.5° = 50° - 67.5° = -17.5° = 342.5°$。

(二)同时看到他船的两盏舷灯

当本船处于他船的船首线上时,此时看到他船号灯可能会有三种情况:

(1)红灯消失,看到绿灯;或

(2)绿灯消失,看到红灯;或

(3)同时看到红灯和绿灯。

在这几种情况下,他船的航向可用式(10-1-2)计算:

$$C_t = TB + 180° \tag{10-1-2}$$

例2: 本船朝东航行,在右前方40°同时看到他船红灯和绿灯,求他船的航向。

解: 此题中 $C_0 = 90°$;

在右前方40°看到他船,则 $TB = C_0 + 舷角 = 90° + 40° = 130°$;

因此,他船航向 $C_t = TB + 180° = 130° + 180° = 310°$。

(三)只看到他船的一盏舷灯或尾灯

当本船只看到他船的一盏舷灯或尾灯时,不能像前面两种情况那样求出他船具体的航向,只能求他船的航向区间。若看到的是舷灯,则用式(10-1-1)和式(10-1-2)来求他船航向区间的两边界;若看到的是尾灯,则两次应用式(10-1-1)来求他船航向区间的两个边界。

例3: 本船朝东航行,在东南方向发现一船绿灯,试求该船的航向区间。

解: 此题中 $C_0 = 90°$;

在东南方向看到他船,则 $TB = 135°$;

代入式(10-1-1)有 $C_t = TB + 67.5° = 135° + 67.5° = 202.5°$;

代入式(10-1-2)有 $C_t = TB + 180° = 135° + 180° = 315°$。

因此,他船航向区间为202.5° 315°。

例4: 本船航向050°,在相对方位055°处发现他船的尾灯,求该船的航向区间。

解:此题中 $TB = 50° + 55° = 105°$;

代入式(10-1-1)有:

$$C_t = TB + 67.5° = 105° + 67.5° = 172.5°(尾灯与绿灯的边界);$$

$$C_t = TB - 67.5° = 105° - 67.5° = 037.5°(尾灯与红灯的边界)。$$

因此,他船航向区间为037.5°～172.5°。

第二节　各类船舶的号灯和号型

《规则》第三章和附录二中规定了各类船舶在不同状态下应显示的号灯与号型。

一、在航机动船(第二十三条)

(一)适用范围

本条适用于"在航"的机动船,包括在航对水移动和在航不对水移动两种状态。本条所指的"机动船"并非《规则》第三条"一般定义"中所指的"用机器推进的任何船舶"。某些用机器推进的船舶,如失去控制的船舶、操纵能力受到限制的船舶、从事捕鱼的船舶、从事拖带作业的船舶、限于吃水的船舶等,《规则》另有专门的条款对其进行规定的,应当遵守那些特殊的规定。

(二)机动船的号灯

1. $L \geqslant 50$ m 的在航机动船

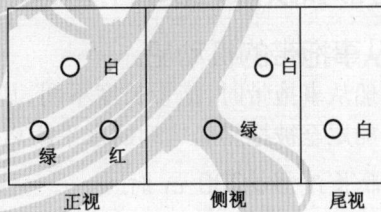

$L \geqslant 50$ m 的在航机动船应当显示前后桅灯、左右舷灯和尾灯,如图10-2-1 所示。

2. $L < 50$ m 的在航机动船

$L < 50$ m 的在航机动船应当显示一盏桅灯、左右舷灯和尾灯,如图10-2-2 所示。同时,还可以显示第二盏桅灯。

图 10-2-1 $L \geqslant 50$ m 的在航机动船　　　图 10-2-2 $L < 50$ m 的在航机动船

(三)小型船舶的特殊规定

本条各款针对不同尺度的船舶作了不同的规定,《规则》使用"可以"一词授权船长较小的船舶可以简化其显示的号灯与号型。但这种简化并非强制的,即船长较小的船舶也可以显示《规则》为船长较大的船舶规定的号灯与号型,例如 $L < 50$ m 的船舶同样可以显示后桅灯。此外,本条第3 款对小型船舶做出了如下规定:

(1)$L < 12$ m 的机动船,可以用一盏环照白灯代替其桅灯和尾灯,如图10-2-3 所示。

(2)$L < 7$ m 且其最高速度不超过 7 kn 的机动船,可以显示一盏环照白灯以代替其桅

灯、舷灯和尾灯,如图 10-2-4 所示。但是,《规则》还规定,上述船舶如可行,也应显示舷灯。

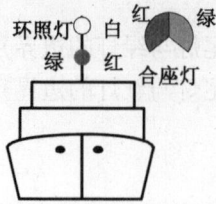

图 10-2-3　$L<12$ m 的机动船　　　图 10-2-4　$L<7$ m 的机动船

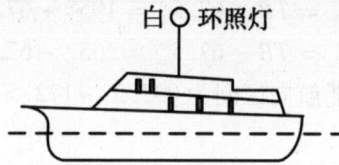

(3)$L<12$ m 的机动船的桅灯或环照白灯,如果不可能装设在船的首尾中心线上,可以离开中心线显示,其条件是其舷灯合并成一盏,并应装在船的首尾中心线上,或尽量装设在桅灯或环照灯所在首尾线的附近。换言之,若其舷灯没有合并成一盏双色灯,则其尾灯或者环照白灯仍然应当装设在船的首尾中心线上。

(四)气垫船、地效船的特殊规定

当气垫船在非排水状态下航行或者地效船在起飞、降落和贴近水面飞行时,由于航速较快,为引起其他船舶的注意,除按本条第 1 款规定显示普通机动船的号灯外,气垫船应额外显示一盏环照黄色闪光灯,而地效船应额外显示高亮度的环照红色闪光灯。如图 10-2-5 和图 10-2-6 所示。

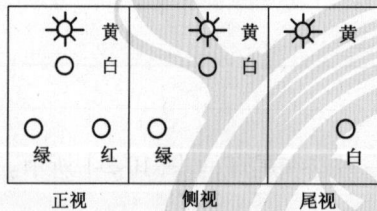

图 10-2-5　气垫船在非排水状态下航行　　图 10-2-6　地效船在水面起飞、降落和飞行时

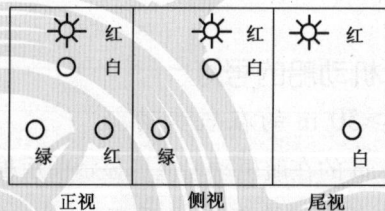

二、拖带和顶推(第二十四条)

(一)从事拖带的机动船

当机动船从事拖带时,拖带长度不同,其应显示的号灯、号型也不同。所谓"拖带长度"是指自拖船船尾至被拖船船尾间的水平距离。

1. 拖带长度 $S>200$ m 时

当拖带长度 $S>200$ m 时,用垂直三盏桅灯以取代前桅灯或者后桅灯,并在垂直于尾灯的上方显示一盏拖带灯,如图 10-2-7;白天,应在最易见处显示一个菱形体号型,如图 10-2-8 所示。

2. 拖带长度 $S\leqslant200$ m 时

当拖带长度 $S\leqslant200$ m 时,用垂直两盏桅灯以取代前桅灯或者后桅灯,并在垂直于尾灯的上方显示一盏拖带灯,如图 10-2-9 所示。拖带长度 $S\leqslant200$ m 时,从事拖带的机动船无须显示号型。

(二)组合体

当一顶推船和一被顶推船牢固地连接成为一组合体时,则应作为一艘机动船,显示《规

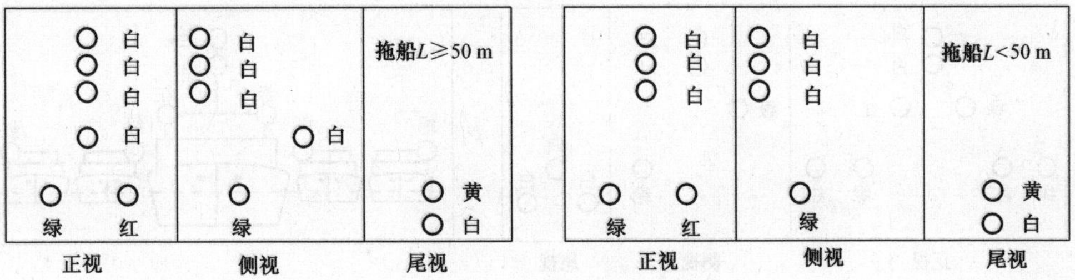

图 10-2-7　$S > 200$ m 的拖带船的号灯

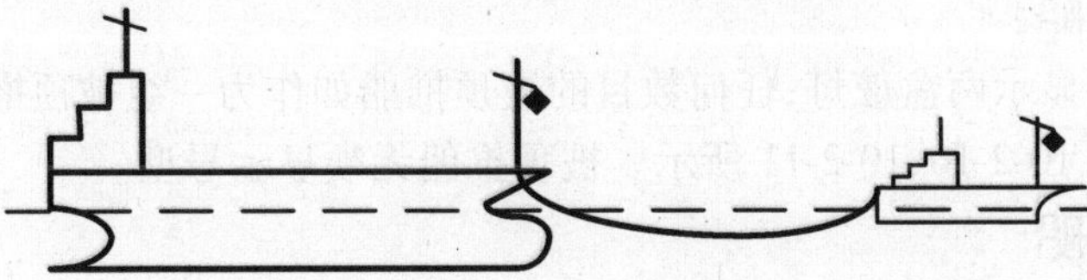

图 10-2-8　$S > 200$ m 的拖带组的号型

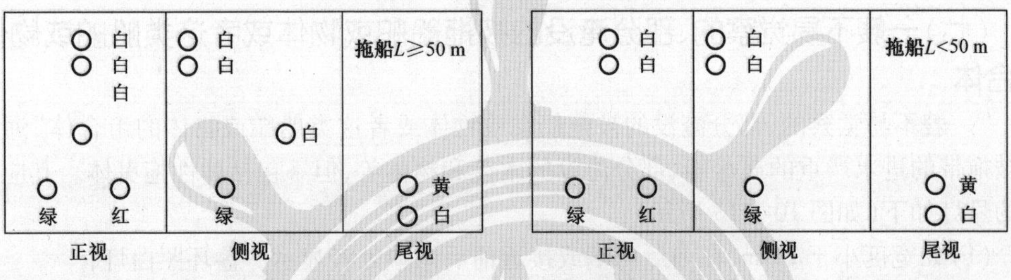

图 10-2-9　$S \leqslant 200$ m 的拖带船的号灯

则》第二十三条规定的普通机动船的号灯。组合体无须显示号型。

（三）从事顶推或者傍拖的机动船

从事顶推或者傍拖的机动船的号灯的特征是用垂直两盏桅灯以取代前桅灯或者后桅灯。无论是从事顶推,还是从事傍拖,均不应当显示拖带灯,也无须显示号型。如图 10-2-10、10-2-11、10-2-12 所示。

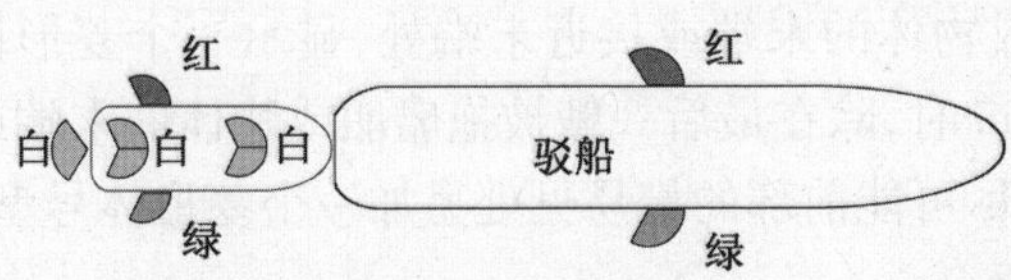

图 10-2-10　顶推的俯视图

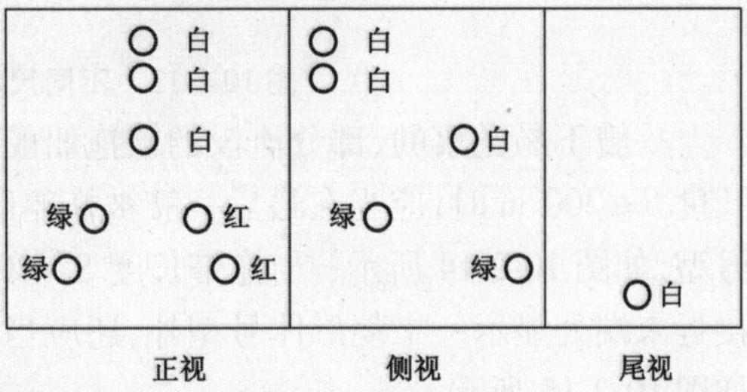

图 10-2-11　顶推的正视、侧视及尾视示意图

（四）被拖船或被拖物体

被拖船或被拖物体应当显示的号灯为两盏舷灯、一盏尾灯。当拖带有多艘被拖船或被拖物体时,则每一艘被拖船或被拖物体均分别显示舷灯和尾灯。

当拖带长度 $S \leqslant 200$ m 时,被拖船或被拖物体无须显示号型;只有当拖带长度 $S > 200$ m 时,才应在最易见处显示一个菱形体号型。如图 10-2-8 所示。

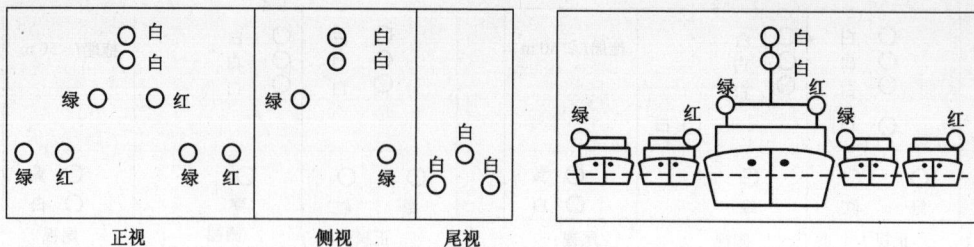

图 10-2-12 傍拖号灯的各角度示意图

（五）被顶推船

被顶推船应当显示两盏舷灯；任何数目的被顶推船如作为一组被顶推，则应作为一艘船来显示号灯。如图 10-2-10、10-2-11 所示。被顶推船无须显示号型。

（六）被傍拖船

被傍拖船应当显示两盏舷灯、一盏尾灯；任何数目的被傍拖的船如作为一组被傍拖，则应作为一艘船来显示号灯。如图 10-2-12 所示。被傍拖船无须显示号型。

（七）一艘不易觉察的、部分淹没的被拖船舶或物体或者这类船舶或物体的组合体

"一艘不易觉察的、部分淹没的被拖船舶或物体或者这类船舶或物体的组合体"通常是指被拖带的进水严重的遇难船、部分淹没的木筏和物体等，但不包括弹性拖曳体。其应当显示的号灯如下（如图 10-2-13 所示）：

（1）如宽度小于 25 m，在前后两端或接近前后两端处各显示一盏环照白灯；

（2）如宽度为 25 m 或 25 m 以上时，在两侧最宽处或接近最宽处，另加两盏环照白灯；

（3）如长度超过 100 m，在（1）和（2）项规定的号灯之间，另加若干环照白灯，使得这些灯之间的距离不超过 100 m。

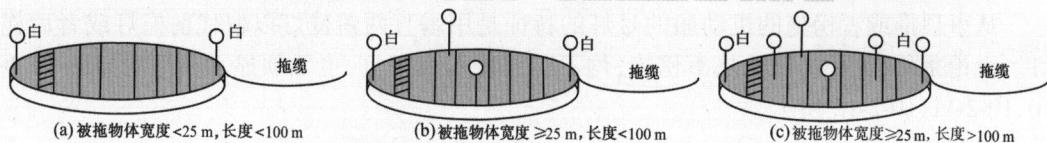

(a)被拖物体宽度<25 m，长度<100 m   (b)被拖物体宽度≥25 m，长度<100 m   (c)被拖物体宽度≥25 m，长度>100 m

图 10-2-13　不同尺度被拖物体应显示的号灯

一艘不易觉察的、部分淹没的被拖船舶或物体或者这类船舶或物体的组合体，当其拖带长度 $S \leqslant 200$ m 时，应当在最后一艘被拖船舶或物体的末端或接近末端处，显示一个菱形体号型，如图 10-2-14 所示；当拖带长度 $S > 200$ m 时，除在最后一艘被拖船舶或物体的末端或接近末端处显示一个菱形体号型外，还应当在尽可能前部的最易见处另加一个菱形体号型，如图 10-2-15 所示。

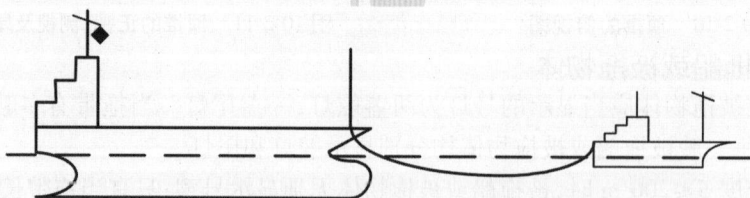

图 10-2-14　$S \leqslant 200$ m 部分被淹没，不易被觉察的被拖船

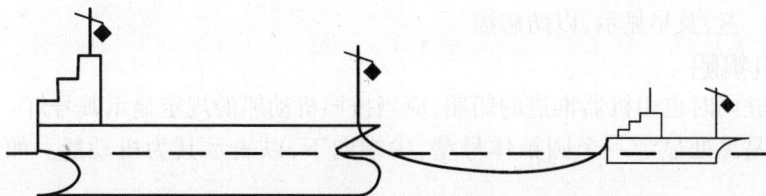

图 10-2-15　$S > 200\ m$ 部分被淹没,不易被觉察的被拖船

(八)拖船、被拖船或被拖物体不能显示《规则》规定的上述号灯时

凡由于任何充分理由,使得一艘通常不从事拖带作业的船舶不可能按本条第 1 款或第 3 款的规定显示号灯,这种船舶在从事拖带另一遇险或需要救助的船舶时,就不要求显示这些号灯。但是,该船舶应当根据《规则》第三十六条"招引注意的信号"所准许的一切可能措施,例如在船尾设置一盏探照灯,光束指向被拖船的方向,尤其应将拖缆照亮,以此来表明拖船与被拖船之间关系的性质。

凡由于任何充分理由,当被拖船或不易觉察的、部分淹没的被拖船舶或物体或者这类船舶或物体的组合体,不可能显示本条第 5 款或第 7 款规定的号灯或号型时,应采取一切可能的措施使被拖船舶或物体上有灯光,或者至少能表明这种船舶或物体的存在。

三、在航帆船和划桨船(第二十五条)

(一)在航帆船

在航帆船应当显示左右两盏舷灯,一盏尾灯,但不应当显示桅灯。此外,在航帆船还可以在桅顶或接近桅顶的最易见处垂直显示上红下绿两盏环照灯,该规定为非强制性的规定,船舶可以这样显示,也可以不显示。如图 10-2-16 所示。

图 10-2-16　在航帆船显示的号灯

(二)$L < 20\ m$ 的帆船

$L < 20\ m$ 的在航帆船可以显示左右两盏舷灯和尾灯,也可以将舷灯和尾灯合并成一盏"三色合座灯",装设在桅顶或接近桅顶处。"三色合座灯"是指用一个灯丝分别在左右舷灯和尾灯的三个方位上发出红光、绿光和白光的灯具。这三种光是通过在该灯的不同方位上分别加装红色、绿色和无色玻璃来获得的。

$L < 20\ m$ 的在航帆船也可以在桅顶或接近桅顶的最易见处垂直显示上红下绿两盏环照灯。但当其将舷灯和尾灯合并成一盏"三色合座灯"时,就不能显示上红下绿两盏环照灯。

(三)$L < 7\ m$ 的帆船和划桨船

$L < 7\ m$ 的船舶,如可行,应当显示舷灯和尾灯,或者舷灯、尾灯的"三色合座灯";如不可行,则应在手边备妥白光的电筒一个或点着的白灯一盏,及早显示,以防碰撞。

划桨船,可以按照帆船的号灯显示,但如不这样做,则应在手边备妥白光的电筒一个或点着的白灯一盏,及早显示,以防碰撞。

(四)机帆船

用帆行驶同时也用机器推进的船舶,应当按照机动船的规定显示其号灯。对于其号型,应在前部最易见处显示一个圆锥体号型,尖端向下,以表示其为机动船。如图 10-2-17 所示。

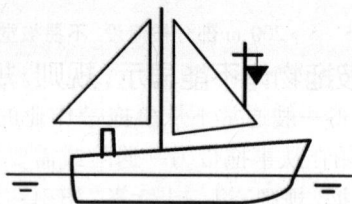

图 10-2-17　机帆并用船应显示的号型

四、渔船(第二十六条及附录二)

(一)适用范围

《规则》第二十六条的标题虽为"渔船",但该规定仅仅适用于《规则》第三条第 4 款规定的"从事捕鱼的船舶",即使用使其操纵性能受到限制的渔具从事捕鱼的任何船舶。根据其捕鱼作业方式的不同,又可以分为拖网作业和非拖网作业两类。

《规则》第二十六条第 1 款明确规定,从事捕鱼的船舶,不论在航还是锚泊,只应显示本条规定的号灯和号型。因此,当从事捕鱼的船舶在锚泊中从事捕鱼时,不应当显示《规则》第三十条规定的锚灯或者锚球,而应当按本条规定显示号灯和号型。同时,该条第 5 款也明确规定,船舶不从事捕鱼时,不应显示本条规定的号灯或号型,而只应显示为其同样长度的船舶所规定的号灯或号型。

此外,该条第 4 款规定,在邻近其他从事捕鱼船舶处从事捕鱼的船舶,可以显示《规则》附录二所述的额外信号。

(二)从事拖网作业的渔船应显示的号灯和号型

1.《规则》正文规定号灯

如图 10-2-18 所示,从事拖网作业的渔船显示的号灯为:

图 10-2-18　从事拖网作业的渔船的号灯

(1)上绿下白垂直两盏环照灯;

(2)L≥50 m,一盏桅灯,后于并高于环照绿灯;L<50 m,不要求显示该桅灯,但可以这样做;

— 232 —

（3）在航对水移动时，还应当显示左右舷灯和尾灯；不对水移动时，则不应显示舷灯和尾灯。

2.《规则》附录二规定的额外号灯

当临近其他捕鱼船时，从事拖网捕鱼的渔船还可以显示附录中关于拖网渔船在相互邻近处捕鱼的额外信号，如图 10-2-19 所示。

（1）放网时，垂直两盏白灯；

（2）起网时，垂直两盏灯，上白下红灯；

（3）网挂住障碍物时，垂直两盏红灯；

（4）从事对拖网作业的各船在夜间，应朝着前方并向本对拖网中另一船的方向照射的探照灯。

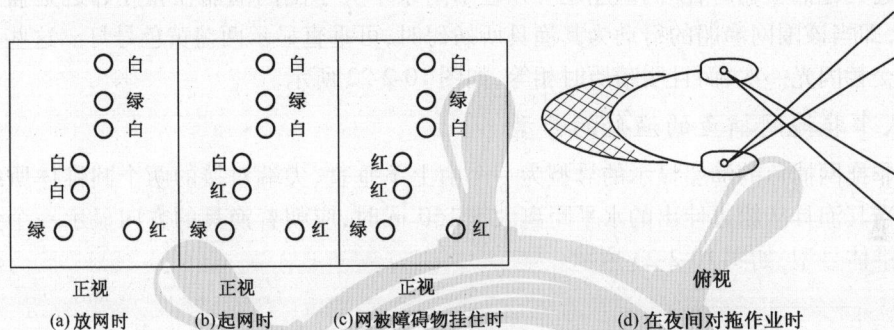

图 10-2-19　拖网渔船在相互邻近处捕鱼的额外信号

3. 从事拖网捕鱼的渔船的号型

从事拖网作业的捕鱼船显示的号型为一个由上下垂直、尖端对接的两个圆锥体所组成的号型。如图 10-2-20 所示。

图 10-2-20　从事拖网作业的渔船的号型

（三）从事非拖网作业的捕鱼船应当显示的号灯和号型

1.《规则》正文规定号灯

如图 10-2-21 所示，从事非拖网作业的捕鱼船应显示的号灯为：

（1）上红下白垂直两盏环照灯；

（2）当有外伸渔具，其从船边伸出的水平距离大于 150 m 时，应朝着渔具的方向显示一盏环照白灯；

（3）在航对水移动时，还应当显示左右舷灯和尾灯；在航不对水移动时或者在锚泊中从事非拖网捕鱼,则不应显示舷灯和尾灯。

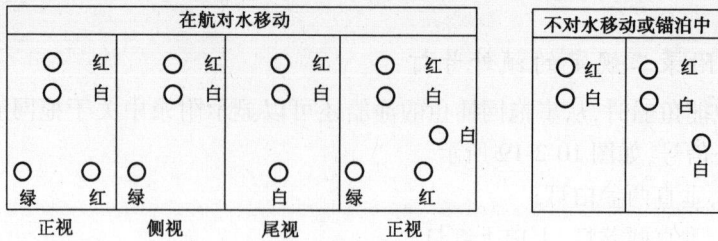

图 10-2-21 从事非拖网作业的渔船

2.《规则》附录二规定的额外号灯

当邻近其他捕鱼船时,围网渔船还可以显示附录中关于围网渔船在相互邻近处捕鱼的额外信号,即当该围网渔船的行动为其渔具所妨碍时,可垂直显示两盏黄色号灯。这些号灯应每秒钟交替闪光一次,而且明暗历时相等,如图 10-2-22 所示。

3. 从事非拖网捕鱼的渔船的号型

从事非拖网捕鱼的渔船显示的号型为一个由上下垂直、尖端对接的两个圆锥体所组成的号型。当其渔具从船边伸出的水平距离大于 150 m 时,应朝着渔具的方向显示一个尖端向上的圆锥体号型,如图 10-2-23 所示。

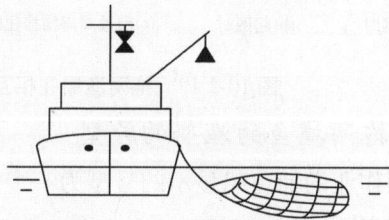

图 10-2-22 围网渔船   图 10-2-23 非拖网渔船,外伸渔具水平距离 >150 m

五、失去控制或操纵能力受到限制的船舶(第二十七条)

(一)失去控制的船舶

1. 失去控制的船舶的号灯

如图 10-2-24 所示,失去控制的船舶应当:

(1)在最易见处显示垂直两盏环照红灯;

(2)当对水移动时,还应当显示左右两盏舷灯和一盏尾灯,但不应当显示桅灯。当不对水移动时,不应当显示舷灯和尾灯,而仅仅显示垂直两盏环照红灯。

2. 失去控制的船舶的号型

如图 10-2-25 所示,失去控制的船舶应当在最易见处垂直显示两个球体。

应当注意的是,普通机动船、帆船、限于吃水船、操纵能力受到限制的船舶、从事捕鱼的船舶、执行引航任务的船舶等一旦失去控制,便不再显示原来的号灯与号型,而只显示《规则》第二十七条第1款规定的号灯与号型。

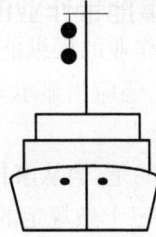

图 10-2-24　失去控制的船舶的号灯

图 10-2-25　失控船的号型

（二）除从事清除水雷作业、从事拖带作业以及疏浚或水下作业的船舶以外的操纵能力受到限制的船舶

1. 号灯

如图 10-2-26 所示，除从事清除水雷作业、从事拖带作业以及疏浚或水下作业的船舶以外的操纵能力受到限制的船舶，其应当：

（1）在最易见处，显示垂直红、白、红三盏环照灯；

（2）当在航对水移动时，还应当显示桅灯、左右舷灯和尾灯；当在航不对水移动时，应当关闭桅灯、左右舷灯和尾灯；当在锚泊中从事作业时，还应当显示锚灯。

图 10-2-26　除从事清除水雷作业、从事拖带作业、疏浚或水下作业以外的操限船

2. 号型

如图 10-2-27、2-2-28 所示，除从事清除水雷作业、从事拖带作业以及疏浚或水下作业的船舶以外的操纵能力受到限制的船舶，其应当在最易见处垂直显示"球、菱形、球"号型；在锚泊中作业时，还应当显示"锚球"。

图 10-2-27　普通操限船在航

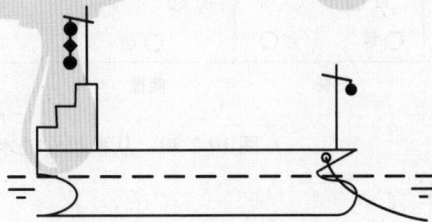

图 10-2-28　普通操限船锚泊状态

应当注意的是，"在航中从事补给或转运人员、食品或货物的两艘船舶"，均应当显示上述的号灯或号型。

（三）从事拖带作业的操纵能力受到限制的船舶

从事拖带作业的操纵能力受到限制的船舶在航时，除了显示《规则》第二十四条规定的号灯或号型外，还应当显示垂直红、白、红三盏环照灯或垂直"球、菱形、球"号型。如图10-2-29所示。

应当注意的是，当从事拖带的船舶锚泊后，其不再属于操纵能力受到限制的船舶，应当显示《规则》第三十条规定的锚泊船的号灯或号型。

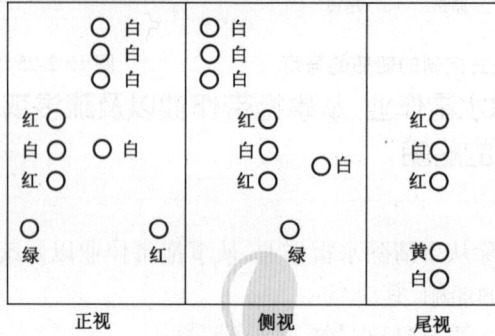

图10-2-29　从事拖带的操限船

（四）从事疏浚或水下作业的操纵能力受到限制的船舶

1. 号灯

如图10-2-30所示，从事疏浚或水下作业的操纵能力受到限制的船舶应：

（1）在最易见处，显示垂直红、白、红三盏环照灯；

（2）当在航对水移动时，还应当显示桅灯、左右舷灯和尾灯；当在航不对水移动时，应当关闭桅灯、左右舷灯和尾灯；

（3）当存在障碍物时，在有障碍物的一舷，显示垂直两盏红色环照灯；在他船可通过的一舷，显示垂直两盏绿色环照灯。

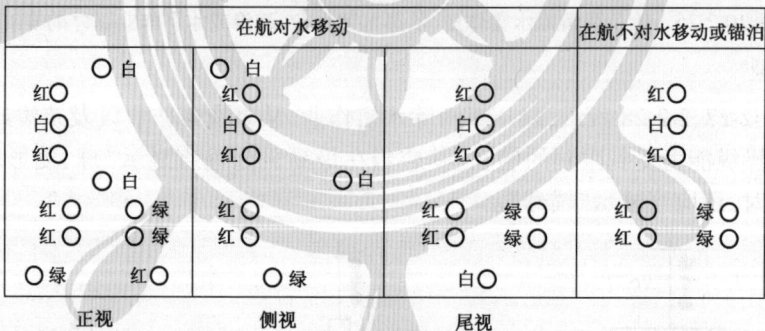

图10-2-30　从事疏浚或水下作业的操限船

2. 号型

如图10-2-31所示，从事疏浚或水下作业的操纵能力受到限制的船舶应：

（1）在最易见处垂直显示"球、菱形、球"号型；

（2）当存在障碍物时，在有障碍物的一舷，显示垂直两个球体；在他船可通过的一舷，显示垂直两个菱形体。

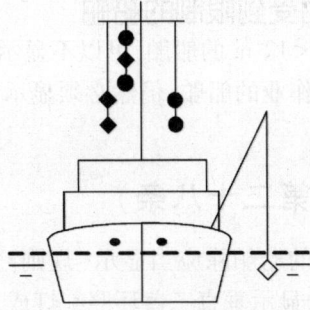

图 10-2-31　从事疏浚或水下作业的船舶

特别值得注意的是,当船舶在锚泊中从事疏浚作业或者水下作业时,只应当显示上述船舶在航不对水移动时所应当显示的号灯或号型,而不应当显示《规则》第三十条规定的锚泊船的号灯或号型。

(五)从事潜水作业的小船

从事潜水作业的船舶如果其尺度较小,不能显示本条第 4 款为水下作业的船舶规定的号灯和号型时,则应显示:

(1)在最易见处,垂直红、白、红三盏环照灯。

(2)一个国际信号旗"A"的硬质复制品,其高度不小于 1 m,并应采取措施以保证周围都能见到。如图 10-2-32 所示。

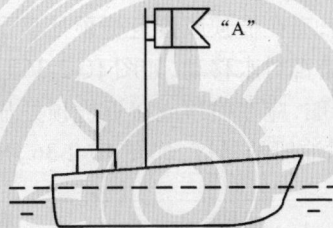

图 10-2-32　从事潜水作业的小船

(六)从事清除水雷作业的船舶

从事清除水雷作业的船舶,除按同长度机动船在航或锚泊时显示号灯、号型外,还应当在接近前桅桅顶处以及前桅桁两端各显示一盏环照绿灯或一个球体,以表示他船驶近至该船 1000 m 以内是危险的。如图 10-2-33、10-2-34 所示。

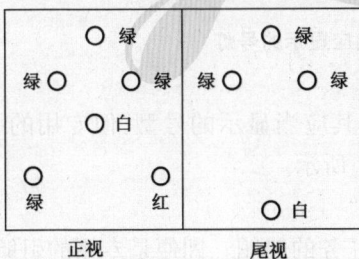

图 10-2-33　从事清除水雷作业的船舶在航

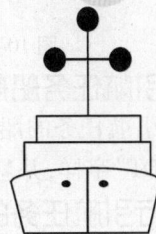

图 10-2-34　从事清除水雷作业的船舶在航

（七）$L < 12 \ m$ 的操纵能力受到限制的船舶

除从事潜水作业的船舶外，$L < 12 \ m$ 的船舶，可以不显示《规则》第二十七条规定的号灯和号型。但 $L < 12 \ m$ 的从事潜水作业的船舶，仍然必须显示《规则》第二十七条规定的号灯和号型。

六、限于吃水的船舶（第二十八条）

如图 10-2-35 所示，限于吃水的船舶除应当显示《规则》第二十三条规定的普通机动船的号灯或号型外，还可在最易见处显示垂直三盏环照红灯或一个圆柱体号型，以表示其因吃水与可航水域的可用水深和宽度，使得其偏离所驶航向的能力受到限制。

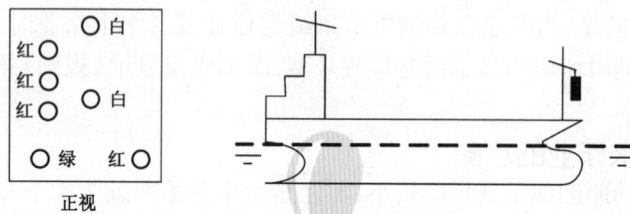

图 10-2-35　限于吃水船

七、引航船舶（第二十九条）

（一）执行引航任务船舶的号灯

在航中执行引航任务的船舶，应在桅顶或接近桅顶处显示上白下红垂直两盏环照灯，并显示左右舷灯和尾灯，而不论其是否对水移动，如图 10-2-36 所示。

在锚泊中执行引航任务的船舶，应在桅顶或接近桅顶处显示上白下红垂直两盏环照灯，并显示《规则》第三十条规定的锚泊船的号灯，如图 10-2-36 所示。

图 10-2-36　执行引航任务的船舶应显示的号灯

（二）执行引航任务船舶的号型

在航中执行引航任务的船舶，《规则》并没有规定其应当显示的号型，但专用的引航船上通常标有"PILOT"字样，并悬挂"H"旗，如图 10-2-37 所示。

（三）非执行引航任务的船舶

该条第 2 款规定，本条仅仅适用于正在执行引航任务的船舶。即便是专用的引航船，如果不是正在执行引航任务，则本条不适用，其应当显示为其同样长度的同类船舶规定的号灯或号型。

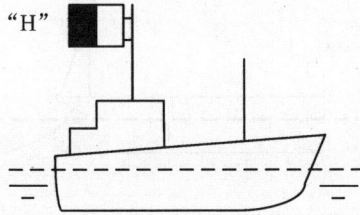

图 10-2-37　执行引航任务的船舶可显示的号型

八、锚泊船舶和搁浅船舶(第三十条)

(一)锚泊船的号灯和号型

锚泊号灯或号型是指表明船舶处于锚泊状态的号灯或号型,其号灯由船首(和船尾)最易见处的一盏(或两盏)白色环照灯组成;其号型为船舶前部的一个球体。

应当注意的是,从事捕鱼的船舶,当其在锚泊状态从事捕鱼作业时,不显示锚泊号灯和号型,而显示在航不对水移动时的号灯和号型;从事疏浚作业或水下作业的操纵能力受到限制的船舶在锚泊中作业时,不显示锚泊船的号灯或号型,而应当显示《规则》第二十七条第4款规定的号灯或号型。

1. $L < 50$ m 的船舶

在船的前部显示一盏环照白灯(前锚灯);在船尾或接近船尾并低于前锚灯处,另显示一盏环照白灯(后锚灯)。也可以仅在最易见处显示一盏环照白灯,以代替前锚灯和后锚灯。此外,其还可使用现有的工作灯或同等的灯照明甲板。其号型为在船的前部显示一个球体。

2. 50 m$\leqslant L < 100$ m 的船舶

在船的前部显示一盏环照白灯(前锚灯);在船尾或接近船尾并低于前锚灯处,另显示一盏环照白灯(后锚灯)。此外,其还可使用现有的工作灯或同等的灯照明甲板。其号型为在船的前部显示一个球体。

3. $L \geqslant 100$ m 的船舶

在船的前部显示一盏环照白灯(前锚灯);在船尾或接近船尾并低于前锚灯处,另显示一盏环照白灯(后锚灯);其还应当使用现有的工作灯或同等的灯照明甲板。其号型为在船的前部显示一个球体。

4. $L < 7$ m 的船舶

只要不在狭水道、航道、锚地或其他船舶通常航行的水域中或其附近锚泊时,不要求显示锚泊船的号灯或号型。

不同尺度锚泊船的号灯、号型如图 10-2-38 至 10-2-40 所示。

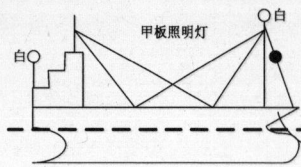

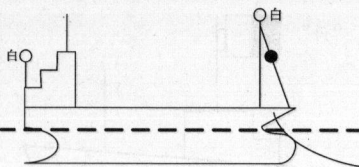

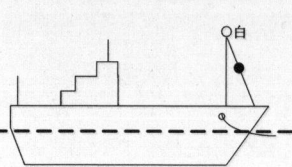

图 10-2-38　$L \geqslant 100$ m　　　　图 10-2-39　50 m$\leqslant L < 100$ m　　　　图 10-2-40　$L < 50$ m

(二)搁浅船的号灯和号型

搁浅号灯或号型是指表明船舶处于搁浅状态的号灯或号型。夜间,搁浅船应根据船舶尺度显示相应的锚灯外,还应在最易见处外加垂直两盏环照红灯;白天,应当在最易见处显示垂直三个球体,但不必显示锚球,如图 10-2-41 所示。$L < 12$ m 的船舶搁浅时,不要求显示垂直两盏环照红灯或者垂直三个球体。

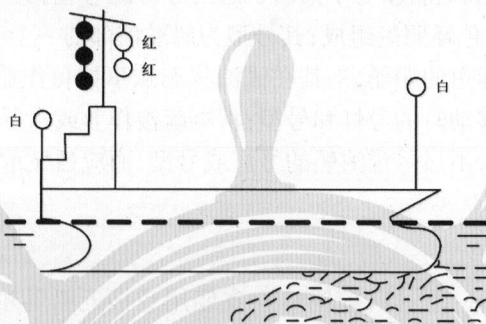

图 10-2-41　搁浅船的号灯和号型

九、水上飞机(第三十一条)

《规则》第三十一条规定,当水上飞机或地效船不可能显示按本章各条规定的各种特性或位置的号灯和号型时,则应显示尽可能近似于这种特性和位置的号灯和号型。换言之,水上飞机和地效船的号灯和号型的特性或位置方面可以不完全遵守本章各条规定,但应当尽可能与本章的规定一致。

十、各类船舶号灯与号型的小结

根据《规则》第二十三条至三十一条以及附录二的规定,为便于记忆,表 10-2-1 列出了各类船舶在不同动态下应显示的号灯和号型。

表 10-2-1　各类船舶的号灯与号型

船型	分类		在航		锚泊
			号灯	号型	
机动船	船长≥50 m		前后桅灯、舷灯、尾灯		按锚泊船显示号灯和号型（在船的最易见处显示一个球体●；前后锚灯，还可使用工作灯或同等的灯照亮甲板，船长≥100 m 时必须显示这类灯；船长<50 m 时，可以用一盏锚灯代替前后锚灯）
	船长<50 m		前桅灯、舷灯、尾灯，亦可显示后桅灯		
	船长<12 m		同上，亦可显示一环照白灯和舷灯代替		
	船长<7 m，且最大航速≤7 kn		同上，亦可显示一环照白灯代替，如可行也应显示舷灯		
	气垫船		按同长度机动船显示桅灯、舷灯和尾灯，在非排水状态航行时另加一盏黄色闪光灯		
	地效船		按同长度机动船显示桅灯、舷灯和尾灯，在起飞、降落和飞行时另加一盏高亮度环照红色闪光灯		
	机帆并用船		按同等长度机动船显示相应号灯	尖端朝下圆锥体▼	
从事拖带和顶推的机动船	尾拖	拖带长度>200 m	除按同等长度机动船显示外	用垂直三盏桅灯取代一盏桅灯，再加拖船灯	一个菱形体◆
		拖带长度≤200 m		用垂直二盏桅灯取代一盏桅灯，再加拖船灯	
	顶推或傍拖			用垂直二盏桅灯取代一盏桅灯	
	非拖船临时从事拖带遇险或需救助的船舶			不能显示拖船号灯时，应采取招引注意信号，尤其应将拖缆照亮	
	与被顶推船成牢固组合体		整个组合体按同等长度的机动船显示		
被拖船舶或物体	尾拖	拖带长度>200 m	舷灯、尾灯，若不能按规定显示，应在上面点灯或至少表明其存在	最易见处显示一个菱形体◆	
		拖带长度≤200 m			
	被顶推		舷灯	任何数目的船作为一组时，应作为一艘船来显示	
	被傍拖		舷灯、尾灯		
	部分淹没不易察觉	宽度<25 m	前后两端各一盏环照白灯（弹性拖曳体前部不需显示）	末端一个菱形体◆；拖带长度大于200 m 时前部另加一个菱形体◆	
		宽度≥25 m	除同上栏外，在两侧最宽处各加一盏环照白灯		
		长度>100 m	除同上两栏外，在号灯之间另加若干环照白灯，使相邻号灯的间距≤100 m		
		不能按规定显示	在其上面点灯或采取至少表明其存在的措施		
帆船和划桨船	船长≥20 m		舷灯、尾灯，还可显示上红下绿环照灯		
	船长<20 m		同上或仅显示由舷灯、尾灯合成的三色灯		
	船长<7 m		如可行，显示舷灯和尾灯或三色灯；或备妥一个电筒或白灯并及早显示		
	划桨船		可按同等长度帆船显示，或备妥一个电筒或白灯并及早显示		

			号灯	号型	
从事捕鱼作业的船舶	拖网渔船		上绿下白二盏环照灯，舷灯、尾灯（不对水移动时应关闭），船长≥50 m 应显示一盏后桅灯	上下垂直、尖端对接的两个圆锥体 ▲	同在航不对水移动的号灯和号型
	非拖网渔船	渔具水平伸出距离≤150 m	上红下白二盏环照灯，舷灯、尾灯（不对水移动时应关闭）	同上	
		渔具水平伸出距离>150 m	除同上栏外，另在渔具伸出方向加一盏环照白灯	同上，另在渔具伸出方向显示▲	
	相互邻近处捕鱼的额外信号（在上述在航和锚泊信号之外附加显示）	拖网渔船	非对拖	不论是用底拖还是中层渔具可显示：放网时：垂直二盏白灯 起网时：垂直上白下红灯 网挂住障碍物时：垂直二盏红灯	
			对拖	同上，另朝着前方并向本对拖网渔船的另一船方向照射探照灯	
		围网渔船	船的行动为渔具所妨碍时才可显示：垂直二盏黄色号灯（每秒交替闪光一次，明暗历时相等）		
失去控制的船舶			垂直二盏环照红灯，当对水移动时另加舷灯、尾灯	最易见处垂直显示两个球体 ● ●	
操纵能力受到限制的船舶	在航从事补给、转运人员、食品或货物的船		桅灯、舷灯、尾灯（不对水移动时应关闭），垂直红、白、红三盏环照灯	最易见处垂直显示球、菱、球 ● ◆ ●	按锚泊船显示
	从事拖带偏离航向的能力严重受到限制的船		除按尾拖拖带长度显示号灯外，垂直红、白、红三盏环照灯	同上，拖带长度大于200 m 时加◆	
	从事疏浚或水下作业的船（不包括从事潜水作业的小船）		桅灯、舷灯、尾灯（不对水移动时应关闭），垂直红、白、红三盏环照灯。存在障碍物时，还应显示：有障碍物舷，垂直二盏环照红灯；可通航舷，垂直二盏环照绿灯	● ◆ ● 障碍舷 ● ● 通航舷 ◆ ◆	同在航不对水移动的号灯和号型
	从事清除水雷作业的船		除同机动船号灯外，在前桅顶和前桅桁的两端各显示一盏环照绿灯（三盏环照绿灯呈三角形）	显示三个球体 ● ● ●	按锚泊船显示，另加左栏环照灯和球体
	从事潜水作业的小船		垂直红、白、红三盏环照灯	国际信号旗"A"硬质复制品	同在航
	除以上所列之外的其他操限船		桅灯、舷灯、尾灯（不对水移动时关闭），垂直红、白、红三盏环照灯	最易见处垂直显示球菱球 ● ◆ ●	按锚泊船显示，另加左栏环照灯和号型
限于吃水的船			同机动船外，还可显示垂直三盏环照红灯	可在最易见处显示一个圆柱体 ▮	按锚泊船显示
引航船执行引航任务时			舷灯、尾灯 上白下红二盏环照灯		按锚泊船显示，另加左栏环照灯
搁浅船			除锚灯外，垂直二盏环照红灯（不要求甲板灯等）；最易见处垂直显示三个球（不再显示锚球）	● ● ●	
长度<12 m 的小船			不要求显示搁浅、失控、操纵能力受限制（除潜水作业外）的号灯和号型		

第三节 声响和灯光信号

一、概述

在互见中,声响和灯光信号还用来表明船舶正在或企图采取的行动,或对他船的行动表示提醒、怀疑或警告。在能见度不良的水域中,声响信号可用来表明船舶的种类、动态,以及为未装设雷达或雷达设备发生故障的船舶提供某些有用的避让信息。

(一)定义(第三十二条)

(1)"号笛"一词,指能够发出规定笛声并符合本规则附录三所载规格的任何声响信号器具;

(2)"短声"一词,指历时约1 s的笛声;

(3)"长声"一词,指历时4~6 s的笛声。

(二)船舶应配备的声号设备

根据《规则》第三十三条的规定,船舶应配备的声号设备根据船长L规定了四个等级:

(1)$L \geqslant 100$ m,须配备一个号笛、一个号钟和一面号锣;

(2)100 m$> L \geqslant 20$ m,须配备一个号笛、一个号钟;

(3)20 m$> L \geqslant 12$ m,须配备一个号笛;

(4)$L < 12$ m,不要求备有上述声响器具,但至少应配备能发出有效声响的其他设备,如雾角和手摇铃等。

二、操纵和警告信号(第三十四条)

《规则》第三十四条对各种操纵和警告信号做出了详细的规定。

(一)适用范围

1.适用能见度

除本条第5款规定的弯头声号外,操纵和警告信号仅仅适用于处于互见中的两船;而第5款规定的弯头声号仅仅适用于能见度良好时,以探知居间障碍物后有无他船存在并表明本船的存在。

2.适用船舶

本条第1款所规定的操纵声号仅仅适用于在航机动船;而本条第2款至第5款所规定的信号适用于任何船舶。

本条第1款所指的"机动船"一词,即为《规则》第三条"一般定义"中所指的"任何用机器推进的船舶",包括普通的机动船、操纵能力受到限制的船舶、限于吃水的船舶、用机器推进的从事捕鱼或拖带的船舶,甚至还包括失去控制的船舶。"在航"包括在航对水移动和在航不对水移动两种情况。

3.适用条件

本条第1款所规定的操纵声号适用于按照本规则准许或要求进行操纵时。所谓"按本规则要求进行操纵"是指根据《规则》的条款,特别是"驾驶和航行规则"一章的要求,船舶应当采取操纵避让行动的情况,例如让路船应当采取的及早的、大幅度的让路行动。而"按本规则准许进行操纵"是指虽然《规则》并没有明确规定该船必须采取操纵避让行动,但《规则》又允许或者期望该船能够采取相应的操纵避让行动,例如直航船按照《规则》第十七条第 1 款第 2 项的规定"可独自采取操纵行动"。

(二)操纵和警告信号

《规则》第三十四条规定的操纵和警告信号,习惯上称为操纵行动信号、追越信号、怀疑或警告信号、过弯道信号,其信号的含义、鸣放或显示的条件,详见表 10-3-1。

表 10-3-1 操纵和警告信号

信号类别	适用船舶	信号	信号含义	适用条件
操纵声号	在航机动船	· · · · · ·	我船正在向右转向 我船正在向左转向 我船正在向后推进	◆ 互见中 ◆ 在航机动船 ◆ 按照本规则准许或要求进行操纵时
操纵灯光信号	任何在航船舶	Λ ΛΛ ΛΛΛ	我船正在向右转向 我船正在向左转向 我船正在向后推进	◆ 互见中 ◆ 在航的任何船舶 ◆ 按照本规则准许或要求进行操纵时
追越声号	狭水道或航道内的任何在航船舶	─ ─ · ─ ─ · · ─ · ─ ·	我船企图从你船右舷追越 我船企图从你船左舷追越 同意追越	◆ 互见中 ◆ 在狭水道或航道内追越 ◆ 只有在被追越船必须采取行动以允许安全通过时
警告信号	任何船舶	至少五短声 (ΛΛΛΛΛ)	正在互相驶近,一船无法了解他船的意图或行动,或者怀疑他船是否正在采取足够的行动以避免碰撞时	◆ 互见中 ◆ 任何船舶 ◆ 一船无法了解他船的意图、行动或者怀疑他船是否正在采取足够的行动以避免碰撞
弯头声号	任何在航船舶	─	在驶近可能被居间障碍物遮蔽他船的水道或航道的弯头或地段时	◆ 能见度良好 ◆ 任何在航船舶在驶近可能被居间障碍物遮蔽他船的水道或航道的弯头或地段时,或者弯头另一面或居间障碍物后的来船听到声号时
		─	弯头另一面或居间障碍物后的来船听到声号时	

注:"·"表示一短声;"─"表示一长声;"Λ"表示一短闪。

(三)使用操纵和警告信号的注意事项

在使用操纵和警告信号时,应当注意如下几点:

(1)本条第 1 款、第 2 款规定的操纵行动信号表示的是船舶正在进行的操纵行动,而非表明船舶的行动意图,因此,操纵行动信号仅仅应当在船舶正在采取操纵行动时鸣放。

(2)"互见中的在航机动船"鸣放相应的操纵行动声响声号,是强制性的;而操纵行动灯光信号是在操纵避让过程中对操纵行动声响声号的一种补充,是非强制性的,但其能够有效弥补声号的不足,应当积极予以使用。

(3)用作显示操纵行动灯光信号的号灯,应是一盏环照白灯,其能见距离至少为5 n mile。在显示操纵行动灯光信号时,每闪历时应约 1 s,各闪间隔应约 1 s,前后信号的间隔应不少于 10 s。

(4)结合本条第 3 款和《规则》第九条第 5 款的规定,在狭水道或航道内,只有在将要被追越的船舶必须采取行动以允许安全通过时,企图追越的船舶才需要鸣放相应的追越声号。若无须将要被追越的船舶采取行动就能安全追越,则无须鸣放追越声号。

(5)追越船鸣放的追越声号表示追越船企图采取的行动,而不表示其正在采取的行动。因此,追越船应当在企图采取追越行动前,鸣放追越声号。

(6)被追越船在听到追越船的追越声号后,如其同意追越,应当鸣放"一长、一短、一长、一短声",并采取使之能安全通过的措施。在被追越船不同意追越的情况下,虽然本条并没有做出明文的规定,但《规则》第九条第 5 款规定"被追越船可以鸣放至少 5 声短而急的声号以表示对追越船的行为持有怀疑"。因此,当被追越船不同意追越或对是否能够安全追越有怀疑时,可以鸣放至少 5 声短而急的声号。尽管鸣放这种至少 5 声短而急的声号是非强制性的,但这是一种良好船艺的要求,被追越船应当予以鸣放。

(7)怀疑与警告信号适用于互见中的任何船舶,而不论其是否在航,也不论其属于何种船舶。但是,应当注意的是,鸣放怀疑与警告声号是强制性的要求,而显示闪光信号是非强制性的。

(8)由于声波在空气中的传播速度较慢,若安装距离较远的几个号笛同时鸣放一短声,则在他船可能听到的是两短声。因此,本条第 6 款规定,如船上装有几个号笛,且其间距大于 100 m,则只应使用一个号笛鸣放操纵和警告声号,以避免发生声号的混淆与干扰。

三、能见度不良时的声号(第三十五条)

(一)适用范围

能见度不良时使用的声号(航海实践中常简称为"雾号")适用于在能见度不良的水域中或其附近航行、锚泊、搁浅的任何船舶。与《规则》的第十九条的适用范围不同,本条的适用并不以"不在互见中"和"在航"为前提。只要船舶处在能见度不良的水域中或其附近就应鸣放能见度不良时的声号,即使两船接近到互见时,能见度不良时的声号仍然应当鸣放。

(二)不同种类船舶能见度不良时使用的声号

为了便于记忆,现将《规则》第三十五规定的不同种类船舶能见度不良时使用的声号列表如表 10-3-2 所示。

表 10-3-2　能见度不良时使用的声号

船舶类别和动态		声号形式	备注
在航	机动船（包括牢固组合体）　对水移动	一	不同信号组之间的时间间隔 2 min
	机动船（包括牢固组合体）　已停车且不对水移动	一 一	不同信号组之间的时间间隔 2 min
	失去控制的船舶 操纵能力受到限制的船舶 限于吃水船 帆船 从事捕鱼的船舶 从事拖带或顶推他船的船舶	一 • •	不同信号组之间的时间间隔 2 min
	被拖船或多艘被拖船的最后一艘	一 • • •	如可行，应在拖船鸣放后立即鸣放
锚泊	从事捕鱼的船舶在锚泊中作业 操限船在锚泊中执行任务时	一 • •	不同信号组之间的时间间隔 2 min
	$L<100$ m 的锚泊船	急敲号钟 5 s	不同信号组之间的时间间隔 1 min；12 m≤L<20 m 的船舶如不鸣放该信号，应当以不超过 2 min 的间隔鸣放其他有效声号
	$L≥100$ m 的锚泊船	急敲号钟（前）、锣（后）各 5 s	不同信号组之间的时间间隔 1 min
	锚泊中发现他船驶近时	• 一 •	连续鸣放
搁浅船		除按同等长度的锚泊船鸣放声号外，还应在紧接急敲号钟之前和之后，各分隔而清楚地敲打号钟 3 下，搁浅的船舶还可以鸣放合适的笛号（如单字母信号码语 U，• • 一）。12 m≤L<20 m 的船舶如不鸣放上述信号，应当以不超过 2 min 的间隔鸣放其他有效声号	
$L<12$ m 的船舶		如不鸣放上述有关的声号，应发出其他有效的声号。	2 min
引航船执行引航任务时		除鸣放机动船在航或锚泊的声号外，还可鸣放• • • •的识别声号	适时鸣放

四、招引注意的信号（第三十六条）

（一）使用招引注意信号的目的

顾名思义，"使用招引注意信号"是为了引起他船的注意。《规则》规定使用"招引注意信号"，旨在弥补《规则》其他各条规定可能无法覆盖的各种特殊情况。

招引注意的信号并不要求强制使用，但为了确保海上航行安全，最大限度地减少事故的发生，《规则》要求任何船舶应充分意识到本条规定的重要性及可行性，务必保持"海员通常做法以及特殊情况可能要求的任何戒备"，积极地予以使用。

（二）"招引注意信号"的种类

"招引注意信号"通常有两大类，即"灯光信号"与"声响信号"。灯光信号包括环照灯灯光、探照灯灯光、莫尔斯灯信号或突耀的火焰等；声响信号包括笛号、钟号、锣号或其他有效声响的爆发声等。

（三）"使用招引注意信号"适用情况

在任何能见度情况下，任何船舶当认为有必要招引他船注意之时，均可使用"招引注意信号"。通常，下列情况可以发出招引注意的信号：

（1）一艘通常不从事拖带作业的船舶在从事拖带另一遇险或需要救助的船舶之时，使得该船不可能按照第二十四条"拖带和顶推"第1款或第3款规定显示号灯，但应采取第三十六条所准许的一切可能措施来表明拖船与被拖船之间关系的性质，尤其应将拖缆照亮。

（2）从事拖带作业的船舶以及被拖带的船舶在有必要进行锚泊之时，由于各种原因，不宜解脱拖缆，继续保持拖带的方式处于锚泊之中，为使他船能注意到这一特定的锚泊方式，可采用一切措施，并将拖缆照亮，以表明两船之间的连接关系。

（3）凡由于任何充分的理由，一艘被拖船或被拖物体不可能显示第二十四条第5款或第7款规定的号灯或号型时，应采取一切可能措施，使被拖船或物体上有灯光，或至少能表明这种船舶或物体的存在。

（4）一艘正在走锚的船舶，在尚未有效控制该现象的情况下，可鸣放适当的笛号，如"超长一声"，以招引附近船舶注意本船的动态。附近的船舶若发现一船走锚，也可鸣放上述笛号以招引走锚船的注意或提醒临近的他船注意该船的动态。

（5）夜间，一艘在航船舶发现本船号灯熄灭，在尚未修复之前，可显示适当的灯光，以招引他船注意。若一船发现他船号灯熄灭，仍处于在航之中，可鸣放适当的声号或显示适当的号灯以招引该船注意。

（6）一艘捕鱼船或一艘操限船，当发现一船的航向及其未来的动向将可能影响他们的作业或可能损坏其渔具或作业的设备时，在夜间，可显示适当的灯光闪烁，并且将探照灯的光束指向危险的方向；在白天，可鸣放适当的声响信号。

（7）当一船发生意外的情况，如人员落水，须立即采取相应的措施或采取适当的操纵行动之时，可鸣放适当的声号，以招引他船的注意，以求得他船的配合或协助。

（8）当一船发现另一船正在驶向危险水域或正在接近某一危险物之时，可采用不致妨碍该船的方式，把探照灯的光束指向该船的前方或朝着危险的方向。

（9）执行特殊使命的船舶，如军用舰船、政府公务船，在有必要或希望能得到他船协助的情况下，可鸣放适当的声号或显示合适的灯光。

（四）使用招引注意信号的注意事项

（1）一方面，虽然使用招引注意信号并不是强制性的，但在需要时，船舶应当积极予以使用。另一方面，只有在必要的情况下，才可以使用招引注意信号，应当避免滥用，以避免导致船舶在判断当时局面中的困惑。

（2）所使用的信号应不致被误认为本规则其他各条所准许的任何信号；也应不致被误认为任何助航标志的灯光。为此，应当避免使用诸如频闪灯这样高亮度的间歇灯或旋转灯。

（3）在某些有地方特殊规则的水域中，还应注意所使用的信号应不致被误认为特殊规则中所订明的各种信号。

（4）所使用的信号应不致妨碍他船的正规瞭望。例如，不宜将探照灯的光束直接照射一船的驾驶室。

五、遇险信号（第三十七条）

《规则》第三十七条规定，船舶遇险并需要救助时，应使用或显示《规则》附录四所述的信号。附录四中所述的遇险信号可以单独使用或显示，也可以几个信号同时使用或显示。附录四规定的遇险信号如下：

"1. 下列信号,不论是一起或分别使用或显示,均表示遇险需要救助:

(1)每隔约1分钟鸣炮或燃放其他爆炸信号一次;

(2)以任何雾号器具连续发声;

(3)以短的间隔,每次放一个抛射红星的火箭或信号弹;

(4)无线电报或任何其他通信方法发出莫尔斯码···——···(SOS)的信号;

(5)无线电话发出"梅代"(MAYDAY)语音信号;

(6)《国际简语信号规则》中表示遇险的信号 N.C.;

(7)由一个球体或任何类似球体的物体及在其上方或下方的一面方旗所组成的信号;

(8)船上的火焰(如从燃着的柏油桶、油桶等发出的火焰);

(9)火箭降落伞式或手持式的红色突耀火光;

(10)放出橙色烟雾的烟雾信号;

(11)两臂侧伸,缓慢而重复地上下摆动;

(12)通过数字选择性呼叫(DSC)在以下频道上发送的遇险报警:

①VHF 70频道,或

②MF/HF,频率为2187.5 kHz,8414.5 kHz,4207.5 kHz,6312 kHz,12577 kHz 或16804.5 kHz;

(13)通过国际海事卫星(Inmarsat)站或其他移动卫星服务供应商提供的船舶地面站发送的船岸遇险报警;

(14)由无线电应急示位标发出的信号;

(15)无线电通信系统发出的经认可的信号,包括救生艇筏雷达应答器。

"2. 除为表示遇险需要救助外,禁止使用或显示上述任何信号,并禁止使用可能与上述任何相混淆的其他信号。

"3. 应注意《国际信号规则》、《商船搜寻和救生手册》的有关部分,以及下述的信号:

(1)一张橙色帆布上带有一个黑色正方形和圆圈或者其他合适的符号(供空中识别);

(2)海水染色标志。"

第十章思考题

1. 正确显示和识别各类船舶的号灯、号型。

2. 阐述各种操纵与警告信号、能见度不良时使用的声号的含义。

第十一章

船舶在任何能见度情况下的行动规则

《规则》第二章（驾驶和航行规则）共分三节，第一节是"船舶在任何能见度情况下的行动规则"；第二节是"船舶在互见中的行动规则"；第三节是"船舶在能见度不良时的行动规则"。《规则》第四条规定："**本节条款适用于任何能见度的情况。**"因此，总体而言，"船舶在任何能见度情况下的行动规则"既适用于能见度良好的情况，也适用于能见度不良的情况，而不论船舶是否处于互见中。然而，根据《规则》条文的含义以及与其他条文的联系，"船舶在任何能见度情况下的行动规则"中的某些条款，有着不同的适用条件。例如《规则》第九条第5款（1）项有关狭水道追越声号的规定，仅仅适用于追越船与被追越船处于互见中的情况，因为互见是构成追越的条件之一；又如《规则》第七条第4款有关利用罗经方位判断法判断碰撞危险的规定，也仅仅适用于互见中的情况，因为只有在互见中，才能观测他船的罗经方位；再如《规则》第九条第6款有关鸣放狭水道弯头声号的规定，仅仅适用于能见度良好的情况。

第一节 瞭望

《规则》第五条（瞭望）规定："**每一船在任何时候都应使用视觉、听觉以及适合当时环境和情况的一切可用手段保持正规的瞭望，以便对局面和碰撞危险做出充分的估计。**"该条款被放在了"船舶在任何能见度情况下的行动规则"的首条，足见其重要性。

一、保持正规瞭望的重要性

保持正规瞭望是确保海上航行安全的首要因素。保持正规瞭望是决定安全航速、正确判断碰撞危险、正确采取避让行动的基础和前提条件。在各国法院审理的船舶碰撞案件中，绝大多数当事船舶几乎都被法院判定有不同形式和程度的瞭望过失；各国专家学者对船舶碰撞事故的统计分析结果表明，无人瞭望或未保持正规瞭望是导致碰撞事故发生的重要原因或主要原因。例如，1987年12月20日"多纳帕兹"号客船与"维克托"号油船在菲律宾附近海域相撞，导致两船沉没，4386人遇难，其重要原因之一是客船值班驾驶员擅离岗位、中断瞭望。

二、瞭望的适用范围

（一）瞭望条款适用的船舶

1. 瞭望条款适用于每一船舶

不论船舶的用途、种类、大小和所处的状态，只要符合《规则》有关船舶的定义，就有责任和义务遵守本条的规定。因此，不论是机动船还是非机动船，大船还是小船，处于正常状态下的船舶还是"失去控制的船舶"或"操纵能力受到限制的船舶"，普通的商船还是执行政府公务或军事任务的船舶，普通的船舶还是工程作业船或者尚未就位的钻井平台，都应当保持正规瞭望。

2. 瞭望条款适用于在航船、锚泊船和搁浅船

瞭望条款除适用于在航船（包括对水移动和不对水移动），还适用于锚泊船和搁浅船。

锚泊中的船舶保持正规瞭望，不仅应当对本船是否处于正常的锚泊状态做出确切的估计，而且应当对驶近的他船是否会与本船构成碰撞危险做出判断，并在必要时鸣放相应的警告信号，以避免碰撞。如果锚泊船疏忽瞭望导致碰撞，则其也将承担相应的责任。

搁浅的船舶也应当与锚泊船一样保持正规的瞭望。

针对系岸的船舶，虽然不要求其像在航或锚泊中的船舶那样保持正规的瞭望，但其应保持相应的值班制度，随时观察船舶本身和船舶周围的环境和情况，这种值班制度也属于广义的瞭望的范畴。

3. 瞭望条款适用于任何时候

保持正规瞭望的规定适用于任何时候。即不论是白天还是黑夜，能见度良好还是能见度不良，互见时还是非互见时，良好天气还是恶劣天气，航行在大海上时还是航行在狭水道和船舶交通密集的沿岸水域中时，船舶处于良好的工作状态还是失去控制时，船舶都要保持正规的瞭望。

4. 瞭望条款适用于任何负有瞭望职责的人员

保持正规瞭望的规定不仅适用于值班驾驶员，而且适用于其他负有瞭望职责的人员。

三、正规瞭望的目的

根据《规则》第五条规定，保持正规瞭望的目的是对局面和碰撞危险做出充分的估计。《海员培训、发证和值班规则》马尼拉修正案（以下简称《STCW 规则》）第 A－Ⅷ/2 节第4－1部分（航行值班中应遵循的原则）第 14 段进一步指出：

"应遵照经修订的《1972 年国际海上避碰规则》第 5 条随时保持正规的瞭望，并应达到下列目的：

".1 针对操作环境中发生的任何重大变化，利用视觉和听觉以及所有其他可用的手段保持连续戒备状态；

".2 全面评估碰撞、搁浅和其他航行危险的局面和风险；以及

".3 探明遇险的船舶或飞机、遇难船舶人员、沉船、残骸和其他航行危险物。"

因此，保持正规瞭望的目的是通过对局面和碰撞危险做出充分的估计，避免船舶碰撞、搁浅、触礁等海上事故的发生，并及时救助遇险的船舶、飞机、人员，以达到保证海上安全的

最终目的。

（一）对局面做出充分的估计

对局面做出充分的估计，包括两方面内容：

（1）要对船舶当时所处的水域的环境和情况做出充分的估计，包括对船舶所处水域的能见度情况、天气情况、水域的水深和宽度、是否属于岛礁水域、船舶通航密度、航线分布情况、该海域的航行习惯、是否属于渔区等做出充分的估计。

（2）要对船舶本身状况做出充分的估计，包括对船舶本身条件的限制、船舶的动力装置、操舵装置情况、助航设施的情况以及这些仪器和装置的误差、本船所显示的号灯、号型的情况等做出充分的估计。例如，在"斯坦福州（Staffordshire）"轮与"杜尼拉（Dunera）"轮碰撞案中[①]，法官威尔默认为"斯坦福州"轮在罗经发生故障后没有采取适当的预防措施以防止它再发生故障，属于对瞭望的疏忽。又如，在"特兰特班克（Trentbank）"轮与"福果（Fogo）"轮碰撞案中[②]，因"特兰特班克"轮自动操舵装置出现故障而横到"福果"轮船头上，法官凯恩斯认为，对自动操舵装置放松警惕也是属于对瞭望的疏忽。同样，如果瞭望人员没有及时发现本船所显示的号灯熄灭，也被认为是对瞭望的疏忽。

（二）对碰撞危险做出充分的估计

对碰撞危险做出充分的估计，通常应当包括：

（1）凭借视觉、听觉和其他可用的手段，从来船的形体、号灯和号型、声响和灯光信号、雷达回波、AIS、VHF 通信和 VTS 服务中获得的信息及早发现在本船周围的其他船舶；并根据所获得的上述来船信息和航海知识与经验，了解和掌握来船的大小、种类、状态和动态以及分布等。

（2）通过观测来船的罗经方位的变化情况、对他船进行雷达标绘或与其相当的系统观测或者通过其他手段获得的信息，判断来船与本船是否构成碰撞危险、构成何种会遇局面以及本船是否应当采取和采取何种避让行动等。

（3）根据所获得的信息，随时判断来船的动态和避让意图；应当密切注意来船动态的变化，及时准确了解和掌握这些变化的趋势和可能造成的后果。

四、瞭望人员和瞭望的岗位

瞭望人员是船舶保持正规瞭望的主体。《STCW 规则》第 A－Ⅷ/2 节第 4－1 部分（航行值班中应遵循的原则）第 15、16 段对如何保持正规瞭望和确定瞭望人员做出了如下具体规定：

"15 瞭望人员必须全神贯注地保持正规瞭望，不得从事或分派给会影响瞭望的其他工作。

"16 瞭望人员和舵工的职责是分开的，舵工在操舵时不应视为瞭望人员，除非在某些小船上，操舵位置具有四周无遮挡的视野并且没有夜视障碍或其他保持正规瞭望的妨碍。在下列情况下，负责航行值班的高级船员在白天可以是唯一的瞭望人员：

".1 对局面作了充分的估计，确信无疑这样做是安全的；

---

① ［1948］81 Ll. L Rep. 141.

② ［1967］2 Lloyd's Rep. 208.

".2 充分考虑了包括但不限于下列一切相关因素：

——天气情况，

——能见度，

——通航密度，

——邻近的航行危险物，和

——航行在分道通航制内或附近时必要的注意；以及

".3 当局面发生任何变化而需要时，能立即召唤人员到驾驶台协助。"

从上述《STCW 规则》的规定可以看出，瞭望人员通常是指专司瞭望之责的专门人员，舵工在操舵时一般不能作为瞭望人员，除非是在小船上，能够在操舵的位置上无阻碍地看到周围的情况，且不存在夜间视力的减损和执行正规瞭望的其他妨碍。

（一）瞭望人员的数量

有关瞭望人员的配备数目，根据上述规定，只有在同时满足上述三个条件时，负责值班的高级船员在白天可以是唯一的瞭望人员。换言之，在通常的情况下，瞭望人员至少应当包括负责值班的高级船员和一名专职的瞭望人员。此外，根据良好船艺的要求，在能见度不良时或在狭水道、交通密集水域中航行时，船长应上驾驶台，其可能指定值班的高级船员专门进行雷达观测，也可能在船首部或驾驶台侧翼处另外设置专门的瞭望人员。此时，保持正规瞭望的职责由除正在操舵的水手以外的所有组成航行值班的人员共同担任。在实践中，有的船舶在大洋航行时，仅仅在驾驶台配备一名值班的高级船员的做法，是不符合《规则》和《STCW 规则》的要求的。

（二）瞭望人员的资格

有关瞭望人员的资格，瞭望人员只能由合格的、称职的航海人员来担任。每一名作为专门瞭望人员的船员均应具备必要的航海专业知识与技能以及视觉、听觉等身体素质。除负责值班的驾驶员外，瞭望人员通常应当由值班水手来担任，而不应当由船上的其他服务人员来担任。

（三）瞭望的位置

值班驾驶员以外的瞭望人员的位置应当根据当时的实际情况恰当地来指定。除天气条件不允许外，专门的瞭望人员应当配备在船舶的前部高处（通常在船首），这样配备的优点在于瞭望人员的注意力不被驾驶台人员的交谈和工作所分散，并且更有利于听到来自船舶前方的雾号。若天气条件不允许，专门的瞭望人员至少应当配备在船舶的上层驾驶台（如罗经甲板）上。

五、瞭望的手段

（一）视觉瞭望

视觉瞭望是保持正规瞭望最基本的和最主要的手段。视觉瞭望的优点是简易、方便、直观，并能迅速地获得准确的信息。在任何能见度情况下，放弃视觉瞭望，将被认为是违反正规瞭望的行为，即使是装设有现代化导航设备的船舶，视觉瞭望仍然是保持正规瞭望的最基本的手段。正如法官卡米尼斯基在 1970 年审理"安玛丽（Annelisese）"轮上诉案[1]中所指出

---

① ［1958］1 Lloyd's Rep. 10.

的那样,"我再次重申,我毫无保留地接受我们已经得到的意见,即'安玛丽'轮除使用雷达外,还应当保持良好的视觉瞭望。"

(二)听觉瞭望

听觉是能见度不良时保持正规瞭望的基本手段之一。听觉虽然较视觉瞭望所及的范围要小,但在能见度不良的情况下,尤其是在浓雾中,它可以在视觉无法察觉的情况下,首先获得他船鸣放的雾号,从而判断他船的大概方位、动态和种类。

(三)其他手段

除了视觉和听觉以外,"适合当时环境和情况的一切可用的手段"主要是指利用望远镜、雷达和 ARPA 进行观测、通过 AIS 系统(Automatic Identification System,船舶自动识别系统)获得他船的信息、船舶间 VHF 无线电话通信、船舶与 VTS 中心的通信联系等手段。

SOLAS 公约对船舶安装 AIS 提出了具体的要求。2002 年 7 月 1 日起新建造的 300 总吨以上船舶和所有客船必须安装 AIS;原有的从事国际航行的 300 总吨以上船舶最迟在2007 年 7 月 1 日前安装 AIS;原有的从事国内航行的客船以及 500 总吨以上船舶应在 2008年 7 月 1 日前安装 AIS。AIS 的主要功能是能够自动向有相应装置的海岸电台、其他船舶和航空器提供包括船名、位置、航向、航速、航行状态等相关安全信息,且不受气象和海况的干扰。AIS 精确可靠的目标船位置显示和动态跟踪,弥补了雷达盲区和海浪干扰的缺陷。因此,AIS 的配备,为船舶航行安全及航行管理提供了新的有效手段,在瞭望中应当充分加以运用。AIS 系统在避碰中的应用主要包括:

(1)利用 AIS 判断碰撞危险和会遇态势。AIS 接收的数据和信息来自于他船的自身传感器,数据准确实时,并且克服了雷达探测的一些局限性,例如,AIS 与雷达结合可以观察到小岛、山脚以及弯曲水道背后的物标,能够显示并靠在大船旁边的小船的位置等。本船可以根据这些数据和信息判断两船是否构成碰撞危险,并断定两船构成何种会遇态势。如 AIS系统与雷达目标位置进行融合处理,并结合电子海图显示和信息系统(ECDIS)提供的水深、可航水域、水下障碍物等航行环境信息,可以为船舶驾驶人员展示一幅清晰的交通状况图。

(2)利用 AIS 系统协调船舶间的避让行动。AIS 系统具有短信息通信功能,装有 AIS 系统的船舶间能够利用全球唯一的识别码(MMSI)、他船的船名及呼号准确呼叫对方船舶,并以短文本定向的方式进行信息交互。一旦判明船舶间存在潜在的碰撞危险,装有 AIS 系统的船舶间就能进行准确的避让操纵沟通和确认,协调两船间的避让行动,避免两船避让行动的不协调而发生碰撞。

(3)利用 AIS 系统核查避让行动的有效性。传统的避让行动有效性的核查主要依靠观察来船的罗经方位变化或者雷达观察,因此,核查避让行动的有效性需要一定的时间。而AIS 能够实时地提供他船的位置、航向、航速、转向率、速度变化值等信息,利用这些信息可以很快地核查避让行动的有效性。

各种瞭望手段都有其优点、特点和局限性,因此,在瞭望时应注意对上述各种瞭望手段趋利避害地加以综合运用,并将它们有机地结合起来,从而形成一个科学的、有效的保持正规瞭望的完整系统。在瞭望中,没有用尽一切可使用的瞭望手段,往往会认为是对保持正规瞭望的一种过失。例如,在"高姆(Gorm)"轮与"圣泰阿丽西亚(Santa Alicia)"轮碰撞案中①，法官赫森指出："我觉得无论从哪一方面都难以解释他为何不使用望远镜去观测驶近的'高姆'轮。"又如，在1970年审理"安玛丽(Annelisese)"轮上诉案中②，法官卡米尼斯基指出："对于使用雷达绝不能忽视，尤其是在雾中。"又如，在审理"波温科克(Bovenkerk)"轮与"安东尼奥卡洛斯(Antonio Carlos)"轮碰撞案时③，法官布莱顿指出："'安东尼奥卡洛斯'轮的过失从广义上来说就是瞭望不好，即对VHF无线电话接收到的信息作了错误的估计，而且完全没有作雷达瞭望。"再如，在"维契特曲姆(Vechstroom)"轮与"克劳顿(Claughton)"碰撞案中④，法官赫森认为，在海岸雷达站这种设备方便可用时，船舶就有责任使用这种设备。

六、瞭望必须是不间断的，瞭望人员必须做到克尽职责

瞭望必须做到连续、不间断，驾驶台的值班人员必须严守岗位、克尽职责，集中精力保持不间断的瞭望，不得有丝毫的麻痹大意。否则，即使是在能见度良好的宽敞水域也可能发生碰撞事故。

七、正规瞭望

有关"正规瞭望"的含义，《规则》和《STCW公约》都没有对其做出定义。通常认为，保持正规瞭望，应当至少做到如下各点：

(1)应根据环境和情况配备足够、称职的瞭望人员。

(2)瞭望人员的位置应保证能获得最佳的瞭望效果。

(3)瞭望时使用适合当时环境和情况下的一切可以使用的手段。

(4)瞭望是连续的、不间断的。

(5)瞭望人员做到克尽职责，做到认真、谨慎。

(6)瞭望的方法正确，并且是全方位的。瞭望时，应当做到先近后远、由右到左、由前到后的周而复始的瞭望方法，务必做到全方位观察；瞭望人员应当来回走动，以消除因视线被大桅、通风筒、将军柱等遮蔽所造成的盲区的影响。

(7)正确处理好瞭望与其他各项工作的关系，在各项工作中，瞭望和避让应当是首要的工作，切不可因为定位、转向、海图作业等工作影响瞭望。

八、案例分析

2007年9月15日1935，由天津新港开往韩国的德国籍集装箱船"Hanjin Gothenburg"轮(以下简称H轮)与由韩国开往秦皇岛的巴拿马籍散货船"Chang Tong"轮(以下简称C轮)在38°18.7′N,121°29.3′E处发生碰撞，事故的经过如图11-1-1所示(图中数据为调查机构认定的最终数据)。

2007年9月15日1042，H轮载运集装箱1672 TEU(共计28786吨)由天津新港开往韩国Kwang Yang，离港时前后吃水均为11.9 m。1600，H轮船位38°45.0′N,119°42.0′E，航向

---

① [1961] 1 Lloyd's Rep. 196.

② [1986] 1 Lloyd's Rep. 407.

③ [1973] 1 Lloyd's Rep. 42.

④ [1964] Lloyd's Rep. 118.

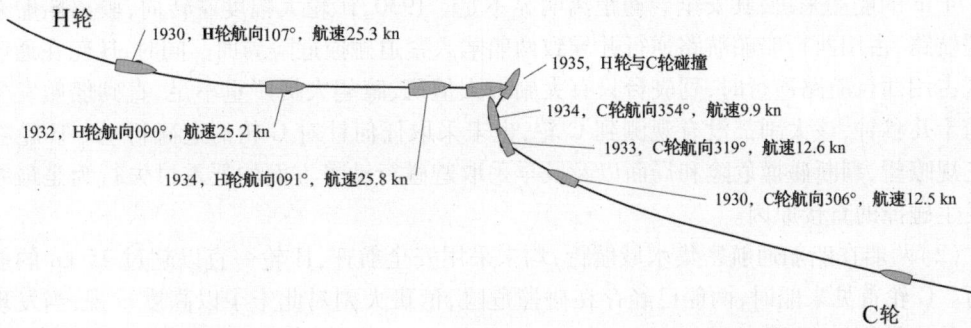

图 11-1-1 "Hanjin Gothenburg"轮与"Chang Tong"轮碰撞态势图

约 102°。大副到驾驶台接班,该航次航行中未配备值班水手,只有大副一人当值。驾驶台有两部 ARPA 雷达,分别置于 6 n mile、12 n mile 挡,两部 VHF 均保持 16 频道守听,航行灯开启。1910,H 轮船位 38°23.0′N,121°16.7′E,航向 122°,航速 26.1 kn,值班大副在本船右舷船首方向发现渔船灯光,并逐渐增多。1927,H 轮船位 38°19.5′N,121°24.4′E,航向 117°,航速 26.2 kn。1930,H 轮船位 38°18.9′N,121°25.9′E,航向 116°,航速 25.9 kn,值班大副在查看相关海图后,决定向左转向,欲将位于本船右舷船首方向的渔船放到本船右舷通过。1932,H 轮航向调整至 090°,航速保持不变。大副观察所有目标都显示在本船的右舷。此后(碰撞前十几秒)大副突然在本船船首方向看到有来自船舶(C 轮)生活区窗户的灯光。1935,H 轮船位 38°18.7′N,121°29.3′E,航向 091°,航速 25.8 kn,H 轮与 C 轮发生碰撞。H 轮船首碰撞 C 轮左舷 4、5 舱处,碰撞角约 40°,H 轮船首部分牢牢插入 C 轮的船体中,并维持牢固咬合状态。H 轮紧急停车,与来船保持插入状态,顶推 C 轮前行,船速不断减低,最后随风流漂航。

2007 年 9 月 12 日 2000,C 轮空载由韩国开往秦皇岛,离泊时前后吃水分别为 3.5 m、6.5 m。9 月 15 日 1535,C 轮船位 37°48.0′N,122°23.5′E,航向约 305°,航速约 12.4 kn。大副、值班水手到驾驶台接班。驾驶台两部雷达,其中一部 APRA 雷达开启,3 n mile、6 n mile 距离挡交替使用。两部 VHF 分别置于 8 频道和 16 频道。航行灯显示正常。1927,C 轮船位 38°17.7′N,121°30.6′E,航向 297°,航速 12.6 kn。大副目视观测到在本船左舷船首 15°~20°方向有一来船红色舷灯,继而通过雷达观测发现来船船速较快,航向相反,尾迹基本平行。此时,两船相距约 4.9 n mile。值班大副判断可与来船"红对红"安全通过。1930,C 轮船位 38°18.0′N,121°30.0′E,航向 306°,航速 12.5 kn,大副为避碰本船左舷船首方向的作业渔船,向右调整航向 5°,航速保持不变。随后,大副观测到来船的舷灯从红灯变为红绿灯,稍后又变成绿灯,两船距离缩减到 2.1 n mile。1933,值班大副查看 AIS 后,得知来船船名,通过 VHF 16 频道呼叫"Hanjin,hard port",连续呼叫两遍无应答后,值班大副立即命令水手右满舵避碰。1935,船位 38°18.7′N,121°29.4′E,航向 077°,H 轮与 C 轮发生碰撞。H 轮船首碰撞 C 轮左舷 4、5 舱处并插入船体中,碰撞角度约 40°,随后两船呈牢固咬合状态。C 轮停车,与 H 轮保持插入状态,被 H 轮顶推前行,船速不断减低,最后随风流漂航。

经事故调查,海事调查处理机关认定,事故的原因为:

(1)经分析 H 轮和 C 轮 1930 的相对运动态势得知:H 轮左转向前,两船的 DCPA 约为 0.79 n mile;H 轮左转向后,两船的 DCPA 约为 0.08 n mile,相对于两艘船长分别为 182 m

和 274 m 的船舶来讲,其安全会遇距离明显不足。1930,H 轮大幅度左转向,驶离船舶东行习惯航路,占用西行船舶航路逆行并导致两船陷入紧迫碰撞危险局面。同时,H 轮在通航密集区占用西行航路逆行时,驾驶台只有大副一人值班,瞭望人员严重不足,直到船舶发生碰撞前十几秒钟,该大副都没有观测到 C 轮,也未采取任何针对 C 轮的避碰行动。H 轮在保持正规瞭望、判断碰撞危险和局面以及及早采取避碰行动等方面的严重过失行为是最终两船发生碰撞的直接原因。

(2)两船在船舶通航密集水域航行,均未采用安全航速,H 轮一直以超过 25 kn 的航速航行。C 轮首见来船时,两船已经存在碰撞危险,值班大副对此未予以高度重视,当发现 H 轮的舷灯从红灯变为红绿灯,再变成绿灯时,未能及时采取适合当时情况和环境、最有助于避免船舶碰撞的,例如鸣放笛号或使用信号灯警告 H 轮等有效措施。因此,H 轮不采用安全航速航行,C 轮没有及早采取最有助于避免船舶碰撞的行动是两船发生碰撞的间接原因。

H 轮的过失:

(1)H 轮驾驶台只有大副一人值班,直到船舶发生碰撞前十几秒钟大副都未发现 C 轮。该大副未能以适合当时环境和情况的一切有效手段保持正规的瞭望,在保持正规瞭望方面存在严重过失,其行为违背了《规则》第五条和第七条 1、2、3 款的规定。

(2)H 轮大副在不完全掌握周边船舶动态、未对船舶当时面临的局面和碰撞危险做出正确评估的情况下,盲目采取大角度左转向行动,最终导致 H 轮与 C 轮构成紧迫碰撞危险局面,其行为违背了《规则》第十四条第 1 款的规定。

(3)在船舶通航密集区,H 轮大副没有根据当时的通航环境情况使用安全航速航行,其行为违背了《规则》第六条的规定。

(4)H 轮的船长未按照《STCW 公约》规定的船舶航行值班标准,保证该船的值班安排足以保持该船安全航行。当 H 轮夜间在船舶通航密集水域航行时,未配备值班水手,仅有大副一人值班,瞭望人员严重不足,违背了《STCW 公约》规定的海上值班原则。

(5)H 轮大幅度左转向时,值班大副没有按照规则要求鸣放船舶操纵信号,其行为违背了《规则》第三十四条第 1 款和第 2 款的规定。

C 轮的过失:

(1)C 轮首次观测到 H 轮时,两船相距约 4.9 n mile,值班大副未对当时的局面和碰撞危险做出充分的估计,未注意运用良好船艺主动、及早采取避碰行动。在观察到 H 轮的舷灯变化后,未采取减速或者停止或倒转推进器把船停住的措施。其上述行为违背了《规则》第七条第 1 款规定,第八条第 1 款、第 5 款的规定。

(2)当互见中两船互相驶近,C 轮值班大副对 H 轮的意图或行动有疑问时,没有立即用号笛鸣放至少 5 声短而急的声号以表示这种怀疑,或用至少 5 次短而急的闪光来补充。其行为违背了《规则》第三十四条第 4 款的规定。

第二节　安全航速

一、安全航速的含义

《规则》第六条(安全航速)规定:"**每一船在任何时候都应以安全航速行驶,以便能采取适当而有效的避碰行动,并能在适合当时环境和情况的距离以内把船停住。**"《规则》虽然没有直接给"安全航速"下定义,但根据该条规定,可以认为,安全航速是指能采取适当而有效的避碰行动,并能在适合当时环境和情况的距离以内把船停住的速度。

(一)能采取适当而有效的避碰行动

所谓适当而有效的避碰行动,是指所采取的避让行动(改向、变速或者改向变速结合)适合当时的环境和情况,并且这种避让行动必然产生其应有的效果。要求船舶以安全航速行驶以便能采取适当而有效的避碰行动,实际上是为了在时间上为采取避让行动留有足够的余地,并保证所采取的避让行动有效,使会遇两船在安全距离上驶过。一方面,航速过高,发现他船后有可能在时间上来不及对当时的会遇局面和碰撞危险做出充分的估计和判断,因而不能及时采取适当而有效的避碰行动,所以不是安全航速。另一方面,航速过低甚至船舶丧失舵效,转向效果差,并有可能失去对船舶的有效控制,这对船舶避碰也是十分不利的,所以,航速过低也不是安全航速。

(二)能在适合当时环境和情况的距离以内把船停住

减速、停船是避免船舶碰撞的有效行动之一。在发生的很多碰撞事故中,驾驶员在碰撞发生前都采取了停车甚至倒车的避碰行动,但仍未能避免碰撞,其中主要原因就是船速过高。因此,在确定安全航速时,除要考虑能采取适当而有效的避碰行动外,还要满足所确定的船速能使船舶在适合当时环境和情况的距离以内把船停住的条件。

船舶停船性能与船舶排水量、初始船速、主机的倒车功率、推进器种类、外界风流等因素有关。其中,船舶排水量和初始船速是影响船舶停船性能的最主要因素,船舶排水量越大,初始船速越高,停船冲程越大,把船停住所需的时间越长。因此,在决定船舶的安全航速时,不仅应当考虑船舶所处的环境和情况,而且应当考虑船舶本身的操纵性能,尤其是船舶的停船性能。

(三)"安全航速"与"限制速度"的关系

在很多特定水域中,其主管当局为确保船舶航行的畅通和航行安全,根据当地水域的具体特点对船舶速度做出了具体规定。例如,2006 年 4 月 1 日施行的《上海黄浦江通航安全规定》第十二条规定:"船舶航行时船速不得大于 8 kn。"但这种限速的规定,不能认为是对《规则》"安全航速"的量化,它仅仅是对船速做出的限制性规定。在某些条件下,"限制速度"可能是"安全速度"。但条件一旦发生变化,即使采用低于限制速度的速度,仍然可能不是安全航速。当船舶在制定有限制速度的水域中航行时,首先必须要严格执行限制速度的规定,同时,还应遵守《规则》关于"安全航速"的规定。

二、安全航速的适用范围

"每一船在任何时候都应以安全航速行驶"就意味着"安全航速"的规定适用于任何一

艘在航的船舶。

（一）每一船

安全航速的规定适用于每一在航船舶。即不管船舶的种类、大小、状态如何,也不论该船舶是否装设有现代化的助航设施,只要是《规则》适用的在航船舶,就有责任和义务执行安全航速的规定。即使是《规则》赋予一些特殊权利的"限于吃水的船舶"和某些"操纵能力受到限制的船舶"甚至某些"失去控制的船舶",只要其能够遵守《规则》有关安全航速的规定,其均应当以安全航速行驶。

（二）在任何时候

在任何时候,每一船舶都必须以安全航速行驶。所谓任何时候,即指在时间上的任何时候,同时还包括船舶处在任何环境和情况下。也就是说,不论在白天还是黑夜、能见度良好和能见度不良、在开阔水域还是受限水域等时间和环境情况下,船舶都应保持安全航速行驶。

为在任何时候都能保持以安全航速行驶,船舶应对各种环境和情况的变化不断地做出估计,任何必要的变速必须立即采取。在《STCW 公约马尼拉修正案》中,将负责值班的高级船员应毫不犹豫地使用舵、主机和音响信号装置写入了强制性规则中,《STCW 公约马尼拉修正案》第 A－Ⅷ/2 节第 4－1 部分(航行值班中应遵循的原则)第 29 段规定:"在需要时,负责航行值班的高级船员应毫不犹豫地使用舵、主机和音响信号装置,但如有可能,应及时通知拟进行主机变速,或者按照适用的程序有效地使用装配在驾驶台的无人机舱主机控制装置。"

三、决定安全航速时应考虑的因素

《规则》第六条尽管不可能给出安全航速的定量解释,但为了能够给予海员具体的指导,列出了船舶在决定安全航速时应考虑的各种因素,但其所列出的因素并不是详尽无遗的。

（一）对所有船舶应当考虑的因素

1. 能见度情况

能见度是决定安全航速时应考虑的首要因素。根据 IMO 有关统计资料,能见度不良时的碰撞率为能见度良好时的二倍还多。能见度情况直接决定了用视觉观测他船的时机,能见度不良导致不能用视觉及时发现来船,难以判断来船动态,不利于两船协调避碰行动。因此,能见度的情况将直接决定安全航速的大小。在 1972 年修订《规则》以前,也一直要求船舶在能见度不良时应以"缓速"行驶,对船舶在能见度不良时的速度做出了限制。《规则》不仅在本条中提出在决定安全航速时要考虑能见度情况并把这一因素放在首要位置,而且在《规则》第十九条中又进一步要求:"每一船舶应以适合当时能见度不良的环境和情况的安全航速行驶,机动船应将机器作好随时操纵的准备。"因此,能见度情况是决定安全航速的诸因素中最为重要的因素。

2. 通航密度,包括渔船或者任何其他船舶的密集程度

通航密度通常是指单位面积水域中船舶的密集程度。当船舶航行在船舶密集的水域中时,可航水域的范围受到限制,所采取的避碰行动必然受到影响。同时,由于船舶密集,船舶

间会遇次数增加,会遇形式复杂,给船舶驾驶员分析会遇局面、判断碰撞危险、进行避碰决策增加了难度。因此,在船舶通航密度较大的水域中航行时,如果仍高速行驶,就有可能在时间和距离两个方面均无充分的余地来采取适当而有效的避碰行动。船舶在渔船密集区、港口附近等通航密度较大的水域中航行时,所用速度一般要比在通航密度较小的水域中低,或备车行驶,这种做法是符合良好船艺的要求的。

3. 船舶的操纵性能,特别是当时情况下的冲程和旋回性能

船舶的操纵性能包括船舶的旋回性能、航向稳定性能和停船性能等,其中与船舶避让行动密切相关的是船舶的旋回性能和停船性能。因此,船舶的冲程和旋回性能是在决定安全航速时所要考虑的主要船舶操纵性能。船舶的操纵性能因船而异,在决定安全航速时予以充分考虑。

4. 夜间出现的背景亮光,诸如来自岸上的灯光或本船灯光的反向散射

背景灯光的出现,对船舶驾驶员保持良好的瞭望效果将造成不良影响,降低视觉。严重时将使驾驶员不能发现灯光方向存在的船舶,轻者也将使驾驶员看不清他船显示的号灯。本船灯光的方向散射也会对瞭望和及时发现来船造成不利影响。

5. 风、浪和流的状况以及靠近航海危险物的情况

风、浪和流作为影响船舶操纵的外界因素,都将对船舶操纵性能产生直接影响。当船舶顺风、顺浪、顺流时,船舶冲程增大,反之则冲程将减小,船舶旋回性能也将有所变化;当船舶横风、横浪、横流时,船舶的惯性性能和旋回性能也与无这些影响时相比有所改变。由于这些影响的存在,船舶驾驶员应对船舶在这些外界因素影响下的运动规律有深刻的认识,在决定安全航速时对它们的影响予以充分的考虑和估计。航海危险物的情况通常是指航线附近的浅滩、暗礁、沉船等对航行安全带来威胁的情况。在靠近航海危险物航行时,如对当时的风、流、浪、浅水效应、岸壁效应等估计不足,可能因其对航速的影响而发生搁浅、触礁等事故。

6. 吃水与可用水深的关系

吃水与可用水深的关系作为决定安全航速时应考虑的因素,主要是考虑到富余水深对船舶操纵性能以及船舶偏离所驶航向的能力的影响。一方面,船舶在浅窄水域航行时,可能产生影响船舶操纵性能的浅水效应、岸壁效应等,如船舶驶入浅水区域后将出现舵效变差、旋回直径增大、船体下沉和纵倾变化更为激烈等现象,船舶在相互接近且速度较高时容易引发激烈的船间效应。另一方面,当可航水域宽度变窄时,船舶偏离所驶航向的能力必然受到严重限制,将不能采取大幅度的转向行动。鉴于这些情况,当航行在浅窄水区域时,应适当降低船速,以适应航行安全的要求。

(二)对备有可使用的雷达的船舶,还应考虑的因素

1. 雷达设备的特性、效率和局限性

雷达作为一种导航设备,在船舶避碰方面也得到了广泛的应用。但雷达设备有其自身的特性和局限性,例如,雷达虽然能在远距离上发现他船,但在近距离内却有探测不到小物标的可能性;雷达虽然可提供整个海区的船舶分布情况,但却不如视觉提供的情况更直接、信息量更大;雷达虽然可做出碰撞危险的早期警报和来船的运动要素,但却需要花费一定时

间进行雷达标绘,同时,当他船的运动状态发生变化时,雷达对这种变化反应缓慢,驾驶员不易觉察;此外,雷达提供的各种信息均存在不同程度的误差,误差的存在极有可能导致驾驶员做出错误的判断。鉴于上述情况,在决定安全航速时,应当充分考虑雷达设备的特性、效率和局限性。

例如,在"江胜"轮与"闽福鼎渔2319"轮碰撞案中,在1515时雨雾加浓、能见度变差的情况下,"江胜"轮虽然增加了雷达观察频度(雷达量程固定在6 n mile 挡),但没有发现物标回波,直到约1529时(当时航向180°,航速9.6 kn),发现右舷25°距离约100 m的渔船接近,船长才下令右满舵,接着停车,倒车;1530时发生碰撞。海事调查处理机关认为,"江胜"轮在能见度不良的情况下,未充分考虑本船雷达探测物标的局限性,以"前进三"的速度行驶,在发现"闽福鼎渔2319"轮时,无法在适合当时环境和情况的距离以内把船停住,违反了《规则》第六条的规定。

2. 所选用的雷达距离标尺带来的任何限制

在选用雷达远距离标尺时,虽然可及早地发现远距离的船舶并对碰撞危险做出早期警报,但存在物标清晰度不高、分辨率较低、近距离小物标不易探测到等不足;在选用雷达近距离标尺时,虽然可以提高物标清晰度、分辨率,并有利于探测到小物标,但也存在不能及早地发现远距离他船并对碰撞危险做出早期警报的缺陷。因此,在决定安全航速时,应当充分考虑到所选用雷达距离标尺所带来的限制。

为在船舶避碰中充分发挥雷达的作用,如只有一台可使用雷达,通常在进行雷达观测时采用远、近距离挡交替使用的方法;当船上有两台可使用的雷达时,如情况需要,可分别将其设在远、近距离挡,以方便使用,消除由于雷达距离挡带来的任何限制。例如,在"娜索(Nassau)"轮与"布罗特(Brott)"轮碰撞案中,法官赫森认为,"娜索"轮长时间地使用雷达近距离标尺不是良好船艺的做法,"娜索"轮应当根据当时情况经常地变换距离标尺,以获得对全局的估计。

3. 海况、天气和其他干扰源对雷达探测的影响

海况、天气和其他干扰源对雷达探测的影响,主要是指海浪干扰、雨雪干扰、同频干扰、多次反射回波、间接回波、异常传播等干扰对雷达探测的影响,这些干扰有时是相当严重的,不仅使雷达探测不到小物标,甚至连大型船舶的回波也无法辨认。尽管可以通过调整雷达上有关抑制旋钮,在一定程度上消除干扰,但同时也可能抑制了那些反射能力弱的小物标的回波,这对船舶避碰是十分危险的。当不能排除这种可能性时,应采取控制船速的措施,必要时备车航行。例如,1979 年,"大西洋女皇"轮与"爱琴海船长"轮两艘大型满载油船,在托巴哥外碰撞,碰撞点正处于一个热带风暴附近,"大西洋女皇"轮当时正在穿越热带风暴。两船都全速前进,直到相距2 n mile才发现对方。海事调查庭发现,"爱琴海船长"轮没有很好地调整雷达雨雪干扰抑制旋钮以至于"大西洋女皇"轮的回波被淹没在暴风雨的干扰回波中;"大西洋女皇"轮没有很好地选择雷达的脉冲宽度(当时用的是3 cm),也没有发现被暴风雨包围的"爱琴海船长"轮。调查表明:两船均没有有效地使用雷达,并且在当时能见度情况下均以过高的航速行驶。

4. 在适当距离内,雷达对小船、浮冰和其他漂浮物有探测不到的可能性

由于小船、浮冰及一些漂浮物的电磁波反射能力弱,因此,雷达对它们有探测不到的可

能性。当雷达受到海况和天气等因素的影响时,这种可能性更大。由此,应认识到,绝不能过分依赖雷达提供的信息,雷达上虽然没有发现回波,但不等于海上没有其他船舶或物标,特别是在经常有小船出没的水域或在高纬度航行可能有浮冰漂流时,更应该注意这一点。例如,1961 年 4 月,"南非开拓者"轮从美国南卡罗来纳州查尔斯港驶往纽约,在能见度约 1.5 n mile 时备车,航速减至 10 kn,雷达用 8 n mile 标尺并观察到海浪干扰扩展到离中心 3 n mile 范围,雷达上未发现任何物标,但从右前方 10°的方向上却看到了一盏灯,后来被证实是一艘 78 英尺长的木壳渔船"波瓦坦"轮的舷灯,尽管"南非开拓者"轮采取了紧急倒车和大幅度转向措施,但最后也未能避免碰撞。

5. 雷达探测到的船舶数目、位置和动态

雷达探测到的船舶数目反映了当时船舶的通航密度。探测到的船舶数目越多,通航密度越大。船舶在这种水域中航行时,在判断碰撞危险、避碰决策、采取避碰行动等各方面都将增加困难,对此应高度重视。就雷达探测到的船舶的位置和动态来说,强调的是他船与本船之间的关系。雷达显示的来船位于正横以前、小舷角、距离近、接近速度快、DCPA 较小则危险性大,相比较来船位于正横或正横以后危险性则较小。对此,应根据来船的运动要素、与本船的会遇形势等情况做出具体的判断,以便在确定航速时给予充分考虑。就他船的动态而言,应特别注意那些动态不清、不按《规则》行动和高速行驶的船舶。

6. 当用雷达测定附近船舶或其他物体的距离时,可能对能见度做出更确切的估计

如上所述,能见度是决定安全航速时应考虑的首要因素,然而能见度情况仅凭视觉难以判断,因此《规则》在此提醒船舶驾驶员要尽可能使用雷达对能见度做出正确的估计。而这一点,对于能见度情况可能发生变化时和夜间更为重要。例如,1965 年 10 月 16 日凌晨,油船"阿尔米扎"轮在阿曼沿海全速驶往波斯湾,当时海面风平浪静,能见度极好。二副曾经在雷达上观察到在正前方有一艘他船的回波,因为未看到任何号灯,所以就推定为一艘不点灯的独桅三角帆船。当两船接近到 3 n mile 时,改为手操舵,并令舵工向右转向 40°。随后他才意识到有雾,即通知备车。而事实上,该回波为一艘长 237 m 的油船"约翰帕帕斯"轮,最后两船发生碰撞而造成严重损失。伦敦高等法院裁定两船均有过失,"阿尔米扎"轮进入雾区航速过高而减速太慢,同时雷达瞭望很糟糕,竟把大型油船误认为一艘独桅帆船。

总之,以安全航速行驶是确保航行安全的重要条件,在决定安全航速时,除考虑上述所列的因素外,还应当考虑与船舶航行安全相关的其他因素,如本船的助航设施的情况等,以保证船舶在任何时候均以安全航速行驶。船公司或者船舶承租人的航次指令、船舶班期、经济效益等不应当成为不以安全航速行驶的理由。

四、海事审判和海事调查中对安全航速的判定

1972 年,伦敦高等法院在审理"哈根(Hagen)"轮与"鲍尔加利亚(Boulgaria)"轮碰撞案时,法官曾向航海顾问询问,对于一艘长 135 m、航速能达到 17 kn、不备有雷达的货船,夜间行驶在预计交通比较繁忙的英吉利海峡,能见度有时达 1 n mile 的情况下,怎样的航速方为适当? 他们的回答是 6 ~ 7 kn。法官又问,另一艘船长为 108 m、航速 13.5 kn、使用雷达的内燃机船,在能见度约为 0.6 n mile 时,以何种速度行驶为适当? 他们的回答是 8 ~ 9 kn,但

在驶入浓雾区或发现有紧迫局面时,也还应当进一步减速。法官对上述两种情况的咨询意见都接受了。该案虽然发生在 1972 年《规则》生效之前,但其仍可作为确定安全航速的借鉴。

1980 年,英国皇后分座在审理"罗斯林(Roseline)"轮与"爱乐尼 V(Eleni V)"轮碰撞案时,法官曾向航海顾问询问,在碰撞前半个小时的环境和情况下,假设:(1)能见度不大于 0.2 n mile;(2)附近有或很可能有其他船舶;(3)具有同尺度船舶的一般操纵性能;(4)正在驶近右舷有危险浅滩的水域;(5)正使用 2 台雷达,一台为 8 n mile 挡,另一台为 6 n mile 挡,但不是密切注视雷达,那么"爱乐尼 V"轮的安全航速是多少? 他们的回答是 6 kn。又问在相同的时间内,假设:(1)能见度不大于 0.2 n mile;(2)能在驾驶台直接控制推进器,其操纵性能要比同尺度船舶好一些;(3)左舷有浅滩;(4)正使用 2 台雷达,均为 6 n mile 挡,那么该船的安全航速是多少? 他们的回答是 8 kn。

2002 年 11 月 22 日,船长为 109 m 的满载货船 S 轮与船长为 224 m 的油船 T 轮发生碰撞。在该案事故调查中,专家们认为,在当时能见度为 0.5 n mile 左右的情况下,T 轮仍然以 13.3 kn 左右的速度航行,这一速度,对于 T 轮这样的满载大型船舶而言,虽然装备有可使用雷达,不能认为是安全航速;S 轮当时的航速为 9.5 kn 左右,在当时的情况下,对于装有可使用雷达的该船舶而言,可以认为其所采用的航速是妥当的。

2001 年 9 月 20 日,船长为 118 m 的 Y 轮与船长为 288 m 的集装箱船 A 轮在厦门湾青屿深水航道上(碰撞概位 24°23.41′N, 118°06.85′E)发生碰撞,当时能见度良好,大于 6 n mile。在事故责任认定中,专家们认为,A 轮在碰撞前的船速达到了 12 kn 左右,在当时的环境和条件下(进出港航道上),该船速不能认为是安全航速;而 Y 轮在当时 5~6 级横风和偏顺流 1 kn 左右的情况下长时间停车淌航,使得船舶失去舵效而无法保向,在风流的作用下漂向下风流方向,以至于航行在出口航道上,显然这也不是安全航速。

第三节　碰撞危险

一、碰撞危险的含义

从碰撞危险的形成到碰撞发生的整个过程,大致经历了致有构成碰撞危险、存在碰撞危险、形成紧迫局面、导致紧迫局面、紧迫危险,最后导致碰撞的过程,如图 11-3-1 所示。

(一)"risk of collision"与"danger of collision"

从图中可以看出,致有构成碰撞危险和存在碰撞危险可以统称为"risk of collision";而形成紧迫局面、导致紧迫局面和紧迫危险可以统称为"danger of collision"。在《规则》译本中,第二、五、八、十二、十四、十五、十八、十九条均引用了"碰撞危险"这一术语,但在英文原文中,在第二条和第十九条第 5 款后半部分中所使用的是"danger of collision",我国港台地区将其译为"碰撞危险";在其他条款中,使用的是"risk of collision",我国港台地区将其译为"碰撞危机"。根据《规则》条文的含义,risk 是一种"风险",当其变得现实化之后,即碰撞可能性大大增加之后,就变成了 danger。因此,虽然"risk of collision"和"danger of collision"均表明存在碰撞的可能性,但在碰撞可能性的大小上,"danger of collision"要比"risk of colli-

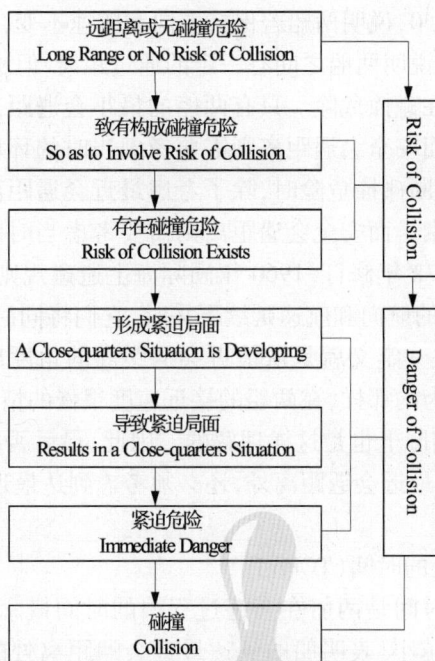

图 11-3-1　碰撞的过程

sion"的可能性更大一些。而在中文中,"碰撞危险"的含义较宽,可以覆盖"risk of collision"和"danger of collision"两个英文术语的含义,故统一译为"碰撞危险"一词。本书除特别注明外,"碰撞危险"均是指"risk of collision"。

(二)"碰撞危险(risk of collision)"的含义

1. 碰撞危险的基本含义

《规则》并没有给出碰撞危险的定义,但《规则》多次使用了这一术语,且《规则》的很多条款是以构成碰撞危险为前提的。历史上的权威解释认为,"碰撞危险"是一种碰撞的可能性,只不过对这种碰撞的可能性增大到何种程度时才能称之为"碰撞危险"有着不同的理解。在英国,审理1856年Ericsson案件以及审理1856年Dumfries案件的法官认为,碰撞危险是一种碰撞的"盖然性(probability:介于certainty和possibility之间)";而在1857年审理Ericsson案件的另一位法官以及审理1856年Cleopatra案件的法官则将碰撞危险的检验标准确定为碰撞的一个"机会(chance)"或"可能性(possibility)"。

2. 判断碰撞危险的主要依据

既然碰撞危险是一种碰撞的可能性,当同一船舶处于不同的环境和条件下,或者不同的船舶处于同一具体条件下时,不同的人对船舶是否存在碰撞危险有着不同的理解和认识。尽管"碰撞危险"与人、船舶、环境等因素有关。但是,总体而言,判断碰撞危险的最主要的因素是两船会遇时的最近会遇距离(DCPA, distance of closest point of approaching)和到达最近会遇距离处的时间(TCPA, time to closest point of approaching)。通常认为,当DCPA小于安全会遇距离,且TCPA较小的情况下,应当认为两船存在碰撞危险。

(1)最近会遇距离

最近会遇距离表示两船在会遇的过程中最近时的距离,它是衡量两船是否可能发生碰

— 263 —

撞的重要标准之一。DCPA 为 0,说明两船若保持航向和航速不变,将同时到达某一点,最终必将发生碰撞;DCPA 大于 0,说明两船之间有一定的通过距离,但这并不意味着可以安全通过,不安全,就意味着仍然存在碰撞危险。只有两船的最小会遇距离超过安全会遇距离,才可以认为不存在碰撞危险。而安全会遇距离则需要考虑当时的环境和情况、船舶本身的性能和尺度等因素。此外,在判断碰撞危险时,除了考虑最近会遇距离外,还必须考虑到达最近会遇距离处的时间这一因素。而安全会遇距离则需要考虑当时的环境和情况、船舶本身的性能和尺度等因素。在 1972 年修订《1960 年国际海上避碰规则》的会议上,也曾试图将"碰撞危险"定义为:"当两船的航向和航速延续下去时,它们将同时处于同一位置或接近同一位置,则存在碰撞危险。"这一定义就是从最近会遇距离的角度出发的。但是,正如英国和其他一些国家的法院都认为的那样,在两船的接近速度很慢的情况下,在远距离时不适用于存在"碰撞危险",海员在实际上也是这样理解的。因此,最后否决了这一项建议。所以,在判断碰撞危险时,除了考虑最近会遇距离外,还必须考虑到达最近会遇距离处的时间这一因素。

（2）到达最近会遇距离处的时间（TCPA）

到达最近会遇距离处的时间是两船在会遇过程中的时间概念。当 DCPA 为 0 或 DCPA 小于安全会遇距离时,TCPA 越小,表明船舶到达最近会遇距离处的时间越短,碰撞危险越大;TCPA 越大,表明船舶到达最近会遇距离处的时间越长,碰撞危险相对越小。TCPA 的大小与会遇形式、两船之间的距离、两船构成的相对速度有直接关系。

在海上船舶避碰的实践中,海员往往更习惯于使用 DCPA 和两船之间的距离及其变化来判断是否存在碰撞危险。当两船的最近会遇距离小于安全距离,且两船距离较近而在相互驶近时,两船构成碰撞危险。

诚然,除考虑两船会遇时的最近会遇距离和到达最近会遇距离处的时间这两个因素外,在判断是否存在碰撞危险时,还应当考虑船舶所航行的水域环境、外界的气象和能见度情况、船舶的尺度以及船舶的操纵性能等多种因素。

（三）紧迫局面的含义

"紧迫局面"（close-quarters situation）一词最早出现在《1960 年国际海上避碰规则》中,《1972 年国际海上避碰规则》除第八条外,在第十九条第 4、5 款也均提及"紧迫局面",但迄今为止,未给出它的定义,各国航海界的专家、学者在定性和定量解释"紧迫局面"一词时,意见也不尽相同。我国航海界普遍认为,"紧迫局面"是指当两船接近到单凭一船的行动已不能导致在安全距离上驶过的局面,即此时只有当两船均采取适当的行动且两船的行动是协调的,才可能使两船在安全距离上通过。

紧迫局面最初适用时的两船间距离,取决于多种因素,包括能见度、会遇态势、两船速度、船舶所处水域、通航密度、船舶尺度等,其中能见度情况是应当考虑的主要因素之一。大海上,通常认为在能见度不良的情况下,紧迫局面最初适用时的两船间距离以 2 ~ 3 n mile 为外界,但对互见中的船舶而言,有时 1 n mile 的距离也是可以接受的。

（四）紧迫危险的含义

与紧迫局面相类似,《规则》也未给出紧迫危险的定义,但我国航海界普遍认为,"紧迫危险"是指当两船接近到单凭一船的行动已不能避免碰撞的局面,即此时只有两船均采取适当的行动且两船的行动是协调的,才可能避免碰撞的发生。

同样,紧迫危险最初适用时的两船间距离,取决于多种因素,包括能见度、会遇态势、两船速度、船舶所处水域、通航密度、船舶尺度等,其中能见度情况是应当考虑的主要因素之一。大海上,通常认为在能见度不良的情况下,紧迫危险最初适用时的两船间距离以 1 ~ 2 n mile 为外界,在能见度良好的互见中,两船间的距离小于 1 n mile 可以认为已经构成紧迫危险。

二、每一船舶应用一切有效手段判断碰撞危险

《规则》第七条第 1 款规定:"**每一船都应使用适合当时环境和情况的一切可用手段判断是否存在碰撞危险。**"其措辞与瞭望条款基本相同。保持正规瞭望是正确判断碰撞危险的前提,而判断碰撞危险是瞭望的目的之一;瞭望更强调收集信息,而判断碰撞危险更着重于对所收集到的信息的评估。

(一)适用范围

与瞭望条款的适用范围一样,碰撞危险的判断也适用于每一船、任何时候。

1. 每一船

不论船舶的用途、种类、大小和所处的状态,只要符合《规则》有关船舶的定义,就有责任和义务遵守本条的规定。因此,不论是机动船还是非机动船,大船还是小船,处于正常状态下的船舶还是"失去控制的船舶"或"操纵能力受到限制的船舶",普通的商船还是执行政府公务或军事任务的船舶,普通的船舶还是工程作业船或者尚未就位的钻井平台,都应当正确判断碰撞危险。

判断碰撞危险的义务不仅适用于在航船(包括对水移动和不对水移动),还适用于锚泊船和搁浅船。锚泊中或搁浅中的船舶应当对驶近的他船是否会与本船构成碰撞危险做出判断,并在必要时鸣放相应的警告信号,以避免碰撞。

2. 任何时候

判断碰撞危险的规定适用于任何时候。即不论是白天还是黑夜,能见度良好还是能见度不良,互见时还是非互见时,良好天气还是恶劣天气,航行在大海上时还是航行在狭水道和船舶交通密集的沿岸水域中时,船舶处于良好的工作状态还是失去控制时,船舶都要正确地判断碰撞危险。

(二)适合当时环境和情况的一切可用手段

"每一船都应使用适合当时环境和情况的一切可用手段判断是否存在碰撞危险"有两层含义,一是判断碰撞危险的方法、手段必须与当时船舶所处的水域、气象和海况、通航密度、能见度以及船舶本身的条件相适应;二是每一船舶应当用尽所有可能的手段来判断碰撞危险。

(三)判断碰撞危险的方法

判断碰撞危险的方法主要有雷达标绘判断法、罗经方位判断法、舷角判断法、VHF 通信判断法、AIS 系统判断法等。

与瞭望的手段一样,判断碰撞危险的方法有效与无效或效果好不好是相对的,每一种方法都有其特定的局限性。例如,观测来船真方位的方法简单迅速,但却不能确定来船的距离;观测来船的相对方位时,还将受到本船航向变化的影响;雷达标绘方法,可求得来船的运

动要素并可以通过进一步的标绘求得避让措施,但却受到雷达的局限性的影响,同时雷达标绘也需要一定的时间;在分道通航制水域内利用 VHF 通信可以接收到有关他船的动态,特别是有关那些与已确立的分道的交通总流向作相反行驶的船舶信息,能及早预报正在逼近的碰撞危险,但 VHF 通信也存在对他船识别错误或者事先协议避让而后又违反协议避让的危险性等;AIS 系统能够自动接收他船的有关信息,有助于判断是否存在碰撞危险,但一些小船上特别是渔船上可能不装设 AIS 系统。正确的做法是充分发挥各种方法的优势,在特定的情况下选择主要的判断方法,并注意采取其他辅助的方法,以消除不利的因素。

近年来,AIS 系统在商船上已经得到广泛使用,且 AIS 系统的信息能够直接显示在雷达上,因此,在判断碰撞危险过程中应当充分予以使用。

三、正确使用雷达和雷达标绘判断法

《规则》第七条第 2 款对正确使用雷达以及利用雷达标绘法判断碰撞危险做出了具体的规定:"如装有雷达设备并可使用,则应正确予以使用,包括远距离扫描,以便获得碰撞危险的早期警报,并对探测到的物标进行雷达标绘或与其相当的系统观察。"此外,《STCW 规则》马尼拉修正案第 A – Ⅷ/2 节第 4 – 1 部分(航行值班中应遵循的原则)第 37、38、39 段也对正确使用雷达做出了规定。

(一)正确使用雷达

正确使用雷达既是保持正规瞭望的一种手段,也是判断碰撞危险的手段。正确使用雷达,应当做到如下各点:

(1)充分认识所使用雷达的性能、效率与局限性;熟悉雷达控制面板上每个开关或按钮的功能及作用;熟悉消除各种干扰的方法和措施;能够对雷达存在的误差做出正确的估计。切记小的或微弱的回波有可能探测不到,或者有回波可能被抑制旋钮抑制掉。

(2)能够根据当时环境和情况的要求选择适当的距离标尺,并以足够频繁的时间间隔进行转换,使得通过雷达观测既能获得对碰撞危险的早期警报,又能够对近距离内的船舶运动状态做出更详细的分析与判断,例如进行雷达标绘。

(3)熟练掌握各种雷达显示方式的特点、长处和不利因素,能够正确选择适合当时情况和需要的显示方式,即正确选择真运动显示方式抑或相对运动显示方式,采用北向上显示方式、航向向上显示方式抑或船首向上显示方式。

(4)能够熟练地使用雷达的辅助设备和显示功能。例如,正确地使用雷达屏幕上的固定距标盘、固定距标圈、活动距标圈、电子方位线等。

根据航海实践,在宽阔水域进行雷达标绘时,距离挡通常设置在 12 n mile 挡,并采用北向上或者航向向上相对运动显示方式。船上有两台可使用的雷达时,可以将一台放在相对运动显示方式,而另一台使用真运动显示方式。

(二)利用雷达获得碰撞危险的早期警报

利用雷达远距离的扫描,可以及早地发现来船,特别是在能见度不良的情况下,可以在两船互见以前及时发现来船,以便获得碰撞危险的早期警报,同时可以使用雷达估计该水域的通航情况。船舶不仅应当在能见度不良时使用雷达来判断碰撞危险,而且在能见度良好时也应当使用,特别是在交通密度较大的水域,否则,不使用雷达将被认为是一种疏忽。例如在 1970 年的"自由女神像(Statue of Liberty)"轮与"安杜洛(Andulo)"轮碰撞案中①,航海顾问们指出,在葡萄牙沿海处于小角度交叉局面的直航船和让路船均应当使用雷达。又如在"弗地(Verdi)"轮和"佩特里康(Pentelikon)"轮碰撞案中,法庭对直航船在直布罗陀海峡这种交通密度大的水域中航行,未使用雷达获得关于视力看到的左前方以不变方位驶来的船舶运动数据给予责备。

(三)使用雷达标绘判断法判断碰撞危险

所谓进行雷达标绘来判断碰撞危险,是指通过系统连续观测来船雷达回波的距离、方位(三次或三次以上),在专用的雷达标绘纸上或者直接在装有反射作图器的雷达屏幕上作图,求取来船的航速、航向,DCPA 和 TCPA 等信息,从而判断碰撞危险的方法。雷达标绘判断法被认为是在能见度不良情况下判断碰撞危险的最有效方法之一,即使在能见度良好的情况下,也经常被采用。通过雷达标绘,不仅可以得到来船的航速、航向,DCPA 和 TCPA,还可以求得避让措施、避让时机、恢复原来运动状态的时机等船舶避碰信息。此外,雷达标绘还是核查避让效果的有效方法之一。因此,可以认为,雷达标绘应当自始至终贯彻于整个避碰过程,直到最后驶过让清为止。

(四)使用与雷达标绘相当的系统观察判断碰撞危险

《规则》允许用与雷达标绘相当的系统观察来代替雷达标绘,这主要是考虑到,当船舶在通航密度较大的水域中航行时,对观测到的所有物标都进行雷达标绘是不现实的。通常情况下,下列几种方法可以认为是与雷达标绘相当的系统观察方法:

(1)使用 ARPA(自动雷达标绘仪)或者使用与 ARPA 相连的 AIS 系统进行观测。ARPA 雷达能够随时提供物标的 DCPA 和 TCPA,以便船舶驾驶员判断碰撞危险。如果设定 DCPA 和 TCPA 的报警值,当有物标进入报警值范围时,ARPA 雷达还能够自动报警,以提示驾驶员存在碰撞危险。ARPA 雷达的使用,解决了人工标绘的麻烦,同时提高了标绘精度,是完全可以替代雷达标绘的一种观测方法。

(2)对于有经验的驾驶员,熟练地使用机械方位盘、电子方位线对物标进行连续的观测和分析,估计物标的 DCPA 和 TCPA,从而对是否存在碰撞危险做出判断。实践证明,这是一种行之有效的方法。应注意的是,要使用这种方法首先要求对雷达上物标运动的机理有透彻的认识,其次能熟练使用雷达,只有这样才能对观测的误差和观测的结果做出正确的估计。

(3)指定专人对雷达提供的信息进行连续观察,并能够根据有关辅助方法,如方位与距离变化表等,对碰撞危险做出判断。相比这种方法更需要熟练的技巧和丰富的经验,缺乏相应实践和经验的船长和驾驶员,不宜采用该方法,而应当进行雷达标绘。

总之,船舶应正确使用雷达,以便获得碰撞危险的早期警报,并通过雷达标绘或与其相当的系统观察对碰撞危险做出准确的判断。否则将被认为是一种判断碰撞危险的过失。

四、罗经方位判断法、舷角判断法

利用视觉判断碰撞危险的方法主要有罗经方位判断法、舷角判断法。

---

① [1968] 1 Lloyd's Rep. 429.

(一)罗经方位判断法

罗经方位判断法是船舶驾驶员在能见度良好时判断是否存在碰撞危险的一种最有效的方法。这种方法是通过观测来船罗经方位的变化情况来判断碰撞危险的,其优点是简单方便、迅速、直观,效果最好,并且不受罗经差和船舶航向改变的影响,其缺点是不能测定来船的距离。

《规则》第七条第4款对此方法做出了如下规定:"**在断定是否存在碰撞危险时,考虑的因素中应包括下列各点:(1)如果来船的罗经方位没有明显的变化,则应认为存在这种危险;(2)即使有明显的方位变化,有时也可能存在这种危险,特别是在驶近一艘很大的船或拖带船组时,或是在近距离驶近他船时。**"因此,在采用该方法判断碰撞危险时,应当考虑如下因素。

1. 来船罗经方位没有明显变化,则应认为存在碰撞危险

如果通过连续观测发现来船罗经方位不变,且两船间距离在不断减小,表明两船间DCPA为0,存在碰撞危险,如图11-3-2所示。

如果经观测发现来船罗经方位有所变化,但变化幅度不大。在这种情况下,就需要了解和掌握来船方位变化和距离变化之间的关系,以便确定在这种情况下两船会遇的DCPA值。

设本船位于 O 点,如图11-3-3所示,AC 线为来船相对本船的相对运动线。当来船从距本船距离为 D_1 处减至 D_2 处时,来船的方位变化了 ΔA,此时,两船的最近会遇距离DCPA为 d,经推导得到:

$$\Delta A = \arcsin \frac{d}{D_2} - \arcsin \frac{d}{D_1}$$

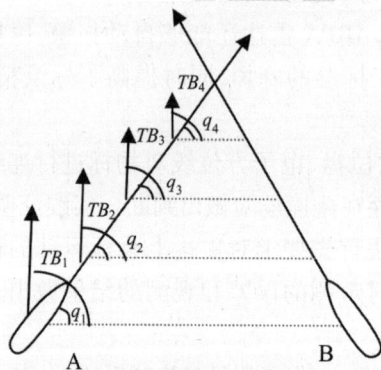

图 11-3-2　来船罗经方位不变　　　　图 11-3-3　来船方位变化和距离变化之间的关系

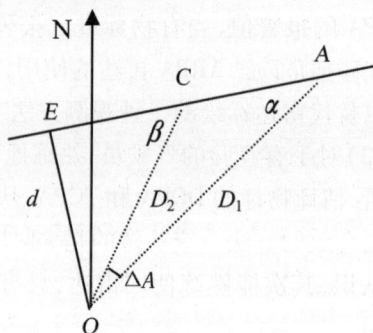

根据上述公式,可列出方位变化与距离变化的关系表,如表11-3-1所示。

通过表11-3-1的分析可知,DCPA相同的情况下,方位变化率随着两船间距离的减小而增大,这一点对正确判断碰撞危险有时是十分重要的。表11-3-1有如下用途。

(1)已知DCPA,求不同距离的方位变化量,判定是否存在碰撞危险

例如,若已知DCPA大于等于1 n mile,当来船从距离6 n mile减至3 n mile时,查表可知,DCPA为1 n mile时,$\Delta A = 1.9° + 3.0° + 5.0° \approx 10°$。因此,当实际观测到的方位变化 $\Delta A \geqslant 10°$ 时,则满足DCPA大于等于1 n mile 的要求。

表 11-3-1　方位变化与距离变化的关系表

DCPA(n mile) ＼ 距离(n mile) / ΔA(°)	1~2	2~3	3~4	4~5	5~6	6~7	7~8	8~9	9~10	10~11	11~12	12~13	13~14	14~15
0.25	7.3	2.4	1.2	0.7	0.5	0.3	0.3	0.2	0.2	0.1	0.1	0.1	0.1	0
0.50	15.5	4.9	2.4	1.5	0.9	0.7	0.5	0.4	0.3	0.3	0.2	0.2	0.2	0.1
0.75	26.6	7.5	3.7	2.2	1.4	1.0	0.8	0.6	0.5	0.4	0.3	0.3	0.2	0.1
1.00	60.0	10.5	5.0	3.0	1.9	1.4	1.0	0.9	0.7	0.6	0.4	0.4	0.3	0.3
1.50		18.5	8.0	4.5	3.0	2.1	1.5	1.2	1.0	0.8	0.6	0.5	0.4	0.4
2.00		48.2	11.8	6.4	4.1	2.9	2.1	1.6	1.3	1.0	0.8	0.7	0.6	0.5
2.50			17.7	8.7	5.4	3.7	2.7	2.0	1.7	1.4	1.1	0.9	0.8	0.7

（2）已知不同距离的方位变化量，求 DCPA，判定是否存在碰撞危险

例如，若观测到一船在距离本船为 6 n mile 时，方位为 045°，距离本船为 3 n mile 时，方位为 042°，两次观测的方位变化 $\Delta A = 3°$。查表可知，当 DCPA 为 0.5 n mile 时，方位变化应为 $\Delta A = 0.9° + 1.5° + 2.4° = 4.8°$，但实际观测只有 3°，DCPA 将小于 0.5 n mile，因此，通常情况下，应认为存在碰撞危险。

为能在实际工作中使用，建议记住表中的几个常用数据。

当两船距离从 6 n mile 减小到 3 n mile 时：

$\Delta A = 5°$时，DCPA 为 0.5 n mile；

$\Delta A = 10°$时，DCPA 为 1.0 n mile；

$\Delta A = 15°$时，DCPA 为 1.5 n mile；

$\Delta A = 20°$时，DCPA 为 2.0 n mile。

在雾中利用雷达避碰，如要获得 2 n mile 的 DCPA，其方位变化应当达到如下数值：

从 12 n mile 接近到 10 n mile，方位变化 $\Delta A \approx 2°$；

从 10 n mile 接近到 8 n mile，方位变化 $\Delta A \approx 3°$；

从 8 n mile 接近到 6 n mile，方位变化 $\Delta A \approx 5°$；

从 6 n mile 接近到 4 n mile，方位变化 $\Delta A \approx 11°$；

从 4 n mile 接近到 2 n mile，方位变化 $\Delta A \approx 60°$。

一般来说，来船罗经方位有明显变化，则不存在碰撞危险，当来船罗经方位明显减小时，对于本船右舷的来船，将从本船的船首前方通过；对于本船左舷的来船，将从本船的船尾后方通过。当来船罗经方位明显增大时，对于本船右舷的船舶将从本船的船尾后方通过；对于本船左舷的船舶，将从本船的船首前方通过。

2. 有明显的方位变化，有时也可能存在碰撞危险

即使来船罗经方位有明显的变化，有时也可能存在碰撞危险，通常是指如下几种情况：

（1）在较远的距离上，来船采取了一连串的小角度转向行动

来船可能作了一连串小角度的转向，而未能被发现，特别是在能见度不良的情况下使用雷达观测时，就更难对这种行动做出判断。因此，在海上实际观测时，对此要特别警惕。例

如在"水晶宝石（Crystal Jewel）"轮与"英国飞行员（British Aviator）"轮碰撞案中①，如图 11-3-4 所示，"英国飞行员"轮由于从雷达上观察到"水晶宝石"轮的回波从右前方 9°、距离 9 n mile 处慢慢扩展到最后在右前方 45°、距离 0.75 n mile 处，因而认为"水晶宝石"轮在以右舷对右舷驶过让清，但事实上，"水晶宝石"轮已向右作了许多小转向，正期待着两船相互以左舷对左舷驶过，最后发生碰撞。

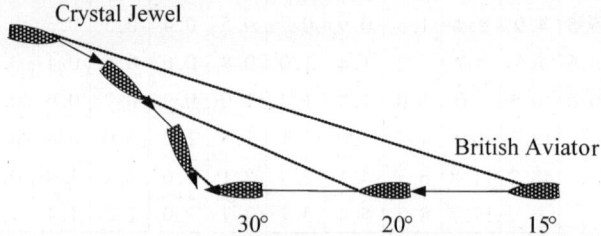

图 11-3-4　"水晶宝石"轮与"英国飞行员"轮碰撞案

（2）在驶近一艘很大的船舶或拖带船组时

船舶是有一定尺度的，因此，如把船舶当作点来处理是很危险的，尤其是两船相距较近时。如图 11-3-5 所示，A 船在某一点上在观测 B 船的某一点时，若其罗经方位有明显的变化，只表明观测点与被观测点处不会发生碰撞，但是大型船舶或者拖带船组的长度很大，所以在驶近时，不能表明两船的其他点不会发生碰撞。因此，当船舶驶近一艘超大型船舶或拖带船组时，即使有明显的罗经方位变化，仍然有可能存在碰撞危险。

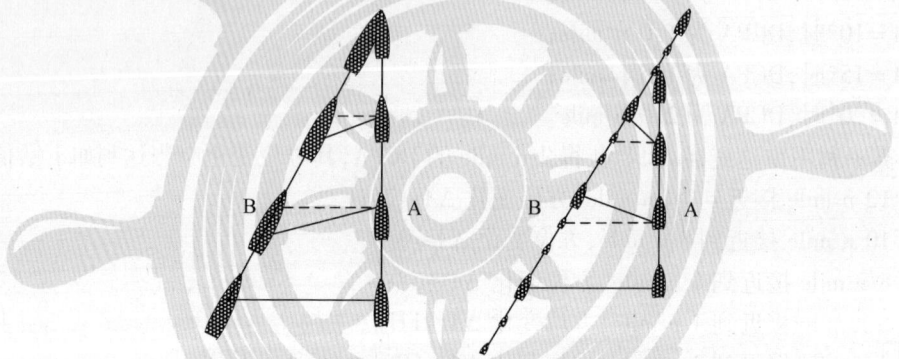

图 11-3-5　接近一艘很大的船舶或拖带船组时

（3）当近距离驶近他船时

如前所述，方位变化率随着两船间距离的减小而增大。当近距离驶近他船时，虽然他船的罗经方位有明显的变化，但其 DCPA 值可能仍然很小，而存在碰撞危险。例如，当来船距离从 2 n mile 减小到 1 n mile 时，方位变化即使达到了 15.5°，两船之间的 DCPA 值仍然只有 0.5 n mile。因此，近距离驶近他船时，切不可盲目认为方位有明显的变化就不存在碰撞的危险。

（二）舷角判断法

舷角判断法是通过观测来船的舷角的变化来判断碰撞危险的一种方法，也称之为相对

---

① 　[1964] 2 Llody's Rep. 403.

方位判断法,其原理与罗经方位判断法完全一致。众所周知,他船的罗经方位为本船的航向与他船的舷角之和,如果保持本船的航向不变,则他船的舷角的变化就是他船的罗经方位的变化。在实践中,船舶驾驶员只要在驾驶台上选定船上一点,使得驾驶员、选定的点和来船成一直线,来观测来船舷角的变化,即可对是否存在碰撞危险做出判断。因此,这种方法较罗经方位判断法更为简便、迅速、直观,但是这种方法存在的最大缺点是,当本船的航向由于各种原因发生变化时,会产生很大的误差,甚至造成错误判断。例如,由于本船航向变化,虽然他船的罗经方位没有发生变化,而其舷角已经发生了显著的变化,从而被误认为不存在碰撞危险。因此,在风浪较大、船舶首摇运动严重、舵工操舵水平不佳、自动舵性能不佳等本船航向不稳定的情况下或者本船改向时,不宜使用舷角判断法,而应当采用罗经方位判断法。

此外,在实践中,船舶驾驶员有时通过观测来船两盏桅灯的水平张角变化情况来判断是否存在碰撞危险,其原理与舷角判断法相同,且也存在舷角判断法的缺点。经验不足的驾驶员不宜使用该方法,而应当使用罗经方位判断法。

五、判断碰撞危险的注意事项

(一)如有任何怀疑,应认为存在碰撞危险

《规则》第七条第 1 款规定:"每一船都应使用适合当时环境和情况的一切可用手段判断是否存在碰撞危险,如有任何怀疑,则应当认为存在这种危险。"

当一船采取了适合当时环境和情况的一切可用手段对是否存在碰撞危险进行了判断,但由于种种原因,仍不能对是否存在碰撞危险做出明确的判断时,该船应假定存在碰撞危险,而不应当假定为不存在碰撞危险。例如,当在本船正前方附近发现一盏白灯,两船的距离又在不断接近,对该白灯究竟是他船的尾灯还是他船的桅灯难以判断时,应当假定是他船的桅灯,与本船构成碰撞危险;又如,发现一船未按规定显示号灯、航向不明、方位变化无规律,两船距离又在减小时,应假定两船已构成碰撞危险。

(二)不应当根据不充分的信息做出判断

判断本船与来船是否构成碰撞危险,应当基于对来船的相对运动状态保持连续和仔细的观测和进行雷达标绘所获得的充分信息。为此,《规则》第七条第 3 款明确规定:"**不应当根据不充分的信息,特别是不充分的雷达观测信息做出推断。**"不应当依据不充分的信息做出推断,既包括实际存在碰撞危险而做出不存在碰撞危险的推断,也包括实际不存在碰撞危险而做出存在碰撞危险的推断。因为推断错误,均有可能导致错误的行动,从而造成碰撞事故的发生。例如,在"托尼(Toni)"轮与"卡多(Cardo)"轮碰撞案中[1],当"卡多"轮发现左前方距离 5 n mile 的"托尼"轮时,由于雷达方位似乎在变大,因而推断两船左舷对左舷靠近驶过,为了加大横距,"卡多"轮采取向右转向,而"托尼"轮船长没有保持正规瞭望采取了向左转向,结果导致两船碰撞。当时能见度极好,"卡多"轮在相当远距离上就已经看到"托尼"轮的航行灯,但没有目测其罗经方位。事实上,如两船均保持航速和航向,两船可能会右舷对右舷通过。该案例说明"卡多"轮没有进行目测罗经方位而利用不充分的雷达方位观测信息做出了错误的推断。

不充分的信息通常是指在下列情况下获得的信息:

---

① [1973] 1 Lloyd's Rep. 79.

1. 瞭望手段不当所获得的信息

所采用的瞭望手段不适合当时环境和情况,这样所获得的信息往往是不充分的信息。例如,在雾中航行时,仅凭他船的雾号做出判断,不进行雷达观测;能见度良好时,放弃视觉瞭望,仅凭雷达观测,而又没有进行雷达标绘或与之相当的系统观测。

2. 判断方法不当所获得的信息

所采用的判断碰撞危险的方法不适合当时环境和情况的要求。例如,由于风浪的原因船舶首摇较大时,采用舷角判断法而不是罗经方位判断法;在使用雷达进行观测时,不进行雷达标绘或与其相当的系统观测。

3. 未进行系统连续观测所获得的信息

在观测时未进行全面的观测或者观测次数太少所获得的信息将是不充分的信息。例如,对他船的运动状态未能全面了解;观测来船的罗经方位或者进行雷达标绘时仅仅使用两次的观测信息或者时间间隔太短等。例如,在2003年5月31日的F轮与G轮碰撞案中,能见度和海况均良好,G轮二副在1154上驾驶台,1200接船长班,船长已经在右舷发现一艘大船,其没有在雷达上进行标绘,估计该船将从本船船尾约1 n mile处通过。丹麦和中国海事调查部门均认为,船长应当在向二副交班前对F轮进行标绘,以便二副正式接班后就对会遇局面有全面了解。事后证实,船长的这种估计是错误的。二副接班后,对F轮回波进行了标绘,1分钟后得到标绘结果,预计在1208本船向右转向25°后,G轮可以从F轮船尾1 n mile处通过。而事实上,经调查部门事后调查表明,该轮只有在1208转向80°,才能从F轮船尾1 n mile处通过。这也说明该轮二副利用1 min间隔所做出的雷达标绘信息是不充分的信息。

4. 未消除误差的信息

直接使用观测数据,未能消除观测中存在的误差,特别是在进行雷达观测时,这种误差将对碰撞危险的判断带来明显的影响。如前所述,来船的方位变化率与两船之间的距离密切相关,因此,在遇到来船的早期所测的距离和方位上的细小误差,或者标绘不精确,都将造成错误的判断。例如,假定把他船看作在本船右前方的一个点,并设该船相对于本船的实际方位保持不变,即DCPA为0,存在碰撞危险。当利用雷达观测他船方位时,分别在他船距本船12 n mile和10 n mile时测定两个方位,若第一次方位误差为$-1°$,第二次方位误差为$+1°$,则测得他船的方位变化为2°,可以得出该船将在本船右舷约2.1 n mile处通过的结论;相反,若第一次方位误差为$+1°$,第二次方位误差为$-1°$,则得出该船将在本船左舷约2.1 n mile处通过的结论。上述例子可以充分说明在远距离上只作两次观测,由于不充分的观测次数和方位误差,而引起不同的DCPA计算结果。同样,观测的距离存在误差也会得出同样的结论。

总之,船舶不应当根据不充分的信息对是否存在碰撞危险做出推断,特别是不应当根据不充分的信息做出不存在碰撞危险的推断。需要指出的是,在用尽一切判断手段仍然难以断定是否存在碰撞危险时,仍应当假定存在碰撞危险。在实际存在碰撞危险的情况下,做出不存在碰撞危险的推断更为危险。

第四节　避免碰撞的行动

一、适用范围

《规则》第八条规定在"船舶在任何能见度情况下的行动规则"一节中,说明该条款既适用于互见中,也适用于能见度不良时不在互见中的情况,是对避免碰撞的行动提出的总的要求,并给航海人员在实际采取避碰行动时提供系统全面的技术指导。

该条有关避碰行动的规定适用于任何负有采取避碰行动义务的船舶,而有关核查避碰行动有效性的义务适用于任何构成碰撞危险的船舶。

二、及早地采取行动

《规则》第八条第 1 款规定:"为避免碰撞所采取的任何行动必须遵循本章各条规定,如当时环境许可,应是积极的,应及早地进行和充分注意运用良好的船艺。"

(一)"为避免碰撞所采取的任何行动"的含义

虽然避免碰撞事故的发生是《规则》的最终目的,但本条所指的避免碰撞的任何行动是广义的,包括为避免妨碍他船通行或者安全通行而采取的行动、为避免形成碰撞危险所采取的行动、为避免形成紧迫局面而采取的行动、为避免形成紧迫危险而采取的行动以及在紧迫危险形成后所采取的紧急避碰行动等。具体包括:

(1)当一船根据《规则》其他各条的规定负有不应妨碍或避免妨碍的义务时,不应妨碍或避免妨碍的船舶应当及早采取避让行动,以留出足够的水域供他船通行或者安全通行;

(2)当一船根据《规则》其他各条的规定,负有让路义务时,让路船应当及早采取行动,宽裕地让清他船;

(3)当根据《规则》其他各条的规定两船负有同等避碰责任和义务时,每一船舶均应及早采取避碰行动,避免紧迫局面的形成;

(4)当两船正在形成紧迫局面或者已经形成紧迫局面时,负有避碰义务的船舶应当立即采取避碰行动,以避免紧迫局面或者紧迫危险的发生;如当时情况需要直航船也采取避碰行动时,直航船也应当及早独自采取避碰行动;

(5)无论由于何种原因,当两船已经形成紧迫危险或者正在形成紧迫危险时,每一船舶应当立即采取最有助于避免碰撞的行动,如碰撞已经不可避免,每一船舶应当立即采取最有助于减小碰撞损失的行动。

按照避碰行动的方式,为避免碰撞所采取的行动包括转向、变速以及转向和变速相结合,在某些特定的环境和情况下还应包括备车、备锚、备舵、抛锚等避碰准备和紧急行动。

(二)遵循本章各条规定采取避免碰撞的行动

在"为避免碰撞所采取的任何行动必须遵循本章各条规定"中增添"遵循本章各条规定"是《规则》2001 年修正案对《规则》第八条第 1 款的重要修正。这表明船舶在采取避碰的行动时,不仅要求遵守《规则》第八条的规定,而且还需要遵守《规则》第二章"驾驶和航行规则"中第一节、第二节和第三节的所有规定。换言之,船舶在决策为避免碰撞所采取的行动时,必须按照《规则》"驾驶和航行规则"的要求或者准许采取行动,而不应当违背《规则》的规定或要求采取行动。

(三)如当时环境许可

就船舶所能采取的避碰行动而言,必然受到当时环境和情况的限制。当时的环境和情况主要包括当时的海况、能见度、通航密度、水深、可航水域的宽度、影响航行安全的障碍物以及船舶本身的操纵性能等。"如当时环境许可,应是积极的,应及早地进行和充分注意运用良好的船艺"就意味着,一方面,船舶在采取避碰行动之前必须对当时的环境和情况做出充分的估计,应当避免在对当时的环境和情况做出充分的估计之前盲目地及早采取行动;另一方面,所采取的避碰行动必须适合当时的环境和情况,例如在可航水域宽度十分受限的狭水道中采取大幅度转向显然不适合当时的水域情况,而采用减速、停车、倒车等措施可能更适合当时水域受限的环境和情况。简而言之,船舶及早地采取避碰行动的前提条件是当时的环境和情况许可那么做。

(四)积极地、及早地采取避碰行动

船舶在根据"驾驶和航行规则"的要求采取适合当时环境和情况的避碰行动时,应当积极地、及早地进行。积极地采取行动是对采取避碰行动主观上的要求,"积极(positive)"是指主动地、果断地、毫不犹豫地采取行动,也就是说,一旦决定了所要采取的行动,就应该果敢、干净利落地采取,而绝不应该在决策时优柔寡断。"及早(in ample time)"是指在采取避碰行动时,在时间和距离两个方面都留有充分的余地,不但应当保证在避碰行动完成之后,两船能在安全距离上驶过,而且还应当保证一旦双方所采取的行动不协调或者有第三船介入时,还有弥补的余地。

从《规则》的要求看,"及早"采取行动的时机主要包括以下三种情况:

1. 以避免构成妨碍为标准,确定行动时机

《规则》第九条、第十条、第十八条均涉及了有关"不应妨碍"的规定,当《规则》要求一船不应当妨碍另一船通行或者安全通行时,不应妨碍的船舶应当及早采取行动以留出足够的水域供他船通过或者安全通过,也就是要避免与他船构成碰撞危险。

2. 以避免形成紧迫局面为标准,确定行动时机

尽管《规则》最终目的是为了防止碰撞事故,但要想不发生碰撞事故,首先要避免紧迫局面的形成。要做到这一点,就应根据当时环境和情况下的安全会遇距离、本船的操纵性能在适当的时机采取行动,使他船在安全距离上驶过。

3. 以避让责任与义务的确定或存在碰撞危险为依据,确定行动时机

《规则》有关条款中规定了会遇两船的避让责任与义务,有些条款是以两船构成碰撞危险为前提的,如对遇局面、交叉相遇局面等;而有些条款则并不以构成碰撞危险为前提条件,如追越。因此,应当根据这些条款生效的条件,一经判断发现,当时情况已满足这些条款生效条件时,应立即采取行动。在具体的避碰行动时机的确定上,如当时能见度良好,在夜间,看到他船桅灯时就应开始判断碰撞危险,若存在碰撞危险,当看到他船舷灯时就应当立即采取避碰行动;在追越中,在看到被追越船尾灯后应迅速采取行动;在白天,与夜间的情况类似,但可以更早地判断和采取行动。在能见度不良的开阔水域,通常认为,12～8 n mile 为雷达观测阶段,8～6 n mile 是通过雷达标绘判断碰撞危险阶段,对于正横前来船,一般在他船

距本船 4 ~ 6 n mile 处采取行动;对于正横后的来船,一般在他船距本船 3 n mile 处时采取行动。

(五)注意运用良好的船艺

良好的船艺(good seamanship)即优良的操船技艺,是指航海人员在长期的航海实践中所积累的经验、所形成的优良技艺及通常做法,是海员通常做法的一部分。在船舶避碰中,由于当时的环境和情况千差万别,《规则》不可能对所有的情况做出详尽无遗的规定,《规则》的规定只能是纲领性和原则性的。因此,在实际避碰中,不但应当遵守《规则》的规定,还应当注意运用良好的船艺。采取避碰行动的良好船艺通常可以解释为,但并不限于下列各种做法:

(1)在交通密集区、狭水道或航道航行时,将主机做好随时操纵的准备;在狭水道、航道、其他浅水域、进出港口时,备双锚航行。

(2)熟悉本船的各种操纵性能、船舶条件的限制。

(3)充分了解和掌握各种外界环境因素对操船的影响,特别注意各种可能出现的浅水效应、岸壁效应、船间效应。

(4)采取转向避碰行动时,使用手操舵方式,而不是自动舵方式;转向避让时,下达舵角指令而不是下达航向指令。

(5)在受限水域或交通密集区追越他船时,通常应在前船的左舷追越,并保持适当的间距以防止船吸的发生。

(6)被追越船如条件许可,必要时可减速,以缩短两船的并行时间,如两船间距不够充裕时,适当转向以增大两船间距。

(7)在河道或某些特定水域中航行时,遵循"逆水船让顺水船、轻载船让重载船、进口船让出口船"等地方规则的规定或习惯做法。

(8)遇雾时,如对船舶航行安全无法保证,则应选择锚地抛锚或漂航,至少应将航速减到维持其舵效的最小速度。

(9)在利用 VHF 协调避让时,必须正确识别他船,防止识别错误。

(10)在判断碰撞危险和识别他船的过程中,充分利用 AIS 的信息。

(六)及早采取行动的前提是对局面做出了确切的判断

尽管《规则》强调为避免碰撞的行动应当及早进行,但是,及早采取行动的前提条件是已经对局面和碰撞危险做出了确切的判断。在局面不清、情况不明的情况下,盲目采取行动,尤其是盲目采取转向行动,不仅可能不能避免碰撞,甚至导致碰撞。例如,在"林德(Linde)"轮与"贵族(Aristos)"轮碰撞案中[①],如图 11-4-1 所示,两船在能见度不足 0.5 n mile 的英吉利海峡航行,在碰撞前 3 min 两船接近至 0.75 n mile 左右时,"林德"轮消失在"贵族"轮雷达海浪干扰抑制中,"贵族"轮下令向左转向约 45°,而"林德"轮下令停车、右满舵,最后由于两船行动不协调而导致碰撞。布莱顿法官在审理该案中认为,在他船的航向尚未完全确定之前,所作的任何转向都不是海员所应有的谨慎做法,两船的转向均存在过失。

---

① Linde /Aristos, [1969] 2 Lloyd's Rep. 556.

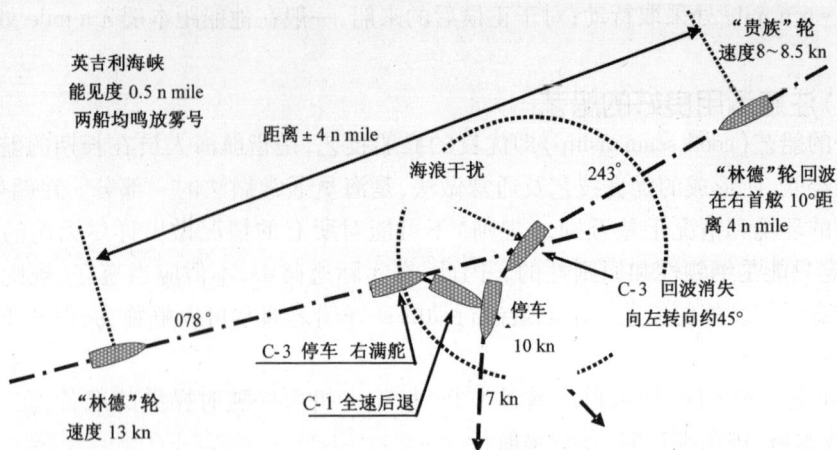

英吉利海峡
能见度 0.5 n mile
两船均鸣放雾号

"贵族"轮
速度 8~8.5 kn

距离 ±4 n mile

海浪干扰　　　243°

"林德"轮回波
在右首舷 10°距
离 4 n mile

C-3　回波消失
向左转向约45°

078°

C-3 停车　右满舵

停车

10 kn

"林德"轮
速度 13 kn

C-1 全速后退

7 kn

图 11-4-1　"林德"轮与"贵族"轮碰撞案

三、采取大幅度的行动

《规则》第八条2款规定："为避免碰撞而作的航向和（或）航速的任何改变,如当时环境许可,应大得足以使他船用视觉或雷达观测时容易察觉到;应避免对航向和（或）航速作一连串的小改变。"

(一)大幅度行动的含义

大幅度行动的含义包括两个方面,即所采取行动的幅度大得足以被他船用视觉或雷达观测时容易地察觉到,并且能够导致两船在安全距离上通过。一方面,当本船采取避碰行动时,为了避免他船误解本船的意图和行动,本船所采取的行动应当使他船能够用视觉或者雷达观测时容易察觉到,以有效避免由于两船之间对避让行动意图的误解而采取不协调的行动。另一方面,正如《规则》第八条第4款所述,所采取的避碰行动应当导致两船能在安全距离上通过,而不仅仅是能够避免真正的碰撞。

采取大幅度避碰行动的先决条件是当时环境许可,例如周围有足够的水域是大幅度转向的前提条件。此外,与及早采取行动必须适合当时的环境和情况一样,行动的幅度并不是越大越好,大幅度的行动也必须适合当时的环境和情况。

在确定大幅度的行动时要考虑的因素很多,但至少要充分考虑能见度、两船船速比、会遇局面、船舶所处的航行环境等。若采用转向避让行动,互见中,转向应当至少30°,最好60°~90°,使两船航向分离,或转向对准另一船船尾后方;能见度不良时,对正横前来船在相距4 n mile 或更远处转向30°以上,需要时转向60°~90°。若采用减速避让行动,通常应将速度减为原速度的一半以下;必要时,应先下令停车,以便尽快将速度降下来,然后再下令慢速或者微速前进。若采用转向结合变速的避让行动,其行动也应当使得该行动容易被他船用视觉或雷达观察时察觉到。应当特别注意某些转向与变速的行动会使两种行动的效果抵消的情况。例如,对本船右舷正横前来船,本船减速和向右转向的效果是一致的,但对于本船左舷正横前的来船,本船减速与向右转向的效果会相互抵消。

(二)应避免对航向和（或）航速作一连串的小变动

无论是能见度良好的情况下,还是能见度不良的情况下,对航向和（或）航速作一连串小变动是采取避碰行动时最忌讳的。一方面,对航向和(或)航速作一连串的小变动不易被他船在用视觉或雷达观察时察觉到,因而不利于他船迅速了解本船的避让意图和正在采取的行动,容易导致他船采取不协调的行动;另一方面,这种小幅度的避碰行动无助于两船迅速摆脱存在的碰撞危险、保证两船在安全会遇距离上驶过。在航海实践中,许多碰撞事故均是由于一船采取对航向和(或)航速作一连串小变动而使他船判断错误,导致两船行动不协调造成的。

在航海实践中,存在一种错误的观念,认为避让的幅度越大,造成船舶的航程损失越大,说明值班驾驶员的操船水平越差。这种错误观念必须彻底更正。

四、单用转向避免紧迫局面

在两船形成碰撞危险以后,根据《规则》的相关规定,两船中的一船可能负有让路的义务(另一船为直航船),或者各船负有同等的避碰责任和义务,如果各船均能按照《规则》的要求采取适当的行动(包括直航船的保速保向),两船将仍然能够在安全距离上通过。相反,如果某船或者两船没有按照《规则》的规定采取适当的行动,两船就会形成紧迫局面。如前所述,紧迫局面是指两船在相遇过程中两船接近到单凭一船的行动不能导致在安全距离上通过的情形,也就是说,在紧迫局面形成后,只有两船均立即采取行动,并且其行动是协调的,才能导致两船在安全距离上通过。因此,在形成紧迫局面后,两船碰撞的可能性陡然增加。换言之,导致两船形成紧迫局面行为对碰撞事故原因以及碰撞损害后果的作用力最大。在司法实践中,碰撞责任认定时,也往往是谁导致紧迫局面,谁对碰撞事故负主要责任。因此,避碰的行动不仅仅是要避免碰撞,而且是要避免紧迫局面的形成。为了防止碰撞事故的发生,首要的一条是避免紧迫局面的形成。《规则》第八条第3款规定:"**如有足够的水域,则单用转向可能是避免紧迫局面的最有效行动,只要这种行动是及时的、大幅度的并且不致造成另一紧迫局面。**"

(一)形成紧迫局面的原因

通过对大量碰撞事故的分析,形成紧迫局面的原因主要包括:

(1)未保持正规瞭望,以致发现来船太晚而逼近;

(2)未能对碰撞危险做出正确、及早的判断,采取避碰行动太迟或者行动的幅度不够大;

(3)盲目高速行驶,特别是在能见度不良时未使用安全航速;

(4)未能积极、及早地采取避碰行动;

(5)两船所采取的避碰行动不协调。

(二)避免紧迫局面的最有效行动

通常情况下,单用转向是避免紧迫局面最有效的行动。船舶正常航行时,改变船速受到诸多方面的限制,如由于船舶的巨大惯性,船速不可能迅速改变,又如船舶停车、倒车前通常需要备车等;而转向是可以迅速而方便地采取的。同时,变速行动所产生的效果不如转向行动产生的效果迅速、明显,转向行动更容易被他船用视觉或者雷达观测时察觉到,故在绝大多数情况下,利用转向来避免紧迫局面。

单用转向作为避免紧迫局面的最有效行动,必须同时满足如下四个条件。

(1)有足够的水域。有足够的水域是采取转向行动的先决条件,因为如果没有足够的水域,船舶转向就会造成搁浅、触礁、触碰岸壁等事故。

（2）行动是及时的。

（3）行动是大幅度的。

（4）不致造成另一紧迫局面。不致造成另一紧迫局面是指当一船采取大幅度的转向行动以避免与另一船形成紧迫局面时,不致与第三船形成紧迫局面,或者迫使他船与第三船构成紧迫局面。如图 11-4-2 所示,当 A 船采取大幅度右转行动避让 B 船时,将与 C 船形成紧迫局面。此时,A 船则不应采取大幅度的转向行动,这一行动已不是避免紧迫局面的最有效行动,而应根据当时的情况采取适当幅度的转向行动或者采取减速行动,以避免与 B 船形成紧迫局面。

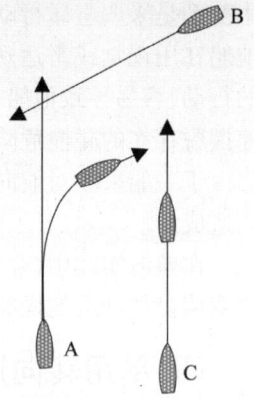

图 11-4-2　与第三船构成紧迫局面

五、在安全的距离驶过与避碰行动有效性的核查

《规则》第八条第 4 款规定:"为避免与他船碰撞而采取的行动,应能导致在安全的距离驶过。应细心查核避让行动的有效性,直到最后驶过让清他船为止。"

（一）在安全的距离驶过

"为避免与他船碰撞而采取的行动,应能导致在安全的距离驶过"的要求是 1972 年修订《1960 年国际海上避碰规则》时首次采用的,这对避碰的行动提出了更高的要求,即所采取的行动是否正确并不以避免两船碰撞为标准,而是以两船是否能够在安全距离上驶过为标准。

《规则》并未给出"安全距离(safe distance)"的定义。安全距离的量化需要根据船舶所处的环境和具体条件来确定。专家、学者普遍推荐,在大海上,能见度良好的白天,万吨级船舶会遇时的 DCPA 不应小于 1 n mile,在夜间或风浪天气中时 DCPA 为 2 n mile;在能见度不良的水域中使用雷达进行避让时,万吨级船舶会遇时的 DCPA 应大于 2 n mile。当船舶在受限水域中时,安全距离的数值可适当减小。这些推荐数字留有较大的余地,从海上避碰实践调查的统计分析看,海员实际采用的数值要小一些。

在决定安全距离的数值时,应当考虑如下因素:

（1）能见度情况;

（2）可航水域的宽度、通航密度;

（3）本船的船舶尺度、速度和操纵性能;

（4）来船的相对航速、航向、方位;

（5）他船可能采取的行动;

（6）海况、天气情况;

（7）雷达等助航设施的特性、局限性;

（8）他船的尺度、操纵性能等等。

应当强调的是,要求所采取的行动能够导致在安全距离上驶过的义务,适用于任何负有采取避碰行动义务的船舶,即互见中负有让路责任和义务的船舶,互见中以及能见度不良水域中不在互见中负有同等避让责任和义务的船舶,但不适用于互见中的直航船。

此外,当两船均负有避碰责任和义务时,"导致在安全的距离驶过"并不意味着两船所采取的避碰行动的综合效果能够导致两船在安全的距离驶过,而是某一船单独的避碰行动即可以导致两船在安全的距离驶过。

(二)避让行动有效性的查核

在避碰过程中,为保证两船在预期的安全距离上驶过,每一船舶应当细心查核避碰行动的有效性,直到最后驶过让清为止。《规则》提出这一要求的目的是提醒海员,为避免碰撞所采取的行动不一定有效,或者达不到到预期的安全距离,或者其效果可能被他船不协调行动所抵消,在碰撞危险解除之前,切不可认为行动一旦采取,碰撞便不会发生。

核查避碰行动有效性的义务,不仅适用于负有避碰责任和义务的船舶,也同样适用于直航船,并且应贯穿于整个会遇过程当中,直到驶过让清为止。"驶过让清(past and clear)"通常是指船舶采取让路或避碰行动后,两船以安全的 DCPA 相互驶过;在恢复原来的航向或航速后,两船仍然能保持在安全距离上驶过,并且不会形成新的碰撞危险。

查核避让行动有效性的方法是根据当时的环境和情况,采取罗经方位判断法、雷达标绘、距离方位变化率等方法,观测他船的方位的变化情况,求出两船会遇时的 DCPA,以估计所采取的行动能否达到预期的效果,导致在安全的距离上驶过。

另外,为确保两船的安全通过,在核实两船能在安全的距离驶过之前,每一船舶应当假定仍然存在碰撞危险。

六、减速、停车或倒车把船停住

《规则》第八条第 5 款规定:"**如需为避免碰撞或须留有更多时间来估计局面,船舶应当减速或者停止或倒转推进器把船停住。**"

(一)减速、停车或倒车把船停住的目的

《规则》规定,如需为避免碰撞或须留有更多时间来估计局面,船舶应当减速或者停止或倒转推进器把船停住。对该条款的理解必须联系《规则》第六条、第十九条第 2 款和第 5 款的规定。无论是第六条还是第十九条第 2 款和第 5 款的规定,均强调船舶必须以安全航速行驶,以保证船舶在相遇过程中有足够的时间来估计局面和采取避碰行动。同时,减速、停车或者倒车把船停住也是一种避碰行动的方式。

1. 留有更多的时间来估计局面

当船舶无论由于何种原因对来船的动态不清楚或者不能断定是否存在碰撞危险时,为谨慎和戒备起见,船舶应减速、停车,必要时把船停住。这样做既有利于留有更多的时间来对他船的动态和碰撞危险作进一步的分析和判断,也有利于有效缓解所面临的潜在碰撞危险。例如,当在近距离看到一船时,由于能见度不良或者其航行灯灯光微弱而无法断定该船往哪一个方向行驶时,其最佳的行动往往是作大幅度减速。在对碰撞危险以及所处的局面做出确切的判断之前,任何盲目的转向不仅是错误的,有时甚至是很危险的。

2. 避免碰撞的发生

尽管减速或者把船停住的措施不如转向措施那样易于执行、效果明显,但在某些情况下仍是一种行之有效的避碰措施,特别是当由于可航水域宽度受到限制而无法大幅度转向,或者在能见度不良的情况下与正横前的他船不能避免紧迫局面或听到他船的雾号显似在本船

的正横以前。因此,虽然转向避让是大海上更常用的避碰方法,但船舶驾驶员在需要的情况下,应毫不犹豫地使用主机,采取减速、停车或倒车等措施,必要时把船完全停住。在《STCW 规则》马尼拉修正案中,将负责值班的高级船员应毫不犹豫地使用舵、主机和音响信号装置写入了强制性规则中,这也进一步强调值班驾驶员应当毫不犹豫地减速、停车、倒车,必要时把船完全停住。

(二)减速、停车或者倒车把船停住的时机

根据对船舶碰撞事故的分析,总结船舶避碰的成功经验和失败的教训,在采取避碰行动时,至少在下列情况下船舶通常应当减速或把船停住:

(1)在能见度不良的水域中航行时,听到他船雾号显似在正横以前,且不能断定是否存在碰撞危险,或者与正横以前的他船不能避免紧迫局面时;

(2)在通航密度较大的水域中航行时;

(3)在接近渔区航行时;

(4)驶近有居间障碍物遮蔽他船的航道弯头或地段和有背景亮光等严重妨碍正规瞭望的水域时;

(5)存在雨雪干扰、海浪干扰等因素影响雷达观测时;

(6)当发现他船动态不清、会遇态势不明,难以断定是否存在碰撞危险时;

(7)当发觉两船鸣放的操纵声号不一致或发觉来船采取了不协调行动时;

(8)虽然通过 VHF 达成避让协议,但他船并未采取显著的避让行动时,或者他船所采取的行动与协议不符时;

(9)与他船会遇且船舶的操纵性能受到各种限制时;

(10)作为让路船,采取转向行动的措施受到限制时;

(11)多船相遇且致有构成碰撞危险时;

(12)遇编队航行的军舰、结队从事捕鱼的船舶或其他船队时。

(三)采取减速、停车或倒车把船停住的行动时应注意的问题

在采取减速、停车或倒车把船停住等行动时,应当注意如下问题:

(1)根据当时的环境和情况,及早换油、备车,将机器作好随时可操纵的准备;

(2)减速避让时,应先下令停车,以便迅速达到减速的目的,使他船易于察觉,防止不协调行动的发生,然后再慢速或者微速前进;

(3)熟悉主机性能,掌握船舶在各种载况和速度情况下的减速、停车、倒车冲程,以便正确把握行动时机;

(4)注意克服低速和倒车时产生的不利影响,掌握船舶在各种条件下维持其航向的最低速度和倒车时的偏转规律;

(5)不仅应当注意本船减速行动与本船转向行动结合时的避让效果,也应当注意本船采取减速行动而他船可能所采取转向行动而产生的避让效果。

七、本船转向与变速的效果

根据转向避让或变速避让的效果,一般而言,对于避让一艘在本船正前方或者接近正前方或者船首小角度方向上驶近的来船,本船采取转向比减速更为有效;但避让一艘从本船正横或正横附近驶近的来船,采取变速将比转向来得更有效。必要时,可以采用改向结合变速

进行避让。

假设两船的初始 DCPA 为 0,如来船保向保速,本船采取转向或减速避让后,两船之间的 DCPA 和 TCPA 的变化情况,随两船之间的相对方位、两船之间的船速比等情况的不同而不同。总体而言,具有如下规律:

(1)针对本船右舷正横以前的来船,本船向右转向避让后,DCPA 增加,来船将从本船船首通过。

(2)针对本船左舷正横以前的来船,本船向右转向避让后,DCPA 增加,来船将从本船左舷船尾通过。

(3)针对本船正横以前的来船,本船减速避让后,DCPA 增加,来船将从本船船首通过。

(4)针对本船右舷正横以前的来船,本船向右转向结合减速,转向和减速的效果一致,DCPA 增加,来船将从本船船首通过;

(5)针对本船左舷正横以前的来船,本船向右转向结合增速,转向和增速的效果一致,DCPA 增加,来船将从本船的左舷船尾通过。

而本船在转向或变速后,两船间的 TCPA 的变化,则需视具体情况而定。应当指出的是,对于本船左舷正横以前的来船,本船向右转向与减速的效果是相反的,在避碰实践中应当予以充分注意。

八、不得妨碍

(一)"不得妨碍"的含义

《规则》第八条第 6 款(1)项规定:"**根据本规则任何规定,要求不得妨碍另一船通行或安全通行的船舶应根据当时环境的需要及早地采取行动以留出足够的水域供他船安全通行。**"该规定实际上是对"不得妨碍他船的船舶"在航行方法上提出的具体要求,负有不应妨碍义务的船舶应根据当时的环境和情况及早采取行动以留出足够的水域供不应被妨碍的船舶通行或安全通行,也就是说,"不得妨碍他船的船"应以不与"不得被他船妨碍的船舶"致有碰撞危险的方法航行。正如《1972 年国际海上避碰规则若干条文的统一运用指南》对"不得妨碍"一词所做的说明那样:"不得妨碍他船的船舶应尽可能采用避免发生碰撞危险的方法航行。"

(二)"不得妨碍"条款的适用对象

《规则》第九条第 2、3 款、第十条第 9、10 款提到了"不应妨碍",而在第十八条第 4 款提到了"避免妨碍",尽管用词上有所不同,但其含义并无实质上的差异,均是不得妨碍条款的适用对象。表 11-4-1 是《规则》有关条款中的不得妨碍船舶和不得被妨碍船舶。

应当指出的是,尽管在《规则》第十八条第 5 款和第 6 款也提到了"避免妨碍",但是,其"避免妨碍"的是他船的"航行(navigation)",而不是"通行(passage)或安全通行(safe passage)",因而并不是《规则》第八条第 6 款所指的"不得妨碍"的适用对象。有关"避免妨碍"他船"航行"的含义将在后文讨论《规则》第十八条的含义时进一步阐述。此外,《规则》第九条第 4 款规定:"船舶不应穿越狭水道或航道,如果这种穿越会妨碍只能在这种水道或航道以内安全航行的船舶的通行。"有学者认为,该条款并不是"不得妨碍"的适用对象,因为该条款所规定的是,如果穿越船的穿越会妨碍只能在这种水道或航道以内安全航行的船舶的通行,其义务不是留出足够水域供他船通行或者安全通行,而是不得穿越狭水道或航道。

表 11-4-1　《规则》各条款中的不得妨碍的船舶和不得被妨碍的船舶

《规则》条款	不得妨碍的船舶	不得被妨碍的船舶
第九条第 2 款	帆船、长度小于 20 米的船舶	只能在狭水道或航道以内安全航行的船舶
第九条第 3 款	从事捕鱼的船舶	任何其他在狭水道或航道以内航行的船舶
第十条第 9 款	从事捕鱼的船舶	按通航分道行驶的任何船舶
第十条第 10 款	帆船、长度小于 20 米的船舶	按通航分道行驶的机动船
第十八条第 4 款	除失控船、操纵能力受到限制的船舶外的任何船舶	限于吃水的船舶

（三）"不得妨碍"条款适用的能见度

"不得妨碍"条款的规定被写在"船舶在任何能见度情况下的行动规则"中，因此，总体而言，"不得妨碍"条款适用于任何能见度情况，即既适用于能见度良好的情况，也适用于能见度不良的情况。但是，《规则》第十八条第 4 款规定："除失去控制的船舶或操纵能力受到限制的船舶外，任何船舶，如当时环境许可，应避免妨碍显示第二十八条规定信号的限于吃水的船舶的安全通行。显然，这一条款规定的"不得妨碍"义务的适用是以一船能看到限于吃水的船舶所显示的第二十八条规定的信号为条件的，因此，该款的规定仅仅适用于互见中。

（四）"不得妨碍船舶"与"不得被妨碍船舶"的责任

《规则》第八条第 6 款（2）项规定："如果在接近他船致有碰撞危险时，被要求不得妨碍另一船通行或安全通行的船舶并不解除这一责任，且当采取行动时，应充分考虑到本章各条可能要求的行动。"该款（3）项规定："当两船相互接近致有碰撞危险时，其通行不得被妨碍的船舶仍有完全遵守本章各条规定的责任。"

1. "不得妨碍"的规定不仅适用于两船构成碰撞危险之前，而且也适用于两船构成碰撞危险之后

（1）不得妨碍的义务开始于两船构成碰撞危险之前。根据《规则》第八条第 6 款（1）项的规定，要求不得妨碍另一船通行或安全通行的船舶应根据当时的环境和情况及早采取行动以留出足够的水域供不得被妨碍的船舶安全通行，也就是要求该船以尽可能采用避免与不得被妨碍的船舶致有碰撞危险的方法航行。这说明不得妨碍的义务开始于构成碰撞危险之前。

（2）根据《规则》第八条第 6 款（2）项的规定，不论两船由于何种原因致有碰撞危险时，"不得妨碍另一船通行或安全通行的船舶"仍然不得解除其"不得妨碍"的责任和义务。也就是说，不得妨碍的义务既适用于两船构成碰撞危险之前，也适用于两船在构成碰撞危险之后。

（3）不得被妨碍的船可能是一艘让路船，也可能是一艘直航船。虽然，不得妨碍的船舶的"不得妨碍"责任和义务并没有因两船致有碰撞危险而解除，但在采取行动时应充分考虑两船所采取行动不协调的可能性。因此《规则》在第八条第 6 款的（2）、（3）项分别规定了在两船接近致有碰撞危险时，不得妨碍的船舶和不得被妨碍的船舶应完全遵守《规则》"驾驶和航行规则"各条的规定，不得被妨碍的船可能是一艘让路船，也可能是一艘直航船。

2.两船致有构成碰撞危险时不得妨碍船舶与不得被妨碍船舶的行动

不论何种原因致使两船接近致有碰撞危险时,不得妨碍的船舶在采取行动时,如果不得妨碍的船舶构成《规则》其他条款指定的让路船,则其不得妨碍的行动与给他船让路的行动相一致,所采取的行动应符合"驾驶和航行规则"有关条款的规定,以避免紧迫局面的形成;如果不得妨碍的船舶构成《规则》其他条款规定的直航船,其不得妨碍的责任并未解除,不可片面强调直航而继续妨碍他船,但在采取不得妨碍的行动时应注意配合让路船按《规则》规定采取的避让行动,使得两船的行动协调一致。对于不得被妨碍的船舶而言,在两船构成碰撞危险时,其避碰责任和义务仍将由《规则》第二章(驾驶和航行规则)其他条款确定。如果不得被妨碍的船舶构成《规则》指定的让路船或应采取避碰行动的船,则该船应遵守《规则》的有关规定,立即采取避让或者避碰行动,同时,在采取行动时还应注意到他船可能正在采取的不得妨碍的行动,以避免不协调的行动;如果不得被妨碍的船舶构成《规则》指定的直航船,则应遵守"直航船的行动"规定以及《规则》其他有关条款的规定。

第五节　狭水道

一、本条的适用范围

(一)适用的能见度

《规则》第九条是有关船舶在狭水道或航道中航行时的航行规则,适用于任何能见度情况下的任何船舶,但条文另有规定的除外。例如,《规则》第九条第5款有关追越声号的规定,仅适用于互见中的追越;《规则》第九条第6款有关弯头声号的规定,仅适用于能见度良好的情况,而不适用于能见度不良的情况。

(二)适用的水域

该条的适用水域为狭水道或航道。通常认为"狭水道(narrow channel)"是指可航水域宽度狭窄、船舶操纵受到一定限制的通航水域。航海界普遍认为,宽度为2 n mile左右的水道即可被认为是狭水道,而宽度为4 n mile的水道则很难再被认为属于狭水道了。"航道"(fairway)通常可以解释为一个开敞的可航水道或者由港口当局加以疏浚并维持一定水深的水道。

(三)分道通航制规定的适用

在狭水道或者航道内,往往制定有特殊规则,而且还可能设有分道通航制。船舶在狭水道或者航道航行,不但应当遵守本条的规定,而且还应当遵守特殊规则的规定。当该狭水道或者航道中设置有分道通航制时,分道通航制的规定应当首先适用。

二、尽量靠近本船右舷的该水道或航道的外缘行驶

《规则》第九条第1款规定:"沿狭水道或航道行驶的船舶,只要安全可行,应尽量靠近**其右舷的该水道或航道的外缘行驶**。"

该款是有关船舶在狭水道或航道中航行时航法的规定,适用于在任何能见度情况下沿狭水道行驶的任何船舶。因此,无论是机动船,还是帆船、从事捕鱼的船舶以及操纵能力受

到限制的船舶,当其沿狭水道或航道行驶时,只要安全可行,均应当切实可行地尽量靠近本船右舷的该狭水道或航道的外缘行驶,除非《规则》条文另有规定。

"只要安全可行"是尽量靠近船舶右舷的该水道或航道的外缘行驶的前提条件。盲目靠右行驶,以至于对船舶航行安全或船舶的正常操作带来影响,不是《规则》所要求的行为。所谓"只要安全可行",通常是指在狭水道或航道航行的船舶,在遵守本款规定时,不致发生任何航行危险。如果在遵守本款规定时,将可能发生搁浅、触岸、岸吸岸推现象,或者船舶不得不经常转向,则船舶就不应过分地靠右行驶,而应根据当时的环境和情况适当调整航行方法,以防止不利安全的现象发生。在判断是否安全可行时,应充分考虑船舶当时所处的环境和情况,例如狭水道或航道的地貌、水流、航行危险物、通航密度以及船舶的操纵性能等。

"应尽量靠近其右舷的该水道或航道的外缘行驶"并非指一定保持船舶在狭水道或航道中央线的右侧行驶,即通常所指的"靠右行驶"。不同吃水的船舶应根据其吃水的大小与狭水道或航道的水深的关系,决定其在狭水道或航道中航行的区域。通常情况下,浅吃水的船舶应比深吃水的船舶更靠近其右舷该水道或航道的外缘行驶,一些小型船舶如果能够在深水区以外的水域航行,则不应进入深水区,如图 11-5-1 所示。

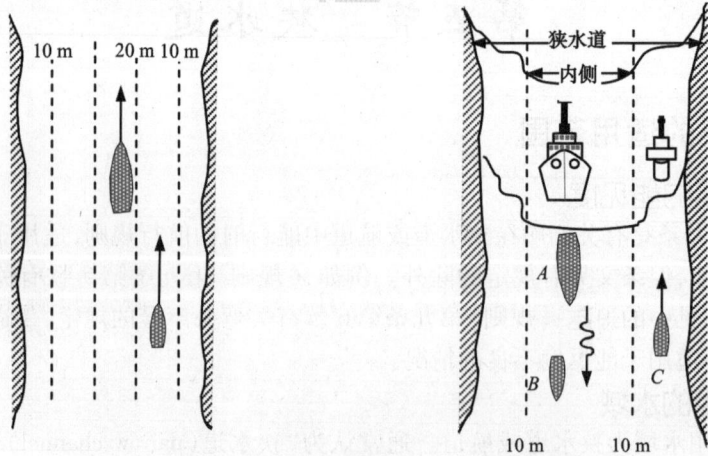

图 11-5-1 船舶在狭水道中的航法

此外,"应尽量靠近其右舷的该水道或航道的外缘行驶"要求船舶随时均保持在靠近本船右舷的该水道或航道的外缘行驶,而不仅仅是在有船舶从相反方向驶来时,船舶才移向右侧行驶。因此,在狭水道或者航道中行驶时,船舶应充分利用各种导航、助航设施,勤测船位,纠正偏航,尤其在能见度不良的情况下,更应当充分利用雷达和其他航行设备,保证船舶在狭水道或航道的外缘行驶。

此外,当船舶在狭水道或者航道中行驶,应当充分考虑浅水效应、岸壁效应的影响,充分利用车、舵克服这种影响,以保证船舶在本船右舷的狭水道或航道的外缘行驶。例如,在"沙特雅帕丹姆(Satya Padam)"轮与"瓦莱丽(Valerie)"轮碰撞案中,如图 11-5-2 所示,由于"沙特雅帕丹姆"轮速度太快使船舶发生偏转,在偏转后又试图控制船速,使得船舶难以控制,致使船舶在碰撞前 2 分钟向左偏转驶入航道南侧,碰撞前半分钟向右偏转折回,碰撞时船首仍然在航道南侧。最后英国皇后分座判定"沙特雅帕丹姆"承担全部碰撞责任。

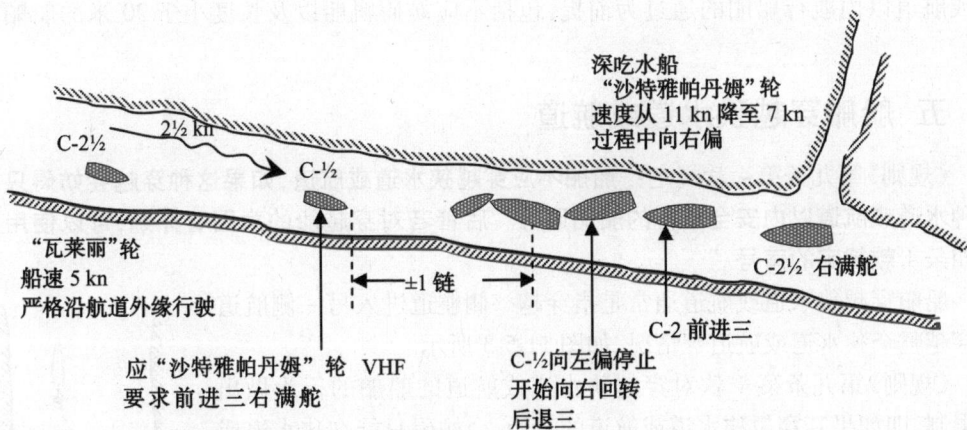

图 11-5-2 "沙特雅帕丹姆"轮与"瓦莱丽"轮碰撞案

三、帆船或长度小于 20 米的船舶

《规则》第九条第 2 款规定:"**帆船或长度小于 20 米的船舶,不应妨碍只能在狭水道或航道以内安全航行的船舶通行。**"

按照本款的规定,帆船或长度小于 20 米的船舶,除遵守本条第 1 款的规定外,还应当不妨碍只能在狭水道或航道以内安全航行的船舶的通行,即应及早地采取行动以留出足够的水域供他船通过,或者采取不至于与只能在狭水道或航道以内安全航行的船舶构成碰撞危险的方法航行,以避免造成妨碍。因此,在本款中,不应妨碍的义务主体为帆船或长度小于 20 米的船舶;不应妨碍的对象为只能在狭水道或航道以内安全航行的船舶。

"只能在狭水道或航道以内安全航行的船舶"通常是指由于船舶吃水与可航水域的水深和宽度的关系而致使其偏离所驶航向的能力严重受到限制的船舶,包括但不限于限于吃水的船舶。例如,限于吃水的帆船、限于吃水的操纵能力受到限制的船舶等,均属于"只能在狭水道或航道以内安全航行的船舶"。

此外,虽然《规则》仅仅要求帆船或长度小于 20 米的船舶履行其不应妨碍的义务,但从良好船艺出发,对于那些船长超过 20 米但又不属于只能在狭水道或航道以内安全航行的船舶,也应当做到避免妨碍只能在狭水道或航道以内安全航行的船舶的通行。

四、从事捕鱼的船舶

《规则》第九条第 3 款规定:"**从事捕鱼的船舶,不应妨碍任何其他在狭水道或航道以内航行的船舶通行。**"

该款是有关从事捕鱼的船舶的"不得妨碍"的规定,不应妨碍的义务主体为从事捕鱼的船舶;不应被妨碍的对象为任何其他在狭水道或航道内航行的船舶,包括帆船以及长度小于 20 米的船舶。

《规则》虽然并不禁止在狭水道或航道内从事捕鱼作业,但船舶在从事捕鱼作业时,无论是作业的方式、所使用的渔具,还是行驶的方法等,都应以满足不妨碍其任何其他在狭水道或航道以内航行船舶的通过为前提,包括不应妨碍帆船以及长度小于20米的船舶的通行。

五、船舶穿越狭水道或航道

《规则》第九条第4款规定:"船舶不应穿越狭水道或航道,如果这种穿越会妨碍只能在这种水道或航道以内安全航行的船舶通行。后者若对穿越船的意图有怀疑,可以使用第三十四条4款规定的声号。"

船舶穿越狭水道或航道通常是指穿越一侧航道进入另一侧航道和穿越整个狭水道或航道等情况,如图11-5-3所示。

《规则》第九条第4款对穿越狭水道或航道的船舶的行为做出了限制,即如果其穿越狭水道或航道的行为,会妨碍只能在狭水道或航道内航行的船舶的通行,则其不应当穿越狭水道或航道。因此,船舶在穿越狭水道或航道前,应事先了解航道中船舶的交通情况,确认穿越行动不会妨碍只能在狭水道或者航道内安全通行的船舶的通行后,才可实施穿越;否则,船舶不应穿越狭水道或航道。制定该款的主要目的是为了避免穿越船与只能在狭水道或航道以内航行的船舶构成交叉态势,妨碍后者的通行。

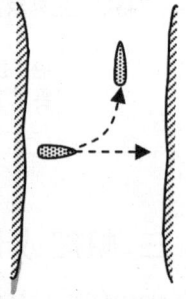

图 11-5-3 穿越狭水道

该款中所指的"只能在狭水道或航道以内安全航行的船舶",与该条第2款中的含义相同,是指由于船舶吃水与可航水域的水深和宽度的关系而致使其偏离所驶航向的能力严重受到限制的船舶,包括但不限于限于吃水的船舶。

当只能在狭水道或航道以内通行的船舶,对穿越船的行动持有怀疑时,可以使用第三十四条第4款规定的至少五短声警告声号,以警告或提醒穿越船。值得注意的是,至少五短声的警告声号只能在互见中使用。

尽管《规则》规定,如果穿越会妨碍只能在狭水道或者航道以内安全航行的船舶的通行,则船舶不应当穿越狭水道或者航道,但是,当穿越船与只能在狭水道或者航道以内安全航行的船舶致有碰撞危险时,仍然应当根据《规则》其他条款的规定确定双方的避让责任和义务。因此,穿越狭水道或航道的船舶,既可能构成一艘让路船,也可能构成一艘直航船。

六、在狭水道或航道内追越时的声号

《规则》第九条第5款规定:"(1)在狭水道或航道内,如只有在被追越船必须采取行动以允许安全通过才能追越时,则企图追越的船,应鸣放第三十四条3款(1)项所规定的相应声号,以表示其意图。被追越船如果同意,应鸣放第三十四条3款(2)项所规定的相应声号,并采取使之能安全通过的措施。如有怀疑,则可以鸣放第三十四条4款所规定的声号。(2)本条并不解除追越船根据第十三条所负的义务。"

(一)本条款适用范围

《规则》第九条第5款规定虽然被写在了"船舶在任何能见度情况下的行动"中,但根据追越条款、追越声号的适用范围,本条款有关追越声号的规定仅仅适用于船舶在互见中的情况。此外,根据《规则》的规定,如果追越船判定,在当时的环境和情况下无须被追越船采取任何行动就可以安全追越,则不必鸣放声号,即可实施追越。因此,该条款追越声号的规定仅仅适用于在狭水道或航道中需要被追越船采取行动才能安全追越的情况,而不适用于在宽阔水域的追越。

(二)追越声号

1.追越声号

《规则》第九条规定的追越声号如下:

(1)企图从他船左舷追越——"二长声继以二短声";

(2)企图从他船右舷追越——"二长声继以一短声";

(3)被追越船如果同意追越——"一长、一短、一长、一短声";

(4)被追越船不同意追越——"至少五声短而急的声号"。

2.使用追越声号应当注意的问题

(1)在狭水道或航道中需要被追越船采取行动才能安全追越时,企图追越的船舶才需要鸣放追越声号,以表明其追越的企图。企图追越的信号应当在实施追越前鸣放。

(2)被追越船如果同意追越,除应当鸣放"一长、一短、一长、一短声"的声号表示其同意追越外,还应当采取让出航道、降低船速等措施,以利于追越船安全追越通过。

(3)如被追越船对是否能够安全追越有怀疑,则其可鸣放至少五声短而急的警告声号。尽管《规则》仅仅规定了被追越船对是否能够安全追越有怀疑时其"可(may)"鸣放至少五声短而急的警告声号,但根据海员的通常做法和良好船艺的要求,如被追越船不同意追越,应当鸣放至少五声短而急的警告声号,以明确告知企图追越的船舶不应当追越。

(4)对于追越船而言,即使是被追越船鸣放了同意追越的声号后,仍然应当对被追越船是否已经采取了相应的行动做出判断后并认为可以安全追越时,才可以实施追越。

(5)在企图追越的船鸣放了追越声号后,如被追越船没有鸣放任何的信号,追越船应当假定被追越船不同意追越,切忌强行追越。

3.追越声号与避碰责任

《规则》明确规定,尽管有鸣放追越声号的规定,但追越船始终负有让清被追越船的责任和义务,直到最后驶过让清为止。

(三)在狭水道或航道内追越的一般注意事项

在狭水道或者航道中,由于水域狭窄、水深受限,同时追越过程中两船的相对速度小、两船平行所持续的时间较长,极易发生激烈的岸壁效应、浅水效应、船间效应等现象。例如,在"海外阿拉斯加(Overseas Alaska)"轮与"新头丸(Shinto Maru)"轮碰撞案中,由于"海外阿拉斯加"轮在追越"新头丸"轮的过程中船速过高、横距过小,导致两船发生激烈的船间效应而发生碰撞,如图11-5-4所示。

无论是否需要被追越船采取行动,在狭水道或者航道中追越应当注意以下几点:

(1)船舶不宜在能见度不良时、通航密度较大的地段、航道的弯曲地段等不适合追越的环境和情况下追越。

(2)船舶在追越时,通常应在被追越船的左舷追越,并注意保持两船航向平行,消除航向交角,尽可能留有较大横距,以防止船吸现象发生。

(3)追越的过程中,密切注意被追越船动态,对被追越船可能采取的行动保持高度戒备。

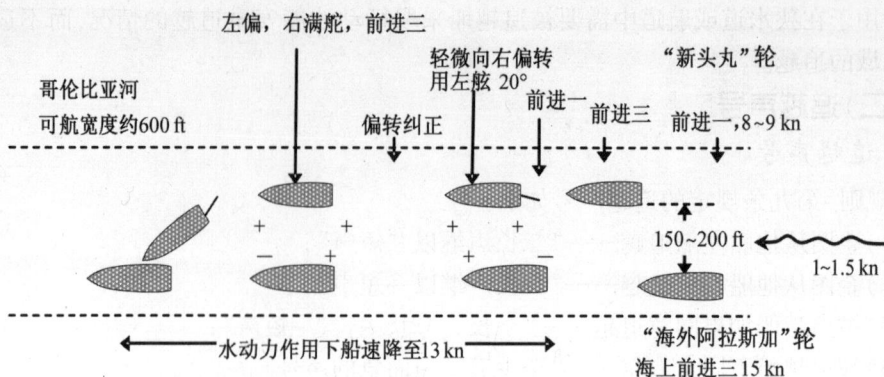

左偏，右满舵，前进三

哥伦比亚河
可航宽度约600 ft

轻微向右偏转
用左舷 20°
偏转纠正
前进一 前进三

"新头丸"轮

前进一，8~9 kn

150~200 ft   1~1.5 kn

水动力作用下船速降至13 kn

"海外阿拉斯加"轮
海上前进三15 kn

图 11-5-4 "新头丸"轮与"海外阿拉斯加"轮碰撞案

（4）大船追越小船，当大船船首接近小船船尾时，容易使小船出现内转而横在大船的进路上；当两船船长较为接近时，两船接近平行时，两船容易出现船吸现象。追越中应对此予以充分的注意。

（5）一旦可能出现明显的船间效应而有碰撞危险时，追越船应当减速、停车或者倒车，并用相应的舵角抑制偏转，必要时抛锚制速。

七、船舶驶近狭水道或航道弯头

《规则》第九条第 6 款规定："船舶在驶近可能有其他船舶被居间障碍物遮蔽的狭水道或航道的弯头或地段时，应特别机警和谨慎地驾驶，并鸣放第三十四条 5 款规定的相应声号。"

（一）本条款的适用范围

本款是有关船舶在被居间障碍物遮蔽的狭水道或航道的弯头或地段时的航法和声号的规定。虽然本款被写在"船舶在任何能见度情况下的行动规则"中，但考虑到鸣放声号规定的适用以船舶驶近"居间障碍物"为条件，因此，弯头声号的规定仅是对船舶在能见度良好却相互看不见的情况下所做出的规定。

（二）特别机警和谨慎地驾驶的含义

居间障碍物会使视觉瞭望受到限制，无法用视觉直接看到居间障碍物后方是否存在他船，同时雷达探测也可能受到限制。因此，船舶应当加强瞭望，并做到特别机警和谨慎地驾驶。特别机警和谨慎地驾驶是要求船舶在接近该水域时保持高度的戒备，例如，充分考虑被居间障碍物遮蔽所带来的对环境和情况估计的影响；充分考虑有其他来船驶近该弯头或地段的可能性；严格控制船速，根据过弯操纵的要求正确操纵船舶，并保持船舶尽量靠近其本船右舷的狭水道或航道外缘行驶；将主机、锚做好随时操纵的准备；及时从 VTS 中心或者 VHF 上获得他船的信息，避免在该水域会船；按照《规则》的要求鸣放相应的弯头声号等等。

（三）弯头声号

根据本款的规定，船舶在驶近可能有其他船舶被居间障碍物遮蔽的狭水道或航道的弯头或地段时，应鸣放一长声弯头声号；当听到他船一长声弯头声号时，也应当回答一长声。

（四）过弯头时交叉相遇局面条款适用的例外

当两船在狭水道或航道弯头附近相互接近时，即使是在互见中，尽管两船的航向出现

"交叉",但是,由于两船的航向均是不稳定的,因此,不应当适用交叉相遇局面条款,而应当适用狭水道条款,每一船舶均应当沿着本船右舷的该水道的外缘行驶以安全通过。

八、避免在狭水道内锚泊

《规则》第九条第7款规定:"**任何船舶,如当时环境许可,都应避免在狭水道内锚泊。**"

狭水道是船舶的航行通道,且水域有限,如船舶在狭水道内锚泊,就会妨碍他船安全航行,影响狭水道内船舶正常航行的秩序。因此,本款规定,任何船舶,如当时环境许可,都应避免在狭水道内锚泊。借助雷达行驶已经成为许多船舶的通常做法,因此浓雾就不可再作为在狭水道内锚泊的一个正当理由。只有在某些紧急的情况下,如当时浓雾而船舶雷达又不能使用时,才可以在狭水道内锚泊,然而,即便如此,也应当尽力在不致妨碍船舶通航的地方锚泊。

九、案例分析

图11-5-5是"闽燃供2"轮与"东海209"轮1999年3月24日在能见度不良情况下在广州港伶仃水道发生碰撞的示意图。[①]

1999年3月22日,"闽燃供2"轮从厦门港驶往广东东莞沙田港。3月23日2400,该船航行至广州港外伶仃岛附近水域时,将两部雷达的量程分别设置为1.5 n mile和3 n mile挡;二副上驾驶台接替船长指挥,航向270°,前进三航行,航速10 kn。3月24日0100,该船过鸡翼角灯柱,遇雾,能见度下降,视程小于1 n mile;0140,左舷过马友石灯塔,进入广州港伶仃水道;0205,右舷过3#灯浮,改向330°,前进三航行;0214,过5#、6#灯浮,航向327°,船速10.5 kn;0223,航向330°,航速10.5 kn,该船拟在7#、8#灯浮处向右转至353°,此时从雷达发现右前方有一回波正快速向本船靠近;0224,目视发现来船左舷舷灯及前桅灯,"闽燃供2"轮立即采取停车,全速倒车,左满舵进行避让;0226与"东海209"轮在伶仃水道7#、8#灯浮附近水域发生碰撞。

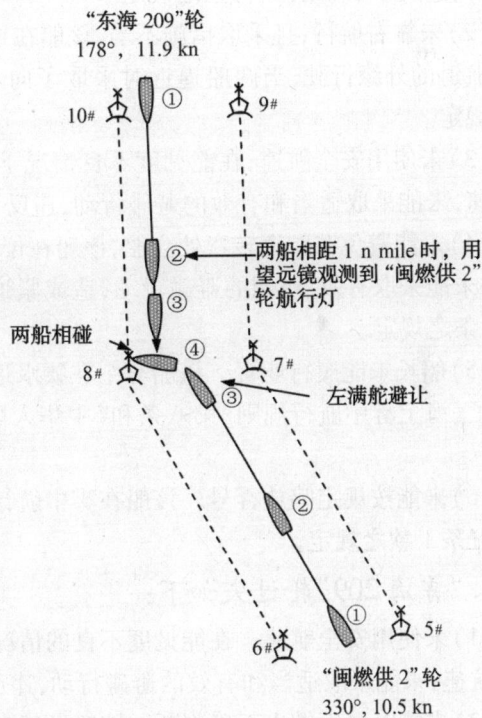

图11-5-5 "闽燃供2"轮与"东海209"轮碰撞案

"东海209"轮于1999年3月23日2355离开广州港虎门电厂码头驶往上海港。离港

---

① 中华人民共和国海事局编:《典型案例调查解析》,第46-61页。

时船长负责指挥,遇雾,视程小于 1 n mile,将雷达量程设置在 3 n mile 挡。二副在船舶离码头后,上驾驶台接替三副协助船长指挥。3 月 24 日 0106,过 26#灯浮,前进三,航速 11.9 kn;0128,过 22#灯浮;0151,过 16#灯浮;0200,过 13#灯浮;0216,过 10#灯浮,航向 178°与一进港船左舷会遇并在雷达上发现 5#、7#灯浮间有一进港船,距离约 3 n mile;0223,通过 VHF 9 频道呼叫进港船,无回答,该船继续保向保速航行。当距离来船约 1 n mile 时,船长通过望远镜观察到来船绿舷灯及前后桅灯,推断来船过 7#、8#灯浮后将会右转向顺航道航行。两船继续逼近,"东海 209"轮突然发现来船过了 7#、8#灯浮后并未向右转向,而是向左转向,于是立即采取了向左转向、倒车、正舵措施,但无效果。0226,"东海 209"轮船首与"闽燃供 2"轮右舷中部 2、3 舱处发生碰撞,碰撞夹角约 90°,随即"闽燃供 2"轮大量货油溢出并向右倾斜。24 日 1200,"闽燃供 2"轮侧倾沉没,造成珠江口水域严重污染。

经事故调查,海事调查处理机关认为:

1. "闽燃供 2"轮过失如下:

(1)瞭望严重疏忽。该船在能见度不良的情况下,未能采取适合当时环境和情况的一切有效手段(包括 VHF)保持正规的瞭望,以便及早发现来船,对局面和碰撞危险做出充分的估计,违反了《规则》第五条之规定。

(2)未靠右航行,且采取措施不当,该船在狭水道航行中未能尽量靠近本船右舷的该水道或航道的外缘行驶,当两船逼近时采取了向左转向的不当措施,违反了《规则》第九条 1 款之规定。

(3)未使用安全航速,在能见度不良情况下,该船仍以全速在狭水道航行,没有使用安全航速,未能采取适当和有效的避碰行动,违反了《规则》第六条之规定。

(4)未能避免在航道转弯处会船,该船在位于伶仃水道 7#、8#灯浮航道转弯处与对方会船,并未能采取有效、协调的避碰行动,造成紧迫局面,违反了《黄埔港船舶安全航行规定》第 11 条之规定。

(5)船长未能履行职责。该船雾中在狭水道航行时,船长未能履行职责上驾驶台指挥,违反了《海上雾中航行规则》第八条和《中华人民共和国海船船员值班规则》第三十九条之规定。

(6)未能按规定鸣放雾号。该船在雾中航行时,未能按规定鸣放雾号,违反了《规则》第三十五条 1 款之规定。

2. "东海 209"轮过失如下:

(1)未使用安全航速。在能见度不良的情况下,该船仍以全速在狭水道航行,没有使用安全航速,未能采取适当和有效的避碰行动,违反了《规则》第六条之规定。

(2)未能对局面做出正确判断。该船发现来船后,仍保持全速航行,并错误地推断来船将向右转向后顺航道航行,未能正确判断局面并及早采取避让行动,违反了《规则》第七条 1 款之规定。

(3)未能避免在航道转弯处会船。该船在位于伶仃水道 7#、8#灯浮的航道转弯处与对方会船,并未能采取措施等待顺水船先行通过,违反了《黄埔港船舶安全航行规定》第 11 条之规定。

(4)未能按规定鸣放雾号。该船在雾中航行时,未能按规定鸣放雾号,违反了《规则》第三十五条 1 款之规定。

综合以上分析,海事调查处理机关最终判定:"闽燃供 2"轮应承担本次事故的主要责任,"东海 209"轮应承担次要责任。

第六节 船舶定线制和分道通航制

一、船舶定线制

(一)船舶定线制及其目的

船舶定线制是一条或数条航路的任何制度或定线措施,旨在减少海难事故的危险。它包括分道通航制、双向航路、推荐航线、避航区、禁锚区、沿岸通航带、环形道、警戒区及深水航路等。

1. 船舶定线制的目的

船舶定线制的目的在于增进船舶汇聚区域和交通密集区域以及由于水域有限、存在碍航物、水深受限或气象条件较差而使得船舶的行动自由受到限制的水域中的航行安全,并防止或减少由于船舶在环境敏感区域或其附近发生碰撞、搁浅或锚泊而对海洋环境造成污染或其他损害的危险。其具体目的包括下列各项或其中的几项:

(1)分隔相反的交通流,以减少对遇局面/态势的发生;

(2)减少穿越船与航行在已建立的通航分道内的船舶之间的碰撞危险;

(3)简化船舶汇聚区域内交通流的形式;

(4)在沿海开发或勘探集中的区域内组织安全的交通流;

(5)在对所有船舶或对某些等级的船舶航行有危险或不理想的水域中或其周围组织安全的交通流;

(6)在水深不明或水深接近吃水的区域对船舶提供特殊指导,以减少搁浅的危险;

(7)指导船舶避开渔场或组织船舶通过渔场。

2. 强制定线制

1995 年 IMO 大会第 A. 827(19)号决议附则 3 通过的对《关于船舶定线的一般规定》的修正案引进了"强制定线制"的概念,其是指 IMO 根据《1974 年国际海上人命安全公约》第 Ⅴ/8 条的要求,通过强制要求所有船舶、特定类型船舶或载运特定货物的船舶使用的定线制。

(二)船舶定线制种类

船舶定线制包括分道通航制、环形道、沿岸通航带、双向航路、推荐航路、推荐航线、深水航路、警戒区、避航区、禁锚区等定线措施,可根据实际需要单独或组合使用。

(1)分道通航制(traffic separation scheme):通过适当方法和建立通航分道,以分隔相反的交通流的一种定线措施。

(2)环形道(roundabout):由一个分隔点或圆形分隔带和一个规定界限的环形通航分道所组成的一种定线措施。在环形通道内,通航船舶环绕分隔点或分隔带按逆时针方向航行而实现分隔。

(3)沿岸通航带(inshore traffic zone):由一个指定区域构成的一种定线措施,该区域位于分道通航制向岸一侧边界与邻近的海岸之间,并按照《规则》第十条第4款规定使用。

(4)双向航路(two-way route):是指在规定的界限内建立双向通航,旨在为通过航行困难或危险水域的船舶提供安全通道的一种措施。

(5)推荐航路(recommended route):为方便船舶通过而设置的未规定宽度的一种航路,往往以中心线浮标作为标志。

(6)推荐航线(recommended track):是指经过特别选择以尽可能保证无危险存在并建议船舶沿其航行的一种航路。

(7)深水航路(deep water route):在规定的界限内,海底及海图上所标志的水下障碍物已经精确测量适于深吃水船舶航行的航路。深水航路主要是预期给那些由于其吃水与有关区域的可用水深的关系而需要使用这一航路的船舶使用,在海图上标明最大吃水;浅吃水的船舶应尽量避免使用深水航路。

(8)警戒区(precautionary area):由一个规定界限的区域构成的一种定线措施,该区域可能有推荐的交通流方向,船舶航行时必须特别谨慎地驾驶。

(9)避航区(area to be avoided):由一个规定界限的区域构成的一种定线措施,在该区域内航行特别危险或对于避免海难事故特别重要,所有船舶或某些等级的船舶应避开该区域。

(10)禁锚区(no anchoring area):由一个规定界限的区域构成的一种定线措施,该区域内船舶锚泊是危险的或可能对海洋环境造成无法接受的损害。除非是在船舶或人员面临紧迫危险的情况下,所有船舶或特定类型船舶应避免在禁锚区内锚泊。

(三)船舶定线制构成成分

一个实际采用的船舶定线制通常由下列成分构成:

(1)分隔带或分隔线(separation zone or line):分隔交通流方向相反或接近相反的通航分道,或通航分道与邻近的海区,或分隔为同一航向的特殊级别船舶而设定的通航分道的带或线。

(2)通航分道(traffic lane):在规定界限内建立单向通航的一种区域,该区域即是船舶通航的航路,其边界可以由分隔带或可能由自然碍航物构成。

(3)交通流方向(established direction of traffic flow):指示分道通航制内规定的交通运行方向的一种交通流图式,一般用实线空心箭头表示。

(4)推荐的交通流方向(recommended direction of traffic flow):在规定交通流方向不可行或不必要的地方,指示推荐交通运行方向的一种交通流图式,一般用虚线空心箭头表示。

(四)船舶定线制的使用方法

IMO制定的《关于船舶定线制的一般规定》第8条规定了船舶定线制的使用方法。除非另有说明,船舶定线制推荐给所有的船舶使用;而且可以强制要求所有船舶、某些类型的船舶或者载运特定货物或特定类型和数量燃油的船舶使用。在非冰冻区域或者在冰情轻微不需要特别操纵或破冰协助的水域,船舶应当在任何天气条件下遵守船舶定线制的规定。在使用船舶定线制时,应注意如下事项:

(1)除特殊情况外,船舶均应当按指定的航路、规定的航行方法驾驶船舶;

（2）在 IMO 采纳的分道通航制水域或其附近航行时，应当严格遵守《规则》第十条的规定；

（3）船舶在地方主管当局制定的定线制或其附近航行时，应当严格遵守地方规则的规定；

（4）无论船舶在何种定线制或其附近航行，在避碰中并不享有任何特权，船舶仍有责任和义务遵守《规则》的各项规定，特别是《规则》第二章第二、三节的规定；

（5）航道完全分隔是不可能的，在船舶汇聚处应特别谨慎地驾驶；

（6）船舶在双向航路上应尽可能靠右行驶；

（7）当船舶不利用警戒区或进出附近港口时，应当尽可能远离该区域；

（8）海图上标明的与船舶定线制相关的箭头仅仅指示规定的或推荐的交通总流向，船舶在航道中行驶时，其航迹向应与规定的或推荐的交通流方向尽可能一致，而不是严格地按照箭头设定其航向。

二、船舶在分道通航制中航行

（一）适用范围

《规则》第十条（分道通航制）第 1 款规定："**本条适用于本组织采纳的分道通航制，但并不解除任何船舶遵守任何其他各条规定的责任。**"因此，《规则》第十条"分道通航制"仅仅适用于被 IMO 所采纳的分道通航制水域。

凡是被 IMO 所采纳的分道通航制，均刊登在 IMO 出版的《船舶定线制》一书中。该书为一本活页资料，附有简明示意图，并根据修订情况出版活页以更新资料。此外，在英国水道测量局出版的《英版航海通告年度摘要》(Annual Summary of Admiralty Notice to Mariners)的第十七部分刊列了全球各分道通航制的名称和大概地理坐标，凡是在名称左上角标注有"☆"者，说明其是被 IMO 采纳的分道通航制。

在未被 IMO 采纳的分道通航制区域内，《规则》第十条不适用。但无论被 IMO 采纳与否，船舶均应遵守主管机关为该分道通航制水域制定的特殊规定。

（二）本条与《规则》其他条款的关系

本条第 1 款规定"**本条并不解除任何船舶遵守任何其他各条规定的责任**"，是强调在 IMO 采纳的分道通航制区域内，仍然适用《规则》其他条款关于船舶的避让责任或行动的规定。在 IMO 的 MSC. 322 号通函和《船舶定线制》的一般规定第 8 节（定线制的使用）中，对这一点也有明确的说明："在 IMO 采纳的分道通航制区域内或其附近航行的船舶，特别应遵守《1972 年国际海上避碰规则》第十条的规定，以减少与他船构成碰撞危险。如果认为与他船存在碰撞危险，则《1972 年国际海上避碰规则》的其他规定，特别是第二章第二节、第三节的规定全都应予以遵守。"

根据上述规定，在 IMO 采纳的分道通航制区域内，船舶应当遵守特殊规则、包括《规则》第十条在内的《规则》各条；在未被 IMO 采纳的分道通航制区域内，船舶应当遵守特殊规则、《规则》第十条除外的《规则》其他各条。

（三）分道通航制内的避碰责任

《规则》第十条规定了使用分道通航制水域的准则，船舶间的避让责任或行动仍然应当根据《规则》的其他条文加以确定。遵守分道通航制区域规则的船舶，不因遵守分道通航制而享有被让路的权利。例如,互见中,甲机动船在通航分道内行驶,乙机动船从甲船右舷穿越分道,且构成碰撞危险,甲船仍然应给乙船让路。又如甲机动船驶错分道与正确沿着分道交通总流向行驶的乙机动船构成对遇局面,两船仍然应按《规则》第十四条的规定采取行动,而绝不能把走错航道的船舶当作让路船。

(四)在分道通航制水域航行的准则

《规则》第十条第2款规定:"**使用分道通航制的船舶应:(1)在相应的通航分道内顺着该分道的交通总流向行驶;(2)尽可能让开通航分隔线或分隔带;(3)通常在通航分道的端部驶进或驶出,但从分道的任何一侧驶进或驶出时,应与分道的交通总流向形成尽可能小的角度。**"

1. 使用分道通航制船舶的航行准则

根据本条规定,"使用分道通航制的船舶"是指在通航分道中顺着交通总流向行驶的任何船舶。在分道通航制区域的外界行驶、穿越分道通航制区域、在分隔带内捕鱼、在沿岸通航带内行驶的船舶,则不属于"使用分道通航制的船舶"。使用分道通航制水域的船舶,应当遵守下列航行规则。

(1)在相应的通航分道内沿船舶的总流向行驶

分道通航的主要目的就是为了分隔航向相反的船舶。因此,任何使用分道通航制的船舶,包括帆船和在通航分道内从事捕鱼的船舶,都应按照相应通航分道内海图上标示的交通总流向行驶,如图11-6-1所示。此处要求船舶沿相应通航分道内的交通总流向行驶,并不要求船舶的船首向与总流向完全一致,而仅仅要求其航迹向与总流向大体一致。

根据IMO MSC.322号通函的说明,"一艘船在使用通航分道时,可以在分道从一侧转移到另一侧,但在进行这种转移时,应与分道的交通总流向形成尽可能小的角度"。因此,当船舶需要从分道的一侧转移到分道的另一侧时,也应采取与分道的交通总流向形成尽可能小的角度的方法航行,如图11-6-2所示。

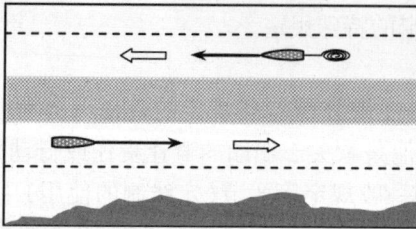

图11-6-1 沿交通总流向行驶　　**图11-6-2 从分道的一侧转移到另一侧**

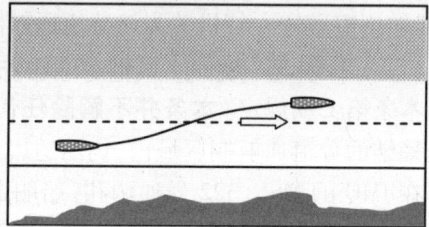

(2)尽可能让开分隔线或分隔带

尽可能让开分隔线或分隔带,意味着船舶应保持在通航分道的中心线或其附近航行。如图11-6-3所示。"尽可能"一词包含着船舶应充分考虑到水域的自然情况、定位条件、海况和天气、通航密度、船舶的操纵性能等情况,做到使船舶让开分隔线或分隔带。《规则》这样规定的目的在于保证交通流的秩序,避免船舶因为定位的误差或避让行动造成交通局面的混乱。

(3)在通航分道的端部驶进或驶出

船舶在驶入或驶出通航分道时,通常应在通航分道的端部进行。如果分道通航制的区

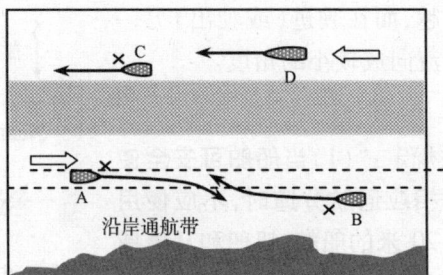

图 11-6-3　尽可能让开分隔线或分隔带

域较大,船舶距离其端部较远,《规则》允许船舶从分道的任何一侧驶入或驶出。如从一侧驶进或驶出,应采用与分道的交通总流向成尽可能小的角度的方法航行,其中包括穿越一个分道驶入另一个分道或者驶出一个分道穿越另一个分道的情况。如图 11-6-4 和 11-6-5 所示。

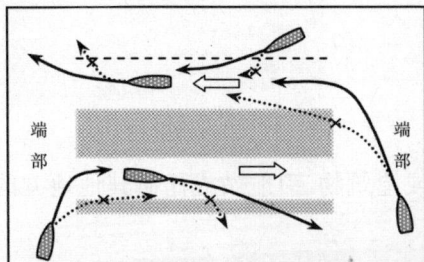

图 11-6-4　驶入或驶出通航分道

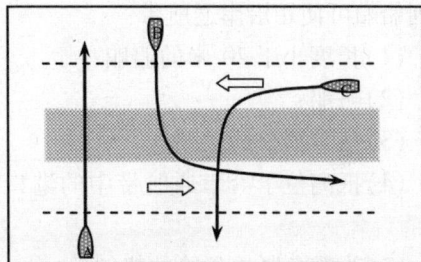

图 11-6-5　穿越通航分道

2. 穿越通航分道

《规则》第十条第 3 款规定:"船舶应尽可能避免穿越通航分道,但如不得不穿越时,应尽可能以与分道的交通总流向成直角的船首向穿越。"

(1)穿越通航分道的船舶

通常认为,穿越整个通航分道制区域的船舶、穿越一条通航分道进入或者驶离另一通航分道的船舶被称之为"穿越通航分道的船舶",如图 11-6-5 所示。

(2)尽可能避免穿越通航分道

船舶穿越通航分道有可能与分道内行驶的船舶构成交叉相遇局面,形成碰撞危险,故应尽可能避免。特别是对在江、河、港口处或岬角附近建立的通航分道,船舶更应尽可能避免穿越。

(3)穿越航法

对于不得不穿越通航分道的情况,《规则》对穿越船提出了"应尽可能以与分道的交通总流向形成直角的船首向穿越"的要求。《规则》之所以要求穿越船应与分道交通总流向成直角的船首向穿越,其目的是在于缩短穿越的时间和便于他船发现该船的穿越意图。

穿越船在受横风、流影响时,如图 11-6-6 所示,在穿越时,船舶仍然应当以与交通总流向成直角的船首向穿越,而不应以与交通总流向成直角的航迹向穿越。穿越船以与总流向成直角的船首向穿越时,其航迹向可能与总流向并不成直角。

当船舶穿越一通航分道而驶进(或驶出)另一通航分道时,船舶在穿越时,应当保持与总流向成直角的船首向穿越,而在驶进(或驶出)另一通航分道时应尽可能与总流向成较小的角度。

3. 使用沿岸通航带

《规则》第十条第 4 款规定:"(1)当船舶可安全使用临近分道通航制区域中相应通航分道时,不应使用沿岸通航带。但长度小于 20 米的船舶、帆船和从事捕鱼的船舶可使用沿岸通航带。(2)尽管有本条 4(1)规定,当船舶抵离位于沿岸通航带中的港口、近岸设施或建筑物、引航站或任何其他地方或为避免紧迫危险时,可使用沿岸通航带。"

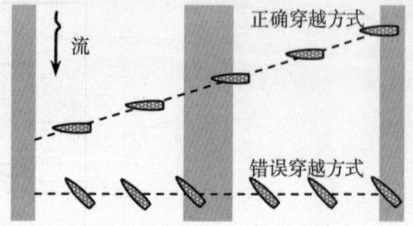

图 11-6-6　横风流时穿越通航分道

设立沿岸通航带的目的,是为了分隔沿海航行和过境航行的船舶,改善船舶航行秩序,保证船舶航行安全和沿岸国家的环境安全。在沿岸水域,沿岸通航带往往与分道通航制结合起来使用,因此,《规则》要求凡可安全使用分道通航制的船舶,不应使用沿岸通航带。但下列船舶可使用沿岸通航带:

(1)长度小于 20 米的船舶;

(2)帆船;

(3)从事捕鱼的船舶;

(4)抵离位于沿岸通航带中的港口、近岸设施或建筑物、引航站或任何其他地方的船舶;

(5)为避免紧迫危险的船舶。

上述船舶尽管可以使用沿岸通航带,但如果在通航分道内行驶对其安全无影响时,应尽量使用相应的通航分道。

4. 进入分隔带或穿越分隔线

《规则》第十条第 5 款规定:"除穿越船或者驶进或驶出通航分道的船舶外,船舶通常不应进入分隔带或穿越分隔线,除非:(1)在紧急情况下避免紧迫危险;(2)在分隔带内从事捕鱼。"

分隔带或分隔线的作用是分隔相反方向行驶的船舶,如果船舶进入分隔带或穿越分隔线,将可能破坏分隔带或分隔线分隔船流的作用,导致通航分道内船舶交通的混乱。因此,本条第 5 款规定,船舶应避免进入分隔带或穿越分隔线。但在下列情况下,船舶可以穿越分隔线或进入分隔带:

(1)在分隔带内从事捕鱼;

(2)为避免紧迫危险;

(3)穿越分道通航制区域;

(4)驶进或驶出相应的通航分道。

在分隔带内从事捕鱼时,捕鱼船可以根据需要朝任意方向行驶,但在靠近通航分道从事捕鱼时,应顺着该邻近通航分道的交通总流向行驶,以避免与分道内的船舶形成接近对遇的态势,同时还应该注意所用的渔具不致影响通航分道内船舶的航行。在为避免紧迫危险而进入分隔带或穿越分隔线时,在紧迫危险消除之后,船舶应迅速返回相应的通航分道,顺着该通航分道的交通总流向行驶。

5. 在分道通航制的端部行驶

《规则》第十条第 6 款规定:"**船舶在分道通航制端部附近区域行驶时,应特别谨慎。**"

分道通航制的端部是驶进或驶出相应通航分道的通道,船舶将在此处汇聚或分散。因此,在分道通航制的端部,船舶密度大、会遇态势复杂,且可能出现多船会遇的情况,如图 11-6-7 所示。鉴于这种情况,《规则》要求船舶在分道通航制端部附近行驶时应特别谨慎地驾驶。所谓特别谨慎地驾驶,是指船舶应当全面遵守《规则》各条的规定,包括通过正规瞭望对当时的环境和情况保持高度的戒备,而且还包括对多船会遇、他船突然转向等特殊情况保持高度的戒备,防止碰撞事故的发生。

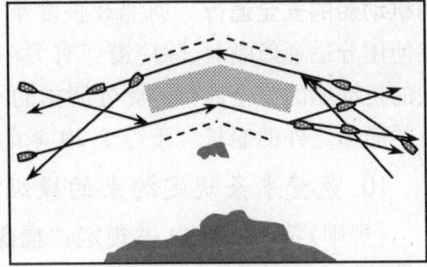

图 11-6-7　在分道通航制端部行驶

6. 避免锚泊

《规则》第十条第 7 款规定:"**船舶应尽可能避免在分道通航制内或其端部附近区域锚泊。**"因此,船舶应当尽可能避免在通航分道内、分隔带内以及分道通航制的端部附近锚泊。当船舶遇到诸如主机、舵机故障,或在能见度不良时雷达故障等特殊情况而不得不锚泊时,也应尽可能采取措施,选择在分隔带内或者其他不影响他船正常航行的地点锚泊。

7. 不使用分道通航制

使用分道通航制的规定不是强制性的,允许船舶不使用分道通航制。但《规则》第十条第 8 款规定:"**不使用分道通航制的船舶,应尽可能远离该区域。**"制定本款的目的是使在分道内行驶的船舶尽可能不受到干扰,以便在分道通航制区域中建立良好的水上交通秩序。

8. 在通航分道内从事捕鱼

《规则》并不禁止船舶在通航分道内从事捕鱼,但是从事捕鱼的船舶在通航分道内捕鱼时,应顺着交通总流向行驶;并且《规则》第十条第 9 款进一步规定:"**从事捕鱼的船舶,不应妨碍按通航分道行驶的任何船舶的通行。**"因此,从事捕鱼的船舶在通航分道捕鱼时,不仅其船舶本身不应妨碍按通航分道行驶的任何船舶的通行,而且其所采用的捕鱼方式、使用的渔具也不应妨碍按通航分道行驶的任何船舶的通行。其不应妨碍的对象,不仅包括按通航分道行驶的机动船,而且还包括按通航分道行驶的帆船和长度小于 20 米的船舶,如图 11-6-8所示。

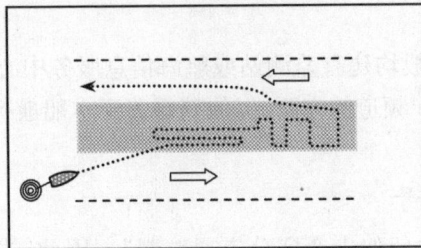

图 11-6-8　在分隔带内从事捕鱼

9. 帆船或长度小于 20 米的船舶

《规则》第十条第 10 款规定:"**帆船或长度小于 20 米的船舶,不应妨碍按通航分道行驶的机动船的安全通行。**"帆船和长度小于 20 米的船舶只要安全可行即可使用分道通航制。在使用分道通航制时,除应遵守有关在分道内航行的规定之外,还应避免妨碍按通航分道行驶的机动船的安全通行。此处所指的不应被妨碍的机动船包括按通航分道行驶的除从事捕鱼的船舶之外的船长大于等于 20 米的用机器推进的任何船舶。

10. 免受本条规定约束的操纵能力受到限制的船舶

《规则》第十条第 11 款规定:"**操纵能力受到限制的船舶,当在分道通航制区域内从事维护航行安全的作业时,在执行该作业所必需的限度内,可免受本条规定的约束。**"第 12 款规定:"**操纵能力受到限制的船舶,当在分道通航制内从事敷设、维修或起捞海底电缆时,在执行该作业所必需的限度内,免受本条规定的约束。**"

根据《规则》上述规定,在分道通航制区域内从事维护航行安全的作业及从事敷设、维修或起捞海底电缆的操纵能力受到限制的船舶,在执行该作业所必需的限度内免受分道通航条款约束。上述两种操纵能力受到限制的船舶,在执行其作业所必需的限度内,其航向可以与通航分道内的交通总流向不一致,甚至相反,也可以在分道通航制水域内锚泊进行作业。

此处所指的从事维护航行安全的作业的船舶包括从事疏浚、清除水雷等作业的船舶,但不包括从事维护、监督航行安全秩序的非作业船舶。

应当指出的是,上述两种操纵能力受到限制的船舶,虽然可以在执行其作业的限度内免受分道通航制条款的约束,但并不解除遵守《规则》其他各条的责任。

(五)船舶在分道通航制区域中航行的注意事项

如前所述,在 IMO 所采纳的分道通航制区域内或其附近航行的船舶,除应遵守《规则》第十条之外,还应遵守《规则》其他条款的规定,特别是《规则》第二章第二节和第三节的规定。针对分道通航制的特殊要求,船舶在分道通航制区域航行,应当注意如下几点:

1. 遵守船舶报告制度

在某些分道通航制水域,如多佛海峡、马六甲海峡以及我国的成山头分道通航制水域等,有关主管当局要求船舶在指定地点向有关部门报告诸如船名、船位、航向、航速、吃水、货物种类和性质、目的港等情况,以便有关部门对船舶实施动态安全管理。船舶在这种水域航行时,应遵守报告制的规定,及时准确地向有关部门报告。

2. 保持 VHF 守听

在分道通航制区域,一般均建有监测站或航海信息服务中心。因此,船舶在分道通航制区域航行时,应保持 VHF 16 频道的守听,以便获得关于本船航行情况、通航情况、航海警告等有益信息。

3. 注意接收"YG"信号

"YG"信号的含义是"你船似未遵守分道通航制"。因此,当收到"YG"信号时,可能是本船驶入了相反向的通航分谊,应立即检查本船航向与船位。发现他船没有遵守分道通航制航行规则或在相反的通航分道内行驶,也可使用"YG"信号。

4. 严格遵守《规则》第十条的规定

船舶在 IMO 采纳的分道通航制区域航行,必须严格遵守《规则》第十条的规定。当深水航路设在通航分道内,并作为通航分道的一个组成部分时,船舶也应遵守《规则》第十条的规定。当分道通航制建立在狭水道内,船舶在狭水道中的分道通航制中航行时,应遵守《规则》第十条的规定,狭水道条款尽可能靠右行驶的规定在这种情况下不再适用。除遵守《规则》第十条的规定外,船舶还应当严格遵守主管机关为该分道通航制区域制定的特殊规定。

5. 在采取避让行动时,船舶必须遵守《规则》其他条款的规定

无论他船是否遵守分道通航制的规定,船舶在采取避让行动时均应遵守《规则》其他条款的规定,特别是《规则》第二章第二节和第三节的规定。例如,1977 年在 Cape St. Vincent 附近"埃斯雀拉(Estrella)"轮(以下简称 E 轮)与"塞图巴尔(Setubal)"轮(以下简称 S 轮)发生的碰撞①能够很好地说明这一问题。

如图 11-6-9 所示,2300,S 轮以 12.5 kn、135°航向错误地驶在北向的通航分道上。此时,E 轮在 S 轮的右船首,S 轮在 E 轮的左船首,航行灯都已显示,这种局面是有碰撞危险的交叉相遇局面。于碰撞前约 7 min,E 轮在 S 轮右船首相距约 3 n mile,显示绿灯。S 轮向左转向 10°,航向由 135°改到 125°。碰撞前 2.5 min,S 轮进一步左转,从 125°转到 085°,左转 40°,此时两船相距 1 n mile 略多。E 轮于碰转前 8 min 见 S 轮航行灯,二副用 15°舵角逐渐右转,碰撞前 2 min 右转了 24°,航向从 302°转到 326°,作为交叉局面中的让路船,以便让路。二副见到 S 轮左转,碰撞前 0.5~1 min,E 轮见碰撞已不可避免,左满舵。两轮以全速、直角碰撞,S 轮沉没。

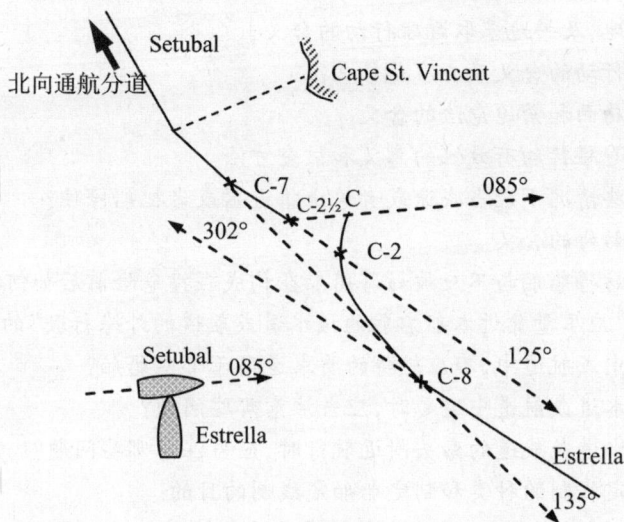

图 11-6-9 "埃斯雀拉"轮与"塞图巴尔"轮的碰撞案

在案件的审理中,布莱顿(Brandon)法官认为,本案中尽管两船中的一船违反了分道通航制的规定走错分道而有过失,但这绝不是引起碰撞的过失。碰撞的主要原因是交叉相遇局面中的直航船没有保向保速,而采取了两次向左转向,当相距较远时左转 10°,而后又左

---

① [1977] 1 Lloyd's Rep. 525.

转40°,致使两船靠近发生碰撞。因此判定 S 轮承担 5/8 的碰撞责任,E 轮承担 3/8 的碰撞责任。

第十一章思考题

1. 试述瞭望的含义。
2. 试述保持正规瞭望的重要性。
3. 试述"瞭望"规定的适用范围。
4. 瞭望的目的是什么?
5. 瞭望的手段有哪些? 各有何特点?
6. 船舶如何保持正规瞭望?
7. 试述安全航速的含义。
8. 确定安全航速时应当考虑哪些因素?
9. 试述碰撞危险的含义。
10. 试述判断碰撞危险的适用范围。
11. 判断碰撞危险的方法有哪些? 各有何特点?
12. 试述雷达标绘的含义。与雷达标绘相当的系统观察有哪些?
13. 不充分的信息有哪些? 为什么不能根据不充分的信息推断是否存在碰撞危险?
14. 即使来船的罗经方位有明显的变化也可能存在碰撞危险的情况有哪些?
15. 试述积极地、及早地采取避碰行动的含义。
16. 大幅度的行动的含义及标准是什么?
17. 试述紧迫局面和紧迫危险的含义。
18. 试述核查避碰行动有效性的意义和核查方法。
19. 船舶在哪些情况下应当减速或者停止推进器或者把船停住?
20. 试述不应妨碍的含义。
21. 试述不应妨碍船舶与不应被妨碍船舶在构成碰撞危险前后如何操纵船舶。
22. 如何理解"应尽量靠近本船右舷的该水道或航道的外缘行驶"的含义?
23. 在狭水道中或航道中,不应妨碍的要求适用于哪些船舶?
24. 船舶在狭水道或航道中追越时,应当注意哪些问题?
25. 船舶在狭水道或航道的弯头附近航行时,应当注意哪些问题?
26. 试述船舶定线制的种类和制定船舶定线制的目的。
27. 分道通航制条款与《规则》其他条款的关系如何?
28. 何为使用分道通航制的船舶? 这些船舶在航行中应当遵循哪些原则?
29. 船舶在穿越分道通航制时为何要以与交通总流向成直角的船首向穿越?
30. 船舶如何驶入或者驶出通航分道?
31. 使用沿岸通航带有哪些要求?
32. 在分道通航制内航行时应当注意哪些问题?

船舶在互见中的行动规则

"船舶在互见中的行动"是《规则》第二章"驾驶和航行规则"第二节的内容,共八条。《规则》第十一条(适用范围)规定:"**本节条款适用于互见中的船舶。**"即《规则》第十二条至十八条仅适用于互见中的船舶。互见的含义已在第一章中阐述,其包括能见度良好时的互见和能见度不良时的互见两种情况。因此,本节所阐述的船舶之间的避让关系以及有关追越、对遇局面、交叉相遇局面、让路船与直航船等概念等仅在互见中的避碰中适用。

在帆船、追越、对遇局面、交叉相遇局面条款中,《规则》主要是根据两船所构成的几何格局规定了船舶之间的避让关系和避碰责任;在船舶之间的责任条款中,《规则》主要是根据船舶操纵避让能力的优劣规定了两船相遇时的船舶之间的避让关系。

特别需要注意的是,在能见度不良的情况下,绝大多数情况会有从相互看不见发展到相互看见(因当时的能见度而定)的过程。在能见度不良情况下会遇两船已经适用《规则》第十九条后,就不再适用互见中有关避让或避碰责任(义务)的条款。但是,在能见度不良情况下两船互见后,仍然应当执行互见中的声号条款。

第一节　帆船

一、两艘帆船之间的避让

《规则》第十二条(帆船)规定:"1. 两艘帆船相互驶近致有构成碰撞危险时,其中一船应按下列规定给他船让路:(1)两船在不同舷受风时,左舷受风的船应给他船让路;(2)两船在同舷受风时,上风船应给下风船让路;(3)如左舷受风的船看到在上风的船而不能断定究竟该船是左舷受风还是右舷受风,则应给该船让路。2. 就本条规定而言,船舶的受风舷侧应认为是主帆被吹向一舷的对面舷侧;对于方帆船,则应认为是最大纵帆被吹向的一舷的对面舷侧。"该条规定了两艘帆船相互驶近构成碰撞危险时的避让关系。

(一)适用范围

1. 适用条件

《规则》第十二条的适用,应当满足下列条件:

(1)两船在互见中;

（2）相遇并构成碰撞危险的船舶必须均为帆船；

（3）构成碰撞危险；

（4）两艘帆船不在追越中。

2. 帆船条款适用的例外

我国在接受《规则》时，对我国的非机动船做出了保留。因此，我国的帆船不受《规则》的约束，也不适用本条，而应当适用《中华人民共和国非机动船舶海上安全航行暂行规则》。

（二）两艘帆船之间的避让关系

根据《规则》第十二条第1款的规定，并结合《规则》第十三条的规定，两艘帆船之间的避让责任关系如下：

（1）当一帆船追越另一帆船时，追越的帆船应给被追越的帆船让路；

（2）两船在不同舷受风时，左舷受风的船应给他船让路，如图12-1-1所示；

（3）两船在同舷受风时，上风船应给下风船让路，如图12-1-1所示；

（4）如左舷受风的船看到在其上风的船而不能断定究竟该船是左舷受风还是右舷受风，则应给该船让路。如图12-1-2所示，当B船对A船究竟是左舷受风还是右舷受风有怀疑时，B船应当给A船让路。

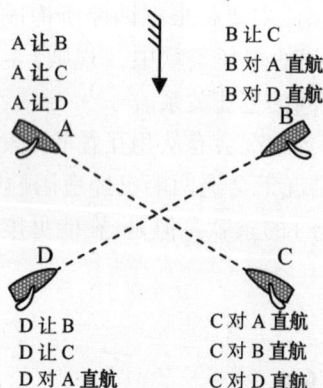

图 12-1-1　两艘帆船间的避让关系　　　　图 12-1-2　对他船何舷受风有怀疑

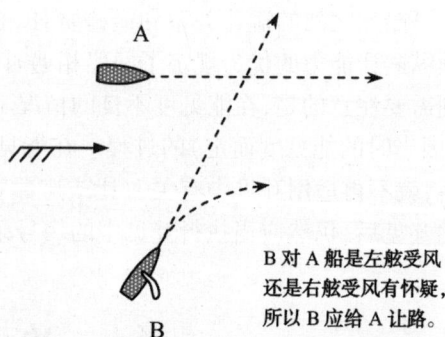

应当注意的是，该条仅适用于两艘帆船相遇并致有碰撞危险的情况。当三艘或者三艘以上帆船相遇并同时致有碰撞危险时，上述条款并不适用。图12-1-1中表示的是两艘帆船分别相遇时的避让关系。此外，当帆船与机动船相遇，或者当帆船从事捕鱼并构成《规则》所指的"从事捕鱼的船舶"时，上述条款也不适用。

（三）帆船受风舷的确定

根据《规则》第十二条第2款的规定，有关帆船受风舷的确认，在白天可以通过观察帆船主帆的位置做出判断；然而，在夜间，很难根据帆船的舷灯做出判断。因此，在夜间，帆船应当根据本船的受风舷以及与他船的相对位置，参照该条第1款的规定，采取行动。例如：

（1）左舷受风的帆船当看到上风的另一艘帆船显示绿色舷灯，而无法断定该船何舷受风，则应当假定本船为让路船。

（2）右舷受风的帆船当看到上风的另一艘帆船显示红色舷灯，而无法断定该船何舷受风，则可以假定他船应当给本船让路，因为不论他船何舷受风，他船均负有让路的责任。

(3)左舷受风的帆船,同时又处于上风,无论发现下风船的红舷灯或绿舷灯,也不论能否断定另一艘帆船何舷受风,均应当认为本船为让路船。

二、机动船避让帆船的方法

根据《规则》第十八条的规定,在航的机动船应给帆船让路。机动船在避让帆船时,应根据帆船航行和操纵的特点、当时的风向采取适当的避让行动。机动船避让帆船的方法,通常应遵循以下原则:

(1)帆船顺风行驶时,应从帆船船尾通过,如图12-1-3(a)所示。

(2)帆船横风行驶时,应从帆船上风侧通过,如图12-1-3(b)所示。

(3)帆船逆风行驶时,应从帆船船尾通过,如图12-1-3(c)所示。

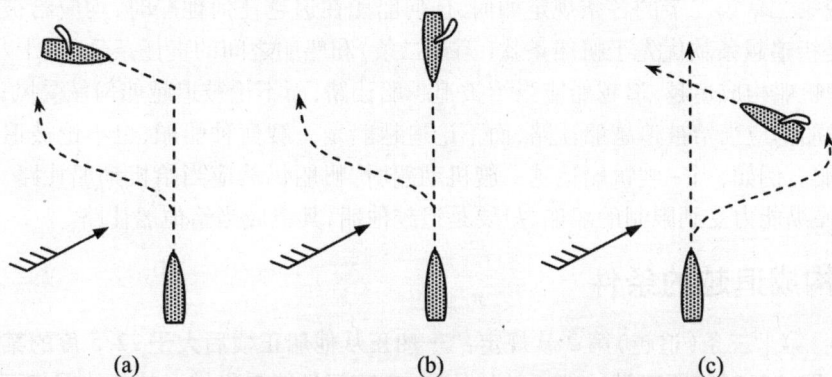

图12-1-3 机动船避让帆船的方法

(4)对准备掉抢的帆船,一般不宜从其掉抢后的下风舷通过,以防帆船掉抢后失去动力而被压向大船;航道较宽时,一般可从帆船船尾上风侧驶过;航道较窄时,宜减速避让;当几艘帆船同时抢越船头时,应警惕有的帆船认为抢不过去而突然掉抢;应鸣放操纵和警告声号。

无论是一艘帆船避让另一艘帆船,还是机动船避让帆船,让路船不仅应当严格遵守《规则》第十八条、第八条有关避让行动的规定,做到"早、大、宽、清",而且还应当注意到被避让的帆船(直航船)可能由于风向、风速的变化而无法保向保速,进而可能出现掉抢的情况。

第二节 追越

一、追越条款与《规则》其他条款之间的关系

《规则》第二章的第一、二节规定了船舶之间的避让责任关系(如第一节中的不应妨碍与不应被妨碍关系、第二节中的让路与直航的关系等),但各种避让责任关系的适用时机、适用条件并不完全不同,为避免这种责任关系规定的相互冲突,需要确定各条款的优先适用顺序。《规则》第十三条第1款规定:"**不论第二章第一节和第二节的各条规定如何,任何船舶在追越任何他船时,均应给被追越船让路。**"这一规定明确了追越条款所规定的避让责任

将优先适用。追越条款优先适用具体表现为如下几个方面：

（一）追越条款优先于不应妨碍条款、狭水道条款和分道通航制条款

"不论第二章第一节的各条规定如何,任何船舶在追越任何他船时,均应给被追越船让路"主要是指追越条款优先于不应妨碍条款、狭水道条款和分道通航制条款。换言之,一方面,只要构成追越,追越船就应当给被追越船让路,直到驶过让清为止,而不论被追越船是否为一艘不应妨碍或者不应被妨碍的船舶;另一方面,无论是在狭水道还是在分道通航制水域内,只要构成追越,追越船均应当给被追越船让路,而不论被追越船是否遵守狭水道或者分道通航制条款。诚然,追越条款并不解除不应妨碍的船舶履行其不应妨碍义务,也不解除船舶遵守狭水道或者分道通航制航行规则的义务。

（二）追越条款优先于帆船条款和船舶之间的责任条款

"不论第二章第二节的各条规定如何,任何船舶在追越任何他船时,均应给被追越船让路"主要是指追越条款优先于帆船条款(第十二条)和船舶之间的责任条款(第十八条)。换言之,两艘帆船构成追越,追越船应当给被追越船让路,而不论被追越船何舷受风;只要构成追越,追越船均应当给被追越船让路,而不论追越船是一艘何种船舶,也不论被追越船是一艘何种船舶。例如,当一艘帆船追越一艘机动船时,帆船仍然应当给机动船让路。又如,即使是一艘操纵能力受到限制的船舶,只要是追越他船,其也应当给他船让路。

二、构成追越的条件

《规则》第十三条(追越)第2款规定:"一船正从他船正横后大于22.5度的某一方向赶上他船时,即该船对其所追越的船所处的位置,在夜间只能看见被追越船的尾灯而不能看见它的任一舷灯时,应认为是在追越中。"根据该款的规定,除两船处于互见中这一前提条件外,一船构成"追越"另一船必须同时具备如下三个条件:

（一）两船方位

后船应位于前船正横后大于22.5°的任一方向上,即后船应当位于前船的尾灯光弧范围内。在夜间,对于方位的判断较容易,可根据看到他船航行灯的情况来判断本船相对他船所处的方位,即在可看到他船的尾灯而看不到桅灯或舷灯时就符合这一方位条件。但在白天,判断本船相对他船所处的方位是困难的。另外,根据对号灯的技术细节要求,舷灯(桅灯)、尾灯将各自向后和向前延伸5°才达到切实断光,因此,当后船位于前船正横后大约22.5°的方向上时,可能可以同时见到他船的尾灯和舷灯(桅灯),此时,对于后船而言,仍然应当认为构成追越的方位要件。此外,受船舶首摇运动、操舵不稳定等因素的影响,也可能出现后船偶尔看到他船尾灯、偶尔看到他船舷灯的情况,此时,对于后船而言,也仍然应当认为满足构成追越的方位要件。

（二）两船速度

后船赶上他船就意味着后船速度必须大于前船。对这种两船相对位置的判断可根据方位或距离的变化来判定,可能的情况有:

(1)夜间,后船先看到前船尾灯,后来又看见前船绿舷灯和桅灯(由于后船赶上前船引起,而不是前船转向);

(2)看到他船的势态发生变化(反舷角变小);

(3)距离逐渐减小;

（4）反舷角及距离均变小。

（三）两船距离

《规则》条文本身并没有直接规定构成追越的距离条件。但从"在夜间只能看见被追越船的尾灯而不能看见它的任一舷灯时,应认为是在追越中"这一规定可以推论出构成追越的条件之一是后船位于前船的尾灯光照距离范围内。实际上,前船的尾灯光照距离随着该船的大小、当时的能见度情况不同而不同。因此,在夜间,应当通过用视觉是否可以看到前船的尾灯来判断是否满足构成追越的距离要件。但是,在白天,这一要件就难以判断。鉴于船长大于等于 50 m 的船舶的法定最小能见距离为 3 n mile,通常认为,当后船赶上前船且距离小于 3 n mile 时,就满足了构成追越的距离要件。

只要满足上述条件,追越条款就适用,而不论构成追越的船舶属于何种类型的船舶,也不论船舶所处的水域是宽敞的水域、狭水道或者分道通航制水域内。换言之,追越条款适用于任何船舶、任何水域。值得注意的是,追越并不以构成碰撞危险为条件。

三、追越的判断

在判断是否构成追越时,可以利用前述构成追越的条件加以判断。然而,在实践中,有时确实存在对两船所处的范围、距离难以判断的情况。例如,在方位的判断上,在夜间,对于方位的判断较容易,可根据看到他船航行灯的情况来判断本船相对他船所处的方位,即在可看到他船的尾灯而看不到桅灯或舷灯时就符合这一方位条件。但在白天,准确判断本船相对他船所处的方位是困难的。另外,根据对号灯的技术细节要求,舷灯（桅灯）、尾灯在正横后 22.5°方向上将各自向后和向前延伸 5°才达到切实断光,因此,当后船位于前船正横后大约 22.5°的方向上时,可能可以同时见到他船的尾灯和舷灯（桅灯）;同时,受船舶首摇运动、操舵不稳定等因素的影响,也可能出现后船偶尔看到他船尾灯、偶尔看到他船舷灯的情况。

为此,《规则》第十三条第 3 款规定:"**当一船对其是否在追越他船有任何怀疑时,该船应假定是在追越,并应采取相应行动。**"根据这一规定,当后船利用各种方法仍然难以判断是否构成追越而对是否构成追越有任何怀疑时,后船应当假定构成追越,主动承担避让责任,直到最后驶过让清为止。后船对是否正在追越前船存在怀疑的情况主要包括:

（1）夜间赶上他船,有时看到他船尾灯而有时又看到舷灯;

（2）夜间赶上他船,并且能同时看见他船的舷灯和尾灯;

（3）白天赶上他船,本船位于他船正横后约 22.5°,且距离较近,本船对两船构成交叉相遇局面或追越有怀疑时;

（4）白天赶上他船,本船位于他船正横后大于 22.5°的方位上,但对两船的距离是否构成追越尚不能确定;

（5）任何其他对是否构成追越有怀疑的情况。

四、追越中的避让责任

（一）追越中两船的避让责任

《规则》第十三条第 1 款"**不论第二章第一节和第二节的各条规定如何,任何船舶在追越任何他船时,均应给被追越船让路**"的规定,明确指出了追越船为让路船,而被追越船为直航船。《规则》之所以把让路的责任指定给追越船,主要是考虑追越船在避让中始终处于主动地位,无论用舵让还是用车让,通常都不会有任何的困难,并且其可以对当时两船的会遇态势做出确切的判断以后,才采取避让的行动。因此,在宽敞水域,一旦具备构成追越的条件,追越船就负有让路的责任和义务,主动采取避让被追越船的行动;在狭水道或航道,如需要被追越船采取行动才能安全追越时,则追越船还应当鸣放相应的追越声号,在征得被追越船的同意并确认被追越船已经采取了相应的行动使得能够安全追越时,才能实施追越,否则就不应当实施追越。

(二)追越船责任的解除

《规则》第十三条第4款规定:"随后两船间方位的任何改变,都不应把追越船作为本规则条款含义中所指的交叉相遇船,或者免除其让开被追越船的责任,直到最后驶过让清为止。"该规定说明两船一旦构成追越,追越条款就一直适用,追越船就应当给被追越船让路,直到最后驶过清为止。即所谓的"一旦追越、永远追越"。

在追越过程中,两船间的方位、距离将发生变化,可能会形成"交叉会遇"格局,如图12-2-1所示,具体的情况可能有三种。其一,两船以收敛的航向逐步地接近,追越船从被追越船正横后大于22.5°的某一方位上赶上并进入被追越船正横后22.5°之前的某一位置,即从被追越船的尾灯的光弧范围进入到舷灯的光弧范围;其二,两船以平行的航向或发散的航向处于追越的格局中,当追越船进入被追越船的舷灯光弧范围之后,航向改变,以至于两船航向收敛而处于交叉态势中;其三,两船以平行的航向或发散的航向处于追越的格局中,由于被追越船的航向临时改变,以至于两船各位于他船的舷灯光弧范围内,航向收敛而形成交叉态势。但是,无论是上述哪种情形,一旦前一阶段已经构成追越,追越船均不应将此时的"交叉会遇"态势作为交叉相遇局面而免除其让清被追越船的责任,直到最后驶过让清为止。

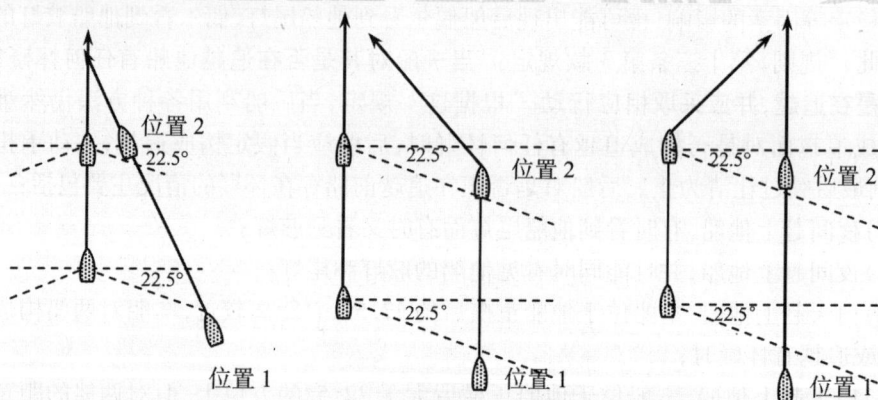

图 12-2-1　追越过程中两船之间的位置关系

所谓"驶过让清",是指追越船已经离开被追越船足够的距离以致不再妨碍被追越船的航行,即使追越船采取不适当的突发行动,被追越船也有足够的时间来判断和应对。

在追越船驶过让清被追越船之前,追越船始终负有让路的责任和义务,否则就应当承担相应的责任。例如,在"克立克斯(Kylix)"轮与"卢斯全根(Rustringen)"轮碰撞案中①,如图

---

① 　[1979] 1 Lloyd's Rep. 133.

12-2-2 所示,一开始时构成"克立克斯"轮追越"卢斯全根"轮,即使是在"卢斯全根"轮转向后两船构成"交叉会遇"格局,"克立克斯"轮仍然负有让清"卢斯全根"轮的义务。在此案中,"克立克斯"轮被判令承担80%的责任,而"卢斯全根"轮承担20%的责任。

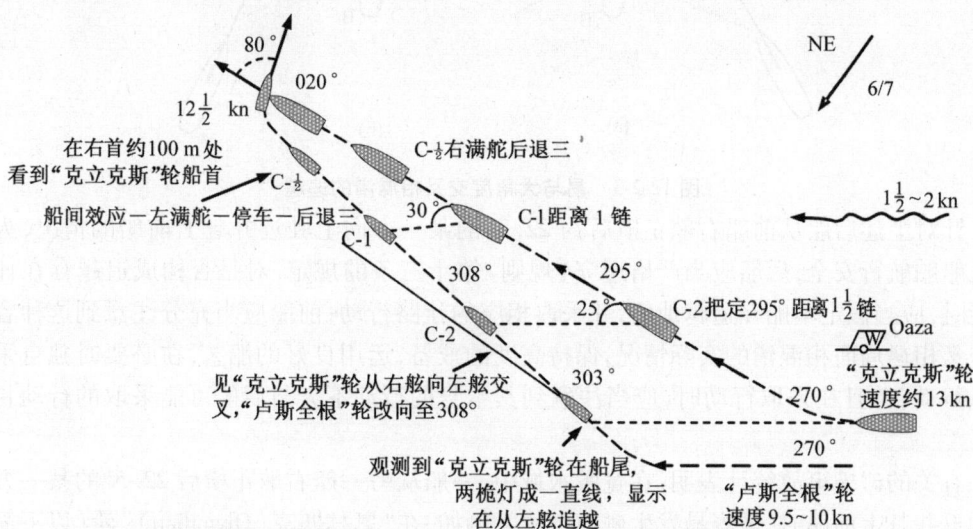

图 12-2-2 "克立克斯"轮与"卢斯全根"轮碰撞案

五、追越中的避让行动

(一)追越的特点

1. 相对速度小,并行或相持时间长

在追越时,两船接近于同向行驶,相对速度小,相持时间长。虽然相持时间长使得可供判断考虑、采取行动的时间比较长,但是若追越中两船的横距较小,可能产生激烈的船间效应,尤其是在狭水道或者航道中追越时,这种船间效应的现象尤甚。根据影响船间效应激烈程度的因素,两船船速越高、相对速度越小、水深越浅、航道宽度越窄、两船的横距越小,则船间效应越显著。因此,当一船在追越另一船时,应当保持足够的横距;在狭水道或者航道中追越应当征得被追越船的同意,使得两船能够保持足够的横距,并有一定的速度差以缩短两船并行的时间。

有关碰撞事故的统计分析表明,在狭水道或者航道中,当一船以较小的横距追越他船时,最容易由于激烈的船间效应而发生碰撞事故。

2. 易与大角度交叉相遇局面相混淆

当后船从前船正横后约22.5°的某一方向上驶近并赶上前船时,后船可能对本船究竟是在追越前船,还是与前船构成大角度交叉产生怀疑,如图12-2-3所示。在该图(a)中,无论A、B两船是构成追越还是交叉相遇局面,A船均属于让路船,因而不容易发生两船行动的不协调。而该图(b)中,A船可能认为两船构成交叉相遇局面,因而认为B船为让路船而自己仍然保向保速,而B船可能认为两船构成追越,本船为被追越船而保向保速,结果A、B两船均不采取行动而造成紧迫局面,并进而发生碰撞。因此,当两船可能构成追越时,从前船的右舷后方追越较从前船的左舷后方追越更为危险。

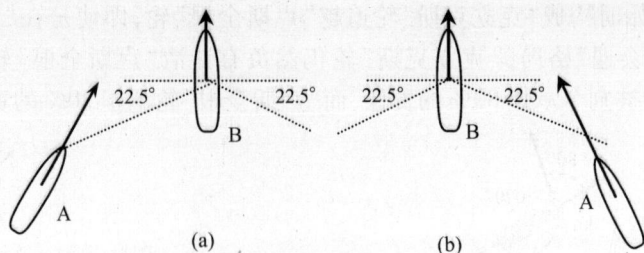

图 12-2-3 易与大角度交叉相混淆的追越

针对上述后船从前船右舷正横后约 22.5°的某一方向上驶近并赶上前船的情况,为了保证船舶航行安全,后船应当严格遵守《规则》第十三条的规定,对是否构成追越存在任何怀疑时,应当假定本船在追越他船,并采取相应的让路行动;前船应当充分注意到这种容易与交叉相遇局面相混淆的实际情况,保持高度的戒备,运用良好的船艺,在必要时独自采取操纵行动,并且在采取行动时,应当注意到其本身的行动不会与后船可能采取的行动相冲突。

有关的碰撞事故统计表明,在宽敞水域中,一船从另一船右舷正横后 22.5°的某一方向上驶近并赶上前船时,最容易发生碰撞事故。例如,在"奥林匹克(Olympian)"轮(以下简称 O 轮)与"瑙威·沙克兹(Nowy Sacz)"轮(以下简称 N 轮)碰撞案中[①],两船的会遇过程如图 12-2-4 所示。

分析两船的会遇过程可知,在两船接近的最初阶段即 0245,O 轮应对当时的局面做出正确的判断,如对是否处于追越持有怀疑时,应假定是在追越中并给他船让路,并应按《规则》第八条和第十六条的有关规定及早采取大幅度的行动,宽裕地让清他船,但在 0300,O 轮二副看到了 N 轮桅灯和绿舷灯,就认为构成交叉相遇局面而始终采取保向保速。因此,O 轮没有按照《规则》的规定,针对是否存在追越有怀疑时没有假定为追越并采取让路行动,严重违反了追越条款的规定,是造成碰撞的主要原因。

对于 N 轮而言,尽管《规则》并没有规定在对是否构成交叉相遇局面有任何怀疑时应当假定为交叉相遇局面,但是,在当时的情况下,根据良好船艺的要求,其也应当充分估计到当时两船的实际会遇态势,应当意识到 O 轮可能会认为当时两船构成交叉相遇局面而不采取让路行动的可能性,应当对当时情况保持高度的戒备,但 N 轮也没有这样做。另一方面,N 轮作为追越中的直航船,按《规则》第十七条的规定,首先应该保向保速,但是当发现让路船显然没有采取有效的避碰行动时,为避免紧迫局面也应采取适当的行动,以防止局势进一步恶化,但 N 轮也没能做到这一点。这也是发生碰撞的次要原因。

在该案的上诉中,上诉法院判定"奥林匹克"轮承担 3/4 的碰撞责任,而"瑙威·沙克兹"轮承担 1/4 的碰撞责任。

(二)追越船的行动

《规则》第十三条本身并没有规定追越船的具体避碰行动要求。因此,追越船作为让路船在采取避让行动时,应当严格遵守《规则》第八条、第十六条的规定,做到早、大、宽、清,并且应当牢记其让路的义务一直持续到最后驶过让清为止,其后的两船间的任何方位的变化,

---

① [1977] 2 Lloyd's Rep. 91.

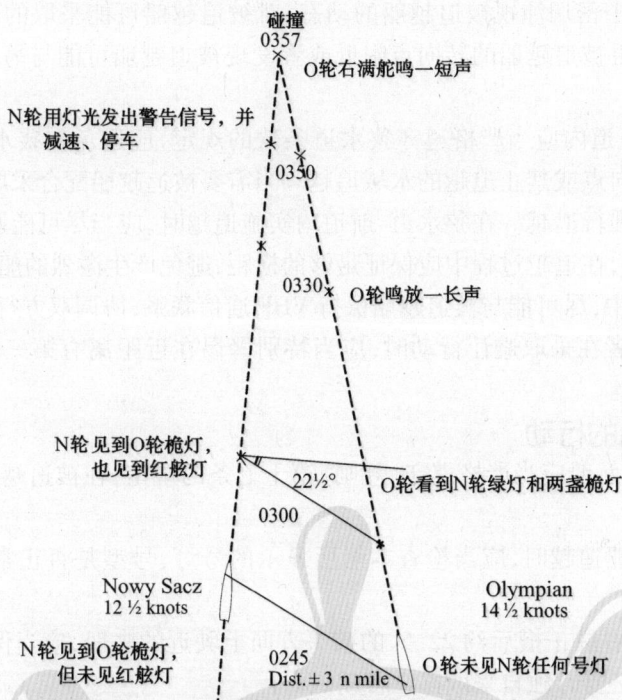

碰撞
0357
O轮右满舵鸣一短声

N轮用灯光发出警告信号,并
减速、停车
0350

0330
O轮鸣放一长声

N轮 见到O轮桅灯,
也见到红舷灯
22½°
O轮看到N轮绿灯和两盏桅灯
0300

Nowy Sacz
12 ½ knots
Olympian
14 ½ knots

N轮见到O轮桅灯,
但未见红舷灯
0245
Dist. ± 3 n mile
O轮未见N轮任何号灯

图 12-2-4　"奥林匹克"轮与"瑞威·沙克兹"轮碰撞案

或者主机、舵机等发生故障而处于失控状态,均不免除其让路的责任和义务。此外,在追越中应当注意如下事项:

(1)在追越时,应当保持足够的横距。

(2)当与被追越船航向会聚时,追越船应适当地改变航向,先从被追越船的船尾驶过,如图 12-2-5 所示。

(3)当追越船追过前船后,不应当立即横越他船船首,而应当确实驶过让清他船后再横越他船船首。如图 12-2-6 所示。

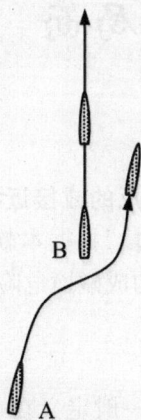

图 12-2-5　航向会聚时的追越

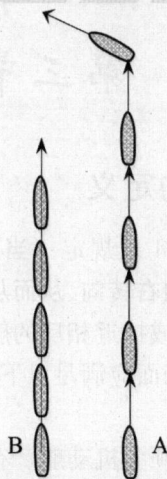

图 12-2-6　追越后的转向

（4）在追越过程中密切注视被追越船的动态,对被追越船可能采取的不利行动予以高度戒备,尤其是当临近被追越船的转向点附近或者发现被追越船可能与另一艘船舶致有碰撞危险时。

（5）在狭水道、航道内应当严格遵守狭水道条款的规定,应避免在狭水道的弯头地段、通航密集区、习惯转向点或禁止追越的水域追越。当需要被追越船配合采取行动时,应当鸣放相应的声号,禁止强行追越。在狭水道、航道内实施追越时,应当尽可能避免航向交叉,而应当尽可能并行追越,在追越过程中应保证足够的横距,避免产生激烈的船间效应。

（6）在追越过程中,尽可能与被追越船保持 VHF 通信联系,协调双方行动。

（7）在追越中或者在采取避让行动时,应当特别警惕在近距离有第三船逼近而造成新的紧迫局面的可能性。

(三)被追越船的行动

被追越船作为直航船应当严格遵守《规则》第十七条的规定,在被追越的过程中应当注意如下事项:

（1）当发现有他船追越时,应当检查本船所显示的号灯、号型是否正常,尤其是本船尾灯是否正常显示。

（2）针对从本船右舷正横后约 22.5°的某一方向上驶近的来船,应当保持高度的戒备,运用良好的船艺,在必要时独自采取操纵行动。

（3）被追越船应密切注视追越船的行动和追越的方式,对可能发生的意外情况,例如船舶失控、激烈的船间效应、激烈的岸壁效应、第三船出现等,做好随时操纵的准备。

（4）在狭水道或航道内,如果同意追越,则应鸣放声号明确表示,并采取让出航道、降低船速等措施,并在整个被追越过程中,充分注意船间效应、浅水效应、岸壁效应的影响;如果不同意追越,则应向企图追越的船立即发出怀疑或警告声号。

（5）被追越船在到达预定转向点附近准备转向时,或者在避让第三船时,应当充分注意到其行动是否可能与追越船的避让行动相冲突。

（6）在被追越过程中,尽可能与追越船保持 VHF 通信联系,协调双方行动。

第三节　对遇局面

一、对遇局面的定义

《规则》第十四条第 1 款规定:"**当两艘机动船在相反的或接近相反的航向上相遇致有构成碰撞危险时,各应向右转向,从而从他船的左舷驶过。**"根据本款的规定,"对遇局面"是指两艘机动船在相反的或接近相反的航向上相遇致有构成碰撞危险的局面。除需满足互见这一条件外,构成对遇局面应满足以下三个要件:

(一)两艘机动船

即相遇的两船均必须为机动船。有关"机动船"的一般定义在《规则》第三条中已经给出。但根据《规则》第十八条的规定,机动船在航时应当给失去控制的船舶、操纵能力受到限制的船舶和从事捕鱼的船舶让路,而不论失去控制的船舶、操纵能力受到限制的船舶和从事捕鱼的船舶是否用机器推进。因此,本条所指的"机动船"是指除"失去控制的船舶""操纵能力受到限制的船舶"和"从事捕鱼的船舶"之外的用机器推进的船舶,而限于吃水的船舶仍然属于本条所指的"机动船"的范畴。因此,机动船与上述失去控制的船舶、操纵能力受到限制的船舶和从事捕鱼的船舶等三种船舶构成"对遇"的态势时,或者上述三种船舶之间构成"对遇"的态势时,并不构成本条所指的"对遇局面"。

(二)航向相反或接近相反

"Meeting on reciprocal or nearly reciprocal courses"被译为"在相反或接近相反的航向上相遇",而从英文的本意看,"reciprocal courses"包含两层意思,一是指两个航向相反(相差180°),二是指两航向线处于一种相反且重叠的状态。因此,"航向相反"是指两船船首向相差180°,且一船位于另一船航向线的前方。"航向接近相反"通常是指两船的交叉角为6°左右或半个罗经点,且一船位于另一船船首左右各6°或半个罗经点的范围内,如图 12-3-1 所示。例如,A 船航向 180°,B 船航向位于 006°～354°范围内,且 B 船位于 A 船船首左右各约6°的范围内,即可认为是两船"航向接近相反"。

6°

图 12-3-1 对遇两船之间的航向关系

此外,本条所指的航向通常是指船舶的船首向,而不是船舶的航迹向。

(三)致有构成碰撞危险

致有构成碰撞危险是构成对遇局面的一个重要条件。关于碰撞危险的含义在《规则》第七条中已作了解释,在对遇局面中,判断碰撞危险时应侧重考虑两船之间的横距和两船间的距离。两船之间的横距可用两船间的最小会遇距离(DCPA)来表征。在大海上,若两船间 DCPA 小于等于 1 n mile,则说明两船间的横距不宽裕,存在着碰撞的可能,在某些情况下0.5 n mile 的安全会遇距离也是可以接受的。当 DCPA 大于 1 n mile 时,则可以认为不存在碰撞危险,但是两艘大型船舶之间的横距要求更大一些。在 DCPA 小于等于 1 n mile 而存在碰撞可能的情况下,两船之间的距离实际上决定到达最小会遇距离处的时间(TCPA)的大小,通常认为,当一船可以用视觉看到他船桅灯时,对遇局面开始适用。对于 $L \geqslant 50$ m 的机动船而言,其最小的法定能见距离为 6 n mile,因此,可以认为两船相距 6 n mile 时,对遇局面开始适用。而对于 $L < 50$ m 的机动船而言,该距离可以根据其装设的桅灯的最小法定能见距离予以适当的考虑。

二、对遇局面的判断

《规则》第十四条第 2 款规定:"当一船看见他船在正前方或接近正前方,在夜间能看见他船的前后桅灯成一直线或接近一直线和(或)两盏舷灯;在白天能看到他船的上述相应形态时,则应认为存在这样的局面。"第 3 款规定:"当一船对是否存在这样的局面有任何怀疑时,该船应假定确实存在这种局面,并应采取相应的行动。"根据上述两款的规定和对遇局面的构成条件,在实践中,通常可采用下列方法来判断是否构成对遇局面。

(一)根据两船之间的相互位置予以判断

当两艘机动船相互位于各自的正前方或接近正前方,以相反的航向或者接近相反的航向相互逼近时,即可认为对遇局面正在形成。如图 12-3-1 所示。

所谓"正前方"是指一船位于另一船舶船首向的延长线上。所谓"接近正前方"通常是指一船位于另一船船首向左右各 6°(或各 5°或各半个罗经点)范围内。之所以取左右各 6°,主要是基于:

(1)根据号灯的技术细节,两盏舷灯的水平光弧在朝船首方向上分别向另一舷侧延伸 1°~3°才切实断光,因此,在本船正前方左右各 3°的范围内,他船均可以同时看到本船的两盏舷灯。

(2)考虑到船舶操舵不稳,以及风、流和波浪的影响,都可能导致船舶首摇而出现船首左右摇摆的现象。

(二)根据见到他船显示的号灯或者相应的形态予以判断

在两机动船各自位于他船正前方或者接近正前方的前提下,在夜间,如果发现他船的两盏桅灯成一直线或者接近一直线和两盏舷灯,则两船构成对遇局面。对于 $L \leqslant 50$ m 的船舶有可能只显示一盏桅灯,此时,则可以根据同时发现他船的两盏舷灯来判断对遇局面。如图 12-3-2 所示。在白天,两机动船看到他船的上述相应形态,即当来船位于本船的正前方或者接近正前方,见到他船的前后桅杆成一直线或接近一直线,或者看到他船的驾驶台正面对着或者接近正面对着本船,即可判断两船将形成对遇局面。

(三)当对是否构成对遇局面有任何怀疑时应当假定存在对遇局面

根据《规则》第十四条第 3 款规定,当一船对是否存在对遇局面有任何怀疑时,该船应假定确实存在对遇局面,并按《规则》要求采取相应的行动。对是否属于对遇局面容易产生怀疑的情况,通常有以下几种情况。

1. 对他船是否位于本船的正前方或接近正前方有怀疑

例如,对正前方附近小角度方向上的他船,是属于构成对遇局面还是交叉相遇局面难以断定时。特别是当他船位于本船左舷小角度方向上时,切忌将本船作为小角度交叉相遇局面中的直航船。

2. 对两船是否为航向相反或者接近相反有怀疑

(1)在正前方或接近正前方发现他船的两盏桅灯,但对两盏桅灯是否属于接近一直线

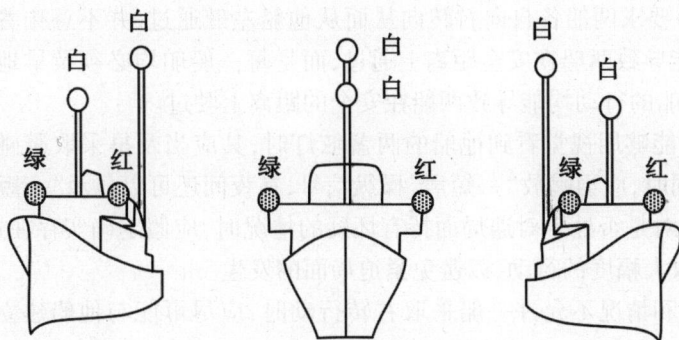

图 12-3-2　见到对遇船的形态

难以断定;

(2)在正前方或接近正前方只发现他船的一盏白灯,难以断定该灯是桅灯还是尾灯;

(3)在正前方或接近正前方时而看到他船的红灯,时而看到他船的绿灯;

(4)在白天,对看到的他船的前后桅杆是否接近一直线,或者看到他船的驾驶台是否正面对着或者接近正面对着本船有怀疑时。

3.对两船是否致有构成碰撞危险难以断定

对两船是否致有构成碰撞危险难以断定时,特别是当两船以较小的 DCPA 右舷对右舷对驶时,切忌假定不存在碰撞危险。

4.对他船是否属于机动船有怀疑

对位于本船正前方或接近正前方且航向相反或接近相反的他船是否属于本条所指的机动船难以断定时。

三、对遇局面中的避让行动

(一)对遇局面的特点

对遇局面中由于两船航向相反或接近相反,因此两船的相对速度快,可供判断考虑以及采取避让行动的时间短。因此,要求处于对遇局面中的船舶必须对局面做出迅速、准确的判断,并及早地采取大幅度的行动。

(二)船舶的避碰责任

根据《规则》第十四条第 1 款的规定,对遇局面中的两船,应当各自向右转向,从而从他船的左舷驶过。可见,在对遇局面中,两船负有采取相同的避碰行动的责任和义务,而不存在让路船和直航船的关系,也不存在互为让路船的关系。

(三)对遇局面中的避让行动

根据对遇局面的特点和《规则》的要求,对遇局面中的每一船舶应当各自向右转向,从而从他船的左舷驶过。每一船舶在采取行动时,必须充分考虑《规则》第八条的要求,及早地采取大幅度的避碰行动,宽裕地让清他船,并且应当按照《规则》的要求,在采取行动时,鸣放相应的操纵和警告信号。

(四)对遇局面中采取避让行动的注意事项

在对遇局面中,采取避让行动应当充分注意到以下各点:

（1）《规则》要求两船各自向右转向从而从他船左舷通过，并不意味着两船所采取的行动的综合效果能导致两船在安全距离上通过，而是每一船舶均必须及早地采取大幅度的右转行动，且每一船的行动均能导致两船在安全的距离上驶过。

（2）当一船能够用视觉看到他船的两盏舷灯时，其应当及早采取避碰行动。在采取向右转向行动的同时，应当鸣放"一短声"操纵信号，在夜间还可以显示"一短闪"予以补充。

（3）当发生对是否处于对遇局面持有怀疑的情况时，应假定确实存在这种局面，并应在更早的时刻采取大幅度的行动，以避免紧迫局面的发生。

（4）当环境和情况不允许一船采取右转行动时，应尽可能与他船建立 VHF 通信，协调两船行动；在采取行动时，其时机应当更早、其行动的幅度应当更大。另一船要对他船可能采取的其他行动保持高度的戒备，以防止两船行动的不协调。

（5）限于吃水的船舶与其他船舶构成对遇局面时，应当充分注意到本船偏离所驶航向能力受到限制，谨慎驾驶，并把机器做好随时操纵的准备；而另一船应当充分注意到限于吃水船舶的特殊性，及早采取大幅度的避碰行动。

（6）当两艘从事捕鱼的船舶，或两艘操纵能力受到限制的船舶，或者一艘操纵能力受到限制的船舶与一艘失去控制的船舶，形成对遇态势时，虽然本条规定不适用，但各自向右转向的规定被认为是适用于这些特殊情况的。

（7）在危险对遇中，避让的时机应当更早，避让的幅度应当更大，以便他船及早了解本船的意图和行动，以避免两船行动产生不协调。

四、危险对遇

当两船处于右舷对右舷通过且 DCPA 不安全的对驶态势下，两船最容易采取不协调的行动而发生碰撞，因而常常被称为"危险对遇"。分析"危险对遇"容易发生碰撞的原因可知，主要是两船对当时的局面有可能存在不同的理解。一船认为是两船存在碰撞危险而构成"对遇局面"，因而按照《规则》的要求采取向右转向的行动，另一船可能未保持正规瞭望，发现来船太晚，以至于惊慌失措，采取了不协调的行动；或者对对遇局面的特点认识不足，未能及早采取大幅度的行动；或者虽然其认为两船构成碰撞危险，但其为节约航程或者避免大角度转向而采取向左转向以扩大两船的会遇距离。其结果是很可能由于两船的行动不协调而导致碰撞。

碰撞事故统计表明，两船在对遇、对驶或小角度交叉相遇过程中，以两船构成"危险对遇"态势或类似的态势的情况下，最容易发生碰撞事故。

例如，在"海星（Sea Star）"轮（以下简称 S 轮）与"霍塔巴播撒（Horta Barbosa）"轮（以下简称 H 轮）碰撞案中①，如图 12-3-3 所示，碰撞发生时，天气晴朗，能见度良好。碰撞发生前，两船都在相当远的距离上看到了他船的桅灯，并在相距 8 n mile 时用肉眼或望远镜获知他船的航向。当时两船的航向接近相反，相差 2°～3°。在 0345 时，即碰撞前 15 min 时，S 轮位于 H 轮的右舷 30°，距离 3～4 n mile 处。此时，H 轮二副认为两船将以横距 1 n mile 安全驶过而离开驾驶台。而 S 却认为两船构成碰撞危险而采取了向右转向的措施，最终发生碰撞。而实际上，通过事故后的调查得知，两船如保速保向，两船将以 0.75～1 n mile 右舷对

① ［1976］1 Lloyd's Rep. 115；［1976］2 Lloyd's Rep. 477，CA.

右舷通过。本案是一个典型的本可以右舷对右舷安全通过,而最后由于错误判断而造成的碰撞事故。在该案的审理中,法庭判决"海星"轮承担75%的碰撞责任,而"霍塔巴播撒"轮承担25%的责任。

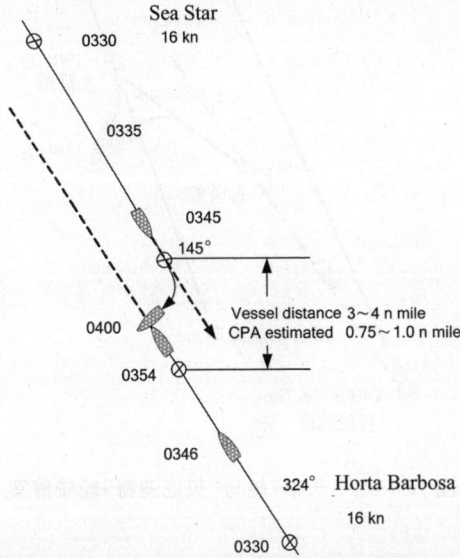

图 12-3-3 "海星"轮与"霍塔巴播撒"轮碰撞案

又如,1994 年 8 月 27 日"长亭"轮与"贝尼迪特(Lady Benedikte)"轮碰撞案[1],如图 12-3-4 所示,当时能见度良好、天气良好、海面宽阔。"长亭"轮航向 216°,航速 14.1 kn,"贝尼迪特"轮航向 040°,航速 15.7 kn。"长亭"轮认为两船可以以 1 n mile 的最小会遇距离右舷对右舷对驶通过(事后认定如两船保向保速可以以 0.7 n mile 的最小会遇距离右舷对右舷通过),而"贝尼迪特"轮认为两船构成对遇局面,在碰撞前 10 min 两船相距约 4 n mile时,用自动舵将航向由 040° 改为 060°。"长亭"轮并没有及时发现该轮的这种右转,直到碰撞前 3 min 两船相距约 1.26 n mile 时,才认为有碰撞危险,因其驾驶员原来就认为两船将右舷对右舷通过,在慌乱之中下令用左满舵,最后因两船的行动不协调而发生碰撞。该碰撞事故中,除双方均存在瞭望疏忽外,"贝尼迪特"轮错误判断两船构成对遇局面,并且在采取行动时未考虑自动舵转向较慢的性能限制,采用自动舵转向 20°,致使转向至 060° 航向时,两船已经相距约 2.7 n mile,该一连串的小转向不容易被"长亭"轮所察觉。这些疏忽是该次碰撞事故的主要原因。航海专家在对该碰撞事故的碰撞责任比例做出认定时,认定"长亭"轮承担 30% 的碰撞责任,而"贝尼迪特"轮承担 70% 的碰撞责任。

为了避免在危险对遇中由于两船避碰行动的不协调而发生碰撞,一方面两船应当尽可能用 VHF 进行沟通,协调两船的行动;另一方面,在采取避碰行动时,应当做到其行动是及早的、大幅度的,以便他船能够及早地察觉到本船的行动,避免采取不协调的行动。

---

① The case was held by Tianjin Maritime Court in 1993.

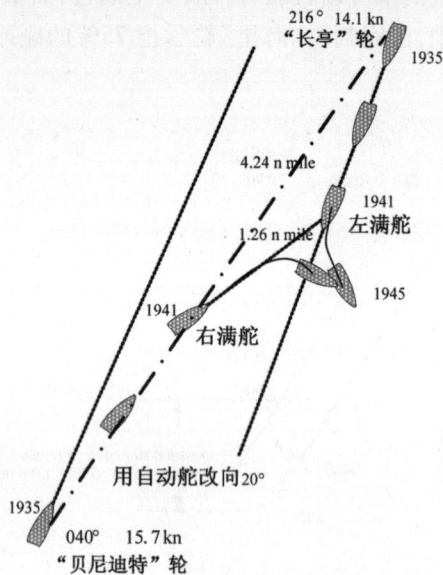

图 12-3-4 "长亭"轮与"贝尼迪特"轮碰撞案

第四节 交叉相遇局面

一、交叉相遇局面的定义

《规则》第十五条(交叉相遇局面)规定:"当两艘机动船交叉相遇致有构成碰撞危险时,有他船在本船右舷的船舶应给他船让路,如当时环境许可,还应避免横越他船的前方。"根据本条以及《规则》第十三条和第十四条的规定,"交叉相遇局面"是指两艘机动船交叉相遇致有构成碰撞危险的局面。除满足互见这一条件外,构成对遇局面应满足以下三个要件。

(一)两艘机动船

相遇的两船必须均为机动船,本条所指的"机动船"的含义与对遇局面中的"机动船"的含义相同,即本条所指的"机动船"是指除"操纵能力受到限制的船舶""失去控制的船舶"和"从事捕鱼的船舶"之外的用机器推进的船舶,而限于吃水的船舶仍然属于本条所指的"机动船"的范畴。

(二)交叉相遇

"交叉相遇"是指两船的船首向交叉,即指船首向交叉大于6°舷角(左与右),但小于112.5°舷角(左与右),即除追越和对遇局面以外的两船航向或者船首向交叉的情况,如图12-4-1所示。

在交叉相遇局面中,海员根据以往的习惯做法和船舶避让的特点,根据交叉相遇中两船航向或者船首向交角把"交叉相遇"分成小角度交叉、垂直交叉和大角度交叉三种情况。若一船的航向与另一船航向的反方向的夹角 φ 为锐角,则为小角度交叉;若夹角 φ 为直角,则为垂直交叉;若夹角 φ 为钝角,则为大角度交叉。如图12-4-2所示。

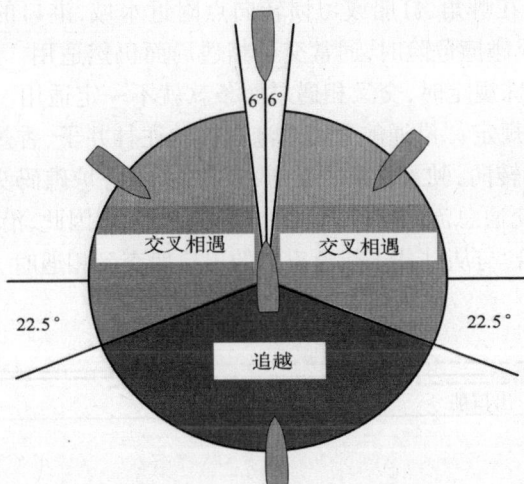

图 12-4-1　三种会遇局面的方位关系

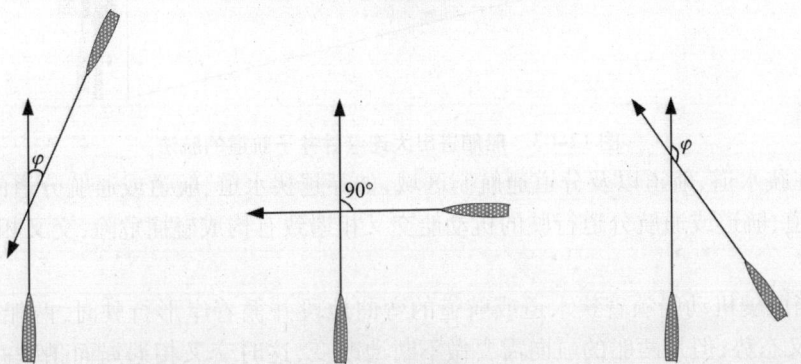

图 12-4-2　交叉局面的三种情况

（三）致有构成碰撞危险

致有构成碰撞危险是构成对遇局面的一个重要条件。关于碰撞危险的含义在《规则》第七条中已作了解释。在交叉相遇局面开始适用的距离上,与对遇局面相同,通常认为,当一船可以用视觉看到他船桅灯时,对遇局面开始适用。对于 $L \geqslant 50$ m 的机动船而言,其最小的法定能见距离为 6 n mile,因此,可以认为两船相距 6 n mile 时,交叉相遇局面开始适用。而对于 $L < 50$ m 的机动船而言,该距离可以根据其装设的桅灯的最小法定能见距离予以适当的考虑。

二、交叉相遇局面的判断

对交叉相遇局面的判断,应当根据是否满足前述交叉相遇局面的构成要件做出判断。在判断和适用交叉相遇局面条款时,应注意以下几点。

（1）由于在交叉相遇局面中,一船应给另一船让路,为了使让路船能够承担让清直航船的义务,让路船必须能够了解直航船的位置、动态以及是否稳定在某一航向和某一航速上。所以必须以将被定为直航船的船舶的航向是持久的、稳定的并能被他船所理解作为前提条件。

（2）当两艘机动船在岬角、灯船或习惯转向点附近水域,港口的进出口处,江河的交叉口处交叉相遇致有构成碰撞危险时,通常交叉相遇局面仍然适用。但在上述转向点附近航行时,如地方规则有特殊规定时,交叉相遇局面条款就不一定适用。例如《大连港大三山水道通航分隔制》第八条规定:"沿通航分道进港直接驶往甘井子、香炉礁码头的船舶,沿交通总流向驶近 H2 灯浮时转向,驶入甘井子航道;离甘井子、香炉礁码头出港的船舶,亦应在驶近 H2 灯浮时转向,沿交通总流向出港。"如图 12-4-3 所示。因此,沿大三山分道通航制相应通航分道航行的进口船,与从甘井子航道出口的出口船交叉相遇时,交叉相遇局面条款并不适用。

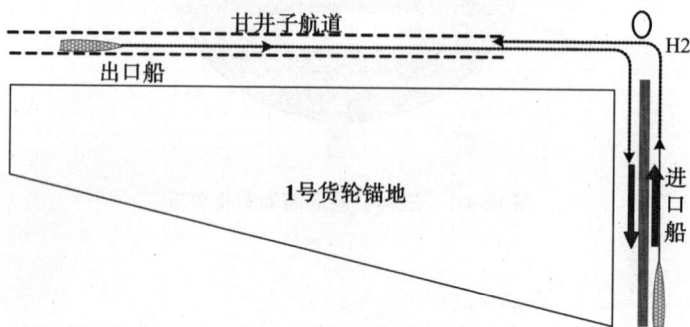

图 12-4-3　船舶进出大连港甘井子航道的航法

（3）在狭水道、航道以及分道通航制区域,如穿越狭水道、航道或通航分道的机动船,与顺着狭水道、航道或通航分道行驶的机动船交叉相遇致有构成碰撞危险,交叉相遇局面仍然适用。

（4）当两艘机动船顺着狭水道或航道的弯曲地段并循着岸形行驶时,两船的船首向始终处于交叉态势,但是两船的航向需要做不断地改变,这时交叉相遇局面条款并不适用,而应适用狭水道条款。

（5）交叉相遇条款仅适用于两机动船,当三艘或以上的机动船同时交叉相遇时,本条规定将不适用。

（6）当一船对两船是否构成小角度交叉相遇局面还是对遇局面有怀疑时,应当假定存在对遇局面,并按《规则》第十四条的要求采取相应的行动。

（7）当一船对本船右舷正横后的来船是否在追越本船还是与本船构成对大角度交叉相遇局面有怀疑时,应当对他船的行动保持高度的戒备,切忌盲目地将本船作为追越中的被追越船而始终保向保速,并且在采取行动时,应当充分注意良好船艺的要求,避免本船所采取的行动与他船可能采取的行动产生不协调。

（8）当一艘机动船向后运动以致与另一艘机动船交叉相遇,致有构成碰撞危险的情况,应当作为特殊情况处理,而不应当适用交叉相遇局面条款。

（9）限于吃水的船舶、执行引航任务的机动船、从事普通拖带作业的机动船,当与另一艘机动船交叉相遇致有构成碰撞危险时,仍然应当执行交叉相遇局面条款。除从事拖带作业的船舶构成"操纵能力受到限制的船舶"外,该拖船和被拖船应当视为一个整体,作为一艘机动船执行交叉相遇局面条款。

三、交叉相遇局面中的避让责任

根据《规则》第十五条的规定,在交叉相遇局面中,当有他船位于本船右舷时,本船应给他船让路,本船是让路船,他船是直航船;当有他船位于本船左舷时,本船是直航船,他船应给本船让路。在夜间,当两船交叉相遇时,让路船只能看到直航船的红色舷灯,看不到其绿色舷灯,直航船只能看到让路船的绿色舷灯,看不到其红色舷灯。因此,海员通常称之为"让红不让绿",即看到他船红舷灯的船为让路船;看到他船绿舷灯的船为直航船。

四、交叉局面中的行动

(一)让路船的行动

交叉相遇局面中的让路船在给他船让路时,除应当遵守《规则》第八条、第十六条的规定外,《规则》第十五条还对其避让行动做出了特殊的规定,即在采取让路行动时,应当避免横越他船的前方。根据该项要求,让路船在采取避让行动时要做到不横越他船的前方,其可以向右转向,或者向左转向,或者采取减速措施等。根据海上避让实践和两船所构成的不同交叉会遇态势,通常采用如下避让方法:

(1)通常情况下应采取向右转向的行动,从而从他船的船尾通过。海员通常的做法是让路船采取向右转向的行动,使得本船船首对着他船的船尾后,保持该航向,直到最后驶过让清,再恢复原航向。

(2)避让小角度交叉船时,由于相对速度高,两船接近快,应采取向右转向的行动,并使得他船能够见到本船的红舷灯,使本船从他船船尾后方驶过,如图12-4-4所示。采用向右转向并从他船船尾驶过,通常被认为是避让小角度交叉相遇局面船舶的最好方法;若当时的环境不允许让路船采取大幅度向右转向的行动,例如在其右舷有他船或者存在其他有碍航行的障碍物,则让路船可以采取减速、停车等措施,直至直航船驶过以后,再恢复原航速。在小角度交叉相遇局面中,让路船应当尽量避免左转,以避免与直航船可能采取的行动不协调。

(3)避让垂直交叉船既可采用上述避让小角度交叉船的方法,采取向右转向从他船的船尾通过;也可以采取减速、停车的方法避让,让他船先行通过,如图12-4-5所示。

(4)避让大角度交叉船时,不宜在较近距离内右转,通常可适当左转或者减速让他船先行通过,必要时本船可以左转一圈,如图12-4-6所示。

(二)直航船的行动

直航船在会遇的过程中,首要的义务是保向保速,其行动应当严格遵守《规则》第十七条的规定。详见本章第六节。

(三)交叉相遇时发生碰撞的原因

交叉相遇局面发生碰撞事故的主要原因有如下几点。

(1)相遇两船未保持正规瞭望,特别是让路船疏忽瞭望,以致形成紧迫局面,最后导致碰撞事故发生;

(2)让路船没有及时及早采取大幅度的行动,宽裕地让清他船;

(3)会遇双方误将小角度交叉判断为对遇局面,又互相观望,错失避碰良机;

(4)直航船一味强调直航,不顾《规则》其他要求,待紧迫局面形成时,违背《规则》采取

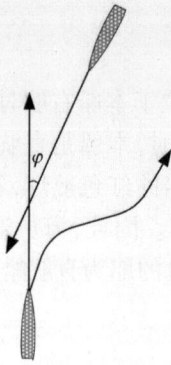

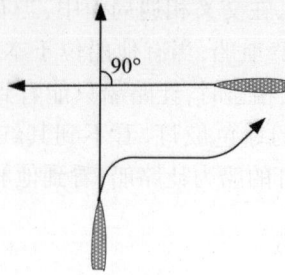

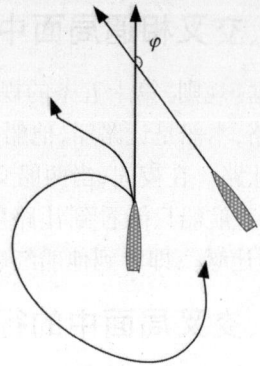

图 12-4-4 避让小角度交叉船　　图 12-4-5 避让垂直交叉船　　图 12-4-6 避让大角度交叉船

向左转向的行动,导致两船行动不协调而发生碰撞事故。

例如,"易迅"轮和"延安"轮的碰撞案,如图 12-4-7 所示,1989 年 7 月 10 日 1400,本案两船航行经过的海域,天气阴,多云,东南风 3 ~ 5 级,能见距离约 10 n mile,海面轻浪,流向 180°,流速 1.5 kn。"易迅"轮船长 79.26 m,事故发生时载货 2519.86 t,自天津新港驶往目的港香港。7 月 10 日 1200,该轮卫星导航船位为 34°46′N,123°05′E,以真航向 178°,约 9.5 kn航速航行。当日 1341—1355,该轮值班驾驶员发现本船右舷有向东航行的"延安"轮,方位约080°,距离 4 ~ 6 n mile。1405,距离缩小至 1 n mile 左右,"易迅"轮仍未主动采取避让行动。直至 1407—1408,两船间的距离缩小至 0.5 ~ 0.6 n mile,碰撞紧迫局面已形成,才将自动操舵改为人工操舵,在未与"延安"轮联系的情况下,采取了右舵 10°,紧接着再向右 10°,约用右舵 1 min 后,便开始回舵,仅以小角度右舵避让航行,直至 1408 发生碰撞,未曾改变过航速。"延安"轮船长 135.06 m,事故发生时载货 11571 t,自连云港往目的港日本的黑崎港。该轮 7 月 10 日 1200,船位 34°28′N,122°32′E,以真航向 103°,约 12.5 kn 航速航行。1340,"延安"轮发现本船左舷向南行驶的"易迅"轮,方位约 040°,继续原向原速航行。1408,"延安"轮的船首部碰撞"易迅"轮左舷船尾机舱部位。碰撞地点为 34°22′N,123°02′E。碰撞造成"易迅"轮机舱和住舱进水迅速沉没,"延安"轮首部和左舷船尾及右舷中部船体受损。

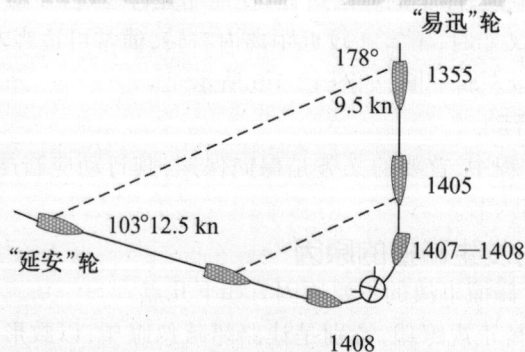

图 12-4-7　"易迅"轮和"延安"轮碰撞案

经青岛海事法院审理,认为该案为能见度良好时发生的碰撞,两船处于互见中,航向交叉,且构成碰撞危险,故两船构成交叉相遇局面。"易迅"轮为让路船,而"延安"轮为直航船。"易迅"轮自两船互见至发生碰撞,未能保持正规瞭望,未对两船是否存在碰撞危险做出充分的估计,也未能及早采取让路的行动,在紧迫局面形成之际,又未能采取停车、倒车的避碰措施,仅以小角度转向避让,从而导致碰撞的发生,其应对碰撞承担主要责任。"延安"轮作为交叉相遇局面中的直航船,疏忽瞭望,在发现让路船显然未遵照《规则》采取让路行动时,仍消极等待,在两船逼近到形成紧迫危险时,也没有采取最有助于避碰的行动,应对碰撞承担次要责任。最后,法院认定"易迅"轮承担 60% 的责任,而"延安"轮承担 40% 的责任。

第五节 让路船与直航船的行动

一、让路船与直航船的含义

(一)让路船的含义和种类

1. 让路船的含义

让路船与直航船是相对而言的,即按《规则》规定应给他船让路的船舶即为让路船,而另一船即为直航船。也就是说,当会遇两船中的一船为直航船时,另一船必定是让路船。在理解"让路船"的含义时,应注意到,《规则》规定的"不应妨碍他船的船舶"不是让路船;对遇局面中的两船、能见度不良时不在互见中相遇的两船既不存在让路船与直航船,也不能称之为"互为让路船"。

2. 让路船的种类

根据《规则》的规定,让路船主要有以下几类:

(1)《规则》在第十二条中不同舷受风时的左舷受风的帆船或者同舷受风时处于上风的帆船,或者处于上风而不知下风船为何舷受风的帆船;

(2)《规则》第十三条中的追越船;

(3)《规则》第十五条中有他船在本船右舷的机动船;

(4)《规则》第十八条第1、2、3款中规定的操纵能力较好而须给他船让路的船舶。

(二)直航船的含义和种类

1. 直航船的含义

"直航船"是会遇两船避让关系中与"让路船"相对应的一个概念,即"被让路船"。虽然《规则》将被让路船命名为"直航船",但其含义并不是指"始终保持航向和航速的船舶"。直航船的名称源于《规则》要求该类船舶首先应当履行保持航向和航速(简称保向保速)即直航的义务。直航船在两船相遇过程中的不同阶段,负有不同的责任和义务,而不仅仅是保向保速的责任和义务。

2. 直航船的种类

与让路船相对应,根据《规则》的规定,直航船主要有以下几类:

(1)《规则》在第十二条中不同舷受风时的右舷受风的帆船或者同舷受风时处于下风的帆船;

（2）《规则》第十三条中的被追越船；

（3）《规则》第十五条中有他船在本船左舷的机动船；

（4）《规则》第十八条第1、2、3款中规定的操纵能力较差的被让路船。

二、让路船的行动

《规则》第十六条规定："**须给他船让路的船舶，应尽可能及早地采取大幅度的行动，宽裕地让清他船。**"其对让路船的行动要求可归纳为"早、大、宽、清"4个字。"早"是对采取避让行动的时机提出的要求；"大"是对采取避让行动的幅度提出的要求；"宽"是对采取避让行动所应达到的安全距离的要求；"清"是对最后避让结果的要求。其含义与《规则》第八条第1~4款的要求几乎一致。制定本条的目的，是再一次专门强调让路船的责任和义务，并与"直航船的行动"的规定相对应，使《规则》作为法规文件更加严密、完整。避免两船形成紧迫局面是让路船的法定责任。

让路船在采取让路行动时，除应当做到"早、大、宽、清"外，还应当遵守《规则》其他条款的规定。例如，对于交叉相遇局面中的让路船，在采取行动时，如果当时环境许可，还应避免横越他船前方。

三、直航船的行动

根据《规则》第十七条的规定，直航船在两船会遇过程中的不同阶段，负有不同的责任和义务，即保持航向和航速、独自采取操纵行动和采取最有助于避碰的行动。

（一）保持航向和航速

1. 保持航向和航速的意义

《规则》第十七条第1款（1）项规定："**两船中的一船应给另一船让路时，另一船应保持航向和航速。**"保持航向和航速是《规则》对直航船提出的一项基本要求，目的在于使让路船准确地掌握其运动状态，对两船的会遇局面做出正确判断，毫不犹豫地采取避让行动。直航船保持航向和航速，既是《规则》赋予直航船的权利，也是其应当履行的责任和义务。

2. 保持航向和航速的适用时间

（1）保持航向和航速的开始时间

保持航向和航速的开始适用时间，通常以有关条款开始适用作为其生效的依据。例如，《规则》在第十二条（帆船）和第十五条（交叉相遇局面）中的直航船，其保持航向和航速的起始时间为两船构成碰撞危险时；《规则》第十三条（追越）中的被追越船的保持航向和航速的起始时间为两船构成追越时；《规则》第十八条（船舶之间的责任）中的直航船，虽然《规则》条文没有明确以两船构成碰撞危险为前提条件，但通常认为有关让路的条款仍然是以两船构成碰撞危险为开始适用让路和直航责任和义务的依据。

（2）保持航向和航速的终止时间

终止保持航向和航速的时间，可以分为三种情况。其一是让路船履行了驶过让清的义务，直航船的保持航向和航速的义务也随即解除；其二是当直航船一经发觉让路船显然没有遵照《规则》采取适当行动时，直航船可以终止保持航向和航速的义务，而独自采取操纵行动时；其三是当直航船发觉不论由于何种原因逼近到单凭让路船的行动已不能避免碰撞时，直航船应当立即终止保持航向和航速,而采取最有助于避碰的行动时。

3. 保持航向和航速的含义

保持航向和航速(简称保向保速)通常是指保持初始的罗经航向和主机转速,但并非一定要保持在同一罗经航向和主机转速上,而应当理解为保持一船在当时从事航海操作所遵循的并为他船所理解的航向和航速。直航船在应保持航向和航速的阶段,如无正当理由而未能履行保向和保速的义务,将被认为是一种违反《规则》的行为。然而,如直航船的改变航向和(或)航速的行为,是航海操纵所必需的,也是能够被他船所理解的,则其行为并非为违反直航船保向保速的行为,这些情况包括:

(1)驶往锚地的过程中准备抛锚而采取减速措施;

(2)到达港口前为了安全进港而减速;

(3)接送引航员所做的航向航速的调整;

(4)由于风浪变大,为防止主机超负荷运转而采取适当地降低转速的措施;

(5)被追越船为留出水域和缩短两船的并航时间所做出的改向和减速;

(6)执行引航任务的船舶由于工作需要而作的航速和航向的改变;

(7)因风流条件的变化和调整风流压差的需要而作的改向等。

以上这些变速和变向的行动应该是能被他船所理解的,也是航海操纵所必需的,所以也不能认为直航船违反了保向保速的义务,而应当被认为是正当的、合理的行为。相反,若直航船在保向保速阶段进行船舶操纵性试验或测定罗经差等操作时而对航速、航向所作的变动,因其操作并不是航海操纵所必需的,这种对其航向、航速所做的变动是违反《规则》的行为。

(二)独自采取操纵行动

1. 直航船可以独自采取操纵行动的时机

《规则》第十七条第 1 款(2)项规定:"当保持航向和航速的船一经发觉规定的让路船显然没有遵照本规则条款采取适当行动时,该船即可独自采取操纵行动,以避免碰撞。"因此,直航船可以独自采取操纵行动的时机为当让路船显然没有遵守《规则》各条的规定采取让路行动时,具体包括以下三种情况:

(1)让路船还没有采取行动,而两船逐步逼近,正在形成紧迫局面;

(2)让路船的行动没有做到"早、大、宽、清"的要求,其行动的效果不能导致两船在安全距离上通过,例如转向的幅度太小、减速的幅度不够等;

(3)让路船违反《规则》规定采取行动,例如交叉相遇局面中的让路船企图强行横越本船的前方。

在避碰实践中,为确定独自采取操纵行动的适当时机,直航船在保向和保速阶段,应密切注视让路船的行动,当发觉两船接近到单凭让路船采取大幅度的行动已不能导致两船在安全的距离上驶过时,即将形成紧迫局面或者紧迫局面正在形成时,直航船就可以独自采取行动。通常认为,在海上形成紧迫局面的两船距离为 2 ~ 3 n mile。

2. 直航船独自采取的行动

《规则》对直航船独自采取操纵行动的要求是"可以(may)",而不是"应(shall)",因此,可以表明直航船独自采取操纵行动并不是强制性的,而是授权性的。并且,即使是直航船独自采取了操纵行动,让路船的让路义务并不解除。为了促使让路船立即采取避让行动,在直航船独自采取操纵行动前,应当鸣放相应的警告信号,引起让路船的注意,并在采取行动时,应当充分注意到其独自采取的避碰行动尽可能与让路船可能采取的行动协调一致。为此,直航船在独自采取操纵行动时,应当注意如下几点。

(1)在采取行动之前,应鸣放至少5声短而急的声号,并可以用5次短而急的闪光信号予以补充,以表示无法理解他船的意图和行动、怀疑他船是否采取足够的避让行动;还可以通过 VHF 呼叫他船,争取与他船建立通信联系。

(2)严密注视他船进一步的动态,并做好随时操纵的准备,如改用手操舵、命令主机备车,必要时请船长上驾驶台。

(3)在独自采取行动时,其行动应当是大幅度的并尽可能迅速完成,如转向,其幅度应当至少30°;如采用减速,可先停车然后再微速前进;同时在采取操纵行动的同时,应鸣放相应的操纵声号和/或显示操纵号灯。

(4)《规则》第十七条第3款规定:"**在交叉相遇的局面下,机动船按照本条1款(2)项采取行动以避免与另一艘机动船碰撞时,如当时环境许可,不应对在本船左舷的船采取向左转向。**"这是对交叉相遇局面中的直航船的行动做出的特别规定。该款的目的是考虑到让路船在多数情况下都是采取向右转向的行动,为防止两船行动不协调,故直航船不应向左转向,这是对在交叉相遇中的直航船提出特殊要求,必须严格遵守。如果由于直航船的左转导致碰撞事故发生,直航船将被指控犯有严重过失。

(5)为避免与让路船的行动不协调,通常情况下,直航船宜采取背着他船转向的行动,在转向时要充分注意到他船穿越船头的情况;对于不同的会遇态势,背着他船转向时,还应采取最有利的转向行动。对于左舷小角度方向上的他船,应在较早的时刻进行,如图 12-5-1 所示;对于左舷大角度交叉船、追越船,应采取背着他船转向,使两船航向接近平行,如图 12-5-2 所示。

(6)当直航船背着他船独自采取操纵行动时,还应当充分考虑到当时的环境和情况是否许可,如其行动是否会与第三船形成紧迫局面,或者招致航行的危险等。若是如此,直航船不宜采取该行动,但也应当避免对着让路船转向。此时,直航船应当毫不犹豫地采取大幅度减速措施,必要时把船完全停住。

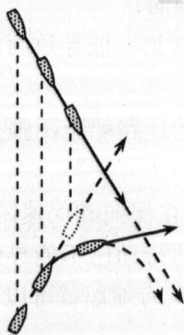

图 12-5-1　避让左舷小角度方向上的他船　　　　图 12-5-2　避让左舷大角度交叉船、追越船

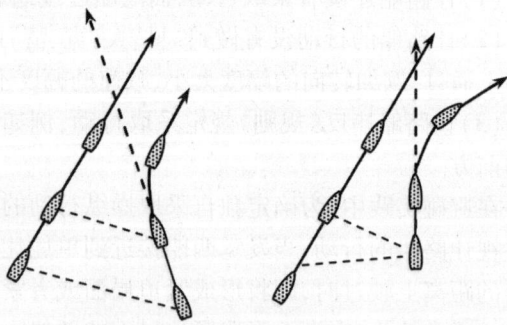

(三)采取最有助于避碰的行动

《规则》第十七条第2款规定:"当规定保持航向和航速的船,发觉本船不论由于何种原

因逼近到单凭让路船的行动不能避免碰撞时,也应采取最有助于避碰的行动。"因此,当两船不论由于何种原因逼近到单凭让路船的行动已经不能避免碰撞时,直航船应终止保向保速,并采取最有助于避碰的行动。

1.采取最有助于避碰行动的时机

当两船接近到单凭让路船的行动已不能避免碰撞时,说明此时紧迫局面已经形成,紧迫危险正在形成。此时,无论是作为让路船还是直航船,均应当立即采取最有助于避碰的行动。究竟两船接近到何种程度,才算构成"单凭让路船的行动已经不能避免碰撞",可以以船舶转向避让的临界距离为基础,并根据船舶的会遇态势、相对速度、船舶的操纵性能、船舶长度等具体情况做出判断。通常认为,以两艘万吨级船舶在开阔的洋面上构成交叉相遇局面为例,直航船应当采取最有助于避碰的行动的时机为两船相距 1 n mile;若为大型或者超大型船舶则为 1.5 n mile。

2.最有助于避碰的行动

根据《规则》的规定和良好船艺的要求,最有助于避碰的行动应当是能够避免碰撞,或者在碰撞不可避免的情况下能够尽量减少碰撞损失的行动,包括转向、停车、倒车、停船等措施。在具体采取最有助于避碰的行动时,如当时环境许可,船舶应当遵守《规则》有关条款的要求去采取相应的行动。当如当时环境不许可,直航船可以背离《规则》采取行动,并运用良好的船艺。

3.直航船采取最有助于避碰的行动,是其一项强制性的义务

与前述直航船"可(may)"独自采取操纵行动不同,当直航船发觉本船不论由于何种原因逼近到单凭让路船的行动不能避免碰撞时,也"应(shall)"采取最有助于避碰的行动,这是《规则》强制性的要求。相应的,如果直航船在发觉单凭让路船的行动不能避免碰撞时,仍然未能采取最有助于避碰的行动,则需要承担相应的责任。

四、直航船的行动并不解除让路船的让路义务

《规则》第十七条第4款规定:"本条并不解除让路船的让路义务。"《规则》允许直航船独自采取避碰行动和应当采取最有助于避碰的行动,完全是一种协调性和弥补性的行动,其根本目的在于减少碰撞事故的发生,而不是解除或减轻让路船的让路义务。作为让路船,绝不可认为有第十七条的规定,就抱有只要直航船独自采取行动碰撞就可避免的想法,而放弃其负有的给直航船让路的责任和义务。《规则》第十七条第4款"本条并不解除让路船的让路义务"这一规定,其目的就是提醒让路船充分认识到这一点。

五、碰撞局面中的四个阶段

为进一步阐述让路船和直航船在会遇过程中的责任和义务,现以互见中两船以不变的方位相互接近致有构成碰撞危险的交叉相遇局面为例,对碰撞局面中的四个阶段进行分析。

(一)碰撞局面中的四个阶段

1.自由行动阶段

在这一阶段,两船在远距离上不存在碰撞危险,《规则》条款尚未开始使用,两船均可以自由采取行动。

2. 让路船及早行动阶段

两船相互驶近致有构成碰撞危险时，让路船应及早采取大幅度的行动，并能导致两船在安全的距离上驶过，此时直航船应保向保速。

3. 直航船可独自采取行动阶段

当让路船显然没有遵守《规则》各条采取适当行动时，按照良好船艺的要求，直航船应鸣放警告声号或警告灯光信号，及时提醒让路船注意；同时，在这种情况下，《规则》准许或授权直航船独自采取行动以避免碰撞。但在交叉局面中，当直航船独自采取操纵行动时，应避免对其左舷的船舶采取向左转向的行动。作为让路船，并不解除其给直航船让路的责任和义务，其应当立即采取大幅度的避让行动。

4. 应采取最有助于避碰的行动阶段

不论何种原因，当两船逼近到单凭一船的行动已经不能避免碰撞时，让路船和直航船均应该采取最有助于避碰的行动。

(二) 各阶段开始适用的两船间距离

各阶段开始时两船间的距离没有固定的标准，它与两船的航向交角、相对速度、船舶的操纵性能、通航密度、天气海况、水域限制等因素有关。图 12-5-3 所示为在海上船舶交叉相遇时，各阶段开始时两船之间的距离的推荐数据，以供参考。

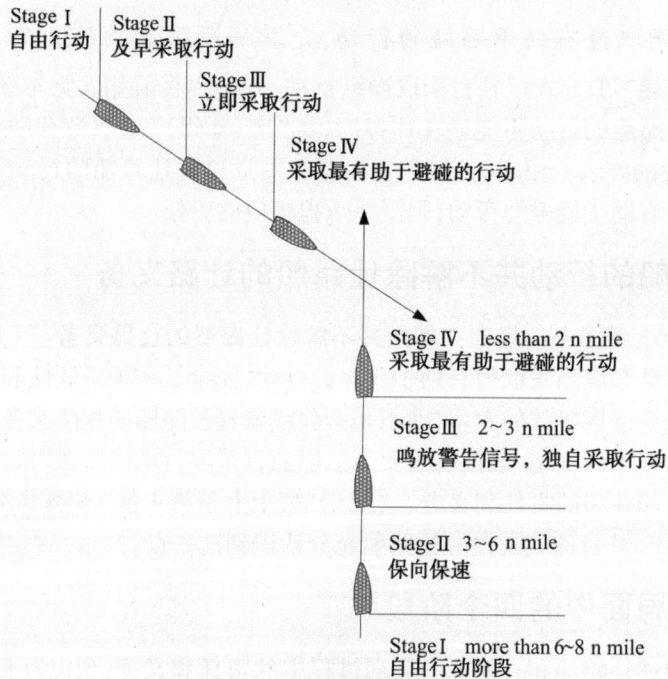

图 12-5-3 碰撞局面中的四个阶段

六、案例分析

2007 年 3 月 17 日 2251，香港籍货船"惠荣"轮（总长 154.48 m，14417 总吨，以下简称 H 轮）从天津驶往泰国曼谷途中，在中国浙江舟山浪岗山列岛海域（概位 30°32.5′N，123°

15.6′E)与中国籍货船"鹏延"轮(总长223.0 m,34886总吨,以下简称P轮)发生碰撞。碰撞造成P轮船首吃水13.2 m处一宽度约1 m、左侧7 m深、右侧4 m深的破口,球鼻首严重破裂;造成H轮第3、4货舱严重破损后进水沉没,29名船员中,9名船员死亡,8名船员失踪。事故海域当时晴天,偏北风4~5级,海浪3~4级,能见度7级,东南流约1 kn。

根据对H轮操舵水手朱某某和其他幸存者的询问,H轮的行动如下:

3月17日2205左右,操舵水手朱某某上驾驶台值班,随后应船长要求,离开驾驶台前往主甲板桅房关门。2215左右,水手朱某某返回驾驶台,站在舵轮处发现左舷有一绿灯船(后证实为P轮),距离约2 n mile,附近没有其他船舶。

2220左右,船长写好夜航命令后离开驾驶台。

2230左右,H轮三副与P轮三副在VHF 16频道进行了通话,相互询问了对方的动态。

2235左右,P轮三副通过VHF 16频道要求H轮左舵10°避碰,H轮三副下令左舵10°转向。当时朱某某曾问三副:"这样转,距离够了吗?"三副没有回答。左舵10° 2~3 min后,P轮又通过VHF 16频道呼叫,要求H轮左满舵避碰,随后H轮左满舵转向。当P轮船首距离H轮很近时,H轮三副用VHF再次呼叫P轮,并告诉P轮其已把定,没有办法了,并要求P轮快向右转向,但P轮没有应答,随后两船就发生了碰撞。

根据P轮相关当事人询问笔录、航海日志及电子海图数据,P轮的行动如下:

3月17日2130,航向179°,速度11.7 kn,船位30°45.6′N,123°19.6′E,改航向为196°航行。

2220,三副在雷达中第一次发现其右后方的H轮,距离0.5 n mile,真方位330°。

2250(实际应为2247),P轮三副发现H轮在其右前方,并用雷达观察获知H轮在其右前方25°,距离约0.3 n mile处。随后,P轮三副用VHF呼叫H轮,并告诉H轮左转,其向右转向过H轮船尾,H轮表示同意。随后,P轮前进一、右满舵。

2252(实际应为2249),P轮三副看到H轮右舷对着其船首,距离不明。

2254(实际应为2251),P轮船首以70°~80°角撞向H轮右舷第三与第四舱间。碰撞时,P轮船位:30°32.5′N,123°15.6′E。

2254(实际时间应为2251),P轮停车,舵仍处于右满舵位置。

经海事调查机关调查认定,双方的事故经过如图12-5-4所示。

3月17日1200,H轮船位32°45′N,123°08′E,航向176°,航速12.9 kn;P轮船位32°35.8′N,123°17.8′E,航向179°,航速11 kn。P轮位于H轮左前方12.3 n mile,横距8.25 n mile,真方位137.9°处。

2130,P轮船位30°45.45′N,123°19.38′E,航向转为196°,H轮推算船位30°47′N,123°13′E,航向约176°,两船相距5.8 n mile。双方构成交叉相遇。

2205,H轮船位30°40.57′N,123°14.14′E,航向171°,航速11.6 kn;P轮船位30°40.82′N,123°18.13′E,航向196°,航速10.9 kn。P轮位于H轮距离3.32 n mile,真方位100.1°处。

2220,H轮船位30°37.85′N,123°14.60′E,航向166°,航速11.4 kn;P轮船位30°37.50′N,123°17.25′E,航向194°,航速10.7 kn。P轮位于H轮距离2.3 n mile,真方位098.6°处。

2236,H轮船位30°34.75′N,123°14.96′E,航向178°,航速11.7 kn;P轮船位

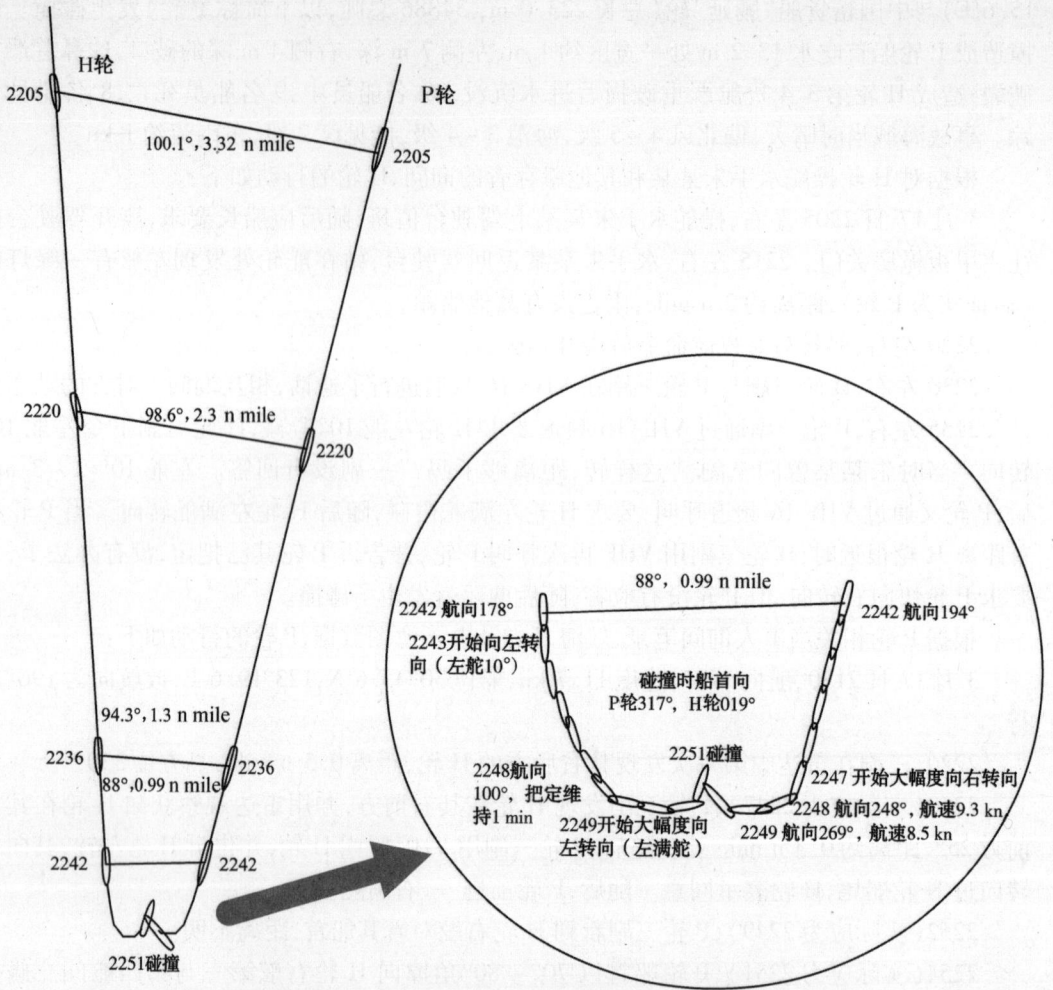

图 12-5-4 "惠荣"轮与"鹏延"轮碰撞示意图

30°34.65′N,123°16.46′E,航向194°,航速11.2 kn。P轮位于H轮距离1.3 n mile,真方位094.3°处。

2242,H轮船位 30°33.52′N,123°15.01′E,航向 178°,航速 11.9 kn;P轮船位 30°33.44′N,123°16.15′E,航向194°,航速11.2 kn。P轮位于H轮距离0.99 n mile,真方位088.8°处。

2243,H轮开始向左转向;2247,航向 147°,航速 11.8 kn;2248,航向 100°把定并维持1 min,航速10.1 kn;2249,航向100°,航速10.1 kn,开始大幅度向左转向;2251,航向019°,航速3.9 kn。

2247,P轮开始向右大幅度转向,2248,航向 248°,航速 9.3 kn;2249,航向 269°,航速8.5 kn;2251,航向317°,航速2.8 kn。

2251,H轮与P轮以70°~80°角发生碰撞,碰撞时P轮船位30°32.50′N,123°15.60′E,碰撞后H轮在2306—2311沉没。

最后,海事调查机关认定双方过失相当。

H 轮的过失：

（1）未能采取适合当时环境和情况下一切有效的手段保持正规瞭望，从而未能对当时局面和碰撞危险做出充分的估计，违反了《规则》第五条的规定。

（2）没有采取适合当时环境和情况的一切有效手段判断碰撞危险，从而未能及早发现双方碰撞危险，违反了《规则》第七条各款规定。

（3）在与 P 轮形成交叉相遇致有碰撞危险时，H 轮作为直航船，不仅没有保向保速，反而在 2243 采取了向左转向行动，并在 2247 盲目采取了左满舵的避碰行动，完全抵消了 P 轮向右转向避碰的行动，违反了《规则》第八条 1 款、第十五条和第十七条第 1 款、第 2 款和第 3 款的规定。

P 轮的过失：

（1）没有运用适合当时环境和情况下一切有效手段保持正规瞭望，从而对当时的局面和碰撞危险做出充分的估计，违反了《规则》第五条的规定。

（2）没有采取适合当时环境和情况的一切有效手段判断碰撞危险，并及早、大幅度地采取避让行动，违反了《规则》第七条和第八条的规定。

（3）在与 H 轮形成交叉相遇局面后，P 轮作为让路船，没有及早采取大幅度避让行动，宽裕地让清他船，违反了《规则》第十六条的规定。

分析事故原因可知，事故双方没有保持正规瞭望，未能及时判断碰撞危险，在双方形成紧迫危险时，采取的避让措施不当是导致碰撞事故发生的直接原因。其中，P 轮作为交叉局面的让路船，未能及早地采取大幅度的避让行动，而是通过 VHF 联系违反《规则》的规定让 H 轮采取向左转向的行动，是造成紧迫局面的主要因素；而 H 轮作为交叉相遇局面中的直航船，在发现让路船 P 轮显然未采取适当而有效的避碰行动时，未按照《规则》第十七条第 3 款的规定采取行动，反而按照与 P 轮达成所谓的"背离"协议盲目采取了向左转向的行动，严重违反了《规则》第十七条第 3 款"若当时环境许可，不应对本船左舷的船采取向左转向"的规定，完全抵消了 P 轮在紧迫危险形成后所采取的向右转向的避让行动，最终导致碰撞的发生。

第六节　船舶之间的责任

一、确定船舶之间责任的原则

（一）适用范围

1. 适用船舶情况

《规则》第十八条的标题是"船舶之间的责任（responsibilities between vessels）"，但从英文本身的字面上可以看出，该条所指的船舶之间的责任是指两船之间的避让责任，即相遇两船中的一船对另一船应当承担的避让责任。

2. 适用能见度

该条规定在"船舶在互见中的行动规则"这一节中，因此，该条以两船处于互见中为前提条件。

3. 适用条件

在适用该条时,应当满足下列两个条件:

(1)当事船舶满足《规则》第三条的"一般定义";

(2)有关船舶,尤其是不首先承担避让责任的船舶,已经按照《规则》的规定显示了相应的号灯或号型。

另外,该条的适用并不以两船构成碰撞危险为前提条件。

(二)船舶之间的责任条款与《规则》其他条款之间的关系

在《规则》各条款中,由于各条款的适用条件不同、确定船舶责任的原则有异,所以存在某些条款交叉的现象。因此,在解释和执行《规则》时,必须注意责任条款与《规则》其他条款之间的关系,正确地运用《规则》。根据《规则》的有关规定,涉及船舶之间避让责任的条款的适用顺序如下:

(1)第十三条(追越);

(2)第九条第2、3款,第十条第9、10款,第十八条第4款(不应妨碍);

(3)第十八条(不同类船舶之间的避让责任);

(4)第十二条、第十四条、第十五条(同类船舶之间的避让责任)。

(三)船舶之间避让责任的种类

纵观《规则》各条的规定,船舶之间的避让责任可以分为如下两类:

(1)一船不应妨碍另一船的通行或安全通行。第九条第2、3款,第十条第9、10款以及第十八条第4款对船舶所提出"不应妨碍"的要求,实际上就规定了两船之间的责任是一船负有不应妨碍另一船安全通行的责任。

(2)一船应给另一船让路。第十二条、第十三条、第十五条和第十八条中提出两船相遇时一船应给另一船让路,实际上就规定了两船之间的责任是一船负有给另一船让路的责任。一船应给另一船让路的责任只适用于互见中。

除此之外,会遇中的两船还可能负有相同的避碰责任和义务。例如,在互见中,《规则》第十四条规定的对遇局面中的两艘机动船负有同等的避碰责任和义务,各自应当向右转向从而从他船的左舷通过。在能见度不良的水域中或其附近航行的船舶,只要两船不在互见中,任何一船与任何他船相遇均负有同等的避碰责任和义务。

(四)确定船舶之间责任的原则

《规则》在划分船舶之间的责任时,主要采用了等级制和几何制两个原则。所谓等级制原则,是指根据船舶的避让操纵能力的优劣来划分船舶之间的避让责任;而几何制原则是指根据两船所处相对几何位置关系来划分船舶之间的避让责任。

《规则》第十八条"船舶之间的责任"条款基本是根据等级制原则确定避让责任的,要求避让操纵能力相对较好的船舶应当尽可能给避让操纵能力相对较差的船舶让路。《规则》第十八条在规定某些船舶避免妨碍限于吃水的船舶的安全通行以及水上飞机、地效船避免妨碍所有船舶的航行时,其采用的也是等级制原则。

《规则》第十二条(帆船)、第十三条(追越)、第十四条(对遇局面)、第十五条(交叉相遇局面)基本上均是相遇两船的操纵能力基本相同的情况下,根据两船所处的相对几何位置关系,确定两船之间的避让责任,采用的基本是几何制原则。

也有学者认为,《规则》第十二条规定的上风船应当给下风船让路,第十三条规定的追越船应当给被追越船让路,主要是基于位于上风的帆船、追越船的避让能力相对较好而规定的,因而其采用的是等级制原则。

(五)《规则》未明确规定船舶之间责任的情况

对于《规则》条款并未明确规定避让责任关系的,如三艘或者三艘以上船舶相遇同时致有构成碰撞危险的情况下,或者当两艘从事捕鱼的船舶、两艘失去控制的船舶、两艘操纵能力受到限制的船舶相遇致有构成碰撞危险时、一艘失去控制的船舶与一艘操纵能力受到限制的船舶相遇致有构成碰撞危险时,每一船舶均负有同等的避碰责任和义务,每一船舶应按照《规则》第二条规定的精神并运用良好的船艺采取行动,以避免碰撞。在采取行动时,应遵循以下原则:

(1)操纵能力稍好的船舶应尽可能给操纵能力更差的船舶让路。例如,操纵能力受到限制的船舶应尽可能给失去控制的船舶让路;从事拖带作业的操纵能力受到限制的船舶应给正在发射或收回航空器的船舶让路等。

(2)相遇两船均有责任尽最大努力采取行动,以避免碰撞事故发生,在避免碰撞方面两船负有同等的责任。

(3)在采取具体行动时,在条件允许的情况下,应遵循《规则》所确定的行动原则。均应当运用良好的船艺,及早采取避让行动,以保证船舶之间能够在安全距离上通过。

二、各类船舶之间的责任

《规则》第十八条规定:

"除第九、十和十三条另有规定外:

"1.机动船在航时应给下述船舶让路:

(1)失去控制的船舶;

(2)操纵能力受到限制的船舶;

(3)从事捕鱼的船舶;

(4)帆船。

"2.帆船在航时应给下述船舶让路:

(1)失去控制的船舶;

(2)操纵能力受到限制的船舶;

(3)从事捕鱼的船舶。

"3.从事捕鱼的船舶在航时,应尽可能给下述船舶让路:

(1)失去控制的船舶;

(2)操纵能力受到限制的船舶。

"4.(1)除失去控制的船舶或操纵能力受到限制的船舶外,任何船舶,如当时环境许可,应避免妨碍显示第二十八条规定信号的限于吃水的船舶的安全通行。

(2)限于吃水的船舶应充分注意到其特殊条件,特别谨慎地驾驶。

"5.在水面的水上飞机,通常应宽裕地让清所有船舶并避免妨碍其航行。然而在有碰撞危险的情况下,则应遵守本章条款的规定。

"6.(1)地效船在起飞、降落和贴近水面飞行时应宽裕地让清所有其他船舶并避免妨碍他们的航行；

（2）在水面上操作的地效船应作为机动船遵守本章条款的规定。"

因此,除第九、十和十三条另有规定外,船舶应当按照如下规定承担避让责任。

(一)在航机动船与其他船舶之间的责任

机动船在航时,当与下列一艘船舶相遇时,应当给其让路。

（1）失去控制的船舶；

（2）操纵能力受到限制的船舶；

（3）从事捕鱼的船舶；

（4）帆船。

这里所指的"机动船在航"一词包括机动船在航对水移动和在航不对水移动两种状态。对于从事拖带作业的机动船,当偏离其所驶航向的能力没有受到严重限制时,则适用本款规定。对于限于吃水的船舶,尽管《规则》第十八条第4款将其规定为"不应被妨碍的船舶",但在与上述4种船舶相遇时,仍应遵守本款的规定。

(二)在航帆船与其他船舶之间的责任

帆船在航时,当与下列一艘船舶相遇时,应当给其让路。

（1）失去控制的船舶；

（2）操纵能力受到限制的船舶；

（3）从事捕鱼的船舶。

帆船在给上述船舶让路时,应当根据其自身的操纵特点,按照《规则》对让路船提出的要求,及早采取大幅度行动让清他船。

(三)在航从事捕鱼的船舶与其他船舶之间的责任

从事捕鱼的船舶在航时,当与下列一艘船舶相遇时,应当尽可能给其让路。

（1）失去控制的船舶；

（2）操纵能力受到限制的船舶。

考虑到从事捕鱼船舶的作业特点以及所使用的渔具,某些从事捕鱼的船舶很难做到给失去控制的船舶和操纵能力受到限制的船舶让路。因此,本款规定使用了"尽可能"一词,对此,失去控制的船舶和操纵能力受到限制的船舶应予以充分注意。

(四)限于吃水的船舶与其他船舶之间的责任

考虑到限于吃水的船舶偏离其所驶航向的能力严重地受到限制,不能采取大幅度的转向行动避让他船,《规则》将其规定为"不应被妨碍的船舶",要求除失去控制的船舶和操纵能力受到限制的船舶外,任何船舶应避免妨碍限于吃水的船舶的通行。

另一方面,对于限于吃水的船舶,应充分考虑到其操纵特点,在享有"不应被妨碍"权利的同时,还应注意到与他船相遇时可能要承担的让路责任与义务。而且,无论如何,应充分注意其特殊条件,特别谨慎驾驶。

(五)水上飞机与其他船舶之间的责任

在水面上的水上飞机,鉴于其具有优越的机动性能,必要时还可飞离水面,可以做到不与他船形成碰撞危险,因此,《规则》对其做出了特别的规定,即在水面上的水上飞机(如在水面上滑行或在水面上漂浮时)通常应宽裕地让清所有船舶并避免妨碍其航行。"宽裕地让清(keep well clear of)",按照其英语含义,是指"远离",即要求水上飞机在会遇局面构成之前,履行远离他船的义务,以避免与其他船舶形成会遇局面;"避免妨碍其航行"是指水上飞机在水面上航行时应当远离其他船舶,使得其他所有船舶的航行状态不受影响,即其他船舶不会因水上飞机的驶近而需要变速或者变向,而不仅仅是要求其避免妨碍其他船舶"通过或安全通过"。

但是,当水上飞机与其他船舶相遇致有构成碰撞危险时,则应遵守《规则》"驾驶与航行规则"一章的有关规定。根据这一规定,在水面上水上飞机既有可能构成《规则》规定的让路船,从而应当履行给他船让路的责任和义务;也有可能构成直航船而应继续履行直航船的责任和义务。

(六)地效船与其他船舶之间的责任

地效船在起飞、降落和贴近水面飞行时,应宽裕地让清所有的船舶并避免妨碍其航行。这主要是考虑到地效船在起飞、降落和贴近水面飞行时,其具有良好的机动操纵性能,能够做到与其他船舶避免形成碰撞危险和避免妨碍他船航行。要求地效船宽裕地让清所有的船舶并避免妨碍其航行,其"宽裕地让清"和"避免妨碍其航行"的含义与《规则》第十八条第5款的含义相同,但是,对于地效船而言,这一要求,不仅适用于地效船与他船构成碰撞危险之前,也适用于地效船与他船构成碰撞危险之后。简而言之,地效船在起飞、降落和贴近水面飞行时,其负有一种"超局面"义务,要求地效船宽裕地让清所有的船舶并避免妨碍其航行。

在水面上操作的地效船(即除在起飞、降落和贴近水面飞行外)应当与机动船一样遵守《规则》各条的规定。此时,其也不负有宽裕地让清所有的船舶并避免妨碍其航行的责任和义务。

(七)气垫船和水翼船与其他船舶之间的责任

《规则》本身并未对气垫船、水翼船与其他船舶之间的责任做出特别的规定。因此,气垫船、水翼船即使是处于非排水状态下航行时,也应按照机动船确定他们的责任和义务。考虑到这些船舶具有良好的操纵性能,按照良好船艺的要求,在高速行驶时,通常应当及早采取行动,宽裕地让清他船;而在低速行驶时,则应当作为普通的机动船执行《规则》的各项规定。

气垫船在非排水状态下航行时,受风的影响比较大,严重时其偏航角度可以达到40°~50°,因此,当在海上发现显示一盏黄色闪光灯的气垫船时,应注意观测其实际运动方向,切实掌握其运动状态,以免由于其显示的舷灯和实际运动方向的差别造成误解。

第十二章思考题

1. 如何确定帆船之间的责任?
2. 机动船在避让帆船时应遵循的原则是什么?
3. 试述追越的构成条件。
4. 试述追越条款优先适用的含义。
5. 在什么情况下容易出现对是否构成追越难以确定的局面? 应如何处理?
6. 追越中发生船舶碰撞事故的主要原因有哪些?
7. 在追越中,追越船和被追越船各应注意哪些问题?

8. 试述构成对遇局面的条件。如何判断两船是否构成对遇局面？

9. "如有怀疑应假定存在对遇局面"主要是指哪些情况？

10. 对遇局面有何特点？两船的避碰责任如何？

11. 两船构成对遇局面时，船舶在采取避碰行动时应当遵循哪些原则？

12. 何谓"危险对遇"？对此种对遇，在避碰上应当注意哪些问题？

13. 试述交叉相遇局面条款的适用条件和范围。在判断该局面时应当注意哪些事项？

14. 在交叉相遇局面中，让路船和直航船各应当如何采取行动？

15. 在交叉相遇局面中，为何要规定让路船在采取行动时应当"避免横越他船的前方"？

16. 试述让路船和直航船的含义。

17. 《规则》规定的让路船有哪些？《规则》规定的直航船有哪些？

18. 让路船在给他船让路时应当遵守哪些要求？

19. 试述直航船"保持航向和航速"的含义。

20. 直航船"可以"和"应该"采取行动的时机如何确定？

21. 直航船在采取行动时应当遵守哪些原则？对交叉相遇局面中的直航船有何特殊规定？

22. 以交叉相遇局面为例，分析让路船和直航船分别在碰撞局面形成过程中四个阶段的义务和应当采取的行动。

23. 《规则》第十八条所指的"船舶之间的责任"的含义是什么？

24. 船舶之间的责任是如何确定的？

25. 应如何处理《规则》中没有划定的船舶之间的责任？

第十三章

船舶在能见度不良时的行动规则

　　船舶航行在能见度不良的水域或附近时,不易及早发现来船和正确地识别来船,即使使用助航仪器,其信息也较间接、抽象,需要航海人员进一步处理、分析,可靠性也有一定的限度,远远达不到视觉瞭望时的直观、形象,因此获得的判断局面和碰撞危险所需要的信息要比能见度良好时少。同时,船舶所采取的避碰行动也不能被他船用视觉发现,而需要通过雷达标绘等手段才能判别。为此,《规则》第十九条对船舶在能见度不良时的行动规则做出了专门的规定。

第一节　　适用范围

　　《规则》第十九条第 1 款规定:"**本条适用于在能见度不良的水域中或在其附近航行时不在互见中的船舶。**"

一、适用水域

　　能见度不良时的行动规则适用于在任何能见度不良的水域中或在其附近航行时。所谓"能见度不良的水域中",是指船舶业已进入能见度受到限制的水域;而"在其附近",是指船舶虽然处于能见度良好的水域中,但在其附近水域能见度不良。

二、适用船舶

　　能见度不良时的行动规则适用于在上述水域航行的任何船舶。无论是普通的机动船、帆船,还是失去控制的船舶、操纵能力受到限制的船舶等,在能见度不良的水域中或在其附近航行,均应当遵守本条的规定。"航行"可以理解为在航,既包括在航对水移动,也包括在航不对水移动。

三、适用的能见度

　　根据《规则》第三条的规定,"能见度不良"是指由于雾、霾、下雪、暴风雨、沙暴或任何其他类似原因而使能见度受到限制的情况,即"能见度受到限制的情况"。从定量解释上,对于能见度下降到何种程度时本条开始适用的问题,航海界、司法界历来存在不同的认识。通常认为,当能见度下降到 5 n mile 时,本条开始适用。

在实践中,有的船公司的雾航规则规定,当能见度下降到 5 n mile 时,船舶应当进入二级雾航戒备,应做好雾航的准备工作,即报告船长,通知机舱备车,开启雷达,加强瞭望等;当能见度下降到 2 n mile(或者 3 n mile)时,船舶应当进入一级雾航戒备,除做好二级雾航的准备工作外,还应当按章鸣放雾号,船长上驾驶台操纵船舶,加派瞭头,改自动舵为手操舵等。

四、适用条件

从《规则》第十九条第 1 款的规定本身看,本条适用的条件之一是两船不在互见中。但是,纵观本条各款的规定,本条所规定的行动规则大致可分两个方面:第 2 款和第 3 款规定了船舶保持戒备行动的原则;第 4 款和第 5 款则规定了避碰(行动)的原则。一船的戒备行动所面对的是其周围能见度不良水域中可能存在的所有其他船舶,而非某一特定的船。所以,当与一来船互见后,并不排斥也不能中断戒备行动,因为周围仍可能存在其他船舶。因此,本条第 2 款和第 3 款的规定并不以两船不在互见中为条件。

此外,当两船接近到互见时,应当适用船舶在互见中的行动规则,除非两船在接近到互见以前,船舶在能见度不良时的行动规则(第十九条第 4 款和第 5 款)已经适用。

第二节　船舶在能见度不良水域航行的戒备

一、执行任何能见度情况下的行动规则时的戒备

《规则》第十九条第 3 款规定:"**在遵守本章第一节各条时,每一船应充分考虑到当时能见度不良的环境和情况。**"因此,船舶在能见度不良水域或其附近航行时,应当在保持正规瞭望、以安全航速行驶、正确判断碰撞危险、采取避免碰撞的行动等方面保持高度的戒备。

《STCW 规则》马尼拉修正案第 A - Ⅷ/2 节 4 - 1 部分(航行值班中应遵循的原则)第 45、80 段对能见度不良时的值班做出了特别的规定。

第 45 段规定:"**遇到或预料到能见度不良时,负责航行值班的高级船员的首要职责是遵守经修订的《1972 年国际海上避碰规则》的相应条款,特别是有关鸣放雾号、以安全航速航行并使主机处于立即可操作的准备状态的条款。**此外,负责航行值班的高级船员还应:

.1 通知船长;

.2 布置正规的瞭望;

.3 显示航行灯;并且

.4 操作和使用雷达。"

第 80 段规定:"负责轮机值班的高级船员应确保提供鸣放声号所使用的持久的空气或蒸汽压力,并随时执行驾驶台的有关变速或换向的任何命令。此外,还应保证操纵用的辅机随时可用。"

(一)能见度不良时的准备

根据《STCW 规则》马尼拉修正案和《海船船员值班规则》的有关规定,当遇到或预料到能见度不良时,应当做好如下准备工作:

（1）通知船长；

（2）布置瞭望人员，改用舵工手动操舵；

（3）显示航行灯；

（4）及时通知机舱将机器做好随时操纵的准备；

（5）开启和使用雷达；

（6）如可能，在能见度变坏前测定船位；

（7）按照《规则》的规定鸣放雾号，并打开驾驶台门窗，守听雾号；

（8）开启 VHF、AIS 等助航设备，并注意守听和观测等。

（二）瞭望及判断碰撞危险

由于能见度受到限制，给船舶瞭望带来了许多不利的影响，船舶在瞭望人员的数量、位置以及瞭望手段等方面需要根据能见度不良的情况加以妥善的安排。

在能见度不良的水域中航行，船舶获得他船信息的手段往往更多地依赖于雷达、AIS 等助航设备。与互见中不同，在无法用视觉看到他船时，雷达或其他设备所提供的信息无法通过视觉信息加以校正，不仅存在时间上的滞后，还可能出现误识别而造成错误判断。因此，当雷达测得他船时，应当严格遵守《规则》第七条的规定，认真进行雷达标绘或与其相当的系统观察，判定是否正在形成紧迫局面和/或存在碰撞危险，并注意不得使用不充分的信息尤其是不充分的雷达信息做出推断。

在能见度不良的水域中航行，声号可作为判断碰撞危险的观测信息，但他船的声号的方位有明显的变化不能作为判断不存在碰撞危险的依据。考虑到声号的可听距离较小，当一船听到他船的雾号显似在本船的正横以前时，两船往往已不能避免紧迫局面。

在能见度不良的水域航行，应当及早发现来船，并对是否存在碰撞危险做出判断。通常认为，使用 12 n mile 距离标尺的船舶，应当在 10 ~ 12 n mile 发现他船，在两船相距 6 ~ 8 n mile 之前完成雷达标绘，以便船舶能够及早采取行动。

（三）避碰行动的时机和幅度

在能见度不良的水域中或其附近，当两船不在互见中时，应充分注意到所采取的避让行动不能被他船利用视觉瞭望容易地察觉到。因此，在能见度不良的水域中或其附近采取避让行动时，不仅要求船舶在更早的距离上采取行动，而且要求的幅度更大，并能在更大的安全距离上通过。如经过判断，两船存在碰撞危险，为避免紧迫局面的形成，若当时环境许可，对正横以前的来船通常应当在两船相距 4 ~ 6 n mile 范围内采取行动；对于正横后的来船，则要求两船相距 3 n mile 左右时采取行动。在采取行动的幅度上，除满足《规则》第八条的要求外，还应当导致两船能够在适合当时能见度不良的环境和情况的安全距离上通过，该安全距离在宽敞水域的两艘大船之间，通常被认为是 2 n mile 左右。

此外，及早采取避让行动的先决条件是判明当时的情况，能见度不良时尤其应避免盲目行动。在情况不明时，当应将航速减到能维持舵效的最小速度，必要时把船停住。

二、安全航速、将机器做好随时操纵的准备

《规则》第十九条第 2 款规定：“每一船应以适合当时能见度不良的环境和情况的安全航速行驶，机动船应将机器作好随时操纵的准备。”

(一)以安全航速行驶

如前所述,能见度情况是决定安全航速应当考虑的首要因素。本条再一次强调了安全航速的规定,并且强调在决定安全航速时,应当充分考虑当时能见度不良的环境和情况。通常,在能见度不良的水域或其附近航行,应当适当减速。降低船速可以留有更多时间来获得必要的信息以便对局面和碰撞危险做出充分的估计,并可在必要时能迅速把船停住。

(二)将机器做好随时操纵的准备

除以安全航速行驶外,《规则》要求机动船将机器做好随时操纵的准备,即要求机动船备车航行。备车是能够随时操纵船舶的准备工作,也是随时减速、停车或倒车的基础。将机器做好随时操纵的准备,既是《规则》的要求,也是《STCW 规则》马尼拉修正案的强制性要求。根据《STCW 规则》马尼拉修正案的规定,将机器做好随时操纵的准备,不仅应当将主机做好随时操纵的准备,而且也要将操纵用的辅机做到随时可用。

第三节　能见度不良时的避碰行动

一、能见度不良时船舶的避碰责任

当一船航行在能见度不良的水域中或其附近与不在互见中的来船构成碰撞可能性时,通过瞭望获得信息的条件受到限制,无法根据操纵能力和相对几何位置确定船舶的避碰责任,因而两船负有同等的避碰责任和义务,均应果断地采取避碰措施,而不存在让路船和直航船之分。

二、仅凭雷达测到他船时的避碰行动

《规则》第十九条第 4 款规定:"一船仅凭雷达测到他船时,应判定是否正在形成紧迫局面和(或)存在碰撞危险。若是如此,应及早地采取避让行动,如果这种行动包括转向,则应尽可能避免如下几点:

(1)除对被追越船外,对正横前的船舶采取向左转向;

(2)对正横或正横后的船舶采取朝着它转向。"

(一)本款的适用条件

1.本款规定的避让行动适用于仅凭雷达发现来船

本款规定的避让行动适用于仅凭雷达发现来船,并且正在形成紧迫局面和(或)存在碰撞危险的情况。"一船仅凭雷达测到他船"实际上排除了通过视觉或听觉发现来船时对本款的适用。如果用视觉看到来船,则两船可以被视为在互见中,通常应当适用船舶在互见中的行动规则;如果仅凭雾号发现来船,或者虽然使用雷达发现来船但紧迫局面已经形成,则应遵守第十九条第 5 款的规定采取避碰行动,本款不再适用。

应当注意的是,在能见度不良的情况下,当两船接近至互见时,如果本款的规定尚未适用,则应当适用互见中的行动规则;相反,船舶已经按照本款采取行动,则不能片面强调适用互见中的行动规则。

2.本款规定的适用以两船正在形成紧迫局面和(或)存在碰撞危险为条件

本款有关避碰行动的适用,是以两船正在形成紧迫局面和(或)存在碰撞危险为前提条件的。因此,当一船仅凭雷达发现他船时,应当正确使用雷达,通过雷达标绘或者与其相当的系统观察,断定本船是否与他船正在形成紧迫局面和(或)存在碰撞危险。若不存在碰撞危险,则无须采取避碰行动,但应当做到谨慎驾驶;若存在碰撞危险,或者两船正在形成紧迫局面,或者既存在碰撞危险又正在形成紧迫局面,则应当及早地采取避碰行动。

(二)仅凭雷达测到他船时应采取的避碰行动

在能见度不良的情况下,船舶可以采取的避碰行动包括转向避碰、变速避碰以及转向与变速结合的避碰。

1.转向避碰

在有足够水域的情况下,单凭转向通常是最有效的避碰行动,其优点是时间短、效果明显、操作简单、不依赖于备车。因此,转向避碰是最常用的避让方法。

(1)避让正横前来船

《规则》第十九条第4款(1)项规定,除对被追越的船外,应避免对正横前的船舶采取向左转向。因此,无论来船在本船的右正横以前(见图13-3-1)还是左正横以前(见图13-3-2)以及在正前方,本船均应向右转向避让。

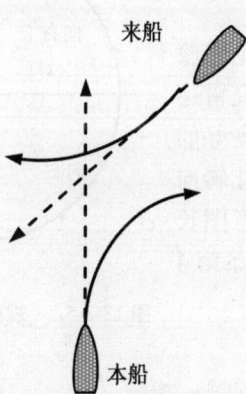

图 13-3-1　避让右前方来船　　　　　图 13-3-2　避让左前方来船

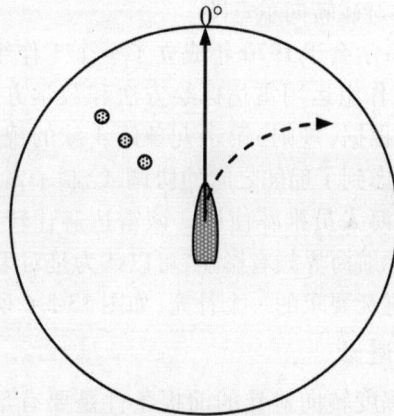

《规则》第十九条第4款(1)项禁止船舶向左转向是为了保证两船之间转向避碰行动的协调。当他船位于本船正横之前时,实际上本船也位于他船的正横之前,《规则》规定两船均应当避免左转,可以有效避免由于两船中因一船右转、另一船左转造成的避碰行动的不协调。

《规则》第十九条第4款(1)项所指的"被追越船"不属于《规则》第十三条所指的追越中具有法定含义的"被追越船",而仅仅是指在相对位置上逐渐被本船赶上的船。对于正横以前的被追越船,《规则》并没有明确规定必须左转或者右转,船舶可以根据当时的环境和情况选择向左或向右转向避让。

(2)避让正横和正横后来船

对于从本船正横和正横后驶近的来船,如果朝着它转向,势必会使两船增加逼近的速度,使两船处于不协调的境地。为此,《规则》第十九条第4款(2)项规定,应避免对正横或正横以后的来船采取朝着它转向。因此,对右正横或右正横以后的来船应采取向左转向避让(见图13-3-3);对左正横或左正横以后的来船应采取向右转向避让(见图13-3-4)。

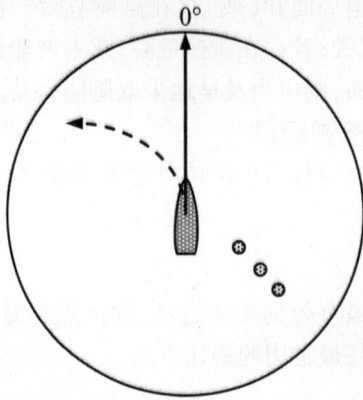

图 13-3-3　避让右后方来船　　　　　图 13-3-4　避让左后方来船

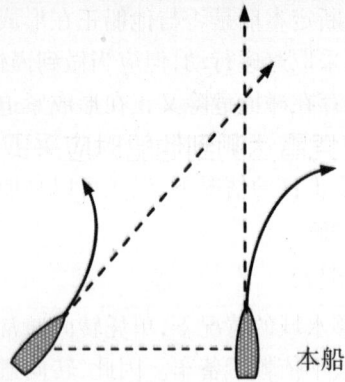

《规则》第十九条第4款对于转向避让的规定如图13-3-5所示。

(3)雷达避碰转向示意图

英国航海学会于1970年成立了一个工作组,讨论修改《规则》,该工作组运用雷达标绘方法和数学方法研究雷达避碰问题,并根据《规则》第十九条第4款的规定和良好船艺的要求,考虑到了船舶之间的协调,绘制了雷达避让转向示意图,向航海人员推荐使用。该雷达避让转向示意图长期以来在国际航海界颇有影响,可以认为是对第十九条第4款关于转向避让要求的一个补充,如图13-3-6所示。

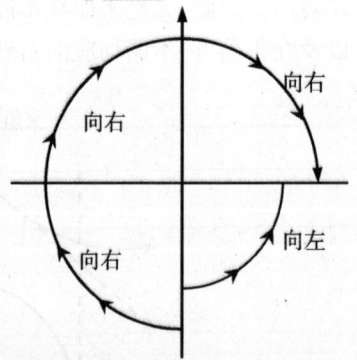

图 13-3-5　《规则》转向避让图解

2. 变速避让

采取大幅度转向避让的前提条件是要有足够的水域,并不致造成另一紧迫局面。因此,在没有足够水域或存在第三船致使无法大幅度转向避让的情况下,船舶应考虑采用变速的避让措施。在采取变速避让措施时,应当注意如下事项。

(1)对右正横前的来船,本船的减速行动和来船可能采取的向右转向措施或者增速措施效果一致(本船追越他船的情况除外);但对于左正横前的来船,本船的减速行动会与来船的右转和(或)减速措施的效果相互抵消。

(2)对于正横附近来船,变速行动可以改变两船"齐头并进"的局面,让来船超前或滞后,避让效果比较有效。变速措施短时间内效果不明显,不易被来船察觉,因此应及早地、大幅度地进行。

(3)船舶在能见度不良的水域所采用的变速措施,通常是减速措施。如采取增速措施,必须要考虑增速的余地和安全航速的要求。

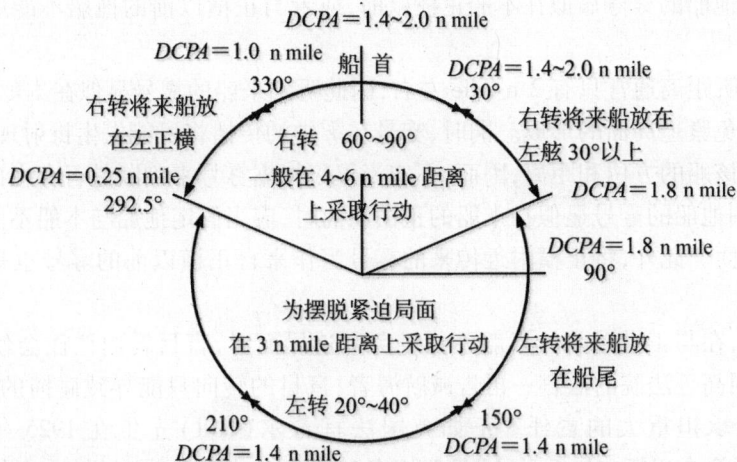

图 13-3-6　雷达避碰转向示意图

3. 转向结合变速避让

在转向结合变速同时进行时,转向的方向仍应遵守本款对转向避让的要求。在采取转向结合变速避让措施时,应当注意:

(1)在避让本船右正横前来船时,本船宜采取右转结合减速的措施,本船右转和减速的效果是一致的。

(2)在避让左正横前来船时,在安全航速许可的范围内,可以采取右转结合增速的措施。一般而言,本船向右转向与增速效果一致,并且与来船可能采取的右转和(或)减速行动效果一致。但应当注意,如他船的相对运动航向线与转向不变线平行或者重合,则转向不一定有效。

(3)在避让左正横后来船时,本船通常应当以右转为主,同时也可以结合增速。

(4)在避让右正横后来船时,本船宜采取左转并结合增速的措施。

三、听到雾号显似在本船正横以前或与正横以前的来船不能避免紧迫局面时的行动

《规则》第十九条第 5 款规定:"除已断定不存在碰撞危险外,每一船当听到他船的雾号显似在本船正横以前,或者与正横以前的他船不能避免紧迫局面时,应将航速减到能维持其航向的最小速度。必要时,应把船完全停住,而且,无论如何,应极其谨慎地驾驶,直到碰撞危险过去为止。"

(一)已断定不存在碰撞危险时,本船可以不采取行动,但应当做到谨慎驾驶

所谓"已断定不存在碰撞危险",是指虽然听到来船的雾号显似在本船正横以前,但已确认该船正在驶离或者能够保证在足够安全会遇距离上通过。此时,《规则》第十九条第 5 款的规定不适用,该船无须采取避让行动,但应当做到谨慎驾驶。若一船虽然经过系统观测,但仍然无法确定是否存在碰撞危险时,应当根据《规则》第七条第 1 款的规定,假定存在碰撞危险,并按《规则》第十九条第 5 款的规定采取相应的行动。

(二)将航速减到能维持其航向的最小速度

根据《规则》第十九条第 5 款的规定,本船应将航速减到能维持其航向的最小速度的情

况包括当听到他船的雾号显似在本船正横以前,或者与正横以前的他船不能避免紧迫局面时两种情况。

雾号的可听距离通常只有 2 n mile 左右,因此听到来船的雾号显似在本船正横以前时,两船已不能避免紧迫局面的形成。同时,雾号在雾中的传播将可能发生折射现象,仅凭雾号很难正确判断该船的方位和距离,因而,不应当仅仅根据雾号来判断是否存在碰撞危险。通常认为,当听到他船的雾号显似在本船的正横以前时,应当假定他船与本船不能避免或者已经形成紧迫局面。此外,将正横附近传来的雾号当作来自正横以前的雾号也是一种谨慎的做法。

实践证明,在与正横以前的来船不能避免紧迫局面时,盲目转向往往会使局面更加恶化。对此,英国高等法院的法官一再告诫航海者,盲目的转向只能导致碰撞的发生,当事者也必将为此而承担重大的责任。正如英国法官希尔(Hill)先生在 1925 年审理"威尔(Wear)"轮与"海布里斯(Haybnise)"轮碰撞案时指出:"本法院再三说过,当你在雾中看到一船后,但对该船行驶的方向或动向还不了解时,你所能采取的行动中最糟糕的就是转向。"因此,在此情况下,谨慎的做法就是将航速减小到能够维持其航向的最小速度,以便留有更多时间判断局面并采取应急的避碰行动。

另一方面,若将航速降低到不能控制航向的程度,使船舶失去舵效,那么,在必须转向时,也将使得船舶无法及时转向,也是不利的。因此,《规则》第十九条第 5 款提出"将航速减到能维持其航向的最小速度"。这一速度,对于万吨级船舶而言,一般为 2~4 kn。

(三)必要时把船完全停住

如果将航速降低到能够维持其航向的最低速度,仍然不足以应对当时的紧迫局面或者紧迫危险,船舶应立即停车、倒车把船完全停住。所谓"必要时",通常指以下几种情况。

1. 对不备有可使用雷达的船舶

(1)在临近处初次听到他船的雾号;

(2)听到有雾号显似在本船正前方附近;

(3)听到他船的雾号显似在首前方的角度逐渐减小;

(4)看到一船从雾中隐隐出现,但其动态还未能判断清楚时;

(5)听到帆船的雾号显似在本船的正横以前;

(6)听到本船正前方附近有锚泊船的雾号等。

2. 对备有可使用雷达的船舶

(1)当与正横前的他船不能避免紧迫局面时,尤其是他船从正前方或本船船首左右各30°左右的舷角以内驶来时;

(2)当遇到有任何船舶用较高速度径直驶来,但对来船究竟从本船哪一侧驶过存在怀疑时;

(3)听到他船鸣放的雾号但在雷达的众多回波中无法确定鸣放雾号的船舶时;

(4)发现位于正横以前的雷达回波消失在雨雪或海浪的干扰波之中,无法确定其动态,但又听到他船鸣放的雾号显似在正横以前时;

(5)当发现他船正在采取与本船不协调的行动,紧迫局面即将形成时;

(6)浓雾中发现一船正在雾中隐隐出现,但无法判断其动态时。

(四)谨慎驾驶

《规则》第十九条第 5 款规定,每一船舶当它听到他船的雾号显似在本船正横以前,或者与正横以前的他船不能避免紧迫局面时,均应极其谨慎地驾驶,直到碰撞危险(danger of collision)过去为止。

所谓谨慎驾驶,其含义是十分广泛的,不仅包括保持正规瞭望、及时备车并以安全航速行驶、以适合当时环境和情况的一切有效手段判断碰撞危险等方面;而且包括对当时可能发生的特殊情况保持应有的戒备,如多船会遇同时构成碰撞危险的情况、他船背离《规则》或者违背《规则》采取行动的情况等;也包括避免盲目转向、及时将航速减小到能维持其航向的速度必要时把船完全停住的行动。总之,谨慎驾驶的内容十分广泛,从加强瞭望、戒备到采取行动,从《规则》的要求到良好船艺的要求,从避免盲目转向到减速、停车、停船等,均是谨慎驾驶的要求。

四、能见度不良情况下碰撞原因分析

通过分析船舶在能见度不良时的碰撞案例,可以总结出在能见度不良时发生碰撞事故的主要原因如下。

(1)疏忽瞭望。碰撞事故原因分析表明,大多数碰撞船舶存在瞭望的疏忽,包括瞭望人员的数量不足、瞭望人员的位置不合适,如未加派瞭头;未使用适合当时环境和情况的一切可用手段保持正规瞭望,如有的船舶在能见度不良时仅仅保持雷达瞭望而未保持视觉瞭望,又如有的船舶未正确使用雷达或者没有对探测到的物标进行系统观察等;未正确使用 VHF 保持信息的有效沟通;未对船舶周围的环境和情况做出充分的估计,例如未对本船的船位进行核实等。

(2)未以适合当时环境和情况的安全航速行驶。有关的统计表明,在能见度不良情况下违反《规则》有关安全航速规定的事故占全部事故的 70% 多,主要表现为在能见度不良的情况下仍然以高速行驶,没有及时备车、减速,以至于不能对碰撞危险做出及时的判断以及不能在适合当时环境和情况的距离以内把船停住等。

(3)未对碰撞危险做出充分的估计和判断,未按照《规则》及早地采取大幅度的避碰行动,或者避碰行动迟缓,错过最佳的避让时机。在很多碰撞事故中,由于瞭望的疏忽以至于发现来船太晚,或者没有对发现的来船进行雷达标绘或与其相当的系统观察从而正确判断碰撞危险,导致在采取避碰行动前两船已经构成紧迫局面甚至紧迫危险;或者所采取的行动违反《规则》第八条的规定,没有做到早、大、宽、清,以至于所采取的行动不能被他船用视觉或雷达观察时发现,从而导致两船的避碰行动不协调。

(4)两船的避碰行动不协调。两船的避让行动不协调是导致碰撞事故的重要原因之一,主要表现为船舶在没有准确判断当时环境和情况以及碰撞态势的情况下盲目采取行动,或者违反《规则》第十九条第 4 款的规定,对正横前的来船采取向左转向,从而与来船的避碰行动不协调而导致碰撞。

(5)未能及时减速、停船。主要表现为在两船形成紧迫局面时,船舶未能按照《规则》第十九条第 5 款的规定及时将航速降低到能够维持其舵效的速度并在必要时将船完全停住。

(6)未按照《规则》的要求鸣放雾号,以至于不能被他船通过听觉瞭望所发现。

(7)未能对周围环境和情况的突然变化保持应有的戒备。例如对能见度突然变差缺乏戒备,对他船违背或者背离《规则》采取行动缺乏戒备,以至于在关键时刻惊慌失措,盲目采取行动,最终导致碰撞的发生。

第十三章思考题

1. 试述《规则》第十九条的适用范围。
2. 试述船舶在能见度不良水域或其附近航行如何保持戒备。
3. 试述在能见度不良时采取转向避让应当注意哪些问题。
4. 在能见度不良的水域或其附近航行,船舶在哪些情况下应当将航速降低至能维持其航向的最小速度? 在哪些情况下应当把船完全停住?

第十四章

责任

《规则》的"驾驶和航行规则"规定了一般情况下的航行和避碰原则,然而,船舶在实际营运中,其所遇到的环境和情况是千变万化的,无论是从戒备的角度,还是从采取行动的角度,《规则》条款不可能将所有的要求详尽无遗地列出,即使是能够详尽地列出,其列出的具体要求也可能不适合当时的环境和情况。因此,在遵循《规则》时必须充分考虑海员通常做法所要求的戒备和各种特殊情况的要求。本章主要介绍《规则》第二条(责任)的内容和各种特殊情况下的避碰。

第一节 概述

一、责任条款的内容

《规则》第二条共两款,第 1 款规定:"**本规则条款并不免除任何船舶或其所有人、船长或船员由于遵守本规则条款的任何疏忽,或者按海员通常做法或当时特殊情况所要求的任何戒备上的疏忽而产生的各种后果的责任。**"该款通常称为疏忽条款,该条款的核心内容是指,《规则》不免除由于任何船舶、船舶所有人、船长或船员由于疏忽而产生的各种后果的责任。

该条第 2 款规定:"**在解释和遵行本规则条款时,应充分考虑一切航行和碰撞的危险以及包括当事船舶条件限制在内的任何特殊情况,这些危险和特殊情况可能需要背离本规则条款以避免紧迫危险。**"该款通常称之为背离条款。背离条款的核心内容是指,在遵循《规则》时,应当充分考虑到在某些危险和特殊情况下需要背离《规则》条款采取行动,以避免紧迫危险。

二、责任条款的作用

纵观《规则》第二章"驾驶和航行规则"的条文,其规定的内容包括了船舶应当保持的戒备和应当采取行动的准则。这些戒备条款包括瞭望、安全航速、判断碰撞危险等;而应当采取行动的准则包括了船舶航行的准则,如狭水道条款、分道通航制条款等,以及船舶采取避让行动的准则,如避免碰撞的行动、让路船的行动等。然而,船舶在海上航行时,其所遇到的环境和情况是千变万化的,无论是从戒备的角度,还是从采取行动的角度,《规则》条款不可能将所有的要求详尽无遗地列出，即使是能够详尽地列出，其列出的具体要求也可能不适合当时的环境和情况。故此，《规则》条款的规定只能是原则性的，船舶在任何时候均应当根据当时的环境和情况保持应有的戒备，并采取适合当时环境和情况的行动。因此，责任条款常常被称为"兜底条款"。一方面，《规则》要求船舶除严格遵守《规则》的明文规定外，还应当运用良好的船艺，保持对海员通常做法或者特殊情况可能所要求的戒备。另一方面，《规则》要求船舶在采取行动时，不能机械地理解《规则》条文的规定，而应当切实理解《规则》条文的内涵，并根据当时的具体环境和情况来采取航行或者避碰的行动。总之，责任条款是对《规则》其他条款的有力的补充和解释，其目的同样是防止海上事故的发生，保持船舶的航行安全。

第二节　疏忽

一、疏忽的含义

《规则》第二条中的"疏忽(neglect)"一词的含义，按汉语词典解释是"粗心大意、忽略"等；按英汉词典解释是"未注意到；未考虑或考虑不充分；未做应该做的事"等。因此，"疏忽"可以理解为"应当为而不为，不应当为而为"的行为。在海上避碰实践中，"疏忽"包括应当戒备而未戒备或戒备不足；应当预见而未预见或预见不准；应当判断而未判断或判断有误；应当行动而未行动或行动不当(时机不当、地点不当、场合不当、方式不当等)；不应当行动而盲目行动等。

《规则》第二条第 1 款列出的疏忽包括对遵守《规则》的疏忽和保持戒备上的疏忽，而保持戒备上的疏忽可进一步分解为对海员通常做法所要求的任何戒备上的疏忽和对当时特殊情况所要求的任何戒备上的疏忽。

二、疏忽的主体和责任

根据《规则》第二条第 1 款的规定，疏忽的主体包括船舶或其所有人、船长或船员。在大陆法系国家，船舶本身是"物"，一般不能作为承担责任和义务的主体，然而，在英美法系国家，法律上存在"对物诉讼"的规定，因此，船舶本身也可以作为承担责任和义务的主体。《规则》第二条中所指的船舶所有人，是广义的船舶所有人，既包括船舶的实际所有人，也包括船舶光船承租人、船舶经营人等。

《规则》第二条虽然规定为"本规则条款并不免除任何船舶或其所有人、船长或船员由于遵守本规则条款的任何疏忽，或者按海员通常做法或当时特殊情况所要求的任何戒备上的疏忽而产生的各种后果的责任"，但实际上该款的含义为，如果任何船舶或其所有人、船长或船员对遵守本《规则》，或者对海员通常做法所要求的戒备，或者对特殊情况所要求的戒备产生了疏忽，就要对这种疏忽所产生的后果承担责任。这种责任是广义的责任，不仅包括由于船舶碰撞造成的民事赔偿责任，也包括船舶或其所有人、船长或船员应当承担的行政责任甚至刑事责任。

三、遵守《规则》条款的任何疏忽

"遵守本规则条款的任何疏忽"是指《规则》条款有明确规定或明确的要求,但船舶、船舶所有人、船长或者船员未遵守《规则》的规定或要求,违反了《规则》规定的情况。对遵守本《规则》条款的疏忽既包括主观上的疏忽,如工作责任心不强、麻痹大意,执行《规则》不认真、不严格;也包括客观上的疏忽,如对《规则》条款错误理解或片面理解、缺乏航海经验而导致在避碰实践中对《规则》执行得不好等。对遵守本《规则》条款的疏忽包括但不限于:

(一)船舶或者船舶所有人对遵守本规则的疏忽

(1)船舶所有人、经营人向船长、船员施加压力,要求船舶达到一定的航速,使得船长、船员不能遵守安全航速的规定;

(2)对船舶主机或者燃油的使用做出硬性规定,例如规定船舶驾驶员不得使用主机、除进出港航行外必须使用重油等;

(3)配备的船员尤其是负责航行值班的船员不符合《STCW 公约》的要求,对船员未遵守《规则》的规定听之任之等。

(二)船长、船员对遵守本规则的疏忽

(1)对保持正规瞭望的疏忽。如在夜间航行时,未保持夜视眼,从而未及时发现来船;在雾中航行,仅保持雷达观测,而放弃视觉瞭望;船舶在航行中,值班驾驶员忙于定位,在海图室停留时间太长,以致发现来船太晚而避让不及。

(2)对违反安全航速的疏忽。如船舶在狭水道或者能见度不良的水域以过高的速度行驶。

(3)对正确判断碰撞危险的疏忽。如在雾中航行,未进行雷达标绘或与其相当的系统观察;在雾中,仅把雷达放在 12 n mile 挡,而未发现近距离来船等。

(4)对正确采取避让行动的疏忽。如在采取避让行动时,没有做到早、大、宽、清,或者对航向作了一连串的小变动的做法;直航船发觉规定的让路船显然没有遵照《规则》采取适当的行动时仍保速保向消极等待。

(5)对《规则》要求的航行规则的违反。如一船在狭水道航行时,没有靠近本船右舷的该水道或者航道外缘行驶;在分道通航制水域内没有沿着相应的通航分道行驶等。

(6)对《规则》所要求的戒备的疏忽。如船舶在能见度不良的水域航行,没有及时将主机做好随时操纵的准备。

(7)对《规则》显示号灯、号型或者鸣放声号的要求的违反。如在能见度不良水域中航行或者锚泊的船舶没有鸣放相应的雾号;直航船在独自采取操纵行动前,没有鸣放相应的警告信号,或者在互见的操纵中没有鸣放行动声号等。

(8)其他违反《规则》明确规定的行为或者疏忽。

四、对海员通常做法所要求的任何戒备上的疏忽

(一)海员通常做法的含义

"海员通常做法"是指广大海员在长期的航海实践中所积累起来的形成的一种习惯的、经常性做法,并且这些习惯的、经常性做法是被航海实践所证明能够确保航行安全、有助于避碰的。

与海员通常做法相近的一个概念是良好船艺。在本意上，良好船艺主要是指海员根据当时环境和情况的需要，适当而充分地运用船舶操纵手段来有效控制船舶运动状态、避免海上危险的技艺。海员通常做法更强调在某种情况下通常应采取的措施，而良好船艺则更注重这些措施的具体实施技能。随着《规则》的发展，上述两者的内涵和外延都有所变化，其区分已不严格。《规则》第二条第 1 款中的"海员通常做法"应当扩充解释成包括良好船艺。

（二）对海员通常做法所要求的任何戒备上的疏忽

因海员通常做法所要求的戒备的内容十分广泛，难以全部列出。对海员通常做法所要求的戒备上的疏忽，包括但不限于以下各种情况：

（1）对舵令、车钟令不复诵，不核对。

（2）驾驶员在避让过程中进行交接班，或者在不了解周围环境的情况下进行交接班。

（3）船舶在狭水道航行或在进出港时未备车、备锚。

（4）在避让中采用自动舵进行避让；在近距离避让他船时不采用下舵令的方式而采用下航向命令的方式。

（5）不了解本船的船舶操纵性能；不了解外界风、流、浪等因素对操船的影响；没有充分地注意到可能出现的浅水效应、船间效应、岸壁效应。

（6）在高纬度海区航行，对发现冰山缺乏戒备。

（7）在强风强流中没有远离他船舶抛锚；或者在大风浪中锚泊没有备车。

（8）在狭水道中追越时盲目从他船右舷追越。

（9）没有做到逆水船让顺水船、进口船让出口船、单船让拖带船组。

（10）在狭水道狭窄地段或者弯头会船等。

五、对特殊情况所要求的任何戒备上的疏忽

特殊情况即异乎寻常的情况。构成特殊情况的原因包括船舶条件的突变、自然条件的突变、交通条件的突变、他船所采取行动的突变等。特殊情况所要求的戒备，就是针对可能出现的特殊情况而应当保持的应有的戒备，包括事先应预见到而未预见到会出现的特殊情况出现时，未采取该情况所要求的任何戒备措施；事先预见到可能会出现特殊情况而没有任何戒备或虽有戒备但采取的戒备措施不充分；出现特殊情况后未采取任何戒备措施或戒备措施不当。对特殊情况所要求的任何戒备上的疏忽，包括但不限于以下各种情况：

（1）对船舶突然遇雾、暴风雨等缺乏戒备。

（2）对他船可能背离《规则》采取行动缺乏戒备。

（3）对为避让一船而与另一船构成紧迫局面缺乏戒备。

（4）对多船同时构成碰撞危险或者紧迫局面的情况缺乏戒备。

（5）对主机、舵机、操舵系统等突然故障缺乏戒备。

（6）对他船意外采取行动，使得两船陷入紧迫危险的情况缺乏戒备。

第三节　背离规则

一、背离规则条款的沿革

"背离规则"的提法第一次出现是在英国1954年《商船航运法》(The Merchant Shipping Act)第296节中，反映出英国议会在避碰立法中认可了英国航运界总结的海上避碰的经验和教训。海上避碰会遇到各种复杂的情况，在首先强调所有船舶都应遵守规则的同时，也应考虑到例外情况，即在"当时情况达到如此程度，致使为避免紧迫危险而背离规则是必要的"的条件下，应允许船舶背离规则条款。在1893年英法商定并随后被世界主要航运国家接受的海上避碰规则中，背离规则的规定成为独立的条款。

在几次修订《国际海上避碰规则》时，对背离规则条款的个别措辞也作了修改，以适应海上避碰实践的需要。例如，在讨论制定第一个国际海上避碰规则的华盛顿会议上，将背离规则条款中"一切航行危险"修改为"一切航行和碰撞危险"，以表明不仅"航行危险"可能致使背离规则是必要的，"碰撞危险(danger of collision)"也可能使得背离规则成为必要。在1948年修改《国际海上避碰规则》时，又在背离规则条款中"特殊情况"一词之后增添了"包括当事船舶条件的限制在内"这一短语，以表明可能致使背离规则成为必要的特殊情况也应包括当事船舶条件限制这一情况。

二、可能需要背离规则的情况

在我国早期的《规则》正式译文中，将背离条款译为："在解释和遵循本规则各条时，应适当考虑到，为避免紧迫危险而须背离本规则各条规定的一切航行和碰撞危险，以及任何特殊情况，其中包括当事船舶条件限制在内。"由于该译文没有很好地确切反映原文所表达的含义，导致在理解和运用背离条款时产生歧义，其中最主要的是有关背离规则的条件，如有人认为只要存在紧迫危险即可背离规则；有人认为只有构成紧迫危险的特殊情况方可背离；有人认为紧迫危险和特殊情况必须同时存在方可背离。在最新的《规则》译文中，则将背离条款翻译为"**在解释和遵行本规则条款时，应充分考虑一切航行和碰撞的危险以及包括当事船舶条件限制在内的任何特殊情况，这些危险和特殊情况可能需要背离本规则条款以避免紧迫危险**"。该译文更确切地反映了原文所表达的含义。

根据本款的规定，可能需要背离《规则》的情况包括三种，一种是存在航行的危险(dangers of navigation)；一种是碰撞的危险(dangers of collision)；一种是特殊情况，这种特殊情况包括当事船舶的条件限制在内。

存在航行的危险而需要背离《规则》的情况是指当船舶按照《规则》的要求航行或者采取避碰行动时，就会产生触礁、搁浅等航行的危险。例如，《规则》狭水道条款要求船舶如安全可行应当靠近本船右舷的该水道或者航道的外缘行驶，如该狭水道右侧的水域水深受限，船舶如仍然靠右行驶就可能存在搁浅的危险，而可能需要背离《规则》在航道中心线上行驶。

存在碰撞的危险(danger of collision)而需要背离《规则》的情况是指，当船舶按照《规则》航行或者采取避碰行动,就会产生与他船碰撞的危险。例如,两艘构成对遇局面的船舶,当一船突然向左转向时,另一船如仍然依据《规则》的规定而采取向右转向,则就会构成碰撞的危险。

由于存在特殊情况而需要背离规则的情况,包括由于自然条件受到限制而构成的特殊情况,如两艘机动船对遇,其中一船右舷临近浅滩、暗礁或沉船而不能向右转向的情况;由于多船出现所构成的特殊情况,如两艘机动船构成对遇局面,而又有另一艘机动船与该两船均构成交叉相遇局面,此时,三船既不适用对遇局面条款,也不适用交叉相遇局面条款,而是一种特殊情况,每一船舶必须运用良好的船艺采取避让行动;由于当事船舶条件受到限制构成的特殊情况,如一艘限于吃水的船舶在狭水道或者航道内与另一船构成对遇局面,但由于限于吃水的船舶其偏离所驶航向的能力受到限制,而不能向右转向;由于他船背离规则采取行动所构成的特殊情况;由于地方规则的特殊要求所构成的特殊情况等。

三、背离规则的条件和目的

背离规则受严格的条件限制,并不是任何存在航行的危险、碰撞的危险的情况或者任何特殊情况下均可以背离规则。背离规则必须同时满足:

(1)危险是客观存在的,而不是主观臆断的。

(2)这种危险即将构成紧迫危险,即如果遵守《规则》会造成一船或者两船的紧迫危险,而背离《规则》就有可能避免这种紧迫危险。应当指出的是,在该条款中,“紧迫危险”并非仅仅指碰撞格局中两船间所形成的紧迫危险,同时也包括可能存在的航行上的紧迫危险。

(3)背离规则是必需的、合理的。即当时的客观事实表明遵守规则不能避免碰撞或航行的紧迫危险,而背离规则可能避免碰撞和航行的紧迫危险。所以,只有当时的危险局面不允许船舶继续遵守规则时,才可以背离规则。只要还存在机会遵守规则,就不应当背离规则。

背离规则的目的是避免紧迫危险。“方便”不能成为背离规则的借口。

总之,背离规则仅仅是在全面实现《规则》的根本目的即避免碰撞危险和避免碰撞基础上对遵守规则的补充。正当地背离规则是规则所允许的,也是规则所期望和要求的。但是,允许背离规则并不是《规则》灵活性的体现,背离规则是有严格的条件限制的,只有满足背离的条件,才能背离规则采取行动。“协议背离规则”并不是背离规则的行为,应当禁止。

四、可以背离的条款

背离规则并不是指背离《规则》所有条款的规定,而仅仅是指背离《规则》所适用的某些或某一条款的具体规定。可以背离的条款通常仅仅是《规则》中有关船舶航行规则和采取避碰行动规则的具体规定,例如《规则》第九条第 1 款规定的“狭水道右行规则”和第十四条第 1 款规定的“对遇局面右转规则”等条款。在背离某些或者某一条款的具体规定时,对《规则》其他条款的规定仍然必须严格遵守,诸如保持正规瞭望、以安全航速行驶、正确判断碰撞危险、显示相应的号灯、号型和正确鸣放声号等条款,在任何情况下均不得背离。

五、背离《规则》的时机

根据前述的分析,可能需要背离《规则》的情况包括三种,一种是存在航行的危险(dangers of navigation）；一种是碰撞的危险（dangers of collision）；一种是包括当事船舶的条件限制在内的特殊情况。

根据第十一章第三节对"碰撞危险"的含义分析可知，形成紧迫局面、导致紧迫局面和紧迫危险可以统称为"danger of collision"。

而根据背离《规则》的目的看，背离的目的是为了避免紧迫危险。

综合上述分析可知，准许某一船背离《规则》的时机应当是该船与另一船临近到即将构成紧迫危险之时或正在形成紧迫危险之时。

六、背离的注意事项

1. 背离《规则》是一项义务

《规则》准许船舶在必要时背离《规则》采取行动，但每一船不能将这种准许仅仅视为一种授权，而应当将其看作一种避碰义务。船舶在应当背离规则采取行动而没有背离《规则》采取行动而导致碰撞的，也将被认为是一种对遵守《规则》的疏忽。

如图 14-3-1 所示，A 轮、B 轮在浓雾中贸然进入某狭水道弯段，该弯段可航水域宽度

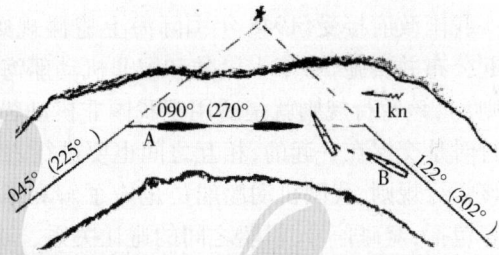

图 14-3-1　A 轮与 B 轮碰撞案

约100 m，A 轮逆水（涨潮流 1.0 kn），航行在航道中央，B 轮顺水航行，船位偏向航道左侧，两船互见时距离 100 m 左右，B 轮立即右满舵，企图横越来船航向线，驶回航道右侧，回转过程中在流的作用下见船身有打横的趋势，又令停车、倒车，企图使船位仍保持在航道左侧，结果 A 轮以 90°碰撞角撞入 B 轮左舷中部。据事故分析结论，B 轮在紧迫危险情况下，若背离《规则》左转与 A 轮保持异向平行航向，可右舷对右舷安全通过。因此，B 轮没有背离《规则》采取行动，被认为是一种过失。B 轮船长"我宁可左舷让它撞烂，也不让右舷擦破皮"这种观点，实际上是没有充分正确理解《规则》的含义。在这种情况下，B 船采取背离《规则》的行动，正是《规则》所期望的，也是规则所要求的①。

2. 背离《规则》采取行动必须符合良好船艺的要求

船舶在背离《规则》采取行动时，其所采取的行动必须符合良好船艺的要求。如采取的背离《规则》的行动也不能避免碰撞，则该行动应当能够减轻碰撞或者减少碰撞损失。

3. 不能借口《规则》准许背离而随意违背《规则》

如前所述，背离《规则》是有严格的条件限制的，不能借口《规则》准许背离而随意违背《规则》。在不具备背离《规则》的条件下，协议背离也是不符合《规则》要求的。例如，对遇局面中的两船协议各自向左转向也是违反《规则》的行为。但是，协议避碰并不等于协议背离，在很多情况下，《规则》对两船的具体避碰行为未作明确规定。此时，两船在《规则》准许的框架内协调两船之间的具体避碰行动，属良好船艺的做法，并不违反《规则》。

---

① 王敬全,刘志刚.背离条款和背离操纵问题探讨.《中国航海》.1998(1):第 80 页。

第四节　各种特殊情况下的避碰

船舶的海上航行环境复杂多变,船舶的海上避碰行为会受到各种特殊情况的限制。因此,《规则》第二条第2款要求,在解释和遵行《规则》条款时应当充分考虑一切航行和碰撞的危险以及任何特殊情况。在这些特殊情况下,海员需要依据《规则》的精神和原则以及海员通常做法,结合水域的特殊情况和特殊规则,运用良好船艺采取适当和有效的避碰行动。

一、《中华人民共和国非机动船舶海上安全航行暂行规则》简介

我国政府接受《1948 年国际海上避碰规则》时对我国的非机动船作了保留,并自 1958 年起公布并实施《中华人民共和国非机动船舶海上安全航行暂行规则》(以下简称《非机动船规则》),该暂行规则就是适用于我国非机动船的海上避碰规则。机动船和非机动船在海上航行时是交混在一起的,相互之间也要进行避让,因此,不仅我国非机动船船员应了解和掌握该暂行规则,我国机动船船员也应了解和掌握该暂行规则。《非机动船规则》共十条,其内容包括:避碰信号、帆船之间的避让关系、非机动船与非机动渔船之间的避让关系、非机动船与非机动船之间的避让关系和遇险信号等。

(一)适用范围

《非机动船规则》仅适用于我国的非机动船,且适用的水域为任何的水域。该规则所指的非机动船是指"凡使用人力、风力、拖力的非机动船",包括使用拖力的非机动船。

(二)避碰信号

因我国多数海上非机动船结构简陋、设备有限,不能完全遵守《规则》有关显示信号的规定,因此《非机动船规则》依据我国非机动船的实际情况规定了简而易行的避碰信号。

1. 非机动船号灯

《非机动船规则》第二条规定:"非机动船在夜间航行、停泊的时候,应当在容易被看见的地方,悬挂明亮的白光环照灯一盏。如果因天气恶劣或者受设备的限制,不能固定悬挂白光环照灯,必须将灯点好放在手边,以备应用;在与他船接近的时候,应当及早显示灯光或者手电筒的白色闪光或者火光,以防碰撞。非机动船已经设置红绿舷灯、尾灯或者使用合色灯的,仍应继续使用。"

2. 非机动渔船信号

《非机动船规则》第三条规定:"非机动渔船,在白昼捕鱼的时候,应当在容易被看见的地方,悬挂竹篮一只,当发现他船驶近的时候,应当用适当信号指示渔具延伸方向;使用流网的渔船,还要在流网延伸末端的浮子上,系小红旗一面;在夜间捕鱼的时候,应当在容易被看见的地方,悬挂明亮的白光环照灯一盏,当发现他船驶近的时候,向渔具延伸方向,显示另一白光。"

3. 非机动船雾号

《非机动船规则》第四条规定:"非机动船在有雾、下雪、暴风雨或者其他任何视线不清楚的情况下,不论白昼或者夜间,都应执行下列规定:(一)在航行的时候,应当每隔约一分

钟,连续发放雾号响声(如敲锣、敲梆、敲煤油桶、吹螺、吹雾角、吹喇叭等)约五秒钟;(二)在锚泊的时候,如果听到来船雾号响声,应当有间隔地、急促地发放响声,以引起来船注意,直到驶过为止;(三)在捕鱼的时候,也应当依照前两项规定执行。"

4.非机动船的遇险信号

《非机动船规则》第九条规定:"非机动船在海上遇难,需要他船或者岸上援助的时候,应当显示下列信号:(一)用任何雾号器具连续不断发放响声;(二)连续不断燃放火光;(三)将衣服张开,挂上桅顶。"

(四)避让责任关系

1.帆船间的避让责任

《非机动船规则》第五条规定:"两艘帆船相互驶近,如有碰撞的危险,应当依照下列规定避让:(一)顺风船应当避让逆风打抢、掉抢的船;(二)左舷受风打抢的船应当避让右舷受风打抢的船;(三)两船都是顺风,而在不同船舷受风的时候,左舷受风的船应当避让右舷受风的船;(四)两船都是顺风,而在同一船舷受风的时候,上风船应当避让下风船;(五)船尾受风的船应当避让其他船舷受风的船。"

2.非机动船与非机动渔船间的避让责任

《非机动船规则》第六条规定:"在航行中的非机动船,应当避让用网、曳绳钓或者拖网进行捕鱼作业的非机动渔船。"

3.非机动船与机动船间的避让责任

《非机动船规则》第八条规定:"非机动船与机动船相互驶近,如有碰撞危险,机动船应当避让非机动船。"而第七条规定:"非机动船应当避让下列机动船:(一)从事起捞、安放海底电线或者航行标志的机动船;(二)从事测量或水下工作的机动船;(三)操纵失灵的机动船;(四)用拖网捕鱼的机动船;(五)被追越的机动船。"

二、内河避碰规则简介

船舶在我国内河通航水域航行时,根据《规则》第一条第 2 款的规定,应当首先遵守内河避碰规则的规定。现将我国现行有效的内河避碰规则中的特殊规定介绍如下。

(一)内河避碰规则概况

我国现行有效的《中华人民共和国内河避碰规则》(以下简称《内规》),是经 1991 年、2003 年修订后的《内规》,共分五章(四十九条)并有三个附录,其内容结构如表 14-4-1 所示。

(二)行动通则

《内规》第二章第一节是内河航行和避让的总原则的规定。

1.航行原则

《内规》第八条第 1 款规定:"机动船航行时,上行船应当沿缓流或者航道一侧行驶,下行船应当沿主流或者航道中间行驶。但在潮流河段、湖泊、水库、平流区域,任何船舶应当尽可能沿本船右舷一侧航道行驶。"《内规》第八条第 2 款规定:"设有分道通航、船舶定线制的水域,必须按照有关规定航行和避让。两船对遇或者接近对遇应当互以左舷会船。"

表 14-4-1 《中华人民共和国内河避碰规则》的结构

第一章 总则
（共五条）
- 第一条 宗旨
- 第二条 适用范围
- 第三条 责任
- 第四条 特别规定
- 第五条 定义

第二章 航行和避让（共二十二条）

第一节 行动通则（共四条）
- 第六条 瞭望
- 第七条 安全航速
- 第八条 航行原则
- 第九条 避让原则

第二节 机动船相遇，存在碰撞危险时的避让行动（共十一条）
- 第十条 机动船对驶相遇
- 第十一条 机动船追越
- 第十二条 机动船横越和交叉相遇
- 第十三条 机动船尾随行驶
- 第十四条 客渡船与其他机动船相遇
- 第十五条 机动船在干、支流交汇水域相遇
- 第十六条 机动船在汊河口相遇
- 第十七条 机动船与在航施工的工程船相遇
- 第十八条 限于吃水船的海船相遇
- 第十九条 快速船相遇
- 第二十条 机动船掉头

第三节 机动船、人力船、帆船、排筏相遇，存在碰撞危险时的避让行动（共二条）
- 第二十一条 机动船与人力船、帆船、排筏相遇
- 第二十二条 帆船、人力船、排筏相遇

第四节 船舶在能见度不良时的行动及其他（共五条）
- 第二十三条 船舶在能见度不良时的行动
- 第二十四条 靠泊、离泊
- 第二十五条 停泊
- 第二十六条 渔船捕鱼
- 第二十七条 失去控制的船舶

第三章 号灯与号型（共十四条）
- 第二十八条 一般定义
- 第二十九条 在航的机动船
- 第三十条 在航的船队
- 第三十一条 在航的人力船、帆船、排筏
- 第三十二条 工程船
- 第三十三条 掉头
- 第三十四条 停泊
- 第三十五条 搁浅
- 第三十六条 装运危险货物
- 第三十七条 要求减速
- 第三十八条 渔船
- 第三十九条 失去控制的船舶
- 第四十条 船舶眠梡
- 第四十一条 监督艇和航标艇

第四章 声响信号（共五条）
- 第四十二条 声响信号设备
- 第四十三条 声号的定义
- 第四十四条 船舶相遇时声号的应用
- 第四十五条 能见度不良时的声响信号
- 第四十六条 甚高频无线电话

第五章 附则（共三条）
- 第四十七条 附录
- 第四十八条 解释机关
- 第四十九条 生效

附录一 号灯和号型的技术要求
附录二 声响设备的技术要求
附录三 遇险信号

2.避让原则

《内规》第九条第1款规定:"船舶在航行中要保持高度警惕,当对来船动态不明产生怀疑,或者声号不统一时,应当立即减速、停车,必要时倒车,防止碰撞。采取任何防止碰撞的行动,应当明确、有效、及早进行,并运用良好驾驶技术,直至驶过让清为止。"同时为了保证会遇船舶之间行动的协调,使避碰行动达到预期的效果,《内规》第九条第2、3、4款还规定:"船舶在避让过程中,让路船应当主动避让被让路船;被让路船也应当注意让路船的行动,并按当时情况采取行动协助避让。在任何情况下,在长江干线航行的客渡船都必须避让顺航道或河道行驶的船舶。两机动船相遇,双方避让意图经声号统一后,避让行动不得改变。"

(三)机动船之间的避让行动

《内规》第二章第二节针对机动船会遇的各种局面,对机动船间的避让行动做出了具体规定。

1.对驶相遇

《内规》第十条规定:"两机动船对驶相遇时,除本节另有规定外:(一)上行船应当避让下行船,但在潮流河段,逆流船应当避让顺流船;在湖泊、水库、平流区域,两船中一船为单船,而另一船为船队时,则单船应当避让船队。(二)在潮流河段、湖泊、水库、平流区域,两船对遇或者接近对遇,除特殊情况外,应当互以左舷会船。(三)机动船驶近弯曲航段、不能会船的狭窄航段,应当按规定鸣放声号,夜间也可以用探照灯向上空照射以引起他船注意,遇到来船时,按本条(一)、(二)项规定避让,必要时上行船(潮流河段的逆流船)还应当在弯曲航段或者不能会船的狭窄航段下方等候下行船(潮流河段的顺流船)驶过。"

2.追越

《内规》第十一条规定:"一机动船正从另一机动船正横后大于22.5度的某一方向赶上、超过该船,可能构成碰撞危险时,应当认定为追越,并应当遵守下列规定:(一)在狭窄、弯曲、滩险航段、桥梁水域和船闸引航道禁止追越或者并列行驶。(二)在可以追越的航道中,追越船必须按规定鸣放声号,并取得前船同意后,方可以追越。(三)在追越过程中,追越船应当避让被追越船,不得和被追越船过于逼近,禁止拦阻被追越船的船头。(四)被追越船听到追越船要求追越的声号后,应当按规定回答声号,表示是否同意追越。在航道情况和周围环境允许时,被追越船应当同意追越船追越,并应当尽可能采取让出一部分航道和减速等协助避让的行动。"

3.横越和交叉相遇

《内规》第十二条规定:"机动船在横越前应当注意航道情况和周围环境,在确认无碍他船行驶时,按照规定鸣放声号后,方可以横越。除本节另有规定外,机动船横越和交叉相遇时,应当按下列规定避让:(一)横越船都必须避让顺航道或河道行驶的船,并不得在顺航道行驶的船前方突然和强行横越。(二)同流向的两横越船交叉相遇,有他船在本船右舷者,应当给他船让路。(三)不同流向的两横越船相遇,上行船应当避让下行船,但在潮流河段逆流船应当避让顺流船。(四)在平流区域两横越船相遇,上行船应当避让下行船;同为上行或者下行横越船时,有他船在本船右舷者,应当给他船让路。(五)在湖泊、水库两船交叉相遇,有他船在本船右舷者,应当给他船让路。"

4. 尾随行驶

《内规》第十三条规定:"机动船尾随行驶时,后船应当与前船保持适当距离,以便前船突然发生意外时,能有充分的余地采取避免碰撞的措施。"

5. 客渡船与其他顺航道或河道行驶机动船相遇

《内规》第十四条规定:"在长江干线航行的客渡船与其他顺航道或河道行驶的机动船相遇,客渡船都必须避让顺航道或河道行驶的船舶,并不得与顺航道或河道行驶的船舶抢航、强行追越或者强行横越或掉头。两渡船相遇时,应当按本节各条规定避让。"

6. 在干、支流交汇水域相遇

《内规》第十五条规定:"机动船驶经支流河口,在不违背第八条规定的情况下,应当尽可能地绕开行驶,除在平流区域外,两机动船在干、支流交汇水域相遇时,应当按下列规定避让:(一)从干流驶进支流的船,应当避让从支流驶出的船。(二)干流船同从支流驶出的船同一流向行驶,干流船应当避让从支流驶出的船。(三)干流船同从支流驶出的船不同流向行驶,上行船应当避让下行船,但在潮流河段逆流船应当避让顺流船。两机动船在平流区域进出干、支流交汇水域相遇时,有他船在本船右舷者,应当给他船让路。"

7. 在汊河口相遇

《内规》第十六条规定:"两机动船在汊河口相遇,同一流向行驶时,有他船在本船右舷者,应当给他船让路;不同流向行驶时,上行船应当避让下行船,但在潮流河段逆流船应当避让顺流船。"

8. 其他规定

(1)《内规》第十七条(机动船与在航施工的工程船相遇)规定:"不论本节有何规定,机动船与在航施工的工程船相遇,机动船应当避让在航施工的工程船。"

(2)《内规》第十八条(限于吃水的海船相遇)规定:"在长江干线航行的客渡船都必须避让限于吃水的船舶。限于吃水的海船(该类船舶的实际吃水在长江定为 7 m 以上,珠江定为 4 m 以上)遇有来船时,应当及早发出会船声号。除第十七条外,不论本节有何规定,来船都必须避让限于吃水的船舶并为其让出深水航道。两艘限于吃水的船舶相遇时,应当按本节各条规定避让。"

(3)《内规》第十九条(快速船相遇)规定:"快速船在航时,应当宽裕地让清所有船舶。两快速船相遇时,应当按本节各条规定避让。"

(4)《内规》第二十条(机动船掉头)规定:"机动船或者船队在掉头前,应当注意航道情况和周围环境,在无碍他船行驶时,按规定鸣放声号后,方可以掉头。过往船舶应当减速等候或者绕开正在掉头的船舶行驶。"

(四)机动船、非机动船的避让行动

《内规》第二章第三节规定了机动船、人力船、帆船、排筏相遇存在碰撞危险时的避让行动。

1. 机动船与非机动船的避让

《内规》第二十一条(机动船与人力船、帆船、排筏相遇)规定:"除快速船外,机动船与人力船、帆船、排筏相遇时,船舶、排筏均应当遵守下列规定:(一)机动船发现人力船、帆船有

碍本船航行时,应当鸣放引起注意和表示本船动向的声号。人力船、帆船听到声号或者见到机动船驶来时,应当迅速离开机动船航路或者尽量靠边行驶。机动船发现与人力船、帆船距离逼近,情况紧急时,也应当采取避让行动。(二)人力船、帆船除按当地主管部门规定的航线航行外,不得占用机动船航道或航路。(三)人力船、帆船不得抢越机动船船头或者在航道上停桨流放,不得驶进机动船刚刚驶过的余浪中去,不得在狭窄、弯曲、危险航段、桥梁水域和船闸引航道妨碍机动船安全行驶。(四)人工流放的排筏见到机动船驶来,应当及早调顺排身,以便于机动船避让。"

2. 帆船与其他非机动船的避让

《内规》第二十二条(帆船、人力船、排筏相遇)规定:"帆船、人力船、排筏相遇,按下列规定避让:(一)两帆船相遇,顺风船应当避让抢风船;两船都是顺风船或者抢风船,左舷受风船应当避让右舷受风船;两船同舷受风,上风船应当避让下风船。(二)帆船应当避让人力船。(三)帆船、人力船都应当避让人工流放的排筏。"

(五)船舶在能见度不良时的行动

《内规》第二章第四节之第二十三条,对船舶在能见度不良时的行动做出如下规定:"船舶在能见度不良的情况下航行,应当以适合当时环境和情况的安全航速行驶,加强瞭望,并按规定发出声响信号。装有雷达设备的船舶测到他船时,应当判定是否存在着碰撞危险。若是如此,应当及早地与对方联系并采取协调一致的避让行动。除已判定不存在碰撞危险外,每一船舶当听到他船雾号不能避免紧迫局面时,应当将航速减到能维持其航向操纵的最低速度。无论如何,每一船舶都应当极其谨慎地驾驶,直到碰撞危险过去为止,必要时应当及早选择安全地点锚泊。"

三、渔区航行时对渔船的避碰

根据《规则》第十八条的规定,机动船、帆船在航时应当给从事捕鱼的船舶让路。为了做好避让从事捕鱼的船舶的工作,防止碰撞事故的发生,必须首先了解从事捕鱼的船舶的特点,认真识别其显示的号灯和号型,及时辨别出其捕鱼作业的方式,正确判明其动向,并按《规则》的规定及早采取避让行动。

(一)渔船在捕鱼作业时的特点

(1)聚集性和季节性。由于渔场的固定性和鱼汛期的集中性,大量渔船常常集中出现在沿海某一通航水域,尤其是拖网渔船更是如此。在鱼汛期间渔船群集渔场,其范围有时可达数十海里。

(2)号灯不易识别。从事捕鱼的船舶除按《规则》规定显示相应的号灯或号型外,当它们邻近在一起捕鱼时,还将显示额外的信号,或者它们自定的相互联系的信号。因此,在渔船群集的渔场内,灯光闪烁,比比皆是,在有的情况下甚至使其号灯混乱、不易识别。再加上受作业现场照明用的强光灯干扰,有时很难依据号灯的显示来判断渔船的动态。

(3)渔具种类多,伸出方向和长度难以确定。常见的渔具有拖网、流网、围网、张网、绳钓等。这些渔具的尺度相差大,使用方式不同,但他船舶往往难以识别其伸出的方向和作业的方式。

(4)动态不规律,不易预测。因捕鱼作业的需要,渔船的航向和航速缺少定常性,有时甚至突然掉头,加速冲向驶近的大船。

（5）不易被及早发现。小型渔船尺度小，尤其是木质渔船，雷达反射性能差，难以及早用视觉和雷达观察到。

（6）难以用 VHF 沟通。渔船使用的 VHF 的频率与商船所使用的 VHF 的频率不同，因此，商船与渔船之间用 VHF 难以沟通。

（二）在驶近渔区时的避碰戒备

在通过渔区时，尤其是在鱼汛季节通过渔区时，应当事先做好航次计划，尽量避开渔船密集区域。进入渔区时，应当做好如下避碰戒备。

（1）在驶入渔区之前，应了解渔区周围的情况，掌握水域的水文资料，认真观测渔区内渔船的范围和分布情况，避免驶入渔船密集的地方，一旦误入渔船密集区，应备车、减速行驶。

（2）进入渔区之前要了解渔区周围渔船的密集程度、作业方式和分布情况等。接近渔区时要用视觉和雷达观测渔船的集聚范围。如果渔船密集程度大，在可航水域许可时，大船应当绕过渔区，避免驶入渔船密集水域。如不得不穿越渔区，应酌情选择渔船相对较少的水域穿越，必要时备车航行。

（3）进入渔区时应当合理安排值班，加强瞭望，必要时加派瞭头；改用手操舵；必要时将机器做好随时操纵的准备。

（4）备好 VHF 以及声响和灯光信号设备，需要时，积极使用。

（三）各类渔船的作业特点及其避让方法

船舶在驶近渔船时，应当尽可能地依据渔船种类和作业方式避让渔船及其渔具。

1. 拖网渔船作业特点及避让方法

（1）拖网渔船的作业特点

拖网是一种流动的过滤性渔具，其作业方式是利用渔船前进时的拖曳移动，迫使鱼类进入网具，以达到捕捞的目的。拖网的方式通常有双船拖网和单船拖网两种。

①双船拖网

双船拖网方式也称为对拖方式，拖网时两渔船中间保持一定距离合拖一个渔具进行捕捞作业。这种捕捞方式，主要是捕捞水中底层和中层的鱼群，作业水深在 100 m 之内，拖网时的船速为 3 kn 左右。天气较好、风力在 3～5 级时，渔船多顺流拖网。风浪较大时，则采取顺风拖网的方

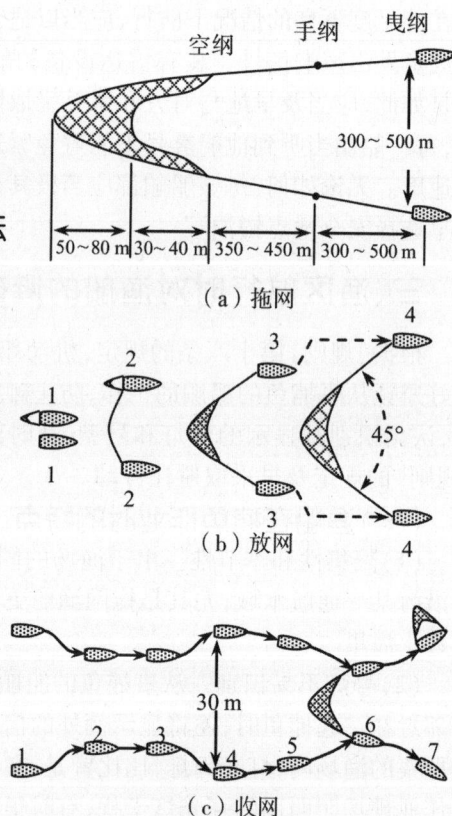

图 14-4-1　双船拖网捕鱼作业过程

法。在对拖的两艘渔船中，一艘为主船或称为头船。另一艘为副船，也称之为二船。主船上的船长负责这两船的指挥、联络等工作。双船拖网的方式、两船的间距、网长和收放网步骤，如图 14-4-1 所示。

②单船拖网

单船拖网是由一艘渔船单独拖曳网具捕捞鱼类的作业方法。拖网在船尾的称尾拖,在船一舷的称舷拖。

尾拖是单船拖网作业的主要形式,它不受潮流的限制。拖网时的船速约为 4 kn,最大速度可达 6 kn。适用于在远洋深水 100 m 以上的区域进行捕捞作业。拖网的方式、网具的结构如图 14-4-2 所示。

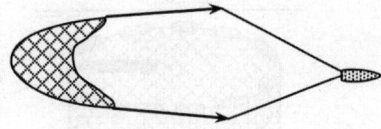

图 14-4-2　单船拖网捕鱼作业

拖网渔船在收、放网时,船员群集在甲板上,夜间甲板灯全部打开。

(2)避让拖网渔船的要点

避让双船拖网渔船应在其船尾或两船外舷不少于 0.5 n mile 外驶过,不得从两船中间穿过。当发现两船背向行驶准备放网时,应从两船上风流一侧驶过。

避让单船拖网渔船时,应从其船尾 1 n mile 之外通过。应注意单船舷拖渔船放网的一舷,如发现其航向不定,则是在放网或收网。

2. 流网渔船作业特点及避让方法

(1)流网捕鱼作业船的特点

流网又称流刺网,由若干长方形网片连接而成,网片长 10～15 m,高 1～6 m。网具依靠浮沉子的作用将网具直立于水中。当鱼群洄游时,缠上网具而被捕获。这种捕鱼方式多为捕获水中中上层鱼群使用。

流网船收、放操作通常在早晨或傍晚进行。放网多数是采用偏顺风或偏顺流时进行,放网结束后,使网列方向与主流成 75°～90°角。大型流网可伸出 2 n mile 以上,在白天可以看到泡沫塑料或玻璃的浮子和许多小浮标,并在一定间隔插有小旗,夜间在网端部的杆子上挂有闪光电池灯或煤油灯。

流网船放网结束后,网绳固定在船首端,船和网随风、流漂移,网在船首方向,如图 14-4-3 所示。

(2)避让流网捕鱼作业船的要点

流网渔船带网漂流时,网在其船首方向,避让时应从其船尾通过,绝不应在其船首和网上通

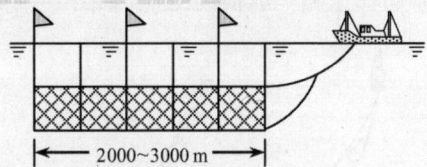

图 14-4-3　流网捕鱼作业

过。如果想从其船首网的端部通过时,应在认清网端标杆后,再绕行。当流网船正在放网时,不要在其船首或船尾处通过,最好与他船保持一定距离,从其船侧平行驶过。

3. 围网渔船作业特点及避让方法

(1)围网捕鱼船的作业特点

围网捕鱼是利用巨大的长带形网具围捕水中中上层鱼群的捕鱼方式,通常用灯光诱集鱼群后进行围网捕鱼作业。白天视线良好时,可在水面上看到其网具的浮子。围网捕鱼方式通常有大型围网、风网和围缯网捕鱼方式。

①大型围网

大型围网由 2～3 艘机动船一起进行作业。开始时,三船成三角形分散,灯光船把水上、

水下灯光全部打开诱鱼,当鱼群被诱集后,由网船放网把鱼群和灯光船全部围起来。然后,灯光船将灯熄灭驶到围网外,最后开始收网,如图14-4-4所示。

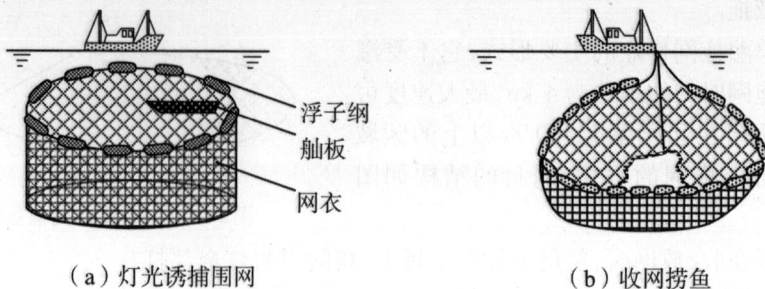

（a）灯光诱捕围网　　　　　　　　　（b）收网捞鱼

图14-4-4　大型围网作业

围网船放、收网时,渔船及舢板分别在围网的附近,围网长800~1000 m,有的长达1200 m。这种捕鱼方式适合于60~80 m水深的渔场。

单船围网作业多为左舷放网,船首方向选择的基本原则是:当放网结束后,使围网船左舷受风右舷受流。放网时一般用慢、中速,很少用快车。捕鱼作业时,起放网约需1小时,灯光诱鱼约需3小时。

②风网

风网多用于木帆船,网呈带状,长约300 m,纲绳长150 m。由单船或双船作业,一般顺风逆流放网,放网后渔船和网皆随风漂流,如图14-4-5所示。

③围缯网

围缯网多用于机帆船,用于围捕小黄鱼和带鱼。网长约400 m,纲绳长150 m。由双船作业,分张口、包围和拖曳3个步骤。起网时由副船在主船一舷横向拖带,如图14-4-6所示。

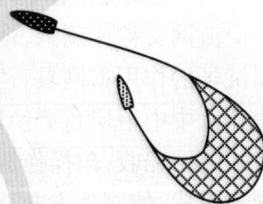

图14-4-5　风网作业

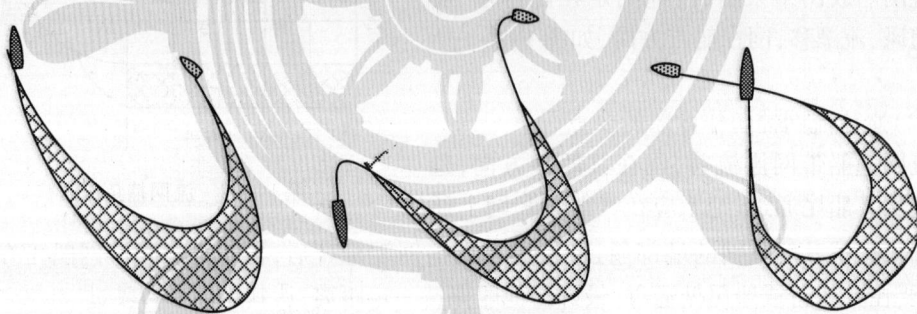

图14-4-6　围缯网捕鱼作业

（2）避让围网渔船的要点

避让灯诱围网渔船时应从其上风流侧不少于0.5 n mile外驶过,避让围缯网渔船时离渔船也应不小于0.5 n mile。

4. 张网渔船作业特点及避让方法

(1)张网渔船的作业特点

张网捕鱼属于定置渔具的捕鱼方式,在近岸浅水急流区域作业。网架用桩或以渔船拖锚来固定,利用潮汐急流时使网张开,鱼虾随急流冲入网内,水流速度转缓时收网,如图14-4-7 所示。

(2)避让张网渔船的要点

发现张网渔船时,应与其保持一定距离驶过。

5. 延绳钓渔船的作业特点及避让方法

(1)延绳钓渔船的作业特点

延绳钓具由干线、支线和钩组成,每一干线上结附一定数量等距离的支线。每一支线末端系有带饵的钓钩,利用浮子和沉子将其悬浮于一定水层,如图14-4-8 所示。干线的长度一般为100~500 m,支线的长度和间距为0.5~4 m。延绳钓渔船到达渔场后,由母船放下舢板,敷设延绳钓进行作业。浮延绳钓具是随着潮流漂移,定置延绳钓具是用锚或沉石固定。

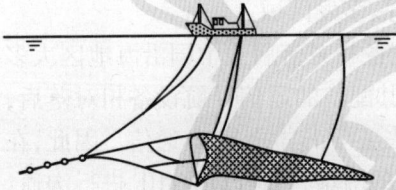

图 14-4-7 张网捕鱼作业　　　　　图 14-4-8 延绳钓捕鱼作业

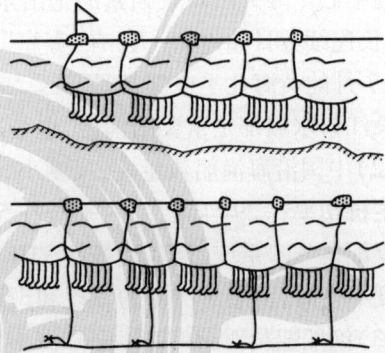

(2)避让延绳钓渔船的要点

避让延绳钓渔船时,因其钓具从船尾放出,故应从其船尾 1 n mile 外通过。

6. 捕鲸船作业特点及避让方法

(1)捕鲸船的作业特点

捕鲸船的船首特别高,装有捕鲸炮,炮座前盘有随炮发射的曳绳,捕鲸时发炮击中鲸并使曳绳把鲸挂连。被击中的鲸将带着捕鲸船在海上随意行驶直至鲸无力游动而被捕获。捕鲸船速度较快,在它的桅杆上设有瞭望台以便搜寻鲸。有时为了避免机器噪声惊跑鲸,而停车靠近并伺机发炮射击。

(2)避让捕鲸船的要点

避让捕鲸船时,应密切注视其动态,尽可能保持较大的间距,必要时采取减速的行动。

(四)中国沿海主要渔区分布、特点和避让

1. 中国沿海主要渔区分布及休渔期

我国具有漫长的海岸线,渔区分布极为广泛。毫不夸张地讲,我国沿海基本上都是渔

区。随着近年来我国沿海实行伏季休渔制度,我国沿海渔区从时间上可以分为三大渔区,即东、黄海渔区,南海渔区和闽粤交界海域渔区。这三个渔区的休渔期情况如下。

(1)东、黄海渔区:北纬 35°以北海域,休渔时间为每年的 7 月 1 日 12 时至 9 月 16 日 12 时,休渔作业类型为拖网和帆张网作业;北纬 35°~26°30′海域,休渔时间为每年的 6 月 16 日 12 时至 9 月 16 日 12 时,休渔作业类型为拖网(桁杆拖虾暂时除外)和帆张网作业;北纬 26°30′以南的东海海域,休渔时间为每年的 6 月 1 日 12 时至 8 月 1 日 12 时,休渔作业类型为拖网和帆张网作业。

(2)南海渔区:北纬 12°以北的南海海域(包括北部湾),休渔时间为每年的 6 月 1 日 12 时至 8 月 1 日 12 时,休渔作业类型为除刺网和笼捕外的其他所有作业类型。

(3)闽粤交界海域渔区:北纬 22°30′~23°30′、东经 117°~120°的闽粤交界海域,休渔时间为每年的 6 月 1 日 12 时至 8 月 1 日 12 时,除执行东海、南海有关休渔规定外,所有灯光围网作业同时实行休渔。

2. 中国沿海渔区及渔船特点

(1)中国沿海渔区多雾。中国黄海中部和南部、长江口至舟山群岛、北部湾是三个相对多雾的中心。雾天出现最频繁的是山东半岛南部成山头和石岛一带的海面,年雾日超过 80 天,最长连续雾日超过 25 天,有"雾窟"之称。从范围看,舟山群岛一带的雾区宽约 400 km,而 6~7 月的黄海几乎全部都是雾区。在这些多雾海区中,老铁山水道、成山头海域、舟山群岛及长江口水域都是重要的渔区,也是碰撞渔船事故多发区域。

(2)中国沿海渔船数量多、尺度小、通导设备配备相对落后。中国沿海地区大多数捕鱼船的主机功率在 294 kW 以下,船长在 50 m 以下,其配备的通信导航设备相对落后,大量渔船没有配备 AIS 系统,且其配备的 VHF 与商船无法进行正常的 VHF 通信。因此,在夜间和能见度不良时,商船对渔船的发现和识别存在一定的困难,且难以用 VHF 进行沟通。

(3)渔船船员对《1972 年国际海上避碰规则》的理解不甚全面。中国沿海渔船大多数是个体经营,船员文化程度普遍偏低,缺乏系统的航海理论知识学习及培训,对船舶的操纵性能缺乏全面的了解,对船舶助航仪器的功能和工作原理缺乏全面认识,对《1972 年国际海上避碰规则》的理解不甚全面。

(4)在休渔期结束后,该区域的渔船成群结队驶往渔场,渔船数量多而且较为集中,成千上万的渔船集中在开禁捕鱼水域。而且,渔民经过两个多月的休渔,一旦开海就忙于创收,容易忽略海上风险的存在。一方面,渔民为了争抢鱼汛多捕鱼,在开禁捕鱼的 20 天时间内,所有渔船拼命捕鱼,有时几昼夜不休息连续作业,几乎失去安全戒备;另一方面,渔船为争抢鱼汛多捕鱼,不惜违反《1972 年国际海上避碰规则》和其他航行规定,例如,在成山头附近水域,9 月份休渔期结束后,大量渔船在通航分道内逆行、小角度穿越分道通航制水域。在休渔期结束前,所有渔船将返港休渔,渔船往往是成群结队航行,所经水域的渔船密度大,且存在渔船不理会附近商船的情况。

(5)在鱼汛期间捕鱼,渔船往往根据鱼汛潮汐来捕鱼,几乎所有渔船均往同一方向行驶捕鱼;在夜间等候鱼汛潮汐期间,大量渔船凑在一起或锚泊或漂流,除少数渔船显示一盏桅灯外,多数渔船关停动力和电源。对于不开灯的渔船,附近的商船很难发现和识别这些渔船,极易造成触碰或绞缠渔网事故。

3. 在中国沿海渔区避让渔船的对策

在中国沿海航行的船舶,应当熟悉中国沿海休渔的规定,针对中国沿海渔区和渔船的特点,采取相应的对策,避免发生碰撞渔船的事故。具体的对策如下。

(1)在设计航线时应当充分考虑安全避让渔船。在设计航线前,应熟悉各个渔区和休渔期情况,了解所航经渔区及其周围环境、海上气象、潮汐潮流情况。如可行,航线应尽可能避开渔区,适当远离岸边航行,以避开或减少与渔船相遇,尽量避免驶入渔船密集的地方。如在所经水域有分道通航制,应当尽可能使用分道通航制,如在成山头和琼州海峡等水域附近应按通航分道航行;如没有分道通航制,应当尽可能使用海上的习惯主航路。海上的习惯主航路,一是离岸边距离适当,二是渔民了解,一般情况下极少有渔船在习惯主航路水域从事捕鱼,所以按习惯主航路航行,极大地减少了与作业捕鱼船相遇的机会。

(2)对渔船不遵守《1972 年国际海上避碰规则》和其他航行规定的情况要求充分的思想准备,加强瞭望,以安全航速行驶,对渔船尽可能采取早让、宽让。如前所述,由于渔船船员对《1972 年国际海上避碰规则》理解不甚全面、为争抢鱼汛多捕鱼等各方面的原因,渔船往往不遵守有关的航行、避碰规定,尤其是在休渔期结束后 20 天内更是如此,因此,商船船员对此应当有充分的思想准备。在瞭望方面,应当加强瞭望,及时开启雷达,必要时加派瞭头和请船长上驾驶台亲自指挥操纵船舶;在安全航速方面,应当保证在任何时候均以适合当时环境和情况的安全航速行驶,在接近渔船密集区时,应提前通知机舱备车、减速航行;在避让方面,应当严格遵守避碰规则"早、大、宽、清"的要求等。

(3)在休渔期结束前和休渔期开始前,成千上万的渔船一起驶往渔区或返港,渔船与商船交会局面急剧增加,商船不但应当保持高度戒备,而且应当根据渔船成群结队朝一个方向航行的特点,及早制定避让方案,充分注意到渔船不愿让商船穿插其间的情况,尽可能避免从渔船船对中间穿越,避免发生碰撞事故。

(4)在休渔期结束后的最初一段时间内,渔船为争抢鱼汛多捕鱼,违反航行、避碰规定的情况大大增加,商船在渔区航行时,航行船舶应当及时收听海事管理机构、交管中心(VTS)、海岸电台等播发安全提醒信息,了解渔船动态,及时避让渔船。

(5)在鱼汛季节,商船应当尽可能了解鱼汛潮汐和潮流的情况和渔船捕鱼的方式,掌握渔船捕鱼的交通流总流向,并提前制定相应的避让方案。如从渔船渔具伸出方向通过,应注意避开渔船渔具,避免渔船为保护渔具而采取一些过激措施而与商船发生碰撞。在渔船密集区域,应当通过雷达观察等手段,找出渔船相对稀少的水域,谨慎操纵船舶从该水域通过,避免船舶进入渔船密集区域而发生危险。

(五)避让从事捕鱼船的注意事项

在避让从事捕鱼的船舶时,在让清渔船的同时,还应让清渔船所使用的渔具。在避让中,应当注意如下事项:

(1)在渔区行驶时应特别注意渔船的动向和其网具的伸展方向,避让渔船的同时让过渔具,以免渔船为保护渔具突然朝大船冲来,大船躲避不及造成碰撞。

(2)在雾中应加强雷达瞭望,即使雷达上没有发现渔船,也应按章鸣放雾号。应特别注意在沿岸夜间不点灯的渔船,或者所显示的号灯不符规定的渔船。

(3)浙、闽、粤沿海一带的渔船受其风俗习惯的影响,常欲抢过大船的船头,在避让中应予以充分注意。

(4)一旦误入渔网或穿过渔网时,应立即停车淌航,以免渔网缠入螺旋桨。

(5)对于未从事捕鱼作业的机动渔船,尽管不属于"从事捕鱼作业的船舶",也不享有直航的权利,但应注意对此渔船上的驾驶员并不一定有清楚的认识,必要时应主动避让。

(6)渔船在使用国际信号简语时,单字母旗的意义如下:

G——我正在收网。

Z——我正在放网。

P——我的网已紧紧地挂在障碍物上。

T——我正在从事成对底拖捕鱼作业,避开我。或者用一长声表示。

四、分道通航制水域中的避碰

(一)分道通航制水域的特点

分道通航制一般设置在交通密度大的沿岸水域,以分隔相反的交通流。分道通航制水域往往具有如下特点:

(1)船舶的交通密度大;

(2)主要的交通流为顺着通航分道总流向的交通流,但不排除有进出、穿越通航分道的交通流;此外,一些船舶特别是小船和渔船,常常不能严格地遵守有关分道通航制的航法而违规航行。

(3)分道通航制水域往往制定有特殊规定,并且通常设立了船舶报告制,要求进入一定区域的船舶须向交管中心(VTS)报告船舶的相关信息。交管中心也会适时指导船舶的航行和避碰。

(4)在分道通航制的端部附近,其交通流往往十分复杂。

(二)分道通航制水域中的避碰要点

(1)在抵达分道通航制水域前,查阅有关的航海图书资料如《船舶定线制》《英版航海通告年度摘要》等,确定该分道通航制是否业已被 IMO 采纳,以便确定《规则》第十条是否适用;熟悉和掌握该分道通航制的特殊规定、习惯航法和通航情况,注意守听有关航行警告和指示。

(2)严格遵守船舶报告制度。在某些分道通航制水域,如多佛海峡、马六甲海峡以及我国的成山头分道通航制水域等,有关主管当局要求船舶在指定地点向有关部门报告诸如船名、船位、航向、航速、吃水、货物种类和性质、目的港等情况,以便有关部门对船舶实施动态安全管理。船舶在这种水域航行时,应遵守船舶报告制的规定,及时准确地向有关部门报告。

(3)在驶进、驶出相应通航分道或者穿越通航分道时,应当严格遵守特殊规则或《规则》第十条的规定;在相应通航分道行驶时,应与相应分道内的分隔线或分隔带保持明显可辨的距离。

(4)在分道通航制的端部及其附近的警戒区,船舶交会杂乱、频繁,需特别谨慎。在此水域追越他船时,要预先确认他船驶出分道后的可能转向情况,以决定从哪一舷追越。例如,若他船驶出分道后欲向右转向,则应避免从其右舷追越。

(5)尽管《规则》要求从事捕鱼的船舶、帆船和长度小于 20 m 的船舶负有不应妨碍的义务,但不能依赖这些船舶会及早地采取不妨碍行动,尤其是当存在碰撞危险时,每一船舶仍需积极地履行本船的避碰义务。

五、狭水道和岛礁区水域中的避碰

（一）狭水道和岛礁区的通航特点

（1）狭水道内，航道狭窄弯曲，水浅滩多甚而还有暗礁、沉船或渔栅等障碍物，水文气象条件多变，船舶交通密集。

（2）受到岛屿或其他船舶等遮挡，往往难以在较远距离发现来船，同时由于水域狭窄，航道复杂，因此船舶的操纵行动频繁，及早地判断相遇局面较为困难。

（3）船舶正常航行时相互间的距离相对较近，不允许在较远的距离采取避碰行动。并且可航水域小，转向避让操纵可能受到限制。

（4）船舶驾驶人员在值班过程中，既要保持船舶行驶在计划航线上，又要避让附近的船舶，定位和避让存在一定的矛盾。

（二）狭水道和岛礁区水域中的避碰要点

（1）在进入狭水道、岛礁区之前，应进行的全面调查，掌握相关的信息。全面的水道调查应从大比例尺海图、航路指南出发，结合潮汐表、气象资料以及船员实际操纵经验进行。一般应掌握狭水道水域附近的地形地貌，包括两岸山形岛屿岬角、岸滩、弯头角度、居间障碍，以及航行障碍物等；掌握狭水道内可航水域的水文情况。其中包括水流、流向、水深、可航宽度、最大可偏航距离，以及潮汐、潮流甚至洪峰等；掌握狭水道助航标志系统；掌握狭水道附近的风浪等自然情况，并配以适当风压差；掌握狭水道内的船舶交通状况，包括狭水道内航行船舶和锚地船舶的动态等。

（2）在进入狭水道、岛礁区之前，应当加强戒备，保持正规瞭望，使用安全航速，必要时备车、备锚航行。

（3）在航行过程中，尽量使船舶保持在计划航线上，以减少为避免航行危险所耗费的精力，以便留有足够的注意力发现和避让来船并在避让时能够充分利用可航水域的范围。

（4）在狭水道和岛礁区水域中存在推荐航线、推荐航路或双向航路等定线制措施时，应当充分利用并注意遵守相应的航法。

（5）在狭窄水道航行时要靠右行驶并注意当地的特殊规定。在来船违章等紧急情况下，若有必要应当果断背离《规则》。

（6）在采取避碰行动上，要充分考虑水域受限的环境和情况，必要时及时停车、倒车。在避让过程中，既要注意避让其他船舶，又要注意避免航行的危险。

六、多船同时会遇时的避碰

在多船同时会遇时，多艘船舶彼此之间形成了多重复杂的会遇关系，《规则》条款难以适用。因此，在多船同时会遇时，每一船舶应当审时度势，运用良好的船艺，谨慎采取避碰操纵，化解复杂会遇局面，驶过远离。

《规则》对具体会遇局面的规定基于一船与另一船会遇的态势，不能针对性地适用于一船同时与多船会遇的情况。因此，在一船同时与多船会遇时，无法完全适用《规则》有关会遇局面的具体规定。在此情况下，应当特别注意遵守下列各项：

（1）多船会遇并同时构成碰撞危险时，是一种特殊情况，每一船舶均应运用良好的船艺,及早采取行动,避免与他船形成紧迫局面。

（2）在采取行动时应当遵照《规则》中的原则性避碰要求,例如第八条第5款有关为了留有更多时间估计局面而减速、停车或倒车将船停住的规定;遵循良好船艺中的避碰协调原则,不仅要考虑与某一艘来船的协调,更要注重与多艘来船整体上的协调;遵循《规则》对具体会遇局面的规定所体现的海员通常做法,例如避让前方驶来的船舶时通常向右转向避让。

（3）针对其他多船相对于本船具有整体一致性的情况,可以将其他多艘船舶看成是一艘船舶,进而简化局面并参照《规则》对相应局面的规定做出避碰决策,一次性让清。

（4）针对其他多船相对于本船不具有整体性的情况,应当根据各艘来船的碰撞危险度,确定一艘重点船,按照先避让重点船的原则进行避让。

第十四章思考题

1. "疏忽条款"的含义和作用是什么?
2. "疏忽"的含义是什么?
3. 列举对遵守《规则》条款的疏忽的几种表现形式。
4. 何谓"海员通常做法"? 列举海员通常做法所要求的戒备上的疏忽的几种情况。
5. 列举特殊情况所要求的戒备上的疏忽的几种情况。
6. 试述背离《规则》条款的条件和目的。
7. 可能需要背离《规则》的情况有哪几种?
8. 《规则》中可以背离的条款有哪些? 哪些条款是不得背离的?
9. 渔船主要的捕鱼方式有哪些? 各有哪些特点? 应如何进行避让?
10. 机动船在避让从事捕鱼的船舶时应当注意哪些问题?
11. 试述《内规》有关航行原则和避让原则的要点。

船舶值班

第一节　船舶值班的目的和意义

一、概述

驾驶人员在船上的工作,不论是在航行还是在停泊期间,也不论是在海上还是在港内,主要体现为驾驶台值班或者甲板值班。为了做好值班工作、履行好值班职责,驾驶人员不仅应当熟练运用相关的专业知识和专业技能,还应当准确掌握国际、国内的各项相关规定与公认的值班原则和操作规程。本章主要从适于值班、航次计划及值班一般要求、不同环境和条件下的值班要求、驾驶与轮机联系制度等方面,介绍经马尼拉修正案修正的《1978 年海员培训、发证和值班标准国际公约》(以下简称《STCW 公约》,下文中除特别注明外,均指经马尼拉修正案修正后的《STCW 公约》)、《海员培训、发证和值班规则》(以下简称《STCW 规则》)、《2006 年海事劳工公约》(以下简称《劳工公约》)和《中华人民共和国海船船员值班规则》(以下简称《值班规则》)中与船舶值班有关的原则、规定和指导。

1978 年 7 月 7 日,国际海事组织(IMO)通过了有史以来第一个 STCW 公约。1980 年 6 月 8 日,我国政府向国际海事组织递交了批准 STCW 公约的文件,成为该公约的缔约国。STCW 公约于 1984 年 4 月 28 日起对我国生效。公约生效实施以来,对促进各缔约国海员素质的提高,保障海上人命、财产安全和保护海洋环境,有效控制人为因素对海上事故的影响等方面,都起到了积极作用。

为适应航海技术及航运业发展的需要,IMO 对 STCW 公约进行了多次修正。其中,1995 年修正案对公约的附则进行了全面修改,同时新制定了《STCW 规则》作为对公约附则的补充,该修正案于 1997 年 2 月 1 日生效。1995 年修正案在其附则中规定了值班应遵循的基本原则、关于值班的强制性标准(A 部分)和对值班的建议和指导(B 部分)。

2006 年,IMO 又开始对 STCW 78/95 修正案进行全面审查。STCW 公约修正案草案及其相关规则于 2010 年 6 月 21 日—25 日在菲律宾马尼拉召开的 STCW 公约缔约国外交大会上讨论通过,于 2012 年 1 月 1 日生效,该修正案称为《STCW 公约马尼拉修正案》。马尼拉修正案是对 STCW 公约的第二次全面修订,公约和规则的每个章节中都出现了许多重要的修改,在船舶值班方面也做出了相关的修订,如强化船员的休息时间制度、防止船员酗酒和滥用药物、加强船舶保安、增加驾驶台和机舱资源管理原则、增加货物作业值班要求等。

《STCW 公约》第Ⅰ条规定:"(1)各缔约国承担义务实施本公约及其附则的各项规定,该附则为本公约的组成部分。凡引用本公约时,同时也就是引用该附则。(2)各缔约国承担义务颁布一切必要的法律、法令、命令和规则,并采取一切必要的其他措施,使公约充分和完全生效,以便从海上人命与财产的安全和保护海洋环境的观点出发,保证船上的海员胜任其职责。"《STCW 公约》附则第Ⅷ/2 条第 1 款规定:"主管机关应当使公司、船长、轮机长和全体值班人员注意到《STCW 规则》中规定的要求、原则和指导,以确保在所有海船上始终保持安全、连续并适合当时环境和条件的值班。"这里的"公司"是指船舶所有人,或者已承担船舶所有人营运责任并在承担此种责任时同意承担规则规定的所有义务和责任的任何其他机构或者人员。

2006 年 2 月 23 日,国际劳工组织(ILO)通过了《2006 年海事劳工公约》(以下简称《劳工公约》),该公约于 2013 年 8 月 20 日生效。2015 年 11 月 12 日,我国政府正式向国际劳工组织递交《2006 年海事劳工公约》批准文书,完成了我国政府批约环节的登记注册,标志着我国正式批准加入《2006 年海事劳工公约》,2016 年 11 月 12 日该公约将正式对我国生效。《劳工公约》对 ILO 以往制定的所有海事劳工公约和建议书进行了整合,清除了过时条款,有效地统一了全球海员劳动保护和关键的法律和实践,为全世界海员的工作和生活环境提供了全面的保障,并以政府、船东及海员都能接受的标准和方式保证所有海员都有"体面工作"的权利。其中的标题二"就业条件"中对船员工作和休息时间做出了严格详细的规定。

我国政府对《STCW 公约》给予了高度的重视。1979 年,交通部即按照《STCW 公约》的基本要求,颁布了《中华人民共和国轮船船员考试发证办法》;1986 年,中华人民共和国港务监督局颁布了《中华人民共和国海员专业训练办法》和相应的培训纲要;1987 年,交通部颁发了高于《STCW 公约》适任标准的《中华人民共和国海船船员考试、发证规则》和《海船船员考试大纲》。1997 年,根据《中华人民共和国海上交通安全法》和《中华人民共和国海洋环境保护法》等有关法律、法规的规定,以及国际海事组织 1995 年修正的《1978 年海员培训、发证和值班标准国际公约》和国际电信联盟《无线电规则》的要求,交通部颁布了《中华人民共和国海船船员值班规则》(以下简称《值班规则》),对航次计划、值班安排、航行值班与港内值班应遵守的原则、驾驶与轮机联系制度、船员健康适任要求等内容做出了明确的规定,该规则自 1998 年 1 月 1 日起施行。

《值班规则》颁布实施以来,在加强海船船员值班管理、防止船员疲劳操作、保障海上人命与财产安全、保护海洋环境等方面都起到了积极作用。但是,随着航海技术与航运业的发展,全球对保障船舶安全、保护海洋环境的要求更加严格。另一方面,由于近年海盗猖獗,海运安全受到严重的挑战,对海员值班标准又提出了新的保安要求。此外,2010 年 6 月通过的《STCW 公约马尼拉修正案》,在船员值班方面做出了相关的修订,2006 年 2 月通过的《劳工公约》中对船员工作和休息时间也做出了严格详细的规定。原有的《值班规则》已不能完全满足现实需要。我国是国际海事组织的 A 类理事国、《STCW 公约》的缔约国以及国际劳工组织的创始国和理事会政府常任理事。为了全面、有效履行《STCW 公约马尼拉修正案》和《劳工公约》,我国政府启动了相关履约工作,并开展了对《值班规则》的修订工作。经修订的《值班规则》主要在框架结构、适用范围、海员最低休息时间标准及要求、控制酗酒和滥用药物规定等方面进行了调整,并增加了保安值班要求、驾驶台和机舱资源管理要求、货物作业值班要求和法律责任条款,该规则自 2013 年 2 月 1 日起施行。值班规则中的值班规定是海船船员的最低值班要求。航运公司或船舶可以根据不同的航线、船舶种类或等级制定相应值班程序和要求,但是不得低于该规则的值班规定。

经修订,《值班规则》中明确:"为规范海船船员值班,保障海上人命与财产安全,保护海洋环境,加强船舶保安管理,根据《中华人民共和国海上交通安全法》《中华人民共和国海洋环境保护法》和《中华人民共和国船员条例》,以及我国缔结或者加入的有关国际公约要求,制定本规则。"国家海事管理机构是实施值班规则的主管机关。各级海事管理机构按照职责具体负责海船船员值班的监督管理工作。

《值班规则》中对航次计划及值班一般要求、驾驶值班与港内值班要求、驾驶与轮机联系制度、值班保障、法律责任等内容做出了明确的规定,适用于 100 总吨及以上中国籍海船的船员值班,但下列船舶除外:军用船舶,渔业船舶,游艇,构造简单的木质船。未满 100 总吨的海船参照该规则制定相应的船员值班程序和要求,在合理和可行的范围内符合该规则的要求,并充分考虑保护海洋环境和保证此类船舶以及同一海域中其他船舶的安全。进入中华人民共和国内水、领海和管辖水域的外国籍船舶的船员值班,应当符合中华人民共和国政府缔结或者参加的有关国际公约的相应规定。

《值班规则》规定:航运公司应当根据本规则以及有关国际公约的要求编制《驾驶台规则》《机舱值班规则》等船舶值班规则,张贴在船舶各部门的易见之处,并要求全体船员遵守执行,以保证船舶航行安全;航运公司应当确保指派到船上任职的值班船员熟悉船上相关设备、船舶特性、本人职责和值班要求,能有效履行安全、防污染和保安等职责;船长及全体船员在值班时,应当遵守法律、行政法规、相关国际公约以及当地有关防治船舶造成海洋污染的要求,采取一切可能采取的预防措施,防止因操作不当或者发生事故等原因造成船舶对海洋环境的污染。

二、值班的目的和意义

1. 避免船舶发生海难事故

船舶航行时,避免碰撞事故的发生、防止船舶发生航行危险和预防海洋污染事故的至关重要的因素是确保船舶安全值班。海事统计表明,在船舶装备不断现代化的今天,海难事故频发是人为因素和人为过失导致的。因此,确保安全值班,及早发现事故隐患,及时切断事故链,会使船舶航行更安全,海上人命、财产和海洋环境将会更有保障。

2. 保证船舶随时处于适航状态

保持有效的船舶值班,及时发现船舶设备和仪器的不正常情况,并及时加以处理,保证船舶始终处于良好的适航状态。只有这样才能使船舶的先进设备和船员的优良船艺完美结合,才能有效地防止船舶发生海难事故。

3. 保证船舶所装货物得到妥善保管

妥善保管货物是保持安全值班的又一重要任务。通过保持安全值班,对货物进行必要的照管,及时发现隐患,将危险消灭于萌芽阶段,会使船舶和人命的安全更有保证。

4. 避免船舶受到保安威胁

近年来,由于海盗猖獗,海运安全受到了严峻的挑战。IMO 已经将其追求的目标由"航行更安全,海洋更清洁"改变为"清洁海洋上安全、保安和高效的航运",将"保安"与"安全""防污染"这两个传统主题并列,《STCW 公约马尼拉修正案》中也明确和强调了保安要求。我国的《值班规则》也明文规定:船长应当根据保安等级的要求,安排并保持适当和有效的保安值班。

5. 保持安全值班是值班人员的法定职责

值班人员的法定职责就是保证整个班次的安全值班,在值班期间不得从事任何有碍安全值班的工作,只有这样才能保证船舶、人命和财产的安全,才能有效保护海洋环境。

第二节 适于值班

为确保船员适于值班,航运公司及船长应当采取有效措施防止船员疲劳操作,使值班人员和被指定负有安全、防污染和保安职责的人员不致因身体疲劳、心理倦怠以及其他外来因素的影响而降低其工作效率。

禁止雇佣或者聘用 18 岁以下的海员从事可能损害其健康或者安全的工作。禁止 18 岁以下的海员在夜间工作。但在下列情况下可以对夜间工作的限制做出例外:根据已确定的培训项目和日程安排,有关海员的有效培训将被扰乱;职责的具体性质或者认可的培训项目要求所涉及的海员例外履行夜间职责,且该工作不会对海员的健康或者福利产生有害影响。夜间系指包括从不晚于午夜开始至不早于上午 5 点钟结束的一段至少 9 个小时的时段。

船长在安排船员值班时,应当充分考虑女性船员的生理特点和国家的有关规定。船员不得酗酒。值班人员在值班前四小时内禁止饮酒,且值班期间血液酒精浓度(BAC)不高于 0.05% 或者呼吸中酒精浓度不高于 0.25 mg/L。

一、值班时间的强制性标准

1. 适于值班的法定要求

《STCW 公约马尼拉修正案》在附则中规定:

"1 为防止疲劳,各主管机关应当:

".1 依据《STCW 规则》第 A－Ⅷ/1 节的规定,制定和实施值班人员以及被指定安全、防污染和保安职责的人员的休息时间制度;并且

".2 要求值班制度的安排能使所有值班人员的效率不致因疲劳而受到影响,并且班次的组织能使航次开始的第一个班次及其后各班次人员均已充分休息,并在其他方面适于值班。

"2 为防止滥用药物和酗酒,各主管机关应确保依据第 A－Ⅷ/1 节的规定制定适当的措施,并考虑《STCW 规则》第 B－Ⅷ/1 节中的指导。"

在马尼拉修正案之前,疲劳管理制度的适用人员仅限于"值班人员",修正后,增加了被指定负有安全、防污染和保安等三项职责的人员,无论其是否值班。此外,马尼拉修正案将

防止滥用药物和酗酒从指导性建议变为强制性规定，与疲劳管理的修正和健康标准的强制性规定相呼应，以全面提高海员履行多项职责的适任性。

2. 值班时间的强制性标准

对适于值班的标准，《STCW规则》第A-Ⅷ/1节中规定：

"1 主管机关应当考虑船员，特别是涉及船舶安全和保安工作职责的海员，由于疲劳所引发的危险。

"2 为所有负责值班的高级船员或者参与值班的普通船员以及涉及指定的安全、防污染和保安职责的人员提供的休息时间应当不少于：

.1 任何24小时内最少10小时；以及

.2 任何7天内77小时。

"3 休息时间可以分为不超过2个时间段，其中一个时间段至少要求有6小时，连续休息时间段之间的间隔不应超过14小时。

"4 在紧急或者在其他超常工作情况下不必要保持第2段和第3段规定的关于休息时间的要求。紧急集合演习、消防和救生演习，以及国家法律与法规和国际文件规定的演习，应当以对休息时间的干扰最小且不导致船员疲劳的形式进行。

"5 主管机关应当要求将值班安排表张贴在易显见处。该值班安排表应当按照标准格式使用船上工作语言和英语编制。

"6 在海员处于待命情况下，例如机舱处于无人看守时，如该海员因被召去工作而打扰了正常的休息时间，则应当给予充分的补休。

"7 主管机关应当要求使用船上工作语言和英语按照标准格式保持对船员每天休息时间的记录，以监督和核实是否符合本节规定。海员应当得到一份由船长或者船长授权的人员和船员签注的有关其休息情况的记录。

"8 本节任何规定不妨碍船长因船舶、船上人员或者货物出现紧急安全需要，或者出于帮助海上遇险的其他船舶或者人员的目的，而要求海员从事长时间工作的权利。为此，船长可暂停执行休息时间制度，要求海员从事必要的长时间工作，直至情况恢复正常。一旦情况恢复正常，只要可行，船长就应当确保在原定休息时间内完成工作的任何海员获得充足的休息时间。

"9 缔约国可以允许对上文第2.2段和第3段中所规定的休息时间有例外，但在任何7天内的休息时间不得少于70小时。

"第2.2段规定的每周休息时间的例外，不应超过连续两个星期。在船上连续两次例外时间的间隔不应少于该例外持续时间的两倍。

"第2.1段规定的休息时间可以分成为不超过3个时间段，其中之一至少为6小时，而另外两个时间段均不应少于1小时。连续休息时间段间隔不得超过14小时。例外在任何7天时间内不得超过两个24小时时间段。

"例外应尽可能考虑到在B-Ⅷ/1节里关于有关防止疲劳的指导。"

关于船上工作安排表和休息时间记录表，《值班规则》中规定：船上工作安排表和休息时间记录表应当参照《国际劳工组织（ILO）和国际海事组织（IMO）编制船员船上工作安排表和船员工作时间或者休息时间记录格式指南》，并使用船上工作语言和英语制定。

关于海员工作和休息的时间限制，《劳工公约》中规定："最长工作时间在任何24小时时段内不得超过 14 小时；且在任何 7 天时间内不得超过 72 小时；或者最短休息时间在任何 24 小时时段内不得少于 10 小时，且在任何 7 天时间内不得少于 77 小时。休息时间最多可分为两段，其中一段至少要有 6 小时，且相连的两段休息时间的间隔不得超过 14 小时。"马尼拉修正案对适于值班标准部分的修改，主要是参考该公约的规定，旨在使《STCW 公约》与《劳工公约》取得一致。尽管如此，两公约仍不完全一致。例如，除均规定了最短休息时间外，《劳工公约》还规定了"最长工作时间"，但该不一致不会引起两公约之间的冲突。两公约(修正案)对我国生效后，对其规定要同时履行。

二、《STCW 规则》为防止疲劳做出的指导性意见

《STCW 规则》B 部分中对防止疲劳和防止滥用药物和酗酒做出了如下指导性建议：

"1 在遵守休息时间的要求时，'超常工作情况'应当解释为仅指由于安全或者防止污染原因而不能延误的或者在航次开始时不能合理预料的至关重要的船上工作。

"2 虽然疲劳尚没有普遍接受的技术性定义，但每一个参与船舶工作的人应当警惕能导致疲劳的因素，其中包括但不仅限于那些本组织已明确的因素，并应当在决定船舶工作时加以考虑。

"3 在运用规则第Ⅷ/1 条时，应当考虑以下各项：

.1 所制定的防止疲劳的规定应当确保不采取过多的和不合理的整段工作时间，特别是第 A－Ⅷ/1 节规定的最少休息时间不应解释为暗示所有其他时间可用于值班或者履行其他职责；

.2 休息时段的次数和长短以及准予的补休是一段时间内防止疲劳的关键因素；以及

.3 对短航次的船舶，只要做出特殊的安全方面的安排，可以有不同的规定。

"4 第 A－Ⅷ/1 节第 9 段所列的例外规定应当解释为系指国际劳工组织 1996 年（第 180 号）《海员工作时间和船舶配员公约》或者生效后的《2006 年海事劳工公约》所列的例外规定。适用该例外规定的情况应当由缔约国确定。

"5 主管机关应以从海上事故调查结果所获得的信息为基础，对其防止疲劳的规定进行审核。

"6 滥用药物和酗酒直接影响到船员履行值班职责或者有关安全、防污染和保安值班职责的健康和能力。当船员被发现受到药物或者酒精的影响时，应当不允许其履行值班职责或者有关安全、防污染和保安值班职责，直至他们履行这些职责的能力不再受到影响为止。

"7 主管机关应当确保采取适当措施以防止药物或者酒精影响值班人员或者履行安全、防污染和保安值班职责人员的能力，并应当根据需要制订甄别计划：

.1 鉴别滥用药物和酗酒；

.2 尊重有关个人的尊严、隐私、秘密和基本的法定权利；以及

.3 考虑相关的国际指南。

"8 公司应当考虑通过纳入公司质量管理体系或者向船员提供足够的信息和教育的方法，实施明文规定的防止滥用药物和酗酒的政策，包括禁止值班人员在值班前 4 小时内饮酒。

"9 参与制订防止滥用药物和酗酒方案的人员应当考虑 ILO 出版的可能会被修正的《海运业防止滥用药物和酗酒方案(设计人员手册)》中的指南。"

三、疲劳产生的原因及其影响因素

疲劳是人们在经过体力或者脑力劳动后,全身机能下降的一种现象。疲劳产生后,除身体有劳累的感觉外,还将在不同程度上表现出工作能力降低,注意力和记忆力减弱,听觉和视觉以及思维变得迟钝,动作不灵活,对外界事态的变化和发展判断不准确等现象。此时,不但工作效率下降,而且容易导致事故发生。

1. 疲劳产生的原因

引起疲劳的原因很多,主要有以下几个方面:

(1)睡眠不足引起大脑疲劳;

(2)过分的体力消耗引起体力疲劳;

(3)人体内潜伏着某种疾病而引起病态疲劳;

(4)由于情绪不佳、精神抑郁、忧虑等心理因素引起的心理疲劳。

2. 影响疲劳的因素

(1)脑力和体力劳动的速度、强度和持续时间直接影响疲劳程度,劳动强度越大、持续时间越长,越易引起疲劳;

(2)心理紧张、情绪不良时易引起疲劳;

(3)身体较弱、技术不熟练的人易引起疲劳;

(4)工作环境对引起疲劳有直接影响,例如噪声高、振动大、温度高、船舶摇摆剧烈等情况易引起疲劳。

四、为防止疲劳值班应采取的措施

为了防止疲劳、保证船员安全值班,一般应当采取以下措施:

(1)船长和大副应当合理组织与安排值班人员的工作和休息,保证值班人员在值班时具有充足的体力和精力。避免值班人员在未得到足够休息的情况下继续值下一个班,造成连续疲劳。

(2)船长在安排船员值班时,应当充分考虑女性船员的生理特点和国家的有关规定。

(3)当值班与正常工作规律由于某些原因被破坏时,船长应当对值班人员的疲劳程度进行观察和判定,以确定是否影响安全值班。

(4)当发现负责值班的高级船员有疲劳的症状,但仍能担任其职责时,在值班的组成上应当考虑配备精力充沛的其他人员配合其值班。

(5)当发现负责值班的高级船员因疲劳的影响难以保证安全值班时,应当毫不犹豫地进行调整,使其得到适当的休息,以利于下一个班次时能够胜任职责的要求。

(6)负责值班的高级船员如在航行值班时,由于工作强度过大,感到疲劳以至于难以保证安全值班的情况下,应当毫不犹豫地通知船长。

(7)为保证安全值班,必要时船长应当亲自到驾驶台值班。

(8)严禁船员服用可能导致不能安全值班的药物。

(9)航运公司应当制定相应的措施防止船员酗酒和滥用药物。当船员被发现其履行值班职责或者有关安全、防污染和保安值班职责的能力受到药物或者酒精的影响时,将不允许其履行值班职责,直至他们履行这些职责的能力不再受到影响为止。

(10)禁止雇佣或者聘用 18 岁以下的海员从事可能损害其健康或者安全的工作。禁止 18 岁以下的海员在夜间工作。但在下列情况下可以对夜间工作的限制做出例外:根据已确定的培训项目和日程安排,有关海员的有效培训将被扰乱;职责的具体性质或者认可的培训项目要求所涉及的海员例外履行夜间职责,且该工作不会对海员的健康或者福利产生有害影响。夜间系指包括从不晚于午夜开始至不早于上午 5 点钟结束的一段至少 9 个小时的时段。

第三节　航次计划及值班一般要求

一、航次计划

1. 制订计划

船长应当根据航次任务,组织驾驶员研究有关资料,制订航次计划,及时通知各部门做好开航准备工作,保证船舶和船员处于适航、适任状态。

制订航次计划应当满足以下要求:

(1)与大副、轮机长协商后,预先确定并落实本航次所需各种燃润料、物料、淡水以及备品的数量;

(2)保证各种船舶证书和船员证件齐全、有效;

(3)保证本航次涉及的航海图书资料和其他航海出版物准确、完整、及时更新;

(4)保证运输单证及港口文件齐全。

航次计划应当包括以下内容:

(1)航线的总里程和预计航行的总时间;

(2)计划航线上的气象情况和海况;

(3)各转向点的经纬度;

(4)各段航线的航程和预计到达各转向点的时间;

(5)复杂航段的航法以及对航线附近的危险物的避险手段;

(6)特殊航区的注意事项。

制订航次计划时,可参考的资料和信息有:航海图书总目录、航用海图、世界大洋航路、航路设计图或者引航图、航路指南和引航书籍、灯标表、潮汐表、潮流图集、航海通告、船舶定线资料、无线电信号资料、气象资料、载重线图、里程表、电子导航系统信息、无线电和区域性警告、船公司内部资料、船舶吃水和航海手册等。

船长应当提前 24 小时将预计开航时间通知轮机长,如停泊时间不足 24 小时,应当在抵港后立即将预计离港时间通知轮机长;如开航时间变更,须及时更正。

国际航运船舶证书是根据联合国和其他国际组织的有关公约、规则、规定和协定来制定的,由船舶登记的国家当局或者当局授权的机构签发,到期时要按规定进行检验合格后方可延期或者更新。船舶未获得必要的证书,或者证书过期,或者证书到期而未进行检验并延期,有关港口当局可以进行强制检验或者将船舶滞留。

国际航行船舶证书主要有:国籍证书,登记证书,船级证书,除鼠证书,免予除鼠证书,最低安全配员证书,船舶安全管理证书,船舶保安证书,货船结构安全证书,货船设备安全证书,货船无线电安全证书,免除证书,货船安全证书,装载危险货物符合证明,谷物装载证明,船舶航行安全证书,国际放射性核物质适装证书,载重线证书,国际防油污证书,防止散装有毒液体污染证书,国际防止生活污水污染证书,国际防止空气污染证书,国际吨位证书,国际散装运输危险化学品适装证书,散装危险化学品适装证书,国际散装运输液化气体适装证书,散装运输液化气体适装证书,油污损害民事责任保险或者其他财产保证证书,船长、高级船员和值班人员的证书,船籍港证书,干舷证书,保险单,无疫证书,检疫证书,客船安全证书,散货适载证书,适航证书,进入保赔协会证书,钢瓶测试证书,手提灭火机检验证书,救生艇/筏证书,起重设备检验和试验证书,苏伊士运河吨位证书,危险货物监装证书,船舶可燃气体清除证书,港口国检查报告。

2. 计划航线的标绘与核实

开航前,船长应当恰当地使用航海图书资料和其他航海出版物,计划好从出发港到下一停靠港的预定航线,清楚标绘在海图上,并对预定航线进行核实。

驾驶员在航行期间应当认真核实预定航线上每一个拟采取的航向。

3. 偏离计划航线

船舶航行中,计划航线的下一停靠港发生改变或者船舶需要大幅度偏离计划航线的,船长应当及早计划好修正航线,并在海图上重新标绘。

二、值班一般要求

《值班规则》对值班一般要求规定如下:

"1. 航运公司和船长应当为船舶配备足够的适任船员,以保持安全值班。

"2. 船长应当安排合格的船员值班,明确值班船员职责。值班的安排应当符合保证船舶、货物安全及保护海洋环境的要求,并保证值班船员得到充分休息,防止疲劳值班。

"在船长统一指挥下,值班的驾驶员对船舶安全负责。

"轮机长应当经船长同意,合理安排轮机值班,保证机舱运行安全。

"船长应当根据保安等级的要求,安排并保持适当和有效的保安值班。

"3. 值班应当遵守下列驾驶台和机舱资源管理要求:

(1)根据情况合理地安排值班船员;

(2)考虑值班船员资格和适任的局限性;

(3)值班船员应当熟悉其岗位职责和部门职责;

(4)值班船员对值班时所接收到的与航行有关的信息应当能够正确领会、正确处置,并与其他部门适当共享;

(5)值班船员应当保持各部门之间的适当沟通;

(6)对为保证安全所采取的行动,值班船员如果产生任何怀疑,应当立即告知船长、轮机长、负责值班的高级船员。

"4. 值班的高级船员认为接班的高级船员明显不能有效履行值班职责时,不得交班,并立即向船长或者轮机长报告。

"5. 值班的高级船员在交班前正在进行重要操作的,应当在确认操作完成后再交班,船长或者轮机长另有指令的除外。

"6. 接班的高级船员应当在确认本班人员完全能有效地履行各自职责后,方可接班。

"7. 不得安排船员在值班期间承担影响值班的工作。

"8. 值班船员应当将值班期间发生的重要事件按照要求做好记录。"

以上要求表明值班要求不仅仅是船长和船上有关人员应当遵守的,船舶所有人或者经营人也应当认真遵守。

此外,《STCW 公约》中有如下的特免规定:"在特殊需要的情况下,主管机关如认为对人员、财产和环境不致造成危险时,可签发特免证明,允许某一指定的海员在某一指定的船上,在为期不超过 6 个月的指定期间内,担任他并未持有适当证书的职位,除非有关的无线电规则另有规定,无线电报务员和无线电话务员不在此列。""凡给予某职位的特免证明,只应当发给具有适当证书可充任仅比该职务低一级职务的人员。"所以,持有高一级适任证书的高级船员可担任低一级的职务,持有低一级适任证书的高级船员在高一级的高级船员因故不能履行职责时可代理其职务。

第四节 驾驶值班

一、值班安排

《值班规则》规定,确定驾驶台值班人员组成时,应当考虑下列因素,保证安全航行需要:

(1)保证驾驶台 24 小时值守。

该条规定实际上是将驾驶台值班人数限制为最少两人。船舶航行过程中,即使情况正常,值班人员也可能有暂时离开驾驶台的情况,如仅有一人值班,当离开驾驶台时无论时间长短,都足以影响航行安全。

(2)天气及能见度情况、白天及夜间的驾驶要求差异。

该条说明天气恶劣或者能见度降低时,值班安排必须依据实际情况做出决定,且不得因白天或者黑夜而有所疏忽。天气与能见度的突变,是航行中经常遇到的自然现象,未能对这种变化加以预见而造成的海难也是屡见不鲜的,因此在决定值班安排时必须慎重考虑。

(3)临近航行危险时需要值班驾驶员额外执行的航行职责。

航行值班期间,临近陆地、暗礁或者沉船,航行于或者接近于船只来往频繁的水域,或者预料将遭遇任何航行危险时,值班驾驶员的工作量必然增加,如未有足够人员随时协助,难免会应当对困难,甚至导致无法回避危险。

(4)电子海图显示与信息系统(ECDIS)、雷达或者电子定位仪等助航仪器及任何其他影响船舶安全航行的设备的使用和工作状态。

助航仪器的使用和工作状态直接影响到对当时航行环境的判断与估计,在确定值班人员组成时应当对值班人员的仪器使用熟练程度及仪器的可使用状况加以考虑。目前,EC-DIS 已经成为助航仪器中的标准配置,《STCW 公约马尼拉修正案》中增加了关于 ECDIS 的规定,且将其列在助航仪器的首位,其工作状态直接影响值班组成。

(5)船上是否装有自动操舵装置。

船上有否自动操舵装置决定了是否需有专人进行操舵,影响到航行值班人数的增减。

(6)是否需要履行无线电职责。

(7)驾驶台上的无人机舱控制装置、警报和指示器及其使用程序和局限性。

上述两项因素均可增加值班人员的值班职责和工作量,因此在确定值班人员组成时要加以考虑。

(8)特殊的操作环境对航行值班的特别要求。

若特殊的操作环境对航行值班有特别的要求,将会增加值班人员的工作量,此时有必要增加协助人员以策安全。造成特别要求的原因主要在于船舶本身及其装备、载货情况等。

二、瞭望

1. 瞭望的目的

值班驾驶员应当始终保持正规瞭望,并应当符合下列要求:

(1)利用视觉、听觉等一切可用的方法和手段对当时环境和情况保持连续观察、观测;

(2)充分估计到碰撞、搁浅和其他可能危害航行安全的局面和危险;

(3)及时发现遇难的船舶和飞机、船舶遇难人员,及时发现沉船残骸等危害航行安全的物体。

2. 瞭望人员

瞭望人员必须全神贯注地保持正规瞭望,不得从事或者分派给会影响瞭望的其他工作。所以,一般情况下值班驾驶员不应当作为唯一的瞭望人员,但是,值班驾驶员应当随时保持正规的瞭望。在驾驶台和海图室分开的船上,为了履行其必要的职责,可以短时间进入海图室,但是必须事先确信这样做是安全的,并确保仍维持正规的瞭望。

瞭望人员和舵工的职责应当分开,舵工在操舵时不应当同时担当瞭望人员职责。但是,在操舵位置四周的视野未被遮挡且没有夜视障碍,不妨碍保持正规瞭望的情况下,舵工可同时担当瞭望人员职责。在夜间航行应当至少有一名值班水手协助驾驶员瞭望。

《值班规则》规定:

"在满足下列所有要求的情况下,值班驾驶员可以是唯一的瞭望人员:

"(一)白天。

"(二)能在需要时立即召唤其他合适人员到驾驶台协助。

"(三)下列因素条件能够确保安全:

    1. 天气及能见度情况;

    2. 通航密度;

    3. 邻近的航行危险物;

    4. 在分道通航制或者其或者附近水域内航行时所必须注意的情况;

    5. 其他影响航行安全的因素。"

3. 为保持正规瞭望值班安排应当考虑的因素

船长应当合理安排航行值班船员,以保持连续正规的瞭望。船长安排值班时应当考虑的因素包括：

    （1）能见度、天气和海况；

    （2）航行所在区域的通航密度和所发生的其他活动；

    （3）在分道通航区域内及其附近水域时所必须注意的情况；

    （4）由船舶特性、即时操纵要求和预期操纵可能引起的额外工作量；

    （5）指定的值班船员适于值班的状况；

    （6）值班船员的专业适任能力及经验；

    （7）值班驾驶员对船舶设备、装置和程序的熟悉程度及操船能力；

    （8）必要时召唤待命人员立即到驾驶台协助的可能性；

    （9）驾驶台仪器和操纵装置（包括报警系统）的工作状况；

    （10）舵和推进器的控制以及船舶操纵特性；

    （11）船舶尺度和指挥位置的视野；

    （12）驾驶台的结构对值班人员瞭望的影响；

    （13）其他涉及值班安排、适用于值班的标准、程序和指南。

三、值班交接

1. 对交班人员的要求

（1）值班的高级船员认为接班的高级船员明显不能有效地履行值班职责时，不得交班，并立即向船长报告。

（2）值班的高级船员在交班前正在进行重要操作的，应当在确认操作完成后再交班，船长另有指令的除外。

（3）正式交班前不得离开驾驶台。

（4）标准罗经和陀螺罗经已核对完毕，应当将核对情况登载于航海日志中，并签名，同时注明"罗经已校对"。将周围船舶情况、水文气象及海况、助航设备工作情况、船舶运动状况及其他所有有关资料都告知接班驾驶员。在航向记录纸上签名，并注明下列事项：

①简要说明改向原因；

②风力及海况；

③如用自动舵，说明依据天气对舵角所做调整情况；

④航速；

⑤更换手操舵或者自动舵的时间；

⑥其他重要资料，如经过岬角或者灯塔的时间，等等。

2. 对接班人员的要求

（1）接班的高级船员应当在确认本班人员完全能有效地履行各自职责后，方可接班。

（2）接班的高级船员在视力未完全调节到适应当环境条件以前，不应当接班。

（3）负责航行值班的高级船员接班时，如果交班的驾驶员正在进行船舶操纵或者其他避免危险的行动，则接班的高级船员应当等到这种操作完成之后再接班。

（4）接班的高级船员在接址前，应当对本船的推算船位或者实际船位进行核实，确认计划航线、航向和航速以及无人机舱控制装置的工作状况，并应当考虑值班期间可能遇到的任何航行危险。

（5）交、接班高级船员应当清楚地交接下列情况：

①船长对船舶航行有关的常规命令和其他特别指示。

②船位、航向、航速和吃水。

③当时和预报的潮汐、海流、气象、能见度等因素及其对航向和航速的影响。

④在驾驶台控制主机时的主机操作程序和方法。

⑤航行环境，包括但不限于：

· 正在使用或者在值班期间可能使用的所有航行设备和安全设备的工作状况；

· 陀螺罗经和磁罗经的误差；

· 附近船舶的位置及动态；

· 在值班期间可能遇到的情况和危险；

· 船舶的横倾、纵倾、水的密度变化及船体下坐对富余水深可能造成的影响。

一般情况接班高级船员应当在接班前 15 分钟到达驾驶台，一方面搞清上述有关情况，另一方面在夜间也有利于在接班时将其视力完全调节到适应当时的光线条件。

四、值班职责

负责航行的值班驾驶员是船长的代表，负责船舶的安全航行，并按照经过修正的《1972年国际海上避碰规则》和其他安全航行规定进行操纵和避让。在履行航行值班职责方面，有如下具体规定。

（1）值班驾驶员应当做到：

①在驾驶台保持值班，不得离开驾驶台；

②船长在驾驶台时，值班驾驶员仍然应当对船舶安全航行负责，除非被明确告知船长已承担责任；

③给予全体值班人员一切适当的指示和信息，以保持安全值班。

（2）值班驾驶员应当使用安全航速。需要时，应当立即采取转舵、主机变速和使用声响信号等措施。在情况允许时，应当及时通知机舱拟进行主机变速，或者按照适用的程序有效地使用驾驶台的无人机舱主机控制装置。

（3）值班驾驶员必须充分掌握在任何吃水情况下本船的冲程等操纵特性，并应当考虑船舶可能具有的其他不同操纵特性。

（4）值班驾驶员应当充分了解本船所有安全和航行设备的放置地点和操作方法，熟练掌握电子助航仪器的使用方法，了解这些设备性能及操作上的局限性。

（5）值班驾驶员在值班期间，应当有效使用船上的助航仪器，以恰当的时间间隔对所驶的航向、船位和航速进行核对，确保本船沿着计划航线行驶，并注意在适当的时候使用测深仪。

（6）值班驾驶员应当经常和精确地测定驶近船舶的罗经方位和距离，及早判断有无碰撞危险。必要时使用甚高频无线电话，与他船协调避让措施。

（7）在下列情况下，值班驾驶员应当对航行设备进行操作性测试：

①到港前和出港前；

②可预见的影响航行安全的危险情况发生之前；

情况允许时,在海上航行期间值班驾驶员应当尽可能地对航行设备进行操作性测试。上述测试应当做好记录。

(8)值班驾驶员应当定期检查下列内容:

①确保手动操舵或者自动舵使船舶保持在正确的航向上;

②每班应当至少测定一次标准罗经的误差,如可能,在大幅度改变航向后也应当测定;应当经常进行标准罗经和陀螺罗经核对;复示仪与主罗经应当同步;如发现误差变化较大,应当及时报告船长;

③每班至少测试一次自动舵的手动操作;

④确保航行灯和信号灯及其他航行设备正常工作;

⑤确保无线电设备正常工作并且按照要求值守;

⑥确保在驾驶台的无人机舱控制装置、警报和指示器工作正常。

(9)在使用自动舵时,值班驾驶员应当考虑:

①为了应对随时可能出现的潜在危险局面,及时使舵工就位并改为手动操舵的可能性;

②在无人协助的情况下因采取紧急措施而中断瞭望的危险性。

手动操舵和自动操舵的转换应当由值班驾驶员决定。

(10)值班驾驶员应当能熟练地使用雷达,并应当做到:

①遇到或者预料到能见度不良或者在通航密集水域航行时,应当使用雷达,并注意其局限性。使用雷达时应当遵守经过修正的《1972年国际海上避碰规则》中使用雷达的规定;

②应当确保足够频繁地进行雷达量程的转换,以便能及早地发现物标。应当考虑微弱或者反射力差的物标可能被漏掉;

③使用雷达时,应当选择合适的量程,仔细观察显示器,并确保及早进行雷达标绘或者系统的分析;

④天气良好时,如可能,值班驾驶员应当进行雷达使用方面的操练。

(11)发生下列情况时,值班驾驶员应当立即报告船长,船长接到报告后应当尽快上驾驶台,必要时由船长直接指挥:

①遇到或者预料到能见度不良;

②对通航条件或者他船的动态产生疑虑;

③对保持航向感到困难;

④在预计的时间未能看到陆地、航行标志或者测量不到水深;

⑤意外地看到陆地、航行标志或者水深突然发生变化;

⑥主机、推进装置遥控系统、舵机等主要的航行设备、警报或者指示仪发生故障;

⑦无线电设备发生故障;

⑧遇恶劣天气,怀疑可能有气象危害;

⑨发现遇险人员或者船舶以及他船求救;

⑩遇到其他紧急情况或者感到疑虑的情况。

当情况紧急时,为了船舶的安全,值班驾驶员除立即报告船长外,还应当果断采取行动。

(12)值班驾驶员不应当被分派或者担负任何妨碍船舶安全航行的职责。

(13)值班期间应当保持与航行有关的动态和工作的正规记录。

五、关于保持航行值班的指导

《STCW 规则》对航行值班人员保持航行值班提出了如下建议和指导：

(1)对特殊类型的船舶以及载运有害、危险、有毒或者高度易燃性货物的船舶，可能需要特别的指导。船长需根据情况提供操作性指导。

(2)负责航行值班的高级船员要认识到有效地履行其职责对海上人命和财产安全、保安以及防止海洋环境污染的必要性。

(3)在非遮蔽锚地、开敞的港外锚地或者任何其他实际"在海上"锚泊的情况下，依据《STCW 规则》第Ⅷ章第 A－Ⅷ/2 节第 4－1 部分第 51 段的规定，每一船舶的船长应当确保足以保持所有锚泊时间内安全的值班安排。甲板部高级船员应当始终负有锚泊安全值班的责任。

(4)在确定锚泊值班安排时，为统筹维持船舶安全、保安和海洋环境保护，船长应当考虑所有相关的环境和条件，如：

①通过视觉、听觉以及其他一切可用手段保持连续的警戒状态；

②船与船、船与岸的通信要求；

③当时的天气、海浪、冰和海流的状况；

④连续监测船位的需要；

⑤锚地的性质、大小和特征；

⑥交通状况；

⑦可能影响船舶保安的情况；

⑧装卸作业；

⑨待命船员的指定；

⑩向船长报警和保持主机备用状态的程序。

第五节　特殊环境下的驾驶值班

一、能见度不良时的值班

遇到或者预料能见度不良时，值班驾驶员的首要职责是遵照经修订的有效的《1972 年国际海上避碰规则》的相应条款，采取鸣放雾号、以安全航速行驶并使主机处于立即可操纵的准备状态等戒备措施。值班驾驶员应当做到：

(1)鸣放雾号；

(2)以安全航速行驶；

(3)使主机处于立即可操纵的准备状态；

(4)通知船长；

(5)安排正规的瞭望；

(6)显示航行灯；

(7)操作和使用雷达。

二、夜间值班

在夜航期间航行值班时,船长和值班驾驶员安排瞭望应当特别考虑驾驶台设备和助航仪器及其局限性、当时航区的环境和情况以及所实施的程序和安全措施。

船长应当将航行指示和注意事项或者其他重要安排明确记入船长夜航命令簿,值班驾驶员应当遵照执行。

值班驾驶员必须仔细阅读船长夜航命令簿,充分了解各项内容和要求,阅后签字并严格执行。如对夜航命令有不明之处,应当立即请示船长。船长临时增改夜航指示内容时,应当通知当班驾驶员,并在更改处签字。

三、沿岸和通航密集水域值班

在沿岸和通航密集水域航行时,应当使用船上适合于该水域并依照最新资料改正过的最大比例尺的海图。在确认没有碰撞危险的情况下,应当勤测船位,环境许可时还应当使用多种方法定位。使用电子海图显示与信息系统(ECDIS)的,应当选择适当显示比例的电子海图,并以适当的时间间隔通过其他的定位方法对船位进行核查。值班驾驶员应当确切地辨认沿岸陆标及所有有关的航行标志。

四、引航员在船时的值班

1. 值班的基本要求

船舶由引航员引航时并不解除船长管理和驾驶船舶的责任。船长和引航员应当交换有关航行方法、当地情况和船舶性能等信息。船长、值班驾驶员应当与引航员紧密合作,保持对船位和船舶动态进行核对。船长对引航员的错误操作应当及时指出,必要时即行纠正。

船长在非危险航段暂离驾驶台时应当告知引航员,并指定驾驶员负责。值班驾驶员对引航员的行动或者意图有所怀疑时,应当要求引航员予以澄清,如仍有怀疑,应当立即报告船长,并可在船长到达之前采取必要的行动。

以上要求表明,引航员并不享有独立的船舶指挥权,在由引航员引航船舶时,对船舶安全承担义务的人员应当包括船长、引航员和值班驾驶员。

2. 引航过程中驾驶员的具体职责

(1)检查引航员软梯及扶手柱系固情况以及照明、救生圈和行李绳准备情况,亲自接送引航员安全登离船。

(2)在引航过程中,并不解除值班驾驶员的职责,仍应当认真瞭望、勤测船位、监车监舵,注意摇车钟及传达车钟令的正确性,正确记录船舶动态。

(3)按引航员要求安排水手悬挂信号。

(4)船长不在驾驶台时,若对引航员行动意图有所怀疑,应当要求引航员予以澄清。如仍有怀疑,应当立即报告船长,并在船长到达之前采取必要的行动。

(5)值班驾驶员应当注意引航员舵令及水手操舵的正确性。

五、锚泊值班

船舶在锚泊时,值班驾驶员应当:

（1）锚抛下时应当立即测定船位，并在海图上标出锚位和回旋范围，将锚地的潮汐、流向、水深、底质、周围情况及当地气象记入航海日志。

（2）情况许可时，应当经常利用固定航标或者岸上容易辨认的物标，校核船舶是否保持在锚位上。

（3）保持正规的瞭望，并注意以下情形，做到：

①周围锚泊船的情况，尤其是位于上风或者上流方向锚泊船的动态，以防他船走锚危及本船安全；

②来泊船的锚位是否与本船有足够的安全距离，如过近，应当设法通知对方，并报告船长；

③若过往船舶或者邻近锚泊船起锚离泊时距本船过近，应当密切关注其动态，若判断对本船有威胁时，应当以各种信号警告对方。

（4）以适当的时间间隔巡视全船，注意吃水、富余水深以及船舶的状态。

（5）注意观测气象、潮汐和海况，注意锚位、锚链受力和船首偏荡；在转流时，还应当注意船身回转及周围船舶动向，必要时采取紧急措施，防止因本船或者他船走锚造成紧迫局面或者发生事故。

（6）本船或者他船走锚，或者过往船舶距离过近造成危险局面时，应当果断地采取一切有效措施，以避免或者减少损失，并立即通知船长。

（7）在急流区锚泊或者遇大风浪天气，除执行船长指示外，还应当勤测锚位，定时巡视甲板，检查锚链和制链器是否正常，并且应当认真督促值班水手每小时检查锚链、制链器和锚设备一次。

（8）督促值班水手按时升降旗及锚球，开关锚灯、甲板照明，按照规定显示或者悬挂相应的号灯号型，鸣放相应的声号。

（9）能见度不良时，应当认真执行经过修正的《1972 年国际海上避碰规则》的有关规定，加强瞭望，鸣放雾号，打开锚灯和各层甲板的照明灯，并通知船长。

（10）锚泊中进行装卸作业，除应执行停泊值班中有关装卸业务方面的职责外，还应当注意傍靠船、驳的系缆、碰垫和绳梯以及其他各种安全措施。

（11）根据锚地情况及相关规定，用甚高频无线电话在规定的频道上保持守听。

（12）严格遵守防污染规定，采取有效措施，防止船舶对水域环境造成污染。

船长认为必要时，船舶在锚泊情况下可保持连续的航行值班。

第六节　港内值班

一、港内值班应当遵守的一般要求

《值班规则》中规定：船舶在港内停泊时，船长应当安排适当而有效的值班。对于具有特种形式的推进系统或者辅助设备，以及装载有危害、危险、有毒、易燃物品或者其他特殊货物的船舶，还应当按照有关规定的特殊要求值班。

船长应当根据停泊情况、船舶类型和值班特点，配备足够具有熟练操作能力的值班船员,并安排好必要的设备。

船舶在港内停泊期间的值班安排应当满足下列要求:

(1)确保人命、船舶、货物、港口和环境的安全;

(2)确保与货物作业相关机械的安全操作;

(3)遵守有关国际公约、国家法规和当地规定;

(4)保持船舶工作正常。

停泊时,甲板值班人员应当至少包括一名值班驾驶员和一名值班水手。轮机长应当与船长协商确定轮机值班安排。轮机员在值班期间,不应当承担妨碍其监控船上机械系统的其他任务。

二、港内甲板值班

在港内值班时,值班驾驶员应当做到下列内容:

(1)掌握全船人员动态,经常巡查船的四周、装卸现场及工作场所,关注从事高空、舷外及封闭舱室内工作的人员安全,督促值班人员坚守岗位,保持部门间联系畅通。

(2)督促值班水手按时升降国旗、开关灯,显示或者悬挂有关号灯、号型。

(3)经常检查舷梯、锚链、跳板及安全网,及时调整系泊缆绳,在有较大潮差的泊位上,应当加强巡查,必要时应当采取措施以确保系泊设备处于安全工作状态。

(4)注意吃水、富余水深和船舶的总体状态。

(5)根据船舶种类特点,按照积载计划的要求,负责船港联系和协作,监督装卸操作安全和质量,掌握装卸进度,解决装卸中发生的问题,制止违章作业,注意天气变化及海况,及时开关舱;装卸一级危险品、重大件、贵重货时到现场监督指导。

(6)注意及时收听天气预报,当收到恶劣气象警报时,采取必要的措施以保护人员、船舶和货物的安全。

(7)按照船长、大副的指示或者根据情况需要,通知机舱注入、排出或者调整压舱水,并注意船体平衡;注意检查污水井、压载舱及淡水舱的测量记录;监收加装淡水和物料,加油船来时通知机舱并且注意防火安全。

(8)发生危及船舶安全的紧急情况时,鸣放警报,通知船长,采取措施以防止对船上人员、船舶和货物造成损害;必要时,请求附近船舶或者岸上给予援助。

(9)掌握船舶稳性情况,能够在失火时向消防部门提供可喷洒在船上且不致危及本船的水的大致数量。

(10)在船上进行明火作业及修理工作时,采取必要的预防措施。

(11)不得在系泊区域内排放污油水、垃圾及杂物,并采取措施,防止本船对周围环境造成其他形式的污染。

(12)注意过往船舶,有他船系靠本船或者前后泊位时应当在现场守望,并采取相应安全措施;发生事故时,应当立即记下该船船名、国籍、船籍港及事故经过,并向船长报告。

(13)对遇难船舶和人员提供援助。

(14)主机试车应当在确认推进器附近无障碍物,不致碍及他船,不损坏舷梯、跳板、缆绳、装卸属具及港口设施等情况后方可进行,并采取必要的预防措施。

三、甲板值班的交接班

交接班的驾驶员应当在交接前巡视检查全船和周围，认真做好交接工作。交接班人员对交接事项有怀疑，应当及时向大副或者船长报告。

交班驾驶员应当告知接班驾驶员下列事项：

(1)航海日志和停泊值班记录簿所记载的有关内容、航运公司指示和船长命令，有关人员来船联系及对外联系事项；

(2)气象、潮汐、泊位水深、船舶吃水、系缆情况、锚位和所出锚链的情况、转流时船舶回转，主机状态和其应急使用的可能性，以及与船舶安全停泊有关的其他情况；

(3)船上拟进行的所有工作，包括积载计划、大副的要求、装卸进度、开工舱口及工班数、货物的分隔衬垫、装卸质量、装卸属具情况、危险品和重大件及应采取的预防及应急措施、贵重货、水手值班情况及与港方联系事项等；

(4)舱底水、压舱水、淡水的水位情况及加装燃油、淡水情况；

(5)消防设备的情况；

(6)港口及本船悬挂的信号、显示的号灯、号型和鸣放的声号，港口特殊规定，发生紧急情况或需要援助时船方与港方的联系方式；

(7)要求在船船员的人数和全船人员的动态情况；

(8)检修工作的项目、质量、进度和采取的安全措施；

(9)傍靠船、驳情况，周围锚泊船的动态；

(10)港口的特殊要求；

(11)有关船员、船舶、货物的安全和防治水域污染的其他重要情况，以及由于船舶行为造成环境污染时向相关机关报告的程序。

接班驾驶员在负责甲板值班之前应当核实下列内容：

(1)系泊缆绳或者锚链是否恰当；

(2)正在装卸的有害或者危险货物的性质，以及发生溢漏或者失火后应当采取的相应措施；

(3)本船悬挂的信号、显示的号灯、号型以及鸣放的声号是否正确；

(4)各项安全措施和防火规定是否有效遵守；

(5)是否存在危及本船的情况，以及本船是否危及其他船舶。

四、货物作业值班

航运公司应当制定保证货物作业安全的规定。负责计划和实施货物作业的高级船员应当通过对特定风险的控制，确保作业的安全实施。

船舶载运危险货物、污染危害性货物时，船长应当做出保持货物安全的值班安排。

载运散装危险货物的船舶，安全值班应当由甲板部和轮机部各至少一名高级船员和普通船员组成。载运非散装危险货物的船舶，船长在做出值班安排时应当考虑危险品的性质、数量、包装和积载以及船上、水上和岸上的所有特殊情况。

第七节　驾驶、轮机联系制度

一、开航前

船长应当提前24小时将预计开航时间通知轮机长,如停港不足24小时,应当在抵港后立即将预计离港时间通知轮机长;轮机长应当向船长报告主要机电设备情况、燃油、润滑油和炉水存量;如开航时间变更,应当及时更正。

开航前1小时,值班驾驶员应当会同值班轮机员核对船钟、车钟、试舵等,并分别将情况记入航海日志、轮机日志及车钟记录簿内。

主机试车前,值班轮机员应当征得值班驾驶员的同意,待主机备妥后,机舱应当通知驾驶台。

二、航行中

每班交班前,值班轮机员应当将主机平均转数和海水温度等参数告知值班驾驶员,值班驾驶员应当回告本班平均航速和风向风力,双方分别记入航海日志和轮机日志;每天中午,驾驶台和机舱校对时钟并互换正午报告。

船舶进出港口,通过狭水道、浅滩、危险水域或抛锚等情况下需备车航行时,驾驶台应当提前通知机舱准备。如遇雾或暴雨等突发情况,值班轮机员接到通知后应当尽快备妥主机。判断将有恶劣天气来临时,船长应当及时通知轮机长做好各种准备。

因等引航员、候潮、等泊等原因须短时间抛锚时,值班驾驶员应当将情况及时通知值班轮机员。

因机械故障不能执行航行命令时,轮机长应当组织抢修,通知驾驶台报告船长,并将故障发生和排除时间及情况记入航海日志和轮机日志。

停车应当先征得船长同意。但情况危急,不立即停车会威胁人身安全或者主机安全时,轮机长可以立即停车并及时通知驾驶台。

因调换发电机、并车等需要暂时停电时,值班轮机员应当事先通知驾驶台。

在应变情况下,值班轮机员应当立即执行驾驶台发出的信号,及时提供所要求的水、气、汽、电等。

值班驾驶员和值班轮机员应当执行船长和轮机长共同商定的主机各种车速,另有指示的除外。

船舶在到港前,应当对主机进行停、倒车试验,当无人值守的机舱因情况需要改为有人值守时,驾驶台应当及时通知轮机员。

抵港前,轮机长应当将本船存油情况告知船长。

三、停泊中

抵港后,船长应当告知轮机长本船的预计动态,以便安排工作,动态如有变化应当及时更正;机舱若需检修影响动车的设备,轮机长应当事先将工作内容和所需时间报告船长,取得同意后方可进行。

值班驾驶员应当将装卸货情况随时通知值班轮机员,以保证安全供电。在装卸重大件、特种危险品或者使用重吊之前,大副应当通知轮机长派人检查起货机,必要时应当派人值守。

因装卸作业造成船舶过度倾斜,影响机舱正常工作的,轮机长应当通知大副或者值班驾驶员采取有效措施予以纠正。

驾驶和轮机部门应当对船舶压载的调整,以及可能涉及海洋污染的各种操作,建立起有效的联系制度,包括书面通知和相应的记录。

添装燃油前,轮机长应当将本船的存油情况和计划添装的油舱以及各舱添装数量告知大副,以便计算稳性、水尺和调整吃水差。

第八节　法律责任

一、船员

《值班规则》中规定:船员有下列情形之一的,由海事管理机构处1000元以上1万元以下罚款;情节严重的,并给予暂扣船员服务簿、船员适任证书6个月以上2年以下直至吊销船员服务簿、船员适任证书的处罚:

(1)未按照要求保持正规瞭望;

(2)未按照要求履行值班职责;

(3)未按照要求值班交接;

(4)不采用安全航速航行;

(5)不按照规定守听航行通信;

(6)不按照规定测试、检修船舶设备;

(7)发现或者发生险情、事故、保安事件或者影响航行安全的情况未及时报告;

(8)未按照要求填写或者记载有关船舶法定文书;

(9)在船上值班期间,体内酒精含量超过规定标准;

(10)在船上履行船员职务,服食影响安全值班的违禁药物;

(11)不遵守本规则规定的其他情形。

二、船长

《值班规则》中规定:船长有下列情形之一的,由海事管理机构处2000元以上2万元以下罚款;情节严重的,并给予暂扣船员适任证书6个月以上2年以下直至吊销船员适任证书的处罚:

(1)未确保按照规定为船舶配备足额的适任船员;

(2)未按照要求安排值班;

(3)未保证船舶和船员携带符合法定要求的证书、文书以及有关航行资料;

(4)未保证船舶和船员在开航时处于适航、适任状态;

(5) 未保证船舶安全值班;

(6) 未按照规定在驾驶台值班;

(7) 不遵守本规则规定的其他情形。

第十五章思考题

1. 为何要保持安全值班?

2. 产生疲劳的原因有哪些?

3. 影响疲劳的因素有哪些?

4. 防止疲劳值班的措施有哪些?

5. 制订航次计划的一般要求是什么?

6. 制订航次计划应包括哪些内容?

7. 接班时驾驶员应搞清哪些情况?

8. 何种情况下负责航行值班的高级船员应立即通知船长?

9. 引航过程中值班高级船员的职责有哪些?

10. 值班驾驶员应如何对待和执行"船长夜航命令簿"?

11. 船舶载运危险货物时如何保持港内安全值班?

12. 开航前甲板部与轮机部应执行哪些联系制度?

13. 航行中交接班时值班驾驶员和轮机员应交换哪些信息?

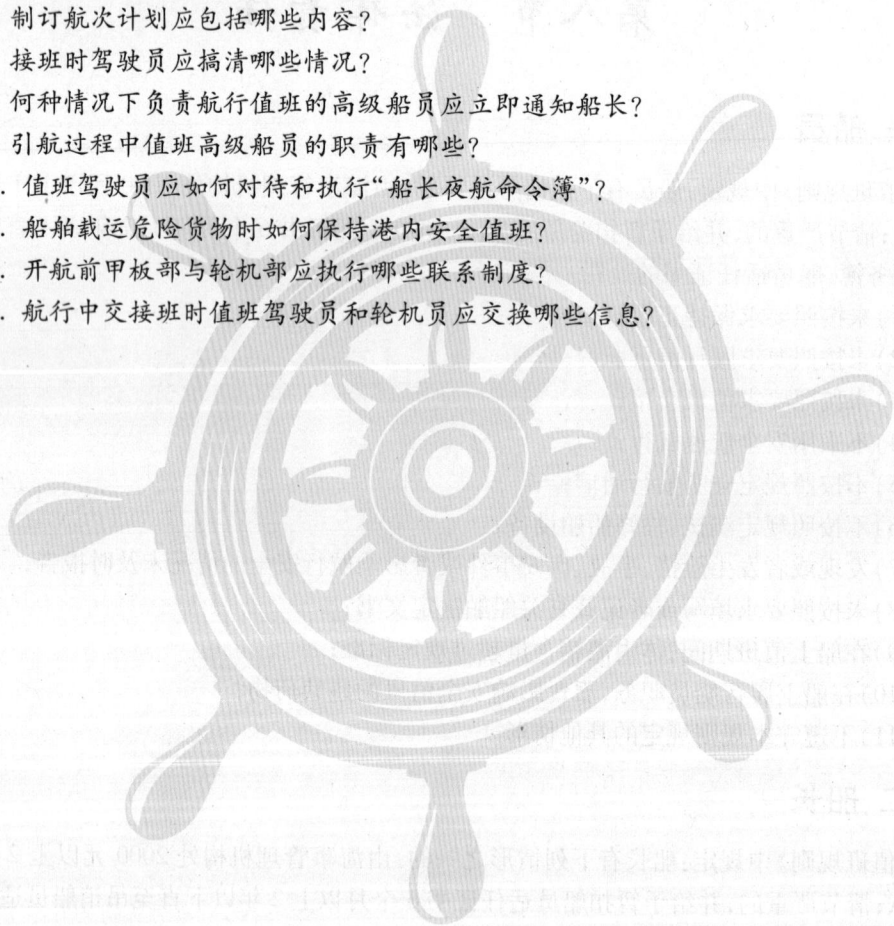

第十六章

驾驶台资源管理

第一节　概述

一、驾驶台资源管理的概念

(一)驾驶台资源管理的由来

为保证船舶航行安全,把海上事故降低到最低限度,根据国际海事组织(IMO)的要求,一些欧洲航运国家的交通与海事安全主管部门、船东协会、航运公司和引航员协会等借鉴北欧航空公司(SAS)飞行班组管理和控制课程的经验,在原驾驶台班组工作与驾驶台班组管理课程的基础上,开发出"驾驶台资源管理(Bridge Resource Management, BRM)"培训课程。

IMO 在《1978 年海员培训、发证和值班标准公约1995 年修正案》(简称 STCW 78/95 公约)第 B - Ⅷ/2 节中特别提出了"驾驶台资源管理",强调船公司需向船长和负责航行值班的高级船员发布以驾驶台资源管理为基础的,关于驾驶台值班人员如何配置和使用的 10 条指导性建议,其目的就是要求驾驶台管理人员能随时对环境和局面的变化做出及时反应和采取有效的措施。

2010 年 6 月,IMO 在菲律宾马尼拉召开了 STCW 公约缔约国外交大会,通过了 STCW 公约和规则的修正案,即马尼拉修正案,并于 2012 年 1 月 1 日生效。"强调了团队精神、领导力和团队工作技能的要求,将驾驶台资源管理(BRM)作为强制性要求"是马尼拉修正案的主要内容之一。

(二)驾驶台资源管理的概念

船舶驾驶台资源管理也称船舶驾驶台团队管理,是指为达到船舶安全营运的目的而对人力、技术等驾驶台团队成员可以获取的所有资源的有效管理与运用。这种资源不但包括在船工作的船员以及诸如设备、仪器、物品、备件等硬件和命令簿、手册、指导书、海图、计划等软件,还包括时间、技能与经验等其他资源。总体来讲可归结为:人力资源、物质资源、信息资源和其他资源。

驾驶台资源管理强调的是驾驶员在团队协作、团队建设、联系与沟通、领导艺术、决策和资源管理方面的技能,并将这种技能运用到有效的管理之中。驾驶台资源管理是对压力、态度和风险等操作性任务的管理,考虑到工作的有效和安全涉及个人因素、组织因素、监管因素等多个方面,必须提前预判并详细计划。驾驶台资源管理应从航次开始前的航行计划制订开始,贯穿整个航行过程中,直至完成航次总结、航次结束为止。

正常情况下,船舶驾驶台团队的所有成员各负其责,"团队管理"通常指的是团队成员间为了使驾驶台工作正常进行所需的相互联系。它不是指某一个人的管理行为,而是指所有成员履行其指定工作的不断适应过程。

二、驾驶台资源管理的构成、特点、分配与排序

(一)驾驶台资源管理的构成

根据《STCW 公约马尼拉修正案》和我国海事局有关海员培训、发证和值班标准等规定的内容与要求,结合船舶航行安全的实际情况与需要,"驾驶台资源管理"主要由以下内容构成。

1. 驾驶台组织

驾驶台组织的相关内容主要包括驾驶台值班、应急程序和事故预防。

(1)驾驶台值班着重于驾驶员/值班人员的工作,尤其是经验不足的新任驾驶员/值班人员,包括保持正规瞭望、交接班程序、正确地使用仪器设备、及时向船长报告等。

(2)应急程序的目的是告诉驾驶员/值班人员在事情变得糟糕或是出现突发事件时应采取的措施,而不至于不知所措,延误时机。这种紧急情况可能是其他船舶导致的事故、人员落水、主机故障或是火灾报警等。这些情况都不是我们期望的,也是不可预测的,但要求值班人员必须有所准备,因为灾难事故的前几分钟常常是避免局势恶化和降低其发展的关键阶段。

(3)对于事故的预防而言,绝大多数船舶事故与人为因素有关。为了减少和预防事故的发生,首先必须明确在船舶失误链中人的因素与事故最终发生之间的相互关系,并据此采取相应的措施,打断失误链的产生和发展,以达到减少和预防船舶事故的目的。

2. 人为因素的控制

人为因素的控制包括:驾驶台团队工作、船长与引航员之间的交流以及船岸之间的联系。这三部分内容关系到驾驶台工作程序,船舶驾驶台的人员配备(包括影响船舶操纵安全的人员)通常有以下几种情况:

(1)驾驶台团队;

(2)驾驶台团队和引航员;

(3)驾驶台团队和 VTS 成员;

(4)驾驶台团队和引航员以及 VTS 成员。

一旦驾驶台团队成员之间,或是船舶与 VTS 之间发生沟通障碍,引起误解,就可能导致船舶发生紧急情况。因此,船舶必须有事故预防程序,一旦发生误解,我们能够从事故预防程序中获取船舶紧急状态下的应急指导。

3. 航用海图和航行计划

这部分内容包括:航用海图(或替代纸质海图的 ECDIS)、有关航海图书资料和航行计划。航用海图(或 ECDIS)和航行计划是驾驶台资源管理的基础,应确保资料及时更新并正确地使用。

4.应急场景

应急场景包括应急程序和人员落水等。

(1)应急程序应包括发生人员落水等应急情况时的应急警报和值班人员启动的应急程序。

(2)应急场景的设置应涵盖瞭望人员、驾驶台团队、轮机员、救助艇艇员和医疗小组的所有行动。应急场景应能够显示船舶旋回与停车、救助艇释放、从水中救出落水人员和实施医疗救助以及回收救助艇、照顾落水人员等整个过程。

(二)驾驶台资源管理的特点

驾驶台资源管理不同于一般的管理,其着眼于操作性任务、工作压力、工作态度以及实际风险。驾驶台资源管理基于一种认识,即工作有效性和安全性,涉及个人的、组织的和管理的诸多因素,因此各方面都必须做好计划。驾驶台资源管理贯穿于航行计划的开始、执行和结束。

驾驶台资源管理涉及多种资源的管理和应用,包括人力资源、物质资源、信息资源和其他资源等。

1.人力资源

人力资源是最为重要的资源,包括船长、引航员、驾驶员、舵工和相关轮机员等与船舶安全航行有关的所有人员。驾驶台资源管理中的人力资源是指以上人员的技能、能力、知识以及他们的潜力和协作力。

2.物质资源

物质资源是确保船舶正常航行与操作的基本资源。驾驶台资源管理中的物质资源是指船舶航行中所需要的物质条件,涉及确保船舶正常航行和操作所需要的仪器、设备、物品、工具以及备件等。

3.信息资源

信息资源是确保船舶正常航行与操作的必要资源,包括电子海图、AIS、各种命令簿、操作手册、使用指导书、海图、航次计划、航海出版物、港口信息等在内的确保船舶正常航行与操作所需要的信息与资料。

4.其他资源

驾驶台资源管理中的其他资源涉及确保船舶本身正常航行与操作所需要的时间、空间、技能、经验和与有关部门(如主管当局与机关、公司、团体、人员等方面)的合作及支持的程度与广度。这类资源将有助于组织目标的实现。

(三)驾驶台资源管理的分配与排序

为保证船舶的航行安全,驾驶台团队应将拥有的驾驶台资源按照一定的原则进行分配和排序,以达到充分利用的目的。

驾驶台资源包括人力资源、物质资源、信息资源和其他资源等,如何有效地配置这些资源,以满足团队目标的要求,是驾驶台团队领导和成员需要掌握的一项技能。对资源进行分配和优先排序常用的方法包括预算、计划和线性规划等。

1.预算

预算是一种数字性的规划,用于对特定的活动分配资源。管理者通常要为收入、费用和大型的资本支出制定预算。预算有时还被用来改进时间、空间和材料的利用,这种类型的预算通常使用的是非金额的数字,如人工小时、能力利用率等,用于每天、每周或者每月活动的预算。例如,大副安排甲板部的某项工作,应提前对该工作所需人手、时间及工具等进行估计,以使工作能够顺利进行。预算适用于各种类型的组织以及组织中的各种活动,但是在使用时应注意保持预算的灵活性,使得目标驱动预算,而不是预算驱动目标,并在整个团队中协调预算。

2. 排程(计划)

排程(计划)是团队管理者定期制订的详细的资源分配计划,包括从事什么活动、谁来完成、什么时间完成等。比较常用的计划工具包括甘特图、负荷图和 PERT 网络分析。

甘特图是 20 世纪初期由亨利·甘特开发的样条图,带有横向的时间坐标和纵向的活动坐标,样条表示在整个期间的产出,包括计划的和实际的,如图 16-1-1 所示。甘特图直观地表明什么时候任务应该开始进行,并与实际的过程进行比较。这是一种虽然简单但是非常重要的工具,使得管理者能够很容易地清楚什么活动已经进行,以及评估哪些活动提前完成了、可能推迟或者按进度计划在进行。船上的各种年度计划、月度计划都是基于甘特图的方法制订的。

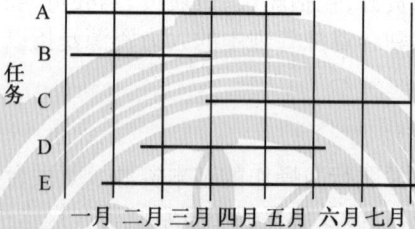

图 16-1-1 甘特图

负荷图是一种改进的甘特图,它不是在纵轴上列出活动,而是列出全部部门或者是特定的资源。这种安排使管理者可以计划和控制能力的利用,换句话说,负荷图是对各个工作区的能力进行计划,如图 16-1-2 所示。

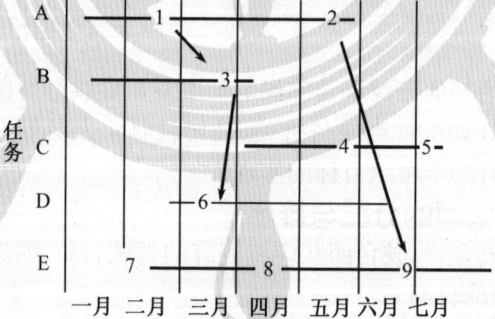

图 16-1-2 负荷图

当活动的数量较少并且相互独立,甘特图和负荷图都是很有用的。但是,如果管理者要计划一个大型项目,比如船舶进行坞修,那就要协调来自各个部门的输入,这样的计划要协调成百甚至上千的活动。其中一些活动必须同时进行,另一些活动只有在它前面的活动完成以后才能开始。管理者对这样复杂的项目进行排序需要用到计划评审技术(the program evaluation and review technique, PERT)。PERT 网络是一种流程型的图形,描述了项目活动的顺序和时间,有时还加入了相应的成本数据。运用 PERT 网络,管理者必须想清楚都有哪些要做的事情,决定每个事件之间的相互依赖关系以及识别潜在的问题点,而且 PERT 能够相对容易地对不同的活动在时间和成本方面的效果进行比较。因此,PERT 使得管理者能够监控项目的进度,识别可能的瓶颈,以及必要时调动资源使项目按计划进行。

构造 PERT 图,需要明确三个概念:事件(events),表示主要活动结束的那一点;活动,(activities)表示从一个事件到另一个事件之间的过程、需要花费时间和耗费资源;关键路线(critical path),是 PERT 网络中花费时间最长的一系列相互衔接的事件,处于关键路线上,其完成时间的延迟将推迟整个项目的完成。

开发一个 PRET 网络,要求管理者识别完成项目所需的所有关键活动,按照发生的次序排列它们,估计每项活动的完成时间。图 16-1-3 描述了一个项目中的主要事件(字母表示)、每项活动期望时间的估计(数字表示)以及整个项目的次序。

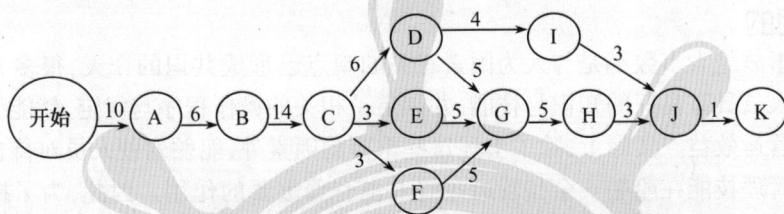

图 16-1-3　PERT 网络

3. 线性规划

线性规划是辅助人们进行科学管理的一种数学方法,在一定条件下,合理安排人力、物力等资源,使经济效果达到最好。一般,求线性目标函数在线性约束条件下的最大值或最小值的问题,统称为线性规划问题。满足线性约束条件的解叫作可行解,由所有可行解组成的集合叫作可行域。决策变量、约束条件、目标函数是线性规划的三要素。

用线性规划解决资源分配问题要求资源必须是有限的,产出的目标必须是产出最优化,必须存在将资源组合起来以创造产出的多种可供选择的组合,以及变量之间存在线性关系,如图 16-1-4 所示。

对于船舶驾驶台团队来讲,保证船舶安全、高效运营是最终目的,资源的分配和优先排序应围绕该目标进行。驾驶台团队应对可利用的资源进行合理的分配和排序。对于船舶驾驶员来说,刚上船阶段,对于船舶的各个方面都不是特别熟悉,船长应为其配备业务较为熟练的协助人员,如已对船舶比较熟悉的值班水手和舵工;船舶开航前会收到航海通告,对海图进行改正是二副的繁重工作,由于时间受限,二副应对各项工作进行优先排序,首先改正船舶开航即将用到的海图,而其他的海图则可等到开航后再进行改正。

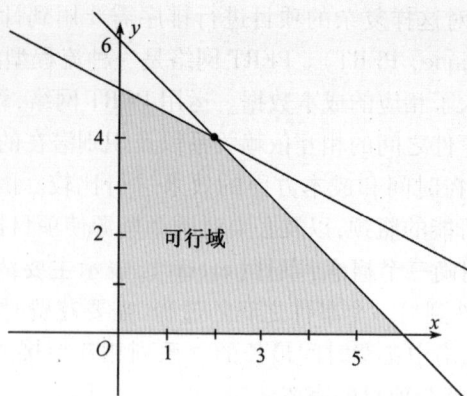

图 16-1-4　线性规划问题的图解法

三、驾驶台资源管理的目的和作用

(一)目的

在海损事故绝大多数都是与人为因素有关的观点已形成共识的今天,很多人都认为只要船舶驾驶人员具有良好的知识与技能,并制定了相关的操作程序与规定,就能保证船舶本身的安全和营运效益。实际上,除了上述这些重要的因素外,船舶驾驶人员对待自己工作的态度和日常管理技能在船舶安全和营运效益上也有着重要的作用。因此,为了提高和确保船舶的安全和营运效益,在为船员提供业务知识与技能培训的同时,还必须紧密结合知识与技能的培训,积极采取措施增强船员的安全意识,改进和提高船员的工作态度和管理技能的水平。

驾驶台组织与管理的薄弱无力已成为世界范围内海上事故的主要原因,资源管理的失误常常引起操作性的事故,通过帮助驾驶台团队成员提前预知并恰当应对变化中的船舶事态,并对驾驶台的资源进行有效而合理的管理将会降低海上事故的风险。

驾驶台资源管理的目的在于通过进一步加强安全工作理念的学习与教育,使船舶驾驶人员能在正确认识的基础上,通过转变思想与理念,端正自己的工作态度,熟悉与掌握一些实用的船舶资源管理的相关知识与方法,进而提高自己在船舶安全管理方面的水平,确保船舶的安全航行。

(二)作用

通过学习驾驶台资源管理相关知识,并应用于船舶,在保证船舶安全方面可以取得非常明显的效果,主要体现在以下方面:

(1)驾驶台团队成员对船舶所处状态时刻都能保持清醒认识;

(2)做到连续不断地监控船舶的船位、航向等,并适时进行调整,以保证航行安全;

(3)能够及早获取与安全航行相关的信息;

(4)能够合理地使用权力,并适当地分配工作;

(5)对于船舶所处的危险局面,能够及早地预判,并采取应对措施;

(6)在遇到问题时,能够顾全大局。

第二节 驾驶台组织

一、船舶与驾驶台组织结构

组织是指人们为实现一定的目标,互相协作结合而形成的集体或团体,如国际海事组织、航运企业等。组织一般可以分为正式组织和非正式组织,按照组织的管理模式及成员之间的相互关系和职能,可将组织分为直线式、职能式、直线职能式和矩阵式。

(一)船舶组织结构

船舶组织结构属于直线职能式组织,其特点为:一切管理工作均由管理者直接指挥和管理,而且设置了相应的职能部门;只有各级行政负责人才具有指挥和命令的权力;职能部门只有获得授权才有一定的权力。

船舶组织形式随着船舶科技的进步不断发生变化,目前一般都由三个部门组成,即甲板部、轮机部、事务部。甲板部成员包括大副、二副、三副、驾助、水手长、木匠、一水、二水等,负责人是大副。轮机部成员包括轮机长、大管轮、二管轮、三管轮、轮助、电机员、机匠长、机匠、冷藏员等,负责人是轮机长。事务部成员包括管事、大厨、厨工、服务员、医生等,负责人是管事。

船长是全船的最高负责人,直接对公司经理负责,负责对船舶的驾驶和管理。船舶各个部门都在船长的领导下开展工作。

根据《STCW公约》,按照船员在船上所处的岗位和职责,可将船员分为管理级、操作级和支持级三个职责级别。管理级是确保正确履行指定职责范围内的所有职能的责任级别,对应的职位是船长、大副、轮机长和大管轮;操作级是指在相同责任范围的管理级人员的指导下,按照正规的程序,对指定责任范围内的所有职能的履行保持直接控制的责任级别,对应的职位是二副、三副、二管轮、三管轮和电机员;支持级是指在操作级或管理级人员的指导下,在船上与履行指定的任务、职责或责任有关的责任级别,对应的职位是水手和机工等普通船员。

(二)驾驶台组织结构

正常情况下,船舶驾驶台团队由负责航行值班的驾驶员和舵工组成。在必要的情况下,船长和引航员会加入,共同组成驾驶台团队。额外的瞭望人员也会根据需要加入团队。担任航行值班职责的人员均是驾驶台团队的一部分。驾驶台组织结构图如图16-2-1所示。

值班驾驶员负责值班期间的驾驶台管理和人员值班管理,直至交班为止。不论是在一个班组,还是轮换的班组之间,班组成员间的密切合作是最重要的,因为一个班组里所作的决定将会影响另一个班组的工作。

根据《STCW公约》,确定航行值班成员时应能够足以保证进行持续的瞭望,船长应考虑包括下列因素在内的相关因素:

(1)能见度、天气和海况;

(2)船舶密度以及在所航行海域内是否有其他动态;

(3)在通航分隔带或其他定线制水域内及其附近航行时应注意的事项;

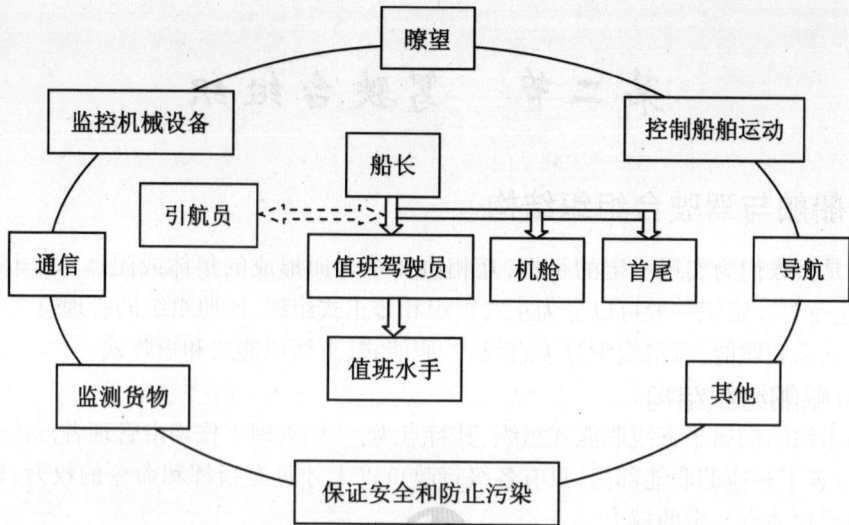

图 16-2-1　驾驶台组织结构图

（4）由于船舶特性、即时操作要求以及预期操作等所带来的额外工作负荷；

（5）从称职的船员中指派值班人员；

（6）对船上驾驶员及其他船员的专业技能的了解和信任度；

（7）每个值班驾驶员的航行经验，对船舶设备、程序的熟悉程度以及操船能力；

（8）在某段时间内船上进行的活动，包括通信联络以及在必要时驾驶台所能得到的帮助；

（9）驾驶台仪器、仪表以及控制系统（包括报警系统）的操作状态；

（10）舵和螺旋桨的控制状态以及船舶的操纵性能；

（11）船舶大小以及指挥位置的视野大小；

（12）驾驶台布局以及这样布局可能会对值班人员用视觉或听觉观察外面的事态的变化所造成的障碍；

（13）其他任何相关标准、程序或有关值班安排及是否称职的指南。

二、驾驶台组织的原则与作用

（一）驾驶台组织的原则

一个有效的驾驶台组织必须包括以下程序：

（1）消除由于团队中一个成员的失误而导致灾难性后果的风险；

（2）强调保持正规目视瞭望和执行避碰规则的必要性；

（3）鼓励采取多种方法确定船位，以便在某种定位方法失效时可以立即采用其他的方式确定船位；

（4）正确进行航线设计，在沿岸航行时，使用可供连续监控和探测航线偏移量的导航系统；

（5）确保了解所有仪器、设备的误差，并进行了恰当的改正；

（6）必要的时候，接受引航员作为驾驶台团队的重要成员。

(二)驾驶台组织的作用

一个有效的驾驶台组织应发挥的作用：

(1)确保执行海洋环境保护措施，在任何时候，船舶都应按照国际避碰规则安全地航行；

(2)有效地管理所有驾驶台资源，进行远距离通信，并保证驾驶人员团结协作；

(3)保持正规航行值班的需求决定了航行值班人员的基本组成，然而在某些环境和条件下，实际值班的安排和驾驶台配员的数量随时都会受到影响，有效的驾驶台组织能够给予驾驶台值班人员即时的协助；

(4)能够最大限度地减少由一个人的错误而导致危险局面的情形。

三、组织成员的基本职责

根据《STCW 公约》，值班驾驶员是船长的代表，主要负责船舶的安全航行，遵守国际避碰规则。

作为船长的代表，值班驾驶员负责管理驾驶台及当值的驾驶台班组人员，直到值班结束。按照船舶操作程序和船长的常规命令，值班驾驶员应保证驾驶台值班人员的配备能适应当时的环境条件而确保船舶安全。

为了保持安全航行，值班驾驶员的基本职责是：值班、航行和守听设定的全球海上遇险与安全系统(GMDSS)无线电频道。

(一)值班

值班驾驶员的值班包括保持航行瞭望和对船舶的巡视，按照国际避碰规则进行避碰，记录驾驶台活动并对使用中的航行设备进行定期检查。交接班程序和驾驶台请求支援等程序必须就位，值班驾驶员应能充分理解这些程序。

(二)航行

值班驾驶员的航行职责是基于安全地执行航行计划的需求，对照该计划监测船舶的运行。

(三)无线电通信

进行无线电通信联络现已成为值班驾驶员的一项重要职责，在海上值班的驾驶员有责任保持连续守听。在发生遇险事故时，必须有一个指定的能胜任无线电通信的人员主要负责无线电通信联络。

(四)其他

在值班时，驾驶员可能还有许多其他职责需要完成，如通常的通信联络、货物监测、机械设备的监控和船舶安全系统的检查与控制等。在任何情况下都不应因执行其他职责而妨碍主要职责的执行。

第三节　驾驶台团队

船舶驾驶台操作涉及的通常都是关键性操作，一旦操作失误就有可能导致事故发生。事故本身具有难以预料的特性，大多数事故的发生是因为没有一个可靠的系统来监测并防止人为失误。驾驶台组织松散时,往往给人以一切正常的假象,而一旦发生意外,就会出现混乱,此时更难做出正确的决策,同时存在因判断失误而导致事故发生的可能性。

本节通过阐述与驾驶台团队工作相关的团队建设、团队领导等相关理论,来说明驾驶台团队的管理。

一、成熟班组形成的过程

团队发展由五个阶段组成:组建期(forming)、激荡期(storming)、规范期(norming)、执行期(performing)和休整期(adjourning),这五个阶段都是必需的、不可跳跃的。团队在成长、迎接挑战、处理问题、提出方案、规划、处置结果等一系列经历过程中必然要经过这五个阶段。认识这五个阶段,可以为团队发展提供阶段指导。

1. 组建期:启蒙阶段

项目团队:刚刚组建,确定团队成员的相互关系。

团队成员:行为具有相当大的独立性,成员只不过是单独的集合体,不清楚他们的角色和责任是什么。

团队领导:指挥或"告知"式领导,在带领团队的过程中,要确保团队成员之间建立起一种互信的工作关系;与团队成员分享团队发展阶段的概念,达成共识。

2. 激荡期:形成各种观念,激烈竞争、碰撞的局面

项目团队:获取团队发展的信心,但是存在人际冲突、分化的问题。

团队成员:面对其他成员的观点、见解,更想要展现个人性格特征;对于团队目标、期望、角色以及责任的不满和挫折感被表露出来。

团队领导:教练式领导,指引项目团队度过激荡转型期,强调团队成员的差异,相互包容。

3. 规范期:规则、价值、行为、方法、工具均已建立

项目团队:效能提高,团队开始形成自己的工作约定。

团队成员:调节自己的行为,以使得团队发展更加自然、流畅,有意识地解决问题,实现组织和谐。

团队领导:参与式领导,允许团队有更大的自治性。

4. 执行期:人际结构成为执行任务活动的工具,团队角色更为灵活和功能化,团队能量积聚于一体

项目团队:运作如一个整体,工作顺利、高效完成,没有任何冲突,不需要外部监督。

团队成员:对于任务层面的工作职责有清晰的理解,没有监督,完全自治,即便在没有监督的情况下自己也能做出决策;随处可见"我能做"的积极工作态度,互助协作。

团队领导:委任式领导,让团队自己执行必要的决策。

5. 休整期:任务完成,团队解散

工作任务完成后,团队就会进入休整期,大部分任务型团队就会解散。对于驾驶台团队来讲,休整期意味着团队成员的调整,即完成合同的成员休假,而新的成员加入,驾驶台团队将会经历一个新的形成过程。

驾驶台团队与一般的项目团队既有区别,也有相同之处。区别在于驾驶台团队成员在进入团队前对于自己的角色和职责已经有了较为清晰的认识,如二副在上船之前就已经知道自己的基本职责;而一般的项目团队在正式组建前,团队成员对自己的角色和职责通常不是非常清晰的。相同之处在于不同的船舶有不同的特点,对于驾驶台团队成员的具体要求是不同的,各个成员也要经过前期的适应阶段,才能融入整个驾驶台团队,在团队工作中发挥更大的作用。

二、团队成员的角色

剑桥产业培训研究部前主任贝尔宾博士和他的同事们经过多年在澳大利亚和英国的研究与实践,提出了著名的贝尔宾团队角色理论,即一支结构合理的团队应该由九种成员组成,这九种成员角色分别为:实干家、协调员、推进者、创新者、外交家、监督员、凝聚者、完美主义者、技术专家。他们的角色和在团队中的作用如表 16-3-1 所示。

表 16-3-1　团队成员的角色

序号	角色	角色描述	典型特征	在团队中的作用
1	实干家	实干者非常现实,传统甚至有点保守,他们崇尚努力,计划性强。喜欢用系统的方法解决问题;实干者有很好的自控力和纪律性。对团队忠诚度高,为团队整体利益着想而较少考虑个人利益	保守;顺从;务实可靠	1. 把谈话与建议转换为实际步骤 2. 考虑什么是行得通的,什么是行不通的 3. 整理建议,使之与已经取得一致意见的计划和已有的系统相配合
2	协调员	协调者能够引导一群不同技能和个性的人向着共同的目标努力。他们代表成熟、自信和信任,办事客观,不带个人偏见;除权威之外,更有一种个性的感召力。在团队中能很快发现各成员的优势,并在实现目标的过程中能妥善运用	沉着;自信;有控制局面的能力	1. 明确团队的目标和方向 2. 选择需要决策的问题,并明确它们的先后顺序 3. 帮助确定团队中的角色分工、责任和工作界限 4. 总结团队的感受和成就,综合团队的建议
3	推进者	说干就干,办事效率高,自发性强,目的明确,有高度的工作热情和成就感;遇到困难时,总能找到解决办法;推进者大都性格外向且干劲十足,喜欢挑战别人,好争端,而且一心想取胜,缺乏人际间的相互理解,是一个具有竞争意识的角色	思维敏捷;开朗;主动探索	1. 寻找和发现团队讨论中可能的方案 2. 使团队内的任务和目标成形 3. 推动团队达成一致意见,并朝向决策行动
4	创新者	创新者拥有高度的创造力,思路开阔,观念新,富有想象力,是"点子型的人才"。他们爱出主意,其想法往往比较偏激和缺乏实际感。创新者不受条条框框约束,不拘小节,难守规则	有个性;思想深刻;不拘一格	1. 提供建议 2. 提出批评并有助于引出相反意见 3. 对已经形成的行动方案提出新的看法
5	外交家	外交家经常表现出高度热情,是一个反应敏捷、性格外向的人。他们的强项是与人交往,在交往的过程中获取信息。他们对外界环境十分敏感,一般最早感受到变化	性格外向;热情;好奇;联系广泛;消息灵通	1. 提出建议,并引入外部信息 2. 接触持有其他观点的个体或群体 3. 参加磋商性质的活动
6	监督员	监督者严肃、谨慎、理智、冷血质,不会过分热情,也不易情绪化。他们与群体保持一定的距离,在团队中不太受欢迎。监督者有很强的批判能力,善于综合思考谨慎决策	清醒;理智;谨慎	1. 分析问题和情景 2. 对繁杂的材料予以简化,并澄清模糊不清的问题 3. 对他人的判断和作用做出评价

序号	角色	角色描述	典型特征	在团队中的作用
7	凝聚者	凝聚者是团队中最积极的成员,他们善于与人打交道,善解人意,关心他人,处事灵活,很容易把自己同化到团队中。凝聚者对任何人都没有威胁,是团队中比较受欢迎的人	擅长人际交往;温和;敏感	1. 给予他人支持,并帮助别人 2. 打破讨论中的沉默 3. 采取行动扭转或克服团队中的分歧
8	完美主义者	具有持之以恒的毅力,做事注重细节,力求完美;他们不大可能去做那些没有把握的事情;喜欢事必躬亲,不愿授权;他们无法忍受那些做事随随便便的人	勤奋有序;认真;有紧迫感	1. 强调任务的目标要求和活动日程表 2. 在方案中寻找并指出错误、遗漏和被忽视的内容 3. 刺激其他人参加活动,并促使团队成员产生时间紧迫的感觉
9	技术专家	技术专家热衷于自己的本职专业,甘心奉献,他们为自己所拥有的专业和技能自豪。他们的工作就是要维护一种标准,而不能降低这个标准	专注,诚实;能够从自我做起	1. 为团队的产品和服务提供专业的支持 2. 作为管理者,在专业领域知道的比其他任何人都多,要求别人能服从和支持他

三、团队的作用

人们常说"众人拾柴火焰高",讲的就是团队能够发挥作用的问题。

团队的作用在表面上主要表现为:团队整体运作所取得的工作成效通常大于单个人员取得的工作成效;团队可以有效地解决复杂的问题;团队工作可以激发人员的创造力;在团队中成员之间可以互相学习、互相弥补各自的不足;团队工作可以加强人员的自省,令团队成员充满工作激情。

从深层次的角度看,团队的作用主要体现在优秀的团队所表现出的团队精神。团队精神是指团队整体的价值观、信念和奋斗意识,是团队成员为了团队的利益和目标而相互协作、共同奋斗的思想意识。团队精神是团队能够取得高绩效的灵魂,优秀的团队具有强大竞争力的根源,不在于其成员个体能力的卓越,而在于其成员形成的整体合力的强大,其中最具关键作用的就是其"团队精神"。团队精神包括三个层次:团队的凝聚力;团队成员之间的高度信任感和团队的合作意识;团队成员的高昂士气。

(一)团队凝聚力

团队凝聚力是指一个团队之中的成员团结在团队中,尽心于团队的全部力量。团队凝聚力不仅是维持团队存在的必要条件,而且也是增强团队功能,实现团队目标的不可或缺的条件。一个团队如果失去了凝聚力,就不能很好地完成组织赋予的任务,团队也就失去了存在的价值和作用。

团队凝聚力表现为团队成员头脑中所具有的团队意识,包括归属意识、亲和意识、责任意识和自豪意识等几个方面。

(二)高度信任感和合作意识

团队精神的精髓在于其协同合作的精神。协同精神是所有成员的动机、需求、驱动力和耐力的结合体,是推动团队前进的强大力量,当所有成员都忠诚于团队,为团队的愿景共同尽力时,协同精神就会产生。

1. 高度信任感

团队成员之间的高度信任感是团队合作的基础和前提,互信能够提高团队合作的能力和品质,更容易使成员把注意力集中在工作上而不分心。信任的内容可以分为五个维度:正直,即诚实、可信赖;能力,即具有技术能力与人际交往能力;一贯,即可靠,行为可以预测,在处理问题时具有较强的判断力;忠实,即愿意为别人维护和保全面子;开放,即愿意与别人自由的分享观点和信息。

2. 团队的合作意识

培养团队成员之间高度的相互信任精神的目的,是为了加强团队成员的合作意识,以便更好地达成团队目标。要培养团队成员的合作意识,就需要制定团队规则,即团队成员在工作中与他人相处时必须遵守的标准。最有价值的团队规则可以分为以下七种。

(1)支持(backup)规则:团队成员之间寻求和提供帮助与支持。

(2)沟通(communication)规则:团队成员准确、及时的信息交换。

(3)协调(coordination)规则:团队成员根据团队绩效要求的个人行动的整合。

(4)反馈(feedback)规则:团队成员之间对他人的绩效提供、寻求并接受建议和信息。

(5)监控(monitoring)规则:团队成员观察他人的规则,在必要时提供反馈和支持。

(6)团队领导(team leadership)规则:对团队成员的组织、指导和支持。

(7)团队导向(team orientation)规则:团队成员对团队规则、默契、凝聚力、文化等的认同和支持。

(三)高昂的团队士气

所谓团队士气,就是团队成员对自身所在团队感到满意,愿意成为该团队的一员,并协助达成团队目标的一种态度。这种态度可以表现在一个人主动、努力工作的行为中。换言之,团队士气是团队全体成员的工作热情与工作行为的总和。

团队成员的士气对于团队的业绩非常重要,影响团队士气的因素主要包括以下几个方面。

1. 对团队目标的认同

如果团队成员对目标是认同的,他们的愿望和要求就有所体现,士气就会高涨。

2. 合理的奖酬体系

组织的奖酬体系应鼓励员工共同合作,提高士气,而不是增强员工之间的竞争气氛。组织中的晋升、加薪和其他形式的认可,应该给予那些善于在团队中与其他成员合作共事的个人。员工在团队工作中得到奖励,并在团队中得到个人发展的机会,这是令人振奋的,会很好地提升团队士气。

3. 良好的信息沟通

如果领导者与下属之间、下属与下属之间的沟通顺畅,团队成员能够积极参与决策,是能够提升团队士气的。

4. 团队内部的和谐程度

团队成员之间相互认同、赞许、体谅,通力合作,凝聚力强,很少出现冲突现象,就会提高士气。相反,只会耗费能力和资源,延误发展机会。

5. 领导者的特质

领导者作风民主,广开言路,乐于接纳不同的意见,办事公道,遇事能同大家商量,是影响士气的一个重大因素。善于体谅和关怀下属,就会产生高昂的士气。反之,独断专行,压制个人意见的领导作风则会降低团队成员的士气。

四、团队成员的作用

一个团队取得的绩效取决于所有团队成员的共同努力,每个团队成员都发挥着重要的作用。

对于船舶驾驶台团队来讲,只有驾驶台团队中的每一个成员都为保证船舶航行安全发挥了自己应有的作用,团队的目标才可以实现。每个成员应明白船舶的安全依赖于他们每个人都能很好地履行其职责,而不是依赖于团队中某一个人的决定。驾驶台团队执行的所有决定和命令都必须经过仔细核查,并监控命令的执行情况。值班人员如果认为某些决定可能不利于船舶的安全,他应毫不犹豫地提出自己的意见,即使他是一个资历尚浅的团队成员。

对于每个团队成员需要负的责任进行仔细的说明和解释有利于整个任务的顺利完成。

现代化的通信导航设备应用于自动驾驶台,打破了驾驶台上各项工作的平衡。但尽管如此,这种平衡仍依赖于系统的设计、可靠性及驾驶员正确地运用这些系统的知识。必须将整个系统融入驾驶台组织之中,从而使得有失误发生而未被检测到的情况不至于发生。

五、团队工作的三环模式

(一)领导力

1. 领导力及其构成

领导力是指影响他人和团队一起达成目标的能力。领导力即是影响力,即让人们对其产生敬佩、信赖、认同和服从等心态的能力。

从影响力的构成来看,大概分为四个方面:品格、能力、知识、感情。

(1)品格因素:包括高尚品德(职业操守)、激情与勇气、远景与信心、主动与责任、抵抗挫折。

(2)能力因素:包括战略规划、决策能力、组织实施、学习与创新能力。

(3)知识因素:包括行业知识、专业知识、经营方法。

(4)感情因素:包括人际关系、团队建设、培养人才。

领导的成功取决于领导者行为和决策风格与情境要求之间的匹配程度,相关理论包括菲德勒的权变模型和罗伯特·豪斯的路径-目标理论。

2. 菲德勒的权变模型

菲德勒指出,决定哪种领导行为或风格最合适的环境因素主要有三方面:

(1)上下级关系:领导者受下属爱戴、信赖、支持和尊重的程度。

(2)任务结构:领导者描述任务的内容、方法和原因的清晰程度。

(3)职位权力:领导者拥有奖惩下属的权力程度。

菲德勒认为,上下级关系越好、任务结构性越强、职位权力越大,领导者的控制权和影响力就越大。

根据菲德勒的理论,认为存在两种主要的领导风格:一种是任务导向型的领导风格,它强调工作成就和绩效结果;还有一种是关系导向型的领导风格,注重维护良好的人际关系。

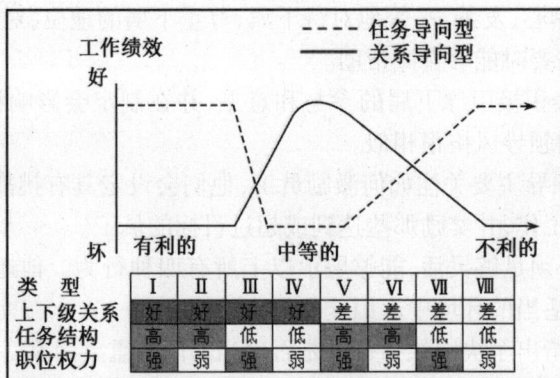

图 16-3-1 菲德勒的权变模型

菲德勒认为,任务导向型领导在特别有利或特别不利的条件下比较有效。在图 16-3-1 中,最有利情形是类别Ⅰ、Ⅱ、Ⅲ,在这三种情况下,三种决定因素中至少有两种是积极的;最不利的情形是类别Ⅷ,三种决定因素都是消极的。对于处于中间的情形,使用任务导向型的领导风格有一定的困难,关系导向型的领导风格效果会更好。作为一个整体,这个模型有一部分内容是有实际证据的。但是这个模型意味着领导者必须被分派到适合他个人风格的情境中,这使得模型显得有些问题,因为它暗示领导者不能改变他们的风格。这个理论强调领导与情境的匹配,这使它很难被运用到现实当中去。工作环境经常发生变化,很难不断地评价上下级关系好不好,任务的结构化程度有多高,以及领导者实际拥有的职位权力有多大。

另外,权变模型还是一种有用的分析工具,可以用来更好地理解某种领导风格会在什么时候最有效以及为什么。

3. 罗伯特·豪斯的路径 – 目标理论

路径 – 目标理论关注的是领导者如何影响下属对目标和达成目标的路径的认识,是罗伯特·豪斯提出来的一种获得广泛认可、有大量经验数据支持的领导力权变理论。这个理论的关键点是领导者的工作就是帮助下级实现目标,领导者影响下级以确保他们的目标与组织和群体的整体目标一致。如图 16-3-2 所示,这个理论具体阐述了四种领导行为。

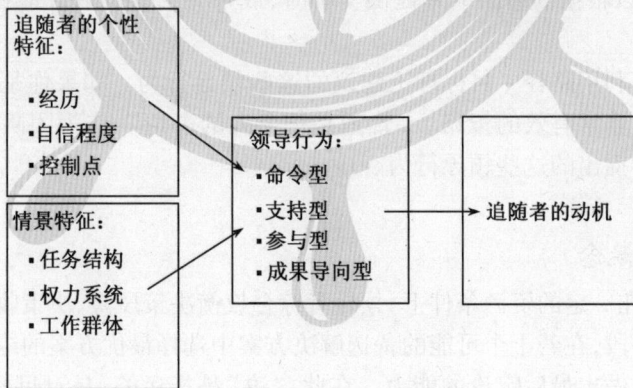

图 16-3-2 路径 – 目标理论

(1)命令型领导会给下属设定期望、决定要实现的目标、使任务条理化、设定最后期限和时间表,并密切监督进程。这些行为与专制型领导风格很类似。

（2）支持型领导热心、友善,平等地对待下属,尊重下属的地位,对下属表现出充分的关心和理解,在部下有需要时能够真诚帮助。

（3）参与型领导会积极引导下属的参与和意见,并在制定会影响群体的决策时考虑这些意见,这与民主型的领导风格很相似。

（4）成果导向型领导主要关注如何激励员工,他们会设定具有挑战性的目标,指导下属如何以最高水平完成工作,并奖励那些达到或超过目标的员工。

豪斯认为,领导必须足够灵活,能够展示以上所有四种行为。他还认为,这些行为的有效性取决于领导者在适当的环境中运用这些行为的能力。

路径－目标理论指出了决定领导行动是否恰当的两种重要因素。第一个因素是工作情境,指下级无法控制的因素,比如工作的任务、组织的正式权威系统和工作团队等。第二个因素是下级的个性特征,比如经历、对自己的能力的认识或自信程度。

领导者工作的有效性是用两个指标定义的,一个是下属的工作表现,另外一个是下属对领导提高他们现在或将来能力的满意程度。如果领导者的行为与情境和下属的个性特征相匹配,领导者的行为会更有效。

根据追随者的个性特征,不同的领导方式在下列情况下将是有效的:

（1）高度专制型的下属喜欢命令型的领导风格,因为那对他们意味着尊重。

（2）相信自己能够控制自己前途的下属对参与型的领导风格更为满意,因为那使他们有更多的机会做出影响他们生活的决策;认为自己的命运掌握在其他人手中的下属更喜欢命令型的领导风格。

（3）支持型和参与型的领导风格能提高满意度,增强那些自信程度较高的下属的群体绩效,因为这些下属不希望被指挥,并且有足够的经验做出有价值的贡献。

根据与情境因素的匹配性,不同的领导方式在下列情况下将是有效的:

（1）当任务不明确而且比较紧迫时,命令型的领导有助于提高员工满意度,因为这有助于员工弄清楚状况。

（2）当任务的结构非常清晰时,支持型的领导风格有助于提高下级的满意度。当员工已经理解了应该做什么时,他们会认为命令性的行为是侮辱和无礼的。

（3）当组织可以根据群体的绩效提供奖励时,成果导向型的领导能提高下级的满意度和群体生产效率。

任何人都可以利用路径－目标理论建议的这些领导行为。如果你是一个团队成员,行为的选择也能成为非常有效的策略。“管理是每个人的事情”,作为团队成员,你也可以应用路径－目标理论提出的这些领导行为。

（二）决断力

1.决断力的概念

决断力,就是在一定的资源条件下,领导者综合权衡决策风险、决策收益和决策时机,利用合理的方法和手段,在若干个可能的备选解决方案中选择最优方案的综合能力,简而言之就是领导者坚决地做出最后定论的能力。在此,“决”是指运筹,是对目标及其行动方案的提出和分析论证过程。从某种意义上讲,领导过程是由一系列决策或决断活动所组成的,决断的正确与否关系到领导活动的成败。当机会或危机来临时,如果不敢决断、不善决断或决断不当,就会给组织带来不可估量的损失。敢于决断、善于决断是作为领导者的必要条件。

2. 决断力的五个要素

领导决断力是领导者在战略目标确定的前提下对战术性问题的决策能力。从理论层面分析,领导决断力是由决策收益、决策风险、决策方法、决策资源、决策时机等因素决定的,这些关键要素就构成了领导决断力模型。

(1)决策收益

决策收益是领导者进行战术决策时期望达到的目标,可以简单地定义为决策过程所获得的效用。不同类型组织的收益有不同的分类和度量方式,如船舶的目标是安全、经济的完成航次任务。任何决策都有收益目标,当收益出现偏差时,领导者应当立即着手去分析问题所在,为尽早决策提供参考依据和线索。

领导决断要对收益进行预测,预测的方法可分为定性方法和定量方法。定性的方法有头脑风暴法、问卷调查法、经验判断法等;定量的方法有很多种类,如时间序列模型法、回归模型法、指数平滑法等。

(2)决策方法

面对复杂的问题,在其他方面受到约束的条件下,利用好的决策方法、工具和理论来分析、判断、决断问题,使组织收益最大化,是领导决断的关键。无数的事实和经验证明,采用正确的决策方法和工具,能指引各项活动顺利开展;采用错误的决策方法和工具,会导致重大的损失和挫折以至整个事业的失败。领导者在决断时离不开先进的决策理论、方法以及决策工具的支持。决策理论的发展大致经历了统计决策理论、序贯决策理论、多目标决策理论、群决策理论、模糊决策理论、集成决策理论等几个阶段,并相应地提出了许多决策方法。决策方法一般可分为定量决策方法、定性决策方法以及定性与定量相结合的决策方法等三类,如成本效益分析法、资源分配法、关键路径法(CPM)、经验判断法、试验法、决策树法、程序法、智力激励法、随机决策法、危机决策法、预测法、模拟法、调查研究法、头脑风暴法等。随着信息处理、数据存储与检索手段的进步以及决策模型的日臻完善,领导决策的方式发生了巨大的变化。管理信息系统、决策支持系统、人工智能系统、知识管理系统等智能化信息系统决策工具的出现,使得决策过程变得更加方便、智能、准确、快速。

(3)决策风险

领导者在决策实施前后可能会面临各种不确定因素,这些不确定因素就称为风险。为了实现决策目标,领导者必须权衡风险和收益,在一定的风险下实现目标收益最大化,或者在一定的收益水平下实现风险最小化。决策风险会给决断过程带来许多困难和意想不到的后果,要制订相应的风险管理预案。一般来讲,风险管理的基本步骤包括风险识别、风险评估、风险控制、风险防范等。风险管理策略主要有四类:规避风险策略、防范和控制风险策略、承受风险策略以及转移风险策略。不管采取哪一种策略,在运用过程中,应根据具体情况进行定期或不定期的检查和调整。风险识别与风险评估可采用一些定性方法或定量方法,定性方法主要包括个人判断法、头脑风暴法以及德尔菲法等,定量方法主要包括历史模拟法、蒙特卡洛模拟法以及时间序列法等。其他一些经验方法还包括流程图法、资产财务状况分析法、投入产出分析法、背景分析法、分解分析法、失误树法、保险调查法、事故分析法以及环境分析法等。

(4)决策资源

决策资源是领导决断的重要约束条件,分析资源、在现有资源条件下进行决断,是领导者必备的素质。通常所说的资源主要包括人力资源、财力资源、物力资源、时间资源、空间资源、技术资源、管理资源、信息资源以及关系资源等。决策资源是决策最优化的约束条件,不能有效地分析资源环境,就不可能实现资源最优配置,也就不可能制定最优决策。

资源约束分析是决策的先决条件。资源约束分析时一般要考虑三个方面的问题:市场或实际的需要;组织的自身能力;竞争对手的状况。此外,领导者在决断时要会造势和谋势,对各种资源格局及其能量有清醒的认识,以便形成明智的决断。

(5)决策时机

时机是指领导决断的时间和切入点。对决策时机的把握反映了一个领导者的决断力,尤其是在组织面临危机时的紧急决策,更需要决策者具有高人一筹的决断能力。时机稍纵即逝,而决策者的优柔寡断往往是造成错过时机的主要原因。领导者对时机的把握关键在于分析内外部的资源条件,内外部条件成熟时应该当机立断,及时进行决断。过早决断可能会出现混乱,过晚决断可能会失去意义和作用。只有恰逢其时,当机立断,才能体现出领导决断力的水平。

3.决断过程

无论什么样的问题,决断的过程都可以归纳为以下几个基本环节,如图 16-3-3 所示。

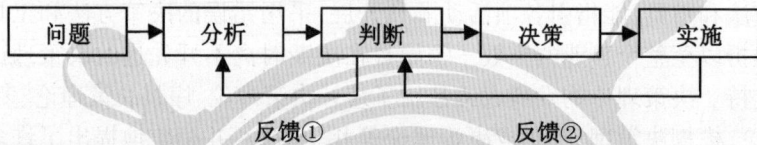

图 16-3-3　决断过程

(三)团队工作中的三环模式

1.三环模式的提出

三环模式是英国的 John Adair 教授在 19 世纪 70 年代提出的关于团队工作、领导力和管理相关的理论。John Adair 教授用三个圆环分别代表团队工作中的三个核心要素:任务需要、团队存续需要和个人需要(团队成员需要),三个圆环相互重叠,表示团队工作中的各个要素是相互依存、不可分割的,如图 16-3-4 所示。

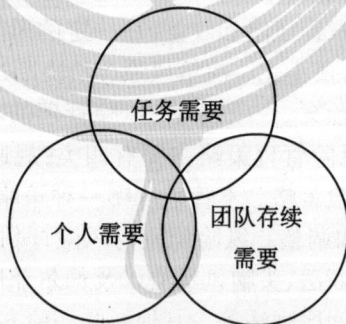

图 16-3-4　团队工作的三环模式

2.团队管理的三个核心职能

（1）任务职能

任务职能包括：实现工作团队的目标；界定团队的任务；对工作进行计划；分配资源；义务和责任的组织机构；控制质量和检验绩效；复核取得的进步。

（2）团队职能

团队职能包括：保持士气和塑造团队精神；团队作为一个工作单位的内聚力；确定标准和坚持原则；团队内部的交流系统；培训团队；任命下级领导人。

（3）个人职能

个人职能包括：满足团队个人成员的需要；参与解决个人遇到的困难；给予表扬和地位；调解团队需要和个人需要之间的冲突；培训个人。

3.三环的关系

团队领导人在任何一个需要领域（环）内的行动将会影响另外一个需要领域，或者对其他两个需要领域都有影响。理想的位置是三个需要领域完全融合的地方。团队工作中，任务需要一个团队来完成，而不是一个人。如果团队需要没有得到满足，任务将不能顺利完成，个人也将不会得到满足。如果个人需要没有得到满足，团队利益将会受到损失，整个任务的执行将会受到损害。因此，三种需要相互依存，不可分割。

在任何工作团队中，最有效的领导人是可以使任务需要和个人需要都能得到充分满足的人。有效的领导人激励团队成员做出贡献，并从团队中发现其他的领导才能，以满足这三种相互联系的需要。

对于船舶驾驶台团队来讲，任务职能是保证船舶安全、经济的运营，取得良好的效益；团队职能是保证驾驶台团队团结协作，充分发挥团队的作用，避免因个人失误而导致的事故；个人职能是得到团队成员的认可，并得到锻炼、提升的空间和相应的待遇。三种职能相互依存，不可分割。只有个人的需要得到满足，才能更好地发挥其在团队中的作用，减少失误；驾驶台团队才能够团结、协作，才会更好地实现船舶安全、经济运营的目标；而只有船舶取得良好的效益，船舶驾驶台团队和成员才能得到更好的发展。

六、优秀团队的特征

（一）团队情境意识

情境意识是指在一个特定的时间对影响船舶的因素和条件的准确感知，是人们对于事故发生的一种预知和警惕。情境意识不是一种特定的行为，而是工作态度和思维的产物，决定着人的行为与动作。

1.情境意识的组成

驾驶台团队的情境意识由个人的情境意识和团队的情境意识组成，其中个人的情境意识包括：经验与训练、操纵与操作技能、身体情况与心理状态、对情况的适应与熟悉程度、驾驶台领导与管理技能，而团队情境意识是指驾驶台团队中船长、引航员、值班驾驶员和其他团队成员个人情境意识的组合。

（1）经验与训练

经验与训练是情境意识最基本的影响因素。知识越丰富，理解力、判断力和适应性强，情境意识自然越高。船舶驾引人员日常工作中的传统习惯和经常性的做法,以及在各种情况下为避免危险所要求的戒备,都可以作为成功应付不同条件和局面的经验,而这些经验可以认为是情境意识的基本内容之一。

（2）操纵与操作技能

技能是构成情境意识的重要因素,操纵与操作技能越强,理解力和适应性也越强,情境意识越高。技能是通过实际技术训练才能获得的能力,特别是船舶实际操纵技术,必须能够适应不断变化的外界条件的要求,还要及时跟上不断更新的技术与设备的发展,因此,必须通过多次的切身体验来掌握实际技能。

（3）身体与心理状态

情境意识非常重要的构成因素是健康状况,它是充分运用自己知识和技能的基本条件。健康状况不良会降低各感官的功能,容易出现疲劳、甚至无精打采。航海中许多误操作引发事故的严重教训,重要原因之一正在于此。

情境意识的构成因素也包括心理状态。极高的责任心、极强的安全意识,极高的道德水准,顽强的战胜困难的意志与毅力、忠于职守的热忱与执着、良好的工作习惯以及临危不惧巧于应变的能力都是应有的心理状态。在这种状态下,船舶驾、引人员的注意力非常集中,情境意识高。

（4）对情况的适应与熟悉程度

对情况的熟悉程度越高,认识过程中对局面和条件的感知越容易,在思考、分析和判断上容易达成与实际情况相一致的结论,情境意识自然也越高。从某种意义上来看,船员不断地改变服务船舶种类,不断地改变服务船舶航线,对团队情境意识是一个负面的影响。为保证航行安全,所有船舶对本船的团队情境意识和综合能力时刻要有一个清醒的认识。

（5）驾驶台领导与管理技能

船舶作业是一个多部门相互协同的工作。就驾驶台来讲,船长、引航员、驾驶员、舵工是常见的一种工作组合。单凭个人的力量是不可能保持高水平的情境意识的。要想得到良好的情境意识,充分发挥每一个成员的作用和相互之间的支持与监督是十分必要的。

安全管理工作的具体目的就是要消除不安全因素,包括"物"的不安全状态和"人"的不安全行为。就现代科学技术水平来说,任何一艘船舶,要做到绝对安全,消除"物"的不安全状态是很困难的,也是很难办到的,不安全因素总是客观存在的。而人在生产活动中最活跃、最富有创造性,具有主观能动性。无论"物"的不安全状态怎么样,只要发挥人的主观能动性,主动地去认真检查,"物"的不安全状态就可以被及早发现并消除。但是人的行为是受思想支配的,是不易控制的,也会出现不安全行为。因此,在安全管理中,在注意"物"的不安全状态的同时,也要密切注意"人"的不安全行为。正因如此,驾驶台领导与管理技能的高低与驾驶台团队成员所形成的情境意识有着密切的联系。

2.情境意识的表现

情境意识具体指由理解力、注意力、判断力和适应性所组合而成的一种表现。良好的情境意识表现为以下几个方面。

（1）对于船舶条件的实际状态与变化趋势能够正确地感知

船舶是人员和货物的载体,对于船舶作业安全有重要的关系,也是安全营运系统的组成因素。船舶对安全的影响主要表现在适航性上,即船舶设备装置、操纵性能资料、货载配置等方面的状况。即使拥有好的驾驶技术,遵守规章,但是没有适航的船舶,事故也是难免的。由于航行环境千变万化,船舶在设计、建造和性能方面,必须具备承受在预定航区航行一般风险的能力。具体来说,船体结构、机械设备和各种仪器、工具,如锚、舵、缆、推进器、消防、救生、信号和无线电等设备都应符合安全航行的要求,反之就会形成船舶不安全状态。这种不安全状态常常是在不知不觉中发生的,因此,对于船舶条件的实际状态与变化趋势能正确地感知,并对船舶适航状态的完全理解是良好情境意识的要求之一。

(2)对于船舶周围的实际情况与变化趋势能够敏锐地察觉

船舶所处的环境对于船舶运动和船舶安全具有较大的影响,船舶周围的实际情况不但包括风、流、浪、涌等环境因素,而且包括船舶所处水域的自然条件、航道条件和交通条件等。船舶周围的情况是变化的,船舶驾驶人员、引航员应随时随地较为确切地掌握环境因素、交通状况,并与之适应地驾驶船舶。注意和觉察船舶周围实际情况与变化趋势,是情境意识的组成要素之一,对于船舶安全具有重要意义。

(3)对于周围情况变化对船舶运动影响能够全面地了解

为了实现有效而正确的操纵决策,操船者必须了解船舶周围的各种信息。影响船舶操纵的信息有:船舶信息,包括动态信息和静态信息;环境信息,包括自然环境信息、航行条件信息。动态信息是指本船船位、航向、航速及变化趋势,以及船舶各种仪器、设备的工作状况等;静态信息是指本船尺度、主机性能、操纵性能、载货状态等信息;自然环境信息是指风、流的方向及其强弱,尤其是外力对船舶造成的影响;航行条件信息是指航道环境和交通状况,即航道的可航水深、可航宽度,航道助航设施情况,航道的交通状况,附近船舶的运动状况,以及有关的操船法规等。

全面了解船舶周围情况变化对船舶运动的影响,正确判断相互作用的结果,对于保证船舶的安全具有重要作用,是良好情境意识的体现。

(4)对于船舶即将面临的局面和安全状况能够正确地预测

船舶驾驶人员、引航员应当具备一定的专业技能知识来预见自己的特定行为可能导致的结果,如安全或事故。如果由于自己的疏忽大意而没有预见到以致发生船舶事故的后果或者是已经预见到船舶有危险,但因轻信不一定会导致发生事故后果的行为就是疏忽。情境意识要求船舶驾引人员应尽其技能和谨慎驾驶的职责,在特殊情况下应有必要的戒备,并采取适当的措施避免事故后果。由此可见,良好的情境意识能够使驾引人员了解船舶即将面临的局面,并能正确地预测船舶安全状况。

3.情境意识的保持

团队成员在做好各自工作的过程中,可以依靠团队情境意识来最大限度地保证船舶安全。为了保持情境意识,及时发现事故链形成的迹象,中止事故链,达到安全营运的目的,驾驶台团队成员应做好以下几点。

(1)最大限度地加强个人的情境意识

团队工作最终还是依靠个人来完成的,因此,最大限度地加强个人的情境意识是保持良好团队情境意识的前提,个人情境意识的培养和提高是十分重要的工作。加强驾驶台团队个人情境意识应注意做到:在任何时候运用良好的船艺;通过利用多种设备资源来克服不确定性,如通过多种方式核对船位;时刻警惕失误链中相关环节存在的可能性;注意到在一个特定环境中,每个人的感知会有所不同,而我们期望的是一个驾驶台的综合情境意识,是一个团队的情境意识。

（2）认真做好驾驶台工作的计划和准备

船舶营运过程中，船舶驾驶人员应认真阅读航路和港口的相关资料，对船舶航行过程中可能遇到的各种情况做到心中有数，并制订周密详尽的航次计划和应急预案。提前做好计划，知道将要发生的事情和处理措施，是情境意识中极为重要的内容。平时工作中培养安全的做法和习惯，可在正常操作中使用安全惯例，以留出时间和精力解决难题。

（3）充分认识其他驾驶台团队成员的作用

根据驾驶台资源管理的要求，驾驶台团队成员应灵活把握注意力的集中和转移，合理组织值班船员，形成一个注意力范围足够广泛，反应灵敏、信息畅通、互补、完整、无瞭望技术死角的操船整体。避免由于个体的错觉和主观臆断造成的失误。充分认识其他驾驶台团队成员的作用，要正确感知船舶周围的情况，敏捷地觉察周围情况的变化并全面了解周围情况变化对船舶的影响，最终能对即将面临的局面加以正确考虑和计划，并做出相应应急措施的准备。

（4）重视通信中的反馈

信息传递的完整性要求完成一个闭环式的通信过程。这需要高度重视通信中反馈的作用，在船舶通信中反馈的作用尤其明显。但是一些案例分析表明，船长与引航员的沟通存在着问题。例如某一船舶进港航行，在雷雨天气、能见度欠佳的情况下，引航员在正横某浮标时命令向右转向，但船长觉得当时还没有到转向点，就问引航员："海图上标示的浮标位置有问题吗？"引航员看了一下，但并没有理解船长的意思，也没有明确回答。此后引航员采取了一系列的减速和向左转向措施，但船长当时并不是十分清楚这些措施究竟是浮标识别错误导致提前转向后的补救措施，还是正常进港航行，因为他并没有从引航员口中获得海图浮标位置是否准确的确切回答。在这起最终导致搁浅事故的案例中我们可以看出，船长与引航员的沟通存在着明显的问题，那就是"对于船长的问题，引航员没有进行反馈，即他们之间的信息交流没有闭合"。引航员和船长之间沟通不畅，导致他们之间的很多信息不能共享，同时也导致他们在关键时刻难以相互协助和积极采取应急措施，错过了改正错误、避免损失的最佳时机。

（5）有效地检查和监督

人在工作中难免会出现疏忽或者错误，相互检查和监督是保持船舶情境意识和安全工作十分有效的措施。由于情况和环境千差万别，人与人的特点不同，很难给出一个像数学一样准确的答案来处理监督中的问题。船舶管理不仅仅是做指示、下命令，还在于积极采取激励、唤醒和鼓励船员的方法，使他们为共同的工作目标而奋斗。与此同时，每一个团队人员也应乐于并善于接受他人的检查与监督。

（6）进行工作危害性分析，培养风险意识

船舶在要求驾驶台团队成员严格执行规章制度的同时，还要善于对船舶即将处于不同水域、不同环境和不同情况的"航行风险等级"进行预见性的评估。从海员的通常做法或特殊情况可能要求的戒备角度来说，船舶还应根据评估结果，事先用"不同的航行风险等级"相应配套的"不同的戒备级别"，制定对应的具体的戒备措施，并付诸实施，杜绝戒备上的漏洞，以期达到化解风险的目的。

（二）优秀团队的特征

一个处于良性运转的团队必须具备以下一些显著的特征,而正是由于有了这些特征,一个群体组织才能称之为优秀团队或高绩效团队。

1. 明确的目标

团队对于要达到的目标要有清楚的认识,并坚信这一目标包含着重大的意义和价值。这种目标的重要性还激励着团队成员把个人目标升华到团队目标中去。在优秀的团队中,成员愿意为团队目标做出承诺,清楚地知道希望他们做些什么工作以及他们之间怎么共同工作。

2. 相关的技能

团队是由一群有特定能力的成员组成的,他们具备实现理想目标所必需的技能和能力,而且相互之间有能够良好合作的个性品质,从而能够出色完成任务。而后者尤为重要,但却常常被人们忽视。有精湛技术能力的人并不一定就有处理团队内关系的高超技巧,也不一定就能对团队目标的实现做出贡献,但良好团队的成员往往兼而有之。

3. 良好的沟通

这是团队一个必不可少的特点。团队成员通过通畅的渠道交换信息,包括各种语言和非语言信息。此外,管理层与团队成员之间良好的信息反馈也是正常沟通的重要特征,有助于管理者知道团队成员的行动,消除误解。

4. 一致的承诺

团队成员表现出高度的忠诚和承诺,为了能使团队获得成功,他们愿意去做任何事情。我们把这种忠诚和奉献称为一致的承诺。对成功团队的研究发现,团队成员对他们的群体有认同感,他们把自己属于该群体的身份看作是自我的一个重要方面。因此,一致的承诺特征表现为对团队目标的奉献精神,愿意为实现这个目标而调动和发挥自己的最大潜能。

5. 有效的领导

有效的领导能够让团队跟随自己共同度过最艰难的时期,因为他能为团队指明前途所在。他们向成员阐明变革的可能性,鼓舞团队成员的自信心,帮助他们更充分地了解自己的潜力。优秀的领导者不一定非得指示或控制,优秀团队的领导者往往担任教练和后盾的角色,他们对团队提供指导和支持,但并不试图去控制它。当很多管理者已开始发现这种新型的权利共享方式的好处,或通过领导培训逐渐意识到它的益处时,仍然有些思想僵化、习惯于专制方式的管理者无法接受这种新观念,这些人应该尽快转换自己的老观念,否则就将被淘汰。

6. 相互的信任

成功的团队都有这样一个共识:团队合作至关重要,而信任又是合作的基础和前提。成员间相互信任是优秀团队的显著特征,这就是说,团队成员们彼此认同各自的行为和能力。信任是合作的基础和前提,互信能够提高团队合作的能力和品质,更容易使大家把注意力集中在工作上而不"分心"。

"信任心态"会在团队成员中传递和"复制",也就是说,人与人之间的信任会带来再扩大的信任。同样的道理,人与人之间的不信任也会带来进一步的不信任,这就要求团队领导者努力维持相互信任的关系。

七、不同环境下团队工作的特点

（一）单独当值

按照《STCW公约》，在下列情况下，值班驾驶员在白天可以进行单人瞭望：

（1）经过仔细观察确信单人进行瞭望和操船是安全无疑的；

（2）已经充分考虑各种相关因素，包括但不限于：气象状况、能见度、通航密度、各种航行危险的可能性、在分道通航制水域内或其附近航行时必须注意的事项；

（3）当天气条件、通航环境等形势发生变化时驾驶台可立即得到援助。

当值班驾驶员是唯一的瞭望人员时，他应按照常规命令和特殊命令的要求，在船舶驾驶台周围履行瞭望、避让等职责，以保证船舶的航行安全。在任何时候，由于任何原因导致其不能全神贯注地瞭望时，支持人员应立即到驾驶台。

（二）船长在驾驶台

根据常规命令或其他的特殊指令，在对保障船舶安全有疑问而不知道该采取什么行动时，值班驾驶员应呼叫船长上驾驶台。

当船长在驾驶台时，只要船长没有特别地通知值班驾驶员，值班驾驶员仍对航行值班等继续负责，这些应彼此明确；当船长明确表示接过指挥权时，驾驶员履行支持职责，并应将相关内容记录在航海日志中。

（三）引航员在船

引航员登船到达驾驶台，就成为驾驶台班组成员之一。引航员比较熟悉当地水域的航行环境，依照地方引航法的规定，船长可以将指挥船舶航行的权力委托给引航员，由他与船长和/或值班驾驶员密切配合来直接指挥。

理想情况下，船长和他的团队要清楚引航员的意图，并处在支持引航员的位置。必要的话，在航行的任何阶段质询引航员的行动：

（1）驾驶员团队了解引航区域的困难和约束；

（2）引航员了解船舶的操纵特性和特征；

（3）引航员熟悉船舶设备，了解他能得到的来自船上人员的支持程度。

重要的是引航员与船长必须认同并清楚地理解各自的职责。引航员指挥船舶时并不解除船长或值班驾驶员所负的对船舶安全航行的职责和义务，双方都应准备着行使他们的权力，不能使船舶驶向有危险的地方，保证船舶安全。

（四）应急情形

当船舶发生紧急情况时，驾驶台团队成员应立即按照船舶应急计划进行处置。紧急情况处理的正确与否，直接关系着人员甚至船舶的安全。

1. 立即行动

任何事故的最初时刻都是决定性的。发现事故的船员如果能及时地采取适当而有效的行动，可以在很大程度上减小事故的损失。比如，值班驾驶员在夜间发现人员落水，最重要的措施是抛下带自亮灯和烟雾信号的救生圈，它不仅为落水者提供了可利用的浮具，而且更重要的是，它能指示落水者的最或是位置。如这一行动被延迟几分钟，将会使落水者被成功救起的可能性大大降低，特别是当海水温度比较低的时候。

2. 遇险报警

发出遇险警报是重新控制局面的重要前提,团队成员发现险情后应立即报警,绝不能等到局面变得极端危险时才通知他人。要及时请求帮助,哪怕事后证明是没有必要的。如果一名船员在甲板上发现了海盗,他最重要的行动不是将这个海盗赶下船,而是拉响警报。接下来的重要工作是将遭遇海盗攻击的遇险情况通过 GMDSS 通信设备发给相关部门。事实证明,如果海盗在没有有效控制驾驶台时就被发现,他们通常会放弃攻击。从这个角度说,船员应熟悉船上所有的警铃以及其他可用于报警的设备位置。

3. 应变程序

根据《ISM 规则》的有关规定,对船上可能出现的紧急情况,船公司应建立标明、阐述和反应的程序。因此,当船舶发生紧急情况,如结构损坏、主机失灵、舵机失灵、断电、碰撞、搁浅等,驾驶台团队全体成员(全体船员)应立即按照应变程序进行反应。

如果船上所发生的险情事先没有制订船舶应变程序,船长应及时召集驾驶台团队成员针对当时情况的特点,制订应变计划,其中应包括:

(1)确认险情;

(2)制订相应的应变计划;

(3)向驾驶台团队成员通报应变计划并征求他们的意见;

(4)就商讨后的最终计划达成一致意见;

(5)监督最终计划的实施。

第四节　通信与沟通

一、通信与沟通的含义

在船舶驾驶工作中,通信与沟通是保证船舶安全航行和靠离泊作业安全的重要环节之一,因为有许多的事故是与缺乏良好的通信与沟通相关的,因此保证有效的通信和沟通不仅是做好船舶管理工作的需要,也是预防航行事故和终止失误链的有效措施。

通信是指通过各种介质将信息从一个地点、一个人或一台设备传送到另一个地点、另一个人或设备的过程。沟通是指有效的使用语言表达自己观点的技巧和艺术。

在团队工作中,通信与沟通可以实现的功能包括:信息传递功能、激励功能、控制功能和情绪表达功能。

船上的通信和沟通与日常的通信和沟通有着很大的区别。由于船上的操作许多是专业性操作,甚至是关键性操作,操作不当或是操作失误就可能造成重大的损害,因此就要求驾驶台团队成员非常清楚地认识在各个操作阶段他们各自的职责。通信和沟通也是驾驶台团队成员之间充分分享驾驶台资源的重要手段,因此必须准确、有效和严肃。相反,驾驶台团队成员间通信和沟通中出现任何障碍,都可能导致难以想象的后果。事实证明,在导致紧迫局面发生和紧迫局面处理的过程中,成员之间的沟通能力始终是决定这些事件结局的关键性因素。

二、有效沟通的原则

（一）确定沟通的目的

为保证沟通的充分和有效，在沟通前应确定沟通的目的。为使沟通能够顺畅进行，发信人应提前准备好相关的内容和信息，避免对时间和精力的浪费。即使是经验丰富的船长或驾驶员，在通过 VHF 与交管中心沟通前，也应查阅《无线电信号表》等相关资料，必要时进行记录，为充分的沟通做好准备，以保证整个通信过程的顺畅和有效。

（二）选择有效的沟通方式

使用语言进行沟通是最简单的方式，但是可能会出现被曲解的情况。因此，有经验的船长或引航员在指挥操作时的一个良好习惯是当发出车/舵令时，通常辅以相应的手势，使值班驾驶员或舵工更易于明确他们的意图，而不至于产生失误。通过要求值班驾驶员和舵工复述车/舵令和核对车钟、舵角指示器等反馈装置，也是船长/引航员检验沟通的有效方式。对于在高噪音环境中工作的绞车手来说，他更依赖于负责指挥的人员手势而不是他的声音。

船上的操作很多都是专业操作甚至是关键性操作，每一项操作都需要划分成若干操作步骤，每个步骤都需要各自的操作程序，而文字更适于描述这种工作。因此，驾驶台团队成员间应经常使用文字沟通。从符合有关国际规定的安全管理体系而言，这些文字信息也是重要的安全管理活动记录。

（三）选择正确的沟通态度

Tannenbaum 和 Schmidt 按照发信人对沟通内容的控制程度和收信人的参与程度把沟通的类型分为告知、说服、协商和参与四种，如图 16-4-1 所示。

图 16-4-1　沟通态度示意图

告知：指发信人指示或指挥收信人做某项事情。他只需要收信人去学习和理解，而不需要他的意见。这种类型的沟通通常适用于由于职位和业务水平较高而获得较高可信度的人，比如船长或轮机长。

说服：指发信人试图说服或提议收信人做某些工作，他需要收信人与他一起完成这些工作。这种类型的沟通通常适合于通过友善和个人魅力获得较高可信度的人。

协商：指发信人通过协商的方式与收信人交换某些信息。发信人希望从对方获取需要的信息，但是他仍在一定程度上控制着沟通的过程。

参与：指发信人与收信人合作完成某项工作。

使用后两种方式进行沟通的人在很大程度上以双方的共识为沟通的基础。

事实上,选择正确的沟通方式并不是件容易的事情,因为在相同沟通的不同阶段,也可能需要不同的沟通方式,因此,需要根据当时的场合、时机,选择合适的沟通方式。

(四)打破沟通障碍

任何干扰、阻碍沟通或是降低通信有效性的现象等都属于沟通障碍,包括通信中断。应采取有效措施防止通信中断现象的发生,否则,团队工作将处于相互误解的危险境地。

三、内部沟通与通信

在船舶工作中,内部沟通与通信主要包括以下情况:航前会、驾驶台与机舱的联系、驾驶台与船首船尾的通信、船长与驾驶员之间的信息交换以及驾驶员交接班的沟通等。口头沟通是船舶工作中沟通与通信的最常用手段,主要表现为在会议或工作场所的面对面的语言交流。此外,还有使用通信设备,如内部电话、对讲机等媒介的交流。

(一)航前会

船舶开航前,船长应召集所有相关的人员召开航前会,向他们通报下列情况:航行计划、驾驶台团队的协作、相关规定的制定、航行中可以预见的薄弱环节的标识、参照航线的具体情况制定的标准和指南。

航前会应尽早召开,以便留出足够的时间供团队成员制订各自的工作计划。如果随后的情况发生了任何变化,船长应重新向所有人员通报这些变化。

通过航前会,每个船员都能够清楚地了解自己在整个航行计划中的职责,使其能够在以团队为基础的有效操作环境中做出突出的贡献。

(二)驾驶台与机舱的联系

有关驾驶台与机舱间联系,参见第十五章第七节驾驶、轮机联系制度。

(三)驾驶台与船首、船尾的通信

系泊作业开始前,负责现场指挥的驾驶员应联系驾驶台并报告缆绳、撇缆、止索装置以及锚机、缆车等相关设备的可用情况和工作状态;驾驶台应将包括下列信息的系泊计划及时通报驾驶员:

(1)引航员登轮所用引航员软梯的安放位置和高度;

(2)拖轮的数量和拖带作业方式;

(3)带缆顺序和系缆数量;

(4)泊位和靠泊程序方面的详细资料。

(四)船长与驾驶员间的信息互换

1.常规命令

船舶的指挥和控制应按船舶操作手册中的规定进行,该手册应该以船公司的航行方针为基础并参照常规操作原则编制。船长应及时依照本人的特点、船舶的具体营运状况以及当时驾驶台团队的结构特点编制常规命令。常规命令的执行不应与船舶安全管理体系发生冲突。所有驾驶员在开航前都应阅读船长的常规命令并签字确认。

2.夜航命令

船长夜航命令包括了船长不在驾驶台时为了确保安全航行的各种指示。船长应该在夜航命令中列明值班驾驶员需要认真遵守的常规命令和特殊情况下需要的戒备,尤其应该明确值班驾驶员当其对船舶安全产生怀疑时应采取的措施,包括在哪些情况下应该叫船长。值班驾驶员在接班前应对船长夜航命令阅读并签字确认。

3.叫船长

在下列情况下负责航行值班的驾驶员应立即报告船长:

(1)遇到或预料到能见度不良时;

(2)对通航条件或他船的动态产生疑虑时;

(3)对保持航向感到困难时;

(4)在预计的时间未能看到陆地、航标或测不到水深时;

(5)意外地看到陆地、航标,或水深突然发生变化时;

(6)主机、推进装置的遥控装置、舵机或者任何重要的航行设备、报警或指示仪发生故障时;

(7)无线电设备发生故障时;

(8)在恶劣天气中,怀疑可能有灾害天气时;

(9)船舶遇到任何航行危险物时,诸如浮冰或海上弃船;

(10)其他任何紧急情况或感到疑虑时。

(五)驾驶员交接班事项

交接班驾驶员应交接清楚:

(1)船长对船舶航行有关的常规命令和其他特别指示。

(2)船位、航向、航速和吃水。

(3)当时和预报的潮汐、海流、气象、能见度等因素及其对航向和航速的影响。

(4)在驾驶台控制主机时的操作程序和使用方法。

(5)当时的航行局面,包括但不限于:

· 正在使用或在值班期间有可能使用的所有航行和安全设备的工作状况;

· 陀螺罗经和磁罗经的误差;

· 看到的或知道的附近船舶的位置及动态;

· 在值班期间可能会遇到的情况和危险;

· 由于船舶横摇、纵摇、水密度变化及船体下坐对富余水深可能造成的影响。

四、外部通信

船舶的工作特点造成了船舶外部通信是一种远距离通信,需要借助船舶通信设备来完成。船舶常用的通信设备包括:VHF 无线电话、Inmarsat – C 站、Inmarsat – F 站和 MF/HF 组合电台等。VHF 无线电话使用方便,是船舶近距离通信常用的通信设备。船舶外部通信主要包括以下内容。

(一)船长、值班驾驶员与引航员间的信息交换

1.引航员登轮前

引航员在登轮前应与船长就下列内容达成共识:

(1)引航员登轮时间和地点;

(2)引航员登轮所有引航员软梯的安放位置和高度;

(3)引航员登轮时对航速和航向的要求；

(4)需要显示的识别信号。

2.引航员登轮后

除了引航员卡和驾驶台张贴的船舶操纵数据外,引航员登轮后还应和船长就下列信息进行沟通：

(1)预定的航行计划；

(2)泊位位置；

(3)潮汐、海流、当时天气情况及预报；

(4)航行速度(轻、重油转换)；

(5)通航条件和操纵限制；

(6)拖轮的数量和拖带作业方式；

(7)带/解缆顺序和系缆数量；

(8)可能的障碍和危险；

(9)泊位和靠/离泊程序方面的详细资料。

(二)船舶与交管中心的通信

在 VTS 监管水域航行的船舶应按照相关规定向交管中心报告,根据报告种类的不同,报告内容包括:船名、呼号、船位、航速、航向、目的港、ETA、船舶尺度和种类、载货情况以及船员人数等。

作为船舶安全航行的重要保证,交管中心应为船舶提供如下服务：

(1)信息服务:通过交流,确保船舶可以获得与航行决策相关的该水域的监管情况和通航形式等重要信息；

(2)航行协助服务:简称助航服务,应船舶请求或在 VTS 中心认为必要时协助或参与船上的航行决策,并监测效果；

(3)交通组织服务:为保证 VTS 监管区域内航行安全和通航效率,防止发生危险局面,对船舶交通进行指挥调度,具有强制性。

(4)支持联合行动:综合 VTS 的功能,协调信息收集、评估和数据传递。

五、通信与沟通的障碍及其改进

(一)通信与沟通的障碍

任何干扰、阻碍沟通或是降低通信有效性的现象等都属于沟通障碍,包括通信中断。障碍可能是人为的或物理的。

人为障碍指信息的传递者和接收者个人的障碍,主要表现为工作语言的使用、知识经验的局限以及情绪的影响等方面。

1.沟通语言的使用

通常情况下,双方应选择共同的语言,即在《SOLAS 公约》中规定使用的工作语言进行通信或沟通。但是,在船上工作的船员可能来自不同的国家,使用不同的语言,即使同一个国家的船员,也可能存在各个地区的方言。因此,在通信和沟通过程中,可能会出现表达能力不佳、信息传递不全、信息理解不确切等问题。

2.知识经验的局限

信息发送者与接收者如果在知识和经验方面水平相差悬殊,发送者认为沟通的内容很简单,不考虑对方的接受能力,只按自己的知识和经验范围发送信息,而接收者却难以理解,从而影响沟通效果。

3.情绪的影响

在发送和接收信息时,人的情绪往往会影响发送和接收的效果。不同的情绪感受会使个体对同一信息的理解截然不同,狂喜或悲伤等极端情绪都可能阻碍信息的沟通,因为此种情况下人们会出现"意识狭窄"现象而不能进行客观、理性的思维活动,而代之以情绪性的判断。

4.精力涣散

超负荷工作、压力、疲劳、紧急情况、注意力不集中、经验不足等都可能会导致精力涣散。而某些情况下,尽管不是紧急事件,但由于来的较为突然,也可能会影响到正在进行的工作,如甚高频(VHF)无线电话呼叫,可能吸引船长的全部注意力,从而忽略了处理其他更紧迫的事件。

物理障碍在船舶通信和沟通中通常表现有噪声,比如在 VHF 通信中,来自其他船舶的非正常业务交流干扰;在船舶内部通信中,电话机和对讲机的电流声等;另外,设备的物理场所带来的物理障碍,比如船舶设备工作的干扰、船舶振动、风浪声响、驾驶台设备同频干扰等,都会对通信和沟通带来影响。因此,要保障船舶通信正常进行,应尽力减少或排除物理干扰。

(二)改进措施

必须努力克服通信和沟通的障碍,否则团队工作和相互理解就会出现问题。为避免该情况发生应注意以下因素。

(1)通信一定要有明确的目标。通信时说的第一句话要说出所要表达的目的,这是非常重要的,也是通信技巧在行为上的一个表现。

(2)通过设计改善设备的性能和物理处所,减少干扰。

(3)增强文化意识,通过资源管理避免注意力分散。

(4)通信技能培训,合理安排时间,减少压力和疲劳。

(5)使用共同语言,海上通信过程中应尽量使用《IMO 标准航海通信用语》。

(6)通信和交流中信息的传递要符合 4C 原则,即完整性(completeness)、连贯性(coherence)、简洁性(conciseness)和准确性(correctness)。

(7)达成共同协议。通信结束后一定要形成一个双方或者多方都共同认可的协议,只有形成了协议才叫完成了一次通信。

第十六章思考题

1. 驾驶台资源管理包括对于哪些资源的管理?

2. 简述资源分配和优先排序的方法,并结合船舶操作进行举例说明。

3. 简述驾驶台资源管理的作用。

4. 简述确定航行值班成员时,船长应考虑的相关因素。

5. 简述驾驶台组织的原则。

6. 简述驾驶台组织的作用。

7. 简述团队成员的角色。

8. 什么是团队精神?

9. 何为团队规则? 简述最有价值的团队规则。

10. 简述影响团队士气的因素。

11. 何为领导力? 领导成功的主要因素是什么?

12. 根据路径 – 目标理论,考虑与情境因素的匹配性,如何采取有效的领导方式?

13. 何为决断力? 简述决断力的五个要素。

14. 结合驾驶台团队管理,简述团队工作中的三环模式。

15. 何为情境意识? 简述良好情境意识的表现。

16. 如何加强驾驶台团队成员的情境意识?

17. 简述优秀团队的特征。

18. 简述引航员在船时,驾驶台班组的工作特点。

19. 分析船上的通信和沟通与日常生活中的通信和沟通的区别。

20. 简述船舶有效沟通的原则。

21. 船长与驾驶员间的信息互换通常包括哪些内容?

22. 简述船舶外部通信的主要内容和形式。

23. 如何克服通信和沟通的障碍?

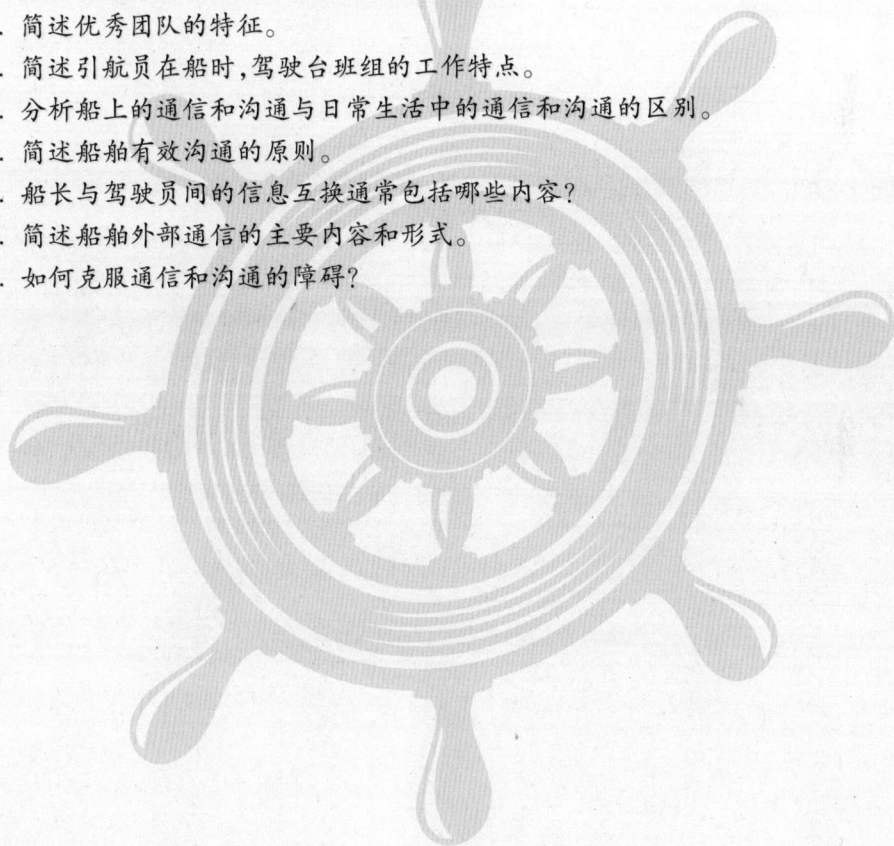

第十七章

船舶视觉信号

船舶与外界的通信方法包括视觉信号通信、声响信号通信和无线电通信。《STCW 公约马尼拉修正案》明确要求负责航行值班的驾驶员应能用视觉通信发出和接收信息,具备用莫尔斯灯收发信息的能力及使用国际信号规则的能力。本章将扼要介绍船舶的视觉信号通信,包括灯光通信(flashing light signalling)、旗号通信(flag signalling)和手旗或手臂通信(morse signalling by hand-flag or arms)以及船舶挂旗常识。

第一节 国际信号规则

一、《国际信号规则》概述

为了保障各国船舶、飞机、岸台之间在各种情况下进行通信联系,特别是在危及航行和人命安全而又存在语言障碍时各国船舶、飞机、岸台之间能够通信畅通,1965 年在国际海事组织(IMO)的前身政府间海事协商组织(IMCO)第四次会议上通过 1969 年《国际信号规则》(International Code of Signals),该规则于 1969 年 4 月 1 日生效。我国政府宣布自 1975 年 7 月 1 日起执行。制定该规则的目的主要是:即使存在语言隔阂,也可以使通信变得简洁而有效。

1969 年《国际信号规则》经 1981 年、1987 年和 2003 年的修订成为现行的《国际信号规则》。根据《SOLAS 公约》的规定,《国际信号规则》是按照《SOLAS 公约》配备无线电装置的所有船舶必备的航海出版物之一。

《国际信号规则》的内容分为三部分。第一部分是正文,共有 14 章,包括各种信号通信的方法、程序、定义及规则等,供所有通信者共同遵守执行和使用。第二部分是通信时可能用到的信号码及其所代表的实际意义,分别用中、英文列出,供通信者选用。这部分是《国际信号规则》的主体。第三部分为附录,包括遇险信号(distress signal)、救生信号(life-saving signal)、呼救发信程序及安全电信的收听等,供紧急情况下参考使用。

二、常用单字母旗及其意义

船舶通信中应尽可能首先使用明语,即互相听得懂的语言。但当彼此间因语言隔阂无法用明语通信时,就必须用一种共同约定的且能代表一定实际意义的信号码来代替明语进行通信。

《国际信号规则》中的信号码包括：单字母信号码，双字母信号码即"通用部分"（general section）和三字母信号码即"医疗部分"（medical section）。其中，单字母信号（single letter signals）是由单个英文字母组成的，在 26 个字母中，除"R"没有意义外，其他 25 个字母都有其完整的意义。单字母信号用于最紧急、最重要或最常用的内容，并适用于任何通信方法，应熟练记忆。

（一）单字母信号旗

单字母信号旗的形状和图案如本书附录Ⅳ所示。

（二）单字母莫尔斯符号

莫尔斯符号是由短闪和长闪，即点和划之间的不同组合排列而形成的。26 个英文字母和 10 个数字的符号表示如表 17-1-1 所示。

表 17-1-1　莫尔斯字母、数字符号表

字母	符号	字母	符号	字母	符号	数字	符号
A	· —	K	— · —	U	· · —	1	· — — — —
B	— · · ·	L	· — · ·	V	· · · —	2	· · — — —
C	— · — ·	M	— —	W	· — —	3	· · · — —
D	— · ·	N	— ·	X	— · · —	4	· · · · —
E	·	O	— — —	Y	— · — —	5	· · · · ·
F	· · — ·	P	· — — ·	Z	— — · ·	6	— · · · ·
G	— — ·	Q	— — · —			7	— — · · ·
H	· · · ·	R	· — ·			8	— — — · ·
I	· ·	S	· · ·			9	— — — — ·
J	· — — —	T	—			0	— — — — —

（三）单字母信号的含义

单字母信号含义如下。

A ——我下面有潜水员，请慢速远离我。

　　——I have a diver down, keep well clear at slow speed.

*B ——我正装卸或载运危险货物。

　　——I am taking in, or discharging, or carrying dangerous goods.

*C ——是。（肯定或"前组信号的意义应理解为肯定的"）

　　——Yes. (Affirmative or "The significance of the previous group should be read in the affirmative".)

*D ——请让开我；我操纵困难。

　　——Keep clear of me; I am manoeuvring with difficulty.

*E ——我正向右转向。

　　——I am altering my course to starboard.

F ——我操纵失灵；请与我通信。

　　——I am disabled；Communicate with me.

*G ——我需要引航员。（在渔场附近当正在作业渔船使用时，它的意思是"我正在收网"。）

　　——I require a pilot. When made by fishing vessels operation in close proximity on the fishing groups，it means "I am hauling nets."

*H ——我船上有引航员。

　　——I have a pilot on board.

*I ——我正向左转向。

　　——I am altering my course to port.

J ——我船失火，并且船上有危险货物，请远离我。

　　——Keep well clear of me，I am on fire and have dangerous cargo on board，or I am leaking dangerous cargo.

K ——我希望与你通信。

　　——I wish to communicate with you.

L ——你应立即停船。

　　——You should stop your vessel instantly.

M ——我船已停，并已没有对水速度。

　　——My vessel is stopped and making no way through the water.

N ——不。（否定或"前组信号的意义应理解为否定的"。这个信号仅可用视觉或用音响信号发出。在用话音或无线电发送这个信号时应该用"No"。）

　　——No. （Negative or "The significance of the previous group should be read in the negative". This signal may be given only visually or by sound. For voice or radio transmission the signal should be "No".）

O ——有人落水。

　　——Man overboard.

P ——在港内：本船将要出海，所有人员应立即回船。在海上：当由渔船使用时，意为"我的网缠在障碍物上"。

　　——In harbor：All persons should report on board as the vessel is about to proceed to sea. At sea：It may be used by fishing vessels to mean "My nets have come fast upon obstruction."

Q ——我船没有染疫，请发给进口检疫证。

　　——My vessel is "healthy" and I request free pratique.

*S ——我的机器正在开倒车。

　　——I am operating astern propulsion.

*T ——请让开我；我正在对拖作业。

　　——Keep clear of me；I am engaged in pair trawling.

U ——你正临近危险中。

　　——You are running into danger.

V ——我需要援助。

——I require assistance.

W ——我需要医疗援助。

——I require medical assistance.

X ——中止你的意图,并注意我发送的信号。

——Stop carrying out your intentions and watch for my signals.

Y ——我正在走锚。

——I am dragging my anchor.

*Z ——我需要一艘拖轮。(在渔场附近由正在作业的渔船使用时,它的意思是"我正在放网"。)

——I require a tug. (When made by fishing vessels operating in close proximity on the fishing groups, it means "I am shooting nets. ")

注释:

(1)有 * 符号的字母信号,仅在遵照《1972 年国际海上避碰规则》的规定情况下,才可用声号发送。

(2)信号"K"和"S"如果作为对乘小艇的遇险船员的登陆信号时,则另有专门的含义。

(3)另外,当破冰船与被救船之间使用 A、G、J、P、N、H、L、4、Q、B、5、Y 等单字母时,另有含义。

第二节　通信要素的表示方法和呼号的组成

一、通信要素的表示方法

(一)船名和地名

信号码信文中的船名和地名用字母直接拼出。例如"KO Lucky"表示"你应尽力设法拖带 Lucky 轮","UU Singapore"表示"我开往新加坡"。

(二)方位或方位角

方位由 A 加上三位数字表示,从 000°～359°顺时针方向计算。除另有说明外,该方位为真方位。例如"OM BTBM A020 R3 T1800"表示"地方时 1800 用雷达测得呼号为 BTBM 的船舶方位 020°,距离 3 海里"。

(三)距离

距离由 R 加上数字表示,以海里为单位。例如:ON A090 R3 = 在我雷达上有一回波,方位是 090°,距离 3 海里。

(四)航向

航向由 C 加上三位数字表示。除另有说明外,它通常表示真航向。例如"FL C120"表示"你应按航向 120°前往出事地点"。

(五)速度

(1)用 S 加数字表示,以 kn 为单位。例如" LH S4"表示"拖带时最大速度为 4 节"。

（2）用 V 加数字表示，以 km/h 为单位。例如"SQ V300"表示"我机的对地速度为300 km/h"。

（六）时间和日期

1. 时间

当地时间（local time），由 T 加四位数字表示。例如"EQ T1530"表示"我预计在当地时间 1530 到达遇险船舶/飞机"。

世界协调时（UTC）或世界平时（GMT），由 Z 加四位数字表示，四位数字中的前两位代表"时"，由 00～23 表示；后两位代表"分"，由 00～59 表示。例如"RX Z0830"表示"你应在世界时 0830 行驶"。

2. 日期

由 D 加六位数字表示。六位数字中前两位数字为"日期"，中间两位为"月份"，后两位为"年份"。如果 D 后面有四位数字，那么前两位表示"日期"，后两位表示"月份"。如果只有两位数字，则表示当年本月的"日期"。例如"D090708"表示"2008 年 7 月 9 日"，"D0509"表示"9 月 5 日"，"D04"表示"本月 4 日"。

（七）纬度和经度

纬度由 L 加四位数字加 N/S 表示。前两位数字为"度"后两位为"分"。经度由 G 加四或五位数字加 E/W 表示。前两位或三位数字表示"度"、后两位表示"分"。例如"FU L3537N G14015E"表示"你应在 35°37′N,140°15′E 附近搜索"。

（八）水深

数字加 M 表示以米为单位的水深。例如"LP 6M"表示"该处浅滩水深不少于 6 米"。数字加 F 表示以英尺为单位的水深。例如"QA 28F"表示"此处高潮水深 28 英尺"。

二、呼号的组成

每一船舶除船名外，还必须具有它自己的呼号。呼号是在国际范围内统一分配的，所以，呼号不但能代表某一特指的船，而且还可以表示它的国籍。

船舶呼号是船舶所有国政府指定给该船的一组字母和数字，通常由四个或四个以上的英文字母或字母与数字混合构成。起始的一个或两个字母通常代表船舶所属国籍。

（1）四个字母，但 Q 开头的除外。例如"BTBM"是"育龙"轮的呼号。

（2）四个字符，第一个字符是数字，但 0、1 除外，后面是三个字母。如"3FWR"是香港（中国）轮船有限公司挂巴拿马旗的"尼罗河"轮的呼号。

（3）四个字符，第一个是字母，第二个是数字，但 0、1 除外，后两个是字母。例如"A8DR"是挂利比里亚旗的某轮的呼号。

（4）五个字符，第二、第五位是数字，但 0、1 除外，其他是字母。例如"J8FR2"是挂圣文森特和格林纳丁斯旗的"永兴"轮的呼号。

（5）最近出现了 6 个字符组成的呼号。例如"9LYSLI"是巴拿马籍"New Hang Zhou"轮的呼号。

第三节 视觉通信

视觉信号通信是船舶在视距范围内的近距离通信,包括旗号通信、莫尔斯灯光通信和旗语通信等。

一、旗号通信

旗号通信是指在能见度良好的白天,在视觉范围内使用国际信号旗传递信息的通信方式。一套国际信号旗共40面,其中包括字母旗 A~Z 共26面,数字旗 0~9 共10面,代替旗代1、代2、代3 共3面和回答旗1面,它们的形状和图案参见本书附录Ⅱ。

1. 信号旗的用法

(1)字母旗:每面字母旗是一个单字母信号旗,既可单独使用,也可与其他字母旗或数字旗联合使用,组成各种信号码。

(2)数字旗:每面表示一个数字,数字中的小数点由"回答旗"表示。

(3)代替旗:当船上只有一套信号旗时,代替旗可以使一面旗在同一组旗号中重复一次或多次。但在同一组旗号中任何一面代替旗的使用不得超过一次。

(4)回答旗:在数字组中,作为小数点;在旗号通信过程中,它可用作回答信号和通信结束的信号。

2. 旗号通信中的术语

(1)组(group):由一面或数面字母或数字旗组成的旗号。

(2)挂(a hoist):一组或几组旗号挂在一根旗绳上为一挂。

(3)拉一半(at the dip):一挂或一面旗悬挂在桅杆旗绳全长一半左右的位置。

(4)拉到顶(close up):一挂或一面旗悬挂在桅杆旗绳顶端。

(5)隔绳(tack line):旗绳中约2米长的一段距离,用来隔开同一挂旗号中不同的组。

3. 旗号通信方法

(1)一次升一挂的通信方式。发信船一次升一挂,待收信船收到后才能降下。收信船按发信船升降顺序收读。

(2)一次升多挂的通信方式。当多挂旗号悬挂在左、右横桁时,悬挂、收读顺序是先右横桁后左横桁;对同一横桁上的多挂旗号,悬挂、收读顺序是先外侧后内侧;对同一挂上的多挂旗号,悬挂、收读顺序是先上后下。

4. 旗号通信程序

(1)呼叫

①普遍呼叫:对发信船周围所有船的呼叫。发信船首先挂出"CQ"码组,待收信船看到后,再挂出通信码组。收信船将回答旗拉一半表示其看到了发信船所挂的码组。收信船将回答旗拉到顶,表示其将信号全部收妥。发信船也可以不挂出"CQ"码组,直接挂出通信码组。

②对特定船的呼叫:挂出收信船的呼号。

③对特定而不知呼号的船舶的呼叫。首先挂出本船的呼号,然后挂出"VF"或"CS"码组,"VF"码组表示"你应挂出你船的呼号"。"CS"码组表示"你船的名称或呼号是什么"。如果发信船周围有多艘船,发信船可以使用"YQ"码组。"YQ"码组表示"我希望用(补充码表1)与在我方位×××的船通信。例如"YQ A060"表示"我希望用国际信号旗与在我方位 060 的船舶通信"。

(2)通信

无论发信船一次升一挂还是多挂,均应等待收信船看到并收妥后,才能降下旗号。收信船将回答旗拉一半,表示其看到;拉到顶,表示其收妥。

(3)通信结束

发信船降下最后一挂旗后,单独挂出回答旗,表示通信结束;收信船将回答旗拉到顶,表示全部信文收妥;降下回答旗,表示通信结束。

二、灯光通信

灯光通信是利用莫尔斯码借助灯光进行的明语或码语信文通信。

(一)莫尔斯符号

莫尔斯符号(Morse symbols)以点和划为基本要素,单独或组合使用,构成字母或数字。点为 1 个时间单位;"划"为 3 个时间单位;每两闪之间的间隔为 1 个时间单位;字符间的间隔为 3 个时间单位;字与字、组与组之间的间隔为 7 个时间单位。字母与数字的莫尔斯符号如表 17-1-1 所示。

(二)通信程序信号

1. 程序信号

控制通信程序的莫尔斯符号如表 17-3-1 所示。

2. 灯光通信法

灯光通信包括呼叫、识别、信文、结束四个程序。

(1)呼叫

发信船(台)连续发出呼叫信号"$\overline{AA}$ $\overline{AA}$"呼叫周围所有的船(台),或直接发送对方呼号呼叫已知名的船(台),直至对方回答为止。对方应用回答信号"TTTTT"回答,直至呼叫停止。

(2)识别

发信船(台)发送 DE 并紧接着发送自己的呼号或名称。收信船(台)收到后应全部复诵,并发送自己的呼号或名称,发信船(台)收到后亦应复诵一遍。

(3)信文发送

码语信文:发信船(台)首先发送信号码"YU"表示"我准备用国际信号码与你通信";收信船(台)回答"T"表示准备接收;之后,发信船(台)方可发送信文;收信船(台)收到每一字或组,均应以"T"回答,表示收到。当信文中有名称、地名时,应使用明语发送。

明语信文:可将信文逐字发送〔中国籍船(台)间可使用汉语拼音〕,收信船(台)对收到的每一个字均应以"T"回答,表示收到。

（4）通信结束

发信船（台）将信文全部发送完毕后，以信号"AR"表示通信结束。收信船（台）以"R"回答表示信文全部收到。

表 17-3-1　灯光通信程序信号

程序信号	意　义	符　号
A̅A̅　A̅A̅	呼叫信号	·—·—　　·—·—
T̅T̅T̅T̅T̅	回答信号	——————
DE	识别信号	—·· ·
T	收到信号	—
E̅E̅E̅E̅E̅	撤销信号	·····
RPT	重发信号	·—·　·——·　—
RPT AA	重发某字、组后面的全部	·—·—·—·
RPT AB	重发某字、组前面的全部	·—·—·—···
RPT WA	重发某字、组后面的一字（组）	·——　·—　·—·—
RPT WB	重发某字、组前面的一字（组）	·——　·—·—····
RPT BN	重发某字、组与某字、组间的全部	
A̅S̅	等待信号	·—···
A̅R̅	结束信号	·—·—·
R	信文收到信号	·—·
RQ	疑问信号	·—·——·——
C	肯定信号	—·—·
N	否定信号	—·

三、旗语通信

手旗或手臂发送莫尔斯符号通信方法（Morse signaling by hand-flag or arms）是用两手握旗或只用两臂变换不同的位置发出点、划组成莫尔斯符号进行通信的方法。手旗是用两面信号旗"O"或"P"套在木柄上制成的。

（一）手旗或手臂发送莫尔斯符号方法

手旗或手臂发送莫尔斯符号方法如表 17-3-2 所示。

表 17-3-2　手旗或手臂发送莫尔斯符号方法

1. 举起双旗或双臂为"点"	2. 平展伸直双旗或双臂为"划"

3. 双旗或双臂放在胸前:点与点、划与划、点与划的间隔	4. 双旗或双臂放下,与身体成45°角:字母与字母、组与组或字与字的间隔

5. 双旗或双臂在头上画圈:如果由发信台发送,表示撤销信号;如果由收信台发送,表示要求重发

(二)通信方法

手旗或手臂通信与灯光通信的方法相同,也是通过莫尔斯符号发送明语信文或码语信文。通信时按下列程序进行:

(1)呼叫:发信船(台)可使用呼叫信号"$\overline{AA}$ $\overline{AA}$",也可用任何方法发送信号码"K1"向对方表示"我希望用手旗或手臂发送莫尔斯符号与你通信"。

(2)回答:收信船(台)回答对方的呼叫或表示信文收到时,可用回答信号"T",或者以任何方式发出信号码组"YS1",表示"我不能用手旗或手臂发送莫尔斯符号与你通信"。

(3)通信结束时,发信船(台)应发送结束信号"AR",收信船(台)用信号"R"回答。
发送信号时应使用双臂,但因故无法使用时,也可只用单臂进行。

第四节　挂旗常识

一、船舶挂旗种类

(1)船籍国国旗:表示船舶的国籍,应挂在船尾旗杆或后桅斜杆上。

(2)公司旗:表示该船所属公司的专用旗号,一般悬挂在船首旗杆上。

(3)到达港的国旗:表示船舶到达其他国家的港口时,应悬挂该国家的国旗,一般在右横桁最外侧的旗绳上。

(4)国际信号旗:是船舶旗号通信用旗,一般挂在左、右横桁上。

二、升降国旗

国旗代表一个国家的尊严,必须认真、正确悬挂。

(一)船籍国国旗

(1)升降时间:日出升日落降,恶劣天气除外。航行和锚泊时通常由值4—8班的水手负责;靠泊时由相应班次的水手负责。

(2)升降水域:各国领海和内水水域。在公海只有在必要时才挂船籍国国旗。

(3)升降顺序:当有多面旗需要升降时,船籍国国旗最先升起,最后降下。

(二)到达国国旗

(1)升降时间:如果到达该国内水时是白天,马上升起该国国旗。在该国锚地、港口停泊期间,日出升日落降,恶劣天气除外,通常由值4—8班的水手负责,靠泊时由相应班次的水手负责。

(2)升降水域:在该国的领海和内水水域。

(3)升降顺序:当有多面旗需要升降时,到达国国旗在船籍国国旗升起后再升起,在船籍国国旗降下前降下。

三、船舶进出港应挂的旗

(一)进港

(1)所到港口国与船籍国不同,白天应挂船籍国国旗和到达国国旗,在本船驶近引航员登船点之前挂好。

(2)到达港如果强制引航,则先挂字母"G"旗,表示"我船需要引航员",在本船驶近引航员登船点之前挂好。当引航员上船后,应降下字母"G"旗,挂引航员旗,即字母"H"旗,表示"我船有引航员"。引航员下船后降下"H"旗。

(3)始发港和目的港是不同国家港口时,到达目的港时,如果本船没有染疫,应悬挂字母"Q"旗,表示"我船没有染疫,请发给进口检疫许可证"。检疫通过后降下"Q"旗。

（4）在锚地或港口停泊期间,如果船上有危险品,应悬挂字母"B"旗,表示"我船有危险品"。

（二）出港

（1）所到港口国与船籍国不同,白天应挂船籍国国旗。

（2）船舶离港时,如果该港强制引航,当引航员上船后应挂引航员旗,即字母"H"旗,表示"我船有引航员"。引航员下船后降下"H"旗。

四、船舶挂满旗

船舶挂满旗应按两面字母旗一面数字旗(或代旗、回答旗)的顺序连接起来使用。悬挂方法是从船首旗杆经过桅顶直至船尾旗杆,并在桅顶悬挂船籍国国旗。

五、船舶间致敬

船舶之间通常用国旗敬礼。在敬礼时,敬礼船应在本船驶近受礼船的正横之前,将国旗降下约一半的高度,待受礼船回礼后(即受礼船也将国旗降下约一半的高度,然后再拉到顶,表示回礼)再将国旗升到原来位置。

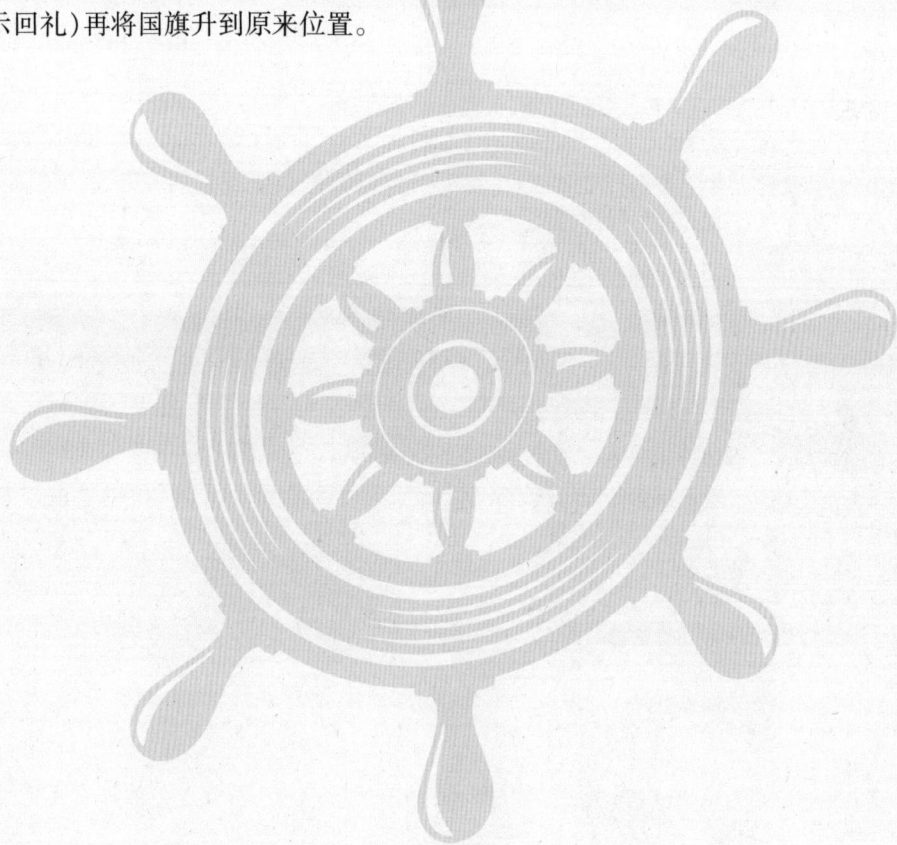

思考题参考答案

第一章思考题参考答案

1. 答:影响船舶紧急停船距离的主要因素有:

(1)船舶排水量。在其他条件相同的情况下,排水量越大,紧急停船距离越大。

(2)初始船速。在其他因素一定时,船速越高,紧急停船距离越大。

(3)主机倒车功率、转速和换向时间。若其他条件相同,主机倒车转速越高、主机倒车功率越大,紧急停船距离越小;主机换向时间越短,紧急停船距离也越小。

(4)推进器种类。若其他条件相同,CPP 船的紧急停船距离一般为 FPP 船的 60% ~ 80%。

(5)船体的污底程度。船体污底越严重,船体阻力越大,紧急停船距离越小。

(6)外界条件。顺风、顺流时紧急停船距离增大;顶风、顶流时紧急停船距离减小;在浅水中由于船舶阻力增加,其紧急停船距离较深水中小。

2. 答:船舶制动方法主要有:

(1)倒车制动法。采用紧急倒车制动的方法的优点是该方法不受水域、船速等条件的限制,即不论在港内水域还是在港外水域,也不论船速高还是低,该方法均可适用;其缺点是历时较长,对于 FPP 船需要进行主机换向操作,同时单桨船在倒车过程中总伴有一定的偏航量和偏航角,且倒车时间越长,偏航量越大。

(2)大舵角旋回制动法。采用大舵角进行急速旋回的方法进行制动的优点是操作方便,无须机舱操作,而且降速时间也相对较短;其缺点是所需的水域比较宽,而且大舵角旋回后仍残留部分余速,最后要把船完全停住,仍需进行倒车制动。

(3)蛇航制动法。蛇航制动法的优点是,制动时最初的操舵给船舶以明确的偏航方向(向右或向左),弥补了开出倒车时船舶偏转方向不定的不足,而且在倒车未开出之前的 2 ~ 3 min 的时间之内已充分地利用斜航阻力使船舶相应减速。另一个优点是,主机由进车换为倒车的过程可以分阶段、逐级平稳进行,避免了主机超负荷工作的情况。该方法的缺点是在较窄的水域或航道内不宜使用,操纵上略感复杂。

(4)拖锚制动法。该法仅用于万吨级及以下的船舶,而且抛锚时船舶对地的速度也仅限于 2 ~ 3 kn 以下。

(5)拖轮制动法。通过拖轮协助或仅靠拖轮提供的推力使船制动的方法叫作拖轮制动法。该法多用于大型船舶在港内低速状态时的制动。

(6)辅助装置制动。通过船舶上设置的一些如阻力鳍等辅助装置减速制动的方法称为辅助装置制动。该方法仅在船舶航速较高时使用,才会有明显的效果。

3. 答:影响旋回圈大小的因素主要有:

(1)方形系数 C_b。方形系数大的船舶比方形系数小的船舶旋回性好。

(2)水线下船体侧面积。水下船体侧面积船首部分分布较大的,旋回性较好,旋回圈较小,但航向稳定性较差;水下船体侧面积在船尾部分分布较大的,旋回性较差,旋回圈较大,但航向稳定性较好。

(3)舵角。随着舵角的减小,旋回初径将会急剧增加,旋回时间也将增加。

(4)操舵时间。操舵时间主要对船舶的进距影响较大,进距随操舵时间的增加而增加,而对横距和旋回初径的影响不大。

(5)舵面积比。舵面积比大的船舶在其他条件相同时,舵力较大,旋回圈小,但超过一定值后旋回圈会有所增大。

(6)船速。船舶的正常速度范围内,船速对旋回初径的影响不大。

(7)吃水。若纵倾状态相同,吃水增加时,旋回进距增大,横距和旋回初径也将有所增加。

(8)吃水差。尾倾增大,旋回圈也将增大。

(9)横倾。低速时,推首向低舷侧偏转,若操舵向低舷侧旋回,则其旋回圈较小;高速时,推首向高舷侧偏转,若操舵向低舷侧旋回,则其旋回圈较大。总的来讲,横倾对旋回圈的影响并不大。

(10)螺旋桨的转动方向。由于受螺旋桨横向力的影响,船舶向左或向右旋回时的旋回圈的大小将有所不同。

(11)浅水影响,在浅水中的旋回圈明显增大。

(12)风、流、浪的影响。如果外界风、流、浪的影响有利于船舶转向,则旋回圈变小;相反,则旋回圈变大。

4. 答:(1)在水深足够的宽敞水域,旋回初径可以用来估算船舶用舵旋回掉头所需的水域大小。

(2)旋回纵距可以用来决定在紧急避让的情况下究竟应当采用舵让还是用紧急倒车避让。若旋回纵距小于紧急倒车停船距离,则应当采用舵让;相反,若紧急倒车停船距离小于旋回纵距,则应当采用紧急倒车避让。

(3)横距可以用来估算操舵转首后,船舶与岸或其他船舶是否有足够的间距。

(4)滞距可以用来推算两船对遇时无法旋回避让的距离,即两船对遇时的距离小于两船的滞距之和,则用舵无法避让;而两船的进距之和则可以用来推算对遇时的最晚施舵点。

5. 答:航向稳定性是指直航船受外力干扰而偏离航向,外力消失后,船舶能否自动恢复直线运动的性能。当干扰过去以后,在不用舵纠正的情况下,船舶能恢复直线运动,我们称其航向稳定或动航向稳定。其判断方法有经验判断法和实船试验判断法两种。

(1)经验判断法。根据船型,长宽比 L/B 越大、方形系数越小,船尾钝材,水中船体侧面积在船尾分布越多,航向稳定性越好;根据载态,船舶首倾越大,水中船体侧面积在首分布越多,航向稳定性就越差。

(2)实船试验判断法。在螺旋试验中,如存在不稳定环,则该轮在不稳定环的舵角范围内不具有航向稳定性;在逆螺旋试验中,如存在多值对应曲线,则在多值对应的舵角范围内不具有航向稳定性。

6.答:影响船舶保向性的因素主要有:

(1)船型。方形系数较低、长宽比较高的瘦削型船舶,其保向性较优;船体侧面积在尾部分布较多者,如船尾有钝材,其保向性较好;船首水下侧面积分布较多者,如船首有球鼻首,其保向性差。较高的干舷将降低船舶在风中航行时的保向性。

(2)载态。轻载较满载时保向性好(受风时另当别论);尾倾较首倾时的保向性好。

(3)舵角。增大所操的舵角,能明显地改善船舶的保向性。超大型油船小舵角状态下有航向不稳定趋势,需用较大舵角才能保向。

(4)船速。对于同一艘船而言,随着船速的提高船舶保向性将变好。

(5)其他因素。保向性将因水深变浅而提高,船舶顺风浪或顺流航行中保向性反而降低。

7.答:船舶运动的稳定性有:

(1)直线运动稳定性:干扰消失后,其重心轨迹最终恢复为一直线,航向发生变化;

(2)方向稳定性:干扰消失后,其重心轨迹最终恢复为与原航线平行的另一直线;

(3)位置稳定性:干扰消失后,其重心轨迹最终恢复为与原航线的延长线上。

一般船舶不具有方向稳定性和位置稳定性,因此,一般所说的航向稳定性就是指直线运动稳定性,即处于定常直线运动状态的船舶,受到干扰作用而偏离原航向,干扰消除后,船舶所具有的稳定于新航向的性能称为航向稳定性。

第二章思考题参考答案

1.答:(1)滑失 S 是指螺旋桨理论上应能前进的速度与对水的实际速度之差。

(2)在转速一定的情况下,若滑失增大,则排出流增速越大、螺旋桨推力增大、舵效提高。

2.答:推力与主机的转速、船速、螺旋桨的沉深、滑失和伴流的关系如下:

(1)当船速一定时,转速越高,推力就越大,推力的大小与转速的平方成正比。

(2)当转速一定时,船速越高,推力越小。船速为零时推力最大称为系柱推力,即推力与船速成反比。

(3)沉深越小,推力越小;滑失越大,推力越大。

(4)伴流越大,推力越大。

3.答:排出流横向力产生的原因、条件及作用规律如下:

(1)螺旋桨正车时

①成因:船舶前进中因伴流上大下小,作用在舵叶右下部的螺旋桨排出流冲角比左上部大。

②条件:有伴流存在(船有进速)。

③作用规律:右旋 FPP 桨排出流横向力正车时推船尾向左、首向右。

(2)螺旋桨倒车时

①成因:作用在船尾右下部的螺旋桨排出流冲角和面积比左下部大。

②条件:螺旋桨排出流作用到船尾(船进速较低)。

③作用规律:右旋FPP桨排出流横向力倒车时推船尾向左、首向右。

4.答:沉深横向力产生的条件,成因及其致偏作用如下:

(1)成因:螺旋桨桨叶上下部受水动力大小不同,造成横向作用力。

(2)条件:沉深比较小($h/D < 0.65 \sim 0.75$)。

(3)致偏作用:对于右旋FPP而言,进车时,该力推尾向右,船首左偏;倒车时相反,推尾向左,船首右偏。

(4)该横向力随沉深的下降、船速的降低和转速的提高而增大。

5.答:伴流横向力产生的原因、条件及作用规律如下:

(1)成因:船舶前进中伴流上大下小,螺旋桨上部桨叶比下部桨叶进速低,冲角大,受到水动力大。

(2)条件:有伴流存在(船有进速)。

(3)作用规律:右旋FPP桨伴流横向力,正车时,推船尾向左,首偏向右;倒车时,推船尾向右,首偏向左。

6.答:如教材图2-1-11所示,掉头前减速,至船位1,右满舵,全速进车;船体转过一定角度,适时全速倒车,利用沉深横向力与排出流横向力使船体进一步右转,船有退速时(船位2),左满舵,利用后退舵力使船继续向右偏转;船体退至船位3,右满舵,全速进车,完成掉头。

7.答:舵设备是船舶在航行中保持和改变航向及旋回运动的主要工具。它由舵装置、舵机与转舵装置、操舵装置的控制装置及其他附属装置组成。

8.答:操舵仪面板上各按钮的作用如下:

(1)灵敏度调节。又称天气调节,也叫航摆角调节。在良好海况下,灵敏度可以调高些;反之,在恶劣海况下,灵敏度应调低一些。

(2)舵角调节。舵角调节又称比例调节。调节时应根据海况、船舶装载情况和舵叶浸水面积等不同情况而定。海况恶劣、空载、舵叶浸水面积小,应选用高挡;风平浪静、船舶操纵性能好时,应用低挡。

(3)反舵角调节。大船、重载,旋回惯性大时要调大;反之,要调小;海况恶劣时,要调小或调至0。

(4)压舵调节。压舵的大小根据实际需要进行调节。

(5)航向改变调节。航向改变调节只供小角度的改向。如需改变较大角度,应分次进行,一般每次只改变10°,最大不超过15°。

(6)零位修正调节。用来修正自动舵中航向指示刻度盘与陀螺罗经的同步误差。自动舵的指令来自航向信号。船舶航行以陀螺罗经(主罗经)为准。

9.答:影响舵效的主要因素有:

(1)舵角和舵面积比。舵角和舵面积比越大,舵效越好。

(2)舵速。舵速越大,舵转船力矩越大,在船速低时通过提高主机转速方法来实现,此时滑失比增大。

(3)吃水。吃水大时,转动惯量大,舵效变差;但尾吃水决定舵(湿水)面积,如果舵叶部分露出水面,则会引起空气吸入,舵力下降。

(4)首倾舵效变差,尾倾舵效变好(其他条件不变)。

(5)舵机特性与操舵时间,操舵时间越短舵效越好。

(6)其他因素。顶流舵效好,浅水中舵效差(但舵力下降不大)。

10.答:影响舵力的主要因素有:

(1)舵角和舵面积比。舵角和舵面积比越大,舵效越好。

(2)失速现象。随着舵角的增大,舵力增加。但当舵角达到某一角度时,在舵叶的上下两缘和后边处将产生涡流,该涡流具有降低舵力、提高舵的阻力的作用,舵力系数则将骤然下降。

(3)空泡现象。大舵角或舵的前进速度相当大时,特别舵叶的前缘横截面曲率较大时,舵的背面压力将剧烈下降,在舵的背面将出现空泡现象。该现象使舵力系数下降的同时还会使舵金属表面产生剥蚀。

(4)空气吸入现象。舵叶背面吸入空气,从而产生涡流,使舵力下降。此现象多出现于舵叶的浸水高度较小的情况下。

(5)舵与船体之间相互影响。船舶操纵过程中,操舵后,舵叶两边的压力差会波及船体两侧,即形成船体两侧的压力差,从而增加了船尾舵的舵力。

(6)舵速。舵速越大,舵力越大。伴流的作用是减小舵力,船速和螺旋桨排出流的作用是增加舵力。

(7)船舶旋回中舵力下降。船舶旋回中的船速下降,导致舵力下降;船舶在横移或回转过程中,舵的有效攻角因为船尾的横向运动而减小,导致舵力下降。

11.答:锚链的标记方法是:在第一节与第二节之间的连接链环(或卸扣)前后第一个有档链环的撑档上绕金属丝(或白钢环),并在两链环之间的所有有档链环上涂白漆,连接链环涂红漆,以此表示第一节;在第二节与第三节之间的连接链环前后第二个有档链环撑档上绕金属丝(或白钢环),并在两链环之间的所有有档链环上涂白漆,连接链环涂红漆,以此表示第二节。其余各节类推。从第六节开始,重复第一节的做法进行标记。最后一至两节可涂醒目标记以作为危险警告,以提醒,防止丢锚。

12.答:锚机的主要技术要求如下:

(1)必须由独立的原动机或电动机驱动,并能倒转。

(2)应有能力以不小于 9 m/min 的平均速度,将 1 只锚从水下 82.5 m 深处拉起至 27.5 m 深处;

(3)应有在工作负载下以满足规定的平均起锚速度连续工作 30 min 的能力。

(4)应有在过载拉力作用下(不要求速度)连续工作 2 min 的能力。过载拉力应不小于工作负荷的 1.5 倍。

(5)链轮与驱动轴之间应装有离合器,且离合器应有可靠的锁紧装置。

(6)链轮应装有可靠的制动器。

(7)锚机的安装一般应保证锚链引出的三点(锚链筒、制链器和链轮)成一线。

13.答:在带缆作业过程中应注意如下事项:

(1)工作人员应戴安全帽、皮手套,穿工作服、工作鞋,衣服的袖口应扣紧。

（2）检查缆绳和制索绳（链）。如果有过度磨损则不能使用。

（3）绞缆时，应服从指挥，不能硬绞或突然加大功率。

（4）如果导向滚轮上的缆绳受力很大，必须防它弹出伤人。

（5）挽缆时，紧握缆绳的双手应始终处于缆桩的外侧，以防夹手，挽桩的道数要够，以防缆绳受力而跳出。

（6）化纤缆和钢丝缆不能挽在同一双柱缆桩上，亦不能同时使用一个导缆孔。

（7）钢丝绳不应有扭结、急折现象。

（8）整个操作过程中，人员站立位置要适当，以防系缆滑出、弹出或断裂而造成伤害。

（9）出缆角度应适当并尽量减少缆绳磨损。

（10）停泊中各系缆受力应均匀，以防只有个别缆受力而出现断缆情况。

（11）本船傍靠他船时，必须防止被两船挤伤。

第三章思考题参考答案

1. 答：斜顶风航行时易于保向。如图 3-1-9 和图 3-1-10 所示，当船舶斜顶风航行时，风压力中心、水动力中心均在船舶重心之前，方向相反，风力转船力矩和水动力转船力矩方向相反，相互抵消，风致偏转的程度小；而在斜顺风航行时，风压力中心在船舶重心之后，水动力中心在船舶重心之前，风力转船力矩和水动力转船力矩方向一致，相互叠加，使得偏转加剧。

2. 答：前进中的船舶斜顺风航行时，如图 3-1-10 所示，风压力作用中心在船舶重心后，水动力作用中心在船舶重心前，风力转船力矩和水动力转船力矩方向一致，相互叠加，使得船舶逆风偏转的现象十分显著。

3. 答：前进中的船舶斜顶风航行时，如图 3-1-9 所示，风压力作用中心和水动力作用中心均在船舶重心前，风力转船力矩和水动力转船力矩方向相反，因此船舶究竟为顺风偏还是迎风偏，取决于两者的代数和。通常，重载高速船，水动力转船力矩大于风力转船力矩，船舶逆风偏转；空载慢速船，风力转船力矩大于水动力转船力矩，船舶顺风偏转。

4. 答：如图 3-1-7 和图 3-1-8 所示，若风从正横前来，船体向下风漂移，船首向下风偏转；若风从正横后来，船体向下风漂移，船首向上风偏转；无论是正横前来风，还是正横后来风，船舶最终呈接近正横受风状态，同时向下风漂移。

5. 答：如图 3-1-11 所示，风从正横前来，风力作用中心在船中前，而水动力作用中心船中后，风力转船力矩和水动力转船力矩方向相同，均使船尾迎风偏转，呈现极强的迎风偏转性，俗称尾找风。

6. 答：船舶在浅水中航行时，船体中部低压区向船尾扩展，船体下沉，并伴随纵倾变化，船体下沉和纵倾变化均较深水中激烈。船舶在浅水中的操纵运动具有下列特点：

（1）船体震动加剧；

（2）船舶阻力增大，推进器效率下降，同转速下船速较深水域为低；

（3）船舶在浅水域内旋回时，因旋回阻矩增加，旋回性将变差，而航向稳定性反而变好，根据船模试验，浅水对旋回性明显影响的水深为小于 2 倍吃水；

(4)船尾伴流增强,舵力有所下降,舵效变差。

7.答:水道宽度受限时,当船舶偏航接近水道岸壁,因船体两舷所受水动力不同,而出现的船舶整体吸向岸壁、船首转向中央航道的现象称为岸壁效应。为保向需向内舷(靠近岸壁一舷)压舵,当压舵角大于15°仍不足以保向时,应加大离岸距离。

8.答:(1)距岸越近、偏离中心航道越远岸壁效应越明显;

(2)水道宽度越窄,岸壁效应越激烈;

(3)水深越浅,岸壁效应越明显;

(4)船速越高,岸壁效应越激烈;

(5)船型越肥大,岸壁效应越明显。

9.答:在确定船舶富余水深时,应当考虑如下因素:

(1)航行中的船体下沉和纵倾变化,在浅水域航行尤应注意首沉量。

(2)船舶摇荡造成的吃水增加,包括横摇、纵摇及垂荡造成的实际吃水的可能变化。

(3)海图水深的精度。

(4)其他方面,包括气压的变化造成的水位变化,潮高以及海水密度变化而导致的船舶吃水的变化。

(5)主机冷却水进口直径。如使用船底的海水进口时,至少需有冷却水进口直径1.5~2倍的富余水深。

(6)为安全操船而确保必要的操纵性所需的富余水深。富余水深应能保证船舶能够安全而且有效地进行保向、改向或移动。

10.答:影响船间效应的因素主要有:

(1)两船间的横距离。两船间距越小,相互作用越大。

(2)船速。船速越大,则兴波越激烈,相互作用也越大。

(3)双方航向相同比航向相反作用时间长,相互作用也更大。

(4)大小不同的两船互相接近时,小船受到的影响大。

(5)在浅窄的受限水域航行时,船间效应也就比深水中更为激烈。

11.答:如图3-4-3所示,在位置1,两船船首内侧高压,互相排斥,船首外转;在位置2,两船首部各被对方中部的低压所吸引,船首内转;在位置3,两船内侧低压,互相吸引;在位置4,两船尾部各被对方中部的低压所吸引,船首外转;在位置5,两船的尾部内侧高压相互排斥,船首内转。

为避免激烈的船间效应而发生碰撞的预防措施包括:

(1)应避免在复杂的航段会船。

(2)对驶前应减速缓慢行驶,尽量保持两船间的横距大于大船的船长。

(3)两船船首相平时,切忌用大舵角抑制船首外转,否则将导致船首进入对方船中部低压区时加速内转而引起碰撞。正确的措施是适当加车以增加舵效,稳定船首向,减少通过的时间,使相互作用迅速消失而安全通过。

第四章思考题参考答案

1. 答:船舶靠泊的操纵要领包括:
    (1)控制惯性余速;
    (2)调整抵泊横距和方向;
    (3)调整靠拢角度;
    (4)控制靠拢速度。

2. 答:船舶应当根据本船情况和外界环境情况选择合适的离泊方式。
    (1)首离方式:小型船自力离泊时,在顶流或吹开风、泊位前方清爽且船首摆开15°时,车舵不会触碰码头的情况下,可采用首离方式。
    (2)尾离方式:小型船舶自力离泊时,一般采用尾离方式,特别在静水港或顺流情况下。尾离时,一般借助首倒缆,采用内舷舵、进车将船尾摆开。
    (3)平行离方式:在有拖轮协助离泊的情况下,普遍采用平行离泊方式。大、中型船舶需拖轮协助离泊,均采用平行离泊方式。

3. 答:在选择锚地时应考虑如下因素:
    (1)适当的水深;
    (2)良好底质和海底地形;
    (3)水流稳定较缓;
    (4)足够回旋余地;
    (5)良好避风条件。

4. 答:常用的锚泊方式及其优缺点如下:
    (1)单锚泊,抛起锚方便,风浪大时偏荡严重,需较大回旋余地;
    (2)一字锚,操作复杂,锚链易绞缠,适用于江河或狭窄水域;
    (3)八字锚,抓力较大,偏荡较小,操作复杂,锚链易绞缠;
    (4)一点锚,抓力最大,常用于抗台,偏荡较大。

5. 答:抛单锚的操纵要领如下:
    (1)调整好抛锚时船首向与风流的交角;
    (2)控制好抛锚时的船速;
    (3)正确进行松链操作。

6. 答:缓解单锚泊船偏荡运动的措施有:
    (1)增加压载水量;
    (2)调成首纵倾;
    (3)加抛止荡锚;
    (4)改抛八字锚;
    (5)恰当地使用主机或侧推器。

7. 答:判断走锚的方法主要有:
    (1)船舶定位法;

(2)根据锚泊船间的相对位置判定;

(3)仔细观察锚泊船的偏荡运动,如周期性偏荡运动突然停止,船舶变为一舷受风,锚链处于上风舷侧,且风舷角基本保持不变,则可断定发生了走锚;

(4)观察锚链的受力情况,如发现锚链始终处于绷紧状态或发生间歇性的剧烈抖动,即可判断有走锚可能。

8.答:走锚后应采取下列措施:

(1)立即抛出另一舷首锚并使之受力;

(2)报告船长、通知机舱备车;

(3)悬挂及鸣放"Y"信号,并用 VHF 等通信手段及时报告有关当局和发出航海警告;

(4)主机备妥后进行起锚,择地重新抛锚。

第五章思考题参考答案

1.答:顶流过弯的操纵要点为:

(1)使船保持在航道中央略偏凹岸一侧。

(2)把首对着流的来向,用慢速顺着凹岸的弯势连续地内转。

(3)一旦用舵太迟、舵角过小或过早回舵,就会使船首内侧受流而外偏,此时,应迅速加车用舵纠正之。当措施无效时,应果断抛双锚,快倒车,以防发生事故。

2.答:顺流过弯的操纵要点为:

(1)应使船舶保持在航道的中央。

(2)使船尾坐流,沿着弯操舵转过。

(3)为保证顺利过弯,可采取在抵弯曲水道以前提前停车减速行驶,在到达弯段时采用突然加车的操作,以提高舵效。

(4)一旦用舵太早、舵角过大或过晚回舵,就会使船尾内侧受流压而内偏,此时,也应迅速加车、用舵纠正。当措施无效时,果断抛双锚,快倒车,以防发生事故。

3.答:双推进器船克服运河中的船舶偏转方法包括:

(1)一般的偏转可将偏转相反一舷的车停住,并向偏转相反一舷做舵;

(2)低速时发生偏转,可将偏转一舷的车加速,另一车减速或停车,并用满舵配合;

(3)高速时发生偏转,应将偏转相反一舷的车全速倒车,另一车减速或停车,同时用满舵配合。

4.答:桥区航行的操纵方法要领为:

(1)当桥梁轴线的法线与水流方向夹角较小(一般5°以内)时,沿主流方向进入桥区航道;

(2)当桥梁轴线的法线与水流方向夹角较大时,船舶应保持在航道中心线的上游一侧,注意选取适当的流压差角;

(3)接近桥孔时,应调整船舶航向与桥梁轴线垂直,加速过桥;

(4)横风时过桥,应朝风的来向选取适当风压差角,以便克服风的影响。

5.答:冰区泊位后端有余地时的靠泊操纵要点为:

（1）使船首对准泊位后端,向码头靠拢。

（2）船首抵泊位后端时,带头缆至泊位前端较远的桩上,绞头缆,进车,外舷舵;也可船首用拖轮斜前方拖曳,船尾拖轮顶推,使船尾紧贴码头扫过,将碎冰排挤出去。

（3）当船首到达前端位置时,如里档尚有少量浮冰,则可带上前倒缆及尾缆,开进车,利用排出流将碎冰排出,再逐步靠上船尾。

第六章思考题参考答案

1.答:（1）当船舶横摇周期小于遭遇周期,即 $T_R/T_E < 1$ 时,则船舶横摇频率大于遭遇频率,船舶横摇较快,甲板平面与波面经常保持平行,很少上浪,但船舶所受惯性力较大。

（2）当船舶横摇周期大于遭遇周期,即 $T_R/T_E > 1$ 时,则船舶横摇频率小于遭遇频率,船舶横摇较慢,甲板平面与波面经常不平行,上浪较多,且船舶经常受到波浪的冲击。

（3）当船舶横摇周期近似等于遭遇周期,即 $T_R/T_E \approx 1$ 时,则船舶横摇频率近似等于遭遇频率,船舶横摇剧烈,横摇角越来越大,严重时将导致船舶倾覆,这种现象称为谐摇或谐振。

2.答:（1）条件:船舶固有横摇周期 T_R 与波浪遭遇周期 T_E 接近相等。

（2）措施:调整 GM,改变船舶的固有横摇周期 T_R;或改变航向和速度,调节波浪遭遇周期 T_E,使 $T_R/T_E < 0.7$ 或 $T_R/T_E > 1.3$。

3.答:（1）危害:拍底、甲板上浪、螺旋桨空转、尾淹和打横(顺浪);

（2）措施:减速、调整吃水、调整航向。

4.答:滞航是以能保持舵效的最小速度将风浪放在船首 $2 \sim 3$ 个罗经点的方位上迎浪航行的方法,船舶处于微进或微退的状态,该方法可以减轻波浪对船首的冲击和甲板上浪。船舶停止主机随风浪漂流,称为漂滞。漂滞中,波浪对船体的冲击力大为减小,甲板上浪不多,但需要船舶保持水密,有足够的稳性,下风有足够的水域。

5.答:如图 6-4-4 所示。

（1）危险半圆内避台操纵方法。在北半球,台风路径的右半圆,风速比左半圆大,风向逐渐向右转变(顺时针方向),船舶在右半圆有被卷入台风中心的危险,所以右半圆叫作危险半圆。船处于危险半圆时,应采取与台风路径垂直的方向全速驶离,即以右首舷 $15° \sim 20°$ 顶风全速避离。其相对航迹如图 6-4-4 中 A 船的虚线所示。如果风浪已十分猛烈或者由于前方有陆地等的阻碍,不能全速驶离时,可以采取右首顶风滞航使船处于几乎不进不退的状态。它的相对航迹如图 6-4-4 中的 $B_1—B_2—B_3$ 的虚线所示,随着台风中心的前移而避离台风区。

（2）可航半圆内避台操纵方法。北半球的左半圆,风向与台风移动路径相反,风向逐渐左转(逆时针方向),风力比右半圆小,船舶被压入台风中心的危险少。此时,应使右尾受风驶离台风中心。其相对航迹如图 6-4-4 中 C 船的虚线所示。直到风力由大变小,气压由低变高,则台风中心已过。如前方没有充分的避离余地,则可改使右首受风,顶风滞航,其航迹如图中 $D_1—D_2—D_3$ 的虚线所示。

（3）在台风进路上的操纵方法。船在台风进路上时,风向不变,气压下降,台风中心即将来临。此时在北半球应使船尾右舷受风顺航,迅速驶进左半圆。直至气压回升,风力变小,离开险区。

6.答:(1)危险半圆内避台操纵方法。在南半球,台风路径的左半圆,风速比右半圆大,风向逐渐向左转变,船舶在左半圆有被卷入台风中心的危险,所以左半圆叫作危险半圆。船处于危险半圆时,应采取与台风路径垂直的方向全速驶离,即以左首舷15°~20°顶风全速避离。如果风浪已十分猛烈或者由于前方有陆地等的阻碍,不能全速驶离时,可以采取左首顶风滞航使船处于几乎不进不退的状态,随着台风中心的前移而避离台风区。

(2)可航半圆内避台操纵方法。南半球的右半圆,风向与台风移动路径相反,风向逐渐右转,风力比左半圆小,船舶被压入台风中心的危险少。此时,应使左尾受风驶离台风中心。直到风力由大变小,气压由低变高,则台风中心已过。如前方没有充分的避离余地,则可改使左首受风,顶风滞航使船处于几乎不进不退的状态,随着台风中心的前移而避离台风区。

(3)在台风进路上的操纵方法。船在台风进路上时,风向不变,气压下降,台风中心即将来临。此时在南半球应使船尾左舷受风顺航,迅速驶进右半圆。直至气压回升,风力变小,离开险区。

第七章思考题参考答案

1.答:(1)投下救生圈、自发烟雾信号;

(2)停车并向落水者一舷操满舵,摆开船尾;

(3)发出人员落水警报;

(4)派专人瞭望;

(5)报告船长,通知机舱备车操纵船舶驶向落水者,并准备放艇救助。

2.答:(1)向落水者一舷操满舵;

(2)距落水者方位剩余20°舷角时操正舵并停船;

(3)如落水者难于视认,则应在改向250°时回正舵,一边停船,一边努力寻找落水者。

本法是救助刚刚落水者最有效的紧急操船方法,救出人员的速度最快,救活的成功率也最高。

3.答:(1)停车,向落水者一舷操满舵,落水者过船尾后加速;

(2)船首转过60°时,操另一舷满舵;

(3)船首转到与原航向相反航向差20°时,正舵,把定原航向反航向,搜索并驶近落水者。

该方法能准确驶至落水者,夜间或能见度不良时有效,最适用于"延迟行动"。

4.答:(1)向任一舷操满舵;

(2)船首转过240°时,操另一舷满舵;

(3)船首转到与原航向相反航向差20°时,正舵;

(4)把定原航向反航向,搜索并驶近落水者。

该方法适用于"人员失踪",不适用于"立即行动"和"延迟行动"。

第八章思考题参考答案

1.答：船舶在逆风逆流条件下航行，如主机油门刻度与正常航行相同，由于船舶阻力增加，螺旋桨特性曲线变陡，则主机转速和功率都有所下降。如主机原来在额定油门刻度按全负荷速度特性工作，则此时主动力装置轴系扭矩将超过额定值，为保证设备安全，应适当降低油门刻度，确保轴系扭矩在正常范围内。

2.答：主机换油所需时间由两部分组成，一是将重油温度适当降低到指定温度所需时间，因为在重油温度很高时，不可将温度较低的轻油直接通入系统；二是将系统中重油全部置换成轻油所需时间，与主机燃油系统储存油量和主机在一定时间内消耗燃油量有关，但主机油耗取决于时间和功率两个因素。换油过早则轻油消耗过多，影响经济性；换油过晚主机无法正常停车，造成人力物力浪费。

3.答：机动操纵时的主要安全事项如下：

(1)主机启动操作时，应尽量做到一次启动成功，油门不能给得过大，防止柴油机发生冷爆、损伤机件和增加不必要的磨损；

(2)在船舶起航和加速过程中，不应加速太快，以防柴油机热负荷、机械负荷过大；

(3)机动操纵时应快速越过转速禁区，绝对禁止柴油机长时间在转速禁区内运转，防止机器发生剧烈振动和损伤轴系；

(4)在进行倒车操纵时，应控制油门，避免主机超负荷。

第九章思考题参考答案

1.答：本规则条款适用于公海和连接公海而可供海船航行的一切水域中的一切船舶。具体而言，适用的水域包括公海以及连接于公海而可海船航行的一切水域；适用的船舶为上述水域中的一切船舶。

2.答：被授权制定和实施特殊规定的主体是《1972 年国际海上避碰规则公约》各缔约国或参加国的"有关主管机关(appropriate authority)"。"有关主管机关"由各缔约国立法确定，通常指各缔约国政府和主管国家水上交通安全的机关以及经授权的地方当局。

在理解《规则》与特殊规则(地方规则)之间的关系时，应注意如下几点：

(1)特殊规则和《规则》同时适用时，特殊规则应当优先适用；

(2)当特殊规则的规定与《规则》的规定不一致时，应执行特殊规则的规定；

(3)特殊规则没有规定的事项仍然应当执行《规则》的规定。

3.答：(1)中华人民共和国内河避碰规则

《中华人民共和国内河避碰规则》第二条(适用范围)规定："在中华人民共和国境内江河、湖泊、水库、运河等通航水域及其港口航行、停泊和作业的一切船舶、排筏均应当遵守本规则。船舶、排筏在国境河流、湖泊航行、停泊和作业，按照中国政府同相邻国家政府签订的协议或者协定执行。船舶、排筏在与中俄国境河流相通的水域航行、停泊和作业不适用本规则。"

（2）中华人民共和国非机动船舶海上安全航行暂行规则

该暂行规则第一条规定："凡使用人力、风力、拖力的非机动船，在海上从事运输、捕鱼或者其他工作，都应当遵守本规则。"

该暂行规则是针对我国在加入《1972 年国际海上避碰规则》时所做的保留而制定的，因此，该暂行规则仅适用于我国的非机动船舶，而不适用于外国籍的非机动船舶。

（3）中华人民共和国渔船作业避让暂行条例

该暂行条例第一条规定："本条例适用于我国正在从事海上捕捞的船舶。"显然，该条例适用于所有从事海上捕捞的我国船舶，不论其位于哪一海域，除非受到其他规定的限制。

4. **答**：《规则》第十条是针对"分道通航制"而言的，在理解和执行本条款时应注意：

（1）《规则》第十条仅适用于被 IMO 采纳的分道通航制；

（2）无论 IMO 是否业已采纳某一分道通航制，除《规则》第十条外，《规则》其他条款仍然适用该分道通航制水域；

（3）无论 IMO 是否业已采纳某一分道通航制，船舶都应遵守有关主管机关为该分道通航制水域制定的特殊规定。

5. **答**：《规则》第一条第 3 款规定："本规则不妨碍各国政府为军舰及护航下的船舶所制定的关于额外的队形灯、信号灯、号型或笛号，或者为结队从事捕鱼的渔船所制定的关于额外的队形灯、信号灯、号型的任何特殊规定的实施。这些额外的队形灯、信号灯、号型或笛号，应尽可能不致被误认为本规则其他条文所规定的任何号灯、号型或信号。"

在理解本规则时应注意以下几点：

（1）制定额外的队形灯、信号灯、号型或笛号的机构为各国政府，而不是有关主管机关。

（2）《规则》规定的信号是额外的，即在船舶原有信号的基础上额外添加的信号，而不是用于替代《规则》所规定的号灯、号型或笛号；"军舰及护航下的船舶"以及"结队从事捕鱼的渔船"仍然应当显示或鸣放《规则》规定的号灯、号型或笛号。

（3）《规则》要求其应尽可能不致被误认为《规则》其他条文所规定的任何号灯、号型或信号，即要求这些额外的队形灯、信号灯、号型或笛号尽可能与《规则》规定的号灯、号型和信号显著区别开来。

6. **答**：《规则》第一条第 5 款规定："凡经有关政府确定，某种特殊构造或用途的船舶，如不能完全遵守本规则任何一条关于号灯或号型的数量、位置、能见距离或弧度以及声号设备的配置和特性的规定时，则应遵守其政府在号灯或号型的数量、位置、能见距离或弧度以及声号设备的配置和特性方面为之另行确定的尽可能符合本规则条款要求的规定。"

7. **答**："除条文另有解释外"是指在《规则》其他条文中引用相关的"术语"时，不能仅仅根据第三条的定义确定其具体含义，而必须考虑《规则》"上下文"是否另有规定。"上下文另有规定"可能存在于某一具体条款本身；也可能存在于规则条文之间，即在其他条文另有做出规定的情况。总之，在理解《规则》条款相关术语时，不仅要考虑本条的一般定义,还应当结合条款的上下文的规定和含义,全面、正确地理解其含义。

8.答:"船舶"一词,指用作或者能够用作水上运输工具的各类水上船筏,包括非排水船筏、地效船和水上飞机。在理解"船舶"这一定义时应注意以下问题:

(1)"用作"是指这些船筏实际用作水上运输工具的情况。而"能够用作"是指这些船筏虽不为作为水上运输工具的目的而设计、建造,但这些船筏可以用来作为水上运输工具使用;

(2)"各类水上船筏"是指不论种类、大小、形状、推进方式和用途的各种水上船筏,包括非排水船舶、地效船和水上飞机。

9.答:"机动船",是指用机器推进的任何船舶。理解"机动船"的含义时应注意:

(1)"用机器推进"是指船舶通常的推进动力方式,并不是指装有机器或可以用机器推进,因为装有机器而未使用的驶帆的船舶仍然被视为帆船;也并不仅仅指正在使用机器推进的船舶,因为停止主机而处于漂航状态的机动船仍然被视为机动船。

(2)在对遇局面条款、交叉相遇局面条款中所指的机动船,仅仅是指除失去控制的船舶、操纵能力受到限制的船舶和从事捕鱼的船舶外的用机器推进的船舶;而在"船舶在能见度不良情况下的行动规则"中,所提及的机动船,包括处于从事捕鱼、失去控制和操纵能力受到限制等状态的全部用机器推进的船舶。

(3)《规则》第三十五条第1和第2款规定的在航机动船不包括失去控制的船舶、操纵能力受到限制的船舶、限于吃水的船舶、从事捕鱼的船舶以及从事拖带或顶推他船的船舶等五类用机器推进的船舶之外的其他用机器推进的船舶。

(4)《规则》第三十四条第1款中提及的机动船是指所有用机器推进的船舶,包括处于从事捕鱼、失去控制和操纵能力受到限制等状态的全部用机器推进的船舶。

10.答:"帆船",指任何驶帆的船舶,如果装有推进器但不在使用。理解"帆船"的含义应注意:

(1)帆船通常指仅仅用风帆获得动力的船舶,但在帆船未装备推进器(机器)的情况下,无论其是否正在驶帆(在航状态),均属于《规则》定义的帆船。

(2)对于装有推进器的帆船,即所谓的机帆船,驶帆而不使用推进器者为帆船;使用推进器者,无论是否驶帆均应视为机动船;机帆船在既不驶帆也不使用机器推进的状态下,从安全角度考虑,机帆船应当将其自己作为机动船来执行《规则》;而他船如不能通过机帆船的号灯或号型判断其是为机动船还是帆船,应当假定该船为帆船,以策安全。

11.答:"从事捕鱼的船舶",指使用网具、绳钓、拖网或其他使其操纵性能受到限制的渔具捕鱼的任何船舶,但不包括使用曳绳钓或其他并不使其操纵性能受到限制的渔具捕鱼的船舶。构成"从事捕鱼的船舶"应当具备以下几个条件:

(1)船舶正在从事捕鱼作业,包括放网、拖网、收网等作业;

(2)所使用的渔具使其操纵性能受到限制,即所使用的渔具使其转向和变速性能受到限制,但并未严重到不能给他船让路的程度。

12.答:"操纵能力受到限制的船舶",指由于工作性质,使其按本规则条款的要求进行操纵的能力受到限制,因而不能给他船让路的船舶。"操纵能力受到限制的船舶"一词应包括,但不限于下列船舶:

（1）从事敷设、维修或起捞助航标志、海底电缆或管道的船舶；

（2）从事疏浚、测量或水下作业的船舶；

（3）在航中从事补给或转运人员、食品或货物的船舶；

（4）从事发放或回收航空器的船舶；

（5）从事清除水雷作业的船舶；

（6）从事拖带作业的船舶，而该项拖带作业使该拖船及其被拖物体驶离其航向的能力严重受到限制者。

构成"操纵能力受到限制的船舶"应当具备以下条件：

（1）船舶正在从事使其操纵能力受到限制的作业；

（2）船舶的操纵能力受到限制是由其所从事的该项作业的工作性质决定的；

（3）"操纵能力受到限制"是指该船所进行的作业使其按《规则》各条要求进行转向或变速的能力受到限制，或者如按《规则》要求进行操纵，则使其无法正常作业或存在危险；

（4）操纵能力受到限制的船舶可能是在航行中作业，也可能是在锚泊中作业；

（5）从事拖带作业的船舶，只有当该项拖带作业使该拖船及其被拖物体驶离其航向的能力严重受到限制者时，才能构成操纵能力受到限制的船舶，从事普通拖带的船舶不能构成操纵能力受到限制的船舶。

13. 答："失去控制的船舶"，指由于某种异常情况，不能按本规则条款的要求进行操纵，因而不能给他船让路的船舶。构成"失去控制的船舶"应当具备以下条件：

（1）船舶发生"异常情况"，即船舶本身或航行环境发生的一切非正常情况或意料之外的突发变故；

（2）该船舶由于"异常情况"无法履行《规则》要求给他船让路的责任和义务；

（3）该船舶只能处于"在航"状态。

14. 答："限于吃水的船舶"，指由于吃水与可航水域的可用水深和宽度，致使其驶离航向的能力严重受到限制的机动船。构成"限于吃水的船舶"必须满足两个条件：

（1）由于吃水与可航行水域的水深和宽度的关系，致使其驶离航向的能力严重地受到限制；

（2）该船舶必须是机动船。

15. 答："在航"，是指船舶不在锚泊、系岸或搁浅。在理解"在航"一词的含义时，应注意：

（1）系靠于另一锚泊船视为锚泊；

（2）系靠于另一系岸船视为系岸；

（3）走锚的船舶属于在航；

（4）在航时操纵用锚（如拖锚航行或拖锚掉头）应视为在航而不是锚泊。

16. 答："能见度不良"，指任何由于雾、霾、雪、暴风雨、沙暴或任何其他类似原因而使能见度受到限制的情况。因此，能见度不良是指当空气中混入雾、霾、雪、雨、沙等介质后，空气的透光度减小从而使能见距离受到限制的情况。显然，在狭水道的弯头或岛礁区两船被居间障碍物遮蔽而相互看不见的情况不属于能见度不良。在船舶避碰上，一般认为，能见距离小于 5 n mile 属能见度不良。

17. 答：只有当一船自他船以视觉看到时，才应认为两船是在互见中。理解"互见"时应注意：

（1）在大多数情况下，一船看到他船时，他船也能够看到本船。因此，实践中一船看到另一船时，通常可以认为两船已处于互见中。

（2）互见的判断过程是以当时情况下"能够"以视觉看到为标准，不以实际看到为条件。

（3）"互见"的标准是能用视觉看清他船的号灯、号型或能确定他船的状态及两船的会遇势态。

（4）互见的"见（in sight）"是指"以视觉看到"。通常认为，用"视觉看到"不仅包括用肉眼看到，还包括使用望远镜看到。

（5）互见存在于任何能见度情况。

第十章思考题参考答案

1. 答：见表10-2-2。

2. 答：（1）操纵和警告信号含义如下：

一短声（一短闪）：我船正在向右转向；

二长一短声：我船企图从你船右舷追越；

二短声（二短闪）：我船正在向左转向；

二长二短声：我船企图从你船左舷追越；

三短声（三短闪）：我船正在向后推进；

一长一短一长一短声：同意追越；

至少五短声（五短闪）：正在互相驶近，一船无法了解他船的意图或行动，或者怀疑他船是否正在采取足够的行动以避免碰撞时；

一长声：在驶近可能被居间障碍物遮蔽他船的水道或航道的弯头或地段时，或者弯头另一面或居间障碍物后的来船听到声号时。

（2）能见度不良时的声号含义如下：

一长声：在航机动船对水移动。

二长声：在航机动船已停车且不对水移动。

一长二短：如果是在航状态，则有可能是失去控制的船舶、操纵能力受到限制的船舶、限于吃水船、帆船、从事捕鱼的船舶、从事拖带或顶推他船的船舶的一种；如果是锚泊状态，则有可能是从事捕鱼的船舶在锚泊中作业或者操限船在锚泊中执行任务。

一长三短声：被拖船或多艘被拖船的最后一艘。

急敲号钟5 s：船长＜100 m的锚泊船。

急敲号钟（前）、锣（后）各5 s：船长≥100 m的锚泊船。

一短一长一短声：锚泊中发现他船驶近。

第十一章思考题参考答案

1.答:《规则》第五条(瞭望)规定:"每一船舶应在任何时候用视觉、听觉以及适合当时环境和情况的一切可用手段保持正规的瞭望,以便对局面和碰撞危险做出充分的估计。"瞭望主要是对船舶周围的环境和情况,特别是对来往船只及其动态及海域的通航条件、水文气象条件等情况进行观察、了解和判断。此外,瞭望还包括对本船状态、特性和条件限制等情况的了解、掌握和运用。总之,保持正规瞭望的目的是通过对局面和碰撞危险做出充分的估计,避免船舶碰撞、搁浅、触礁等海上事故的发生,并及时救助遇险的船舶、飞机、人员,以达到保证海上安全的最终目的。

2.答:保持正规瞭望是确保海上航行安全的首要工作。保持正规瞭望是决定安全航速、正确判断碰撞危险、正确采取避让行动的基础和前提条件。在各国法院审理的船舶碰撞案件中,绝大多数当事船舶几乎都被法院判定有不同形式和程度的瞭望过失;各国专家学者对船舶碰撞事故的统计分析结果表明,无人瞭望或未保持正规瞭望是导致碰撞事故发生的重要原因或主要原因。

3.答:(1)瞭望条款适用于每一船舶;

(2)瞭望条款适用于在航船、锚泊船和搁浅船;

(3)瞭望条款适用于任何时候;

(4)瞭望条款适用于任何负有瞭望职责的人员。

4.答:《规则》第五条规定,保持正规瞭望的目的是对局面和碰撞危险做出充分的估计。其中对局面做出充分的估计包含以下两个方面:

(1)要对船舶当时所处的水域的环境和情况做出充分的估计;

(2)要对船舶本身状况做出充分的估计。

对碰撞危险做出充分的估计,通常应当包括:

(1)凭借一切有效手段来获得各种有效信息及早发现在本船周围的其他船舶;并根据所获得的上述来船信息和航海知识与经验,了解和掌握来船的大小、种类、状态和动态以及分布等。

(2)通过观测来船的罗经方位的变化情况、对他船进行雷达标绘或与其相当的系统观测或者通过其他手段获得的信息,判断来船与本船是否构成碰撞危险、构成何种会遇局面以及本船是否应当采取和采取何种避让行动等。

(3)根据所获得的信息,随时判断来船的动态和避让意图;应当密切注意来船动态的变化,及时准确了解和掌握这些变化的趋势和可能造成的后果。

5.答:(1)视觉瞭望。视觉瞭望是保持正规瞭望最基本的和最主要的手段,其优点是简易、方便、直观并能迅速地获得准确的信息。

(2)听觉瞭望是能见度不良时保持正规瞭望的基本手段之一。听觉虽然较视觉瞭望所及的范围要小,但在能见度不良的情况下,尤其是在浓雾中,它可以在视觉无法察觉的情况下,首先获得他船鸣放的雾号,从而判断他船的大概方位、动态和种类。

(3)其他手段。主要是指利用望远镜、雷达和 ARPA 进行观测、通过 AIS 系统(Automatic Identification System,船舶自动识别系统)获得他船的信息、船舶间 VHF 无线电话通信、船舶与 VTS 中心的通信联系等手段。其中 AIS 精确可靠的目标船位置显示和动态跟踪,弥补了雷达盲区和海浪干扰的缺陷。因此,AIS 的配备,为船舶航行安全及航行管理提供了新的有效手段,在瞭望中应当充分加以运用。

6. 答:保持正规瞭望,应当至少做到如下各点:

(1)应根据环境和情况配备足够、称职的瞭望人员。

(2)瞭望人员的位置应保证能获得最佳的瞭望效果。

(3)瞭望时使用适合当时环境和情况下的一切可以使用的手段。

(4)瞭望是连续的、不间断的。

(5)瞭望人员做到克尽职责,做到认真、谨慎。

(6)瞭望的方法正确,并且是全方位的。瞭望时,应当做到先近后远、由右到左、由前到后的周而复始的瞭望方法,务必做到全方位观察;瞭望人员应当来回走动,以消除因视线被大桅、通风筒、将军柱等遮蔽所造成的盲区的影响。

(7)正确处理好瞭望与其他各项工作的关系,在各项工作中,瞭望和避让应当是首要的工作,切不可因为定位、转向、海图作业等工作影响瞭望。

7. 答:安全航速是指能采取适当而有效的避碰行动,并能在适合当时环境和情况的距离以内把船停住的速度。

8. 答:确定安全航速时应考虑以下因素:

(1)能见度情况;

(2)通航密度,包括渔船或者任何其他船舶的密集程度;

(3)船舶的操纵性能,特别是当时情况下的冲程和旋回性能;

(4)夜间出现的背景亮光,诸如来自岸上的灯光或本船灯光的反向散射;

(5)风、浪和流的状况以及靠近航海危险物的情况;

(6)吃水与可用水深的关系;

(7)雷达设备的特性、效率和局限性;

(8)所选用的雷达距离标尺带来的任何限制;

(9)海况、天气和其他干扰源对雷达探测的限制;

(9)在适当距离内,雷达对小船、浮冰和其他漂浮物有探测不到的可能性;

(10)雷达探测到的船舶数目、位置和动态;

(11)当用雷达测定附近船舶或其他物体的距离时,可能对能见度做出更确切的估计。

9. 答:碰撞危险是一种碰撞的可能性。当同一船舶处于不同的环境和条件下,或者不同的船舶处在同一具体条件下时,不同的人对船舶是否存在碰撞危险有着不同的理解和认识,尽管"碰撞危险"与人、船、环境等因素有关。通常认为,在 DCPA 小于安全会遇距离,且TCPA较小的情况下,应当认为两船存在碰撞危险。除考虑两船会遇时的最近会遇距离和到达最近会遇距离处的时间这两个因素外,在判断是否存在碰撞危险时,还应当考虑船舶所航行的水域环境、外界的气象和能见度情况、船舶的尺度以及船舶的操纵性能等多种因素。

10. 答:碰撞危险的判断适用于每一船舶、任何时候。

11. 答:判断碰撞危险的方法主要有罗经方位判断法、舷角判断法、雷达标绘判断法、VHF 通信判断法、AIS 系统判断法等。

（1）观测来船真方位的方法,简单迅速,但却不能确定来船的距离;

（2）观测来船的相对方位时,还将受到本船航向变化的影响;

（3）雷达标绘方法,可求得来船的运动要素并可以通过进一步的标绘求得避让措施,但却受到雷达局限性的限制,同时雷达标绘也需要一定的时间;

（4）在分道通航制水域内利用 VHF 通信可以接收到有关他船的动态,特别是有关那些与已确立的分道的交通总流向作反向行驶的船舶信息,能及早预报正在逼近的碰撞危险,但 VHF 通信也存在对他船识别错误或者事先协议避让而后又违反协议避让的危险;

（5）AIS 系统能够自动接收他船的有关信息,有助于判断是否存在碰撞危险,但一些小船上特别是渔船上可能没有 AIS 系统。

12. 答：雷达标绘,是指通过系统连续观测来船雷达回波的距离、方位（三次或三次以上）,在专用的雷达标绘纸上或者直接在装有反射作图器的雷达屏幕上作图,求取来船的航速、航向、DCPA 和 TCPA 等信息,从而判断是否存在碰撞危险的方法。

与雷达标绘相当的系统观察有以下几种:

（1）使用 ARPA（自动雷达标绘仪）或者使用与 ARPA 相连的 AIS 系统进行观测;

（2）对于有经验的驾驶员,熟练地使用机械方位盘、电子方位线对物标进行连续的观测和分析,估计物标的 DCPA 和 TCPA,从而对是否存在碰撞危险做出判断;

（3）指定专人对雷达提供的信息进行连续观察,并能够根据有关辅助方法,如方位与距离变化表等,对是否存在碰撞危险做出判断。

13. 答：不充分的信息有:

（1）瞭望手段不当所获得的信息;

（2）判断方法不当所获得的信息;

（3）未进行系统连续观测所获得的信息;

（4）未消除误差的信息。

《规则》第七条第 3 款明确规定:"不应当根据不充分的信息,特别是不充分的雷达观测信息做出推断。"因为一旦推断错误,就有可能导致错误的行动,从而造成碰撞事故的发生。

14. 答：即使来船罗经方位有明显的变化,有时也可能存在碰撞危险,通常是指如下几种情况:

（1）在较远的距离上,来船采取了一连串的小角度转向行动;

（2）在驶近一艘很大的船舶或拖带船组时;

（3）近距离驶近他船时。

15 答：船舶在根据"驾驶和航行规则"的要求采取适合当时环境和情况的避碰行动时,应当积极地、及早地进行。积极地采取行动是对采取避碰行动主观上的要求,"积极"是指主动地、果断地、毫不犹豫地采取行动,也就是说,一旦决定了所要采取的行动,就应该果敢、干净利落地采取,而绝不应该在决策时优柔寡断。"及早"是指在采取避碰行动时,在时间和距离两个方面都留有充分的余地,不但应当保证在避碰行动完成之后,两船能在安全距离上驶过,而且还应当保证一旦双方所采取的行动不协调或者有第三船介入时,还有弥补的余地。

16.答:大幅度行动的含义包括两个方面,即所采取行动的幅度大得足以被他船用视觉或雷达观察时容易地察觉到,并且能够导致两船在安全距离上通过。

大幅度的行动的标准是:若采用转向避让行动,互见中,转向应当至少30°,最好60°～90°,使两船航向分离,或转向对准另一船船尾后方;能见度不良时,对正横前来船在相距4 n mile或更远处转向30°以上,需要时转向60°～90°;若采用减速避让行动,通常应将速度减为原速度的一半以下;必要时,应先下令停车,以便尽快将速度降下来,然后再下令慢速或者微速前进;若采用转向结合变速的避让行动,其行动也应当使得该行动容易被他船用视觉或雷达观察时察觉到。

17.答:"紧迫局面"是指当两船接近到单凭一船的行动已不能导致在安全距离上驶过的局面,即此时只有当两船均采取适当的行动且两船的行动是协调的,才可能导致两船在安全距离上通过。"紧迫危险"是指当两船接近到单凭一船的行动已不能避免碰撞的局面,即此时只有两船均采取适当的行动且两船的行动是协调的,才可能避免碰撞的发生。

18.答:在避碰过程中,为保证两船在预期的安全距离上驶过,每一船舶应当细心查核避碰行动的有效性,直到最后驶过让清为止。《规则》提出这一要求的目的是提醒海员,为避免碰撞所采取的行动不一定有效,或者达不到预期的安全距离,或者其效果可能被他船不协调行动所抵消,在碰撞危险解除之前,切不可认为行动一旦采取,碰撞便不会发生。

查核避让行动有效性的方法是根据当时的环境和情况,采取罗经方位判断法、雷达标绘、距离方位变化率等方法,观测他船的方位的变化情况,求出两船会遇时的DCPA,以估计所采取的行动能否达到预期的效果,导致在安全的距离上驶过。

19.答:《规则》第八条第5款规定:"如需避免碰撞或须留有更多时间来估计局面,船舶应当减速或者停止或倒转推进器把船停住。"在下列情况下船舶通常应当减速或把船停住:

(1)在能见度不良的水域中航行时,听到他船雾号显似在正横以前,且不能断定是否存在碰撞危险,或者与正横以前的他船不能避免紧迫局面时;

(2)在通航密度较大的水域中航行时;

(3)在接近渔区航行时;

(4)驶近有居间障碍物遮蔽他船的航道弯头或地段和有背景亮光等严重妨碍正规瞭望的水域时;

(5)存在雨雪干扰、海浪干扰等因素影响雷达观测时;

(6)当发现他船动态不清、会遇态势不明,难以断定是否存在碰撞危险时;

(7)当发觉两船鸣放的操纵声号不一致或发觉来船采取了不协调行动时;

(8)虽然通过VHF达成避让协议,但他船并未采取显著的避让行动时,或者他船所采取的行动与协议不符时;

(9)与他船会遇且船舶的操纵性能受到各种限制时;

(10)作为让路船,采取转向行动的措施受到限制时;

(11)多船相遇且致有构成碰撞危险时;

(12)遇编队航行的军舰、接队从事捕鱼的船舶或其他船队时。

20.答:《规则》第八条第6款(1)项规定:"根据本规则任何规定,要求不得妨碍另一船通行或安全通行的船舶应根据当时环境的需要及早地采取行动以留出足够的水域供他船安全通行。"即负有不应妨碍义务的船舶应根据当时的环境和情况及早采取行动以留出足够的水域供不应被妨碍的船舶通行或安全通行,也就是说,"不应妨碍他船的船"应以不与"不应被他船妨碍的船舶"致有构成碰撞危险的方法航行。

21.答:在两船构成碰撞危险之前,要求不得妨碍另一船通过或安全通过的船舶应根据当时的环境和情况及早采取行动以留出足够的水域供不应被妨碍的船舶安全通过,也就是要求该船以尽可能采用避免与不应被妨碍的船舶致有构成碰撞危险的方法航行。不论何种原因致使两船接近致有构成碰撞危险时,不应妨碍的船舶在采取行动时,如果不应妨碍的船舶构成《规则》其他条款指定的让路船,则其不应妨碍的行动与给他船让路的行动相一致,所采取的行动应符合驾驶和航行规则有关条款的规定,以避免紧迫局面的形成;如果不应妨碍的船舶构成《规则》其他条款规定的直航船,其不应妨碍的责任并未解除,不可片面强调直航而继续妨碍他船,但在采取不应妨碍的行动时应注意配合让路船按《规则》规定采取的避让行动,使得两船的行动协调一致。对于不应被妨碍的船舶而言,在两船构成碰撞危险时,其避碰责任和义务仍将由《规则》第二章(驾驶和航行规则)其他条款确定。如果不应被妨碍的船舶构成《规则》指定的让路船或应采取避碰行动的船,则该船应遵守《规则》的有关规定,立即采取避让或者避碰行动,同时,在采取行动时还应注意到他船可能正在采取的不应妨碍的行动,以避免不协调的行动;如果不应被妨碍的船舶构成《规则》指定的直航船,则应遵守"直航船的行动"规定以及《规则》其他有关条款的规定。

22.答:《规则》第九条第1款规定:"沿狭水道或航道行驶的船舶,只要安全可行,应尽量靠近其右舷的该水道或航道的外缘行驶。"
"应尽量靠近其右舷的该水道或航道的外缘行驶"并非指一定保持船舶在狭水道或航道中央线的右侧行驶,即通常所指的"靠右行驶"。不同吃水的船舶应根据其吃水的大小与狭水道或航道的水深的关系,决定其在狭水道或航道中航行的区域。通常情况下,浅吃水的船舶应比深吃水的船舶更靠近其右舷该水道或航道的外缘行驶,一些小型船舶如果能够在深水区以外的水域航行,则不应进入深水区。此外,"应尽量靠近其右舷的该水道或航道的外缘行驶"要求船舶随时均保持在靠近本船右舷的该水道或航道的外缘行驶,而不仅仅是在有船舶从相反方向驶来时,船舶才移向右侧行驶。

23.答:狭水道中或航道中,不应妨碍的要求适用于以下船舶:
(1)帆船或长度小于20 m的船舶;
(2)从事捕鱼的船舶;
(3)穿越狭水道或航道,但会妨碍只能在这种水道或航道以内安全航行的船舶。

24.答:船舶在狭水道或航道中追越时,应当注意以下问题:
(1)在狭水道或航道中需要被追越船采取行动才能安全追越时,企图追越的船舶才需要鸣放追越声号,以表明其追越的企图;企图追越的信号应当在实施追越前鸣放。
(2)被追越船如果同意追越,除应当鸣放"一长声、一短声、一长声、一短声"的声号表示其同意追越外,还应当采取让出航道、降低船速等措施,以利于追越船安全追越通过。

(3)如被追越船对是否能够安全追越有怀疑,则其可鸣放至少五声短而急的警告声号;尽管《规则》仅仅规定了被追越船对是否能够安全追越有怀疑时其"可(may)"鸣放至少五声短而急的警告声号,但根据海员的通常做法和良好船艺的要求,如被追越船不同意追越,应当鸣放至少五声短而急的警告声号,以明确告知企图追越的船舶不应当追越。

(4)对于追越船而言,即使是被追越船鸣放了同意追越的声号后,仍然应当对被追越船是否已经采取了相应的行动做出判断后并认为可以安全追越时,才可以实施追越。

(5)在企图追越的船鸣放了追越声号后,如被追越船没有鸣放任何的信号,追越船应当假定被追越船不同意追越,切忌强行追越。

25.**答**:船舶在狭水道或航道的弯头附近航行时,应当注意以下问题:

(1)船舶应当加强瞭望,并做到特别机警和谨慎地驾驶;

(2)严格控制船速,根据过弯操纵的要求正确操纵船舶,并保持船舶尽量靠近其本船右舷的狭水道或航道外缘行驶;

(3)将主机、锚做好随时操纵的准备;及时从 VTS 中心或者 VHF 上获得他船的信息,避免在该水域会船;

(4)船舶在驶近可能有其他船舶被居间障碍物遮蔽的狭水道或航道的弯头或地段时,应鸣放一长声弯头声号;当听到他船一长声弯头声号时,也应当回答一长声;

(5)即使是在互见中,尽管两船的航向出现"交叉",但是,不应当适用交叉相遇局面条款,而应当适用狭水道条款,每一船舶均应当沿着本船右舷的该水道的外缘行驶以安全通过。

26.**答**:船舶定线制的种类包括分道通航制、双向航路、推荐航线、避航区、禁锚区、沿岸通航带、环形道、警戒区及深水航路等。

制定船舶定线制的目的包括:

(1)分隔相反的交通流,以减少对遇局面/态势的发生;

(2)减少穿越船与航行在已建立的通航分道内的船舶之间的碰撞危险;

(3)简化船舶汇聚区域内交通流的形式;

(4)在沿海开发或勘探集中的区域内组织安全的交通流;

(5)在对所有船舶或对某些等级的船舶航行有危险或不理想的水域中或其周围组织安全的交通流;

(6)在水深不明或水深接近吃水的区域对船舶提供特殊指导,以减少搁浅的危险;

(7)指导船舶避开渔场或组织船舶通过渔场。

27.**答**:《规则》第十条(分道通航制)第 1 款规定:"本条适用于本组织采纳的分道通航制,但并不解除任何船舶遵守任何其他各条规定的责任",是强调在 IMO 采纳的分道通航制区域内,仍然适用《规则》其他条款关于船舶的避让责任或行动的规定。在 IMO 采纳的分道通航制区域内或其附近航行的船舶,特别应遵守《1972 年国际海上避碰规则》第十条的规定,以减少与他船构成碰撞危险。如果认为与他船存在碰撞危险,则《1972 年国际海上避碰规则》的其他规定,特别是第二章第二节、第三节的规定全都应予以遵守。"

　　根据上述规定,在 IMO 采纳的分道通航制区域内,船舶应当遵守特殊规定、包括《规则》第十条在内的《规则》各条;在未被 IMO 采纳的分道通航制区域内,船舶应当遵守特殊规定、《规则》第十条除外的《规则》其他各条。

28.答:"使用分道通航制区域的船舶"是指在通航分道中顺着交通总流向行驶的任何船舶。在分道通航制区域的外界行驶、穿越分道通航制区域、在分隔带内捕鱼、在沿岸通航带内行驶的船舶,则不属于"使用分道通航制区域的船舶"。

　　使用分道通航制的船舶应当遵循以下准则:

　　(1)在相应的通航分道内沿船舶的总流向行驶;

　　(2)尽可能让开分隔线或分隔带;

　　(3)在通航分道的端部驶进或驶出。

29.答:《规则》第十条第 3 款规定:"船舶应尽可能避免穿越通航分道,但如不得不穿越时,应尽可能用与分道的交通总流向成直角的船首向穿越",其目的是在于缩短穿越的时间和便于他船发现该船的穿越意图。

30.答:船舶在驶入或驶出通航分道时,通常应在通航分道的端部进行。如果分道通航制的区域较大,船舶距离其端部较远,《规则》允许船舶从分道的任何一侧驶入或驶出。如从一侧驶进或驶出,应采用与分道的交通总流向成尽可能小的角度的方法航行,其中包括穿越一个分道驶入另一个分道或者驶出一个分道穿越另一个分道的情况。

31.答:《规则》第十条第 4 款规定:

　　"(1)当船舶可安全使用邻近分道通航制中相应通航分道时,不应使用沿岸通航带;但长度小于 20 米的船舶、帆船和从事捕鱼的船舶可使用沿岸通航带。

　　"(2)尽管有本条 4(1)规定,当船舶抵离位于沿岸通航带中的港口、近岸设施或建筑物、引航站或任何其他地方或为避免紧迫危险时,可使用沿岸通航带。"

32.答:(1)遵守船舶报告制度;

　　(2)保持 VHF 守听;

　　(3)注意接收"YG"信号;

　　(4)严格遵守《规则》第十条的规定;

　　(5)在采取避让行动时,船舶必须遵守《规则》其他条款的规定。

第十二章思考题参考答案

1.答:《规则》第十二条(帆船)规定:

　　"1.两艘帆船相互接近致有构成碰撞危险时,其中一船应按下列规定给他船让路:

　　"(1)两船在不同舷受风时,左舷受风的船应给他船让路;

　　"(2)两船在同舷受风时,上风船应给下风船让路;

　　"(3)如左舷受风的船看到在上风的船而不能断定究竟该船是左舷受风还是右舷受风,则应给该船让路。

　　"2.就本条规定而言,船舶的受风舷侧应认为是主帆被吹向一舷的对面舷侧;对于方帆船,则应认为是最大纵帆被吹向的一舷的对面舷侧"。

该条规定了两艘帆船相互驶近构成碰撞危险时的避让关系。

2.答:机动船避让帆船的方法,通常应遵循以下原则:

(1)帆船顺风行驶时,应从帆船船尾通过。

(2)帆船横风行驶时,应从帆船上风侧通过。

(3)帆船逆风行驶时,应从帆船船尾通过。

(4)对准备掉抢的帆船,一般不宜从其掉抢后的下风舷通过,以防帆船掉抢后失去动力而被压向大船;航道较宽时,一般可从帆船船尾上风侧驶过;航道较窄时,宜减速避让;当几艘帆船同时抢越船头时,应警惕有的帆船认为抢不过去而突然掉抢;应鸣放操纵和警告声号。

3.答:(1)两船方位:后船应位于前船正横后大于22.5°的任一方向上,即后船应当位于前船的尾灯光弧范围内。在夜间,对于方位的判断较容易,可根据看到他船航行灯的情况来判断本船相对他船所处的方位,即在可看到他船的尾灯而看不到桅灯或舷灯时就符合这一方位条件。

(2)两船速度:后船赶上他船就意味着后船速度必须大于前船。

(3)两船距离:后船位于前船的尾灯光照距离范围内。在夜间,应当通过用视觉是否可以看到前船的尾灯来判断是否满足构成追越的距离要件;在白天,通常认为,当后船赶上前船且距离小于 3 n mile 时,就满足了构成追越的距离要件。

4.答:《规则》第十三条第 1 款规定:"不论第二章第一节和第二节的各条规定如何,任何船舶在追越任何他船时,均应给被追越船让路。"追越条款优先适用具体表现为如下几个方面:

(1)追越条款优先于不应妨碍条款、狭水道条款和分道通航制条款。换言之,一方面,只要构成追越,追越船就应当给被追越船让路,直到驶过让清为止,而不论被追越船是否为一艘不应妨碍或者不应被妨碍的船舶;另一方面,无论是在狭水道还是在分道通航制水域内,只要构成追越,追越船均应当给被追越船让路,而不论被追越船是否遵守狭水道或者分道通航制条款。诚然,追越条款并不解除不应妨碍的船舶履行其不应妨碍义务,也不解除船舶遵守狭水道或者分道通航制航行规则的义务。

(2)追越条款优先于帆船条款和船舶之间的责任条款。换言之,两艘帆船构成追越,追越船应当给被追越船让路,而不论被追越船何舷受风;只要构成追越,追越船均应当给被追越船让路,而不论追越船是何种船舶,也不论被追越船是何种船舶。

5.答:在以下情况下容易出现对是否构成追越难以确定的局面:

(1)当后船位于前船正横后大约 22.5°的方向上时,可能可以同时见到他船的尾灯和舷灯(桅灯);同时,受船舶的首摇运动、操舵不稳定等因素的影响,也可能出现后船偶尔看到他船尾灯、偶尔看到他船舷灯的情况。

(2)后船对是否正在追越前船存在怀疑的情况主要包括:

①夜间赶上他船,有时看到他船尾灯而有时又看到舷灯;

②夜间赶上他船,并且能同时看见他船的舷灯和尾灯;

③白天赶上他船,本船位于的他船正横后约 22.5°,且距离较近,本船对两船构成交叉相遇局面或追越有怀疑时;

④白天赶上他船,本船位于他船正横后大于22.5°的方位上,但对两船的距离是否构成追越尚不能确定;

⑤任何其他对是否构成追越有怀疑的情况。

《规则》第十三条第3款规定:"当一船对其是否在追越他船有任何怀疑时,该船应假定是在追越,并应采取相应行动。"根据这一规定,当后船利用各种方法仍然难以判断是否构成追越而对是否构成追越有任何怀疑时,后船应当假定构成追越,主动承担避让责任,直到最后驶过让清为止。

6.答:(1)追越时,两船接近于同向行驶,相对速度小,相持时间长。若追越中两船的横距较小,可能产生激烈的船间效应,尤其是在狭水道或者航道中追越时,这种船间效应的现象尤甚。

(2)易与大角度交叉相遇局面相混淆。当后船从前船正横后约22.5°的某一方向上驶近并赶上前船时,后船可能对本船究竟是在追越前船,还是与前船构成大角度交叉产生怀疑,导致了不协调的避碰行动。

7.答:追越船应注意以下问题:

(1)在追越时,应当保持足够的横距。

(2)当与被追越船航向会聚时,追越船应适当地改变航向,先从被追越船的船尾驶过。

(3)当追越船追过前船后,不应当立即横越他船船首,而应当确实驶过让清他船后再横越他船船首。

(4)在追越过程中密切注视被追越船的动态,对被追越船可能采取的不利行动予以高度戒备,尤其是当临近被追越船的转向点附近或者发现被追越船可能与另一艘船舶致有构成碰撞危险时。

(5)在狭水道、航道内应当严格遵守狭水道条款的规定,应避免在狭水道的弯头地段、通航密集区、习惯转向点或禁止追越的水域追越。当需要被追越船配合采取行动时,应当鸣放相应的声号,禁止强行追越。在狭水道、航道内实施追越时,应当尽可能避免航向交叉,而应当尽可能并行追越,在追越过程中应保证足够的横距,避免产生激烈的船间效应。

(6)在追越过程中,尽可能与被追越船保持 VHF 通信联系,协调双方行动。

(7)在追越中或者在采取避让行动时,应当特别警惕在近距离有第三船逼近而造成新的紧迫局面的可能性。

被追越船应注意以下问题:

(1)当发现有他船追越时,应当检查本船所显示的号灯、号型是否正常,尤其是本船尾灯是否正常显示。

(2)针对从本船右舷正横后约22.5°的某一方向上驶近的来船,应当保持高度的戒备,运用良好的船艺,在必要时独自采取操纵行动。

(3)被追越船应密切注视追越船的行动和追越的方式,对可能发生的意外情况,例如船舶失控、激烈的船间效应、激烈的岸壁效应、第三船出现等,做好随时操纵的准备。

(4)在狭水道或航道内,如果同意追越,则应鸣放声号明确表示,并采取让出航道、降低船速等措施,并在整个被追越过程中,充分注意船间效应、浅水效应、岸壁效应的影响;如果不同意追越,则应向企图追越的船立即发出怀疑或警告声号。

（5）被追越船在到达预定转向点附近准备转向时，或者在避让第三船时，应当充分注意到其行动是否可能与追越船的避让行动相冲突。

（6）在被追越过程中，尽可能与追越船保持 VHF 通信联系，协调双方行动。

8.**答**：构成对遇局面应满足以下三个要件：

（1）两艘机动船；

（2）航向相反或接近相反；

（3）致有构成碰撞危险。

对遇局面的判断：

（1）根据两船之间的相互位置予以判断。当两艘机动船相互位于各自的正前方或接近正前方，以相反的航向或者接近相反的航向相互逼近时，即可认为对遇局面正在形成。通常是指一船位于另一船船首向左右各6°（或各5°或各半个罗经点）范围内。

（2）根据见到他船显示的号灯或者相应的形态予以判断。在两机动船各自位于他船正前方或者接近正前方的前提下，在夜间，如果发现他船的两盏桅灯成一直线或者接近成一直线和两盏舷灯，则两船构成对遇局面。在白天，两机动船看到他船的上述相应形态，即当来船位于本船的正前方或者接近正前方，见到他船的前后桅杆成一直线或接近一直线，或者看到他船的驾驶台正面对着或者接近正面对着本船，即可判断两船将形成对遇局面。

（3）当对是否构成对遇局面有任何怀疑时应当假定存在对遇局面。

9.**答**：（1）对他船是否位于本船的正前方或接近正前方有怀疑；

（2）对两船是否为航向相反或者接近相反有怀疑；

（3）对两船是否致有构成碰撞危险难以断定；

（4）对他船是否属于机动船有怀疑。

10.**答**：对遇局面的特点：对遇局面中由于两船航向相反或接近相反，两船的相对速度快，可供判断考虑以及采取避让行动的时间短。

避碰责任：根据本条第 1 款的规定，对遇局面中的两船，应当各自向右转向，从而从他船的左舷驶过。可见，在对遇局面中，两船负有采取相同的避碰行动的责任和义务，而不存在让路船和直航船的关系，也不存在互为让路船的关系。

11.**答**：根据对遇局面的特点和《规则》的要求，对遇局面中的每一船舶应当各自向右转向，从而从他船的左舷驶过。每一船舶在采取行动时，必须充分考虑《规则》第八条的要求，及早地采取大幅度的避碰行动，宽裕地让清他船，并且应当按照《规则》的要求，在采取行动时，鸣放相应的操纵和警告信号。

12.**答**：当两船处于右舷对右舷通过且 DCPA 不安全的对驶态势下，两船最容易采取不协调的行动而发生碰撞，被称为"危险对遇"。

危险对遇中，避碰上应当注意以下问题：

（1）按照《规则》的要求采取向右转向的行动，避让的时机应当更早，避让的幅度应当更大，以便他船及早了解本船的意图和行动；

（2）保持正规瞭望，尽早发现来船，避免惊慌失措，使得两船行动产生不协调。

13.**答**：交叉相遇局面条款的适用条件和范围：

（1）互见；

(2)两艘机动船；

(3)交叉相遇；

(4)致有构成碰撞危险。

判断交叉相遇局面时应当注意以下事项：

(1)由于在交叉相遇局面中，一船应给另一船让路，为了使让路船能够承担让清直航船的义务，让路船必须能够了解直航船的位置、动态以及是否稳定在某一航向和某一航速上。

(2)当两艘机动船在岬角、灯船或习惯转向点附近水域、港口的进出口处、江河的交叉口处交叉相遇致有构成碰撞危险，通常交叉相遇局面仍然适用。但在上述转向点附近航行时，如地方规则有特殊规定时，交叉相遇局面条款就不一定适用。

(3)在狭水道、航道以及分道通航制区域，如穿越狭水道、航道或通航分道的机动船，与顺着狭水道、航道或通航分道行驶的机动船交叉相遇致有构成碰撞危险，交叉相遇局面仍然适用。

(4)当两艘机动船顺着狭水道或航道的弯曲地段并循着岸形行驶时，两船的船首向始终处于交叉态势，但是两船的航向需要做不断地改变，这时交叉相遇局面条款并不适用，而应适用狭水道条款。

(5)交叉相遇条款仅适用于两机动船，当三艘或以上的机动船同时交叉相遇时，本条规定将不适用。

(6)当一船对两船是否构成小角度交叉相遇局面还是对遇局面有怀疑时，应当假定存在对遇局面，并按《规则》第十四条的要求采取相应的行动。

(7)当一船对本船右舷正横后的来船是否在追越本船还是与本船构成对大角度交叉相遇局面有怀疑时，应当对他船的行动保持高度的戒备，切忌盲目地将本船作为追越中的被追越船而始终保向保速，并且在采取行动时，应当充分注意良好船艺的要求，避免本船所采取的行动与他船可能采取的行动产生不协调。

(8)当一艘机动船向后运动以致与另一艘机动船交叉相遇，致有构成碰撞危险的情况，应当作为特殊情况处理，而不应当适用交叉相遇局面条款。

(9)限于吃水的船舶、执行引航任务的机动船、从事普通拖带作业的机动船，当与另一艘机动船交叉相遇致有构成碰撞危险时，仍然应当执行交叉相遇局面条款。

14.答：让路船的行动：

(1)通常情况下应采取向右转向的行动，从而从他船的船尾通过。

(2)避让小角度交叉船时，由于相对速度高，两船接近快，应采取向右转向的行动，并使得他船能够见到本船的红舷灯，使本船从他船船尾后方驶过；在小角度交叉相遇局面中，让路船应当尽量避免左转，以避免与直航船可能采取的行动不协调。

(3)避让垂直交叉船既可采用上述避让小角度交叉船的方法，采取向右转向从他船的船尾通过；也可以采取减速、停车的方法避让，让他船先行通过。

(4)避让大角度交叉船时，不宜在较近距离内右转，通常可适当左转或者减速让他船先行通过，必要时本船可以左转一圈。

直航船的行动：直航船在会遇的过程中，首要的义务是保向保速，其行动应当严格遵守《规则》第十七条的规定。

15. 答：《规则》第十五条交叉相遇局面中的让路船的行动做出了特殊的规定,即要求其在采取让路行动时,应当避免横越他船的前方。之所以这样规定,主要基于下列三点理由:首先,如果让路船横越直航船的前方,则其很难履行其让路的义务;其次,如果让路船横越直航船的前方,直航船可能为了保持两船间的安全距离而不得不采取减速或转向,从而导致局面的混乱;再次,交叉相遇局面中的直航船被规则要求当发觉让路船显然没有按照本规则各条采取适当行动时,可独自采取行动,但不得向左转向。因此,为了避免交叉相遇局面中的让路船的行动和直航船可能独自采取的行动的不协调,规则要求让路船在采取行动时,应当避免横越他船的前方。

16. 答：让路船:按《规则》规定应给他船让路的船舶即为让路船;
直航船:"直航船"是会遇两船避让关系中与"让路船"相对应的一个概念,即被让路船。

17. 答：《规则》规定的让路船有:
(1)《规则》在第十二条中不同舷受风时的左舷受风的帆船或者同舷受风时处于上风的帆船,或者处于上风而不知下风船为何舷受风的帆船;
(2)《规则》第十三条中的追越船;
(3)《规则》第十五条中有他船在本船右舷的机动船;
(4)《规则》第十八条第1、2、3 款中规定的操纵能力较好而须给他船让路的船舶。
《规则》规定的直航船有:
(1)《规则》在第十二条中不同舷受风时的右舷受风的帆船或者同舷受风时处于下风的帆船;
(2)《规则》第十三条中的被追越船;
(3)《规则》第十五条中有他船在本船左舷的机动船;
(4)《规则》第十八条第1、2、3 款中规定的操纵能力较差的被让路船。

18. 答：《规则》第十六条规定:"须给他船让路的船舶,应尽可能及早地采取大幅度的行动,宽裕地让清他船。"其对让路船的行动要求可归纳为"早、大、宽、清"4 个字。"早"是对采取避让行动的时机提出的要求;"大"是对采取避让行动的幅度提出的要求;"宽"是对采取避让行动所应达到的安全距离的要求;"清"是对最后避让结果的要求。

19. 答：保持航向和航速(简称保向保速)通常是指保持初始的罗经航向和主机转速,但并非一定要保持在同一罗经航向和主机转速上,而应当理解为保持一船在当时从事航海操作所遵循的并为他船所理解的航向和航速。直航船在应保持航向和航速的阶段,如无正当理由而未能履行保向和保速的义务,将被认为是一种违反《规则》的行为。然而,如直航船的改变航向和(或)航速的行为,是航海操纵所必需的,也是能够被他船所理解的,所以也不能认为直航船违反了保向保速的义务,而应当被认为是正当的、合理的行为。

20. 答：(1)让路船没有采取行动,而两船逐步逼近,正在形成紧迫局面;
(2)让路船的行动没有做到"早、大、宽、清"的要求,其行动的效果不能导致两船在安全距离上通过,例如转向的幅度太小、减速的幅度不够等;
(3)让路船违反《规则》规定采取行动,例如交叉相遇局面中的让路船企图强行横越本船的前方。

21.答:直航船在独自采取操纵行动时,应当注意如下几点:

(1)在采取行动之前,应鸣放至少五声短而急的声号,并可以用5次短而急的闪光信号予以补充,以表示无法理解他船的意图和行动、怀疑他船是否采取足够的避让行动;还可以通过 VHF 呼叫他船,争取与他船建立通信联系。

(2)严密注视他船进一步的动态,并做好随时操纵的准备,如改用手操舵、命令主机备车,必要时请船长上驾驶台。

(3)在独自采取行动时,其行动应当是大幅度的并尽可能迅速完成,如转向,其幅度应当至少30°以上;如采用减速,可先停车然后再微速前进;同时在采取操纵行动的同时,应鸣放相应的操纵声号和/或显示操纵号灯。

(4)为避免与让路船的行动不协调,通常情况下,直航船宜采取背着他船转向的行动,在转向时要充分注意到他船穿越船头的情况;对于不同的会遇形势,背着他船转向时,还应采取最有利的转向行动。对于左舷小角度方向上的他船,应在较早的时刻进行;对于左舷大角度交叉船、追越船,应采取背着他船转向,使两船航向接近平行。

(5)当直航船背着他船独自采取操纵行动时,还应当充分考虑到当时的环境和情况是否许可,如其行动是否会与第三船形成紧迫局面,或者招致航行的危险等。若是如此,直航船不宜采取该行动,但也应当避免对着让路船转向。此时,直航船应当毫不犹豫地采取大幅度减速措施,必要时把船完全停住。

《规则》第十七条第 3 款规定:"在交叉相遇的局面下,机动船按照本条第 1 款(2)项采取行动以避免与另一艘机动船碰撞时,如当时环境许可,不应对在本船左舷的船采取向左转向。"这是对交叉相遇局面中的直航船的行动做出的特别规定。

22.答:(1)自由行动阶段:在这一阶段,两船在远距离上不存在碰撞危险,《规则》条款尚未开始使用,两船均可以自由采取行动。

(2)让路船及早行动阶段:两船相互驶近致有构成碰撞危险时,让路船应及早采取大幅度的行动,并能导致两船在安全的距离上驶过,此时直航船应保向保速。

(3)直航船可独自采取行动阶段:当让路船显然没有遵守《规则》各条采取适当行动时,直航船应鸣放警告声号及闪光信号,允许直航船独自采取行动以避免碰撞。但在交叉局面中,直航船应避免对其左舷的船舶采取向左转向的行动。作为让路船,并不解除其给直航船让路的责任和义务,其应当立即采取大幅度的避让行动。

(4)应采取最有助于避碰行动阶段:不论何种原因,当两船逼近到单凭一船的行动已经不能避免碰撞时,让路船和直航船均应该采取最有助于避碰的行动。

23.答:船舶之间的责任是指两船之间的避让责任,即相遇两船中的一船对另一船应当承担的避让责任。

24.答:《规则》在划分船舶之间的责任时,主要采用了等级制和几何制两个原则。所谓等级制原则,是指根据船舶的避让操纵能力的优劣来划分船舶之间的避让责任;而几何制原则是指根据两船所处相对几何位置关系来划分船舶之间的避让责任。

25.答:处理《规则》中没有划定的船舶之间的责任,应遵循以下原则:

(1)操纵能力稍好的船舶应尽可能给操纵能力更差的船舶让路。例如,操纵能力受到限制的船舶应尽可能给失去控制的船舶让路;从事拖带作业的操纵能力受到限制的船舶应给正在发放或收回航空器的船舶让路等。

（2）相遇两船均有责任尽最大努力采取行动，以避免碰撞事故发生，在避免碰撞方面两船负有同等的责任。

（3）在采取具体行动时，在条件允许的情况下，应遵循《规则》所确定的行动原则。均应当运用良好的船艺，及早采取避让行动，以保证船舶之间能够在安全距离上通过。

第十三章思考题参考答案

1.答：（1）适用于在任何能见度不良的水域中或在其附近航行时；

（2）适用于在上述水域航行的任何船舶；

（3）适用于"能见度不良"，即指由于雾、霾、雪、暴风雨、沙暴或任何其他类似原因而使能见度受到限制的情况，即"能见度受到限制的情况"；

（4）适用于两船不在互见中。

2.答：船舶在能见度不良水域或其附近航行应保持如下戒备：

（1）通知船长；

（2）布置瞭望人员并判断碰撞危险，改用舵工手动操舵；

（3）显示航行灯并以安全航速行使；

（4）及时通知机舱将机器做好随时操纵的准备；

（5）开启和使用雷达；

（6）如可能，在能见度变坏前测定船位；

（7）按照《规则》的规定鸣放雾号并打开驾驶台门窗，守听雾号；

（8）开启 VHF、AIS 等助航设施，并注意守听和观测等。

3.答：（1）避让正横前来船：无论来船在本船的右正横以前还是左正横以前以及在正前方，本船均应向右转向避让。

（2）避让正横和正横后来船：对于从本船正横和正横后驶近的来船，如果朝着它转向，势必会使两船增加逼近的速度，使两船处于不协调的境地。因此，对右正横或右正横以后的来船应采取向左转向避让；对左正横或左正横以后的来船应采取向右转向避让。

4.答：将航速减到能维持其航向的最小速度的时机：本船应将航速减到能维持其航向的最小速度的情况包括当听到他船的雾号显似在本船正横以前，或者与正横以前的他船不能避免紧迫局面时两种情况。

应当把船完全停住的时机：

（1）对不备有可使用雷达的船舶：

①在临近处初次听到他船的雾号；

②听到有雾号显似在本船正前方附近；

③听到他船的雾号显似在首前方的角度逐渐减小；

④看到一船从雾中隐隐出现，但其动态还未能判断清楚时；

⑤听到帆船的雾号显似在本船的正横以前；

⑥听到本船正前方附近有锚泊船的雾号等。

（2）对备有可使用雷达的船舶：

①当与正横前的他船不能避免紧迫局面时，尤其是他船从正前方或本船船首左右各30°左右的舷角以内驶来时；

②当遇到有任何船舶用较高速度径直驶来，但对来船究竟从本船哪一侧驶过存在怀疑时；

③听到他船鸣放的雾号但在雷达的众多回波中无法确定鸣放雾号的船舶时；

④发现位于正横以前的雷达回波消失在雨雪或海浪的干扰波之中，无法确定其动态，但又听到他船鸣放的雾号显似在正横以前时；

⑤当发现他船正在采取与本船不协调的行动，紧迫局面即将形成时；

⑥浓雾中发现一船正在雾中隐隐出现，但无法判断其动态时等等。

第十四章思考题参考答案

1. **答**：疏忽条款含义：《规则》第二条共两款，第1款规定："本规则条款并不免除任何船舶或其所有人、船长或船员由于遵守本规则条款的任何疏忽，或者按海员通常做法或当时特殊情况所要求的任何戒备上的疏忽而产生的各种后果的责任。"本款通常称为疏忽条款。

疏忽条款作用：该条款的核心内容是指，《规则》不免除由于任何船舶、船舶所有人、船长或船员由于疏忽而产生的各种后果的责任。一方面，《规则》要求船舶除严格遵守《规则》的明文规定外，还应当运用良好的船艺，保持对海员通常做法或者特殊情况可能所要求的戒备。另一方面，《规则》要求船舶在采取行动时，不能机械地理解《规则》条文的规定，而应当切实理解《规则》条文的内涵，并根据当时的具体环境和情况来采取航行或者避碰的行动。总之，责任条款是对《规则》其他条款的有力的补充和解释，其目的同样是防止海上事故的发生，保持船舶的航行安全。

2. **答**：在海上避碰实践中，"疏忽"包括应当戒备而未戒备或戒备不足；应当预见而未预见或预见不准；应当判断而未判断或判断有误；应当行动而未行动或行动不当（时机不当、地点不当、场合不当、方式不当等）；不应当行动而盲目行动等。

3. **答**：（1）船舶或者船舶所有人对遵守本规则的疏忽

①船舶所有人、经营人向船长、船员施加压力，要求船舶达到一定的航速，使得船长、船员不能遵守安全航速的规定；

②对船舶主机或者燃油的使用做出硬性规定，例如规定船舶驾驶员不得使用主机、除进出港航行外必须使用重油等；

③配备的船员尤其是负责航行值班的船员不符合《STCW公约》的要求，对船员未遵守《规则》的规定听之任之等等。

（2）船长、船员对遵守本规则的疏忽

①对保持正规瞭望的疏忽；

②对违反安全航速的疏忽。如船舶在狭水道或者能见度不良的水域航行以过高的速

度行驶；

③对正确判断碰撞危险的疏忽；

④对正确采取避让行动的疏忽；

⑤对《规则》要求的航行规则的违反；

⑥对《规则》所要求的戒备的疏忽；

⑦对《规则》显示号灯、号型或者鸣放声号的要求的违反；

⑧其他违反《规则》明确规定的行为或者疏忽。

4. 答："海员通常做法"是指广大海员在长期的航海实践中所积累起来的形成的一种习惯的、经常性做法，并且这些习惯的、经常性做法是被航海实践所证明能够确保航行安全、有助于避碰的。

海员通常做法所要求的戒备上的疏忽，包括但不限于以下各种情况：

（1）对舵令、车钟令不复诵，不核对；

（2）驾驶员在避让过程中进行交接班，或者在不了解周围环境的情况下进行交接班；

（3）船舶在狭水道航行或在进出港时未备车、备锚；

（4）在避让中采用自动舵进行避让，在近距离避让他船时不采用下舵令的方式而采用下航向命令；

（5）不了解本船的船舶操纵性能，不了解外界风、流、浪等因素对操船的影响，没有充分地注意到可能出现的浅水效应、船间效应、岸壁效应；

（6）在高纬度海区航行，对发现冰山缺乏戒备；

（7）在强风强流中没有远离他船舶抛锚，或者在大风浪中锚泊没有备车；

（8）在狭水道中追越时盲目从他船右舷追越；

（9）没有做到逆水船让顺水船、进口船让出口船、单船让拖带船组；

（10）在狭水道狭窄地段或者弯头会船等等。

5. 答：特殊情况所要求的任何戒备上的疏忽，包括但不限于以下各种情况：

（1）对船舶突然遇雾、暴风雨等缺乏戒备；

（2）对他船可能背离《规则》采取行动缺乏戒备；

（3）对为避让一船而与另一船构成紧迫局面缺乏戒备；

（4）对多船同时构成碰撞危险或者紧迫局面的情况缺乏戒备；

（5）对主机、舵机、操舵系统等突然故障缺乏戒备；

（6）对他船意外采取行动，使得两船陷入紧迫危险的情况缺乏戒备。

6. 答：背离规则必须满足如下条件：

（1）危险是客观存在的，而不是主观臆断的。

（2）这种危险即将构成紧迫危险，即如果遵守《规则》会造成一船或者两船的紧迫危险，而背离《规则》就有可能避免这种紧迫危险。应当指出的是，在本条款中，"紧迫危险"并非仅仅指碰撞格局中两船间所形成的紧迫危险，同时也包括可能存在的航行上的紧迫危险。

（3）背离规则是必需的、合理的。即当时的客观事实表明遵守规则不能避免碰撞或航行的紧迫危险，而背离规则可能避免碰撞和航行的紧迫危险。所以，只有当时的危险局面不允许船舶继续遵守规则时，才可以背离规则。只要还存在机会遵守规则，就不应当背离规则。

背离规则的目的在全面实现《规则》的根本目的即避免碰撞危险和避免碰撞基础上对遵守规则的补充。

7. 答：根据本款的规定，可能需要背离《规则》的情况包括三种，一种是存在航行的危险；一种是碰撞的危险；一种是特殊情况，这种特殊情况包括当事船舶的条件限制在内。

8. 答：背离规则并不是指背离《规则》所有条款的规定，而仅仅是指背离《规则》所适用的某些或某一条款的具体规定。可以背离的条款通常仅仅是《规则》中有关船舶航行规则和采取避碰行动规则的具体规定。在背离某些或者某一条款的具体规定时，对《规则》其他条款的规定仍然必须严格遵守，诸如保持正规瞭望、以安全航速行驶、正确判断碰撞危险、显示相应的号灯、号型和正确鸣放声号等条款，在任何情况下均不得背离。

9. 答：渔船主要捕鱼方式有：拖网捕鱼，流网捕鱼，围网捕鱼，张网捕鱼，延绳钓捕鱼。

(1)拖网捕鱼的特点及避让

①拖网渔船的作业特点：拖网是一种流动的过滤性渔具，其作业方式是利用渔船前进时的拖曳移动，迫使鱼类进入网具，以达到捕捞的目的。

②避让拖网渔船的要点：避让双船拖网渔船应在其船尾或两船外舷不少于 0.5 n mile 外驶过，不得从两船中间穿过。当发现两船背向行驶准备放网时，应从两船上风流一侧驶过。避让单船拖网渔船时，应从其船尾 1 n mile 之外通过。应注意单船舷拖渔船放网的一舷，如发现其航向不定，则是在放网或收网。

(2)流网捕鱼的特点及避让

①流网捕鱼作业船的特点：流网又称流刺网，由若干长方形网片连接而成，网片长 10 ~ 15 m、高 1 ~ 6 m。网具依靠浮沉子的作用将网具直立于水中。当鱼群洄游时，缠上网具而被捕获。这种捕鱼方式多为捕获水中中上层鱼群使用。

②避让流网捕鱼作业船的要点：流网渔船带网漂流时，网在其船首方向，避让时应从其船尾通过，绝不应在其船首和网上通过。如果想从其船首网的端部通过时，应在认清网端标杆后，再绕行。当流网船正在放网时，不要在其船首或船尾处通过，最好与他船保持一定距离，从其船侧平行驶过。

(3)围网捕鱼的特点及避让

①围网捕鱼船的作业特点：围网捕鱼是利用巨大的长带形网具围捕水中中上层鱼群的捕鱼方式，通常用灯光诱集鱼群后进行围网捕鱼作业。白天视线良好时，可在水面上看到其网具的浮子。

②避让围网渔船的要点：避让灯诱围网渔船时应从其上风流侧不少于0.5 n mile外驶过，避让围缯网渔船时离渔船也应不小于 0.5 n mile。

(4)张网捕鱼的特点及避让

①张网渔船的作业特点：张网捕鱼属于定置渔具的捕鱼方式，在近岸浅水急流区域作业。网架用桩或以渔船拖锚来固定，利用潮汐急流时使网张开，鱼虾随急流冲入网内，水流速度转缓时收网。

②避让张网渔船的要点：发现张网渔船时，应与其保持一定距离驶过。

(5)延绳钓捕鱼的特点及避让

①延绳钓渔船的作业特点:延绳钓具是由干线、支线和钩组成,每一干线上结附一定数量等距离的支线。每一支线末端系有带饵的钓钩,利用浮子和沉子将其悬浮于一定水层。干线的长度一般为100~500 m,支线的长度和间距为0.5~4 m。延绳钓渔船到达渔场后,由母船放下舢板,敷设延绳钓进行作业。浮延绳钓具是随着潮流漂移,定置延绳钓具是用锚或沉石固定。

②避让延绳钓渔船的要点:避让延绳钓渔船时,其钓具从船尾放出,故应从其船尾1 n mile外通过。

10.**答**:在避让中,应当注意如下事项:

(1)在渔区行驶时应特别注意渔船的动向和其网具的伸展方向,避让渔船的同时让过渔具,以免渔船为保护渔具突然朝大船冲来,大船躲避不及造成碰撞。

(2)在雾中应加强雷达瞭望,即使雷达上没有发现渔船,也应按章鸣放雾号。应特别注意在沿岸夜间不点灯的渔船,或者所显示的号灯不符规定的渔船。

(3)浙、闽、粤沿海一带的渔船受其风俗习惯的影响,常欲抢过大船的船头,在避让中应予以充分注意。

(4)一旦误入渔网或穿过渔网时,应立即停车淌航,以免渔网缠入螺旋桨。

(5)对于未从事捕鱼作业的机动渔船,尽管不属于"从事捕鱼作业的船舶",也不享有直航的权利,但应注意对此渔船上的驾驶员并不一定有清楚的认识,必要时应主动避让。

(6)渔船在使用国际信号简语时,单字母旗的意义:"G"表示"我正在收网","Z"表示"我正在放网","P"表示"我的网已紧紧地挂在障碍物上","T"表示"我正在从事成对底拖捕鱼作业,避开我",或者用一长声表示。

11.**答**:(1)航行原则特点:《内规》第八条第1款规定:"机动船航行时,上行船应当沿缓流或者航道一侧行驶,下行船应当沿主流或者航道中间行驶。但在潮流河段、湖泊、水库、平流区域,任何船舶应当尽可能沿本船右舷一侧航道行驶。"《内规》第八条第2款规定:"设有分道通航、船舶定线制的水域,必须按照有关规定航行和避让。两船对遇或者接近对遇应当互以左舷会船。"

(2)避让原则特点:《内规》第九条第1款规定:"船舶在航行中要保持高度警惕,当对来船动态不明产生怀疑,或者声号不统一时,应当立即减速、停车,必要时倒车,防止碰撞。采取任何防止碰撞的行动,应当明确、有效、及早进行,并运用良好驾驶技术,直至驶过让清为止。"同时为了保证会遇船舶之间行动的协调,使避碰行动达到预期的效果,《内规》第九条第2、3、4款还规定:"船舶在避让过程中,让路船应当主动避让被让路船;被让路船也应当注意让路船的行动,并按当时情况采取行动协助避让。在任何情况下,在长江干线航行的客渡船都必须避让顺航道或河道行驶的船舶。两机动船相遇,双方避让意图经声号统一后,避让行动不得改变。"

第十五章思考题参考答案

1.**答**:保持安全值班主要是为了实现下列目的:

（1）避免船舶发生海难事故；

（2）保证船舶随时处于适航状态；

（3）保证船舶所装货物得到妥善保管；

（4）避免船舶受到保安威胁；

（5）保持安全值班是值班人员的法定职责。

2.答：引起疲劳的原因很多，主要有以下几个方面：

（1）睡眠不足引起大脑疲劳；

（2）过分的体力消耗引起体力疲劳；

（3）人体内潜伏着某种疾病而引起病态疲劳；

（4）由于情绪不佳、精神抑郁、忧虑等心理因素引起的心理疲劳。

3.答：影响疲劳的因素有：

（1）脑力和体力劳动的速度、强度和持续时间直接影响疲劳程度，劳动强度越大、持续时间越长，越易引起疲劳；

（2）心理紧张、情绪不良时易引起疲劳；

（3）身体较弱、技术不熟练的人易引起疲劳；

（4）工作环境对引起疲劳有直接影响，例如噪声高、振动大、温度高、船舶摇摆剧烈等情况下，易引起疲劳。

4.答：为了防止疲劳、保证船员安全值班，一般应采取以下措施：

（1）船长和大副应合理组织与安排值班人员的工作和休息，保证值班人员在值班时具有充足的体力和精力。避免值班人员在未得到足够休息的情况下，继续值下一个班，造成连续疲劳。

（2）当值班与正常工作规律由于某些原因被破坏时，船长应对值班人员的疲劳程度进行观察和判定，以确定是否影响安全值班。

（3）当发现负责值班的高级船员有疲劳的症状，但仍能担任其职责时，在值班的组成上应考虑配备精力充沛的其他人员配合其值班。

（4）当发现负责值班的高级船员因疲劳的影响难以保证安全值班时，应毫不犹豫地进行调整，使之得到适当的休息，以利于下一个班次时能够胜任职责的要求。

（5）负责值班的高级船员如在航行值班时，由于工作强度过大，感到疲劳以至于难以保证安全值班的情况下，应毫不犹豫地通知船长。

（6）为保证安全值班，必要时船长应亲自到驾驶台值班。

5.答：（1）船长应根据航次任务及时通知各部门有关负责人做好各项开航准备工作；

（2）对预定的航次，应在研究所有有关资料后事先做出计划，并应在航次开始前对设定的任何航线进行核实；

（3）大副、轮机长应与船长协商，预先确定航次计划的需要，并考虑对燃料、淡水、润滑油、化学品、消耗品和其他备件、工具和供应品以及任何其他需求；

（4）船长应检查运输单证及港口文件是否齐全；

（5）船长应检查各种船舶证书和船员证书是否齐全、有无逾期，保证船舶处于适航状态。

6.答：（1）航线的总里程和预计航行的总时间；

(2)计划航线上的气象情况和海况；

(3)各转向点的经纬度；

(4)各段航线的航程和预计到达各转向点的时间；

(5)复杂航段的航法以及对航线附近的危险物的避险手段；

(6)特殊航区的注意事项。

7. **答**：接班的高级船员应亲自搞清以下有关情况：

(1)船长对船舶航行有关的常规命令和其他特别指示；

(2)船位、航向、航速和船舶吃水；

(3)当时和预报的潮汐、潮流、气象和能见度以及这些因素对航向和航速的影响；

(4)当主机在驾驶台控制主机时操纵主机的程序；

(5)航行环境,包括但不限于：

(1)正在使用或在值班期间有可能使用的所有航行和安全设备的工作状况。

(2)陀螺罗经和磁罗经的误差。

(3)看到或知道附近船舶的位置及动态。

(4)在值班期间可能会遇到的有关情况和危险。

(5)船舶横倾、纵倾、水的密度及船体下坐而可能对富余水深的影响。

8. **答**：在下列情况下,负责航行值班的高级船员应立即通知船长：

(1)遇到或预料到能见度不良时；

(2)对交通条件或他船的动态发生疑虑时；

(3)对保持航向感到困难时；

(4)到预定时间未能看到陆地、航行标志或测不到水深时；

(5)意外地看到陆地、航标或水深突然发生变化时；

(6)主机、推进机械的遥控装置、舵机或者任何重要的航行设备、报警或指示仪发生故障时；

(7)无线电设备发生故障时；

(8)在恶劣天气中,怀疑可能有天气危害时；

(9)船舶遇到任何航行危险物时,诸如浮冰或海上弃船；

(10)发现遇难人员或船只以及他船求救时；

(11)对船长指定的位置或时间以及其他紧急情况感到疑惑时。

9. **答**：(1)检查引航员软梯及扶手柱系固情况以及照明、救生圈和行李绳准备情况,亲自接送引航员登离船舶。

(2)在引航过程中,并不解除值班驾驶员的职责,仍应认真瞭望、勤测船位、监车监舵,注意摇车钟以及传达车钟令的正确性,正确记录船舶动态。

(3)按引航员要求安排水手悬挂信号。

(4)船舶不在驾驶台时,若对引航员的意图有所怀疑时,应要求引航员予以澄清；如仍有怀疑,应立即报告船长,并在船长到达驾驶台之前采取必要的行动。

(5)值班驾驶员应注意引航员舵令及水手操舵的正确性。

10. **答**：船长应将航行指示和注意事项或者其他重要布置明确记入"船长夜航命令簿",值班驾驶员应遵照执行。值班驾驶员必须仔细阅读"船长夜航命令簿",充分了解其各项内容和要求,阅读签字并严格执行。如对夜航命令有不明之处,应立即请示船长。船长零时增改夜航指示内容时,应通知当班驾驶员,并在更改处签字。

11. **答**:负责计划和实施货物作业的高级船员应通过对特定风险的控制,确保货物作业的安全实施。每艘载运易爆、易燃、有毒、危害健康和污染环境的危险货物的船舶的船长,应确保保持安全值班。载运散装危险货物的船舶,安全值班应由船上的一个或几个合格的高级船员,需要时还包括普通船员来承担,及时当船舶安全地在系泊或锚泊时也应如此。每艘载运非散装危险物的船舶的船长,应充分注意到这些危险品的性质、数量、包装和积载以及船上、水上和岸上的所有特殊情况。

12. **答**:船长应提前 24 小时将预计开航时间通知轮机长,如停港不足 24 小时,应在抵港后立即将预计离泊时间通知轮机长;轮机长应向船长报告主机机电设备情况、燃油和炉水存量;如开航时间变更,须及时更正。开航前 1 小时,值班驾驶员应会同值班轮机员核对船钟、车钟、试舵等,并分别将情况记入航海日志、轮机日志及车钟记录簿内。主机试车前,值班轮机员应征得值班驾驶员的同意,待主机备妥后,机舱应通知驾驶台。

13. **答**:每班下班前,值班轮机员应将主机平均转数和海水温度等参数告知值班驾驶员,值班驾驶员应回告本班平均航速和风向风力,双方分别记入航海日志和轮机日志;每日中午,驾驶台和机舱校对时钟并互换正午报告。

第十六章思考题参考答案

1. **答**:驾驶台资源管理涉及多种资源管理和应用,包括人力资源、物质资源、信息资源和其他资源等。

(1)人力资源包括船长、引航员、驾驶员、舵工和保证船舶动力、导航和其他相关设备正常工作的其他人,这类资源是最为重要的资源。

(2)物质资源包括涉及确保船舶本身正常航行和操作所需要的设备、仪器、物品、工具以及备件等。这类资源是确保船舶正常航行与操作的基本资源。

(3)信息资源包括涉及确保船舶本身正常航行与操作所需要的信息与资料,包括电子海图、AIS、命令簿、操作手册、使用指导书、海图、航次计划、航海出版物、港口信息等。这类资源是确保船舶正常航行与操作的必要资源。

(4)其他资源包括涉及确保船舶本身正常航行与操作所需要的时间、空间、技能、经验和与有关部门(如主管当局与机关、公司、团体、人员等方面)的合作及支持的程度与广度。这类资源将有助于组织目标的实现。

2. **答**:对资源进行分配和优先排序常用的方法包括:预算、计划、盈亏平衡分析和线性规划等。

(1)预算是一种数字性的规划,用于对特定的活动分配资源。例如,船舶每个季度都要根据工作计划进行物料申报,实际上就是一种预算。

(2)计划(排程)是团队管理者定期制订的详细的资源分配计划,包括从事什么活动,谁来完成,什么时间完成等。比较常用的计划工具包括甘特图、负荷图和 PERT 网络分析。船上的各种年度计划、月度计划实际上都是基于甘特图或是负荷图的方法制订的;而 PERT 网络分析则比较适用于安排较为复杂的工作,如修船等。

（3）盈亏平衡分析和线性规划可以帮助管理者在资源受限的条件下找到一个最佳的结合点,例如船舶营运要求安全、经济,在保证安全的前提下,设计一条航行时间最短的航线就需要综合考虑各种因素,找到一个最佳的结合点。

3.答:驾驶台资源管理的作用主要体现在:通过学习驾驶台资源管理相关知识,并应用于船舶,在保证船舶安全方面可以取得非常明显的效果。

（1）驾驶台团队成员对船舶所处状态时刻都能保持清醒认识;

（2）做到连续不断地监控船舶的船位、航向等,并适时进行调整,以保证航行安全;

（3）能够及早获取与安全航行相关的信息;

（4）能够合理地使用权力,并适当地分配工作;

（5）对于船舶所处的危险局面,能够及早地预判,并采取应对措施;

（6）在遇到问题时,能够顾全大局。

4.答:根据《STCW 公约》,确定航行值班成员时应能够足以保证进行持续的瞭望,船长应考虑包括下列因素在内的相关因素:

（1）能见度、天气和海况;

（2）船舶密度以及在所航行海域内是否有其他动态;

（3）在通航分隔带或其他定线制水域内及其附近航行时应注意的事项;

（4）由于船舶特性、立即操作要求以及预操作等所带来的额外工作负荷;

（5）从称职的船员中指派值班人员;

（6）对船上驾驶员及其他船员的专业技能的了解和信任度;

（7）每个值班驾驶员的航行经验,对船舶设备、程序的熟悉程度以及操船能力;

（8）在某段时间内船上进行的活动,包括通信联络以及在必要时驾驶台所能得到的帮助;

（9）驾驶台仪器包括报警系统的操作状态;

（10）舵和螺旋桨的控制以及船舶的操纵性能;

（11）船舶大小以及指挥位置的视野大小;

（12）驾驶台布局以及这样布局可能会对值班人员用视觉或听觉观察外面的事态的变化所造成的障碍;

（13）其他任何相关标准、程序或有关值班安排及是否称职的指南。

5.答:一个有效的驾驶台组织必须:

（1）消除由于团队中一个成员的失误而导致灾难性后果的风险;

（2）强调保持正规目视瞭望和执行避碰规则的必要性;

（3）鼓励采取多种方法确定船位,以便在某种定位方法失效时可以立即采用其他的方式确定船位;

（4）正确进行航线设计,在沿岸航行时,使用可供连续监控和探测航线偏移量的导航系统;

（5）确保了解所有仪器、设备的误差,并进行了恰当的改正;

（6）必要的时候,接受引航员作为驾驶台团队的重要成员。

6.答:一个有效的驾驶台组织应发挥的作用包括:

(1)确保执行海洋环境保护措施,在任何时候,船舶都应按照《1972年国际海上避碰规则》安全地航行;

(2)有效地管理所有驾驶台资源,进行远距离通信,并保证驾驶人员团结协作;

(3)保持正规航行值班的需求决定了航行值班人员的基本组成,然而在某些环境和条件下,实际值班的安排和驾驶台配员的数量随时都会受到影响,有效的驾驶台组织管理能够给予驾驶台值班人员即时的协助;

(4)能够最大限度地减少由一个人的错误而导致危险局面的情形。

7.答:根据贝尔宾团队角色理论,一支结构合理的团队应该由九种成员组成,这九种成员角色分别为:实干家、协调员、推进者、创新者、外交家、监督员、凝聚者、完美主义者和技术专家。

8.答:团队精神是指团队整体的价值观、信念和奋斗意识,是团队成员为了团队的利益和目标而相互协作、共同奋斗的思想意识。团队精神是团队能够取得高绩效的灵魂,优秀的团队具有强大竞争力的根源,不在于其成员个体能力的卓越,而在于其成员形成的整体合力的强大,其中最具关键作用的就是其"团队精神"。团队精神包括三个层次:团队的凝聚力;团队成员之间的高度信任感和团队的合作意识;团队成员的高昂士气。

9.答:要培养团队成员的合作意识,就需要制定团队规则,即团队成员在工作中与他人相处时必须遵守的标准。最有价值的团队规则可以分为以下七种:

(1)支持规则:团队成员之间寻求和提供帮助与支持。

(2)沟通规则:团队成员准确、及时的信息交换。

(3)协调规则:团队成员根据团队绩效要求的个人行动的整合。

(4)反馈规则:团队成员之间对他人的绩效提供、寻求并接受建议和信息。

(5)监控规则:团队成员观察他人的规则,在必要时提供反馈和支持。

(6)团队领导规则:对团队成员的组织、指导和支持。

(7)团队导向规则:团队成员对团队规则、默契、凝聚力、文化等的认同和支持。

10.答:团队成员的士气对于团队的业绩非常重要,影响团队士气的因素主要包括以下几个方面。对团队目标的认同;合理的奖酬体系;良好的信息沟通;团队内部的和谐程度;领导者的特质。

11.答:领导力是指影响他人和团队一起达成目标的能力。领导力即是影响力,即让人们对其产生敬佩、信赖、认同和服从等心态的能力。从影响力的构成来看,大概分为四方面:品格、能力、知识、感情。

领导的成功取决于领导者行为和决策风格与情境要求之间的匹配程度,相关理论包括菲德勒的权变模型和罗伯特·豪斯的路径–目标理论。

12.答:根据路径–目标理论,根据与情境因素的匹配性,不同的情况下应采取相应的领导方式,以达到有效领导的目的。

(1)当任务不明确而且比较紧迫时,命令型的领导有助于提高员工满意度,因为这有助于员工弄清楚状况。

(2)当任务的结构非常清晰时,支持型的领导风格有助于提高下级的满意度。当员工已经理解了应该做什么时,他们会认为命令性的行为是侮辱的和无礼的。

(3)当组织可以根据群体的绩效提供奖励时,成果导向型的领导能提高下级的满意度和群体生产效率。

13. 答：决断力,就是在一定的资源条件下,领导者综合权衡决策风险、决策收益和决策时机,利用合理的方法和手段,在若干个可能的备选解决方案中选择最优方案的综合能力,简而言之就是领导者坚决地做出最后的定论的能力。

从理论层面分析,领导决断力是由决策收益、决策风险、决策方法、决策资源、决策时机等因素决定的,这些关键要素就构成了领导决断力模型。

14. 答：三环模式是关于团队工作、领导力和管理相关的理论,用三个圆环分别代表团队工作中的任务需要、团队存续需要和个人需要,而三个圆环相互重叠,表示团队工作中的各个功能是相互依存、不可分割的。

对于船舶驾驶台团队来讲,任务职能是保证船舶安全、经济的运营,取得良好的效益;团队职能是保证驾驶台团队团结协作,充分发挥团队的作用,避免因个人失误而导致的事故;个人职能是得到团队成员的认可,并得到锻炼、提升的空间和相应的待遇。三种职能相互依存,不可分割。只有个人的需要得到满足,才能更好地发挥其在团队中的作用,减少失误;驾驶台团队才能够团结、协作,才会更好地实现船舶安全、经济运营的目标;而只有船舶取得良好的效益,船舶驾驶台团队和成员才能得到更好的发展。

15. 答：情境意识是指在一个特定的时间对影响船舶的因素和条件的准确感知,是人们对于事故发生的一种预知和警惕。情境意识不是一种特定的行为,而是工作态度和思维的产物,决定着人的行为与动作。

情境意识具体指由理解力、注意力、判断力和适应性所组合而成的一种表现。良好的情境意识表现为以下几个方面。

(1)正确地感知船舶条件实际状态与变化趋势的理解力;

(2)能敏捷地察觉船舶周围的实际情况与变化趋势;

(3)能全面地了解周围情况变化对船舶运动影响;

(4)能正确地预测船舶即将面临的局面和安全状况。

16. 答：团队成员在做好各自工作的过程中,可以依靠团队情境意识来最大限度地保证船舶安全。为了保持情境意识,及时发现事故链形成的迹象,中止事故链,达到安全营运的目的,驾驶台团队成员应做好以下几点：

(1)最大限度地加强个人的情境意识;

(2)驾驶台工作的计划和准备;

(3)充分认识其他驾驶台团队成员的作用;

(4)重视通信中的反馈;

(5)有效地检查和监督,鼓励采用非批评式的提示;

(6)进行工作危害性分析,培养风险意识。

17. 答：一个处于良性运转的团队必须具备以下一些显著的特征：明确的目标、相关的技能、良好的沟通、一致的承诺、有效的领导、相互的信任。

18. 答：引航员登轮到达驾驶台,就成为驾驶台班组成员之一。引航员比较熟悉当地水域的航行环境,依照地方引航法的规定,船长可以将指挥船舶航行的权力委托给引航员,由他与船长和/或值班驾驶员密切配合来直接指挥。

理想情况下,船长和他的团队要清楚引航员的意图,并处在支持引航员的位置,必要

的话,在航行的任何阶段质询引航员的行动:

(1)驾驶员团队了解引航区域的困难和约束;

(2)引航员了解船舶的操纵特性和特征;

(3)引航员熟悉船舶设备,了解他能得到的来自船上人员的支持程度。

重要的是引航员与船长必须认同并清楚地理解各自的职责。引航员指挥船舶时并不解除船长或值班驾驶员所负的对船舶安全航行的职责和义务,双方都应准备着行使他们的权力,不能使船舶驶向有危险的地方,保证船舶安全。

19. **答:**船上的通信和沟通与日常的通信和沟通有着很大的区别。由于船上的操作许多是专业性操作,其至是关键性操作,操作不当或是操作失误就可能造成重大的损害,因此就要求驾驶台团队成员非常清楚地认识在各个操作阶段他们各自的职责。通信和沟通也是驾驶台团队成员之间充分分享驾驶台资源的重要手段,因此必须准确、有效和严肃。相反,驾驶台团队成员间通信和沟通中出现任何障碍,都可能导致难以想象的后果。

20. **答:**船舶有效沟通的原则主要包括四项内容:

(1)确定沟通的目的

为保证沟通的充分和有效,在沟通前应确定沟通的目的。为使沟通能够顺畅进行,发信人应提前准备好相关的内容和信息,避免对时间和精力的浪费。

(2)选择有效的沟通方式

使用语言进行沟通是最简单的方式,但是可能会出现被曲解的情况。因此,有经验的船长或引航员在指挥操作时的一个良好习惯是当发出车/舵令时,通常辅以相应的手势,使值班驾驶员或舵工更易于明确他们的意图,而不至于产生失误。通过要求值班驾驶员和舵工复述车/舵令和核对车钟、舵角指示器等反馈装置,也是船长/引航员检验沟通的有效方式。对于在高噪音环境中工作的绞车手来说,他更依赖于负责指挥的人员手势而不是他的声音。

(3)选择正确的沟通态度

按照发信人对沟通内容的控制程度和收信人的参与程度把沟通的类型分为告知、说服、协商和参与四种,应根据当时具体的环境和情况选择恰当的沟通态度。

(4)打破沟通障碍

任何干扰、阻碍沟通或是降低通信有效性的现象等都属于沟通障碍,包括通信中断。应采取有效措施防止通信中断现象的发生,否则,团队工作将处于相互误解的危险境地。

21. **答:**船长与驾驶员间的信息互换内容包括以下几种:

(1)常规命令

船舶的指挥和控制应按船舶操作手册中的规定进行,该手册应该以船公司的航行方针为基础并参照常规操作原则编制。船长应及时依照本人的特点、船舶的具体营运状况以及当时驾驶台团队的结构特点编制常规命令。常规命令的执行不应与船舶安全管理体系发生冲突。所有驾驶员在开航前都应阅读船长的常规命令并签字确认。

(2)夜航命令

船长夜航命令包括了船长不在驾驶台时为了确保安全航行的各种指示。船长应该在夜航命令中列明值班驾驶员需要认真遵守的常规命令和特殊情况下需要的戒备,尤其应该明确值班驾驶员当其对船舶安全产生怀疑时应采取的措施,包括在哪些情况下应该叫船长。值班驾驶员在接班前应对船长夜航命令阅读并签字确认。

(3)叫船长

在下列情况下负责航行值班的驾驶员应立即报告船长:

遇到或预料到能见度不良时;对通航条件或他船的动态产生疑虑时;对保持航向感到困难时;在预计的时间未能看到陆地、航标或测不到水深时;意外地看到陆地、航标,或水深突然发生变化时;主机、推进装置的遥控装置、舵机或者任何重要的航行设备、报警或指示仪发生故障时;无线电设备发生故障时;在恶劣天气中,怀疑可能有灾害天气时;船舶遇到任何航行危险时,诸如冰或海上弃船;以及其他任何紧急情况或感到疑虑时。

22.**答**:船舶的工作特点造成了船舶外部通信是一种远距离通信,需要借助船舶通信设备来完成。船舶常用的通信设备包括:VHF 无线电话、Inmarsat – C 站、Inmarsat – F 站和 MF/HF 组合电台等。VHF 无线电话使用方便,是船舶近距离通信常用的通信设备。

船舶外部通信主要包括以下内容:

(1)船长、值班驾驶员与引航员间的信息交换

①引航员在登轮前应与船长就下列内容达成共识:引航员登轮时间和地点;引航员登轮所用引航员软梯的安放位置和高度;引航员登轮时对航速和航向的要求;需要显示的识别信号。

②引航员登轮后,除了引航员卡和驾驶台张贴的船舶操纵数据外,引航员登轮后还应和船长就下列信息进行沟通:预定的航行计划;泊位位置;潮汐、海流、当时天气情况及预报;航行速度(轻、重油转换);通航条件和操纵限制;拖轮的数量和拖带作业方式;带/解缆顺序和系缆数量;可能的障碍和危险;泊位和靠/离泊程序方面的详细资料。

(2)船舶与交管中心的通信

在 VTS 监管水域航行的船舶应按照相关规定向交管中心报告,根据报告种类的不同,报告内容包括:船名、呼号、船位、航速、航向、目的港、ETA、船舶尺度和种类、载货情况以及船员人数等。

23.**答**:必须努力克服通信和沟通的障碍,否则团队工作和相互理解就会出现问题。为避免该情况发生应注意以下因素。

(1)通信一定要有明确的目标。通信时说的第一句话要说出所要表达的目的,这是非常重要的,也是通信技巧在行为上的一个表现。

(2)通过设计改善设备的性能和物理处所,减少干扰。

(3)增强文化意识,通过资源管理避免注意力分散。

(4)通信技能培训,合理安排时间,减少压力和疲劳。

(5)使用共同语言,海上通信过程中应尽量使用《IMO 标准航海通信用语》。

(6)通信和交流中信息的传递要符合 4C 原则,即完整性(completeness)、连贯性(coherence)、简洁性(conciseness)和准确性(correctness)。

(7)达成共同协议。通信结束后一定要形成一个双方或者多方都共同认可的协议,只有形成了协议才叫完成了一次通信。

《1972 年国际海上避碰规则》船舶号灯与号型示意图

一、在航机动船（第二十三条）

1. L≥50 m 右侧视图

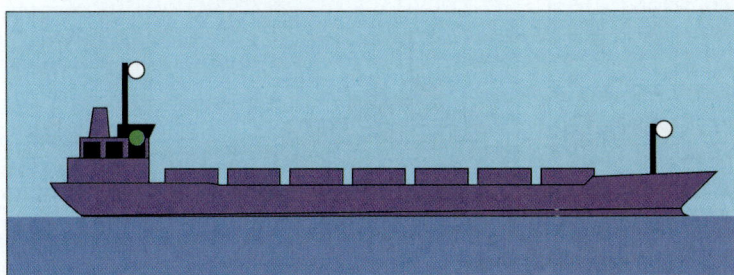

2. L≥50 m 正视图

3. L≥50 m 尾视图

4. L<50 m 左侧视图

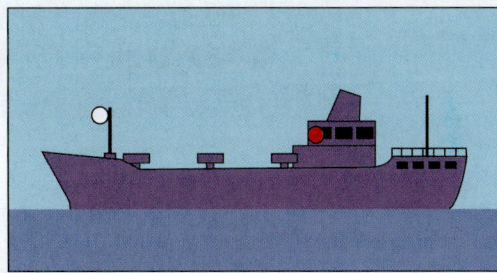

5. 气垫船非排水状态

6. L<20 m 正视图

7. $L < 20$ m 正视图

8. $L < 12$ m 正视图

9. $L < 7$ m 且 $v \leqslant 7$ kn

二、拖带和顶推(第二十四条)

1. 机动船拖带时

(1)$L \geqslant 50$ m,拖带长度 $S > 200$ m

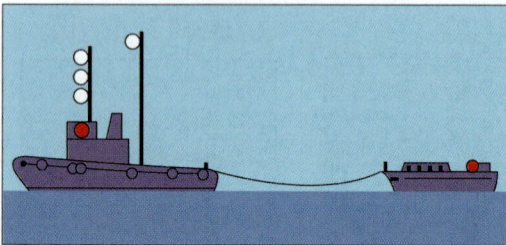

(2)$L < 50$ m,拖带长度 $S \leqslant 200$ m

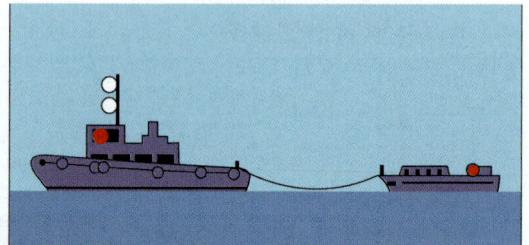

(3)拖带长度 $S > 200$ m

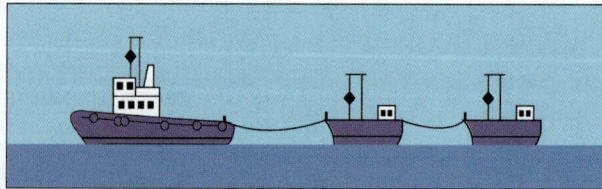

2. 组合体 $L \geqslant 50$ m

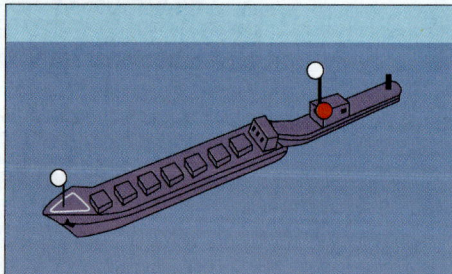

3. 机动船顶推时

(1) $L \geqslant 50$ m

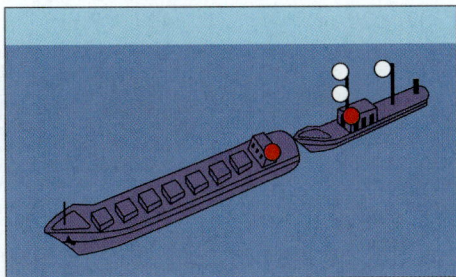

(2) $L < 50$ m

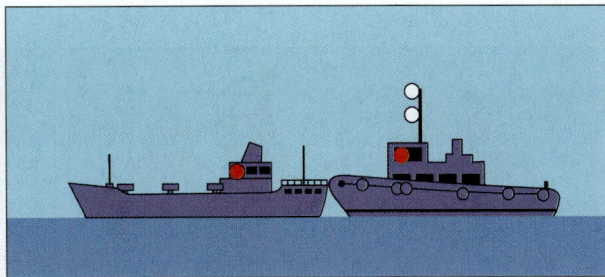

4. 机动船傍拖，$L < 50$ m

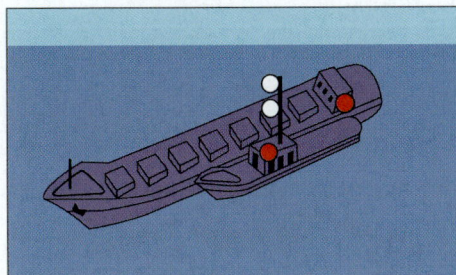

5. 一艘通常不从事拖带作业的船从事拖带

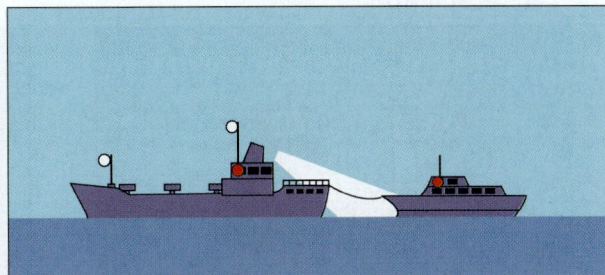

6. 一艘不易觉察的、部分淹没的被拖船舶或物体或者这类船舶或物体的组合体

(1) $B_{被拖} < 25$ m

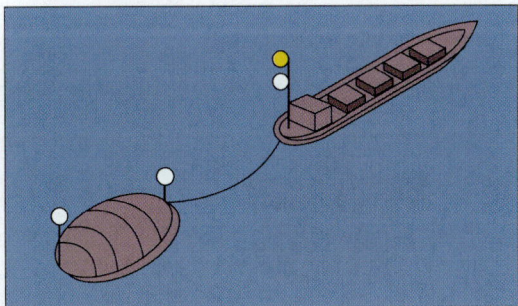

(2) $B_{被拖} \geqslant 25$ m

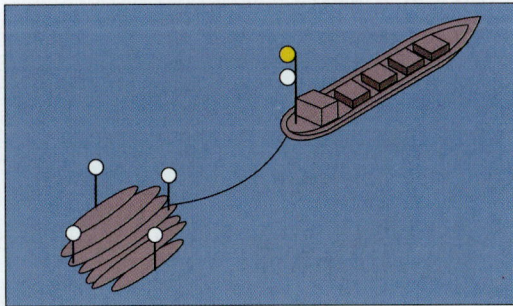

(3) 被拖长度 $S > 100$ m, $B_{被拖} \geqslant 25$ m

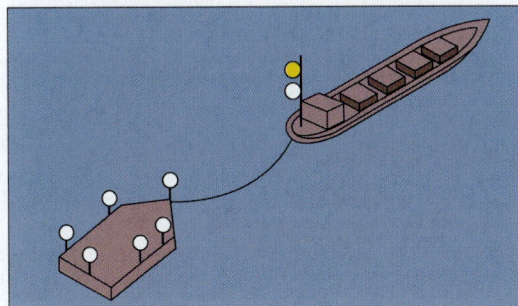

(4) 拖带长度 $S > 200$ m

三、在航帆船和划桨船（第二十五条）

1. 在航帆船

(1) $L \geqslant 20$ m   (2) $L \geqslant 20$ m   (3) $L < 20$ m   (4) $L < 7$ m

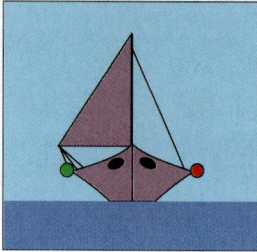   

2. 机帆并用船   3. 划桨船

四、渔船（第二十六条）

1. 从事拖网作业渔船

(1) $L \geqslant 50$ m，对水移动   (2) $L < 50$ m，对水移动

(3) $L < 50$ m，不对水移动或锚泊   (4) $L \geqslant 20$ m，在航或锚泊

 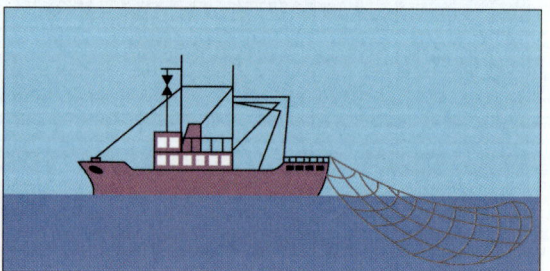

2. 从事非拖网作业渔船

(1)渔具外伸长度 $l > 150$ m，对水移动

(2)渔具外伸长度 $l \leqslant 150$ m，对水移动

(3)渔具外伸长度 $l > 150$ m，对水移动

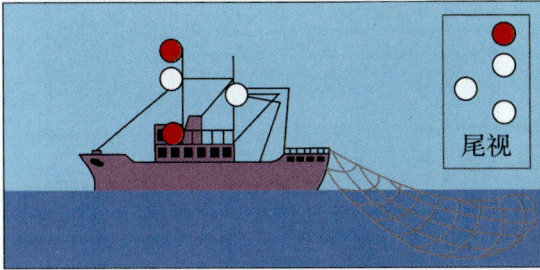

尾视

(4)渔具外伸长度 $l \leqslant 150$ m，不对水移动或锚泊

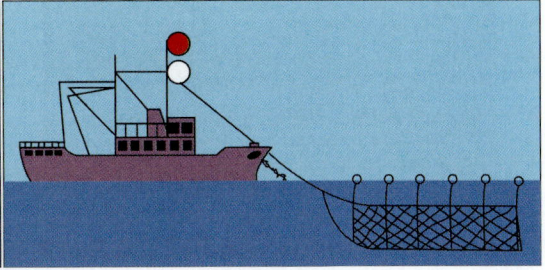

(5)渔具外伸长度 $l > 150$ m，在航或锚泊

3. 在相互邻近处捕鱼的渔船额外信号（附录二）

(1)拖网渔船额外信号

① 从事拖网捕鱼放网时，$L \geqslant 50$ m

正视

② 从事拖网捕鱼起网时，$L < 50$ m

正视

③ 从事拖网捕鱼网挂住障碍物时，$L < 50$ m

④ 对拖

正视

⑤ 对拖放网(起网、网挂住)

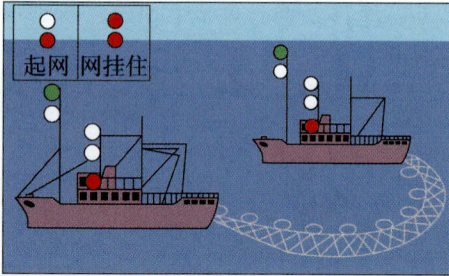

起网　网挂住

(2)围网渔船额外信号

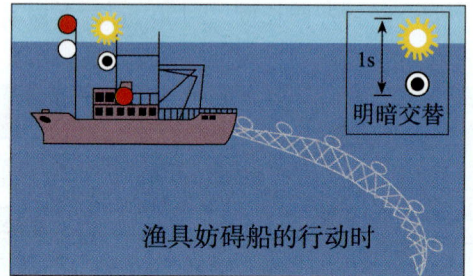

1s

明暗交替

渔具妨碍船的行动时

五、失去控制或操纵能力受到限制的船舶(第二十七条)

1. 失去控制的船舶

(1)$L \geq 12$ m,对水移动

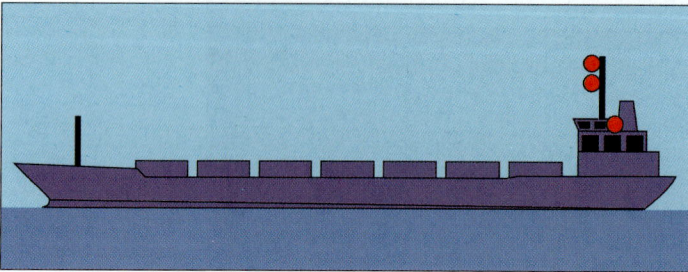

(2)$L \geq 12$ m,对水移动

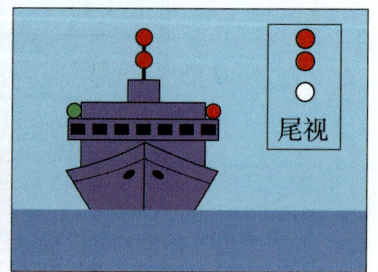

尾视

(3)$L \geq 12$ m,不对水移动

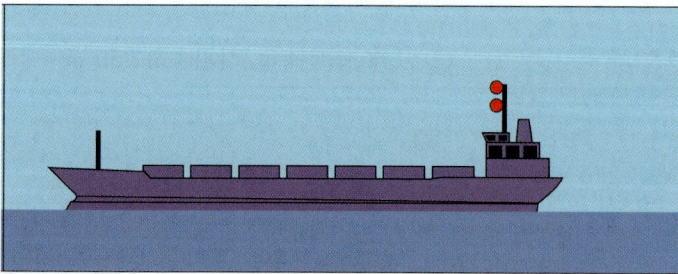

(4)在航

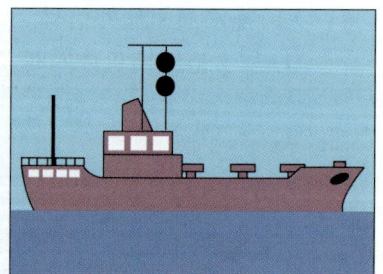

2. 操纵能力受到限制的船舶

(从事拖带、清除水雷、疏浚或水下作业的操纵能力受到限制的船舶除外)

（1）$L \geq 50$ m，对水移动　　　（2）$L \geq 50$ m，对水移动　　　（3）$L < 50$ m，不对水移动

（锚泊时加锚灯）

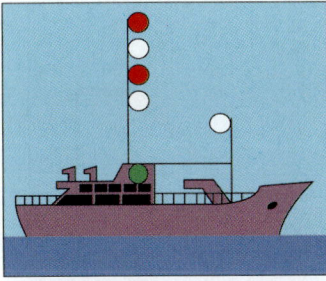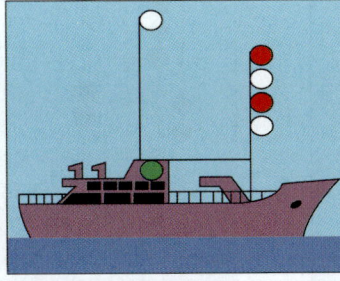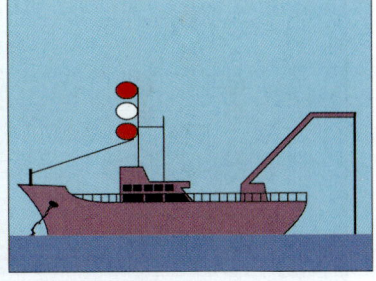

（4）在航　　　　　　　　　　　（5）锚泊

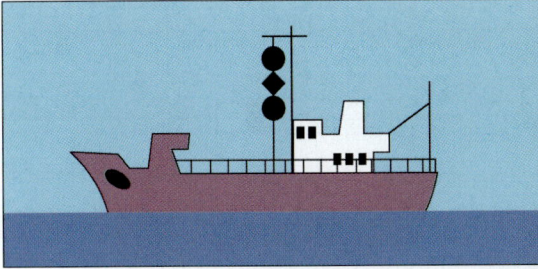

3. 从事拖带而偏离航向的能力严重受到限制的机动船

（1）$L < 50$ m，拖带长度 $S > 200$ m　　　　　　（2）拖带长度 $S > 200$ m

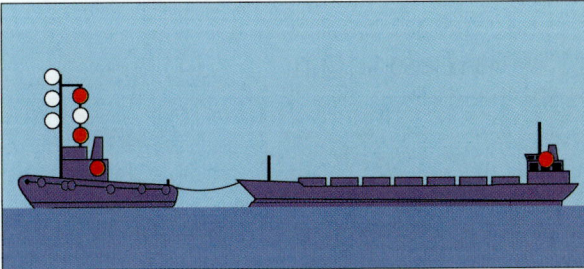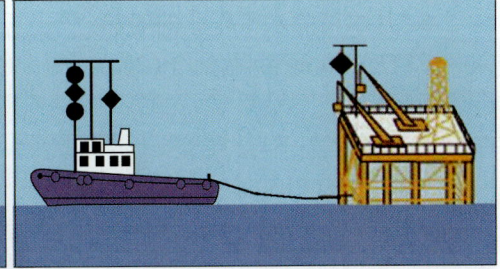

4. 从事疏浚或水下作业的船舶操纵能力受到限制

（1）$L \geq 50$ m，对水移动　　　　　（2）12 m $\leq L < 50$ m，对水移动

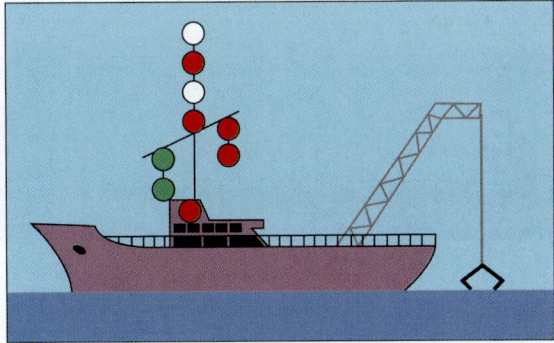

（3）不对水移动或锚泊 （4）在航或锚泊

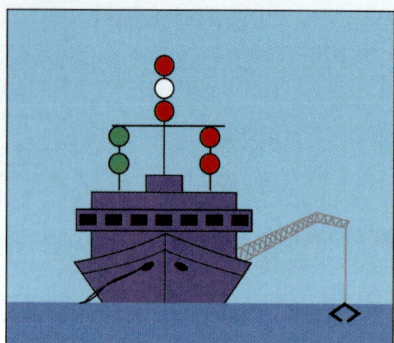 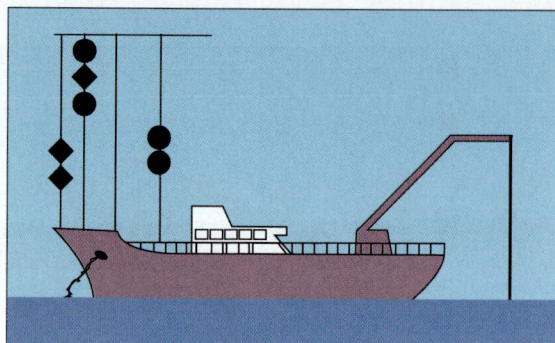

5. 从事潜水作业的船舶

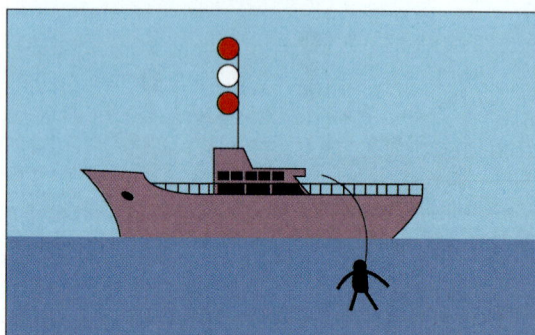 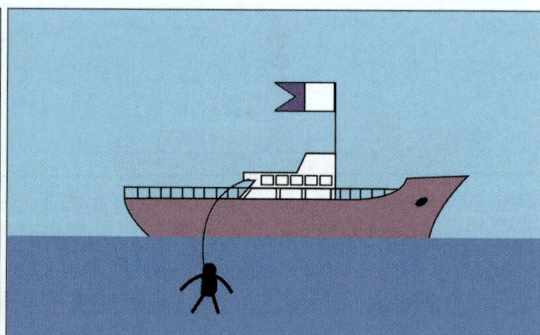

6. 从事清除水雷作业的船舶

（1）$L < 50$ m   （2）在航   （3）$L < 50$ m，锚泊   （4）锚泊

 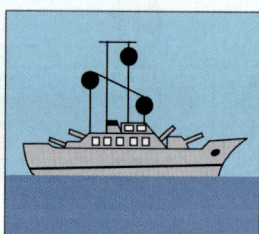  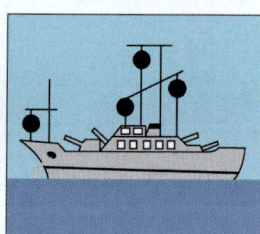

六、限于吃水的船舶（第二十八条）

（1）$L \geqslant 50$ m   （2）$L \geqslant 50$ m

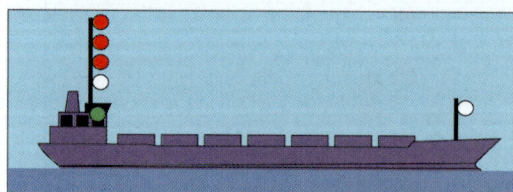 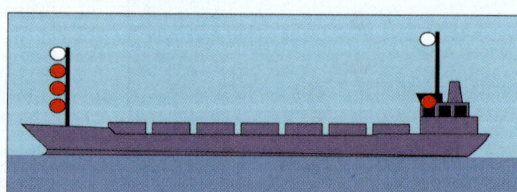

（3）$L \geqslant 50$ m

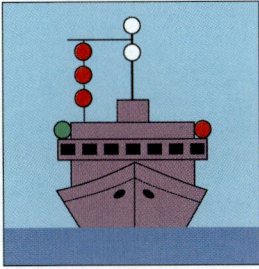

（4）在航

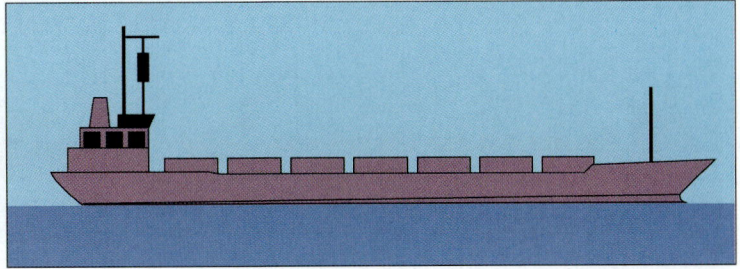

七、引航船舶执行引航任务（第二十九条）

（1）$L \geqslant 20$ m

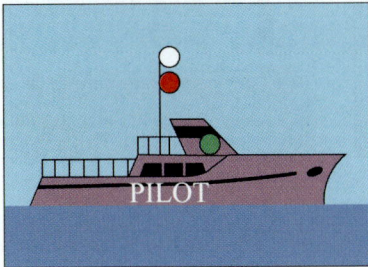

（2）$L \geqslant 20$ m

（3）$L \geqslant 20$ m

（4）锚泊（$L < 50$ m）

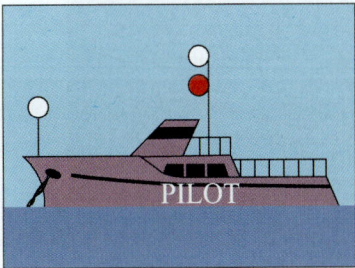

（5）$L < 20$ m

（6）锚泊

八、锚泊船舶和搁浅船舶（第三十条）

1. 锚泊船

（1）$L \geqslant 100$ m

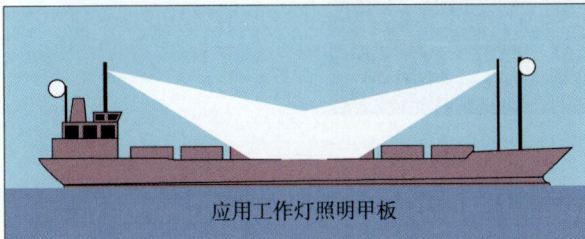

应用工作灯照明甲板

（2）50 m $\leqslant L < 100$ m

还可用工作灯照明甲板

(3)L 不限　　　　　　　　　　　　　　　　(4)L < 50 m

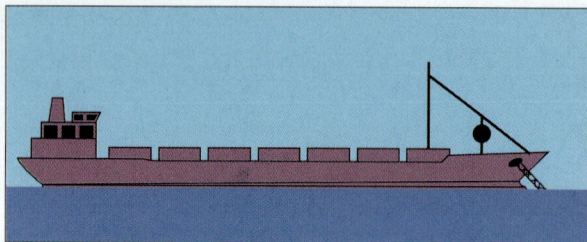 

还可用工作灯照明甲板

2.搁浅船

(1)L ≥ 50 m　　　　　　　　　(2)12 m ≤ L < 50 m　　　　　　　　(3)L 不限

九、水上飞机(第三十一条)

1.水上飞机　　　　　　　　　　　　　　2.地效船

 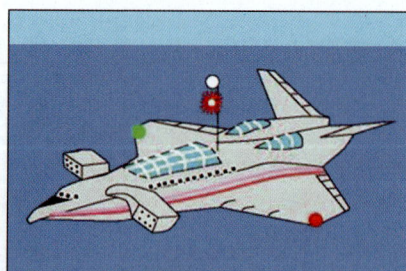

十、招引注意信号(第三十六条)

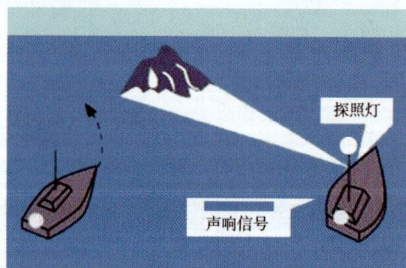

探照灯

声响信号

国际信号旗

一、字母旗

A		B		C		D	
E		F		G		H	
I		J		K		L	
M		N		O		P	
Q		R		S		T	
U		V		W		X	
Y		Z					

二、数字旗、回答旗和代旗

1		2		3	
4		5		6	
7		8		9	
0		代1		代2	
代1		回答			

1972 年国际海上避碰规则

（经 1981 年、1987 年、1989 年、1993 年、2001 年和 2007 年修正案修正后的综合文本）

第一章　总则

第一条　适用范围

1. 本规则条款适用于在公海和连接公海可供海船航行的一切水域中的一切船舶。

2. 本规则条款不妨碍有关主管机关为连接公海而可供海船航行的任何港外锚地、港口、江河、湖泊或内陆水道所制定的特殊规定的实施。这种特殊规定，应尽可能符合本规则条款。

3. 本规则条款不妨碍各国政府为军舰及护航下的船舶所制定的关于额外的队形灯、信号灯、号型或笛号，或者为结队从事捕鱼的渔船所制定的关于额外的队形灯、信号灯或号型的任何特殊规定的实施。这些额外的队形灯、信号灯、号型或笛号，应尽可能不致被误认为本规则其他条文所规定的任何信号灯、号型或信号。

4. 为实施本规则，本组织可以采纳分道通航制。

5. 凡经有关政府确定，某种特殊构造或用途的船舶，如不能完全遵守本规则任何一条关于号灯或号型的数量、位置、能见距离或弧度以及声号设备的配置和特性的规定，则应遵守其政府在号灯或号型的数量、位置、能见距离或弧度以及声号设备的配置和特性方面为之另行确定的、尽可能符合本规则所要求的规定。

第二条　责任

1. 本规则条款不免除任何船舶或其所有人、船长或船员由于遵守本规则条款的任何疏忽，或者按海员通常做法或当时特殊情况所要求的任何戒备上的疏忽而产生的各种后果的责任。

2. 在解释和遵行本规则条款时，应充分考虑一切航行和碰撞的危险以及包括当事船舶条件限制在内的任何特殊情况，这些危险和特殊情况可能需要背离规则条款以避免紧迫危险。

第三条　一般定义

除条文另有解释外，在本规则中：

1."船舶"一词,指用作或者能够用作水上运输工具的各类水上船筏,包括非排水船筏、地效船和水上飞机。

2."机动船"一词,指用机器推进的任何船舶。

3."帆船"一词,指任何驶帆的船舶,包括装有推进器但不在使用。

4."从事捕鱼的船舶"一词,指使用网具、绳钓、拖网或其他使其操纵性能受到限制的渔具捕鱼的任何船舶,但不包括使用曳绳钓或其他并不使其操纵性能受到限制的渔具捕鱼的船舶。

5."水上飞机"一词,包括为能在水面操纵而设计的任何航空器。

6."失去控制的船舶"一词,指由于某种异常的情况,不能按本规则条款的要求进行操纵,因而不能给他船让路的船舶。

7."操纵能力受到限制的船舶"一词,指由于工作性质,使其按本规则条款要求进行操纵的能力受到限制,因而不能给他船让路的船舶。"操纵能力受到限制的船舶"一词应包括,但不限于下列船舶:

(1)从事敷设、维修或起捞助航标志、海底电缆或管道的船舶;

(2)从事疏浚、测量或水下作业的船舶;

(3)在航中从事补给或转运人员、食品或货物的船舶;

(4)从事发射或回收航空器的船舶;

(5)从事清除水雷作业的船舶;

(6)从事拖带作业的船舶,而该项拖带作业使该拖船及其拖带物驶离其航向的能力严重受到限制者。

8."限于吃水的船舶"一词,指由于吃水与可航水域的可用水深和宽度的关系,致使其驶离航向的能力严重地受到限制的机动船。

9."在航"一词,指船舶不在锚泊、系岸或搁浅。

10.船舶的"长度"和"宽度"是指其总长度和最大宽度。

11.只有当两船中的一船能自他船以视觉看到时,才应认为两船是在互见中。

12."能见度不良"一词,指任何由于雾、霾、下雪、暴风雨、沙暴或任何其他类似原因而使能见度受到限制的情况。

13."地效船"一词,系指多式船艇,其主要操作方式是利用表面效应贴近水面飞行。

第二章　驾驶和航行规则

第一节　船舶在任何能见度情况下的行动规则

第四条　适用范围
本节条款适用于任何能见度的情况。

第五条　瞭望
每一船在任何时候都应使用视觉、听觉以及适合当时环境和情况的一切可用手段保持正规的瞭望,以便对局面和碰撞危险做出充分的估计。

第六条　安全航速

每一船在任何时候都应以安全航速行驶，以便能采取适当而有效的避碰行动，并能在适合当时环境和情况的距离以内把船停住。

在决定安全航速时，考虑的因素中应包括下列各点：

1. 对所有船舶：

(1)能见度情况；

(2)交通密度，包括渔船或者任何其他船舶的密集程度；

(3)船舶的操纵性能，特别是在当时情况下的冲程和旋回性能；

(4)夜间出现的背景亮光，诸如来自岸上的灯光或本船灯光的反向散射；

(5)风、浪和流的状况以及靠近航海危险物的情况；

(6)吃水与可用水深的关系。

2. 对备有可使用的雷达的船舶，还应考虑：

(1)雷达设备的特性、效率和局限性；

(2)所选用的雷达距离标尺带来的任何限制；

(3)海况、天气和其他干扰源对雷达探测的影响；

(4)在适当距离内，雷达对小船、浮冰和其他漂浮物有探测不到的可能性；

(5)雷达探测到的船舶数目、位置和动态；

(6)当用雷达测定附近船舶或其他物体的距离时，可能对能见度做出更确切的估计。

第七条　碰撞危险

1. 每一船都应使用适合当时环境和情况的一切可用手段判断是否存在碰撞危险，如有任何怀疑，则应认为存在这种危险。

2. 如装有雷达设备并可使用，则应正确予以使用，包括远距离扫描，以便获得碰撞危险的早期警报，并对探测到的物标进行雷达标绘或与其相当的系统观察。

3. 不应当根据不充分的信息，特别是不充分的雷达观测信息做出推断。

4. 在判断是否存在碰撞危险时，考虑的因素中应包括下列各点：

(1)如果来船的罗经方位没有明显的变化，则应认为存在这种危险；

(2)即使有明显的方位变化，有时也可能存在这种危险，特别是在驶近一艘很大的船或拖带船组时，或是在近距离驶近他船时。

第八条　避免碰撞的行动

1. 为避免碰撞所采取的任何行动必须遵循本章各条规定，如当时环境许可，应是积极的，应及早地进行和充分注意运用良好的船艺。

2. 为避免碰撞而作的航向和(或)航速的任何变动，如当时环境许可，应大得足以使他船用视觉或雷达观测时容易察觉到；应避免对航向和(或)航速作一连串的小改变。

3. 如有足够的水域，则单用转向可能是避免紧迫局面的最有效行动，只要这种行动是及时的、大幅度的并且不致造成另一紧迫局面。

4. 为避免与他船碰撞而采取的行动，应能导致在安全的距离驶过。应细心查核避让行动的有效性，直到最后驶过让清他船为止。

5. 如需为避免碰撞或须留有更多时间来估计局面，船舶应当减速或者停止或倒转推进器把船停住。

6. （1）根据本规则任何规定，要求不得妨碍另一船通行或安全通行的船舶应根据当时环境的需要及早地采取行动以留出足够的水域供他船安全通行。

（2）如果在接近他船致有碰撞危险时，被要求不得妨碍另一船通行或安全通行的船舶并不解除这一责任，且当采取行动时，应充分考虑到本章各条可能要求的行动。

（3）当两船相互接近致有碰撞危险时，其通行不得被妨碍的船舶仍有完全遵守本章各条规定的责任。

第九条 狭水道

1. 沿狭水道或航道行驶的船舶，只要安全可行，应尽量靠近其右舷的该水道或航道的外缘行驶。

2. 帆船或者长度小于20米的船舶，不应妨碍只能在狭水道或航道以内安全航行的船舶通行。

3. 从事捕鱼的船舶，不应妨碍任何其他在狭水道或航道以内航行的船舶通行。

4. 船舶不应穿越狭水道或航道，如果这种穿越会妨碍只能在这种水道或航道以内安全航行的船舶通行。后者若对穿越船的意图有怀疑，可以使用第三十四条4款规定的声号。

5. （1）在狭水道或航道内，如只有在被追越船必须采取行动以允许安全通过才能追越时，则企图追越的船，应鸣放第三十四条3款（1）项所规定的相应声号，以表示其意图。被追越船如果同意，应鸣放第三十四条3款（2）项所规定的相应声号，并采取使之能安全通过的措施。如有怀疑，则可以鸣放第三十四条4款所规定的声号。

（2）本条并不解除追越船根据第十三条所负的义务。

6. 船舶在驶近可能有其他船舶被居间障碍物遮蔽的狭水道或航道的弯头或地段时，应特别机警和谨慎地驾驶，并鸣放第三十四条5款规定的相应声号。

7. 任何船舶，如当时环境许可，都应避免在狭水道内锚泊。

第十条 分道通航制

1. 本条适用于本组织所采纳的分道通航制，但并不解除任何船舶遵守任何其他各条规定的责任。

2. 使用分道通航制的船舶应：

（1）在相应的通航分道内顺着该分道的交通总流向行驶；

（2）尽可能让开通航分隔线或分隔带；

（3）通常在通航分道的端部驶进或驶出，但从分道的任何一侧驶进或驶出时，应与分道的交通总流向形成尽可能小的角度。

3. 船舶应尽可能避免穿越通航分道，但如不得不穿越时，应尽可能以与分道的交通总流向成直角的船首向穿越。

4. （1）当船舶可安全使用临近分道通航制区域中相应通航分道时，不应使用沿岸通航带。但长度小于20米的船舶、帆船和从事捕鱼的船舶可使用沿岸通航带。

（2）尽管有本条4（1）规定，当船舶抵离位于沿岸通航带中的港口、近岸设施或建筑物、引航站或任何其他地方或为避免紧迫危险时，可使用沿岸通航带。

5. 除穿越船或者驶进或驶出通航分道的船舶外，船舶通常不应进入分隔带或穿越分隔线，除非：

（1）在紧急情况下避免紧迫危险；

（2）在分隔带内从事捕鱼。

6. 船舶在分道通航制端部附近区域行驶时,应特别谨慎。

7. 船舶应尽可能避免在分道通航制内或其端部附近区域锚泊。

8. 不使用分道通航制的船舶,应尽可能远离该区域。

9. 从事捕鱼的船舶,不应妨碍按通航分道行驶的任何船舶的通行。

10. 帆船或长度小于 20 米的船舶,不应妨碍按通航分道行驶的机动船的安全通行。

11. 操纵能力受到限制的船舶,当在分道通航制区域内从事维护航行安全的作业时,在执行该作业所必需的限度内,可免受本条规定的约束。

12. 操纵能力受到限制的船舶,当在分道通航制区域内从事敷设、维修或起捞海底电缆时,在执行该作业所必需的限度内,免受本条规定的约束。

第二节　船舶在互见中的行动规则

第十一条　适用范围
本节条款适用于互见中的船舶。

第十二条　帆船
1. 两艘帆船相互驶近致有构成碰撞危险时,其中一船应按下列规定给他船让路:

（1）两船在不同舷受风时,左舷受风的船应给他船让路;

（2）两船在同舷受风时,上风船应给下风船让路;

（3）如左舷受风的船看到在上风的船而不能断定究竟该船是左舷受风还是右舷受风,则应给该船让路。

2. 就本条规定而言,船舶的受风舷侧应认为是主帆被吹向的一舷的对面舷侧;对于方帆船,则应认为是最大纵帆被吹向的一舷的对面舷侧。

第十三条　追越
1. 不论第二章第一节和第二节的各条规定如何,任何船舶在追越任何他船时,均应给被追越船让路。

2. 一船正从他船正横后大于 22.5 度的某一方向赶上他船时,即该船对其所追越的船所处位置,在夜间只能看见被追越船的尾灯而不能看见它的任一舷灯时,应认为是在追越中。

3. 当一船对其是否在追越他船有任何怀疑时,该船应假定是在追越,并应采取相应行动。

4. 随后两船间方位的任何改变,都不应把追越船作为本规则条款含义中所指的交叉相遇船,或者免除其让开被追越船的责任,直到最后驶过让清为止。

第十四条　对遇局面
1. 当两艘机动船在相反的或接近相反的航向上相遇致有构成碰撞危险时,各应向右转向,从而各从他船的左舷驶过。

2. 当一船看见他船在正前方或接近正前方,在夜间能看见他船的前后桅灯成一直线或接近一直线和(或)两盏舷灯;在白天能看到他船的上述相应形态时,则应认为存在这样的局面。

3. 当一船对是否存在这样的局面有任何怀疑时,该船应假定确实存在这种局面,并应采取相应的行动。

第十五条　交叉相遇局面

当两艘机动船交叉相遇致有构成碰撞危险时,有他船在本船右舷的船舶应给他船让路,如当时环境许可,还应避免横越他船的前方。

第十六条　让路船的行动

须给他船让路的船舶,应尽可能及早地采取大幅度的行动,宽裕地让清他船。

第十七条　直航船的行动

1.（1）两船中的一船应给另一船让路时,另一船应保持航向和航速。

（2）然而,当保持航向和航速的船一经发觉规定的让路船显然没有遵照本规则条款采取适当行动时,该船即可独自采取操纵行动,以避免碰撞。

2. 当规定保持航向和航速的船,发觉本船不论由于何种原因逼近到单凭让路船的行动不能避免碰撞时,也应采取最有助于避碰的行动。

3. 在交叉相遇局面下,机动船按照本条1款（2）项采取行动以避免与另一艘机动船碰撞时,如当时环境许可,不应对在本船左舷的船采取向左转向。

4. 本条并不解除让路船的让路义务。

第十八条　船舶之间的责任

除第九、十和十三条另有规定外:

1. 机动船在航时应给下述船舶让路:

（1）失去控制的船舶;

（2）操纵能力受到限制的船舶;

（3）从事捕鱼的船舶;

（4）帆船。

2. 帆船在航时应给下述船舶让路:

（1）失去控制的船舶;

（2）操纵能力受到限制的船舶;

（3）从事捕鱼的船舶。

3. 从事捕鱼的船舶在航时,应尽可能给下述船舶让路:

（1）失去控制的船舶;

（2）操纵能力受到限制的船舶。

4.（1）除失去控制的船舶或操纵能力受到限制的船舶外,任何船舶,如当时环境许可,应避免妨碍显示第二十八条规定信号的限于吃水的船舶的安全通行。

（2）限于吃水的船舶应全面考虑其特殊条件,特别谨慎地驾驶。

5. 在水面的水上飞机,通常应宽裕地让清所有船舶并避免妨碍其航行。然而在有碰撞危险的情况下,则应遵守本章条款的规定。

6.（1）地效船在起飞、降落和贴近水面飞行时应宽裕地让清所有其他船舶并避免妨碍他们的航行;

（2）在水面上操作的地效船应作为机动船遵守本章条款的规定。

第三节　船舶在能见度不良时的行动规则

第十九条　船舶在能见度不良时的行动规则

1. 本条适用于在能见度不良的水域中或在其附近航行时不在互见中的船舶。

2. 每一船应以适合当时能见度不良的环境和情况的安全航速行驶,机动船应将机器作好随时操纵的准备。

3. 在遵守本章第一节各条时,每一船应充分考虑到当时能见度不良的环境和情况。

4. 一船仅凭雷达测到他船时,应判定是否正在形成紧迫局面和(或)存在着碰撞危险。若是如此,应及早地采取避让行动,如果这种行动包括转向,则应尽可能避免如下各点:

(1)除对被追越船外,对正横前的船舶采取向左转向;

(2)对正横或正横后的船舶采取朝着它转向。

5. 除已断定不存在碰撞危险外,每一船当听到他船的雾号显似在本船正横以前,或者与正横以前的他船不能避免紧迫局面时,应将航速减到能维持其航向的最小速度。必要时,应把船完全停住,而且,无论如何,应极其谨慎地驾驶,直到碰撞危险过去为止。

第三章　号灯和号型

第二十条　适用范围

1. 本章条款在各种天气中都应遵守。

2. 有关号灯的各条规定,从日没到日出时都应遵守。在此期间不应显示别的灯光,但那些不会被误认为本规则各条款订明的号灯,或者不会削弱号灯的能见距离或显著特性,或者不会妨碍正规瞭望的灯光除外。

3. 本规则条款所规定的号灯,如已设置,也应在能见度不良的情况下从日出到日没时显示,并可在一切其他认为必要的情况下显示。

4. 有关号型的各条规定,在白天都应遵守。

5. 本规则条款订明的号灯和号型,应符合本规则附录一的规定。

第二十一条　定义

1. "桅灯"是指安置在船的首尾中心线上方的白灯,在225度的水平弧内显示不间断的灯光,其安装要使灯光从船的正前方到每一舷正横后22.5度内显示。

2. "舷灯"是指右舷的绿灯和左舷的红灯,各在112.5度的水平弧内显示不间断的灯光,其装置要使灯光从船的正前方到各自一舷的正横后22.5度内分别显示。长度小于20米的船舶,其舷灯可以合并成一盏,装设于船的首尾中心线上。

3. "尾灯"是指安置在尽可能接近船尾的白灯,在135度的水平弧内显示不间断的灯光,其装置要使灯光从船的正后方到每一舷67.5度内显示。

4. "拖带灯"是指具有与本条3款所述"尾灯"相同特性的黄灯。

5. "环照灯"是指在360度的水平弧内显示不间断灯光的号灯。

6. "闪光灯"是指每隔一定时间以频率为每分钟闪120次或120次以上的号灯。

第二十二条　号灯的能见距离

本规则条款规定的号灯,应具有本规则附录一第 8 款订明的发光强度,以便在下列最小距离上能被看到:

1. 长度为 50 米或 50 米以上的船舶:

——桅灯,6 海里;

——舷灯,3 海里;

——尾灯,3 海里;

——拖带灯,3 海里;

——白、红、绿或黄色环照灯,3 海里。

2. 长度为 12 米或 12 米以上但小于 50 米的船舶:

——桅灯,5 海里;但长度小于 20 米的船舶,3 海里;

——舷灯,2 海里;

——尾灯,2 海里;

——拖带灯,2 海里;

——白、红、绿或黄色环照灯,2 海里。

3. 长度小于 12 米的船舶:

——桅灯,2 海里;

——舷灯,1 海里;

——尾灯,2 海里;

——拖带灯,2 海里;

——白、红、绿或黄色环照灯,2 海里。

4. 不易察觉的、部分淹没的被拖带船舶或物体:

——白色环照灯,3 海里。

第二十三条　在航机动船

1. 在航机动船应显示:

(1)在前部一盏桅灯;

(2)第二盏桅灯,后于并高于前桅灯;长度小于 50 米的船舶,不要求显示该桅灯,但可以这样做;

(3)两盏舷灯;

(4)一盏尾灯。

2. 气垫船在非排水状态下航行时,除本条 1 款规定的号灯外,还应显示一盏环照黄色闪光灯。

3. 除本条 1 款规定的号灯外,地效船只有在起飞、降落和贴近水面飞行时,才应显示高亮度的环照红色闪光灯。

4. (1)长度小于 12 米的机动船,可以显示一盏环照白灯和舷灯以代替本条 1 款规定的号灯;

(2)长度小于 7 米且其最高速度不超过 7 节的机动船,可以显示一盏环照白灯以代替本条 1 款规定的号灯。如可行,也应显示舷灯;

(3)长度小于 12 米的机动船的桅灯或环照白灯,如果不可能装设在船的首尾中心线上,可以离开中心线显示,条件是其舷灯合并成一盏,并应装设在船的首尾中心线上或尽可能地装设在接近该桅灯或环照白灯所在的首尾线处。

第二十四条　拖带和顶推

1. 机动船当拖带时应显示:

(1)垂直两盏桅灯,以取代第二十三条1款(1)项或1款(2)项规定的号灯。当从拖船船尾至被拖物体后端的拖带长度超过200米时,垂直显示三盏这样的号灯;

(2)两盏舷灯;

(3)一盏尾灯;

(4)一盏拖带灯位于尾灯垂直上方;

(5)当拖带长度超过200米时,在最易见处显示一个菱形体号型。

2. 当一顶推船和一被顶推船牢固地连接成为一组合体时,则应作为一艘机动船,显示第二十三条规定的号灯。

3. 机动船当顶推或傍拖时,除组合体外,应显示:

(1)垂直两盏桅灯,以取代第二十三条1款(1)项或1款(2)项规定的号灯;

(2)两盏舷灯;

(3)一盏尾灯。

4. 适用本条1或3款的机动船,还应遵守第二十三条1款(2)项的规定。

5. 除本条7款所述外,一被拖船或被拖物体应显示:

(1)两盏舷灯;

(2)一盏尾灯;

(3)当拖带长度超过200米时,在最易见处显示一个菱形体号型。

6. 任何数目的船舶如作为一组被傍拖或顶推时,应作为一艘船来显示号灯:

(1)一艘被顶推船,但不是组合体的组成部分,应在前端显示两盏舷灯;

(2)一艘被傍拖的船应显示一盏尾灯,并在前端显示两盏舷灯。

7. 一不易觉察的、部分淹没的被拖船或物体或者这类船舶或物体的组合体应显示:

(1)除弹性拖曳体不需要在前端或接近前端处显示灯光外,如宽度小于25米,在前后两端或接近前后两端处各显示一盏环照白灯;

(2)如宽度为25米或25米以上时,在两侧最宽处或接近最宽处,另加两盏环照白灯;

(3)如长度超过100米,在(1)和(2)项规定的号灯之间,另加若干环照白灯,使得这些灯之间的距离不超过100米;

(4)在最后的被拖船或物体的末端或接近末端处,显示一个菱形体号型,如果拖带长度超过200米时,在尽可能前部的最易见处另加一个菱形体号型。

8. 凡由于任何充分理由,被拖船舶或物体不可能显示本条5款或7款规定的号灯或号型时,应采取一切可能的措施使被拖船舶或物体上有灯光,或至少能表明这种船舶或物体的存在。

9. 凡由于任何充分理由,使得一艘通常不从事拖带作业的船舶不可能按本条1或3款的规定显示号灯,这种船在从事拖带另一遇险或需要救助的船时,就不要求显示这些号灯。但应采取如第三十六条所准许的一切可能措施来表明拖带船与被拖船之间关系的性质,尤其应将拖缆照亮。

第二十五条　在航帆船和划桨船

1. 在航帆船应显示：

（1）两盏舷灯；

（2）一盏尾灯。

2. 在长度小于20米的帆船上，本条1款规定的号灯可以合并成一盏，装设在桅顶或接近桅顶的最易见处。

3. 在航帆船，除本条1款规定的号灯外，还可在桅顶或接近桅顶的最易见处，垂直显示两盏环照灯，上红下绿。但这些环照灯不应和本条2款所允许的合色灯同时显示。

4. （1）长度小于7米的帆船，如可行，应显示本条1或2款规定的号灯。但如果不这样做，则应在手边备妥白光的电筒一个或点着的白灯一盏，及早显示，以防碰撞。

（2）划桨船可以显示本条为帆船规定的号灯，但如不这样做，则应在手边备妥白光的电筒一个或点着的白灯一盏，及早显示，以防碰撞。

5. 用帆行驶同时也用机器推进的船舶，应在前部最易见处显示一个圆锥体号型，尖端向下。

第二十六条　渔船

1. 从事捕鱼的船舶，不论在航还是锚泊，只应显示本条规定的号灯和号型。

2. 船舶从事拖网作业，即在水中拖曳爬网或其他用作渔具的装置时，应显示：

（1）垂直两盏环照灯，上绿下白，或一个由上下垂直、尖端对接的两个圆锥体所组成的号型；

（2）一盏桅灯，后于并高于那盏环照绿灯；长度小于50米的船舶，则不要求显示该桅灯，但可以这样做；

（3）当对水移动时，除本款规定的号灯外，还应显示两盏舷灯和一盏尾灯。

3. 从事捕鱼作业的船舶，除拖网作业者外，应显示：

（1）垂直两盏环照灯，上红下白，或一个由上下垂直、尖端对接的两个圆锥体所组成的号型；

（2）当有外伸渔具，其从船边伸出的水平距离大于150米时，应朝着渔具的方向显示一盏环照白灯或一个尖端向上的圆锥体号型；

（3）当对水移动时，除本款规定的号灯外，还应显示两盏舷灯和一盏尾灯。

4. 本规定附录二所述的额外信号，适用于在其他捕鱼船舶附近从事捕鱼的船舶。

5. 船舶不从事捕鱼时，不应显示本条规定的号灯或号型，而只应显示为其同样长度的船舶所规定的号灯或号型。

第二十七条　失去控制或操纵能力受到限制的船舶

1. 失去控制的船舶应显示：

（1）在最易见处，垂直两盏环照红灯；

（2）在最易见处，垂直两个球体或类似的号型；

（3）当对水移动时，除本款规定的号灯外，还应显示两盏舷灯和一盏尾灯。

2. 操纵能力受到限制的船舶，除从事清楚水雷作业的船舶外，应显示：

（1）在最易见处，垂直三盏环照灯，最上和最下者应是红色，中间一盏应是白色；

（2）在最易见处，垂直三个号型，最上和最下者应是球体，中间一个应是菱形体；

（3）当对水移动时，除本款（1）项规定的号灯外，还应显示桅灯、舷灯和尾灯；

（4）当锚泊时，除本款（1）和（2）项规定的号灯或号型外，还应显示第三十条规定的号灯号型。

3. 从事一项使拖船和被拖物体双方在驶离其航向的能力上受到严重限制的拖带作业的机动船，除显示第二十四条 1 款规定的号灯或号型外，还应显示本条 2 款（1）和（2）项规定的号灯或号型。

4. 从事疏浚或水下作业的船舶，当其操纵能力受到限制时，应显示本条 2 款（1）、（2）和（3）项规定的号灯和号型。此外，当存在障碍物时，还应显示：

（1）在障碍物存在的一舷，垂直两盏环照红灯或两个球体；

（2）在他船可以通过的一舷，垂直两盏环照绿灯或两个菱形体；

（3）当锚泊时，应显示本款规定的号灯或号型以取代第三十条规定的号灯或号型。

5. 当从事潜水作业的船舶其尺度使之不可能显示本条 4 款规定的号灯和号型时，则应显示：

（1）在最易见处垂直三盏环照灯，最上和最下者应是红色，中间一盏应是白色；

（2）一个国际信号旗"A"的硬质复制品，其高度不小于 1 米，并应采取措施以保证周围都能见到。

6. 从事清除水雷作业的船舶，除显示第二十三条为机动船规定的号灯或第三十条为锚泊船规定的号灯或号型外，还应显示三盏环照绿灯或三个球体。这些号灯或号型之一应在接近前桅桅顶处显示，其余应在前桅桁两端各显示一个。这些号灯或号型表示他船驶近至清除水雷船 1000 米以内是危险的。

7. 除从事潜水作业的船舶外，长度小于 12 米的船舶，不要求显示本条规定的号灯和号型。

8. 本条规定的信号不是船舶遇险求救的信号。船舶遇险求救的信号载于本规则附录四内。

第二十八条　限于吃水的船舶

限于吃水的船舶，除第二十三条为机动船规定的号灯外，还可在最易见处垂直显示三盏环照红灯，或者一个圆柱体。

第二十九条　引航船舶

1. 执行引航任务的船舶应显示：

（1）在桅顶或接近桅顶处，垂直两盏环照灯，上白下红；

（2）当在航时，外加舷灯和尾灯；

（3）当锚泊时，除本款（1）项规定的号灯外，还应显示第三十条对锚泊船规定的号灯或号型。

2. 引航船当不执行引航任务时，应显示为其同样长度的同类船舶规定的号灯或号型。

第三十条　锚泊船舶和搁浅船舶

1. 锚泊中的船舶应在最易见处显示：

（1）在船的前部，一盏环照白灯或一个球体；

（2）在船尾或接近船尾并低于本款（1）项规定的号灯处，一盏环照白灯。

2. 长度小于 50 米的船舶，可以在最易见处显示一盏环照白灯，以取代本条 1 款规定的号灯。

3. 锚泊中的船舶,还可以使用现有的工作灯或同等的灯照明甲板,而长度为 100 米及 100 米以上的船舶应当使用这类灯。

4. 搁浅的船舶应显示本条 1 或 2 款规定的号灯,并在最易见处外加:

(1)垂直两盏环照红灯;

(2)垂直三个球体。

5. 长度小于 7 米的船舶,不在狭水道、航道、锚地或其他船舶通常航行的水域中或其附近锚泊时,不要求显示本条 1 和 2 款规定的号灯或号型。

6. 长度小于 12 米的船舶搁浅时,不要求显示本条 4 款(1)项和(2)项规定的号灯或号型。

第三十一条 水上飞机

当水上飞机或地效船不可能显示按本章各条规定的各种特性或位置的号灯和号型时,则应显示尽可能近似于这种特性和位置的号灯和号型。

第四章 声响和灯光信号

第三十二条 定义

1. "号笛"一词,指能够发出规定笛声并符合本规则附录三所载规格的任何声响信号器具。

2. "短声"一词,指历时约 1 秒的笛声。

3. "长声"一词,指历时 4~6 秒的笛声。

第三十三条 声号设备

1. 长度为 12 米或 12 米以上的船舶,应配备一个号笛,长度为 20 米或 20 米以上的船舶,除了号笛以外还应配备一个号钟,长度为 100 米或 100 米以上的船舶,除了号笛和号钟以外,还应配备一面号锣。号锣的音调和声音不可与号钟相混淆。号笛、号钟和号锣应符合本规则附录三所载规格。号钟、号锣或二者可用与其各自声音特性相同的其他设备代替,只要这些设备随时能以手动鸣放规定的声号。

2. 长度小于 12 米的船舶,不要求备有本条 1 款规定的声响信号器具。如不备有,则应配置能够鸣放有效声号的其他设备。

第三十四条 操纵和警告信号

1. 当船舶在互见中,在航机动船按本规则准许或要求进行操纵时,应用号笛发出下列声号表明之:

——一短声 表示"我船正在向右转向";

——二短声 表示"我船正在向左转向";

——三短声 表示"我船正在向后推进"。

2. 在操纵过程中,任何船舶均可用灯号补充本条 1 款规定的笛号,这种灯号可根据情况予以重复:

(1)这些灯号应具有以下意义:

——一闪 表示"我船正在向右转向";

——二闪 表示"我船正在向左转向";

——三闪 表示"我船正在向后推进"。

（2）每闪历时应约 1 秒,各闪应间隔约 1 秒,前后信号的间隔应不少于 10 秒。

（3）如设有用作本信号的号灯,则应是一盏环照白灯,其能见距离至少为 5 海里,并应符合本规则附录一所载规定。

3. 在狭水道或航道内互见时:

（1）一艘企图追越他船的船应遵照第九条 5 款（1）项的规定,以号笛发出下列声号表示其意图:

——二长声继以一短声,表示"我船企图从你船的右舷追越";

——二长声继以二短声,表示"我船企图从你船的左舷追越";

（2）将要被追越的船舶,当按照第九条 5 款（1）项行动时,应以号笛依次发出下列声号表示同意:

——一长、一短、一长、一短声。

4. 当互见中的船舶正在互相驶近,并且不论由于任何原因,任何一船无法了解他船的意图或行动,或者怀疑他船是否正在采取足够的行动以避免碰撞时,存在怀疑的船应立即用号笛鸣放至少五声短而急的声号以表示这种怀疑。该声号可以用至少五次短而急的闪光来补充。

5. 船舶在驶近可能被居间障碍物遮蔽他船的水道或航道的弯头或地段时,应鸣放一长声。该声号应由弯头另一面或居间障碍物后方可能听到它的任何来船回答一长声。

6. 如船上所装几个号笛,其间距大于 100 米,则只应使用一个号笛鸣放操纵和警告声号。

第三十五条　能见度不良时使用的声号

在能见度不良的水域中或其附近时,不论白天还是夜间,本条规定的声号应使用如下:

1. 机动船对水移动时,应以每次不超过 2 分钟的间隔鸣放一长声。

2. 机动船在航但已停车,并且不对水移动时,应以每次不超过 2 分钟的间隔连续鸣放二长声,二长声间的间隔约 2 秒钟。

3. 失去控制的船舶、操纵能力受到限制的船舶、限于吃水的船舶、帆船、从事捕鱼的船舶,以及从事拖带或顶推他船的船舶,应以每次不超过 2 分钟的间隔连续鸣放三声,即一长声继以二短声,以取代本条 1 或 2 款规定的声号。

4. 从事捕鱼的船舶锚泊时,以及操纵能力受到限制的船舶在锚泊中执行任务时,应当鸣放本条 3 款规定的声号以取代本条 7 款规定的声号。

5. 一艘被拖船或者多艘被拖船的最后一艘,如配有船员,应以每次不超过 2 分钟的间隔连续鸣放四声,即一长声继以三短声。当可行时,这种声号应在拖船鸣放声号之后立即鸣放。

6. 当一顶推船和一被顶推船牢固地连接成为一个组合体时,应作为一艘机动船,鸣放本条 1 或 2 款规定的声号。

7. 锚泊中的船舶,应以每次不超过 1 分钟的间隔急敲号钟约 5 秒。长度为 100 米或 100 米以上的船舶,应在船的前部敲打号钟,并应在紧接钟声之后,在船的后部急敲号锣约 5

秒钟。此外,锚泊中的船舶,还可以连续鸣放三声,即一短、一长和一短声,以警告驶近的船舶注意本船位置和碰撞的可能性。

8. 搁浅的船舶应鸣放本条7款规定的钟号,如有要求,应加发该款规定的锣号。此外,还应在紧接急敲号钟之前和之后各分隔而清楚地敲打号钟三下。搁浅的船舶还可以鸣放合适的笛号。

9. 长度为12米或12米以上但小于20米的船舶,不要求鸣放本条7款和8款规定的声号。但如不鸣放上述声号,则应鸣放他种有效的声号,每次间隔不超过2分钟。

10. 长度小于12米的船舶,不要求鸣放上述声号,但如不鸣放上述声号,则应以每次不超过2分钟的间隔鸣放其他有效的声号。

11. 引航船当执行引航任务时,除本条1、2或7款规定的声号外,还可以鸣放由四短声组成的识别声号。

第三十六条 招引注意的信号

如需招引他船注意,任何船舶可以发出灯光或声响信号,但这种信号应不致被误认为本规则其他条款所准许的任何信号,或者可用不致妨碍任何船舶的方式把探照灯的光束朝着危险的方向。任何招引他船注意的灯光,应不致被误认为是任何助航标志的灯光。为此目的,应避免使用诸如频闪灯这样高亮度的间歇灯或旋转灯。

第三十七条 遇险信号

船舶遇险并需要救助时,应使用或显示本规则附录四所述的信号。

第五章 豁免

第三十八条 豁免

在本规则生效之前安放龙骨或处于相应建造阶段的任何船舶(或任何一类船舶)只要符合1960年国际海上避碰规则的要求,则可:

1. 在本规则生效之日后4年内,免除安装达到第二十二条规定能见距离的号灯。

2. 在本规则生效之日后4年内,免除安装符合本规则附录一第7款规定的颜色规格的号灯。

3. 永远免除由于从英制单位变换为米制单位以及丈量数字凑整而产生的号灯位置的调整。

4.(1)永远免除长度小于150米的船舶由于本规则附录一第3款(1)规定而产生的桅灯位置的调整。

(2)在本规则生效之日后9年内,免除长度为150米或150米以上的船舶由于本规则附录一第3款(1)规定而产生的桅灯位置的调整。

5. 在本规则生效之日后9年内,免除由于本规则附录一第2款(2)规定而产生的桅灯位置的调整。

6. 在本规则生效之日后9年内,免除由于本规则附录一第2款(7)和第3款(2)规定而产生的舷灯位置的调整。

7. 在本规则生效之日后 9 年内,免除本规则附录三对声号器具所规定的要求。

8. 永远免除由于本规则附录一第 9 款(2)规定而产生的环照灯位置的调整。

附录一　号灯和号型的位置和技术细节

1. 定义

"船体以上的高度"一词,指最上层连续甲板以上的高度。这一高度应从灯的位置垂直下方处量起。

2. 号灯的垂向位置和间距

(1)长度为20米或20米以上的机动船,桅灯应安置如下:

①前桅灯,或如只装设一盏桅灯,则该桅灯在船体以上的高度应不小于6米,如船的宽度超过6米,则在船体以上的高度应不小于该宽度,但是该灯安置在船体以上的高度不必大于12米;

②当装设两盏桅灯时,后灯高于前灯的垂向距离应至少为4.5米。

(2)机动船的两盏桅灯的垂向距离应是这样:即在一切正常纵倾的情况下,当从距离船首1000米的海面观看时,应能看出后灯在前灯的上方并且分开。

(3)长度为12米或12米以上但小于20米的机动船,其桅灯安置在舷边以上的高度应不小于2.5米。

(4)长度小于12米的机动船,可以把最上面的一盏号灯装在舷边以上小于2.5米的高度,但当除舷灯和尾灯之外还有一盏桅灯或者除舷灯之外还设有第二十三条4(1)所规定的环照白灯时,则该桅灯或该环照白灯的设置至少应高于舷灯1米。

(5)为从事拖带或顶推他船的机动船所规定的两盏或三盏桅灯中的一盏,应安置在前桅灯或后桅灯相同的位置。如果该灯装在后桅上,则该最低的后桅灯高于前桅灯的垂向距离应不少于4.5米。

(6)①第二十三条1款规定的桅灯,除本款②项所述外,应安置在高于并离开其他一切灯光和遮蔽物的位置上。

②当在低于桅灯的位置上不可能装设第二十七条2款(1)项或第二十八条规定的环照灯时,这些环照灯可以装设在后桅灯上方或悬挂于前桅灯和后桅灯垂向之间,如属后一种情况,则应符合本附录第3款(3)的要求。

(7)机动船的舷灯安置在船体以上的高度,应不超过前桅灯高度的四分之三。这些舷灯不应低到受甲板灯光的干扰。

(8)长度小于20米的机动船的舷灯,如并为一盏,则应安置在低于桅灯不小于1米处。

(9)当本规则规定垂直装设两盏或三盏号灯时,这些号灯的间距如下:

①长度为20米或20米以上的船舶,这些号灯的间距应不小于2米,而且除需要拖带号灯的情况外,这些号灯的最低一盏,应装设在船体以上高度不小于4米处。

②长度小于20米的船舶,这些号灯的间距应不小于1米,而且除需要拖带号灯的情况外,这些号灯的最低一盏,应装设在舷边以上高度不小于2米处。

③当装设三盏号灯时,其间距应相等。

(10)为从事捕鱼的船所规定的两盏环照灯的较低一盏,在舷灯以上的高度应不小于这两盏号灯垂向间距的 2 倍。

(11) 当装设两盏锚灯时,第三十条 1 款(1)项规定的前锚灯应高于后锚灯不小于 4.5 米。长度为 50 米或 50 米以上的船舶,前锚灯应装设在船体以上高度不小于 6 米处。

3. 号灯的水平位置和间距

(1) 当机动船按规定有两盏桅灯时,两灯之间的水平距离应不小于船长的一半,但不必大于 100 米。前桅灯应安置在离船首不大于船长的四分之一处。

(2) 长度为 20 米或 20 米以上的机动船,舷灯不应安置在前桅灯的前面。这些舷灯应安置在舷侧或接近舷侧处。

(3) 当第二十七条 2 款(1)项或第二十八条规定的号灯设置在前桅灯和后桅灯垂向之间时,这些环照灯应安置在与该首尾中心线正交的横向水平距离不小于 2 米处。

(4) 当机动船按规定仅有一盏桅灯时,该灯应在船中之前显示;长度小于 20 米的船舶不必在船中之前显示该灯,但应在尽可能靠前的位置上显示。

4. 渔船、疏浚船及从事水下作业船舶的示向号灯的位置细节

(1) 从事捕鱼的船舶,按照第二十六条 3 款(2)项规定用以指示船边外伸渔具的方向的号灯,应安置在离开那两盏环照红和白灯不小于 2 米但不大于 6 米的水平距离处。该号灯的安置应不高于第二十六条 3 款(1)项规定的环照白灯但也不低于舷灯。

(2) 从事疏浚或水下作业的船舶,按照第二十七条 4 款(1)和(2)项规定用以指示有障碍物的一舷和(或)能安全通过的一舷的号灯和号型,应安置在离开第二十七条 2 款处,但决不应小于 2 米。这些号灯或号型的上面一个的安置高度决不高于第二十七条 2 款(1)和(2)项规定的三个号灯或号型中的下面一个。

5. 舷灯遮板

长度在 20 米或 20 米以上的船舶的舷灯,应装有无光黑色的内侧遮板,并符合本附录第 9 款的要求。长度小于 20 米的船舶的舷灯,如需为符合本附录第 9 款的要求,应装设无光黑色的内侧遮板。用单一直立灯丝并在绿色和红色两部分之间有一条很窄分界线的合座灯,可不必装配外部遮板。

6. 号型

(1) 号型应是黑色并具有以下尺度:

①球体的直径应不小于 0.6 米;

②圆锥体的底部直径应不小于 0.6 米,其高度应与直径相等;

③圆柱体的直径至少为 0.6 米,其高度应两倍于直径;

④菱形体应由两个本款②所述的圆锥体以底相合组成。

(2) 号型间的垂直距离应至少为 1.5 米。

(3) 长度小于 20 米的船舶,可用与船舶尺度相称的较小尺度的号型,号型间距亦可相应减少。

7. 号灯的颜色规格

所有航海号灯的色度应符合下列标准,这些标准是包括在国际照明委员会(CIE)为每种颜色所规定的图解区域界限以内的。

每种颜色的区域界限是用折角点的坐标表示的。这些坐标如下：

(1)白色

| x | 0.525 | 0.525 | 0.452 | 0.310 | 0.310 | 0.443 |
| y | 0.382 | 0.440 | 0.440 | 0.348 | 0.283 | 0.382 |

(2)绿色

| x | 0.028 | 0.009 | 0.300 | 0.203 |
| y | 0.385 | 0.723 | 0.511 | 0.356 |

(3)红色

| x | 0.680 | 0.660 | 0.735 | 0.721 |
| y | 0.320 | 0.320 | 0.265 | 0.259 |

(4)黄色

| x | 0.612 | 0.618 | 0.575 | 0.575 |
| y | 0.382 | 0.382 | 0.425 | 0.406 |

8. 号灯的发光强度

(1)号灯的最低发光强度应用下述公式计算：

$$I = 3.43 \times 10^6 TD^2 K^{-D}$$

式中，I——在使用情况下，以坎德拉(Candelas)为单位计算的发光强度；

T——临阈系数 2×10^{-7} 勒克斯；

D——号灯的能见距离(照明距离)，以海里计算；

K——大气透射率。用于规定的号灯，K 值应是 0.8，相当于约 13 海里的气象能见度。

(2)从上述公式导出的数值选例如下：

以海里为单位的号灯能见距离 (照明距离) D	以坎德拉为单位的号灯发光强度 $K = 0.8$ I
1	0.9
2	4.3
3	12
4	27
5	52
6	94

注：航海号灯的最大发光强度应予限制，以防止过度的眩光，但不应该使用发光强度可变控制的办法。

9. 水平光弧

(1)①船上所装的舷灯，在朝前的方向上，应显示最低要求的发光强度，发光强度在规定光弧外的 1~3 度之间，应减弱以达到切实断光。

②尾灯和桅灯，以及舷灯在正横后 22.5 度处，应在水平弧内保持最低要求的发光强度，直到第二十一条规定的光弧界限内 5 度。从规定的光弧内 5 度起，发光强度可减弱 50%，直到规定的界限；然后，发光强度应不断减弱，以达到在规定光弧外至多 5 度处切实断光。

(2)①环照灯应安置在不被桅、顶桅或建筑物遮蔽大于 6 度角光弧的位置上,但第三十条规定的锚灯除外,锚灯不必安置在船体以上不切实际的高度。

②如果仅显示一盏环照灯无法符合本段第(2)①小段的要求,则应使用两盏环照灯,固定于适当位置或用挡板遮挡,使其在 1 海里距离上尽可能像是一盏灯。

10. 垂向光弧

(1)所装电气号灯的垂向光弧,除在航帆船的号灯外,应保证:

①从水平上方 5 度到水平下方 5 度的所有角度内,至少保持所要求的最低发光强度;

②从水平上方 7.5 度到水平下方 7.5 度,至少保持所要求的最低发光强度的 60%。

(2)在航帆船所装电气号灯的垂向光弧,应保证:

①从水平上方 5 度到水平下方 5 度的所有角度内,至少保持所要求的最低发光强度;

②从水平上方 25 度到水平下方 25 度,至少保持所要求的最低发光强度的 50%。

(3)电气号灯以外的灯应尽可能符合这些规格。

11. 非电气号灯的发光强度

非电气号灯应尽可能符合本附录第 8 款表中规定的最低发光强度。

12. 操纵号灯

尽管有本附录第 2 节(6)规定,第三十四条 2 款所述的操纵号灯应安置在一盏或多盏桅灯的同一首尾垂直面上,如可行,并且操纵号灯高于或低于后桅灯的距离不小于 2 米,则操纵号灯应高于前桅灯的垂向距离至少为 2 米。只装设一盏桅灯的船舶,如装有操纵号灯,则应将其装设在与桅灯的垂向距离不小于 2 米的最易见处。

13. 高速船①

(1)高速船的桅灯可装设在相应于船的宽度、低于本附录 2 款(1)①规定的高度上,其条件是由两盏舷灯和一盏桅灯形成的等腰三角形的底角,在正视时不应小于 27°。

(2)长度为 50 米或 50 米以上的高速船上,本附录第 2 款(1)②规定的前桅灯和主桅灯之间 4.5 米的垂向距离可以修改,但此距离应不少于下列公式规定的数值:

$$y = \frac{(a + 17\varphi)C}{1000} + 2$$

式中,y——主桅灯高于前桅灯的高度(米);

a——航行状态下前桅灯高于水面的高度(米);

φ——航行状态下的纵倾(度);

C——桅灯之间的水平距离(米)。

14. 认可

号灯和号型的构造以及号灯在船上的安装,应符合船旗国的有关主管机关的要求。

---

① 参照 1994 年国际高速客船安全规则和 2000 年国际高速客船安全规则。

附录二 在相互邻近处捕鱼的渔船的额外信号

1. 通则

本附录中所述的号灯,如为履行第二十六条4款而显示时,应安置在最易见处。这些号灯的间距至少应为0.9米,但要低于第二十六条2款(1)项和3款(1)项规定的号灯。这些号灯,应能在水平四周至少1海里的距离上被见到,但应小于本规则为渔船规定的号灯的能见距离。

2. 拖网渔船的信号

(1)长度等于或大于20米的船舶在从事拖网作业时,不论使用海底还是深海渔具,应显示:

①放网时:垂直两盏白灯;

②起网时:垂直两盏灯,上白下红灯;

③网挂住障碍物时:垂直两盏红灯。

(2)长度等于或大于20米、从事对拖网作业的每一船应显示:

①在夜间,朝着前方并向本对拖网中另一船的方向照射的探照灯;

②当放网或起网或网挂住障碍物时,按附录第2款(1)规定的号灯。

(3)长度小于20米、从事拖网作业的船舶,不论使用海底或深海渔具还是从事对拖网作业,可视情显示本段(1)或(2)中规定的号灯。

3. 围网船的信号

从事围网捕鱼的船舶,可垂直显示两盏黄色号灯。这些号灯应每秒钟交替闪光一次,而且明暗历时相等。这些号灯仅在船舶的行动为其渔具所妨碍时才可显示。

附录三　声号器具的技术细节

1. 号笛

(1) 频率和可听距离

笛号的基频应在 70～700 赫兹的范围内。

笛号的可听距离应通过其频率来确定,这些频率可包括基频和(或)一种或多种较高的频率,并具下文第 1(3) 款规定的声压级。对于长度为 20 米或 20 米以上的船舶,频率范围为 180～700 赫兹(±1%);对于长度为 20 米以下的船舶,频率范围为 180～2000 赫兹(±1%)。

(2) 基频的界限

为保证号笛的多样特性,号笛的基频应介于下列界限以内:

①70～200 赫兹,用于长度 200 米或 200 米以上的船舶;

②130～350 赫兹,用于长度 75 米或 75 米以上但小于 200 米的船舶;

③250～700 赫兹,用于长度小于 75 米的船舶。

(3) 笛号的声强和可听距离

船上所装的号笛,在其最大声强方向上,距离 1 米处,在频率为 180～700 赫兹(±1%)(长度 20 米或 20 米以上的船舶)或 180～2100 赫兹(±1%)(长度 20 米以下的船舶)范围内的至少每个 1/3 倍频程带宽中,应具有不小于下表所订相应数值的声压。

船舶长度 (米)	1/3 倍频程带宽声压相对值(距离 1 米, 相对于 2×10^{-5} 牛/米^2)(分贝)	可听距离 (海里)
200 或 200 以上	143	2
75 或 75 以上但小于 200	138	1.5
20 或 20 以上但小于 75	130	1
小于 20	120① 115② 111③	0.5

注:上表中的可听距离是参考性的而且是在号笛的前方轴线上,在无风条件下,有 90% 的概率可在有一般背景噪声(用中心频率为 250 赫兹的倍频程带宽时取 68 分贝,用中心频率为 500 赫兹的倍频程带宽时取 63 分贝)的船上收听点听到的大约距离。实际上,号笛的可听距离极易变化。而且主要取决于天气情况,所订数值可作为典型值,但在强风或在收听点周围有高背景噪声的情况下,可听距离可大大减小。

①当量测频率在 180～450 赫兹时。

②当量测频率在 450～800 赫兹时。

③当量测频率在 800～2100 赫兹时。

(4) 方向性

方向性号笛的声压值,在轴线 ±45° 内的任何水平方向上,比轴线上的规定声压级至多只应低 4 分贝,在任何其他水平方向上的声压级,比轴线上的规定声压值至多只应低 10 分贝,以使任何方向上的可听距离至少是轴线前方上可听距离的一半。声压级应在决定可听距离的那个1/3倍频带中测定。

(5)号笛的安装

当方向性号笛作为船上唯一的号笛使用时。其安装应使最大声强朝着正前方。

号笛应安置在船上尽可能高的地方。使发出的声音少受遮蔽物的阻截,并使人员听觉受损害的危险降到最低程度。在船上收听点听到本船声号的声压值不应超过110分贝(A)。并应尽可能不超过100分贝(A)。

(6)一个以上号笛的安装

如各号笛配置的间距大于100米,则应做出安排使其不致同时鸣放。

(7)组合号笛系统

如果由于遮蔽物的存在,以致单一号笛或本节(6)所指号笛之一的声场可能有一个声压值大为减低的区域时,建议用一组合号笛系统以克服这种减低。就本规则而言,组合号笛系统作为单一号笛论。组合系统中各号笛的间距应不大于100米,并应做出安排使其同时鸣放。任一号笛的频率应与其他号笛频率至少相差10赫兹。

2. 号钟和号锣

(1)声号的强度

号钟、号锣或其他具有类似声音特性的器具所发出的声压值,在距它1米处,应不少于110分贝。

(2)构造

号钟和号锣应用抗蚀材料制成,其设计应能使之发出清晰的音调。长度为20米或20米以上的船舶,号钟口的直径应不小于300毫米。如可行,建议用一个机动钟锤,以保证敲力稳定,但仍应可能用手操作,钟锤的质量应不小于号钟质量的3%。

3. 认可

声号器具的构造性能及其在船上的安装,应符合船旗国的有关主管机关的要求。

附录四　遇险信号

1. 下列信号,不论是一起或分别使用或显示,均表示遇险需要救助:

(1) 每隔约 1 分钟鸣炮或燃放其他爆炸信号一次;

(2) 以任何雾号器具连续发声;

(3) 以短的间隔,每次放一个抛射红星的火箭或信号弹;

(4) 无线电报或任何其他通信方法发出莫尔斯码···— — —···(SOS)的信号;

(5) 无线电话发出"梅代"(MAYDAY)语音信号;

(6)《国际简语信号规则》中表示遇险的信号 N. C. ;

(7) 由一个球体或任何类似球体的物体及在其上方或下方的一面方旗所组成的信号;

(8) 船上的火焰(如从燃着的柏油桶、油桶等发出的火焰);

(9) 火箭降落伞式或手持式的红色突耀火光;

(10) 放出橙色烟雾的烟雾信号;

(11) 两臂侧伸,缓慢而重复地上下摆动;

(12) 通过数字选择性呼叫(DSC)在以下频道上发送的遇险报警:

(i) VHF 70 频道,或

(ii) MF/HF,频率为 2187.5 kHz, 8414.5 kHz, 4207.5 kHz, 6312 kHz, 12577 kHz or 16804.5 kHz;

(13) 通过国际海事卫星(Inmarsat)站或其他移动卫星服务供应商提供的船舶地面站发送的船岸遇险报警;

(14) 由无线电应急示位标发出的信号;

(15) 无线电通信系统发出的经认可的信号,包括救生艇筏雷达应答器。

2. 除为表示遇险需要救助外,禁止使用或显示上述任何信号,并禁止使用可能与上述任何相混淆的其他信号。

3. 应注意《国际信号规则》、《商船搜寻和救助手册》的有关部分,以及下述的信号:

(1) 一张橙色帆布上带有一个黑色正方形和圆圈或者其他合适的符号(供空中识别);

(2) 海水染色标志。

中华人民共和国非机动船舶
海上安全航行暂行规则

(1958年4月19日交通部、水产部发布,1958年7月1日起施行)

第一条　凡使用人力、风力、拖力的非机动船,在海上从事运输、捕鱼或者其他工作,都应当遵守本规则。

在港区内航行的时候,应当遵守各该港港章的规定。

第二条　非机动船在夜间航行、锚泊的时候,应当在容易被看见地方,悬挂明亮的白光环照灯一盏。如果因为天气恶劣或者受设备的限制,不能固定悬挂白光环照灯,必须将灯点好放在手边,以备应用;在与他船接近的时候,应当及早显示灯光或者手电筒的白色闪光或者火光,以防碰撞。

非机动船已经设置红绿舷灯、尾灯或者使用合色灯的,仍应继续使用。

第三条　非机动渔船,在白昼捕鱼的时候,应当在容易被看见的地方,悬挂竹篮一只,当发现他船驶近的时候,应当用适当信号指示渔具延伸方向;使用流网的渔船,还要在流网延伸末端的浮子上,系小红旗一面;在夜间捕鱼的时候,应当在容易被看见的地方,悬挂明亮的白光环照灯一盏,当发现他船驶近的时候,向渔具延伸方向,显示另一白光。

第四条　非机动船在有雾、下雪、暴风雨或者其他任何视线不清楚的情况下,不论白昼或者夜间,都应当执行下列规定:

(一)在航行的时候,应当每隔约1分钟,连续发放雾号响声(如敲锣、敲梆、敲煤油桶、吹螺、吹雾角、吹喇叭等)约5秒钟;

(二)在锚泊的时候,如果听到来船雾号响声,应当有间隔地、急促地发放响声,以引起来船注意,直到驶过为止;

(三)在捕鱼的时候,也应当依照前两项的规定执行。

第五条　两艘帆船相互驶近,如有碰撞的危险,应当依照下列规定避让:

(一)顺风船应当避让逆风打抢、掉抢的船;

(二)左舷受风打抢的船应当避让右舷受风打抢的船;

(三)两船都是顺风,而在不同的船舷受风的时候左舷受风的船应当避让右舷受风的船;

(四)两船都是顺风,而在同一船舷受风的时候,上风船应当避让下风船;

（五）船尾受风的船应当避让其他船舷受风的船。

第六条　在航行中的非机动船,应当避让用网、曳绳钓或者拖网进行捕鱼作业的非机动渔船。

第七条　非机动船应当避让下列的机动船:

（一）从事起捞、安放海底电线或者航行标志的机动船;

（二）从事测量或者水下工作的机动船;

（三）操纵失灵的机动船;

（四）用拖网捕鱼的机动船;

（五）被追越的机动船。

第八条　非机动船与机动船相互驶近,如有碰撞危险,机动船应当避让非机动船。

第九条　非机动船在海上遇难,需要他船或者岸上援救的时候,应当显示下列信号:

（一）用任何雾号器具连续不断发放响声;

（二）连续不断燃放火光;

（三）将衣服张开,挂上桅顶。

第十条　本规则经国务院批准后,由交通部、水产部联合发布施行。

[1] 蔡存强. 国际海上避碰规则释义. 北京:人民交通出版社,1995.

[2] 迟双龙,王俊波. 海事案例选编. 大连:大连海事大学出版社,2001.

[3] 方泉根. 船舶驾驶台资源管理. 北京:人民交通出版社,2006.

[4] 古文贤. 船舶操纵. 大连:大连海运学院出版社,1993.

[5] 何欣. 船舶避碰. 北京:人民交通出版社,1996.

[6] 洪碧光. 船舶操纵. 大连:大连海事大学出版社,2008.

[7] 劳里·J·穆林,卫·普雷斯. 管理与组织行为. 李丽,廖羽,闫甜,译. 北京:经济管理
    出版社,2011.

[8] 李勇. 船舶操纵. 北京:人民交通出版社,1999.

[9] 陆志材. 船舶操纵. 大连:大连海事大学出版社,2000.

[10] 马加法. 船舶结构与设备. 大连:大连海事大学出版社,2005.

[11] 司玉琢,吴兆麟. 船舶碰撞法. 2 版. 大连:大连海事大学出版社,1995.

[12] 斯蒂芬·P·罗宾斯,玛丽·库尔特. 管理学. 7 版. 孙健敏,黄卫伟,译. 北京:中国人
     民大学出版社,2003.

[13] 王凤武,张卓. 驾驶台资源管理. 2 版. 大连:大连海事大学出版社,2008.

[14] 王凤武,张卓. 驾驶台资源管理. 大连:大连海事大学出版社,2004.

[15] 吴兆麟,朱军. 海上交通工程. 2 版. 大连:大连海事大学出版社,2004.

[16] 吴兆麟. 船舶避碰与海上交通研究. 大连:大连海事大学出版社,2006.

[17] 吴兆麟. 船舶避碰与值班. 2 版. 大连:大连海事大学出版社,2007.

[18] 吴兆麟. 船舶避碰与值班. 3 版. 大连:大连海事大学出版社,2008.

[19] 吴兆麟. 船舶避碰与值班. 大连:大连海事大学出版社,1998.

[20] 姚裕群. 团队建设与管理. 北京:首都经济贸易大学出版社,2006.

[21] 袁安平,王新华. 船舶避碰. 大连:大连海运学院出版社,1993.

[22] 张铎.《1972 年国际海上避碰规则》理解与适用. 大连:大连海事大学出版社,2007.

[23] 赵劲松. 碰撞与避碰规则. 大连:大连海事大学出版社,1997.

[24] 赵月林,张铎. 船舶值班与避碰. 北京:人民交通出版社,2007.

[25] 赵月林. 船舶操纵. 大连:大连海事大学出版社,2000.

[26] 中华人民共和国海事局. 典型案例调查解析. 大连:大连海事大学出版社,2004.

[27] 中华人民共和国海事局. 水上交通事故典型案例集. 北京:人民交通出版社,2003.

[28] A. N. 科克罗夫特, J. N. F. 拉梅杰. 海上避碰规则指南. 4版. 赵劲松, 译. 大连: 大连海运学院出版社, 1992.

[29] IMO. 1978 年海员培训、发证和值班标准国际公约马尼拉修正案. 中华人民共和国海事局, 译. 大连: 大连海事大学出版社, 2010.

[30] 〔日〕VLCC 研究会. 超大型船舶操纵要点. 北京: 人民交通出版社, 1982.

[31] A. N. Cockcroft, J. N. F. Lameijer. A Guide to the Collision Avoidance Rules, 4th edition, Heinemann Newnes, 1990.

[32] A. J. Swift FNI, T. J. Bailey FNI. Bridge Team Management. The Nautical Institute, 2004.

[33] F. J. Buzek, H. M. C. Holdert. Collision Case: Judgments and Diagrams. London: Lloyd's of London Press Ltd, 1990.

[34] Kenneth C. McGuffie, Marsden. The Law of Collision at Sea. Stevens & Sons Ltd., London, 1961, 11th edition, with 3rd Cumulative Supplement up to February 15, 1973.

[35] R. A. Cahill. Collision and their Causes. London: Fairplay Publications Ltd, 1983.

[36] R. H. B. Sturt. The Collision Regulations. London: Lloyd's of London Press Ltd, 1984.

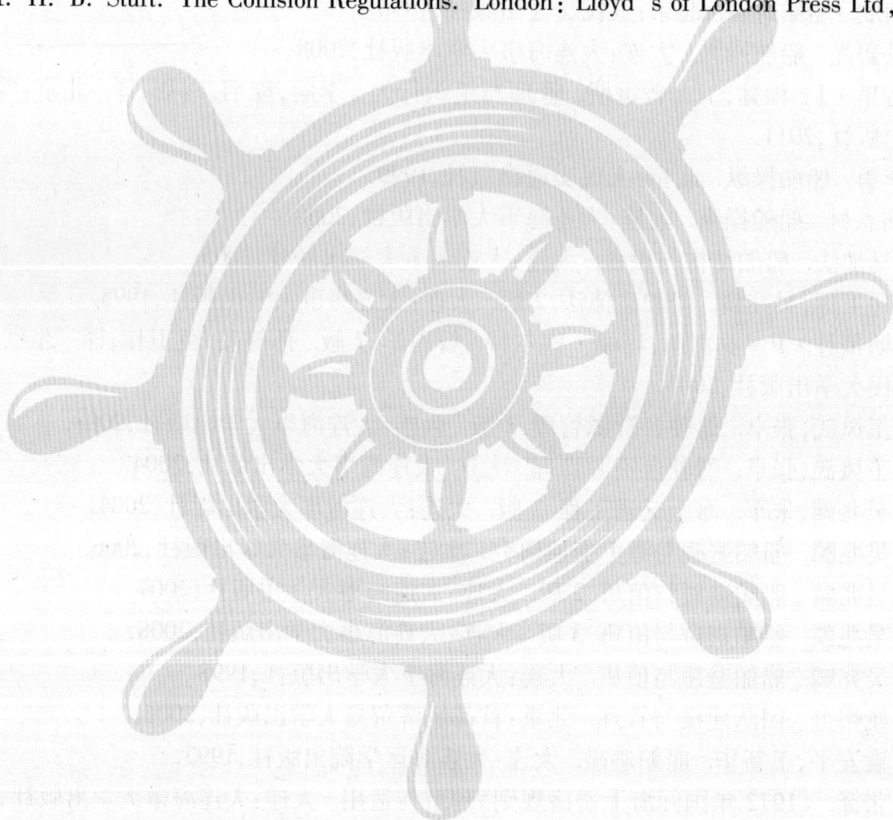